DROIT DE LA PROPRIÉTÉ INDUSTRIELLE

DROIT DE LA PROPRIÉTÉ INDUSTRIELLE

Jacques Raynard
Agrégé des facultés de droit, professeur à l'université de Montpellier, chargé d'enseignement au CEIPI (université de Strasbourg)

Emmanuel Py
Maître de conférences à l'université de Bourgogne, chargé d'enseignement au CEIPI (université de Strasbourg), chercheur au CREDIMI (UMR 6295)

Pascale Tréfigny
Maître de conférences à l'université de Grenoble Alpes, chercheur au CUERPI-CRJ

LexisNexis®

141, rue de Javel – 75015 Paris

Avertissement de l'Éditeur

Toute utilisation ou traitement automatisé, par des tiers, de données personnelles pouvant figurer dans cet ouvrage sont formellement interdits.

DANGER
LE
PHOTOCOPILLAGE
TUE LE LIVRE

Le logo qui figure sur la couverture de ce livre mérite une explication. Son objet est d'alerter le lecteur sur la menace que représente pour l'avenir de l'écrit, tout particulièrement dans les domaines du droit, de l'économie et de la gestion, le développement massif du photocopillage.

Le Code de la propriété intellectuelle du 1er juillet 1992 interdit en effet expressément la photocopie à usage collectif sans autorisation des ayants droit. Or, cette pratique s'est généralisée dans les établissements d'enseignement supérieur, provoquant une baisse brutale des achats de livres au point que la possibilité même pour les auteurs de créer des œuvres nouvelles et de les faire éditer correctement est aujourd'hui menacée.

Siège social : 141, rue de Javel – 75015 Paris

ISBN 978-2-7110-1154-4

Liste des abréviations

A.	Arrêté
Accord ADPIC	Accord sur les aspects des droits de propriété intellectuelle qui touchent au commerce (en anglais : TRIPS)
ALD	*Actualité législative Dalloz*
AMM	Autorisation de mise sur le marché
Ann. propr. ind.	*Annales de la propriété industrielle*
AOC	Appellation d'origine contrôlée
AOP	Appellation d'origine protégée
Arch. phil. dr.	*Archives de philosophie du droit et de philosophie sociale*
BOPI	*Bulletin officiel de la propriété industrielle*
Bull. civ.	*Bulletin des arrêts des chambres civiles de la Cour de cassation*
Bull. crim.	*Bulletin des arrêts de la chambre criminelle de la Cour de cassation*
Bull. Joly Sociétés	*Bulletin Joly* (mensuel d'information des sociétés)
CA	Cour d'appel
Cass. 1re, 2e, 3e civ.	Cour de cassation (1re, 2e ou 3e chambre civile)
Cass. ass. plén.	Cour de cassation, assemblée plénière
Cass. ch. mixte	Cour de cassation, chambre mixte
Cass. com.	Cour de cassation, chambre commerciale
Cass. crim.	Cour de cassation, chambre criminelle
CBE	Convention sur le brevet européen
C. civ.	Code civil
CCN	Convention collective nationale
C. com.	Code de commerce
C. consom.	Code de la consommation
CCP	Certificat complémentaire de protection
CDE	*Cahiers de droit de l'entreprise*
C. douanes	Code des douanes
CE	Conseil d'État
CEDH	Cour européenne des droits de l'homme
CJCE	Cour de justice des Communautés européennes
CJUE	Cour de justice de l'Union européenne
CNIS	Commission nationale des inventions de salariés
Comm. CE	Commission des Communautés européennes
Comm. com. électr.	*Communication Commerce électronique*
Comm. EDH	Commission européenne des droits de l'homme
Cons. const.	Conseil constitutionnel
Cons. UE	Conseil de l'Union européenne
Contrats, conc. consom.	*Contrats, concurrence, consommation*
CPC	Code de procédure civile
CPI	Code de la propriété intellectuelle
CRT	Chambre de recours technique
C. rur. pêche marit.	Code rural et de la pêche maritime
C. santé publ.	Code de la santé publique
C. trav.	Code du travail
CUP	Convention d'Union de Paris
D.	*Recueil Dalloz*
D.	Décret

D. affaires	*Dalloz affaires*
DB	*Dossiers Brevets*
Dir.	Directive
DMCNE	Dessin ou modèle communautaire non enregistré
Doc. AN	Document parlementaire (Assemblée nationale)
Doc. COM	Document parlementaire (Commission européenne)
Doc. fr.	La Documentation française
DP	*Dalloz périodique* (jusqu'en 1940)
Dr. et patrimoine	*Droit et patrimoine*
Dr. sociétés	*Droit des sociétés*
Gaz. Pal.	*Gazette du Palais*
IGP	Indication géographique protégée
Infra	Ci-dessous
INPI	Institut national de la propriété industrielle
JCl.	*JurisClasseur Encyclopédie*
JCP CI	*JurisClasseur périodique*, édition Commerce et Industrie
JCP E	*JurisClasseur périodique*, édition Entreprise et affaires
JCP G	*JurisClasseur périodique*, édition Générale
JDI	*Journal du droit international*
JO	*Journal officiel* de la République française
JOCE	*Journal officiel des Communautés européennes*
JOOEB	*Journal officiel de l'Office européen des brevets*
JOUE	*Journal officiel de l'Union européenne*
Journ. not.	*Journal des notaires et des avocats*
JUB	Juridiction unifiée du brevet
L.	Loi
LPA	*Les Petites affiches*
Mél.	*Mélanges*
OEB	Office européen des brevets
OEB, ch. recours juridique	Office européen des brevets, chambre de recours juridique
OEB, ch. recours tech.	Office européen des brevets, chambre de recours technique
OEB, Gde ch. recours	Office européen des brevets, Grande chambre de recours
OHMI	Office pour l'harmonisation dans le marché intérieur
OMC	Organisation mondiale du commerce
OMPI	Organisation mondiale de la propriété intellectuelle
Ord.	Ordonnance
PCT	*Patent Cooperation Treaty*
PE et Cons. UE	Parlement européen et Conseil de l'Union européenne
PIBD	*Propriété industrielle – Bulletin documentaire*
Préc.	Précité
Prop.	Proposition
Propr. industr.	*Propriété industrielle* (revue mensuelle de l'OMPI)
Propr. intell.	*Propriétés intellectuelles*
Quot. jur.	*Quotidien juridique (Le)*
RD bancaire et bourse	*Revue de droit bancaire et de la bourse*
RDC	*Revue des contrats*
RD propr. intell.	*Revue du droit de la propriété industrielle*
RD rur.	*Revue de droit rural*
Rec. CE	*Recueil des décisions du Conseil d'État*
Rec. CJCE	*Recueil de la Cour de justice de l'Union européenne*
Règl.	Règlement
Rev. arb.	*Revue de l'arbitrage*
Rev. crit. DIP	*Revue critique de droit international privé*
Rev. crit. législ. jurispr.	*Revue critique de législation et de jurisprudence*
RID comp.	*Revue internationale de droit comparé*

RIPIA	*Revue internationale de la propriété industrielle et artistique*
RJDA	*Revue de jurisprudence de droit des affaires*
RLDI	*Revue Lamy Droit de l'immatériel*
RTD civ.	*Revue trimestrielle de droit civil*
RTD com.	*Revue trimestrielle de droit commercial et de droit économique*
RTDE	*Revue trimestrielle de droit européen*
S.	*Recueil Sirey*
ss dir.	Sous la direction de
Supra	Ci-dessus
T. civ.	Tribunal civil
T. com.	Tribunal de commerce
T. corr.	Tribunal correctionnel
TGI	Tribunal de grande instance
TPICE	Tribunal de première instance des Communautés européennes (avant le 1er décembre 2009)
Trib. UE	Tribunal de l'Union européenne (depuis le 1er décembre 2009)
V.	Voir
V°	Verbo

Préface

Cet ouvrage est d'abord le fait d'une promesse actée, il y a trop longtemps de cela, auprès de Joanna Schmidt qui avait donné le jour à ce manuel et en avait porté les précédentes éditions, promesse tenue à la faveur de l'indulgence de l'éditeur ; que l'initiatrice de l'ouvrage et la maison qui fournit les moyens de cette continuité soient remerciées. Mais l'exigence morale du respect de la parole donnée, ou la force contraignante d'un engagement juridique, ne suffiraient pas à rendre compte du travail aujourd'hui imprudemment livré au lecteur.

Cet ouvrage participe d'une contribution à une école de pensée initiée il y a près de quarante ans par Jean Marc Mousseron dans le domaine de la propriété intellectuelle, et parfois présentée comme l'École dite de Montpellier. Cette doctrine inscrit les droits intellectuels dans le champ du droit commun civiliste, et la propriété industrielle dans l'intimité de l'article 544 du Code civil. À l'encontre des qualifications singulières qui leur sont parfois prêtées, les droits industriels (brevets, marques, dessins et modèles) affichent la banalité tranquille de leur origine comme de leur contenu et de leur régime. L'ouvrage présenté n'est donc pas neutre, et le connaisseur retrouvera dans les pages qui suivent quelques plumes des lointaines leçons de cet auteur.

Le dessein de l'entreprise justifiait plusieurs choix. Celui d'abord de limiter le domaine de l'étude au seul aspect juridique de la propriété industrielle, ce qui commandait d'exclure les questions de fiscalité autrefois traitées dans ce manuel par notre collègue Jean-Luc Pierre. Que celui-ci soit également remercié pour avoir entendu cette évolution. Celui ensuite d'une démarche qui permet de prendre la mesure de ce qui sépare et de ce qui rassemble les droits industriels afin de rendre compte de la qualification commune qui réunit cette famille. L'observation distingue ainsi la recherche systématique des éléments d'identité de chacun des droits industriels considérés avant l'étude de leur régime, alors menée du même pas.

L'ouvrage présenté, enfin, est une œuvre collective dont la réalisation n'a été rendue possible que par la contribution de mes talentueux coauteurs, Pascale Tréfigny pour ses développements essentiellement dédiés au droit des marques et aux modèles, et Emmanuel Py dont la réflexion aiguë éclaire de nombreux développements de droit des brevets, notamment ici sur l'annulation du titre ou là sur l'interprétation des revendications. Mais l'ensemble revendique une cohérence forte de conception et de réalisation.

Manuel académique, l'ouvrage est destiné d'abord aux étudiants, apprentis qui défrichent la matière comme chevronnés qui en arpentent les chemins ardus. Mais la recherche fondamentale se conjugue heureusement avec le droit appliqué et le professionnel, juriste comme technicien, devrait encore trouver dans les pages qui suivent quelques motifs d'intérêt.

Il reste à solliciter l'indulgence du lecteur pour un travail qui n'a pas encore reçu la patine du temps.

Montpelier, le 21 mars 2016
Jacques Raynard

Sommaire

Introduction

1. – **Prolégomènes : liberté et propriété.** Au commencement est la liberté. La liberté surveillée du jardin d'Eden, la liberté aliénée du contrat social, la liberté proclamée par les textes révolutionnaires : libertés d'entreprendre, de créer, de commercer ou de travailler, et dont le Droit contemporain rappelle fermement la supériorité(1). La liberté du commerce et de l'industrie et le postulat de la libre concurrence composent la toile de fond des rapports de droit privé des affaires. À l'orée de l'étude des monopoles intellectuels, nul ne doit méconnaître ce principe, praticien comme étudiant, qui voit dans la liberté d'entreprise le socle de la réglementation du droit privé et le préalable au droit de propriété : « Les droits de propriété industrielle ne se conçoivent que dans les systèmes économiques fondés sur la liberté d'entreprendre »(2) à laquelle ils viennent temporairement déroger. La cohérence de l'intervention juridique s'affiche : je n'ai nul besoin d'un droit pour exploiter une invention, un signe distinctif ou une création intellectuelle ; en revanche, je dois faire appel à la technique juridique du droit de propriété pour interdire à autrui des actes d'utilisation ou d'exploitation sur une invention, un signe distinctif ou une création. À cette fin, la loi reconnaît à certains, au profit de conditions diverses, le bénéfice exceptionnel d'un monopole d'exploitation : la propriété intellectuelle est une technique juridique assurant à son bénéficiaire le pouvoir d'interdire à autrui certains agissements qui, en son absence, seraient libres d'accès. Liberté et propriété se conjuguent ainsi dans un rapport de principe et d'exception.

2. – **Les droits de propriété intellectuelle sont des monopoles d'exploitation sur une création incorporelle.** Les droits de propriété intellectuelle procurent à leur titulaire des monopoles d'exploitation qui sont autant de régimes dérogatoires au droit commun fondé sur la liberté du commerce et de l'industrie. Quelles considérations peuvent justifier que le législateur admette la constitution de monopoles dans un système économique fondé sur la liberté d'entreprendre et de commercer ? La réponse décisive tient dans l'observation selon laquelle la promotion du développement culturel ou technologique commande que ceux qui supportent les

(1) Le principe de la liberté de concurrence et de commerce et d'industrie est affirmé avec le décret d'Allarde des 2 et 17 mars 1791 ; le Conseil d'État a reconnu dans ce principe une liberté publique (CE, 6 mars 1914, *Synd. de la boucherie* : *Rec. CE* 1914, p. 308. – CE, 10 janv.1964 : *Rec. CE* 1964, p. 20) ; le Conseil constitutionnel l'a élevé au rang d'une liberté à valeur constitutionnelle (Cons. const., 16 janv. 1982, n° 81-132 DC, *Nationalisation*). – La Charte des droits fondamentaux de l'Union européenne érige la liberté d'entreprise au rang des libertés fondamentales de l'Union (art. 16) avec la liberté professionnelle et le droit de travailler (art. 15). – La liberté de créer associée à la liberté d'expression est reconnue par la Cour européenne des droits de l'homme, au titre de l'article 10 de la Convention européenne des droits de l'homme : « Ceux qui créent, interprètent, diffusent ou exposent une œuvre d'art contribuent à l'échange d'idées et d'opinions indispensable à une société démocratique », CEDH, 24 mai 1988, *Müller c/ Suisse*, spéc. § 33, à propos de toiles confisquées lors d'une exposition. – V. aussi, s'agissant d'une représentation théâtrale, CEDH, 3 mai 2007, *Ulusoy et a. c/ Turquie*, et de publicité commerciale, CEDH, 20 nov. 1989, *Markt intern Verlag GmbH et Klaus Beermann c/ Allemagne*, § 26.

(2) J. Schmidt et J.-L. Pierre, *Droit de la propriété industrielle*, Litec, 4e éd., 2007, n° 2, note 1 qui explicitent : de tels droits « n'existaient pas dans l'Europe du Moyen Âge et de l'Ancien Régime, où l'application des techniques était contrôlée par les corporations : P. Roubier, *Le droit de la propriété industrielle*, t. 1, Sirey, 1952, p. 13. – H. Pirenne, *Histoire économique et sociale du Moyen Âge*, PUF, 1969, p. 159. Ils n'existaient pas davantage dans les économies planifiées de type socialiste, en raison de l'absence d'entreprises privées, tant que ces systèmes vivaient en autarcie, mais les brevets y ont été introduits dès l'ouverture au commerce mondial : M. Hiance et Y. Plasseraud, *La protection des inventions en Union soviétique et dans les Républiques populaires d'Europe*, Litec, 1969. – J. Schmidt, *Traits originaux du système soviétique de protection des inventions* : *RID comp.* 1970, p. 503.

investissements des travaux et recherches menées en ce sens puissent en tirer profit. Une justification similaire peut être appelée s'agissant des investissements engagés pour la promotion d'un signe distinctif, associé à une ligne de produits ou services. Telle était encore la justification historique des privilèges accordés aux éditeurs, en préalable à la reconnaissance du droit d'auteur(3). Ainsi le monopole légal a pour objet de réserver au promoteur de tels investissements le profit exclusif de ses engagements en sorte d'encouragement à l'innovation et la création(4). Parce qu'ils s'inscrivent en dérogation à la liberté du commerce et de l'industrie et à la libre concurrence, ces monopoles ne sont pour la plupart admissibles que limités dans le temps. L'intérêt général trouve d'autres raisons à la promotion d'un tel système : les brevets organisent l'accès intellectuel à l'innovation au titre d'une procédure de dépôt public imposant au breveté de divulguer son invention en forme de contribution au progrès technique ; la marque assure une fonction de garantie d'origine du produit, sinon de l'identité de l'entreprise qui le commercialise, et répond de sa qualité, en forme d'information du consommateur. Même si la légitimité de la reconnaissance d'un monopole légal, fût-il limité dans le temps, est régulièrement discutée(5), la propriété intellectuelle n'en est pas moins devenue l'un des actifs majeurs de l'entreprise.

3. – **Propriété(s) intellectuelle(s) : un singulier pluriel.** La diversité des droits rassemblés sous la bannière de la Propriété intellectuelle suggère une disparité de la matière : de fait, on parlera des droits de propriété intellectuelle. Il est coutumier, spécialement dans les manuels de droit civil, de voir évoquer la « nébuleuse » de la propriété incorporelle(6) et les ouvrages spécialisés retiennent encore « l'hétérogénéité de la propriété incorporelle »(7) ou « l'archipel » de droits qui seraient rassemblés à cette occasion(8). Il est exact d'observer que la propriété intellectuelle ne connaît que des régimes spéciaux d'appropriation et pas de régime général com-

(3) La justification du monopole ne doit pas être confondue avec la question de la titularité légale du droit. Le droit d'auteur est affecté à l'auteur créateur, comme le droit au brevet revient à l'inventeur : la reconnaissance sociale s'attache à ceux qui créent ces nouvelles richesses, œuvre ou invention, même si l'exploitation du monopole sera la plupart du temps assurée par l'entreprise, cessionnaire du droit ou employeur du créateur, rarement par l'auteur ou l'inventeur.

(4) Cette présentation a spécialement été menée pour le droit de brevets analysé en terme de techniques de réservation des résultats de l'activité de recherche développement : V. Mousseron, *Traité des brevets*, Litec, 1984, spéc. nos 7 et s., p. 11 et s. – À sa suite : J. Schmidt, *L'invention protégée après la loi du 2 janvier 1968*, Litec, coll. « CEIPI », 1972, p. 17 et s. – C. Le Stanc, *L'acte de contrefaçon de brevet d'invention*, Litec, coll. « CEIPI », 1977, p. 16 et s.

(5) La contestation majeure cible les brevets d'invention qui serviraient une protection excessive des intérêts de l'entreprise aux dépens de l'intérêt général : que l'on pense aux brevets de médicaments et à la puissance de l'industrie pharmaceutique. La disparition du droit exclusif au profit d'un simple droit à rémunération est régulièrement avancée : V. S. Shavel et T. Van Ypersele, *Rewards Versus Intellectual Property Rights : J. of Law and Economics* 2001, p. 526. – R.-R. Nelson, *The Market Economy and the Scientific Commons*, *in* M.-A. Frison-Roche et A. Abello (ss dir.), *Droit et économie de la propriété intellectuelle*, LGDJ, 2005, p. 27 et s. – Le reproche atteint encore la propriété intellectuelle dans son ensemble, que l'on songe aux discussions entourant l'appropriation des logiciels – Sur ces discussions V. P.-Y. Gautier, *Pour ou contre la propriété intellectuelle : propos introductifs*, in *La propriété intellectuelle en question(s), Regards croisés européens*, Litec, coll. « IRPI », 2005, t. 27, p. 23 et s. – P.-E. Geller, *La dissolution de la propriété intellectuelle : Propr. intell.* janv. 2006, p. 4.

(6) V. J. Carbonnier, *Droit civil. Les biens*, PUF, coll. « Thémis », 19e éd., 2000, p. 388. – Ph. Malaurie et L. Aynès qui parlent de la « variété des propriétés incorporelles » et d'« un droit sans unité », *Droit civil. Les biens*, Defrénois, 6e éd., 2015, n° 210. – *Adde* H. Périnet-Marquet, *Regards sur les nouveaux biens : JCP G* 2010, 1100.

(7) V. A. et H.-J. Lucas et A. Lucas-Schloetter, *Traité de la propriété littéraire et artistique*, LexisNexis, 4e éd., 2012, n° 20. – F. Pollaud-Dulian, *Propriété industrielle*, Economica, 2011, n° 40.

(8) V. J. Foyer et M. Vivant, qui voient la propriété intellectuelle comme un « archipel » où « chaque droit privatif émerge comme une île d'un océan soumis au régime de liberté », *Le droit des brevets*, PUF, 1991, p. 9-10. – Comp. M. Vivant et J.-L. Bruguière, *Droit d'auteur*, Dalloz, 2009, n° 18. – A. et H.-J. Lucas et A. Lucas-Schloetter, *Traité de la propriété littéraire et artistique*, LexisNexis, 4e éd., 2012, n° 28.

mun formalisé, en sorte que de nouvelles sollicitations à la protection appellent systématiquement de nouveaux textes, comme en écho[9]. La propriété intellectuelle n'échappe pas à la loi de spécialisation croissante décrite ailleurs à propos du droit des contrats[10], mais en l'occurrence la loi ne prévoit que des branches et pas de tronc ! L'absence d'une théorie générale doit assurément au statut dérogatoire qu'occupent les monopoles intellectuels en regard de la liberté du commerce et de l'industrie : il ne serait pas sain que toute création et, au-delà, toute information fût l'objet d'un monopole, sauf à ruiner toute entreprise d'innovation. Il en ressort encore, contrairement à la propriété du Code civil, l'absence d'appropriation de la création en dehors des textes spéciaux prévus à cet effet[11]. Si l'observation des différentes ramifications de la matière concourt au sentiment d'une disparité de droits (Section 1), l'identification technique des éléments déterminants de la propriété intellectuelle doit permettre de rendre compte tout à la fois de l'identité de la discipline et de sa singularité en regard de la propriété du Code civil (Section 2).

SECTION 1

LES RAMIFICATIONS DE LA PROPRIÉTÉ INTELLECTUELLE

4. – **Propriété industrielle et propriété littéraire et artistique ; le droit d'auteur est un droit de propriété sur une œuvre de l'esprit.** Au sein de la propriété intellectuelle, une présentation ancienne, convenue, oppose en figure de *summa divisio*, la propriété littéraire et artistique à la propriété industrielle, la première se rapprochant historiquement d'un droit de la personnalité, en sorte d'humanisme désintéressé[12], la seconde étant davantage rattachée, sinon abandonnée, au droit commercial. Droit d'auteur et droits industriels (brevets, marques...) vivraient dans deux mondes parallèles. Au-delà des divergences techniques (V. *infra*, n°s 19 et s.),

(9) Ainsi des indications géographiques protégeant les produits industriels et artisanaux issues de la loi n° 2014-344 du 7 mars 2014 sur la consommation (dite loi *Hamon*). La loi, de circonstance, a été prise pour pallier l'impossibilité pour une commune (*Laguiole*) de s'opposer à l'usage de son nom comme marque : Paris, 4 avr. 2014 : *PIBD* 2014, III, 502 ; *Propr. intell.* 2014, n° 52, p. 295, obs. Canlorbe. – *Adde* la proposition de loi dite *Carayon* tendant à sanctionner la violation du secret des affaires en créant une nouvelle infraction pénale et adoptée par l'Assemblée nationale le 24 janvier 2012. Le projet de loi pour la croissance, l'activité et l'égalité des chances économiques (loi Macron) reprenait l'essentiel de ces dispositions pour les intégrer au Code de commerce, avant que celles-ci ne soient finalement retirées du texte final. Une directive sur la protection des savoir-faire et des informations commerciales non divulgués (secrets d'affaires) contre l'obtention, l'utilisation et la divulgation illicites est en voie d'adoption. – Également la proposition de loi (heureusement avortée) présentée par M. Jacques Godfrain sur les *créations réservées* (30 juin 1992), sur laquelle V. Ch. Le Stanc, *La propriété intellectuelle dans le lit de Procuste : observations sur la proposition de loi du 30 juin 1992 relative à la protection des « créations réservées »* : D. 1993, p. 4. – Sur l'absence d'un principe général de propriété intellectuelle, V. *infra*, n° 18.

(10) V. B. Oppetit, *Les tendances régressives dans l'évolution du droit contemporain*, in *Mél. D. Holleaux*, Paris, Litec, 1990. – Sur l'amoindrissement du rôle du droit commun dans le domaine contractuel, V. Ch. Goldie-Genicon, *Contribution à l'étude des rapports entre le droit commun et le droit spécial des contrats*, LGDJ, 2009.

(11) Les auteurs de droit des biens qui reconnaissent la réalité de la propriété intellectuelle sont enclins à déceler un droit commun de la matière apte à appréhender *automatiquement* de nouvelles créations comme de droit pour la propriété des choses corporelles : V. *infra*, n° 18.

(12) La doctrine en ce sens renvoie à l'arrêt *Lecocq* (Cass. req., 25 juin 1902, sur Paris, 1er févr. 1900 : S. 1900, 2, 121, note R. Saleilles). – Sur laquelle V. P.-Y. Gautier, *Propriété littéraire et artistique*, PUF, 9e éd., 2015, n° 19.

le droit d'auteur et les droits industriels, dont le droit de brevet fait figure de proue, révéleraient deux « milieux socioprofessionnels »[13] étrangers l'un à l'autre : le premier vient reconnaître à l'auteur d'une œuvre de l'esprit un droit sur sa création, le second s'attache aux inventions et intéresse plus directement le monde de l'entreprise et des ingénieurs composant les départements de recherche développement ; au droit d'auteur les œuvres d'art, littéraires et cinématographiques, au brevet la mécanique, la chimie ou l'électronique. Au premier l'esthétique des galeries de peinture et le lyrisme des salles d'opéra et de concert, au second la rudesse des hauts fourneaux et l'inconfort des essais bruyants de moteurs malodorants. En tant qu'expression de la stratégie *marketing* de l'entreprise, la marque relève encore volontiers de la deuxième catégorie. Cette vision pâlit cependant à la découverte de ce que le droit d'auteur est indifférent au mérite de « l'œuvre » en sorte que la description d'une recette de cuisine en tant que création de forme originale accède à la protection tout autant que l'œuvre de Marcel Proust[14]. La protection des œuvres d'art appliqué (*design industriel*) au titre du droit d'auteur et des modèles protégés[15] ou l'accession des programmes d'ordinateur au rang d'œuvres de l'esprit ont révélé la porosité des deux régimes[16]. L'image d'un droit d'auteur attaché à la création et d'un droit de brevet récompense d'un investissement se brouille pour qui sait que, hors contrat de travail, le droit de brevet revient à l'inventeur, fut-il stagiaire ou prestataire contractuel, tout comme le droit d'auteur revient au seul créateur de l'œuvre. En réalité la doctrine historique française a sans doute surligné les différences entre ces deux droits en oubliant l'essentiel et la communauté de nature des monopoles intellectuels. Ainsi le droit moral de l'auteur, dans la loi fondatrice du 11 mars 1957, a justifié une analyse exorbitante qui retentissait sur la nature du droit d'auteur, tout tourné vers les intérêts extrapatrimoniaux du créateur de l'œuvre[17], là où la législation en matière de brevets d'invention ne se souciait guère que de l'exploitation patrimoniale d'un titre de propriété industrielle[18]. L'opposition était moins manichéenne qu'on ne voulait le croire et la fracture bien moins marquée qu'il n'y paraissait[19]. Ainsi le droit d'auteur apparaît aujourd'hui « écartelé entre une idée romantique de la création et une vision mercantile du marché du divertissement »[20]. Sans vouloir gommer ce qui sépare le droit d'auteur

(13) L'expression revient à N. Binctin in *Droit de la propriété intellectuelle*, LGDJ, 3e éd., 2014, p. 22.

(14) L'œuvre de Proust étant par ailleurs tombée dans le domaine public. Le Code de la propriété intellectuelle prévoit que la protection par le droit d'auteur concerne « toutes les œuvres de l'esprit, quels qu'en soient le genre, la forme d'expression, le mérite ou la destination » (CPI, art. L. 112-1).

(15) V. *infra*, nos 511 et s.

(16) Le Code de la propriété intellectuelle précise : « Sont considérés notamment comme œuvres de l'esprit au sens du présent code : (...) les logiciels, y compris le matériel de conception préparatoire » (CPI, art. L. 112-2, 13°).

(17) L'exposé de cette doctrine est l'œuvre majeure d'Henri Desbois in *Le droit d'auteur en France*, Dalloz, 1re éd., 1950, 2e éd., 1966, 3e éd., 1978.

(18) La loi du 5 juillet 1844 marquait l'avènement de l'ère industrielle ; la loi du 2 janvier 1968 visait à mettre le droit français au diapason des réglementations internationales, elle marquait aussi une évolution méthodologique majeure dans la définition du périmètre de l'objet du droit avec le système des revendications (V. J. Schmidt, *L'invention protégée*, Litec, 1972, spéc. nos 260 et s.).

(19) Le droit de brevet connaît lui-même un vestige de droit moral avec le droit de paternité de l'inventeur, V. CPI, art. L. 611-9, et la réflexion révèle que, pour le droit d'auteur, le droit moral n'avait de signification technique qu'en regard du monopole d'exploitation dont il modifiait et corrigeait le régime : sur la discussion, V. A. et H.-J. Lucas et A. Lucas-Schloetter, *Traité de la propriété littéraire et artistique*, LexisNexis, 2012, n° 33.

(20) N. Binctin, *Droit de la propriété intellectuelle*, LGDJ, 3e éd., 2014, n° 3.

des droits industriels, brevet, modèle ou marque, nombre d'auteurs, jeunes troupes comme mentors de la discipline, soulignent désormais la communauté de nature qui réunit ces deux branches de la matière[21]. C'est que le droit d'auteur est, et a toujours été, un droit de propriété sur une œuvre de l'esprit.

5. – **Propriété industrielle : brevet, marque, modèle et affinités.** La propriété industrielle regroupe les législations sur les créations industrielles concernant les brevets d'invention et les dessins et modèles, ainsi que des droits sur les signes distinctifs avec les marques de fabrique, de commerce ou de service. À ces trois branches fondamentales, des réglementations contemporaines ont apporté de nouvelles ramifications : nouveaux droits sur les créations industrielles avec les produits semi-conducteurs et les obtentions végétales, nouveaux droits sur des signes distinctifs avec les indications géographiques, appellations d'origine et indications géographiques protégées[22]. Droit de brevet, droit de marque, dessins et modèles concentrent l'attention dans le cadre de ce manuel ; ils appellent présentation.

§ 1. – Le droit de brevet est un droit de propriété sur une invention

6. – **Le brevet assure la réservation des résultats d'une activité de recherche-développement.** Le droit de brevet est un titre délivré par un office administratif[23] et qui procure à son titulaire un droit exclusif d'exploitation d'une invention[24]. La notion d'invention n'est pas définie par la loi : on entend généralement à ce titre un ensemble de connaissances mettant en œuvre des moyens techniques qui apportent une réponse technique à un problème technique[25]. Du dispositif d'entrée d'air de turbopropulseur pour le moteur à réaction d'avion gros porteur[26] au médicament destiné à la prévention et au traitement des maladies provoquées par

(21) Déjà V. Roubier, *Unité et synthèse des droits de propriété industrielle*, in *Mél. Plaisant*, Sirey, 1960, p. 161. – Mousseron, *Valeurs, biens et droits*, in *Mél. A. Breton et F. Derrida*, Dalloz, 1991, p. 277. – J.-M. Mousseron, Th. Revet et J. Raynard, *De la propriété comme modèle*, in *Mél. Colomer*, Litec, 1993, p. 281 et s. – M. Vivant et J.-M. Bruguière, *Droit d'auteur et droits voisins*, Dalloz, 3e éd., 2015, spéc. n° 32, qui retiennent « une propriété spécifique ». – Ch. Caron, *Du droit des biens en tant que droit commun de la propriété intellectuelle* : *JCP G* 2004, I, n° 162. – N. Binctin, *op. et loc. cit.* – Même les héritiers du courant de pensée « humaniste » du droit d'auteur tendent aujourd'hui à reconnaître des éléments communs à ces deux ramifications, sinon l'unité des droits intellectuels : V. P.-Y. Gautier, *Propriété littéraire et artistique*, PUF, 9e éd., 2015, n° 21 qui évoque « une propriété particulière ». – F. Pollaud-Dulian, *Le droit d'auteur*, Economica, 2005, n° 58, qui reste attaché à la conception dualiste du droit d'auteur en consentant l'utilité de l'usage du terme propriété pour la matière. – Ch. Caron, *Droit d'auteur et droits voisins*, Litec, 2e éd., 2009, n° 22, qui évoque un droit d'auteur d'entreprise.

(22) Bien que les ouvrages consacrés aux droits de propriété industrielle traitent fréquemment du nom commercial et de l'enseigne, il ne s'agit pas, à proprement parler, de tels droits. Ces signes ne sont pas, en effet, l'objet d'une procédure d'enregistrement qui en permettrait l'appropriation et ne sont pas, en conséquence, protégés par l'action en contrefaçon, mais seulement par l'action en concurrence déloyale, qui n'est qu'une forme de l'action générale en responsabilité civile délictuelle. Pour cette raison, il n'en sera pas question dans le présent ouvrage.

(23) En France, l'Institut national de la propriété industrielle (INPI) est créé par la loi n° 51-444 du 19 avril 1951 : *JO* 20 avr. 1951, modifiée par la loi n° 90-1052 du 26 novembre 1990 ; ses attributions et son régime sont actuellement prévus par les articles L. 411-1 à L. 411-5 du Code de la propriété intellectuelle. – Sur l'histoire administrative dans ce domaine : J.-C. Combaldieu, *L'organisation administrative de la propriété industrielle en France au cours du XXe siècle*, in *Mél. Mathély*, Litec, 1990, p. 121.

(24) CPI, art. L. 611-1.

(25) V. *infra*, nos 43 et s.

(26) Publication n° WO2015/055948.

le *VIH*[27], en passant par le coussin anti-flatulences[28] ou la tondeuse à gazon actionnée par bicyclette[29], la matière intéresse tous les aspects de la vie sociale et économique[30]. Pourtant la légèreté du concours *Lépine* procure une image trompeuse du brevet d'invention : le brevet est une technique juridique assurant à son titulaire la réservation des résultats d'une activité coûteuse de recherche-développement en sorte de retour sur investissement[31]. C'est de nos jours un actif majeur de la grande entreprise, tout comme de la PME. Le brevet apparaît alors comme un outil premier de promotion du progrès technique et, au-delà, économique[32].

7. – **Une reconnaissance ancienne**[33]. Dès l'Antiquité, on retrouverait les premières esquisses du droit de brevet sous les traits d'un privilège sur quelques recettes de cuisine de haute facture que d'hédonistes Sybarites reconnaissaient à leurs auteurs[34]. Plus sûrement l'idée de récompense servit de fondement aux privilèges accordés, dès le XIVe siècle, par les souverains d'Europe, aux inventeurs et artisans réputés : ces privilèges étaient discrétionnairement accordés par le monarque et procuraient un droit exclusif de fabrication, dérogatoire aux normes corporatives[35]. Mais ces privilèges technologiques restaient rares dans une société peu sensible au progrès technique. Ils émergent véritablement au XVIIIe siècle[36], avec l'école de pensée libérale et libre-échangiste, à la source de la montée en puissance de la bourgeoisie industrielle. Louis XV en 1762 vient réglementer les privilèges accordés aux inventeurs dans le but de « stimuler le développement de l'esprit inventif et du progrès de l'industrie » : récompense d'un service, le privilège de quinze ans ne reposait pas sur l'idée de propriété[37].

8. – **Fondement.** Les premières réflexions philosophiques en la matière furent largement influencées par la pensée rousseauiste : le brevet d'invention est fondé sur un droit naturel de l'inventeur et sur le contrat social. Dans son Rapport à l'Assemblée nationale en 1791, Boufflers écrit : « S'il existe pour un homme une véritable propriété, c'est celle de la pensée » et il poursuit sa démonstration en analysant le « contrat » entre l'inventeur et la société. En écho à ces idées, les décrets

(27) Publication n° EP2601967.
(28) Publication n° DE20311493 (U1).
(29) Publication n° US4455816.
(30) La Classification internationale des brevets créée par l'arrangement de Strasbourg (1971) propose un classement des brevets selon les différents domaines technologiques auxquels ils appartiennent. Ce texte distribue les brevets dans les différents domaines suivants : les nécessités courantes de la vie, les techniques industrielles, les transports, la chimie, la métallurgie, les textiles et papiers, les constructions fixes, la mécanique, l'éclairage, le chauffage, l'armement, le sautage, la physique et l'électricité.
(31) V. J.-M. Mousseron, *Traité des brevets*, Litec, 1984, nos 4 et s., p. 4 et s.
(32) V. J. Schmidt, *L'invention protégée*, Litec, 1972, spéc. Introduction.
(33) Une présentation historique détaillée est assurée lors de l'étude de chacun des régimes : pour le brevet, V. *infra*, nos 39 et s.
(34) V. M. Vivant, *Juge et loi du brevet*, Litec, coll. « CEIPI », 1977, t. 20, n° 4, p. 2.
(35) Y. Plasseraud et F. Savignon, *L'État et l'invention. Histoire des brevets*, Doc. fr., 1986, p. 18.
(36) En Angleterre, la Chambre des communes vota, dès 1623, le fameux *Statute of Monopolies*, qui fut, pendant longtemps, considéré comme la première loi des brevets reposant sur des bases objectives. Selon des recherches plus récentes, le premier titre s'apparentant à un brevet d'invention aurait été délivré à Venise en 1421 : G. Mandich, *Primi riconoscimenti Veneziani di un diritto di privativa agli inventori* : *Riv. dir. ind.* 1958, I, 101 et s. Un décret du 19 mars 1474 établissait la *Parte veniziana*, texte éminemment moderne qui reconnaît un droit d'exploitation de dix ans, sanctionné par une action spécifique, doublé d'un droit moral. Un brevet sera accordé en 1594 à Galilée pour l'invention d'une pompe à eau actionnée par un manège de chevaux.
(37) M. Couture (ss dir.), *Propriété intellectuelle et université*, PU Québec, 2010, spéc. P. Malissard, *Origine de la propriété intellectuelle*, spéc. p. 119.

révolutionnaires des 31 décembre 1790 et du 7 janvier 1791 figurent la première loi française sur les brevets. À cette occasion, le législateur français rompait, pour la première fois, avec la notion de privilège accordé arbitrairement, et reconnaissait un « droit » de l'inventeur fondé sur des conditions objectives[38]. L'origine du droit d'auteur est d'une parfaite similitude et concomitante, illustrant le berceau commun de ces techniques juridiques, apparues sous couvert de textes révolutionnaires qui proclamaient la propriété de l'auteur comme de l'inventeur sur son œuvre ou son invention[39]. La longévité de ces premiers textes attestait de l'authenticité de l'analyse juridique associée à ces droits qualifiés en termes de propriété.

9. – **Évolutions.** Les lois révolutionnaires restèrent en vigueur pendant plusieurs décennies. C'est la révolution industrielle du XIXe siècle qui déclencha un mouvement de réforme et de perfectionnement du système, conduisant à la construction du droit moderne de la propriété industrielle. Un système idéaliste a évolué vers un droit réglementaire, destiné à favoriser le développement de l'industrie[40]. Les conditions et les effets de l'octroi des monopoles industriels furent définis plus précisément ; les procédures archaïques des lois de la période intermédiaire modernisées. Vers la seconde moitié du XIXe siècle, les grands États industrialisés s'étaient dotés de systèmes nationaux de protection des droits de propriété industrielle. Louis-Philippe et la révolution industrielle : de cette époque date la loi française sur les brevets d'invention du 5 juillet 1844. Le système était basé sur une organisation administrative primitive, l'administration se contentant d'enregistrer les demandes de brevet, sans examen de leur bien-fondé. Dès la fin du XIXe siècle, apparaît en France une organisation administrative plus élaborée, avec la création, par la loi du 9 juillet 1901, d'un office désormais Institut national de la propriété industrielle. La loi de 1844, plusieurs fois réformée[41], a subsisté pendant plus d'un siècle et ne fut remplacée que par la loi du 2 janvier 1968, rénovée, à son tour, par celle du 13 juillet 1978, destinée à réaliser l'harmonisation du droit français avec la convention de Munich sur la délivrance de brevets européens (5 octobre 1973 remaniée le 29 novembre 2000)[42].

10. – **À la périphérie du brevet : certificat d'obtention végétale et topographie des semi-conducteurs.** De nouveaux droits exclusifs sont apparus pour des créations pour lesquelles le brevet paraissait mal adapté. Ainsi des innovations végé-

(38) La Constitution américaine de 1787, dans sa section 8, posait déjà le principe de la protection des inventions : « The Congress shall have power to (...) to promote the Progress of Science and useful Arts, by securing for limited Times to Authors and Inventors the exclusive Right to their respective Writings and Discoveries ». Dès le 10 avril 1790, Washington signa la loi sur les brevets, selon laquelle une invention portant sur un « nouvel art utile » peut donner lieu à la délivrance d'un brevet.

(39) V. D. 13 et 19 janv. 1791 et D. 19 et 24 juill. 1793 consacrant respectivement le droit de représentation des auteurs d'œuvres dramatiques et le « droit exclusif de vendre, faire vendre, distribuer leurs ouvrages dans le territoire de la République » pour les auteurs d'écrits en tout genre. Ces textes sont également perçus par la doctrine du droit d'auteur comme le signe d'une rupture avec le droit antérieur fondé sur l'idée du privilège accordé par le monarque, V. A. et H.-J. Lucas et A. Lucas-Schloetter, *Traité de la propriété littéraire et artistique*, Litec, 3e éd., 2006, n° 8. Encore que le langage du législateur révolutionnaire soit sans doute plus philosophique que juridique, V. J. Foyer et M. Vivant, *Le droit des brevets*, PUF, coll. « Thémis », 1991, p. 261.

(40) Cependant, dans le même temps, les économistes libéraux contestèrent l'existence même des brevets, Y. Plasseraud et F. Savignon, *op. cit.*, p. 68.

(41) Notamment par les lois des 7 avril 1902, 26 juin 1920, 1er août 1930 et 27 janvier 1944.

(42) V. *infra*, nos 37 et s.

tales qui consistent à combiner deux ou plusieurs variétés végétales afin d'obtenir une nouvelle variété[43]. Cette manipulation suppose une activité de recherche-développement particulière à l'industrie agroalimentaire et au domaine de l'horticulture et qui appelle, en écho, un souci de réservation juridique des résultats obtenus. Le certificat d'obtention végétale est un titre délivré par un office administratif qui procure à son titulaire le droit exclusif de produire et commercialiser du matériel de reproduction ou de multiplication d'une variété végétale. Le droit français est issu de la loi n° 70-489 du 11 juin 1970 dont les dispositions codifiées au Code de la propriété intellectuelle ont été largement remaniées par la loi n° 2011-1843 du 8 décembre 2011[44]. Le règlement n° 2100/94 du 27 juillet 1994 institue un régime de protection communautaire des obtentions végétales avec un titre unique assurant une réservation dont l'assiette tient dans le territoire de l'Union européenne[45]. Excluant la concurrence pour le domaine réservé à son titulaire, le certificat d'obtention végétale est un droit de propriété sur une variété végétale, plante et matériel de reproduction[46]. La réglementation des topographies de produits semi-conducteurs (puce électronique) tient du droit très spécial. Prise sous l'influence américaine, dont la loi posait l'exigence de réciprocité, la loi n° 87-890 du 14 novembre 1987 transpose en droit français la directive européenne n° 87-54 du 16 décembre 1986 qui instaure un régime spécial de réservation pour ces créations[47]. La matière a rejoint le Code de la propriété intellectuelle aux articles L. 622-1 et suivants. En réalité, l'industrie paraît afficher un certain désintérêt pour cette voie de réservation[48].

§ 2. – Le droit de marque est un droit de propriété sur un signe distinctif en relation avec des produits ou services

11. – **La marque assure la réservation des résultats d'un investissement publicitaire.** La marque de fabrique, de commerce ou de service est un signe susceptible de représentation graphique qui permet de distinguer des produits ou services de ceux des concurrents. *Hermès* ou *Primark*, *Sofitel* ou *Ibis*, *Adidas* ou *Nike*... Le signe distinctif procède d'une création intellectuelle dont la proximité avec le titre d'une œuvre de l'esprit, objet en tant que tel de droit d'auteur, a été justement relevée[49]. Le droit de marque procure à son titulaire un droit exclusif d'utilisation du signe en cause à l'occasion de la commercialisation du produit ou service auquel

(43) V. X. Buffet Delmas d'Autane et A. Doat, *La protection des plantes : entre brevet et certificat d'obtention végétale : Propr. industr.* 2004, étude 8.

(44) V. N. Bouche : *Propr. industr.* 1012, étude 3.

(45) V. J.-Ch. Galloux, *Premier bilan de la protection communautaire des variétés végétales : Propr. intell.* 2005, n° 16, p. 285.

(46) À raison de son caractère spécial, cette réglementation ne sera pas étudiée dans cette édition de ce manuel.

(47) V. *RTD com.* 1988, 45, obs. Chavanne et J. Azéma. La spécificité de la matière justifie qu'elle ne puisse être étudiée dans la première édition de ce manuel.

(48) V. Ch. Le Stanc, *Beaucoup de bruit pour rien ? : Propr. industr.* 2003, repère 5.

(49) V. P.-Y. Gautier, *Propriété littéraire et artistique*, PUF, 9e éd., 2015, n° 63. – J.-M. Bruguière, *Du droit d'auteur dans le droit des marques*, in *Mél. G. Bonet*, Litec, 2010, p. 96 et s.

il est associé. On perçoit la différence avec les droits sur les créations : la marque n'assure pas une exclusivité de vente sur les produits marqués en tant que tels, mais seulement sur l'utilisation du signe distinctif associée à ces produits ; le produit de même nature mais dépourvu du signe en cause, ou vendu sous une autre marque, est libre à la vente pour la concurrence : mon compétiteur pourra vendre un pantalon du même genre que le mien, mais sans ma marque ! La même observation vaut pour l'ensemble des droits sur les signes distinctifs. Dans un tel système, l'atteinte à la concurrence est donc moindre ; la durée du droit exclusif pourra être pérennisée. La fonction du droit de marque suscite débat(50). La Cour de justice de l'Union européenne, compétente pour interpréter les directives d'harmonisation dont sont issus les textes nationaux, a développé une jurisprudence nourrie et évolutive. Historiquement une fonction de garantie de provenance du produit doit être prêtée à la marque(51). Pourtant, dès lors que la marque est négociable, le consommateur sera souvent dans l'ignorance de l'origine exacte du produit et de l'identité de son fabricant : à l'instar des marques de distributeur (produits marqués *Casino, Carrefour, Système U*...), la marque garantit alors l'identité de l'entreprise qui commercialise le produit et qui répond de sa qualité(52). En conséquence, au-delà d'une garantie d'identité d'origine du produit ou du service, la marque sert aujourd'hui une fonction de « communication, d'investissement et de publicité »(53). Il n'est pas vain de voir dans le droit de marque une technique juridique assurant à son titulaire la réservation des résultats d'une activité d'investissement et de promotion publicitaire sur un signe distinctif associé à un produit ou un service(54).

12. - **Fondement.** Le fondement tiré de l'idée de récompense, écho au progrès technique, ne joue pas pour la réservation des signes distinctifs. Les droits d'exploitation ne visent pas, ici, à encourager la création d'un signe mais tout au plus l'investissement publicitaire. La fonction est moins sociale que purement privée et vise bien à exclure la concurrence de l'utilisation d'un signe distinctif en lien avec le commerce d'un produit ou service. L'effet d'exclusion est topique de la propriété(55). Le rôle de l'administration consiste, dans ce domaine, à vérifier que la réservation portera bien sur des signes réellement aptes à remplir leur fonction et à conserver un registre des signes enregistrés. Dans la première loi sur les marques du 23 juin 1857, le droit exclusif était fondé sur le premier usage, sans enregistrement. On parlait d'un droit d'occupation. Les formalités de la publication des marques furent précisées dès la loi

(50) V. Y. Bazire, *Les fonctions de la marque. Essai sur la cohérence du régime juridique d'un signe distinctif*, Paris, Litec, coll. « CEIPI », 2015, préf. Y. Reboul.

(51) CJCE, 12 nov. 2002, aff. C-206/01, *Arsenal football club*, pt 51 : *Rec. CJCE* 2002, I, p. 10273. – La Cour de justice des Communautés européennes définit l'objet spécifique de la marque comme « le droit exclusif d'utiliser la marque, pour la première mise en circulation du produit et de se protéger ainsi contre les concurrents... » (CJCE, 31 oct. 1974, aff. 16/74, *Centrafarm c/ Winthrop* : *Rec. CJCE* 1974, I, p. 1183) ; la notion complémentaire de « fonction essentielle » de la marque consiste « à garantir aux consommateurs l'identité d'origine du produit » (CJCE, 23 mai 1978, aff. 102/77, *Hoffmann-La Roche c/ Centrafarm* : *Rec. CJCE* 1978, I, p. 1139). Sur ces questions, V. *infra*, n° 451.

(52) Cass. com., 3 mars 1967 : *Ann. propr. ind.* 1972, 48.

(53) CJCE, 18 juin 2009, aff. C-487/07, *L'Oréal c/ Bellure*. – V. Y. Bazire, *op. et loc. cit.* – J. Passa, *Les nouvelles fonctions de la marque dans la jurisprudence de la Cour de justice : portée ? utilité ?* : *Propr. industr.* juin 2012, n° 6, étude 11.

(54) CJUE, 22 sept. 2011, aff. C-323/09, *Interflora* : « Outre sa fonction d'indication d'origine et, le cas échéant, sa fonction publicitaire, une marque peut également être employée par son titulaire pour acquérir ou conserver une réputation susceptible d'attirer et de fidéliser les consommateurs » (pt 60 et s.).

(55) V. N. Binctin, *op. cit.*, n° 702.

du 3 mai 1890. Dans la loi du 31 décembre 1964, le droit n'est plus fondé sur l'usage, mais sur l'enregistrement(56). Le droit communautaire allait souffler sur la matière d'abord au titre de directives d'harmonisation (Dir. n° 89/104, 21 déc. 1988)(57), transposée avec la loi n° 91-7 du 4 janvier 1991, puis avec la mise en place d'un titre de l'Union avec la marque communautaire devenue marque de l'Union européenne(58).

13. – **Dénominations géographiques.** Le développement du caractère réglementaire se manifeste, surtout, à propos des dénominations géographiques. La loi du 6 mai 1919 remettait entièrement leur fixation et délimitation à l'autorité judiciaire. Mais les normes établies par le législateur étaient insuffisantes pour garantir un système de qualité. Le décret-loi du 30 juillet 1935 institua les « appellations contrôlées », à propos desquelles le pouvoir réglementaire fixait désormais par décret les aires géographiques ayant droit à l'appellation d'origine(59). Aujourd'hui, la réglementation communautaire tend à remplacer l'administration nationale, en reprenant à son compte les procédures d'enregistrement des nouveaux titres de protection communautaires(60). Le règlement n° 1151/2012 relatif aux systèmes de qualité applicables aux produits agricoles et aux denrées alimentaires réglemente la question.

§ 3. – Le droit de modèle est un droit de propriété sur l'apparence d'un produit

14. – **Le droit de modèle assure la réservation des résultats d'une activité de *design* industriel.** Le droit des dessins et modèles vise à réserver à son créateur l'apparence d'un produit dans ses lignes, contours, couleurs, forme ou texture. La matière s'attache au *design industriel* ; elle connaît une importance majeure dans les domaines de l'ameublement, de l'habillement, des objets décoratifs mais aussi de l'automobile ou de l'aéronautique pour les éléments esthétiques de carrosserie d'un véhicule ou de fuselage d'un avion. À nouveau, l'apparence d'un produit industriel traduit une activité créatrice, voisine de l'activité de recherche et développement mais néanmoins distincte : l'apparence imposée par la fonction technique du produit sera exclue du domaine des dessins et modèles, la réservation devra alors être recherchée au titre du brevet(61). Le *design industriel* révèle l'utilisation de l'art appliqué à l'industrie ; l'activité mobilise ingénieurs et *designers* et combine innovation et stratégie de marketing. Cette ambivalence retentit sur la réglementation.

(56) Un régime spécial des marques notoires se développe toutefois, qui n'est pas nécessairement fondé sur leur enregistrement.

(57) La directive n° 89/104 du 21 décembre 1988 a été remplacée par la directive n° 2008/95 du 22 octobre 2008 (*JOUE* 8 nov. 2008 et rect. *JOUE* 16 janv. 2009). La directive n° 2015/2436 du 16 décembre 2015 (*JOUE* 23 déc. 2015) se substitue aujourd'hui à ce dernier texte.

(58) La marque communautaire était aménagée par le règlement n° 2007/2009 du 13 avril 2009 (*JOUE* n° L 78, 28 mars 2009), qui a succédé au règlement n° 40/94 du 20 décembre 1993 (*JOCE* 14 janv. 1994, n° L 11). Le règlement n° 2015/2424 du 16 décembre 2015 succède à ces textes pour créer la marque de l'Union européenne (*JOUE* 24 déc. 2015). – Sur ces textes, V. *infra*, n°s 337 et s.

(59) V. S. Visse-Causse, *L'appellation d'origine*, ADEF, 2007.

(60) V. R. Harlé, *La protection des indications géographiques, son évolution et le rôle de l'AIPPI dans celle-ci*, in *Mél. Mathély*, Litec, 1990, 183.

(61) V. CPI, art. L. 511-8.

La matière est dominée par un principe dit « du cumul de protection » qui veut, depuis Pouillet, que le juge n'ait pas à se faire esthète pour distinguer l'art gratuit de l'art appliqué : les créations de forme ayant une fonction utilitaire sont protégées tout à la fois par le droit des dessins et modèles et par le droit d'auteur, au bénéfice des conditions de protection de chacun de ces droits. L'élaboration de textes propres aux modèles a été plus tardive que pour les brevets. L'enregistrement des dessins et modèles industriels fut réglementé par la loi du 14 juillet 1909, rajeunie par la loi du 26 novembre 1990. Le droit français des dessins et modèles a été refondé par l'ordonnance n° 2001-670 du 25 juillet 2001 qui a transposé la directive n° 98/71 du 13 octobre 1998. Le régime moderne des dessins et modèles reste de la sorte écartelé et emprunte confusément aux deux modèles historiques des droits d'auteur et de brevet(62). Le règlement n° 6/2002 du 12 décembre 2001 institue un titre unifié bénéficiant d'une protection uniforme sur tout le territoire de la Communauté avec le dessin ou modèle communautaire.

15. – **Code de la propriété intellectuelle.** L'ensemble des lois françaises relatives aux droits de propriété industrielle et à la propriété littéraire et artistique fut abrogé par la loi n° 92-597 du 1er juillet 1992(63), qui les a insérées dans le Code de la propriété intellectuelle, créé pour la circonstance. Les textes furent ordonnés d'une manière systématique qui dissocie la propriété littéraire et artistique (droit d'auteur et droits voisins) de la propriété industrielle, sans que leur contenu antérieur ne fût modifié. Cette « partie législative » du code est suivie d'une partie réglementaire, résultant du décret n° 95-385 du 10 avril 1995. La codification légale n'embrasse pas les arrêtés, les textes fiscaux, ou les textes d'origine communautaires, ni les dénominations géographiques. La codification sous un seul intitulé affiche l'unité d'une matière que la diversité des ramifications pouvait occulter. Il faut désormais retrouver celle-là dans les fondements de la discipline, comme apprécier la distance que peut entretenir la propriété intellectuelle avec celle du Code civil.

SECTION 2

LES DÉTERMINANTS DE LA PROPRIÉTÉ INTELLECTUELLE

16. – **Propriété intellectuelle et propriété du Code civil.** La propriété du Code civil est faite de pierres et de monnaie, d'immeubles et de créances. C'est la propriété de la bourgeoisie installée pour ses immeubles de ville ou du paysan laborieux pour son lopin de terre ; elle n'est pas conçue pour le marché où la compétition et les exigences de la liberté du commerce et de l'industrie ne s'accommodent que de mono-

(62) Le nouveau régime agglomère, bon an mal an, le principe de l'unité de l'art avec des critères de protection fondés sur la *nouveauté* ou une exigence de *caractère propre* inspirés du droit des brevets, V. CPI, art. L. 511-2, au même titre que l'exigence d'une formalité d'enregistrement, CPI, art. L. 511-9. – V. *infra*, nos 511 et s.

(63) *JO* 3 juill. 1992. – V.-L. Benabou et V. Varet (ss dir. A. Françon), *La codification de la propriété intellectuelle*, Doc. fr., 1998. – L. Benabou et B. Warufsel, *Légiférer à la sauvette... : Propr. intell.* 3/2002, p. 4.

poles limités(64). La propriété intellectuelle se rapporte au monopole d'exploitation temporaire reconnu sur une création de l'esprit humain et opposable *erga omnes*. On l'a évoqué, le Code de la propriété intellectuelle ne connaît que des régimes spéciaux de réservation, ici pour les obtentions végétales, là pour les logiciels ou les semi-conducteurs, et de nouvelles sollicitations à la protection appellent systématiquement de nouveaux textes(65). Si la cadette s'apparente par son contenu à son aînée, les règles de la propriété civiliste ont été conçues à propos de choses corporelles et c'est alors au titre d'une analogie que s'opère l'application du régime des premières aux droits intellectuels(66). Plusieurs points de démarcation peuvent être repérés et seront source de différences de régimes. Le caractère immatériel de l'objet du droit de propriété, l'origine déterminée de la propriété intellectuelle qui naît d'un acte de création ou d'une formalité de dépôt, la nécessité de définir les prérogatives légales constitutives de monopole sont autant d'éléments déterminants communs aux diverses branches de la propriété intellectuelle et qui distinguent celle-là de son aînée du Code civil. La contemplation de ces éléments doit permettre tout à la fois d'apprécier l'originalité d'une propriété qui appréhende une réalité incorporelle, mais aussi de prendre la mesure de ce qui distingue et de ce qui rassemble les divers droits de propriété intellectuelle. L'objet (§ 1), le fait générateur (§ 2), le contenu (§ 4) du droit, complété par des règles définissant le sujet du droit (§ 3) s'affichent comme autant d'éléments déterminants à l'identité des droits relevant de la propriété intellectuelle.

§ 1. – L'objet du droit de propriété intellectuelle

17. – **Une chose incorporelle.** L'objet du droit de propriété intellectuelle tient dans une chose incorporelle qui doit afficher certaines qualités. L'invention, le signe distinctif, la ligne du modèle ne seront pas confondus avec leur support corporel : les cahiers de laboratoire reproduisant les étapes de la recherche, le prototype expérimental mis au point, la feuille de papier portant le dessin final figurant le logo(67)... L'objet du droit intellectuel est insusceptible d'une appréhension physique, il est intangible, impalpable. Les règles de la propriété civiliste ont été conçues à propos de choses corporelles, le régime analogique qui gouverne à l'application des premières aux biens intellectuels marque ses limites. La caractéristique incorporelle de l'objet du droit emporte un lot de conséquences probablement sous-estimées, mais qui affecte la transposition pure et simple de mécanismes de droit réel conçus pour les choses corporelles(68). Ainsi le régime de garantie d'éviction

(64) C'est à ce titre que la propriété du Code civil nous avait paru servir de « modèle » à la propriété intellectuelle, V. J.-M. Mousseron, Th. Revet et J. Raynard, *De la propriété comme modèle*, in *Mél. Colomer*, Litec, 1993, p. 281.

(65) Ainsi des indications géographiques protégeant les produits industriels et artisanaux issues de la loi n° 2014-344 du 7 mars 2014 sur la consommation (dite loi *Hamon*. – V. *supra*, n° 3).

(66) Selon C. Perelman, « pour lui conserver sa spécificité, il faut interpréter l'analogie en fonction de son sens étymologique de proportion. Elle diffère de la proportion purement mathématique en ce qu'elle ne pose pas l'égalité de deux relations mais affirme une similitude de rapports », *L'empire rhétorique*, éd. Vrin, 1977, p. 147.

(67) La matière du droit d'auteur affiche clairement la dissociation de l'œuvre et de son support : « La propriété incorporelle définie par l'article L. 111-1 est indépendante de la propriété de l'objet matériel » : CPI, art. L. 111-3.

(68) V. F. Zenati, *Essai sur la nature juridique de la propriété, contribution à la théorie du droit subjectif*, thèse Lyon, 1981, p. 17 et s. qui pointe le polymorphisme de la propriété, le contenu de la propriété tendant à épouser le bien sur lequel porte le droit.

posé aux articles 1719 et suivants du Code civil à propos d'une chose corporelle, nécessairement exclusive, ne peut être simplement retranscrit au contrat de licence. La licence non exclusive est sans équivalent dans le monde du Code civil : la chose corporelle ne supporte qu'un seul contrat là où la chose incorporelle pourra être « occupée » simultanément par plusieurs locataires au titre de contrats distincts(69). Une autre incidence de l'incorporalité de l'objet pourrait être pointée sur le terrain du droit international privé, l'ubiquité du bien intellectuel affectant la recherche de la localisation qui préside à la règle réelle de rattachement qui privilégie la *lex rei sitae* ; cette même localisation ubiquiste a pu être avancée en justification du principe de territorialité des droits(70).

18. - **Un bien intellectuel.** Utiles et rares, les créations immatérielles nées de l'esprit humain constituent des richesses dont les applications sont autant d'utilités. Leur caractère incorporel n'empêche pas de reconnaître un bien dans l'œuvre, l'invention, le signe distinctif ou le modèle. La discussion de cette qualification est ancienne et c'est un progrès du droit des biens que de ne plus limiter l'appréhension de l'objet de la propriété aux seules choses corporelles(71). En droit civil, la richesse qui s'attache à la chose appelle comme en aimant le rapport d'appropriation : il n'est pas de richesse corporelle, mobilière ou immobilière, qui échappe à la propriété du Code civil(72). Tout autre est le contexte de la propriété intellectuelle, dérogatoire à la liberté du commerce et de l'industrie, et dont la reconnaissance légale, précisément dans un contexte dérogatoire, tient exclusivement de textes spéciaux. Il en ressort, contrairement à la propriété du Code civil, l'absence d'appropriation de la création en dehors du domaine d'application de ces textes. Il est nombre de richesses intellectuelles qui échappent à l'appropriation en l'absence de régime spécial applicable(73), ou de volonté de constituer un rapport d'appropriation opposable *erga omnes* s'agissant de droits industriels dont la naissance appelle une expression juridique de volonté (dépôt)(74) : on parle alors du savoir-faire.

(69) *Quid* encore de la délicate question tenant à la faculté pour le donneur de licence de faire concurrence à son propre licencié exclusif en l'absence de clause au contrat ? V. *infra*, n° 732.

(70) Sur ces tentatives de désignation de la loi applicable en contemplation de la localisation ubiquiste de l'objet incorporel : V. M. Vivant, *Juge et loi du brevet*, Litec, coll. « CEIPI », 1976. – J. Raynard, *Droit d'auteur et conflits de lois*, Litec, 1990.

(71) Parmi de nombreux articles et publications, V. Mousseron, *Valeurs, biens et droits*, in *Mél. A. Breton et F. Derrida*, Dalloz, 1991, p. 277. – J.-M. Mousseron, Th. Revet et J. Raynard, *De la propriété comme modèle*, in *Mél. Colomer*, Litec, 1993, p. 281 et s. – Ch. Caron, *Du droit des biens en tant que droit commun de la propriété intellectuelle* : *JCP G* 2004, I, n° 162. – P-Y. Gautier, *Propriété littéraire et artistique*, PUF, 2010, n°s 14 et s. – *Adde* C. Simler, *Droit d'auteur et droit commun des biens*, préf. C. Caron, avant-propos Y. Reboul, Litec, coll. « CEIPI », 2010.

(72) Sur la constitution automatique et directe du droit de propriété à l'égard de toute chose (corporelle) utile et rare non encore appropriée : V. F. Zenati-Castaing, *La propriété, mécanisme fondamental du droit* : *RTD civ.* 2006, p. 445 et s. ; du même avec Th. Revet, *Les biens*, préc., n° 67. – Ph. Malaurie et L. Aynès, préc., n° 9, pour qui les choses « ne sont des biens que si elles ont une valeur et sont susceptibles d'appropriation. (...) Aussi, les biens constituent toujours des droits, évaluables en argent ; le bien est donc une chose objet d'un droit ».

(73) Ainsi la fragrance d'un parfum qui procède de la simple mise en œuvre d'un savoir-faire ne constitue pas au sens des articles L. 112-1 et L. 112-2 du Code de la propriété intellectuelle la création d'une forme d'expression pouvant bénéficier de la protection des œuvres de l'esprit : Cass. 1re civ., 13 juin 2006, n° 02-44.718 : *JurisData* n° 2006-033999 ; *D.* 2006, p. 2470, note B. Edelman ; *D.* 2006, p. 2993, obs. P. Sirinelli ; *JCP G* 2006, II, 10138, note F. Pollaud-Dulian ; *Propr. intell.* 2007, n° 24, p. 367, obs. M. Vivant ; *Dr. et patrimoine* 2007, n° 156, p. 42, note J.-M. Bruguière. – Cass. com., 1er juill. 2008, n° 07-13.952 : *JurisData* n° 2008-044659 ; *D.* 2009, p. 1182, note B. Edelman ; *Comm. com. électr.* 2008, comm. 100, obs. C. Caron ; *Propr. intell.* 2008, n° 29, p. 419, obs. J.-M. Bruguière. – Cass. 1re civ., 22 janv. 2009, n° 08-11.404 : *JurisData* n° 2009-046664 ; *RIDA* 2009, n° 219, p. 371, obs. P. Sirinelli ; *RTD com.* 2009, p. 302, obs. F. Pollaud-Dulian. – Cass. com., 10 déc. 2013, n° 11-19.872. – V. F. Pollaud-Dulian, *Notion d'œuvre. Parfum. Savoir-faire. Forme d'expression* : *RTD com.* 2006, 587.

(74) V. *infra*, n°s 180 et s., les développements relatifs au fait générateur du droit de brevet.

19. – **Un bien particulier ; nouveauté et originalité.** Dérogatoire à un principe aussi fondamental que celui de la liberté du commerce et de l'industrie, un monopole légal ne peut être associé à quelque type de création que ce soit. Pour être objet d'appropriation, le bien incorporel doit afficher certaines qualités. Ainsi, pour s'attacher à la *summa divisio* de la matière, l'accession au droit d'auteur de l'œuvre de l'esprit suppose que celle-là soit jugée originale[75], alors que l'invention devra satisfaire une (première) exigence de nouveauté[76]. Entre l'originalité subjective du droit d'auteur et la nouveauté objective de l'invention, la différence de nature s'affiche entre ces deux droits. On a souvent rapproché les deux critères de protection, notamment à propos des logiciels, invitant par là, malheureusement, à méconnaître la différence méthodologique fondamentale qui sépare ces deux notions et qui rend compte de la raison même de ces deux régimes de droits[77]. Une invention est considérée comme nouvelle si elle n'est pas comprise dans l'état de la technique, ce dernier étant constitué par tout ce qui a été rendu accessible au public avant la date de dépôt de la demande de brevet[78]. La nouveauté vient de la sorte mettre en évidence un progrès technique qui signe l'obsolescence d'une technologie dépassée : en ce sens, cette recherche procède bien d'une observation objective tenant dans un écart entre l'invention revendiquée et l'état de la technique préexistant. Mais les notions d'obsolescence et de progrès apparaissent comme un non-sens lorsqu'elles viennent à être appliquées au domaine des lettres et des arts : un nouveau genre musical, une nouvelle œuvre ne rendent pas obsolètes les créations précédentes que l'on rassemblerait en une sorte « d'état de l'art antérieur »[79] ni ne caractérisent un progrès à leur égard. Dans le domaine du droit d'auteur, le droit privatif ne vient plus récompenser la divulgation d'un progrès objectif mais une démarche personnelle et à ce titre originale. C'est ce qui justifie que deux créations artistiques identiques, créées indépendamment l'une de l'autre, pourront recevoir chacune bon accueil du droit d'auteur, là où l'invention seconde en date sera immanquablement *antériorisée* par la précédente qui aura été divulguée et à ce titre privée de nouveauté[80]. Nouveauté objective et originalité subjective répondent à la promotion de deux intérêts distincts caractéristiques de la frontière du monde des techniques et de l'art, toute la philosophie des deux régimes est là[81].

(75) L'originalité tient traditionnellement dans l'empreinte de la personnalité du créateur dans son œuvre : V. C. Caron, *Droit d'auteur et droits voisins*, préc., n°s 77 et s. – P-Y. Gautier, *op. cit.*, n° 34.

(76) CPI, art. L. 611-10. La nouveauté n'épuise pas l'étude des critères de brevetabilité ; la recherche de l'activité inventive, requise des textes, procède d'une démarche analogue de comparaison objective : « Une invention est considérée comme impliquant une activité inventive si, pour un homme de métier, elle ne découle pas de manière évidente de l'état de la technique (...) ».

(77) Considérant la petite monnaie de la matière ou la spécificité de certaines œuvres (logiciels), la doctrine contemporaine du droit d'auteur atténue, sinon récuse la distinction entre les notions : V. P.-Y. Gautier, *op. cit.*, n° 35. – C. Caron, *Droit d'auteur et droits voisins*, Litec, 2009, n° 84. – M. Vivant et J.-L. Bruguière, *op. cit.*, n° 205. – N. Binctin, *Propriété intellectuelle*, LGDJ, 2010, n° 30. – A. et H.-J. Lucas et A. Lucas-Schloetter, *op. cit.*, n° 118.

(78) Sur cette question, V. *infra*, n°s 92 et s.

(79) Sur une réflexion, non juridique, sur les différents processus de créations : V. G. Steiner, *Grammaires de la création*, NRF, coll. « Essais », 2001.

(80) Même si le raisonnement paraît « à la marge », A. et H.-J. Lucas et A. Lucas-Schloetter, *op. cit.*, n° 118, il n'en reste pas moins fondateur.

(81) Réduire l'originalité à une forme de nouveauté signerait le deuil du droit d'auteur français tel qu'il est compris depuis la loi du 11 mars 1957.

§ 2. – Le fait générateur du droit de propriété intellectuelle

20. – **Origine de la propriété du Code civil.** La prise en compte du fait générateur du droit a longtemps été méconnue par l'analyse. Il est vrai que s'agissant de la propriété corporelle, immobilière notamment, la recherche de l'origine du droit renverrait aux temps immémoriaux où celui qui, le premier, a clos son champ pour en revendiquer l'exclusivité, a vu sa prétention légitimée par le groupe social… *probatio diabolica* dont s'exonérera le notaire, rédacteur de l'acte de vente immobilière, au bénéfice de la recherche d'un temps de possession trentenaire synonyme de prescription acquisitive(82). La preuve de l'origine de la propriété du Code civil se ramène à la preuve de son acquisition, et de sa possession paisible par ceux dont on tient le droit. Le Code civil n'incite guère à l'étude de ce facteur, pourtant déterminant à la propriété intellectuelle.

21. – **Origine de la propriété intellectuelle : création ou dépôt.** La propriété intellectuelle révèle cette particularité du droit des biens qui voit la richesse associée à une production intellectuelle apparaître à un moment donné et le droit privatif suivre, plus ou moins simultanément. Le droit d'auteur esquive la réflexion sur ce thème en regard de la polysémie du terme de création, ce dernier renvoyant moins à l'acte créatif constitutif du droit qu'à l'œuvre qui en résulte(83). Le droit de brevet (comme le droit de marque et le droit sur un modèle), en revanche, naît de l'expression juridique d'une volonté : l'acte de dépôt de la demande de brevet (et pas de la décision administrative de délivrance comme un observateur non averti le pressentirait à tort)(84). Le savoir-faire non déposé reste non breveté ; à ce titre il n'est pas l'objet d'un monopole d'exploitation opposable *erga omnes* : la situation, inédite en droit civil, révèle l'existence d'une richesse non appropriée et met à jour en notre matière la possible dissociation de la richesse et du droit privatif, la possible existence de la première sans le second. Le maintien du secret qui entourera le savoir-faire non déposé permettra encore de lutter contre les captations dont celui-ci sera l'objet mais au titre des seuls mécanismes de la responsabilité civile, ou d'incriminations pénales spéciales(85). La nécessité d'un acte de dépôt à la naissance du droit privatif rassemble les droits de propriété industrielle (brevets, marques, modèles) et démarque, à nouveau, cette famille du domaine du droit d'auteur comme de la propriété civiliste.

22. – **Analyse de l'acte de dépôt.** Le dépôt de la demande de brevet a été analysé comme un acte juridique unilatéral d'appropriation d'un bien sans maître(86). Cette conclusion gagne à être étendue à l'ensemble des droits industriels, droit des

(82) V. F. Zenati-Castaing et Th. Revet, *Les biens*, préc., n° 222. – Ph. Malaurie et L. Aynès, *Droit civil. Les biens*, préc., n°s 610 et s.

(83) V. CPI, art. L. 111-1, qui prévoit que le droit d'auteur existe du seul fait de la création, spécialement sans aucune formalité de dépôt.

(84) V. CPI, art. L. 611-1 et L. 611-3.

(85) Les investisseurs industriels souhaitant conserver l'avantage intellectuel de l'invention opteront pour ce régime où l'exclusivité intellectuelle est nécessaire à l'exclusivité économique, V. J. Raynard, *Retour sur le savoir-faire non breveté*, in *Mél. G. Bonnet*, Litec, 2010, p. 447 et s.

(86) V. J.-M. Mousseron, *Le droit du breveté d'invention, contribution à une analyse objective*, LGDJ, 1961. – V. *infra*, n°s 180 et s.

marques ou des modèles, pour les formalités de dépôt que connaissent ceux-ci. Elle met à jour l'origine privée de ces droits, assurant leur qualification en termes de rapports de droit privé. L'étude suggère d'observer dans le fait créatif de l'œuvre de l'esprit un fait juridique à l'origine du droit de propriété littéraire et artistique. La propriété intellectuelle révèle la possibilité de scruter la naissance du droit privatif, occurrence inimaginable pour la propriété du Code civil. La circonstance influence les mécanismes de désignation du premier titulaire du droit.

§ 3. – Le titulaire du droit de propriété intellectuelle

23. – **Créateur et déposant.** C'est sur le terrain du sujet du droit de propriété intellectuelle que s'expriment sans doute le plus nettement les deux logiques qui écartèlent la matière. Pour les premiers textes révolutionnaires qui affirmaient le droit de propriété de l'auteur et de l'inventeur, droits d'auteur et de brevet reviennent naturellement au géniteur du nouveau bien ; en ce sens, ces textes marquaient une rupture avec le droit antérieur fondé sur l'idée de privilèges accordés par le souverain aux éditeurs ou manufacturiers. L'analyse du droit des biens rend compte du mécanisme qui déclare propriétaire le créateur, premier maître légitime d'une richesse issue d'une force de travail ou d'une organisation industrielle (*Is quid fecit*)[87]. La propriété intellectuelle restitue cette logique : le droit d'auteur né d'un fait de création revient au seul auteur créateur, comme le droit *au* brevet revient à l'inventeur[88]. Mais la dissociation de l'acte de mise au point de l'invention avec la naissance du droit privatif, consécutif au dépôt d'une demande, permet de légitimer le dépôt du droit industriel par quelqu'un d'autre que l'inventeur (qui sera « l'ayant cause » de ce dernier) : le breveté ne sera donc pas toujours l'inventeur[89]. En droit positif français, le seul fait d'inventer ne crée aucun droit privatif. Le régime particulier de créations réalisées dans un cadre de subordination accuse encore la fracture entre les deux droits majeurs de la propriété intellectuelle.

24. – **Créations et inventions de salariés.** Le thème des biens intellectuels générés sous contrat de travail restitue bien la *summa divisio* précédemment évoquée. Le droit commun commande l'attribution à l'employeur des résultats de l'activité salariée : le paiement du salaire justifie cette conséquence[90]. La logique d'entreprise qui prévaut au droit de brevet s'inscrit dans cette ligne. Le droit de brevet sur l'invention réalisée par l'ingénieur dans le cadre de son contrat de travail (comportant mission inventive) revient au seul employeur, tout au plus le paiement d'une rémunération supplémentaire exprime-t-elle en terme de prime de résultat la reconnaissance d'un système capitaliste à l'endroit du salarié chercheur[91]. Le lien de subordination et la

(87) V. F. Zenati et Th. Revet, *Les biens*, préc., n° 2, p. 20. – *Adde* Th. Revet, *La force de travail*, Litec, 1992. – S. Becquet *Le bien industriel*, LGDJ, 2005.

(88) V. CPI, art. L. 111-1 et L. 611-6.

(89) Si l'inventeur a, de par la loi, le droit premier de déposer un brevet sur son invention, il peut affecter ce « droit » à autrui (son ayant cause) : mais seul le dépôt du brevet (par l'ayant cause) fait naître le droit de propriété. – V. *infra*, n°s 251 et s.

(90) V. Th. Revet, *La force de travail*, préc.

(91) CPI, art. L. 611-7 – V. *infra*, n°s 256 et s.

logique causaliste du paiement du salaire rendent compte de cette affectation. L'humanisme du droit d'auteur récuse cette logique : l'œuvre créée sous contrat de travail reste acquise au salarié[92]. Le fait de création sublime le contrat de travail. Cette posture dogmatique contrecarre l'adaptation du droit d'auteur au droit de l'entreprise et reste source de difficultés d'application quotidiennes et de contentieux[93] ; concrètement elle légitime aussi nombre de dérogations alors proprement défavorables au salarié : ainsi du régime des logiciels créés dans le cadre du contrat de travail[94]. Étrange paradoxe pour ces dernières créations qui, à maints égards, voit le salarié créateur mieux traité par le système des brevets, en regard de la revalorisation jurisprudentielle du *quantum* de la créance de rémunération supplémentaire allouée[95], que par le droit d'auteur qui ignore le principe d'une telle rémunération.

§ 4. – Le contenu du droit de propriété intellectuelle

25. – **Distinction avec la propriété corporelle ; monopole et prérogatives.** Le contenu du droit de propriété intellectuelle tient dans un monopole d'exploitation constitué de prérogatives légales qui réservent à l'auteur comme au breveté ou au propriétaire de la marque certaines des utilités économiques de la chose. De la sorte, les prérogatives légales visent des actes d'exploitation déterminés dont la pratique est interdite à tous, sauf autorisation du titulaire du droit. À nouveau, c'est la nature incorporelle de l'objet du droit qui induit une divergence conceptuelle avec la propriété corporelle dans la définition du contenu du droit. S'agissant de la propriété des choses tangibles, l'emprise juridique s'identifie à l'emprise matérielle de la chose objet du droit au point que l'on parle *d'incorporation* du droit dans son objet. Dans les limites de la chose, la propriété du Code civil est par nature illimitée, ce qui la rend incompatible avec une addition de prérogatives[96] : le propriétaire de la chose (corporelle) peut tout faire sur la chose dans les limites de la chose. S'agissant de la propriété intellectuelle, cette situation n'est plus de mise : le contenu du droit ne peut plus se déduire de la chose par nature immatérielle et passe par la définition des prérogatives effectivement réservées au titulaire du monopole. La propriété intellectuelle apparaît de la sorte à l'état nu, impudique, sans pouvoir se dissimuler derrière le substrat corporel qu'elle épouse dans la propriété corporelle. Le Code civil n'éprouvait pas le besoin de définir les prérogatives concrètes du pro-

(92) CPI, art. L. 111-1.

(93) La réforme, sinon la réflexion sur ce régime, est régulièrement appelée des vœux des auteurs : V. Ch. Caron, *Pour une réforme de la création salariée en droit d'auteur* : *JCP* G 2007, hors-série, p. 18.

(94) V. CPI, art. L. 113-9, qui opère dévolution à l'employeur des droits sur les logiciels créés par les salariés dans l'exercice de leurs fonctions ou d'après les instructions de leur employeur, alors sans indemnité.

(95) V. Cass. com., 21 nov. 2000 : *il ne résulte d'aucun texte légal ou conventionnel que la rémunération due au salarié, auteur d'une invention de mission, doive être fixée en fonction de son salaire* : D. 2002, somm. p. 1188, J. R. ; *JCP* E 2001, p. 275, J.-C. Galloux. – La jurisprudence postérieure nourrit l'incertitude et l'insécurité sur le montant et le régime de cette rémunération : V. *infra*, n°s 272 et s.

(96) V. J. Carbonnier, *Droit civil. Les biens*, préc., n° 25. – F. Zenati et Th. Revet, *op. cit.*, n° 192. Il paraît dès lors difficile, sinon impossible de définir la propriété (corporelle) car le droit qu'elle engendre se confond avec la chose elle-même. En ce sens l'article 544 du Code civil déclare que « la propriété est le droit de jouir et disposer des choses de la manière la plus absolue, pourvu qu'on n'en fasse pas un usage prohibé par les lois ou par les règlements ». À raison de la plénitude du contenu de la propriété (corporelle), on en déduira qu'il ne peut y avoir de définition positive de celui-ci : V. Ch. Grzecorczyk, *Le concept de bien juridique, l'impossible définition* : *Arch. phil. dr.* 1979, t. XXIV, p. 268 et s.

priétaire là où le Code de la propriété intellectuelle doit énumérer celles-ci en pointant ici le droit de reproduction, là le monopole de fabrication, d'offre ou de mise dans le commerce pour caractériser le contenu du rapport juridique réservé au propriétaire. Le comportement du tiers mettant en cause l'œuvre ou l'invention mais qui échappera auxdites prérogatives ne sera pas reprochable pour cette raison d'évidence qu'il n'empiétera pas sur le monopole.

26. - **Analyse du rapport de droit engendré par le monopole : théories proposées.** Bien que des monopoles sur des créations nouvelles ou des signes distinctifs soient connus depuis longtemps, c'est seulement au XIXe siècle que Kohler et Picard ont perçu la fondamentale homogénéité des droits portant sur des créations intellectuelles et leur spécificité par rapport aux anciennes formes de propriété portant sur des choses corporelles. Prenant en compte la nature immatérielle de leur objet, ces auteurs les considéraient comme des droits *sui generis* de nature patrimoniale en parlant de *droits intellectuels*(97). Roubier a également proposé de les ériger en une troisième catégorie, à côté de celles, classiques, des droits réels et des droits personnels : il s'agirait de *droits de clientèle*, en considération du rôle attractif qu'ils jouent dans l'exploitation d'un fonds de commerce(98). La doctrine moderne a reproché à ces théories leur excessive généralité et leur construction basée sur la contemplation de l'objet du droit ou de la fonction des droits étudiés, plutôt que de se concentrer sur le contenu du rapport juridique institué(99). Privilégiant ce dernier aspect, on reconnaîtra dans le rapport de droit constitué par le monopole d'exploitation sur les utilités de tels biens les caractéristiques du droit de propriété.

27. - **Synthèse ; les droits de propriété intellectuelle sont des droits de propriété.** Les créations immatérielles nées de l'esprit humain (invention, signe ou modèle, œuvre littéraire ou artistique) sont susceptibles d'emplois divers et objets de négoce. Utiles et rares, ces créations constituent des richesses dont les applications sont autant d'utilités(100). On reconnaîtra dans pareilles créations intellectuelles de véritables biens, au sens du droit civil(101). La loi instaure un rapport de droit dont la consistance tient dans un monopole d'exploitation de ces utilités défini au moyen de prérogatives légales réservées au créateur ou à son ayant cause. De la sorte les droits de propriété intellectuelle établissent un rapport direct et immédiat(102) d'un titulaire légal sur une création intellectuelle. Ce rapport de droit doit être qualifié en terme de droit réel, ce dernier étant caractérisé par « le pouvoir juridique qu'a une personne de retirer directement tout ou partie des utilités économiques d'une chose »(103). Le droit d'interdire qui résulte de la conjonction des prérogatives légales

(97) E. Picard, *Le droit pur*, Bruxelles-Paris, 1899, p. 121, repris par A. Colin, H. Capitant et Juliot de la Morandière dans *Le cours de droit civil français*, 11e éd., 1947, t. 1, n° 127 et J. Dabin, *Les droits intellectuels comme catégorie juridique : Rev. crit. législ. jurispr.* 1939, p. 413. – J. Köhler les qualifiait de « droits immatériels » – *Immaterialgüterrechte : Forschungen aus dem Patentrecht*, Mannheim, 1888, p. 116 – *Handbuch des deutschen Patentrechts*, Mannheim, 1900, p. 58. – V., sur la corde raide entre droits intellectuels et propriété, F. Pollaud-Dulian, *La propriété industrielle*, préc., n° 39.

(98) P. Roubier, *Droits intellectuels et droits de clientèle : RTD com.* 1935, p. 288.

(99) V. Mousseron, Th. Revet et J. Raynard, *De la propriété comme modèle*, in *Mél. Colomer*, Litec, 1993, p. 281 et s.

(100) V. Mousseron, *Valeurs, biens et droits*, in *Mél. Breton et Derrida*, Dalloz, 1991, p. 281 et s.

(101) V. F. Zenati-Castaing et Th. Revet, *Les biens*, préc., nos 2 et s.

(102) C'est-à-dire sans l'intervention intermédiaire d'un débiteur.

(103) J. Carbonnier, *Droit civil*, *op. cit.*, n° 38. – B. Starck, *Introduction au droit*, 5e éd. par H. Roland et L. Boyer, Litec, 2000, n° 1183. Selon un autre auteur, les éléments constitutifs du droit de propriété consistent dans la jouissance et la dispo-

et de l'exclusivité du rapport de droit, opposable *erga omnes*, établi sur l'objet incorporel identifie un rapport d'appropriation[104], quel que soit le régime de propriété intellectuelle considéré, droit d'auteur compris. La protection du rapport d'exclusivité est assurée par la reconnaissance au profit du titulaire du droit d'actions et de procédures spécifiques telles que l'action en contrefaçon, distincte de l'action en concurrence déloyale[105], l'action en interdiction provisoire ou la saisie-contrefaçon, moyen destiné à faire la preuve de l'empiétement non autorisé sur le monopole. Ces caractéristiques permettent de retenir pour l'ensemble des droits de propriété intellectuelle la qualification de droits de propriété.

28. – **Une qualification unitaire reçue.** Si la qualification de droit de propriété est aisément reçue par les auteurs de propriété industrielle pour les brevets, marques ou modèles[106], comme par la doctrine civiliste de droit des biens[107], une doctrine éminente de droit d'auteur reste rétive à cette reconnaissance[108], sinon même à reconnaître l'unité notionnelle de la propriété intellectuelle[109]. Les textes modernes ne s'y trompent pas qui envisagent du même pas le régime de l'ensemble des droits de la propriété intellectuelle pour affirmer la similitude du rapport de droit institué par ceux-ci : ainsi la loi du 1er juillet 1992 institue le *Code de la propriété intellectuelle*[110] qui rassemble l'ensemble des branches évoquées jusqu'ici, la directive n° 2004/48 du 29 avril 2004 relative au respect des droits de propriété intellectuelle, transposée par la loi du 29 octobre 2007 de lutte contre la contrefaçon, unifie, sous réserve de quelques particularismes, les règles concernant la compétence juridictionnelle, la prescription, la saisie-contrefaçon, les moyens d'obtenir l'interdiction provisoire, le régime des réparations ou les mesures complémentaires telles que le droit à l'information[111]. La reconnaissance de l'unité de la famille va de pair avec la qualification du droit de propriété. La propriété intellectuelle est reconnue au titre de la Convention européenne de sauvegarde des droits de l'homme et des libertés fondamentales du 4 novembre 1950, qui garantit en substance le droit

sition d'un bien, facultés que détient incontestablement le titulaire d'un droit de propriété intellectuelle : F. Zenati, *Essai sur la nature juridique de la propriété, contribution à la théorie du droit subjectif*, thèse Univ. Lyon III, 1981, t. 2, n° 310, p. 413. – J. Raynard, *Droit d'auteur et conflits de lois*, préf. M. Vivant, Litec, 1990, p. 333, nos 367 et s. – P. Catala, *La propriété de l'information*, in *Mél. P. Raynaud*, Dalloz et Sirey, 1985, p. 97. – J.-M. Mousseron, J. Raynard et Th. Revet, *De la propriété comme modèle*, in *Mél. Colomer*, Litec, 1993, 281-330. – M. Vivant, *An 2000 : L'information appropriée ?*, in *Mél. Burst*, Litec, 1997, 651. – M. Vivant (ss dir.), *Les créations immatérielles et le droit*, Ellipses, 1997. – On a également discuté du caractère temporaire de telles propriétés : V. not. R. Franceschelli, *Nature juridique des droits de l'auteur et de l'inventeur*, in *Mél. P. Roubier*, Dalloz et Sirey, 1961, t. 1, p. 453. Mais ce caractère n'affecte en rien la relation directe du sujet de droit sur la chose, objet du droit.

(104) V. F. Zenati-Castaing et Th. Revet, préc., n° 194.

(105) Roubier, *Distinction entre l'action en contrefaçon et l'action en concurrence déloyale* : *RTD com.* 1952, p. 161 et s. – J. Schmidt (avec le même intitulé) : *RTD com.* 1994, p. 455 et s.

(106) V. réf. déjà citées. Cette analyse sera déclinée à l'occasion de l'étude de chacun des droits industriels envisagés au présent ouvrage.

(107) V. F. Zenati-Castaing et Th. Revet, préc., nos 64 et s. – F. Zenati, *L'immatériel et les choses, le droit de l'immatériel* : *Arch. phil. dr.* 1999, t. 43, p. 80. – Ph. Malaurie et L. Aynès, *Droit civil. Les biens*, préc., nos 206 et s.

(108) V. *supra*, n° 4.

(109) V. Ph. Gaudrat, *Pour une propriété intellectuelle épurée*, in *Mél. A. Lucas*, LexisNexis, 2014, p. 326 et s.

(110) V. *supra*, n° 15. – La loi du 11 janvier 1991 sur les marques avait déjà marqué le rapprochement de cette réglementation avec le droit de brevet, V. Foyer : *ALD* 1991, p. 61. Il en est de même de l'ordonnance du 25 juillet 2001 sur les dessins et modèles. – V. J. Raynard, *Du nouveau droit français des dessins et modèles* : *Propr. industr.* 2002, n° 1.

(111) V. *JO* 30 oct. 2005, n° 252, p. 17775.

de propriété corporelle comme incorporelle[112]. La Cour européenne des droits de l'homme a consacré le droit de brevet[113] et le droit de marque[114] au rang de « biens » au sens de l'article 1er du premier protocole de la Convention européenne de sauvegarde des droits de l'homme, avant de considérer qu'il en allait de même pour une œuvre de l'esprit, protégée par le droit d'auteur[115]. Le Conseil constitutionnel indiquait, à propos du droit d'auteur, que « la propriété figure au nombre des droits de l'homme consacrés par l'article 2 de la Déclaration de 1789 »[116]. La propriété intellectuelle est nommément reconnue par la Charte des droits fondamentaux communautaire du 18 décembre 2000, immédiatement après la proclamation de la protection de la propriété (art. 17-2).

29. – **Plan du manuel.** Le présent manuel est dédié à l'étude de la propriété industrielle. Le cheminement introductif a révélé diverses ramifications d'une même propriété, encore celle-là présente-t-elle quelques particularités en regard de son aînée du Code civil. L'identité de chacun des droits industriels doit être précisée (Première partie) ; la qualification commune qui réunit cette famille de droits justifie l'unité de régime : l'étude des modalités d'exploitation de ces droits sera donc menée du même pas pour l'ensemble de ceux-là (Deuxième partie).

(112) En ce sens, la Cour de cassation retient que le monopole légal de l'auteur sur son œuvre est une propriété incorporelle, garantie au titre du droit de toute personne physique ou morale au respect de ses biens : Cass. 1re civ., 13 nov. 2003 : *D.* 2004, p. 200, note N. Bouche ; *Contrats, conc. consom.* 2004, n° 2, note C. Caron ; *JCP* G 2004, II, 10.080, note Ch. Geiger.

(113) Comm. EDH., 4 oct. 1990, n° 12633/87, *Smith Kline et French Laboratories Ltd. c/ Pays-Bas*, DR 66, 70.

(114) CEDH, 11 oct. 2005, *Anheuser-Busch Inc. c/ Portugal* : *JCP* G 2006, I, 109, obs. Sudre. – *Adde* dans la même affaire CEDH, Gde ch., 11 janv. 2007, n° 73049/01 : *Comm. com. électr.* mai 2007, n° 5, obs. C. Caron.

(115) CEDH, 29 janv. 2008, n° 19247/03, arrêt *Balan c/ Moldavie* : *Propr. intell.* 2008, n° 28, p. 338, obs. J.-M. Bruguière.

(116) Cons. const., 27 juill. 2006, consid. 15 : *JO* 3 août 2006, p. 11541. – V. M. Vivant, *Et donc la propriété littéraire et artistique est une propriété* : *Propr. intell.* 2007, n° 23, p. 193.

PREMIÈRE PARTIE

L'IDENTITÉ DES DROITS DE PROPRIÉTÉ INDUSTRIELLE

30. – **Délimitation de l'étude, méthodologie.** Les propos introductifs ont dégagé quatre éléments jugés déterminants dans la compréhension des éléments de différenciation des divers monopoles intellectuels regroupés dans la famille des droits de propriété industrielle : l'objet, le fait générateur, le sujet et le contenu du droit seront de la sorte scrutés pour chacun des monopoles étudiés. Se concentrant sur les régimes majeurs, l'observation envisagera successivement l'identité du droit de brevet (Titre 1), du droit de marque (Titre 2), enfin du droit de modèle (Titre 3).

TITRE 1

L'IDENTITÉ DU DROIT DE BREVET

31. - **Outil d'incitation à la recherche-développement.** Le brevet d'invention est traditionnellement pensé comme un outil d'incitation à l'innovation technologique devant conduire au progrès technique, ce dernier étant lui-même une source de progrès économique[1] et de bien-être social[2]. L'incitation à l'innovation passe, juridiquement, par la reconnaissance d'une exclusivité d'une durée limitée dans le temps pendant laquelle le breveté pourra rentabiliser ses dépenses de recherche-développement par la commercialisation non concurrentielle des résultats de la recherche[3]. Si, sur un plan juridique, la conception communautaire de la justification du brevet réside dans la récompense d'un effort créateur[4], une partie de la doctrine française relève, à juste titre, que tel n'est pas le cas dans la mesure, notamment, où le droit est accordé au déposant qui n'est pas nécessairement l'inventeur[5]. L'examen du régime des brevets d'invention tend, au contraire, à montrer que la récompense vise la divulgation des moyens de l'invention et, en conséquence, que la fonction juridique du brevet est d'inciter à l'accroissement de la connaissance technique accessible à tous[6].

32. - **Brevet et intérêt général.** L'intérêt général est souvent présenté comme la justification première de l'existence des propriétés intellectuelles en général[7] et du droit de brevet en particulier[8]. La prise en compte de l'intérêt général ne

(1) J.-M. Mousseron, *Traité des brevets*, Librairies techniques, 1984, n° 7, p. 11.

(2) V. Accord ADPIC, art. 7 : « La protection et le respect des droits de propriété intellectuelle devraient contribuer à la promotion de l'innovation technologique et au transfert et à la diffusion de la technologie, à l'avantage mutuel de ceux qui génèrent et de ceux qui utilisent des connaissances techniques et d'une manière propice au bien-être social et économique, et à assurer un équilibre de droits et d'obligations ».

(3) Pour une comparaison avec l'approche des systèmes socialisants, V. M. Hiance et Y. Plasseraud, *La protection des inventions en URSS et dans les républiques populaires d'Europe*, Litec, coll. « CEIPI », 1969. – *Adde* pour une analyse économique, M. Trometter, *Propriété intellectuelle et intérêt général : que peut dire un économiste, in* B. Remiche, *Brevet, innovation et intérêt général*, Larcier, 2007, p. 499.

(4) CJCE, 31 oct. 1974, aff. 15/74, *Centrafarm/Sterling Drug : Rec. CJCE* 1974, I, p. 1147.

(5) J. Passa, *Droit de la propriété industrielle*, LGDJ, 2013, t. 2, n° 12. – *Adde*, J. Schmidt-Szalewski et J.-L. Pierre, *Droit de la propriété industrielle*, Litec, 4e éd., 2007, n° 42 qui relève que « le brevet d'invention n'est pas, en droit français, une "récompense" de l'inventeur, qui serait attachée immédiatement au fait d'inventer ».

(6) J. Passa, *ibid.*

(7) B. Warusfel, *La propriété intellectuelle comme politique publique*, in *Le droit de la propriété intellectuelle dans un monde globalisé*, LexisNexis, 2013, p. 393.

(8) Il reste que la définition de l'intérêt général n'est pas unique, C. Noazaradan, *Brevet et intérêt général, in* B. Remiche (ss dir.), *Brevet, innovation et intérêt général, op. cit.*, p. 454. – Sous un angle philosophique, on pourrait alors voir dans le système du brevet ce que Mme Buydens appelle la manifestation d'un utilitarisme individualiste qui consiste à définir l'intérêt général à atteindre comme la somme des intérêts individuels de nature essentiellement matérielle (le bien-

réside pas seulement dans l'objectif à atteindre, mais aussi dans les limites fixées au droit, que ce soit dans les modalités de sa naissance ou dans l'exercice des prérogatives qu'il confère à son titulaire[9]. Ainsi, dans la perspective d'un accès de tous au progrès technique attendu du brevet, le titulaire du droit est astreint à une – très peu contraignante – obligation d'exploitation de l'invention[10] et son monopole est limité dans le temps[11]. D'autres limites sont également issues de l'articulation entre le droit de brevet et le droit de la concurrence[12]. Il reste que le droit des brevets fait, régulièrement, l'objet de critiques. Certaines sont structurelles et sont dirigées, par exemple, contre l'extension du domaine de la protection, notamment dans le domaine du vivant[13]. D'autres portent sur l'usage, parfois abusif, du brevet[14].

33. – **Plan.** L'identité du droit de brevet doit être appréciée en contemplation successive de l'objet du droit de brevet (Chapitre 1), du fait générateur de ce droit constitué du dépôt d'une demande devant l'office compétent (Chapitre 2), du titulaire du droit (Chapitre 3) enfin de son contenu (Chapitre 4).

être matériel) et qui peut être réalisé par un encouragement au progrès par le mécanisme de la propriété, M. Buydens, *La propriété intellectuelle. Évolution historique et philosophique*, Bruylant, 2012, p. 352 et s.

(9) Sur l'exploitation, V. par ex. M. Sabatier, *L'exploitation des brevets d'invention et l'intérêt général d'ordre économique*, Litec, coll. « CEIPI », 1976.

(10) V. *infra*, n°s 329 et s.

(11) V. *infra*, n° 309.

(12) Sur la question de l'épuisement du droit, V. *infra*, n°s 656 et s.

(13) Sur la protection du vivant, V. *infra*, n°s 76 et s.

(14) D'une manière générale, V. J.-P. Gasnier et N. Bronzo (ss dir.), *Les nouveaux usages du brevet : entre innovation et abus*, PUAM, 2014. – Sur la question de l'abus dans la pratique du dépôt, V. J.-Ch. Galloux, *L'exemple du marché du médicament*, in *Propriété intellectuelle et concurrence : pour une réconciliation*, LexisNexis, coll. « IRPI », 2012, p. 141. – R. Kovar, *Les innovations abusives : à la croisée des droits de la propriété intellectuelle et de la concurrence*, in *Mél. G. Bonet*, LexisNexis, coll. « IRPI », 2012, p. 315. – J. Azéma, *L'abus dans l'obtention du droit de brevet*, *op. cit.* – L. Marino, *Les patent thickets : du bouillon de l'innovation à la poudrière* : *RLDI* 2014/101, n° 3365. – Sur la question de l'abus dans la mise en œuvre des prérogatives conférées par le brevet et notamment le *patent trolling*, V. Ch. Le Stanc, *Les malfaisants lutins de la forêt des brevets : à propos des patent trolls* : *Propr. industr.* 2008, étude 3 ; *L'abus dans l'exercice du droit de brevet : les « patent trolls »* : *Propr. industr.* 2010, dossier 8. – R. L. Stoll, *Les trolls de brevets : amis ou ennemis* : *OMPI Magazine* avr. 2014, p. 21. – On observera que cette activité avait déjà attiré l'attention d'économistes au XIXe siècle. Ainsi Jules Dupuit écrivait-il : « Des compagnies se forment ; elles achètent le plus grand nombre possible de brevets relatifs à une certaine industrie, puis elles font parcourir les usines par des agents qui découvrent facilement des points de ressemblance, des analogies avec les procédés dont la compagnie est propriétaire et alors, sous menace d'un procès, on obtient une redevance même de celui qui, légalement, n'en doit pas, mais qui préfère sacrifier une somme d'argent que de s'exposer aux ennuis », J. Dupuit, *Du principe de propriété, le juste – l'utile*, cité par M. Buydens, *op. cit.*, p. 421. – V. toutefois *contra*, N. Binctin, *Droit de la propriété intellectuelle*, LGDJ, 3e éd., 2014, n° 1119.

CHAPITRE 1

L'OBJET DU DROIT DE BREVET

34. - **Définition du brevet.** Le brevet est un titre[(1)] délivré par une autorité publique qui confère à son titulaire un droit exclusif d'exploitation territorial et limité dans le temps sur l'invention qui en est l'objet en échange de la révélation des moyens qui la composent.

L'autorité publique à l'origine de la délivrance est une administration française, l'Institut national de la propriété industrielle (INPI), ou une autorité reconnue par la France, l'Office européen des brevets (OEB). Le droit exclusif d'exploitation conféré par le brevet (CPI, art. L. 611-1) n'a qu'une portée territoriale en ce sens que l'invention est protégée sur le seul territoire de l'État qui a délivré le titre ou de l'État désigné dans la demande de brevet européen[(2)]. L'exclusivité conférée par le brevet est également limitée dans le temps (CPI, art. L. 611-2). Ainsi, au terme d'une période de vingt ans à compter du dépôt de la demande de brevet[(3)], l'invention tombe dans le domaine public et, ne faisant plus l'objet d'aucune exclusivité, peut être exploitée librement par tous. La contrepartie essentielle de cette exclusivité tient dans la révélation des moyens de l'invention[(4)] et permet d'exprimer la fonction du droit de brevet[(5)].

35. - **Nature juridique du brevet.** La nature juridique du droit de brevet a fait l'objet d'appréciations diverses au fil du temps. Alors que la loi du 7 janvier 1791 désignait le brevet comme un droit de propriété[(6)], la doctrine a, ensuite, proposé des catégories juridiques nouvelles propres à accueillir les droits de propriété intellectuelle en général et le brevet en particulier. Ressortissant, par exemple, à la catégorie des « droits intellectuels »[(7)] – caractérisés par la nature incorporelle des objets

(1) Le terme de brevet couvre en réalité deux notions différentes : le droit sur l'invention et le titre qui le formalise et qui se compose des éléments de la demande et du rapport de recherche, V. J. Foyer et M. Vivant, *Le droit des brevets*, PUF, 1991, p. 260.

(2) Sur la territorialité du brevet, V. *infra*, n° 308.

(3) Pour le seul brevet *stricto sensu*.

(4) Ce qui justifie la condition de suffisance de description dont la méconnaissance peut entraîner le rejet de la demande de brevet comme, dans une certaine mesure, l'annulation du titre délivré par le juge, V. *infra*, n° 197.

(5) V. *supra*, n° 31.

(6) Art. 1 : « Toute découverte ou nouvelle invention, dans tous les genres d'industrie, est la propriété de son auteur ; (...) ».

(7) Pour une présentation des auteurs étrangers ayant opté pour cette qualification, V. J.-M. Mousseron, *Traité des brevets*, *op. cit.*, n° 51. – On retrouve encore cette qualification chez les auteurs contemporains non spécialistes de la propriété intellectuelle, V. F. Terré et Ph. Simler, *Les biens*, Dalloz, 9e éd., 2014, n° 63.

protégés – en passant par celle des droits de clientèle de Roubier[(8)] – caractérisés par leur finalité économique de recherche et de conservation d'une clientèle – le brevet a également pu être analysé comme un contrat entre l'inventeur et la société[(9)], ce qui est fortement évocateur au regard de la fonction du droit. C'est à Mousseron que l'on doit d'avoir démontré que le brevet est un droit réel et spécialement un droit de propriété[(10)]. Le droit de brevet adopte le modèle de la propriété des choses corporelles auquel il emprunte, d'ailleurs, ses invariants : l'objet du droit est un bien et le contenu du droit est constitué du pouvoir exclusif et absolu d'interdire[(11)].

36. – **Sources internationales[(12)]. Traités généraux.** Les brevets d'invention sont, tout d'abord, régis par des traités internationaux qui concernent l'ensemble des droits de propriété industrielle. À ce titre, la Convention d'Union de Paris du 20 mars 1883[(13)], qui regroupe plus de cent soixante-dix pays, pose trois principes fondamentaux : l'assimilation de l'unioniste au national (CUP, art. 2), qui assure, dans chaque pays, à tous les ressortissants d'un État membre de l'Union un traitement équivalent à un national ; le droit de priorité (CUP, art. 4), qui permet de bénéficier d'un délai de douze mois après le dépôt d'une première demande de brevet sur une invention pour déposer des « demandes réflexes » sur la même invention dans les autres pays de l'Union sans qu'il soit possible de se voir opposer un dépôt ou une divulgation intervenu dans cette période ; l'indépendance des brevets (CUP, art. 4 bis), qui désolidarise les brevets nationaux portant sur une même invention de sorte, par exemple, que l'annulation d'un brevet français sur une invention donnée n'a pas d'incidence sur la validité d'un brevet allemand sur la même invention. Au titre de ces traités généraux, il faut évoquer les accords ADPIC[(14)] annexés aux accords de Marrakech du 15 avril 1994 instituant l'OMC qui posent des règles minimum d'accès à la protection et de défense des droits de propriété intellectuelle.

37. – **Sources internationales. Traités spéciaux[(15)].** Au titre des traités spéciaux[(16)], plusieurs textes doivent être évoqués. Le traité de Washington du 19 juin 1970[(17)], encore appelé *Patent Cooperation Treaty (PCT)*, a créé la demande internationale de brevet permettant d'éviter le recommencement de la procédure de dépôt dans tous les pays pour lesquels une protection est recherchée. Ainsi, aux termes d'une phase internationale, pendant laquelle une demande internatio-

(8) P. Roubier, *Droit de la propriété industrielle*, Sirey, 1952-1954, t. 1, n° 23 ; *Droits intellectuels et droits de clientèle : RTD civ.* 1935, p. 285.

(9) V. par ex. A. Casalonga, *La notion de brevetabilité sous l'angle du concept de cause en droit civil*, Dalloz, 1938.

(10) J.-M. Mousseron, *Le droit du breveté d'invention, Contribution à une analyse objective*, LGDJ, 1961, n°s 247 et s.

(11) J.-M. Mousseron, J. Raynard et Th. Revet, *De la propriété comme modèle*, in *Mél. offerts à A. Colomer*, Litec, 1993, p. 281 ; *Inventer*, Centre du droit de l'entreprise, 2001, p. 101 et 105 et s. – Sur l'ensemble V. Introduction générale.

(12) Pour une présentation générale de l'évolution historique du droit international des brevets, V. J.-M. Mousseron, *Traité des brevets*, *op. cit.*, n°s 56 et s.

(13) La Convention de Paris pour la protection de la propriété industrielle, dans sa désignation exacte, a été révisée et modifiée à plusieurs reprises.

(14) Aspects des droits de propriété intellectuelle qui touchent au commerce, dont l'acronyme anglais est *TRIPS Agreement*.

(15) Il existe une multitude de textes d'une inégale valeur. Nous nous concentrerons sur les plus importants en renvoyant, pour une présentation des autres, à J. Azéma et J.-Ch. Galloux, *Droit de la propriété industrielle*, *op. cit.*, n°s 821 et s.

(16) Nous n'évoquerons pas dans le corps du texte les traités portant sur les droits annexes aux brevets d'invention comme, par exemple, la Convention de Paris du 2 décembre 1961 sur la protection des obtentions végétales.

(17) Le traité de Washington compte près de cent cinquante États membres.

nale – déposée auprès d'un « office récepteur » – est établie et fait l'objet d'une recherche internationale, s'ouvre une phase nationale au cours de laquelle les offices nationaux des pays pour lesquels une protection est recherchée – les « offices désignés » – se verront transmettre la demande internationale et décideront, au regard de leur législation nationale, de délivrer ou non le titre(18). La convention de Munich du 5 octobre 1973, révisée le 29 novembre 2000, également appelée Convention sur le brevet européen (*CBE*)(19), va encore plus loin en termes d'intégration puisqu'elle a créé un office unique de délivrance, l'Office européen des brevets (*OEB*), qui a la charge de délivrer le brevet européen. Cette convention établit donc une procédure de délivrance unique par l'OEB en fonction de critères de brevetabilité uniques, à savoir ceux qui sont contenus dans la CBE. L'unicité s'arrête là puisqu'une fois délivré, le brevet européen éclate en un faisceau de brevets nationaux, pour reprendre la formule consacrée. Dès lors, chaque partie nationale du brevet européen produira, dans son pays, les mêmes effets qu'un brevet national(20). Adopté le 1er juin 2000 à Genève, le Traité sur le droit des brevets (*Patent Law Treaty – PLT*) vise à harmoniser et à rationaliser les procédures de dépôt de brevet devant les offices nationaux ou régionaux(21). L'organisation européenne mise en place par la CBE joue un rôle déterminant en la matière.

38. – **Organisation européenne des brevets.** L'Organisation européenne des brevets est représentée par son président (CBE, art. 5) et a pour tâche de délivrer les brevets européens(22). Plus précisément, cette tâche est dévolue à l'Office européen des brevets sous le contrôle du Conseil d'administration (CBE, art. 4). L'Office européen des brevets se compose de plusieurs organes chargés de procéder à la délivrance : la section de dépôt (qui reçoit les demandes – CBE, art. 16), les divisions de recherche (qui établissent les rapports de recherche européenne – CBE, art. 17), les divisions d'examen (qui confrontent la demande de brevet aux exigences de la CBE – CBE, art. 18), les divisions d'opposition (chargées d'examiner les recours – appelés « oppositions » – dirigés contre les brevets délivrés et qui peuvent le révoquer pour l'ensemble des territoires pour lesquels la protection a été demandée – CBE, art. 19) et une division juridique (CBE, art. 20). L'office comporte également des chambres de recours qui sont « techniques » ou « juridiques » selon la nature de la difficulté à trancher. Ces instances, dont on peut douter du caractère juridictionnel(23), sont compétentes pour connaître des recours dirigés contre les décisions rendues par la section de dépôt et certaines divisions de l'office (CBE, art. 21). Au sommet de la hiérarchie se situe la Grande chambre de recours : saisie par le président de l'office

(18) Sur la procédure PCT, V. *infra*, nos 243 et s.
(19) L'Organisation européenne des brevets compte, en 2015, trente-huit États membres.
(20) V. *infra*, n° 224.
(21) Le *Patent Law Treaty* compte, en 2015, trente-six États membres.
(22) Il existe de nombreux commentaires de la CBE : en langue française, V. C. Payraudeau, *La convention sur le brevet européen*, Litec, coll. « CEIPI », 1999. – L. Dybdahl, *Les brevets européens*, Litec, coll. « CEIPI », 2004. – G. Baque, *CBE-PCT*, Lavoisier, 2e éd., 2015 ; en langue anglaise, M. Singer et D. Stauder, *The European Patent Convention, A Commentary*, Sweet & Maxwell, 3e éd., 2003. – D. Visser, *The Annoted European Patent Convention*, TEL, 23e éd., 2015 ; en langue allemande, M. Singer et D. Stauder, *Europäisches Patentübereinkommen (EPÜ)*, Kommentar, Heymanns, 7e éd., 2015.
(23) F. Pollaud-Dulian, *La brevetabilité des inventions. Étude comparative de jurisprudence France – OEB*, Litec, 1997, n° 8. – *Contra* J.-Ch. Galloux, *Les droits fondamentaux de la procédure dans les propriétés intellectuelles : vers un syncrétisme européen*, in *Études offertes à J. Normand*, Litec, 2003, p. 185.

pour donner un avis sur une question de droit ardue, par une chambre de recours lorsque cela paraît nécessaire pour garantir une application uniforme du droit, ou, depuis la révision de la CBE en 2000, par une partie afin de réviser une décision d'une chambre de recours lorsqu'une violation grave est invoquée (CBE, art. 22), la Grande chambre de recours apparaît comme l'instance d'harmonisation de la jurisprudence – de la pratique ? – de l'office. Ni les décisions des chambres de recours, ni celles de la Grande chambre de recours n'ont de caractère contraignant à l'égard du juge judiciaire. Il reste qu'elles peuvent inspirer le juge en cas de contentieux.

39. - **Sources nationales. Historique.** Au plan national, le droit des brevets, comme tous les droits de propriété intellectuelle, est d'abord un droit révolutionnaire[(24)]. Une première loi importante, tant par son contenu que par sa durée, a été adoptée le 5 juillet 1844. Elle autorisait la protection de toute invention ou découverte pour autant qu'elle fut nouvelle. La loi de 1844 a été abrogée par la loi du 2 janvier 1968[(25)] qui, mettant en œuvre la convention de Strasbourg[(26)] en droit français, constitue le cœur du droit contemporain des brevets. Elle intègre notamment au droit français la condition d'activité inventive et les revendications qui déterminent l'objet du droit de propriété, rôle réservé jusqu'alors à la description. Cette loi, dont le socle est encore le nôtre, a subi de nombreuses modifications au titre desquelles la loi du 13 juillet 1978[(27)] qui a, notamment, donné un effet absolu à la décision d'annulation. Une loi du 27 juin 1984 est venue, ensuite, créer certaines mesures provisoires contre la contrefaçon ainsi que l'action en déclaration de non-contrefaçon avant qu'une loi du 26 novembre 1990 ne supprime le certificat d'addition, rende obligatoire la rémunération supplémentaire des inventions de mission et rétablisse les sanctions pénales de la contrefaçon, un temps abolies.

40. - **Sources actuelles.** Une loi importante du 1er juillet 1992 a porté création du Code de la propriété intellectuelle dans lequel les brevets d'invention occupent le titre premier du Livre sixième[(28)], aux articles L. 611-1 et suivants. Une directive n° 98/44/CE du Parlement et du Conseil du 6 juillet 1998 relative à la protection juridique des inventions biotechnologiques a été transposée, tardivement, en droit français par les lois du 6 août 2004 et du 8 décembre 2004. Plusieurs règlements communautaires sont encore venus enrichir le droit matériel des brevets en créant un certificat complémentaire de protection en matière de médicament[(29)] ou une protection spécifique aux obtentions végétales[(30)]. Plus récemment, deux règlements sur le brevet à effet unitaire nous rapprochent de la création d'un titre

(24) Pour une approche historique plus précise, V. *supra*, n° 7.

(25) Sur le régime de laquelle, V. P. Mathély, *Le droit français des brevets d'invention : Journ. not.* 1974, Paris.

(26) La Convention sur l'unification de certains éléments du droit des brevets d'invention a été signée le 27 novembre 1963 et a largement inspiré tant le droit français que le droit européen de la CBE.

(27) Sur laquelle, V. J.-M. Mousseron et A. Sonnier, *Le droit français nouveau des brevets d'invention*, Litec, coll. « CEIPI », 1978.

(28) Le Livre sixième est consacré à la protection des inventions et des connaissances techniques et concerne, en plus des brevets, le secret de fabrique (CPI, art. L. 621-1), les produits semi-conducteurs (CPI, art. L. 622-1 et s.) et les obtentions végétales (CPI, art. L. 623-1 et s.).

(29) Cons. UE, règl. (CEE) n° 1768/92, 18 juin 1992, concernant la création d'un certificat complémentaire de protection pour les médicaments abrogé et remplacé en droit constant par le règlement n° 469/2009 du 6 mai 2009.

(30) Cons. UE, règl. (CE) n° 2100/94, 27 juill. 1994, instituant un régime de protection communautaire des obtentions végétales.

unique[31] qui avait été souhaitée, vainement jusqu'à présent, depuis la convention de Luxembourg[32]. Ces règlements sont complétés par un accord conventionnel mettant en place une juridiction unifiée des brevets[33]. À côté de ces textes spécifiques au droit des brevets, plusieurs textes « transversaux » ont eu un impact sur la discipline. Il s'agit, pour l'essentiel, de la directive n° 2004/48 du 29 avril 2004 relative aux respects des droits de propriété industrielle transposée en droit français par la loi du 29 octobre 2007 qui a modifié et uniformisé le contentieux de la propriété industrielle, de la loi du 4 août 2008 qui a créé la procédure de limitation française et de la loi du 11 mars 2014 venue modifier certaines règles de contentieux.

41. - **Annonce du plan.** Le Code de la propriété intellectuelle réserve l'accès à la protection aux inventions qui satisfont aux conditions de brevetabilité qu'il pose (Section 1). Ces conditions font l'objet d'un contrôle, d'une vigueur variable, par l'administration et par le juge judiciaire (Section 2).

SECTION 1

L'INVENTAIRE DES ÉLÉMENTS DE BREVETABILITÉ

42. - **Conditions d'accès à la protection.** L'accession d'une création industrielle au statut d'objet de propriété est conditionnée par sa conformité aux exigences posées par le législateur[34]. C'est ainsi qu'aux termes du premier alinéa de l'article L. 611-10 du Code de la propriété intellectuelle « sont brevetables dans tous les domaines technologiques, les inventions nouvelles impliquant une activité inventive et susceptibles d'application industrielle ». Les articles 52 (1) de la Convention sur le brevet européen et 27 (1) des accords ADPIC contiennent des dispositions similaires. La doctrine ne s'accorde par sur le rôle effectif de la notion d'invention qui, pour certains auteurs, serait une véritable condition de brevetabilité[35], ce qu'accréditent les directives d'examen[36] et la pratique[37] de l'OEB, alors qu'elle constituerait, pour d'autres, l'objet de la protection auquel doivent s'appliquer les autres conditions de brevetabilité[38]. Il reste, comme le remarquait Mousseron, que la distinction

(31) Règl. n° 1257/2012, 17 déc. 2012, mettant en œuvre la coopération renforcée dans le domaine de la création d'une protection unitaire conférée par brevet ; Règl. n° 1260/2012, 17 déc. 2012, sur les modalités de traduction.

(32) La Convention sur le brevet communautaire du 15 décembre 1975 n'est jamais entrée en vigueur, pas plus que les textes successifs.

(33) Accord relatif à une juridiction unifiée du brevet du 11 janvier 2013.

(34) La doctrine précise généralement que les conditions en question sont posées pour des considérations d'intérêt général : V. J. Schmidt-Szalewski et J.-L. Pierre, *Droit de la propriété industrielle*, Litec, 2007, n° 63, p. 29. – Sur l'ensemble de la question, V. M. Sabatier, *Les dispositions de la loi française des brevets prises dans un intérêt général d'ordre économique*, thèse Paris, 1973. À la vérité, l'affirmation ne nous paraît guère « distinctive » tant l'intérêt général est, on peut le souhaiter, la finalité poursuivie par le législateur même lorsqu'il édicte des règles protégeant immédiatement certains intérêts particuliers.

(35) J. Passa, *Traité de droit de la propriété industrielle*, LGDJ, 2013, t. 2, n° 55, p. 68. – F. Pollaud-Dulian, *La propriété industrielle*, Economica, 2011, n° 160, p. 110.

(36) Partie G, Chapitre I, 1 : « Les conditions fondamentales de brevetabilité sont au nombre de quatre ».

(37) V. par ex., OEB, ch. recours tech., 15 nov. 2006, aff. T-154/04, pt 5 : *JOOEB* 2008, p. 46.

(38) J. Foyer et M. Vivant, *Droit des brevets*, PUF, 1991, p. 111 et s. – J. Azéma et J.-C. Galloux, *Droit de la propriété industrielle*, Dalloz, 2012, n° 203. – *Adde* M. Vivant, *Protéger les inventions de demain*, Doc. fr., 2003, spéc. n° 20, p. 28 : qui, au termes d'une analyse ontologique, conclut à l'impossibilité d'identifier un objet à ses propriétés.

est essentiellement une question de présentation mais ne modifie en rien le contenu des conditions légales[39]. Parce que les conditions d'invention et d'application industrielle dérivent de l'exigence ancienne de caractère industriel avec laquelle elles se recoupent largement[40], il est pertinent de les présenter ensemble (§ 1) avant d'envisager successivement les conditions de nouveauté (§ 2) et d'activité inventive (§ 3).

§ 1. – Une création industrielle

43. – **Deux conditions en une.** Le caractère industriel requis de l'invention protégeable existait dans la loi du 5 juillet 1844[41], mais n'a été expressément formalisé et développé que par la loi du 2 janvier 1968 initiale qui exigeait de l'invention qu'elle fût industrielle dans son objet, son application et son résultat[42] : industrielle dans son objet, l'invention devait relever du domaine de l'utile par opposition au domaine de l'art ; industrielle dans son application, elle devait pouvoir être fabriquée ou utilisée dans l'industrie ; industrielle dans son résultat, elle devait produire un effet technique[43]. La loi du 13 juillet 1978 a abandonné cette présentation pour se conformer à la formulation retenue dans la Convention sur le brevet européen mais ces exigences se retrouvent dans l'actuelle notion d'invention (I) sous réserve de la condition d'application industrielle qui est devenue une condition autonome (II).

I. – Une exigence d'invention

44. – **Présentation.** Si une création peut prétendre accéder à la protection lorsqu'elle constitue, par nature, une invention au sens de la loi (B), des considérations d'ordre social peuvent conduire à son exclusion du champ de la brevetabilité (C). Toutefois, avant même d'envisager l'exigence au fond, il est nécessaire de s'arrêter, brièvement, sur les manifestations concrètes dans lesquelles s'incarne l'invention, ne serait-ce que pour des raisons sémantiques (A).

A. – Les manifestations de l'invention

45. – **Les catégories d'inventions.** Les inventions ont toujours été classées dans des catégories spécifiques soit par la loi elle-même, soit par la doctrine et la jurisprudence[44]. De prime abord, cette classification peut sembler surabondante dans la mesure où l'objet de la protection est défini par les revendications[45]. Il reste que cette présentation a un intérêt en termes d'examen de la brevetabilité[46] et de la contrefaçon[47].

(39) J.-M. Mousseron, *Traité des brevets*, Librairies techniques, 1984, n° 149, p. 171.
(40) V. par ex. J.-M. Mousseron et A. Sonnier, *Le droit français nouveau des brevets d'invention*, n° 38, p. 41.
(41) Même si le caractère industriel n'était pas exprimé exactement en ces termes, V. L. 5 juill. 1844, art. 1 et 2.
(42) V. art. 7.
(43) A. Chavanne et J.-J. Burst, *Droit de la propriété industrielle*, Dalloz, 5e éd., 1998, nos 18 et s.
(44) *Ibid.*, n° 78.
(45) CPI, art. L. 612-6.
(46) Les conditions de brevetabilité ne s'appliqueront pas de la même façon selon que l'on cherche à protéger un produit nouveau ou une application nouvelle d'un produit déjà connu, Pour la nouveauté, V. *infra*, nos 120 et s. ; pour l'activité inventive, V. *infra*, nos 147 et s.
(47) V. *infra*, nos 621 et s.

46. - **Le produit.** Le produit se définit comme « un corps déterminé ayant une composition mécanique ou une structure chimique particulière qui le distingue ainsi des autres corps »[48]. Le produit est donc un objet physique, matériel, qui peut être de nature artificielle ou d'origine biologique[49]. Le produit est protégé en lui-même indépendamment de son procédé de fabrication qui n'est donc pas automatiquement réservé. En revanche, la protection conférée par le brevet de produit est particulièrement large puisque son exploitation non autorisée par le titulaire du droit, quelle que soit l'application qui en est faite, est un acte de contrefaçon[50].

47. - **Le procédé.** Mousseron le définit comme « un système d'interventions d'agents chimiques ou d'organes mécaniques dont la mise en œuvre conduit à l'obtention d'un objet matériel appelé produit ou d'un effet immatériel appelé résultat »[51]. Ainsi, le procédé est une manière de faire, une succession d'étapes permettant d'aboutir à un produit ou à un résultat. Le procédé est parfois assimilé au « moyen »[52]. Si le procédé est un moyen, tout moyen n'est pas un procédé. À proprement parler, le moyen est un terme générique qui peut désigner aussi bien un produit, c'est-à-dire un moyen matériel envisagé dans sa fonction[53], qu'un procédé, c'est-à-dire un moyen immatériel. À ce titre, le moyen se caractérise par sa forme, sa fonction et son application. Sa forme désigne ses éléments constitutifs. Son application désigne son utilisation, c'est-à-dire la façon dont il est mis en œuvre dans un domaine technique. Sa fonction est son aptitude à produire un effet technique premier dans l'application qui est la sienne. À ce stade, il est indispensable de distinguer la fonction d'un moyen de son résultat. Le résultat désigne les divers avantages « techniques, économiques ou esthétiques, qui découlent directement de l'effet technique premier »[54]. Le résultat n'est jamais protégeable[55].

Le procédé est protégé dans sa forme, sa fonction et son application. Le procédé est protégé en lui-même de sorte qu'il ne s'oppose pas à ce qu'un tiers exploite le produit qu'il permet d'obtenir dès lors que ce tiers a obtenu ledit produit en employant un autre procédé[56]. Tel ne serait pas le cas si le produit obtenu par le procédé avait fait, en lui-même, l'objet d'un brevet.

On observera enfin que la jurisprudence a pu admettre la protection d'un « moyen général »[57]. Il s'agit d'admettre qu'un brevet puisse porter sur une fonction indépendamment de la forme qu'elle va prendre[58]. Cette protection, très large, suppose que la fonction en question soit nouvelle[59].

(48) P. Roubier, *op. cit.*, t. 2, n° 142, p. 68.
(49) V. *infra*, n°s 76 et s.
(50) V. *infra*, n° 622.
(51) J.-M. Mousseron, *Traité des brevets, op. cit.*, n° 132.
(52) La loi de 1968 a remplacé par ce terme les anciennes inventions portant sur des « moyens nouveaux ».
(53) J. Azéma et J.-Ch. Galloux, *Droit de la propriété industrielle, op. cit.*, n° 268.
(54) P. Mathély, *Le nouveau droit français des brevets d'invention : Journ. not.* 1991, p. 60.
(55) Cass. com., 16 avr. 2013, n° 11-24.679, *Cycles Lapierre SAS et Philippe Lesage c/ Décathlon SA et Promiles SNC : PIBD* 2013, n° 986, III, p. 1243.
(56) En revanche, la protection conférée au procédé s'étend au produit directement obtenu par sa mise en œuvre, V. *infra*, n° 623.
(57) Sur lequel, V. J. Azéma et J.-Ch. Galloux, *Droit de la propriété industrielle, op. cit.*, n° 269. – F. Pollaud-Dulian, *La propriété industrielle, op. cit.*, n° 230.
(58) La forme en question s'incarnera dans un « moyen particulier », c'est-à-dire un produit ou un procédé déterminé.
(59) J. Azéma, *Lamy Droit commercial*, 2015, n° 1983.

48. - **L'application nouvelle de moyens connus ou l'invention d'application.** Un moyen déjà connu peut être utilisé dans une nouvelle application, c'est-à-dire dans une nouvelle mise en œuvre. Cette nouvelle application peut faire l'objet d'un brevet, mais la protection ne portera pas, dans ce cas, sur le moyen lui-même mais sur l'application qui en sera faite. Cette invention est généralement décrite comme portant sur le rapport du moyen au résultat. Il s'agit donc de faire produire à un moyen déjà connu un résultat qu'il n'avait jamais produit jusqu'à présent. Ainsi en va-t-il, par exemple, de la nouvelle application thérapeutique d'un médicament déjà connu(60). On observera que si le moyen est déjà connu, la protection ne pourra porter que sur cette nouvelle application mais que, s'il est inconnu, un brevet pourra également être obtenu sur le moyen lui-même.

49. - **La combinaison de moyens.** Cette catégorie est la plus répandue puisqu'elle consiste à combiner ensemble des moyens, connus ou non, qui vont coopérer afin de produire un résultat d'ensemble. La combinaison pourra s'incarner en un produit ou un procédé comprenant, donc, plusieurs moyens. Ainsi, dans le cas d'une brouette constituée de trois moyens, une roue, un caisson et un levier, tous les moyens coopèrent pour permettre de produire un résultat que l'on pourrait décrire comme le transport facilité d'objets lourds ou encombrants. La protection ne porte pas sur chaque moyen pris séparément, mais sur leur agencement permettant de produire un résultat. On distingue traditionnellement la combinaison de moyens de la juxtaposition de moyens dans laquelle chaque moyen continue d'exercer sa propre fonction et son résultat propre. Ainsi, pour reprendre l'exemple traditionnel du stylo-gomme, l'invention est composée de deux moyens : le stylo qui sert à écrire et la gomme à gommer sans que ces éléments ne coopèrent en vue d'un effet technique commun. La distinction peut rejaillir, de façon non systématique, sur la brevetabilité de l'invention puisque l'existence d'une juxtaposition de moyens est un indice de défaut d'activité inventive(61). Elle ne devrait avoir, en revanche, aucune incidence sur l'examen de la contrefaçon(62).

B. - Une invention par nature

50. - **Approche légale.** Les textes français, européens et internationaux ne donnent pas de définition positive de l'invention, sinon par la précision qu'elle peut résider dans « tous les domaines technologiques »(63). Ainsi, le choix du législateur s'est-il porté sur l'énoncé d'une liste exemplative – en raison de l'emploi de l'adverbe « notamment » – d'éléments ne pouvant pas être considérés, en tant que tels, comme des inventions (2°). Faute d'une définition légale, c'est à la jurisprudence(64) et à la doctrine qu'est échue la tâche de définir positivement la notion d'invention (1°).

(60) V. *infra*, n° 123.
(61) V. *infra*, n° 148.
(62) V. *infra*, n° 631.
(63) Cet ajout récent en droit français (L. n° 2008-776, 4 août 2008) et européen (suite à l'adoption de la CBE 2000) tient à une mise en conformité avec les dispositions de l'article 27 (1) des ADPIC.
(64) Notamment européenne, sur cette question, V. not. F. Macrez, *L'invention brevetable dans la pratique de l'Office européen des brevets*, in *La contribution de la jurisprudence à la propriété intellectuelle en Europe*, LexisNexis, 2013, p. 85.

1° La définition positive de l'invention

51. – **L'invention est une création technique.** Comme nous l'avons évoqué précédemment, la notion d'invention entretient un rapport étroit avec celle, ancienne, de caractère industriel et justifie que l'invention protégeable soit une création ressortissant au domaine de l'utile, matérialisée dans une réalisation concrète et produisant un effet technique(65). C'est ainsi que la doctrine définit généralement l'invention comme « une solution technique à un problème technique, grâce à des moyens techniques susceptibles de répétition »(66) ou encore une création concrète disposant d'un caractère technique(67). Cette position est, depuis fort longtemps, retenue par la pratique de l'OEB dont les décisions affirment que le « caractère technique » ou la « technicité » de l'invention est une condition implicite(68) mais essentielle(69) de brevetabilité. La jurisprudence française – qui se prononce généralement sur la condition d'invention à l'occasion de l'examen des exclusions spécifiques prévues par la loi(70) – se réfère également à l'exigence d'un caractère technique(71), à l'intervention de considérations techniques(72), d'une solution technique apportée à un problème technique particulier concret(73) ou encore, de façon plus anachronique, à l'apport d'une contribution technique(74). Il reste que le caractère technique est une notion difficile à définir(75). À ce titre, une méthode de sélection des odeurs ne constitue pas une invention, car les phénomènes de perception par l'être humain ne revêtent pas de caractère technique(76).

(65) On observera toutefois que la question de la nécessaire production d'un effet technique est diversement appréciée en doctrine. En effet, certains auteurs considèrent que l'introduction de l'exigence d'application industrielle en droit positif, dont la satisfaction ne requiert qu'une aptitude de l'objet à être « utilisé » ou « fabriqué » dans tout type d'industrie, atténue cette nécessité (J. Passa, *Droit de la propriété industrielle, op. cit.*, n°s 59 et 130) alors que d'autres considèrent que la production d'un effet technique reste requise (J. Azéma et J.-Ch. Galloux, *Droit de la propriété industrielle, op. cit.*, n° 218). Cette question, que se posait déjà Mousseron (*Traité des brevets, op. cit.*, n° 218) n'est pas théorique si l'on songe au problème des produits chimiques intermédiaires, V. *infra*, n° 89.

(66) J.-M. Mousseron, *Traité des brevets, op. cit.*, n° 154, p. 175. – *Adde* dans le même sens, F. Pollaud-Dulian, *La brevetabilité des inventions, op. cit.*, n° 50.

(67) J. Schmidt-Szalewski, *La notion d'invention face aux développements technologiques*, in *Droit et économie de la propriété intellectuelle*, LGDJ, 2005, p. 243.

(68) OEB, ch. recours tech., 8 sept. 2000, aff. 931/95, pt 6 : *JOOEB* 2001, p. 441 ; *Propr. intell.* 2001, p. 80, note B. Warusfel. – OEB, ch. recours tech., 15 nov. 2006, aff. T-154/04, pt 5 : *JOOEB* 2008, p. 46. – V. toutefois, OEB, ch. recours tech., 22 mars 2006, aff. T-619/02, pt 2.2 : *JOOEB* 2007, p. 63 qui semble considérer que l'introduction à l'article 52 (1) de la formule « dans tous les domaines technologiques » transforme la caractère technique en condition explicite.

(69) OEB, ch. recours tech., 19 mars 1992, aff. T-854/90 : *JOOEB* 1993, p. 559. – OEB, ch. recours tech., 1er juill. 1998, aff. T-1173/97, pt 7.1 : *JOOEB* 1999, p. 609.

(70) V. F. Pollaud-Dulian, *La brevetabilité des inventions, op. cit.*, n° 50. – *Adde* J. Passa, *Traité de la propriété industrielle, op. cit.*, n° 57.

(71) À propos d'une méthode dans le domaine des activités économiques, CA Paris, 10 janv. 2003 : *PIBD* 2003, n° 760, III, p. 145. – À propos d'un système de gestion à distance de la maintenance d'équipements situés dans un immeuble, CA Paris, 5 juin 2009 : *PIBD* 2009, n° 903, III, p. 1331.

(72) À propos d'un procédé de sonorisation au travers du réseau téléphonique d'une page de données consultable à distance à travers un réseau de communication, site, serveur vocal et ordinateur mettant en œuvre le procédé, TGI Paris, 20 juill. 2006, n° 02/111989, inédit.

(73) À propos d'une méthode de massage, CA Aix-en-Provence, 29 janv. 2004 : *RD propr. intell.* 2005, n° 169, p. 31.

(74) À propos d'une présentation d'information, TGI Paris, 7 juin 2013 : *PIBD* 2013, n° 991, III, p. 1421. – Sur l'abandon de cette approche par la pratique de l'OEB, V. *infra*.

(75) Pour quelques exemples, V. B. May et M. Liens, *Le caractère technique et l'éléphant* : *Propr. industr.* 2011, étude 5.

(76) OEB, ch. recours tech., 22 mars 2006, aff. T-619/02, pt 2.2 : *JOOEB* 2007, p. 63 ; *Propr. intell.* 2007, n° 23, p. 229, note J.-C. Galloux.

52. – **Création technique et inventions contemporaines**[77]. L'avènement de nouveaux « objets » de protection – programmes d'ordinateurs, matière biologique, *business methods* – a imposé au droit des brevets de s'adapter[78]. La notion d'invention a été, et est encore, confrontée à une technologie évoluant sans cesse, ce qui conduit à en affiner les contours afin de prendre en compte de nouvelles réalités techniques : ainsi, par exemple, la caractérisation de la création est fondamentale s'agissant des inventions fondées sur la découverte d'un produit naturel comme un gène humain[79] ; de même, le caractère technique de l'invention devient le point crucial de la définition lorsque la corporalité de l'élément à protéger ne permet plus de faire la distinction entre ce qui est appropriable et ce qui ne l'est pas, comme c'est souvent le cas s'agissant des technologies numériques[80].

53. – **Plan.** Il nous faut, à présent, nous intéresser aux différents éléments exclus de la protection par la loi comme ne constituant pas une invention.

2° La définition négative de l'invention

54. – **Liste exemplative d'éléments exclus « en tant que tels » du champ de la protection ; approche exégétique et mise en œuvre pratique.** Les articles L. 611-10, alinéa 2 du Code de la propriété intellectuelle et 52 (2) de la CBE dressent une liste d'éléments exclus de la protection par brevet. Le préalable à toute analyse de ces exclusions tient à plusieurs précisions :

– la première est que la liste légale des éléments ne pouvant prétendre à la protection n'est pas limitative. Cette règle se déduit d'une interprétation exégétique de l'article L. 611-10, alinéa 2 précité, qui fait précéder la liste des exclusions de brevetabilité de l'adverbe « notamment ». En conséquence, il n'est pas nécessaire de rattacher une création à l'une des catégories énumérées pour justifier son exclusion du champ de la protection, dès lors qu'elle ne répond pas à un quelconque caractère technique[81] ;

– la seconde est que l'exclusion ne porte que sur des éléments considérés « en tant que tels », ainsi que l'indique l'alinéa 3 du même article. Il en résulte que l'exclusion s'appliquera lorsque l'élément exclu de la protection est le seul objet de la protection recherchée. Lorsque, en revanche, une revendication contient des éléments exclus et d'autres pas, l'appréciation du caractère technique de l'objet dont la protection est recherchée sera plus délicate et se réalisera de façons différentes selon le genre d'invention dont il est question[82]. Allant encore plus loin, la pra-

(77) Sur l'ensemble de la questions, V. M. Dhenne, *Technique et droit des brevets*, thèse, Paris II, 2013. – *Adde* A. Louis, *L'évolution contemporaine de la notion de brevetabilité*, thèse Aix-Marseille, 2014.

(78) Cette constatation a donné naissance à un ouvrage important : M. Vivant (ss. dir.), *Protéger l'invention de demain*, Doc. fr., 2003.

(79) V. *infra*, n°s 78 et s. et, d'une manière plus générale, n°s 55 et s. sur le lien entre découverte et invention.

(80) V. *infra*, n°s 62 et s.

(81) Pour une méthode visant à sélectionner les odeurs, V. OEB, ch. recours tech., 22 mars 2006, préc.

(82) On observera, à titre indicatif, que l'OEB a, un temps, considéré que la qualification d'invention supposait que l'objet de la protection apporte une « contribution technique » à l'état de la technique, c'est-à-dire dans un domaine non exclu de la brevetabilité (OEB, ch. recours tech., 15 juill. 1986, aff. T-208/84 : *JOOEB* 1986, p. 14, pt 16. – OEB, ch. recours tech., 14 mars 1989, aff. T-121/85 : *JOOEB* 1990, p. 384). Cette approche, dont la jurisprudence française ne s'est fait l'écho, à notre connaissance, qu'une seule fois (TGI Paris, 7 juin 2013, préc.) est aujourd'hui abandonnée et est réservée par la pratique de l'OEB à l'examen de la nouveauté et de l'activité inventive (OEB, ch. recours tech., 1er juill. 1998, aff. T-1173/97, pt 8 : *JOOEB* 1999, p. 609).

tique de l'OEB conduit, spécialement dans le domaine des programmes d'ordinateur, à ce qu'une création répondant à la notion de « caractère technique » ne soit pas exclue de la brevetabilité au seul motif qu'elle se rapporterait formellement à l'une des exclusions prévues à l'article 52 (2) de la CBE dans la mesure où, présentant ledit caractère technique, elle ne peut pas être considérée comme un élément exclu « en tant que tel »[83].

a) Les découvertes, les théories scientifiques et les méthodes mathématiques

55. – **Les découvertes.** La distinction entre la découverte et l'invention est la première césure fondamentale entre ce qui relève « de la perception par voie d'observation d'un phénomène naturel préexistant à toute intervention de l'homme »[84] et le résultat de cette intervention, c'est-à-dire un acte de création ou « la coordination volontaire par l'homme de moyens matériels »[85]. Ainsi, la découverte d'un produit ou d'un phénomène inconnu ne saurait, en tant que telle, faire l'objet d'une appropriation. Fondamentalement, la découverte ne concerne que l'avancée des connaissances scientifiques là où la loi des brevets est édictée dans l'intérêt de l'industrie[86]. La jurisprudence a eu l'occasion d'illustrer cette assertion à plusieurs reprises : ainsi, un brevet portant sur un champignon, le Mucor Boulard n° 5, a été annulé au motif que, quel que soit l'intérêt de cette découverte pour l'industrie, elle ne pouvait faire l'objet d'une protection faute de mise en œuvre industrielle[87]. Cette analyse a été confirmée plusieurs années plus tard dans l'affaire de la vitamine B12[88]. Plus récemment, il a été jugé que la description d'un phénomène naturel permettant de mesurer la pollution sans description d'un quelconque procédé de mesure n'est pas une invention[89]. La pratique de l'OEB est d'ailleurs dans le même sens[90].

Toutefois, cette distinction fondamentale n'est pas des plus aisées à mettre en œuvre en ce sens que, pour reprendre les mots d'un auteur, la découverte et l'invention tiennent moins de « territoires séparés » que d'un *continuum*[91]. La découverte peut, en effet, servir de support[92] à une invention et son utilisation au soutien de la résolution d'un problème technique pourra caractériser une invention brevetable dès lors, naturellement, qu'elle se conformera aux autres conditions de brevetabilité. Ainsi, par exemple, « la découverte de la résistance au choc mécanique d'un matériau connu n'est pas brevetable, mais (...) une traverse de chemin de fer construite avec ce matériau peut l'être »[93]. Il est possible d'affirmer que la

(83) V. par ex., au sujet d'une méthode d'évaluation des performances de vente d'un produit, OEB, ch. recours tech., 15 nov. 2006, aff. T-154/04, pt 5 : *JOOEB* 2008, p. 46, pt 5 : « L'article 52(2) CBE n'exclut de la brevetabilité aucun objet ou activité possédant un caractère technique, même si cet objet ou cette activité se rapporte à des éléments énumérés dans cet article, étant donné que ces éléments sont seulement exclus "en tant que tels" (article 52(3) CBE) ».

(84) J.-M. Mousseron, *Traité des brevets*, *op. cit.*, n° 161, p. 179.

(85) *Ibid.*

(86) P. Roubier, *Droit de la propriété industrielle*, *op. cit.*, t. 2, n° 146. – Pour une transposition de la théorie de Desbois selon laquelle les idées sont de libre parcours, V. F. Pollaud-Dulian, *La propriété industrielle*, *op. cit.*, n° 165.

(87) CA Paris, 22 juin 1922 : *Ann. propr. ind.* 1922, p. 346.

(88) T. civ. Seine, 9 mai 1957 : *Ann. propr. ind.* 1963, p. 329.

(89) TGI Paris, 3 juill. 2014 : *PIBD* 2014, n° 1016, III, p. 854.

(90) OEB, *Directives d'examen*, G, II, 3.1.

(91) M. Vivant (ss. dir.), *Protéger les inventions de demain*, Doc. fr., 2003, n° 37.3.

(92) J. Azéma et J.-Ch. Galloux, *op. cit.*, n°s 212 et s.

(93) OEB, *Directives d'examen*, *ibid.*

distinction entre découverte et invention ne peut se réduire à la préexistence de l'objet dans la nature, mais plutôt au rôle de l'homme à son égard qui, se contentant de le décrire, découvre, alors qu'il invente, en le rendant utilisable à des fins industrielles. Dans cette mesure, la césure ne peut pas se traduire par une opposition entre le produit d'origine naturelle nécessairement non brevetable et le produit artificiel qui le serait(94). Pour reprendre une dichotomie aristotélicienne, un produit naturel est une invention en puissance que son application à la résolution d'un problème technique actualise sous la forme d'une création technique, c'est-à-dire sous une forme qui n'existe pas dans la nature, parce qu'elle est le résultat d'une intervention humaine, et qui le rend directement utilisable(95). La création technique – le produit d'origine naturelle – n'est donc plus strictement identique au produit existant à l'état de nature – le produit naturel – et peut être brevetée dans les conditions de droit commun. Cette logique, déjà portée par les instances de l'OEB, se retrouve directement dans la directive n° 98/44/CE relative à la protection des inventions biotechnologiques qui admet la protection en tant que produit de la matière biologique isolée de son environnement naturel ou autrement produit par un procédé technique même si elle préexistait à l'état naturel(96). On précise d'ores et déjà que la transposition de cette directive en droit français a donné naissance, sur ce point notamment, à des dispositions directement contraires au texte communautaire.

56. – **Les théories scientifiques.** L'exclusion de ces éléments du champ de la brevetabilité tient au fait qu'elles relèvent du domaine de l'abstraction, ce qui les prive de tout caractère technique(97). En revanche, selon le même mode de raisonnement que pour les découvertes, l'exclusion de la protection ne porte que sur ces éléments considérés « en tant que tels », de sorte que leur application à la résolution d'un problème technique peut conduire à la qualification de l'ensemble comme étant une invention. Ainsi, pour reprendre un exemple proposé par les directives d'examen de l'OEB, la théorie physique de la semi-conductivité n'est pas brevetable alors qu'un dispositif semi-conducteur et son procédé de fabrication le seraient(98). Dans le même sens, est brevetable un dispositif constitué d'une règle à calcul et d'un calendrier dont la mise en œuvre est fondée sur des « lois mathématiques, physiques ou naturelles » alors qu'il permet d'obtenir un résultat industriel constitué par l'obtention immédiate et par une lecture directe de résultats de calculs pouvant, par ailleurs, s'avérer relativement longs(99). Au contraire, la prétendue découverte d'une nouvelle force magnétique remettant en cause plusieurs théories scientifiques ne constitue par une invention(100).

(94) J. Azéma et J.-Ch. Galloux, *op. cit.*, n° 211.

(95) Le rôle fondamental de ce changement de forme est largement reconnu par la doctrine auquel elle ajoute (J. Azéma et J.-Ch. Galloux, *Droit de la propriété industrielle*, *op. cit.*, n°s 212 et s.) ou assimile l'hypothèse d'une intervention humaine permettant l'augmentation des qualités de la chose existant à l'état naturel (J. Passa, *Droit de la propriété industrielle*, *op. cit.*, n° 110 et plus généralement pour un exposé limpide de cette délicate question, n°s 60 et 109 et s.).

(96) V. *infra*, n° 79.

(97) Cass. com., 31 mars 1934 : *Ann. propr. ind.* 1954, p. 266.

(98) Partie G, C II, 3.2.

(99) CA Paris, 4 nov. 1959 : *Ann. propr. ind.* 1959, p. 302.

(100) OEB, ch. recours tech., 28 août 2006, aff. T-1538/05, non publiée.

57. - **Les méthodes mathématiques.** Les méthodes mathématiques sont exclues de la protection en raison de leur caractère abstrait et théorique. Mais, comme pour les précédentes, une réalisation concrète fondée sur une telle méthode entre dans le champ de la brevetabilité puisqu'elle ne se résume pas à une méthode mathématique « en tant que telle »(101), tout comme une méthode incluant une méthode mathématique sans s'y réduire(102).

b) Les plans, principes et méthodes dans l'exercice d'activités intellectuelles, en matière de jeu ou dans le domaine des activités économiques

58. - **Principe.** C'est encore ici le caractère abstrait des méthodes envisagées qui s'oppose à leur appropriation au titre du droit des brevets. Relevant du domaine de l'abstraction, ces méthodes sont dépourvues de caractère technique faute d'une emprise suffisante sur le monde physique matérialisée dans la production d'un effet technique ou d'un produit(103). Ont ainsi été exclues de la protection une méthode d'apprentissage(104), une règle du jeu(105), l'idée d'un convertisseur en euros sans présentation de moyens de réalisation(106) ou encore une méthode de gestion des stocks(107). Mais lorsque l'abstraction cède la place à une réalisation concrète présentant un caractère technique, l'exclusion s'efface. Cette règle, si elle paraît simple au plan conceptuel, révèle toute sa complexité lorsqu'elle doit être pratiquement mise en œuvre. Comme le relève à juste titre le professeur Passa, la difficulté tient essentiellement à l'hypothèse dans laquelle la méthode ferait intervenir des considérations ou des moyens techniques parce qu'il faut alors déterminer si ces moyens ne sont que la manifestation d'une méthode abstraite ou s'ils traduisent l'existence d'une invention(108). Ainsi, il a été jugé qu'une méthode impliquant des considérations techniques ne pouvait pas accéder à la protection dans la mesure où elle pouvait être mise en œuvre de façon purement mentale(109). En revanche, la jurisprudence française a pu admettre l'existence d'un résultat industriel au sujet d'une invention portant sur l'implantation d'une usine de fabrication de véhicule automobile dès lors qu'elle était constituée de moyens concrets produisant un effet technique(110).

59. - **Cas particulier des méthodes dans le domaine des activités économiques(111).** Les méthodes dans le domaine des activités économiques, souvent

(101) Cass. com., 4 nov. 1959, préc. – OEB, ch. recours tech., 15 juill. 1986, aff. T-208/84, pt 6 : *JOOEB* 1987, p. 14 : « (...) même s'il est possible de considérer que l'idée qui sous-tend une invention réside en une méthode mathématique, une revendication portant sur un procédé technique dans lequel la méthode est utilisée ne recherche pas la protection pour la méthode mathématique en tant que telle ».
(102) OEB, ch. recours tech., 20 avr. 1994, aff. T-59/93, non publiée.
(103) V. par ex. J. Azéma, *Lamy Droit commercial*, 2015, n° 1745.
(104) TGI Paris, 24 sept. 1984 : *PIBD* 1985, n° 362, III, p. 47.
(105) CA Paris, 24 nov. 1972 : *Ann. propr. ind.* 1976, p. 25.
(106) CA Paris, 21 mars 2001 : *PIBD* 2001, n° 725, III, p. 397.
(107) CA Paris, 8 janv. 1976 : *PIBD* 1976, n° 166, III, p. 122.
(108) J. Passa, *Droit de la propriété industrielle*, *op. cit.*, n° 79.
(109) OEB, ch. recours tech., 12 juill. 2005, aff. 914/02, inédit, pt 2.3.3.
(110) CA Paris, 13 déc. 1990 : *PIBD* 1991, n° 495, III, p. 126.
(111) Sur l'ensemble de la question, V. not. F. Pollaud-Dulian, *Les méthodes d'affaire en droit des brevets*, in *Mél. B. Bouloc*, Dalloz, 2006, p. 871. – I. Liotard, *Les brevets sur les méthodes commerciales : état des lieux et perspectives économiques* : *Propr. intell.* 2004, p. 615.

appelées « méthodes commerciales » ou *Business Methods*(112), sont exclues de la brevetabilité parce qu'elles sont abstraites et qu'elles ne visent pas à la résolution d'un problème technique. Les juridictions françaises, appliquant strictement l'exclusion, leur interdisent régulièrement l'accès à la protection(113).

60. – **Position de l'OEB.** La position de l'OEB sur la question des méthodes d'affaires a largement évolué depuis la décision *Pension Benefits System*(114) rendue au sujet d'une méthode destinée à contrôler un système de gestion de caisse de retraite. Dans cette espèce, la chambre de recours technique de l'OEB a refusé de qualifier d'invention une méthode ayant une finalité économique. Par ailleurs, le fait d'utiliser un ou plusieurs moyens techniques, notamment un système informatique, pour mettre en œuvre la méthode ne suffit pas à lui conférer un caractère technique. En effet, la chambre a affirmé qu'« une caractéristique d'une méthode portant sur l'utilisation de moyens techniques à des fins exclusivement non techniques et/ou pour traiter des informations de nature exclusivement non techniques ne confère pas nécessairement un caractère technique à ladite méthode »(115). Cette pratique a fait l'objet d'un revirement dans une décision *Hitachi* portant sur un système de vente aux enchères en ligne(116). Dans cette espèce, la chambre a estimé que le caractère technique du dispositif mettant en œuvre une méthode bénéficiait à la méthode elle-même(117). Ainsi que le rappelle la doctrine, cette décision conduit concrètement à pouvoir qualifier d'invention une méthode purement intellectuelle dès lors que le déposant aura pris le soin de la présenter accompagnée de quelques moyens techniques même des plus banals, comme des moyens informatiques(118). Fort heureusement, cette appréciation très libérale de la condition d'invention est compensée, dans la décision *Hitachi*, par les autres conditions de brevetabilité, et notamment par celle d'activité inventive qui sera examinée à l'aune des seules caractéristiques de nature technique, ce qui conduira au rejet d'une méthode mise en œuvre par des moyens techniques usuels(119). Il reste que l'insuffisance d'un tel garde-fou a été mise en avant s'agissant d'office nationaux de délivrance qui choisiraient d'adopter une telle interprétation alors que, comme l'INPI, ils ne peuvent pas rejeter la demande de brevet pour défaut d'activité inventive(120).

(112) Sur la définition, V. par ex. J. Azéma et J.-Ch. Galloux, *Droit de la propriété industrielle*, *op. cit.*, n° 229. – A. Louis, *L'évolution contemporaine de la notion de brevetabilité*, thèse préc., n°s 310 et s.

(113) V. par ex. CA Rennes, 7 oct. 2003 : *PIBD* 2004, n° 772, III, p. 7 ; *JCP E* 2004, n° 562, note Ch. Caron ; *RTD com.* 2004, p. 303, obs. J. Azéma et J.-Ch. Galloux. – CA Paris, 15 mars 2006 : *PIBD* 2006, n° 830, III, p. 348.

(114) OEB, ch. recours tech., 8 sept. 2000, aff. T-931/95, *Pension Benefits System*, spéc. pt 3 : *JOOEB* 2001, p. 441 ; *PIBD* 2002, n° 733, III, p. 8 ; *Propr. intell.* 2001, n° 1, p. 80, obs. B. Warusfel.

(115) Pt 3. – En revanche, si ces moyens techniques donnaient un caractère technique à la méthode, alors celle-ci ne serait plus considérée comme une méthode « en tant que telle » du seul fait qu'elle entre dans le domaine des activités de nature économique et pourrait accéder à la protection (*ibid.*).

(116) OEB, ch. recours tech., 21 avr. 2004, aff. T-258/03, *Hitachi* : *JOOEB* 2004, p. 575 ; *Propr. intell.* 2005, n° 16, p. 353, obs. B. Warusfel.

(117) Sur la justification technique, V. pts 3.5 et 4.

(118) Sur cette critique, V. F. Pollaud-Dulian, *La propriété industrielle*, *op. cit.*, n° 173. – J. Passa, *Droit de la propriété industrielle*, *op. cit.*, n° 82.

(119) Cette analyse a été confirmée par la suite : OEB, ch. recours tech., 17 mars 2005, aff. T-531/03 : *Propr. intell.* 2005, p. 352, obs. B. Warusfel. – OEB, ch. recours tech., 19 sept. 2007, aff. T-688/05, *Ticketmaster Inc.*, non publiée.

(120) F. Pollaud-Dulian, *ibid.* – J. Passa, *ibid.*

c) Les programmes d'ordinateur[121]

61. – **Le choix de la protection par droit d'auteur.** Constitués d'une suite d'instructions transmises à une machine dans le but d'obtenir un résultat, les programmes d'ordinateur sont assimilés à des méthodes mathématiques et, à ce titre, exclus de la protection, ce qui justifie leur présence sur la liste de l'article L. 611-10 du Code de la propriété intellectuelle. Historiquement, néanmoins, l'exclusion n'est pas étrangère à des considérations d'ordre pratique, tenant à la difficulté d'accéder à l'état de la technique dans ce domaine, ainsi qu'à des considérations d'opportunité liées à la prédominance américaine dans l'industrie du logiciel[122]. Pour autant, leur valeur économique incontestable a conduit le législateur à se préoccuper de leur protection, ce qui fut réalisé par la loi du 3 juillet 1985[123] qui introduisit les logiciels sur la liste des œuvres protégeables par le droit d'auteur. Cette reconnaissance se poursuivit au niveau européen par la directive n° 91/250/CEE du 14 mai 1991 concernant la protection juridique des programmes d'ordinateur transposée en droit français par la loi n° 94-361 du 10 mai 1994[124]. Une proposition de directive du Parlement et du Conseil portant sur la brevetabilité des inventions mises en œuvre par ordinateur a vu le jour le 20 février 2002. Cette directive visait à entériner la pratique de l'OEB dans ce domaine. Après plusieurs modifications du texte, une position commune du Conseil a finalement été rejetée par le Parlement européen le 5 juillet 2005, mettant ainsi un terme à cette procédure.

62. – **La protection par brevet.** Sous l'empire de la loi de 1968 initiale, la jurisprudence française se refusait à reconnaître la possibilité de protéger par brevet les programmes d'ordinateur[125] mais a admis, dans une célèbre décision *Schlumberger*, la possibilité d'obtenir une protection pour un procédé dont certaines étapes sont mises en œuvre par ordinateur dès lors que l'ensemble répond à l'exigence de caractère industriel[126]. La loi de 1978 n'a pas modifié ces solutions en distinguant entre les programmes d'ordinateurs « en tant que tels » non brevetables et les procédés – dont les étapes peuvent faire intervenir des logiciels – qui peuvent prétendre être l'objet d'une protection en raison de leur caractère technique matérialisé par une combinaison de moyens techniques[127] ou par la production d'un effet technique[128]. Le libéralisme des tribunaux français s'arrête là et le tribunal de grande instance de Paris a récemment refusé de reconnaître la brevetabilité d'un « produit programme d'ordinateur téléchargeable depuis un réseau de communication et/ou stocké sur un support (...) » en se fondant sur une interprétation littérale de l'article 52 (2) de la CBE mais en contradiction avec la pratique de l'OEB[129].

(121) Sur l'ensemble de la question, V. F. Macrez, *Créations informatiques : bouleversement des droits de propriété intellectuelle ? Essai sur la cohérence des droits*, LexisNexis-Litec, 2011. – S. Drillon, *La protection des logiciels par brevet d'invention. Contribution à l'étude du domaine de la brevetabilité*, thèse Strasbourg, 2012.

(122) Ch. Le Stanc : *JCl. Brevets*, Fasc. 4220, n° 73.

(123) L. n° 85-660, relative aux droits d'auteur et aux droits des artistes-interprètes, des producteurs de phonogrammes et de vidéogrammes et des entreprises de communication audiovisuelle – CPI, art. L. 612-2, 13°.

(124) En revanche, une telle exclusion n'existe pas dans les ADPIC.

(125) Cass. com., 28 mai 1975, *Mobil Oil* : *Bull. civ.* 1975, IV, n° 42 ; *PIBD* 1975, n° 155, III, p. 349.

(126) CA Paris, 15 juin 1981 : *Ann. propr. ind.* 1982, p. 26.

(127) CA Paris, 5 juin 2009 : *PIBD* 2009, n° 903, III, p. 1331.

(128) TGI Paris, 10 juin 2005 : *PIBD* 2005, n° 815, III, p. 541.

(129) TGI Paris, 18 juin 2015 : *SA Orange c/ SAS Free et Freebox* : *Propr. industr.* 2015, chron. 11, n° 1, obs. J. Raynard.

63. - **La pratique de l'OEB**[130]. Les instances de l'OEB ont développé une jurisprudence très libérale dans ce domaine. Dans la décision *Vicom*, l'office régional a reconnu la brevetabilité d'un procédé mis en œuvre sous la commande d'un programme d'ordinateur[131]. La reconnaissance d'une invention tient au fait que la revendication, appréciée dans sa globalité, apporte une « contribution à l'état de la technique », c'est-à-dire qu'elle apporte une contribution à la technique dans un domaine non exclu de la brevetabilité[132]. Cette approche de la « contribution à l'état de la technique » s'est poursuivie[133] mais une étape supplémentaire a été franchie lorsque l'OEB a paru se dispenser d'un effet technique incarné dans une entité physique[134] et alors qu'une décision *Sohei*[135] admettait que la « contribution à l'état de la technique » pouvait résider dans la prise en compte de « considérations techniques » dans la conception d'un système informatique de gestion universel. Par la suite, l'OEB a notablement élargi la réception de ces inventions en allant jusqu'à considérer que constituait une invention un « produit programme d'ordinateur », c'est-à-dire un programme enregistré ou non sur un support dans la mesure où « sa mise en œuvre sur un ordinateur produit un effet technique supplémentaire allant au-delà des interactions physiques "normales" entre le programme et l'ordinateur »[136]. Il a par ailleurs pu être jugé que la simple présence dans la revendication d'un support d'enregistrement et de lecture du programme, donc d'un moyen technique, suffisait à contourner l'exclusion de brevetabilité visée au texte, la présence d'un effet technique supplémentaire n'ayant d'importance qu'au niveau de l'examen de l'activité inventive[137]. Ces dernières décisions ont pu être considérées comme une négation des dispositions de la CBE[138]. Considérant qu'il existait une contradiction entre les décisions des différentes chambres de recours sur ces questions, le président de l'OEB a saisi la Grande chambre de recours afin qu'elle clarifie la pratique à suivre. Malheureusement, cette dernière a déclaré le recours irrecevable pour des questions procédurales, en jugeant notamment que les divergences d'interprétation des différentes chambres de recours résultaient d'une évolution normale de la jurisprudence[139].

d) Les créations esthétiques

64. - **Principe d'exclusion.** Une création esthétique ne dispose d'aucun caractère industriel puisqu'elle ne vise pas à la résolution d'un problème technique. Par hypothèse, cette création relève du domaine de l'art ou de l'esthétique et non du domaine technique. Ainsi, les créations ornementales peuvent être protégées par droit d'auteur et le cas échéant par le droit des dessins et modèles, mais pas par le droit des brevets.

(130) Sur l'évolution de la pratique de l'OEB, V. F. Pollaud-Dulian, *La brevetabilité des inventions, op. cit.*, n°s 87 et s. – *Adde* pour des décisions plus récentes, A. Louis, thèse préc., n°s 274 et s.
(131) OEB, ch. recours tech., 15 juill. 1986, aff. T-208/84, *Vicom* : *JOOEB* 1987, p. 14.
(132) Pour une analyse critique de la « contribution à l'état de la technique », V. M. Dhenne, *Technique et droit des brevets*, thèse préc., n°s 342 et s. ; *Réflexions sur le critère de la contribution technique* : *RLDI* 108/2014, p. 10.
(133) V. par ex. OEB, ch. recours tech., 21 mai 1987, aff. T-26/86, *Koch et Sterzel* : *JOOEB* 1988, p. 19.
(134) OEB, ch. recours tech., 19 avr. 1994, aff. T-887/92, inédit. – Sur cette analyse, V. Ch. Le Stanc, *JCl. Brevets*, Fasc. 4220, n° 78. – J. Azéma et J.-Ch. Galloux, *Droit de la propriété industrielle, op. cit.*, n° 224.
(135) OEB, ch. recours tech., 31 mai 1994, aff. T-769/92 : *JOOEB* 1995, p. 525.
(136) OEB, ch. recours tech., 1er juill. 1998, aff. T-1173/97, *IBM* : *JOOEB* 1999, p. 609. – OEB, ch. recours tech., 4 févr. 1999, aff. T-935/97, *IBM*, inédit.
(137) OEB, ch. recours tech., 23 févr. 2006, aff. T-424/03, *Microsoft*, inédit.
(138) Ch. Le Stanc : *JCl. Brevets*, Fasc. 4220, n° 79.
(139) OEB, Gde ch. recours, avis G 3/08, 12 mai 2010 : *JOOEB* 1/2011, p. 10 ; *Propr. intell.* 2011, n° 39, p. 243, obs. J.-Ch. Galloux.

65. - Le non-cumul de protection. Il se peut, néanmoins, qu'une invention possède également un aspect esthétique ou ornemental. L'articulation des protections peut alors être déterminée par une lecture conjointe des articles L. 611-10 et L. 511-8, 1° du Code de la propriété intellectuelle. Ce dernier article interdit la protection par le droit des dessins et modèles industriels de « l'apparence dont les caractéristiques sont exclusivement imposées par la fonction technique du produit », consacrant ainsi le principe de non-cumul entre le droit des brevets et le droit des dessins et modèles industriels. En conséquence, deux situations sont envisageables : si l'aspect technique de la création est dissociable de son aspect esthétique, c'est-à-dire si sa forme n'est pas exclusivement conditionnée par sa fonction, l'aspect fonctionnel sera protégé par le droit des brevets et l'aspect ornemental par le droit des dessins et modèles et/ou par le droit d'auteur ; en revanche, si les aspects utilitaire et ornemental de la création sont indissociables, c'est-à-dire si la forme de l'objet est exclusivement conditionnée par sa fonction, la seule protection possible est celle issue du droit des brevets d'invention. Toute la difficulté tient à la détermination du caractère dissociable ou non de la forme et de la fonction du produit. Sous l'empire du droit antérieur à la réforme de 2001, la jurisprudence est passée de l'application du critère de la « multiplicité des formes » – par lequel la forme d'un produit était considérée comme dissociable de sa fonction dans la mesure où le même résultat technique pouvait être obtenu par d'autres formes – à celui dit « des contours » qui se focalise sur l'objectif poursuivi par l'établissement de la forme(140). Ainsi, dans la mesure où la forme résulte d'une « nécessité fonctionnelle » ou poursuit un « but utilitaire », la forme et la fonction du produit sont considérées comme indissociables alors même que le recours à d'autres formes aurait pu permettre d'aboutir au même résultat technique(141). Le droit positif, qui se réfère à l'exigence d'une forme « exclusivement » imposée par la fonction du produit, paraît consacrer le retour au critère de la « multiplicité des formes »(142).

e) La présentation d'informations

66. - Principe. Une présentation d'informations, qui se définit uniquement par l'information qu'elle contient, ne peut pas faire l'objet d'une protection par brevet. L'exclusion s'applique alors que la revendication porte sur une présentation d'information en elle-même ou sur un procédé ou un dispositif de présentation d'information. Il a ainsi été jugé que constituait une présentation d'informations un procédé permettant à un téléspectateur d'accéder sur l'écran de télévision à des informations relatives à des programmes télévisés faute d'une quelconque contribution à l'état de la technique(143).

En revanche, le dispositif permettant une telle présentation peut constituer une invention protégeable pour autant qu'il présente un caractère technique. Ainsi en va-t-il d'une feuille d'enregistrement destinée à recevoir des données biologiques

(140) Pour une présentation de ces critères, V. F. Greffe et P.-B. Greffe, *Traité des dessins et des modèles*, Litec, 8e éd., 2008, nos 226 et s.

(141) *Ibid.*, n° 233.

(142) En ce sens, J. Passa, *Droit de la propriété industrielle*, t. 1, LGDJ, 2006, n° 709. – *Adde* F. Pollaud-Dulian, *Droit de la propriété industrielle*, *op. cit.*, n° 1007 – V. *infra*, nos 530 et s.

(143) TGI Paris, 7 juin 2013 : *PIBD* 2013, n° 991, III, p. 1421. – *Adde* pour une note critique de cette décision, M. Dhenne, *Réflexions sur le critère de la contribution technique* : *RLDI* 108/2014, p. 10.

pouvant être lues directement et immédiatement[144], d'un calendrier « présenté sous une forme particulière propre à simplifier et rationaliser l'apposition des annotations »[145], ou encore d'un signal de télévision qui ne peut être considéré comme une présentation d'information « en tant que telle » dans la mesure où « il comprend intrinsèquement les caractéristiques techniques du système de télévision dans lequel il est utilisé, et si l'on considère qu'il présente des informations, c'est très exactement ce type d'informations qui présente les caractéristiques techniques du système dans lequel ce signal apparaît »[146].

C. – Une invention non exclue de la protection

67. – **Présentation.** Alors même qu'une technique satisferait à la définition de l'invention et ainsi pourrait prétendre à la protection légale, des considérations diverses – et notamment sociales – peuvent conduire à son exclusion du champ de la brevetabilité. Ces exclusions de protection, dont certaines sont très anciennes, ont été complétées par la directive n° 98/44 relative à la protection des inventions biotechnologiques. Elles figurent aux articles L. 611-16 à L. 611-19 du Code de la propriété intellectuelle, 53 de la CBE et R. 28 et R. 29 du règlement d'exécution de la CBE.

1° Les méthodes de traitement thérapeutique ou chirurgical et les méthodes de diagnostic

68. – **Principe de l'exclusion**[147]. L'exclusion des méthodes de traitement chirurgical ou thérapeutique du corps humain ou animal ainsi que des méthodes de diagnostic appliquées au corps humain ou animal est traditionnelle, mais n'a formellement été introduite en droit français qu'avec la loi du 13 juillet 1978 qui, en accord avec le droit européen[148], les affectait d'une présomption – irréfragable – de défaut d'application industrielle. Cette approche, souvent critiquée par la doctrine[149], n'était qu'une fiction juridique destinée à exclure de la protection des techniques qui, potentiellement, pouvaient empêcher les praticiens de médecine humaine ou vétérinaire d'exercer librement leur art au bénéfice de leurs patients. Fondamentalement, l'objectif était – et reste – de garantir la liberté médicale[150]. À l'occasion de la réforme de la Convention sur le brevet européen, la fiction juridique du défaut d'application industrielle a été abandonnée pour céder la place à un article d'exclusion autonome[151]. La loi française a suivi le même chemin par la modification de l'article L. 611-16 du Code de la propriété intellectuelle (par la loi de modernisation de l'économie du 4 août 2008). L'exclusion répond d'ailleurs à une possibilité offerte par les accords ADPIC[152].

(144) Cass. com., 22 mai 1979 : *PIBD* 1979, n° 242, III, p. 284.
(145) CA Paris, 7 juin 1982 : *DB* 1982, IV, 2.
(146) OEB, ch. recours tech., 14 mars 1989, aff. T-163-85 : *JOOEB* 1990, p. 379.
(147) Pour un aperçu de la question, V. F. Macrez et E. Py, *À propos de la brevetabilité des méthodes*, in *Les grands arrêts de la propriété intellectuelle*, Dalloz, 2e éd., 2015, n° 32. – Pour une approche plus axée sur le droit européen des brevets, V. F. Macrez, *L'invention brevetable dans la pratique de l'Office européen des brevets*, in Ch. Geiger (ss dir.), *La contribution de la jurisprudence à la construction de la propriété intellectuelle en Europe*, LexisNexis, coll. « CEIPI », 2013, p. 85.
(148) V. CBE 1973, art. 52 (4).
(149) V. par ex., J. Foyer et M. Vivant, *Le droit des brevets*, *op. cit.*, p. 67.
(150) V. OEB, Gde ch. recours, 5 déc. 1984, aff. G 1/83, G 5/83, G 6/83 : *JOOEB* 10985, p. 60.
(151) V. CBE, 2000, art. 53 c).
(152) V. CBE, art. 27, § 3 a).

69. – **Limites à l'exclusion. Les produits pour la mise en œuvre de ces méthodes.** L'exclusion de protection ne s'étend pas « aux produits, notamment aux substances ou compositions, pour la mise en œuvre d'une de ces méthodes ». Dès lors, il est parfaitement possible de protéger des médicaments ou encore des dispositifs médicaux mettant en œuvre lesdites méthodes.

a) Les méthodes de traitement du corps humain ou animal

70. – **Points communs aux méthodes de traitement.** Contrairement au régime des méthodes de diagnostic, une revendication de méthode est exclue de la protection si elle comprend « au moins une caractéristique définissant une activité physique ou un acte qui constitue une étape de traitement du corps humain ou animal, par traitement chirurgical ou thérapeutique »(153). En revanche, comme dans le domaine des méthodes de diagnostic, les méthodes de traitement sont exclues indépendamment de la personne les mettant en œuvre, qu'il s'agisse d'un praticien de médecine humaine ou vétérinaire ou d'un tiers, y compris le patient lui-même, voire d'une machine(154). Ces quelques règles étant posées, la difficulté centrale réside dans la définition de la notion de méthode de traitement. La jurisprudence française s'est livrée à une définition unique en jugeant qu'une méthode de traitement chirurgical ou thérapeutique se définissait comme « un ensemble de démarches raisonnées, suivies et reliées entre elles émanant de l'homme du métier destinées à parvenir à la découverte des moyens de prévenir, de traiter, de soulager, de dissiper ou d'atténuer les symptômes d'un trouble résultant d'une affection ou d'un dysfonctionnement du corps humain ou animal »(155). Cette définition est sans doute trop générale et doit être confrontée à la pratique de l'OEB qui connaît de la majorité du contentieux sur ces questions.

71. – **Les méthodes de traitement thérapeutique.** L'exclusion de protection est fondée sur la finalité thérapeutique de la méthode considérée. Il ressort de la pratique de l'OEB que la notion de thérapie inclut les moyens de soigner une maladie, mais aussi de soulager un symptôme ou un malaise douloureux(156) – l'origine de la douleur, du malaise ou de l'incapacité n'ayant pas à être prise en compte(157) – ainsi que les méthodes prophylactiques(158). Par opposition, une méthode dont l'objectif n'est pas thérapeutique, mais par exemple cosmétique, n'est pas exclue de la protection(159). Une question délicate concerne l'hypothèse dans laquelle une méthode produit un effet thérapeutique indissociable de l'effet non thérapeutique

(153) OEB, Gde ch. recours, 16 déc. 2005, avis G 1/04 : *JOOEB* 2006, p. 334, pt 6.2.1. ; *Propr. intell.* 2006, n° 19, p. 188, obs. J.-Ch. Galloux. – OEB, Gde ch. recours, 15 févr. 2010, déc. G 1/07 : *JOOEB* 2011, p. 134, pts 3.2 et s.

(154) OEB, Gde ch. recours, 15 févr. 2010, déc. G 1/07, préc., pt 3.4.1. – Déjà, CA Paris, 24 sept. 1984 (3e esp.) : *DB* 1984, VI, 4.

(155) CA Paris, 29 oct. 1997 : *PIBD* 1998, III, 646, 29.

(156) OEB, ch. recours tech., 27 mars 1986, aff. T-144/83 : *JOOEB* 1986, p. 301, pt 3.

(157) À propos du malaise menstruel, OEB, ch. recours tech., 15 mai 1987, aff. T-81/84 : *JOOEB* 1988, p. 207. – Comp. OEB, ch. recours tech., 1er juill. 1997, aff. T-469/94 citée in *La jurisprudence des chambres de recours de l'Office européen des brevets*, OEB, 7e éd., 2013, p. 67.

(158) OEB, ch. recours tech., 15 oct. 1987, aff. T-19/86 : *JOOEB* 1989, p. 24, pt 7 ; *adde* la jurisprudence citée in *La jurisprudence des chambres de recours, ibid.*

(159) Pour une méthode hygiénique, CA Paris, 28 juin 2006 : *PIBD* 2006, III, 838, III, 641. – Pour une méthode contraceptive, la grossesse n'étant pas une maladie, CA Paris, 24 sept. 1984 (1re esp.), préc. – OEB, ch. recours tech., 9 nov. 1994, aff. T-74/95 : *JOOEB* 1995, p. 712, pt 2.2.3 ; *adde* OEB, *Directives d'examen*, Partie G, chapitre II, 4.2.1.

recherché. Dans cette hypothèse, la méthode est exclue de la protection(160). La pratique de l'OEB fourmille d'exemples d'effets indissociables justifiant l'exclusion(161). Cette solution est également retenue par la jurisprudence française(162). En revanche, lorsque les deux effets sont dissociables, la protection peut être recherchée pour le seul effet non thérapeutique(163).

72. - **Les méthodes de traitement chirurgical.** Les contours de notion de méthode de traitement chirurgical paraissent moins clairs. À cet égard, la décision G 1/07 de la Grande chambre de l'OEB est éclairante, car elle donne certains outils pour identifier ces méthodes faute d'en donner une définition explicite(164). Ainsi, l'exclusion s'applique-t-elle sans considération de la finalité curative ou non de la méthode(165), ce qui revient à dire qu'une étape chirurgicale d'un traitement à finalité non thérapeutique suffit à exclure la méthode entière de la brevetabilité. Il faut toutefois réserver l'hypothèse de méthodes réalisées à des fins destructives qui, alors même qu'elles incluent une étape chirurgicale, ne sont pas exclues de la brevetabilité(166). En outre, la décision G 1/07 considère que les méthodes de traitement chirurgical concernent des « interventions physiques sur l'organisme qui exigent un savoir-faire médical spécialisé et qui comportent un risque pour la santé, même s'il est fait preuve de la diligence professionnelle et de l'expertise requises », ce qui exclut les méthodes « insignifiantes » impliquant une intervention mineure et ne présentant aucun risque important pour la santé. Ce faisant, l'instance suprême de l'OEB a opéré un infléchissement de la pratique de l'office en limitant les contours d'une notion qu'elle jugeait trop larges qui englobaient, par exemple, toute forme d'injection(167). Il reste que la Grande chambre de recours a fait preuve de pragmatisme en laissant aux instances de degré inférieur le soin de construire la notion de « chirurgie » au cas par cas en considération des lignes directrices qu'elle a dessinées.

b) Les méthodes de diagnostic appliquées au corps humain ou animal

73. - **Éléments constitutifs.** La question de la définition des méthodes de diagnostic s'est posée, comme pour les deux autres composantes du triptyque des

(160) J. Passa, *Droit de la propriété industrielle*, *op. cit.*, n° 101.

(161) À propos d'une méthode d'élimination de la plaque dentaire qui, si elle produit un effet cosmétique en améliorant l'apparence des dents, produit nécessairement un effet thérapeutique en prévenant l'apparition des caries et des affections périodontiques, OEB, ch. recours tech., 13 nov. 1990, aff. T-290/86 : *JOOEB* 1992, p. 414. – *Adde* pour une méthode d'immunostimulation générale des animaux qui, améliorant l'état de santé général des animaux, augmente la production carnée, OEB, ch. recours tech., 12 août 1991, aff. T-780/89 : *JOOEB* 1993, p. 440.

(162) Cass. com., 17 juin 2003, n° 01-10.075 : *D.* 2003, p. 1912, obs. J. Daleau ; *JCP* E 2003, p. 1068. – Sur renvoi, CA Paris, 23 sept. 2005 : *PIBD* 2005, 818, III, 651. – À propos d'un complexe cuivrique pour la protection de la peau, TGI Paris, 16 nov. 1994 : *PIBD* 1995, 583, III, 115. – *Adde* en appel CA Paris, 24 avr. 1998 : *DB* 1998, II, 2 et s'agissant du contentieux parallèle devant l'OEB, ch. recours tech., 30 mai 1996, aff. T-1077/93, inédit.

(163) V. OEB, ch. recours tech., 27 mars 1986, aff. T-144/83 : *JOOEB* 1986, p. 301, pour un traitement anorexigène permettant de perdre du poids qui peut aussi être utilisé pour traiter l'obésité. – *Adde* sur l'ensemble de la question : F. Macrez, *L'invention brevetable...*, préc., p. 115.

(164) OEB, Gde ch. recours, 15 févr. 2010, déc. G 1/07 : *JOOEB* 2011, p. 134.

(165) Certaines décisions de l'OEB étaient déjà en ce sens : de façon très explicite, V. OEB, ch. recours tech., 29 sept. 1999, aff. T-35/99, préc., pt 4.1. – *Contra* OEB, ch. recours tech., 1er oct. 2004, aff. T-383/03 : *JOOEB* 2005, p. 159, pt 3 qui limite l'exclusion aux méthodes manifestement appropriées ou potentiellement appropriées à la préservation ou au rétablissement de la santé, de l'intégrité physique ou du bien-être physique.

(166) OEB, ch. recours tech., 30 juill. 1993, aff. T-182/90 : *JOOEB* 1994, p. 641, pt 2.5.2. – Confirmé par OEB, ch. recours tech., 29 sept. 1999, aff. T-35/99 : *JOOEB* 2000, p. 447, pt 3.

(167) OEB, ch. recours tech., aff. T-182/90, préc., qui définit le traitement médical comme toute intervention « non insignifiante pratiquée sur la structure de l'organisme ».

exclusions liées à la poursuite de la liberté médicale, à l'occasion d'un contentieux essentiellement concentré devant les instances de l'OEB. Pendant longtemps, les chambres de recours ont jugé que la méthode de diagnostic au sens de la loi ne concernait que celle qui permettait de prendre directement une décision au sujet d'un traitement médical, excluant ainsi les méthodes ne donnant qu'un résultat intermédiaire(168). Plus tard, une décision a élargi le domaine de l'exclusion en décidant d'y inclure toutes les méthodes « qui concernent un diagnostic ou sont utiles aux fins d'un diagnostic »(169). Le président de l'OEB a donc saisi la Grande chambre de recours qui, dans un avis G 1/04 du 16 décembre 2005(170), a précisé les contours d'une méthode de diagnostic au sens de la Convention sur le brevet européen par le biais de trois apports : le premier porte sur la définition de l'exclusion qui suppose que la revendication qui la définit comporte les caractéristiques portant sur :

> « i) le diagnostic à finalité curative *stricto sensu* représentant la phase de décision déductive en médecine humaine ou vétérinaire, en tant qu'activité purement intellectuelle, ii) les étapes précédentes qui sont constitutives de la pose de ce diagnostic, et iii) les interactions spécifiques avec le corps humain ou animal qui surviennent lorsque sont mises en œuvre celles des étapes précédentes qui sont de nature technique ».

En conséquence, la méthode de diagnostic comporte forcément des étapes multiples et l'exclusion de la brevetabilité suppose qu'elles soient toutes revendiquées(171). Le deuxième apport concerne l'affirmation de l'indifférence de la personne mettant en œuvre la méthode qui peut être un médecin, un membre du personnel médical, le patient lui-même, voire un système automatisé. Le troisième apport concerne la définition de l'application au corps humain ou animal qui ne peut englober que des phases techniques et non strictement intellectuelles(172).

2° Les inventions contraires à la dignité humaine, à l'ordre public ou aux bonnes mœurs(173)

74. - **Principe.** Aux termes de l'article L. 611-17 du Code de la propriété intellectuelle, une invention dont l'exploitation commerciale serait contraire à la dignité de la personne humaine, à l'ordre public ou aux bonnes mœurs ne peut pas faire l'objet d'un quelconque brevet d'invention. Ainsi le droit positif, comme toutes les lois antérieures, exclut-il la possibilité de protéger une invention contraire à l'ordre public ou aux bonnes mœurs en conformité, d'ailleurs, avec l'article 27, 2) des accords ADPIC(174). Historiquement, les hypothèses de contrariété de l'exploi-

(168) OEB, ch. recours tech., 25 sept. 1987, aff. T-385/86 : *JOOEB* 1988, p. 308.

(169) OEB, ch. recours tech., 29 juin 2001, aff. T-964/99 : *JOOEB* 2002, p. 4. – Pour un rappel historique associé à une lecture critique, V. J.-Ch. Galloux, obs. ss OEB, Gde ch. recours, 16 déc. 2005, aff. G-1/04 : *Propr. intell.* 2006, n° 19, p. 188.

(170) OEB, Gde ch. recours, 16 déc. 2005, aff. G-1/04 : *JOOEB* 2006, p. 334.

(171) Ces étapes sont : le recueil de données, la comparaison des données avec les valeurs normales, la constatation d'un écart significatif entre elles et, finalement, l'attribution de cet écart à un tableau clinique donné.

(172) Pour une analyse approfondie de cette décision, V. F. Macrez et E. Py, *À propos de la brevetabilité des méthodes*, *op. cit.*, p. 463 et s.

(173) Sur l'ensemble de la question, V. H.-F. Hsu, *L'ordre public et les bonnes mœurs en droit des brevets : contribution à l'étude du droit comparé : Europe, Taïwan, Chine, États-Unis*, thèse Strasbourg, 2009.

(174) L'article vise la possibilité pour les États membres d'exclure de la brevetabilité « les inventions dont il est nécessaire d'empêcher l'exploitation commerciale sur leur territoire pour protéger l'ordre public ou la moralité, y compris pour protéger la santé et la vie des personnes et des animaux ou préserver les végétaux, ou pour éviter de graves atteintes à l'environnement (...) ».

tation d'une invention à l'ordre public ou aux bonnes mœurs sont très marginales et aussi fluctuantes que les notions auxquelles renvoie la disposition(175). La loi du 6 août 2004, transposant la directive n° 98/44 relative à la protection des inventions biotechnologiques, a modifié la formulation de l'article pour y inclure la notion de contrariété à la « dignité de la personne humaine » et pour remplacer l'expression « mise en œuvre » par celle d'« exploitation commerciale ». L'article apporte une limite à cette interdiction en précisant que la contrariété ne peut résulter du seul fait qu'une disposition législative ou réglementaire interdise l'exploitation d'une invention, ce qui confirme, en termes différents, la Convention d'Union de Paris(176).

75. - **Droit européen.** Le droit européen connaît une interdiction tout à fait similaire dans l'article 53 a) de la CBE. D'un point de vue formel, on observera quelques nuances entre le droit français et le droit européen. Tout d'abord, l'article 53 a) de la CBE ne fait pas explicitement référence à une interdiction de protection tirée de la contrariété de l'invention à la dignité humaine. Ensuite, le droit européen fait dériver des dispositions de cet article l'interdiction de certains procédés biotechnologiques que le droit français expose dans divers articles(177). Sur le fond, la chambre de recours de l'OEB a eu l'occasion de se prononcer plus en détail sur les notions d'ordre public et de bonnes mœurs. Il a ainsi été jugé, dans une affaire *Plant Genetic System*(178), que la notion d'ordre public « couvre la protection de l'intérêt public et l'intégrité physique des individus en tant que membres de la société ». En conséquence, sont exclues de la protection par brevet « les inventions dont la mise en œuvre risque de troubler la paix publique ou l'ordre social (par ex. par des actes de terrorisme), ou de nuire gravement à l'environnement »(179). S'agissant de la notion de bonnes mœurs, la chambre de recours s'est contentée d'affirmer qu'elle visait des comportements acceptables au regard des normes acceptées et profondément ancrées dans la culture inhérente à la société et à la civilisation européennes(180).

3° Le domaine du vivant

76. - **Préambule.** La protection des inventions dans le domaine du vivant fait l'objet de dispositions spécifiques qui ont sans doute moins trait à une différence technique qu'à des considérations éthiques. L'action communautaire, dans ce domaine, a abouti à une directive n° 98/44/CE du Parlement européen et du Conseil du 6 juillet 1998 relative à la protection juridique des inventions biotechnologiques(181) qui fut transposée en France, après de nombreuses difficultés, par les lois n° 2004-800 du 6 août 2004 et n° 2004-1338 du 8 décembre 2004. Les dispositions relatives à la protection des inventions biotechnologiques figurent aujourd'hui aux articles L. 611-18 et L. 611-19 du Code de la propriété intellectuelle.

(175) V. T. com. Seine, 25 nov. 1913 : *Ann. propr. ind.* 1915-1919, 2, p. 16.
(176) Art. 4 quater.
(177) Comp. CBE, Règl. d'exécution, art. R. 28 ; CPI, art. L. 611-18, al. 3 et L. 611-19, 4°.
(178) OEB, ch. recours tech., 21 févr. 1995, aff. T-356/93 : *JOOEB* 1995, p. 545.
(179) Sur la question environnementale, V. également Accord ADPIC, art. 27, 2°.
(180) OEB, ch. recours tech., 21 févr. 1995, aff. T-356/93 : *JOOEB* 1995, p. 545.
(181) *JOCE* n° L 213, 30 juill. 1998, p. 13.

77. - **Le principe de la protection de la matière biologique.** Aux termes des dispositions de l'article L. 611-10, 4°, du Code de la propriété intellectuelle, qui reprennent en substance celles de l'article 3, § 1 de la directive n° 98/44, sont brevetables « les inventions portant sur un produit constitué en totalité ou en partie de matière biologique, ou sur un procédé permettant de produire, de traiter ou d'utiliser de la matière biologique », étant entendu que la matière biologique est définie comme celle « qui contient des informations génétiques et peut se reproduire ou être reproduite dans un système biologique » (CPI, art. L. 6110, 4°, al. 1er)(182). Si la directive a été transposée correctement sur de nombreux points, il existe d'importantes différences notamment sur la question de la protection d'éléments isolés du corps humain. Il nous faut alors nous arrêter au cas particulier du corps humain (*a*) avant de traiter des autres innovations biotechnologiques (*b*).

a) Le corps humain

78. - **Le principe d'interdiction de breveter le corps humain ou la découverte de l'un de ses éléments.** L'article L. 611-10, 4° du Code de la propriété intellectuelle, qui autorise la protection de la matière biologique, pose la réserve des interdictions posées aux articles L. 611-16 à L. 611-19 du même code. À ce titre, le corps humain, aux différents stades de sa constitution et de son développement, ainsi que la simple découverte d'un de ses éléments, y compris la séquence totale ou partielle d'un gène, ne peuvent constituer une invention brevetable (CPI, art. L. 611-18, al. 1er). Identique aux dispositions de l'article 5, § 1 de la directive, cette interdiction est tout à la fois conforme au droit des brevets, qui distingue la découverte de l'invention, et au droit commun(183).

79. - **Les éléments séparés du corps humain. Directive communautaire.** Une différence importante existe ici entre le texte communautaire et le texte français. L'article 5, § 2 de la directive, reprenant le principe posé à l'article 3, § 2 et l'appliquant spécifiquement au corps humain, dispose qu'« un élément isolé du corps humain ou autrement produit par un procédé technique, y compris la séquence ou la séquence partielle d'un gène, peut constituer une invention brevetable, même si la structure de cet élément est identique à celle d'un élément naturel ». La directive distingue ici explicitement le produit naturel tel qu'il existe dans le corps et le produit « détaché du corps humain »(184) par l'intervention humaine ou produit à l'extérieur de lui. Le considérant (21) de la directive explique la démarche servant de support à cette transformation au motif qu'« un tel élément isolé du corps humain ou autrement produit n'est pas exclu de la brevetabilité puisqu'il est, par exemple, le résultat de procédés techniques l'ayant identifié, purifié, caractérisé et multiplié en dehors du corps humain, techniques que seul l'être humain est capable de mettre en œuvre et que la nature est incapable d'accomplir par elle-même »(185). De telles

(182) Comp. Dir. n° 98/44, art. 2, § 1, a).
(183) V. les développements de J. Azéma et J.-Ch. Galloux, *Droit de la propriété industrielle*, *op. cit.*, nos 237 et s.
(184) H. Gaumont-Prat : *JCl. Brevets*, Fasc. 4241, n° 14.
(185) Le terme « isolé » ne se réduit pas à la seule idée d'une séparation d'avec le corps humain mais induit la mise en œuvre de nombreux procédés techniques, V. E. Gutmann, *Les particularités des inventions biotechnologiques justifient-elles un assouplissement – ou un durcissement – des critères de brevetabilité et/ou des règles applicables à l'étendue*

manipulations conduisent ainsi à ce que le produit obtenu se distingue formellement du produit à l'état naturel, soit par son état de pureté, soit par sa proportion accrue, alors même que leurs structures respectives seraient identiques[186].

80. - **Les éléments séparés du corps humain. Droit français.** La loi française autorise la protection d'une invention constituée par une « application technique d'une fonction d'un élément du corps humain », la portée du droit accordé se limitant à l'élément du corps humain « dans la mesure nécessaire à la réalisation et à l'exploitation de cette application particulière », cette application devant, par ailleurs, « être concrètement et précisément exposée dans la demande de brevet »[187] (CPI, art. L. 611-18, al. 2). Le Code de la propriété intellectuelle ne consacre donc, dans ce domaine, que la possibilité de protéger une invention d'application contrairement aux dispositions de l'article 5, § 2 de la directive. Par ailleurs, cette interdiction s'étend expressément aux « séquences totales ou partielles d'un gène prises en tant que telles » (CPI, art. L. 611-18, c)[188], ce qui, là encore, est en contradiction avec le droit communautaire qui n'interdit la protection de ces objets que dans le corps humain[189]. Ces dispositions sont unanimement critiquées par la doctrine qui leur reproche une confusion entre le produit naturel et le produit isolé de son environnement naturel[190]. Le choix opéré par le législateur est d'autant plus dommageable que la CBE a intégré les dispositions de la directive n° 98/44[191] qui correspondaient d'ailleurs à sa pratique antérieure[192]. En conséquence, ce texte ne régit que le brevet français et il est possible de contourner l'interdiction par le biais d'un dépôt européen. Dans ce denier cas, le juge éventuellement saisi d'une action en nullité du brevet ne pourra y faire droit dans la mesure où l'article L. 614-12 du Code de la propriété intellectuelle renvoie aux dispositions de la CBE[193].

81. - **Les autres exclusions.** Le troisième alinéa de l'article L. 611-18 du Code de la propriété intellectuelle égrène plusieurs autres objets exclus du champ de la brevetabilité :

---

de la protection qui peut leur être conférée par un brevet, ou bien ces particularités ne sont-elles que superficielles ?, in B. Remiche (ss dir.), *Brevet, innovation et intérêt général*, Larcier, 2007, p. 177 et s. et spéc. 183.

(186) J. Passa, *Droit de la propriété industrielle*, *op. cit.*, n°s 60 et 110. – *Adde* E. Gutmann, *Le brevet, l'éthique : au piège du langage ?* : *Propr. intell.* 2003, n° 9, p. 348 ; *Les substances d'origine naturelle : de la découverte à l'invention brevetable* : *Propr. intell.* 2005, n° 17, p. 392 ; *Les particularités des inventions biotechnologiques...*, *op. cit.*, p. 185 : « En définitive, la distinction entre la découverte et l'invention repose sur une confrontation entre le milieu extraordinairement hétérogène que constitue le corps humain dans lequel l'élément naturel aura été "simplement découvert" dans sa relation avec celui-ci et en proportions généralement infinitésimales, d'une part, et la matière d'une invention, matière souvent homogène, voire "biologiquement pure" formée par une multiplicité de "répliques" de cet élément, d'autre part » – le droit américain n'est pas en ce sens et la Cour suprême des États-Unis a jugé (13 juin 2013, *Association For Molecular Pathology et a. c/ Myriad Genetcs Inc. et a.*) que le fait d'isoler une séquence d'ADN naturel ne suffisait pas à lui donner la nature d'un produit brevetable : L. Marino, *Peut-on breveter des gènes humains ?* : *JCP G* 2013, 849. – A. Mendoza-Caminade, *Recherche fondamentale et appropriation du savoir : le refus par la Cour suprême américaine de breveter l'ADN humain* : *JCP E* 2013, 1486. – F. Pollaud-Dulian, *L'adieu au brevet et le retour à la Nature des séquences d'ADN* : *D.* 2013, p. 2594.

(187) On observera que cette dernière exigence n'est reprise dans la directive qu'au sujet des séquences ou des séquences partielles de gène, V. Dir., art. 5, § 3.

(188) V. *infra*, n° 625 sur l'étendue de la protection.

(189) J. Azéma et J.-Ch. Galloux, *Droit de la propriété industrielle*, *op. cit.*, n° 245.

(190) *Ibid.*, n°s 241 et s. – J. Passa, *ibid.* – E. Gutmann, *ibid.* – J. Schmidt-Szalewski et J.-L. Pierre, *Droit de la propriété industrielle*, *op. cit.*, n° 77 : qui tient au fait que la loi française n'ait pas repris la formule « isolé ou autrement produit par un procédé technique ».

(191) OEB, Règl. d'exécution, art. R. 26 et s.

(192) OEB, div. opp., 8 déc. 1994 : *JOOEB* 1995, p. 388, pt 5.

(193) En ce sens, J. Passa, *ibid.*, n° 114.

– les procédés de clonage de l'être humain ;

– les procédés de modification de l'identité génétique de l'être humain ;

– les utilisations d'embryons humains à des fins industrielles ou commerciales ; l'article 6, § 2, *c)* de la directive n° 98/44/CE, correspondant à cette exclusion, a fait l'objet d'une interprétation par la Cour de justice de l'Union européenne dans une affaire *Brüstle*[194]. En substance, la Cour y a défini l'embryon humain comme « tout ovule humain dès le stade de la fécondation, tout ovule humain non fécondé dans lequel le noyau d'une cellule humaine mature a été implanté et tout ovule humain non fécondé qui, par voie de parthénogenèse, a été induit à se diviser et à se développer »[195]. S'intéressant aux contours de l'interdiction, la Cour a, en outre, jugé que l'exclusion de brevetabilité portait également sur l'utilisation d'embryons humains « à des fins de recherche scientifique, seule l'utilisation à des fins thérapeutiques ou de diagnostic applicable à l'embryon humain et utile à celui-ci pouvant faire l'objet d'un brevet ». Enfin, elle a précisé que le texte interdisait la protection d'une invention « lorsque l'enseignement technique qui fait l'objet de la demande de brevet requiert la destruction préalable d'embryons humains ou leur utilisation comme matériau de départ, quel que soit le stade auquel celles-ci interviennent et même si la description de l'enseignement technique revendiqué ne mentionne pas l'utilisation d'embryons humains » ;

– les séquences totales ou partielles d'un gène prises en tant que telles[196].

b) Les autres innovations biologiques

82. – Les races animales. Les races animales sont exclues du domaine de la brevetabilité (CPI, art. L. 611-19, I, 1°. – CBE, art. 53, b. – Accords ADPIC, art. 27, § 3, b). Contrairement aux variétés végétales, qui peuvent être protégées par un titre particulier, les races animales ne peuvent pas faire l'objet d'une quelconque protection. Toutefois, les inventions portant sur des animaux sont brevetables dans la mesure où la faisabilité technique de l'invention ne se réduit pas à une race animale déterminée (CPI, art. L. 611-19, II). Dans cette mesure, est brevetable dans les conditions normales une invention portant sur un animal transgénique[197].

83. – Les variétés végétales. Les variétés végétales, définies par l'article 5 du règlement (CE) n° 2100/94 du Conseil du 27 juillet 1994, instituant un régime de protection communautaire des obtentions végétales[198], ne peuvent pas faire l'objet

(194) CJUE, 18 oct. 2011, aff. C-34/10, *Olivier Brüstle c/ Greenpeace eV : D.* 2011, p. 2596, note J. Daleau ; *PIBD* 2012, n° 954, III, p. 41 ; *Propr. industr.* 2012, comm. 2, M.-C. Chemtob Concé ; *Propr. industr.* 2012, étude 15, B. de Malherbe et J.-Ch. Galloux.

(195) Saisie d'une question préjudicielle par la High Court of Justice, la Cour de justice de l'Union européenne a encore précisé la notion d'embryon humain en jugeant que ledit article « doit être interprété en ce sens qu'un ovule humain non fécondé qui, par voie de parthénogenèse, a été induit à se diviser et à se développer ne constitue pas un "embryon humain", au sens de cette disposition, si, à la lumière des connaissances actuelles de la science, il ne dispose pas, en tant que tel, de la capacité intrinsèque de se développer en un être humain, ce qu'il appartient à la juridiction nationale de vérifier », CJUE, 18 déc. 2014, aff. C-364/13, *International Stem Cell Corporation c/ Comptroller General of Patents, Designs and Trade Marks* : *Propr. industr.* 2015, alerte 14, H. Gaumont-Prat. ; *JCP G* 2015, 135, Ch. Byk ; *D.* 2015, p. 755, note J.-C. Galloux et H. Gaumont-Prat ; *JCP E* 2015, n° 17, p. 43, note A. Mendoza-Caminade ; *JCP E* 2015, n° 16, p. 795, obs. N. Binctin ; *Gaz. Pal.* 2015, n° 64, p. 17, L. Marino.

(196) V. *supra*, n° 210.

(197) V. OEB, ch. recours tech., 6 juill. 2004, aff. T-315/03 : *JOOEB* 2006, p. 15, pt 11.4.

(198) *JOCE* n° L 227, 1er sept. 1994, p. 1.

d'une protection par brevet (CPI, art. L. 611-19, I, 2. – CBE, art. 53, b, dont la rédaction se distingue quelque peu de la loi française). Les variétés végétales peuvent, en revanche, faire l'objet d'une protection par un certificat d'obtention végétale national (CPI, art. L. 623-1 et s.)(199) ou communautaire (Cons. UE, Règl. [CE] n° 2100/94) si elles répondent à des conditions propres. La possibilité d'une protection par certificat n'est pas une condition d'exclusion de la brevetabilité des variétés végétales qui, répondant ou non aux conditions posées par les textes, ne peuvent pas être brevetées. Les inventions portant sur des végétaux peuvent toutefois être brevetées dans la mesure où leur faisabilité technique n'est pas limitée à une variété végétale déterminée (CPI, art. L. 611-19, II). En conséquence, une plante modifiée génétiquement, ou selon les termes de la directive un ensemble végétal « caractérisé par un gène déterminé », pourra être protégée par brevet dans les conditions normales pour autant qu'elle ne soit pas revendiquée en tant que variété végétale et qu'elle ne donne pas naissance « techniquement, uniquement à des variétés végétales au sens retenu par le certificat d'obtention végétale »(200).

84. – **Les procédés essentiellement biologiques pour l'obtention de végétaux et d'animaux.** Ces procédés sont exclus du domaine de la brevetabilité (CPI, art. L. 611-19, I, 3°. – CBE, art. 53, b. – Accords ADPIC, art. 27, § 3, b). Aux termes de la loi, ces procédés sont ceux qui font « exclusivement appel à des phénomènes naturels comme le croisement ou la sélection »(201). Toute la difficulté consiste à déterminer ce qui relève d'un procédé faisant « exclusivement » ou « essentiellement » appel à des phénomènes naturels. Tel serait le cas d'une méthode de sélection de race animale fondée sur les lois naturelles de la reproduction(202). Cette exception a fait l'objet de plusieurs décisions fondamentales de l'OEB. Dans une première série de décisions, rendue dans les célèbres affaires *Tomate* et *Brocoli*, la Grande chambre de l'OEB a précisé les contours de la notion(203). Constitue un procédé essentiellement biologique une méthode non microbiologique d'obtention de végétaux comprenant « les étapes consistant à croiser par voie sexuée le génome complet de végétaux et à sélectionner ultérieurement des végétaux, ou un procédé non microbiologique d'obtention de végétaux qui est constitué desdites étapes ». Toutefois, l'intervention humaine dans le procédé biologique ne permet pas *ipso facto* de conclure au caractère non essentiellement biologique de la méthode en cause. En effet, d'après ces décisions, l'introduction dans un procédé biologique d'une étape technique permettant ou soutenant le croisement sexué ou la sélection ultérieure n'enlève pas audit procédé son caractère « essentiellement biologique ». En

(199) Dont le régime a été modifié par L. n° 2011-1843, 8 déc. 2011 : *JO* 10 déc. 2011. – N. Bouche, *Réforme du droit français des obtentions végétales : la loi n° 2011-1843 du 8 décembre 2011 : Propr. industr.* 2012, étude 13. – J.-Ch. Galloux, *Obtentions végétales : RTD com.* 2013, p. 751.

(200) V. H. Gaumont-Pratt : *JCl. Brevets*, Fasc. 4241, n° 24. – *Adde* OEB, Gde ch. recours, 20 déc. 1999, aff. G-1/98 : *JOOEB* 2000, p. 111 : « Une revendication dans laquelle il n'est pas revendiqué individuellement des variétés végétales spécifiques n'est pas exclue de la brevetabilité en vertu de l'article 53) CBE (1973), même si elle peut couvrir des variétés végétales ».

(201) La règle 26 de la CBE fait référence à des procédés qui font « intégralement » appel à des phénomènes naturels, mais cette différence sémantique ne devrait pas avoir d'incidence fondamentale : V. J.-Ch. Galloux : *Propr. intell.* 2011, n° 39, p. 239.

(202) J. Schmidt-Szalewski et J.-L. Pierre, *Droit de la propriété industrielle, op. cit.*, n° 73.

(203) OEB, Gde ch. recours, 9 déc. 2010, déc. G 2/07 et G 1/08 : *JOOEB* 2012, p. 130 ; *Propr. intell.* 2011, n° 39, p. 239, obs. J.-Ch. Galloux.

revanche, tel n'est pas le cas si, dans ce même genre de procédé, une étape technique est introduite qui « en elle-même introduit un caractère dans le génome ou modifie un caractère dans le génome du végétal obtenu, de telle sorte que l'introduction ou la modification de ce caractère ne résulte pas du mélange des gènes des végétaux choisis pour le croisement par voie sexuée ». Dans une seconde série de décisions, les affaires *Tomate II* et *Brocoli II*, la Grande chambre de recours a jugé que le produit obtenu par un procédé essentiellement biologique pouvait faire l'objet d'un brevet sous réserve de remplir les conditions de brevetabilité[(204)].

85. - **Les procédés de modification de l'identité génétique des animaux.** Sont exclus de la protection par brevet les procédés de modification de l'identité génétique des animaux « de nature à provoquer chez eux des souffrances sans utilité médicale substantielle pour l'homme ou l'animal ». Sont également exclus de la protection les animaux issus de tels procédés (CPI, art. L. 611-19, I, 4°). Cette disposition existe également en droit européen des brevets et a fait l'objet d'une application dans la célèbre affaire *Animaux transgéniques/Harvard*[(205)].

86. - **Les procédés microbiologiques et les produits obtenus par de tels procédés.** La loi française autorise la protection des procédés techniques « notamment microbiologiques » qui se définissent comme des procédés « utilisant ou produisant une matière biologique ou comportant une intervention sur une telle matière » (CPI, art. L. 611-19, III. – CBE, art. 53, b). Le même article dispose que sont brevetables les produits obtenus par de tels procédés : sont donc concernés les produits fabriqués ou modifiés par des micro-organismes[(206)].

II. - Une exigence d'application industrielle

87. - **Présentation.** Alors que la création dont la protection est recherchée serait une invention au sens de la loi, sa réservation par brevet suppose qu'elle soit susceptible d'application industrielle.

88. - **Définition.** L'article L. 611-15 du Code de la propriété intellectuelle définit une invention susceptible d'application industrielle comme celle dont l'objet peut être « fabriqué ou utilisé dans tout genre d'industrie, y compris l'agriculture ». Cette définition, particulièrement large, est dans la pratique très peu exclusive et, corrélativement, ne fait l'objet que d'un contentieux fort limité.

89. - **Fabrication ou utilisation.** Tout d'abord, le texte comporte une alternative selon laquelle l'invention doit pouvoir être fabriquée « ou » utilisée dans l'industrie, ce qui implique que la satisfaction d'une seule de ces propositions suffit à la rendre conforme à l'exigence légale. La simple aptitude d'une invention à être

(204) OEB, Gde ch. recours, 25 mars 2015, déc. G 2/13 et G 2/12 : *Propr. intell.* 2015, p. 321, note J.-Ch. Galloux. – R.-M. Borges, *Brocoli, le retour : un produit obtenu par un procédé essentiellement biologique est brevetable* : *Propr. industr.* 2015, étude 10.

(205) OEB, ch. recours tech., 6 juill. 2004, aff. T-315/03 : *JOOEB* 2006, p. 15. – On observera que la prise en compte de la souffrance animale avait déjà fait l'objet d'une décision de l'OEB, dans la même affaire, alors même que le texte n'existait pas, V. OEB, ch. recours tech., 3 oct. 1990 : *JOOEB* 1990, p. 416, pt 5.

(206) Pour un examen plus complet, V. F. Macrez, *L'invention brevetable dans la pratique de l'Office européen des brevets*, *in* Ch. Geiger (ss. dir.), *La contribution de la jurisprudence européenne à la construction de la propriété intellectuelle en Europe*, LexisNexis, 2013, p. 85 et spéc. 110.

produite dans l'industrie la dispense donc d'une utilité dans cette même industrie. Pour reprendre l'exemple rapporté par Mousseron(207), un scalpel produit un effet technique qui s'exprime dans le domaine médical et non industriel. Pour autant, la possibilité de le fabriquer industriellement lui ouvre l'accès à la protection sous réserve que soient satisfaites les conditions de nouveauté et d'activité inventive. De la même façon, dans le domaine de la chimie, les « produits intermédiaires » sont protégeables(208) alors qu'ils n'ont pas d'utilité industrielle immédiate(209). Répond, par exemple, à l'exigence le moyen portant sur un plasmide bactérien qui, ne pouvant être qualifié de résultat, décrit un mode de réalisation pouvant être fabriqué ou utilisé dans l'industrie(210). L'exigence d'application industrielle se distingue de celle de progrès. Ainsi, la loi française ne conditionne pas la protection d'une invention à la réalisation d'un progrès technique. En outre, la satisfaction de cette exigence est sans lien avec la qualité du résultat de l'invention aussi imparfait soit-il(211).

90. - **Industrie.** Ensuite, le terme « industrie » a une portée extrêmement large : le texte y inclut l'agriculture conformément à la vision portée par la Convention d'Union de Paris qui définit, dans son article 1er, 3), les contours de la propriété industrielle(212).

91. - **Les inventions biotechnologiques.** La directive n° 98/44/CE dispose dans son article 5, 3° que l'application industrielle d'une séquence totale ou partielle d'un gène doit être « concrètement exposée dans la demande de brevet ». Cette disposition a été transposée dans le droit français à l'article L. 611-18 du Code de la propriété intellectuelle de manière différente puisque l'exigence est étendue à toutes les applications techniques d'une fonction d'un élément du corps humain.

§ 2. – Une exigence de nouveauté

92. - **Définition.** L'exigence de nouveauté existe dans l'ensemble des systèmes nationaux de brevets d'invention, tant elle paraît être, dans le langage courant, consubstantielle à la notion même d'invention(213). Toutefois, la nouveauté recouvre, en droit, une notion bien spécifique définie aux articles L. 611-11 à L. 611-13 du Code de la propriété intellectuelle(214). À ce titre, l'article L. 611-11, alinéa 1er dudit code dispose qu'« une invention est considérée comme nouvelle si elle n'est pas comprise dans l'état de la technique ». De la sorte, le texte identifie le socle de réfé-

(207) J.-M. Mousseron, *Traité des brevets*, *op. cit.*, n° 218, p. 241.

(208) L'OEB reconnaît la possibilité de protéger ces produits chimiques, V. OEB, ch. recours tech., 22 juin 1982, aff. T-22/82 : *JOOEB* 1982, p. 341. – Pour une approche de droit comparé, V. M. Dhenne, *Technique et droit des brevets*, thèse préc., nos 638 et s.

(209) Sur les difficultés particulières soulevées par cette question quant à son articulation avec la condition d'invention, V. *supra*, n° 51.

(210) V. par ex. Cass. com., 19 déc. 2000 : *PIBD* 2001, n° 721, III, p. 271 ; *RTD com.* 2001, p. 692, obs. J.-Ch. Galloux.

(211) CA Paris, 28 oct. 2005 : *PIBD* 2006, n° 821, III, p. 1. – CA Paris, 6 janv. 2006 : *PIBD* 2006, III, p. 160.

(212) « La propriété industrielle s'entend dans l'acception la plus large et s'applique non seulement à l'industrie et au commerce proprement dits, mais également au domaine des industries agricoles et extractives et à tous produits fabriqués ou naturels, par exemple : vins, grains, feuilles de tabac, fruits, bestiaux, minéraux, eaux minérales, bières, fleurs, farines ».

(213) La condition est également reconnue au plan international, V. Accord ADPIC, art. 27, al. 1er.

(214) CBE, art. 54 et s.

rence par comparaison duquel la conformité de l'invention à l'exigence légale sera vérifiée. Ainsi, c'est l'extériorité de l'invention à l'état de la technique qui lui conférera son caractère de nouveauté[215]. En conséquence, il est nécessaire de définir l'état de la technique (I) avant de s'intéresser à la mise en œuvre de la condition de nouveauté (II).

I. – L'état de la technique

93. – **Généralités.** L'article L. 611-11, alinéa 2 du Code de la propriété intellectuelle définit l'état de la technique comme « tout ce qui a été rendu accessible au public avant la date de dépôt de la demande de brevet par une description écrite ou orale, un usage ou tout autre moyen ». Cette définition, qui inclut l'ensemble des informations accessibles au public avant la date de dépôt de la demande[216] – que l'on nomme « antériorités » – sans autres distinctions de lieu, de temps ou de modalités de divulgation, est particulièrement large : la nouveauté est dite « absolue »[217]. Si, donc, l'état de la technique est constitué, par principe, d'informations accessibles au public avant la date de dépôt de la demande (A), ses contours peuvent, par exception, faire l'objet de variations dans le sens d'une extension ou d'une réduction (B). Parce que la nouveauté est « absolue », toute autre considération est indifférente à la définition précitée (C).

A. – Le principe : l'accessibilité de l'invention au public

94. – **Présentation.** Il convient de déterminer ici qui est le public (1°), avant de préciser ce que recouvre la notion d'accessibilité (2°). D'un point de vue sémantique, on relèvera immédiatement que cette condition est parfois exprimée par la formule selon laquelle seule une antériorité « publique » est destructrice de nouveauté[218].

1° Le public

95. – **Définition.** Le public susceptible d'avoir pris connaissance de l'invention est constitué par toute personne non tenue au secret « à propos des informations qu'elle reçoit »[219]. En conséquence, l'accessibilité d'une invention, avant la date de dépôt de la demande, à une personne tenue au secret s'agissant de l'information divulguée, ne constitue pas une antériorité destructrice de nouveauté, à condition toutefois que le secret ait effectivement été conservé par le communicataire[220]. Dans le cas contraire, la divulgation « par ricochet » fait entrer l'invention dans l'état de la technique, sous réserve de l'application des dispositions de l'article L. 611-13, alinéa 1er, a) du Code de la propriété intellectuelle[221]. La difficulté centrale s'agissant d'une information non encore brevetée tient au fait qu'elle a, par

(215) Pour reprendre la terminologie du professeur J. Schmidt-Szalewski, V. par ex. *JCl. Brevets*, Fasc. 4260, *Nouveauté*, n° 74.
(216) En réalité, avant la date de priorité, lorsqu'elle est revendiquée, V. *infra*, nos 107 et s.
(217) V. *infra*, nos 112 et s.
(218) J. Azéma et J.-Ch. Galloux, *Droit de la propriété industrielle, op. cit.*, n° 290.
(219) J. Schmidt-Szalewski, *Droit de la propriété industrielle, op. cit.*, n° 88.
(220) La nouveauté est ainsi sauvegardée lorsque le demandeur à l'annulation ne prouve pas que l'obligation de confidentialité du communicataire a été violée, V. CA Paris, 19 oct. 2005 : *PIBD* 2006, n° 822, III, p. 47.
(221) V. *infra*, n° 105.

nature, vocation à circuler. Ainsi, la réalisation de l'invention suppose, en principe, la participation de plusieurs personnes qui peuvent être, par exemple, parties à un contrat de travail ; des relations ponctuelles ou au long court prenant des formes juridiques variées s'établiront dans le cadre de projets de recherches et développements entre plusieurs acteurs de la recherche ; les informations détenues par une société circuleront dans le groupe auquel elle appartient ; l'invention réalisée pourra ensuite être présentée à un futur partenaire contractuel dans le cadre de pourparlers... Il y a là autant d'occasions de divulguer involontairement l'invention et donc de raisons d'identifier les personnes tenues au secret.

96. - **Origine de l'obligation de secret.** L'obligation de secret peut avoir une origine légale ou conventionnelle par le truchement d'accords de confidentialité. Ainsi, par exemple, sont tenus au secret les fonctionnaires des offices de délivrance de brevets, les mandataires chargés de déposer les demandes ou plus généralement les personnes soumises au secret professionnel, à condition, naturellement, que la révélation intervienne dans le cadre d'une relation couverte par ledit secret. On peut également ajouter dans cette catégorie les salariés qui, au titre de leur contrat de travail, sont soumis à un certain nombre d'obligations accessoires parmi lesquelles figure une obligation de discrétion et de réserve qui leur interdit la divulgation d'informations confidentielles auxquelles ils ont eu accès à raison de leurs fonctions[(222)]. Sur ce dernier point, néanmoins, la prudence reste de mise et l'insertion d'une clause expresse de confidentialité dans le contrat de travail présente un double intérêt : celui de rappeler l'existence de l'obligation et d'en préciser les contours et celui de prévoir le maintien de l'obligation au secret après la fin du contrat de travail. Dans un sens similaire, l'OEB a pu considérer que la communication d'une thèse au président du jury ne caractérise pas une divulgation destructrice de nouveauté[(223)]. Hors les hypothèses où elle dérive du statut du communicataire, l'obligation de secret sera souvent le résultat d'un accord exprès de confidentialité[(224)], mais la jurisprudence a aussi pu admettre que l'obligation pouvait résulter du caractère confidentiel des informations transmises[(225)]. D'une manière générale, et conformément au droit commun, il n'est pas nécessaire que l'obligation de confidentialité soit formalisée dans un écrit[(226)]. Par principe, elle peut être orale ou même tacite et se déduire des circonstances. Il a ainsi été jugé, à l'occasion d'essais, qu'une obligation implicite de confidentialité pèse sur ceux qui sont les « agents nécessaires des expériences requises »[(227)]. Sur ce dernier point, la jurisprudence est néanmoins incertaine et si elle a pu admettre l'existence d'une obligation tacite de confidentialité dans le cadre de relations professionnelles suivies entre le futur breveté et le fabricant du

(222) Sur cette obligation, V. par ex. F. Favennec-Héry et P.-Y. Verkindt, *Droit du travail*, LGDJ, 4e éd., 2014, n° 565. – Pour une illustration, V. Cass. com., 23 nov. 1971 : *PIBD* 1972, n° 86, III, p. 192 ; et encore plus clairement, CA Paris, 17 sept. 1997 : *PIBD* 1997, n° 644, III, p. 633.

(223) OEB, ch. recours tech., 25 oct. 2011, aff. T-1055/09 : *Propr. industr.* 2012, comm. 55, note P. Vigand. – *Adde* pour la communication d'une thèse aux membres du jury, CA Paris, 3 janv. 1962 : *Ann. propr. ind.* 1962, p. 162.

(224) Une clause de propriété n'est pas une clause de confidentialité, V. Cass. com., 17 mars 2015, n° 13.15-862, 300 : *PIBD* 2015, n° 1027, III, p. 335. – *Adde* Cass. com., 7 oct. 2008, n° 07-17.518 : *JurisData* n° 2008-045334 ; *Propr. industr.* 2009, comm. 19, M. Boizard.

(225) Cass. com., 8 mars 2005 : *PIBD* 2005, n° 810, III, p. 358.

(226) CA Toulouse, 2e ch., 26 janv. 2011, n° 09/00799 : *JurisData* n° 2011-014618 ; *PIBD* 2011, n° 936, III, p. 205.

(227) TGI Paris, 1er sept. 1999 : *PIBD* 2000, n° 691, III, p. 57.

produit[228] ou de relations d'affaires lorsque le communicataire est chargé de réaliser des expérimentations sur le produit[229], une décision récente a clairement affirmé que « l'existence d'un accord de confidentialité, obligation d'interprétation stricte, ne saurait se déduire implicitement, (...), de l'existence de relations commerciales entre les parties ou de la nature de ces relations »[230]. L'OEB, au sujet des partenaires commerciaux, caractérise l'obligation tacite de confidentialité au regard des relations commerciales réciproques des parties et de leur intérêt respectif[231]. L'existence de rapports particuliers entre le communicant et le communicataire peut encore exclure une divulgation efficace[232]. Ici comme ailleurs, le recours à l'écrit reste donc d'abord et avant tout un moyen précieux de se ménager la preuve de l'existence de l'obligation[233].

La doctrine s'accorde pour reconnaître qu'à l'expiration de l'accord de confidentialité, l'invention doit être considérée automatiquement comme étant accessible au public[234]. La pratique de l'OEB n'est toutefois pas en ce sens qui subordonne, dans ce cas, la destruction de la nouveauté de l'invention à un acte de divulgation supplémentaire[235].

2° L'accessibilité

97. - **Présentation.** L'examen de l'accessibilité au public implique de s'attacher à deux traits caractéristiques de la formule : l'accessibilité suppose, tout d'abord, que l'invention soit divulguée de manière suffisamment complète pour permettre à un homme du métier de la réaliser ; elle implique, ensuite, que la relation de l'homme du métier à l'invention soit suffisamment caractérisée par une prise de connaissance théorique de l'invention.

98. - **Caractère suffisamment complet de la divulgation.** Une invention est considérée comme accessible au public lorsqu'elle a été divulguée de manière suffisante pour permettre à l'homme du métier de la reproduire. Cela se traduit par la formule selon laquelle seule une antériorité « suffisante » est destructrice de nouveauté[236]. La divulgation suffisante s'entend de celle qui porte sur les éléments constitutifs de l'invention de sorte qu'elle rende la reproduction possible[237]. Selon

(228) TGI Paris, 3e ch., 16 oct. 1992 : *PIBD* 1993, n° 536, III, p. 52. – *Adde* TGI Bordeaux, 1re ch. civ., 15 avr. 2008 : *PIBD* 2008, n° 878, III, p. 421. – Confirmé sur ce point par CA Bordeaux, 1re ch. civ., 1er juill. 2010 : *PIBD* 2010, n° 925, III, p. 605. – Rejet sur ce point par Cass. com., 2 nov. 2011, n° 10-30.907, 1065 : *JurisData* n° 2011-023991 ; *PIBD* 2012, n° 954, III, p. 50 ; *Propr. industr.* 2012, comm. 30, note P. Vigand qui, sans l'affirmer explicitement, paraît faire dériver une obligation de confidentialité des relations entretenues entre le futur déposant et le communicataire chargé de réaliser des barriques selon les caractéristiques techniques définies par son partenaire.

(229) CA Paris, 4e ch., 4 févr. 1993 : *PIBD* 1993, n° 545, III, p. 341 ; *JCP* E 1993, I, 290, n° 8, obs. J.-J. Burst et J.-M. Mousseron ; *RTD com.* 1993, note J. Azéma.

(230) CA Paris, 12 déc. 2012 : *PIBD* 2013, n° 980, III, p. 1056 ; *Propr. industr.* 2013, chron. 9, obs. E. Py. – Rejet du pourvoi, Cass. com., 17 mars 2015, n° 13.15-862 : *PIBD* 2015, n° 1027, III, p. 335 ; *Propr. industr.* 2015, chron. 11, n° 2, obs. E. Py. – *Adde* CA Paris, 4e ch., sect. 4, 27 nov. 2002 : *PIBD* 2003, n° 763, III, p. 234 ; *Propr. intell.* 7/2003, p. 194, note B. Warusfel : dans laquelle rien ne permettait de démontrer la volonté du communicant de conserver secrètes les informations transmises.

(231) OEB, ch. recours tech., 11 oct. 2004, aff. T-913/01, pt 1.3.4., inédit.

(232) OEB, ch. recours tech., 25 oct. 2011, aff. T-1055/09, préc.

(233) Pour un exemple d'incapacité à rapporter la preuve de l'obligations, V. CA Toulouse, 26 janv. 2011, préc.

(234) J. Azéma et J.-Ch. Galloux, *Droit de la propriété industrielle*, *op. cit.*, n° 301. – J. Passa, *Droit de la propriété industrielle*, *op. cit.*, n° 137.

(235) OEB, ch. recours tech., 27 sept. 2004, aff. T.-1081/01 : *Propr. industr.* 2005, comm. 25, note P. Vigand.

(236) J. Azéma et J.-Ch. Galloux, *ibid.*, n° 288.

(237) La condition de suffisance est ici identique à celle requise de la description, V. *infra*, n° 197.

la formule des chambres de recours de l'OEB, l'antériorité détruit la nouveauté d'une invention lorsque celle-ci en découle « directement et sans équivoque »(238), ce à quoi il faut ajouter les caractéristiques implicites qu'elle contient(239) mais pas les équivalents techniques(240). Devant les juridictions françaises, les juges du fond, qui apprécient souverainement le caractère suffisant de la divulgation(241), sous réserve de la caractériser de façon... suffisante(242), ont une vision proche et retiennent en des termes similaires la possibilité de prendre en compte des caractéristiques implicites dès lors qu'elles découlent sans ambiguïté de la mise en œuvre des enseignements contenus dans le document servant d'antériorité(243). Ainsi, la cour d'appel de Paris a rappelé que pour conclure à l'absence de nouveauté d'une invention, « il faut démontrer que l'objet de cette invention découle clairement, précisément, sans équivoque et directement de l'état de la technique et que toutes les caractéristiques divulguées sont connues de l'état de la technique »(244).

99. – **Recours à l'homme du métier.** L'efficience de la divulgation s'apprécie au regard d'un personnage de référence : l'homme du métier(245). C'est lui qui doit être en mesure de reproduire l'invention(246), ce qui n'induit pas nécessairement qu'il soit celui qui a, initialement, pris connaissance de l'invention. Il peut certes être le destinataire premier de la divulgation, mais aussi un destinataire second en ce sens que la divulgation peut s'adresser à une personne qui, sans pouvoir être qualifiée d'homme du métier, aura la capacité de décrire de façon suffisante ladite invention à l'homme du métier pour qu'il puisse la reproduire(247). On imagine aisément qu'un document écrit décrivant une invention qui serait entré en possession d'une personne totalement incompétente techniquement constitue une divulgation suffisante dès lors que ledit document peut ensuite être communiqué à l'homme du métier. Par opposition, l'observation par la même personne d'essais qu'elle est incapable de comprendre et de transmettre ne constituera pas une divulgation suffisante de l'invention puisque ses éléments constitutifs ne pourront pas être portés à la connaissance de l'homme du métier(248).

100. – **Accès intellectuel ou industriel à l'invention ?** La doctrine est divisée sur la nature de l'accès à l'information requis de l'homme du métier. Si, pour certains auteurs, l'accès visé est d'abord intellectuel, en ce sens que l'homme du métier doit comprendre l'invention(249), une partie minoritaire de la doctrine considère, à

(238) OEB, ch. recours tech., 11 févr. 1997, aff. T-988/95, inédit.

(239) OEB, ch. recours tech., 18 mars 1999, aff. T-95/97, inédit. – *Adde* OEB, ch. recours tech., 24 juin 2008, aff. T-221/05 : *Propr. industr.* 2009, comm. 25, note P. Vigand.

(240) OEB, ch. recours tech., 20 janv. 1987, aff. T-167/84, inédit.

(241) Cass. com., 4 janv. 1994 : *PIBD* 1994, n° 524, III, p. 195.

(242) Cass. com., 8 déc. 2009 : *PIBD* 2010, n° 912, III, p. 102.

(243) CA Paris, 10 mars 2004 : *PIBD* 2004, n° 787, III, p. 315.

(244) CA Paris, 23 mars 2012 : *PIBD* 2012, n° 965, III, p. 456.

(245) Sur la définition de l'homme du métier, V. *infra*, n°s 133 et s.

(246) TGI Paris, 9 juin 2011 : *PIBD* 2011, n° 950, III, p. 658.

(247) On peut considérer avec Mousseron que cette nécessité est une des expressions de la suffisance de divulgation, V. *Traité des brevets*, *op. cit.*, n° 249, p. 277 et s.

(248) Sur ce point, V. Mousseron, *ibid.*

(249) J. Azéma et J.-Ch. Galloux, *Droit de la propriété industrielle*, *op. cit.*, n° 290, qui optent pour la capacité de l'homme du métier à comprendre l'invention. – Dans le même sens, V. J. Passa, *Traité de droit de la propriété industrielle*, t. 2, LGDJ, 2013, n°s 139 et s.

juste titre selon nous au regard de la formulation des textes, que l'accès se doit d'être « seulement » industriel en ce que l'homme du métier doit pouvoir reproduire l'invention, peu importe qu'il en comprenne ou non le fonctionnement[(250)]. La discussion est, il est vrai, essentiellement académique et il n'apparaît pas que la jurisprudence juge que le choix de l'une ou l'autre voie entraîne une quelconque conséquence.

101. - **Exemples.** C'est ainsi que la jurisprudence considère comme insuffisantes des photographies imprécises ne permettant pas d'identifier les éléments constitutifs de l'invention[(251)] ou un descriptif écrit trop succinct ne permettant pas la reproduction[(252)]. Fort logiquement, un brevet annulé pour insuffisance de description n'est pas constitutif d'une antériorité pertinente[(253)]. En sens contraire, la commercialisation d'un produit dont l'analyse permet de découvrir la composition caractérise une divulgation suffisante[(254)] « indépendamment de la question de savoir s'il est possible de déceler des raisons particulières pour analyser cette composition »[(255)]. De même, la divulgation résultant de la publication d'un descriptif dans une revue[(256)] détruit sa nouveauté dès lors qu'elle permet une reproduction par l'homme du métier.

102. - **Accès et accessibilité de l'invention au public.** Il est fondamental à ce stade de faire la distinction entre l'accessibilité de l'invention au public et son accès effectif. Ainsi, pour qu'une invention soit divulguée, il importe peu qu'elle ait effectivement été portée à la connaissance d'une personne déterminée (même s'il est toujours possible de le démontrer). Il suffit qu'elle ait été rendue accessible, c'est-à-dire que les circonstances aient rendu possible une telle connaissance par le public. Par conséquent, l'objet de la preuve de l'accessibilité n'est pas la connaissance effective de l'invention par une personne non tenue au secret, mais la possibilité, théorique, que quelqu'un ait pu en prendre connaissance. Ce « quelqu'un » sera réputé être le public, c'est-à-dire une personne compétente pour reproduire l'invention. Dès lors que la possibilité d'accès est prouvée[(257)], il est communément admis qu'il n'est pas nécessaire de rechercher « une quelconque probabilité de l'accès »[(258)] ainsi que le confirme, d'ailleurs, la jurisprudence française[(259)]. C'est ainsi qu'a été jugée accessible au public la description d'une monture de lunettes dans une revue mise à la disposition du public dans une bibliothèque deux jours avant la date de dépôt de la demande[(260)]. Il pourra s'agir également d'une installation de l'invention sur un site accessible à des tiers faute de mise en place de moyens de sécurité[(261)]. Il en ira de

(250) Dans ce sens, J.-M. Mousseron, *Traité des brevets, op. cit.*, n° 248. – J. Schmidt-Szalewski : *JCl. Brevets*, Fasc. 4260, n° 14.
(251) CA Paris, 13 mai 2005 : *PIBD* 2005, n° 813, III, p. 447.
(252) CA Paris, 29 nov. 1995 : *PIBD* 1996, n° 605, III, p. 89. – CA Paris, 14 janv. 1998 : *PIBD* 1998, n° 653, III, p. 239 pour la publication d'une AMM ne contenant que des informations sommaires sur la composition du produit.
(253) CA Montpellier, 20 déc. 1966 : *Ann. propr. ind.* 1967, p. 7. – V. également OEB, ch. recours tech., 26 mars 1986, aff. T-206/83 : *PIBD* 1987, n° 408, III, p. 110.
(254) Cass. com., 15 mai 2007 : *PIBD* 2007, n° 502, III, p. 857.
(255) OEB, Gde ch. recours, 1er déc. 1992, avis G 1/92 : *JOOEB* 1993, p. 1993.
(256) CA Paris, 21 déc. 1982 : *PIBD* 1983, n° 321, III, p. 80.
(257) Ce qui peut entraîner de fortes difficultés de preuve lorsque la divulgation résulte d'un usage antérieur, V. *infra*, n° 126.
(258) J.-M. Mousseron, *Traité des brevets, op. cit.*, n° 250, p. 279.
(259) CA Paris, 20 mai 1998 : *PIBD* 1998, n° 663, III, p. 501.
(260) CA Paris, 21 mai 2003 : *Propr. industr.* 2004, comm. 12, note P. Vigand. L'auteur critique, justement, la décision car, en l'espèce, la preuve de l'effectivité de l'accessibilité au public n'était pas rapportée.
(261) CA Paris, 17 sept. 1997 : *PIBD* 1997, n° 644, III, p. 633 : en l'espèce, il s'agissait d'un boîtier placé sur une machine située à l'extérieur alors que le terrain n'était pas entouré de barbelés.

même de la commercialisation d'un produit avant la date du dépôt du brevet dès lors que son examen permet d'en connaître la structure[262]. La pratique de l'OEB pose un principe de même nature en retenant que l'accessibilité existe dès qu'il est possible de prendre connaissance d'une information même si aucune personne du public ne savait que l'antériorité était accessible[263]. Toutefois, selon la Grande chambre de recours, l'accessibilité, au sens juridique, suppose une possibilité d'accéder « directement et clairement à une information donnée »[264] et porte tant sur les moyens de la divulgation que sur l'information divulguée[265]. Cette précision trouve un intérêt particulier s'agissant, par exemple, des divulgations sur Internet dont l'efficience est soumise à des conditions particulières par les instances de l'OEB. Ainsi, s'agissant d'une information enregistrée sur le Web et accessible par une adresse spéciale URL, l'accessibilité est réalisée lorsque le document peut être trouvé à l'aide d'un moteur de recherche public en utilisant un ou plusieurs mots-clés qui se rapportent tous à l'essence de son contenu et que le document est resté accessible à cette URL suffisamment longtemps pour que le public ait pu y avoir un accès direct et non ambigu[266].

B. – L'exception : les variations de l'état de la technique

103. – Alors qu'une information remplirait les conditions lui permettant d'être qualifiée d'antériorité destructrice de nouveauté, la loi peut prévoir son exclusion de l'état de la technique ou, au contraire, l'y introduire alors qu'un élément précédemment présenté lui fait défaut. La première situation conduit à une réduction du champ de l'état de la technique (1°) alors que la seconde entraîne son extension (2°)[267].

1° Les exclusions spécifiques

104. – Le domaine de l'état de la technique à prendre en compte pour évaluer la nouveauté d'une invention est amputé d'un certain nombre d'informations qui devraient normalement en faire partie soit parce que l'entrée dans l'état de la technique résulte d'un abus évident ou sont intervenues au cours d'une exposition internationale (*a*), soit par le mécanisme du droit de priorité (*b*).

a) Les divulgations paralysées en raison des circonstances

105. – **Exclusion des divulgations résultant d'un abus évident.** Les articles L. 611-13 du Code de la propriété intellectuelle et 55 de la CBE excluent du domaine de l'état de la technique certaines divulgations antérieures au dépôt de la demande lorsqu'elles répondent à plusieurs critères. La divulgation doit avoir eu lieu dans les six mois précédant la date de dépôt de la demande de brevet ou résulter de

(262) Cass. com., 15 mai 2007, préc.

(263) OEB, ch. recours tech., 9 mai 1990, aff. T-444/88, pt 3.1, inédit. – OEB, ch. recours tech., 10 nov. 1988, aff. T-381/87, pt 4.4 : *JOOEB* 1990, p. 213.

(264) OEB, Gde ch. recours, 1er déc. 1992, avis G 1/92, préc.

(265) OEB, ch. recours tech., 17 août 1994, aff. T-952/92, pt 2.1 : *JOOEB* 1995, p. 755. Pour reprendre un exemple cité par un auteur, un document référencé dans une bibliothèque est considéré comme accessible alors que le même document effectivement présent dans la bibliothèque mais non référencé ne l'est pas (P. Vigand, note ss OEB, ch. recours tech., 12 mars 2012, aff. T-1553/06 : *Propr. industr.* 2012, comm. 63).

(266) OEB, ch. recours tech., 3.5.04, 12 mars 2012, aff. T-1553/06, *Philips c/ DSM* : *Propr. industr.* 2012, comm. 63, note P. Vigand.

(267) Pour reprendre la dichotomie proposée par Mousseron, *Traité des brevets*, *op. cit.*, nos 252 et s.

la publication, après la date de dépôt, d'une demande de brevet antérieur[268]. Même si les tribunaux français ont pu juger le contraire[269], le délai de six mois se calcule à compter de la date de dépôt de la demande et non à compter de la date de priorité lorsqu'elle existe[270]. Cette divulgation ou publication doit, en outre, résulter directement ou indirectement d'un abus évident – qualificatif que la doctrine assimile au caractère certain de l'acte[271] – à l'égard de l'inventeur ou de son prédécesseur en droit[272]. Plusieurs hypothèses d'abus sont envisageables qui peuvent résulter d'une fraude dans l'acquisition de l'information détenue par l'ayant droit au titre (espionnage industriel) ou de l'utilisation d'une information légitimement acquise en violation d'une obligation contractuelle, telle une obligation de confidentialité[273].

106. – **Exclusion des divulgations résultant d'une exposition.** Une autre alternative est visée par la loi qui concerne, dans les mêmes conditions temporelles, l'hypothèse d'une divulgation résultant directement ou indirectement du fait que l'invention ait été présentée dans une exposition officiellement reconnue par la Convention de Paris du 22 novembre 1928[274]. Pour pouvoir bénéficier de cette immunité, le texte impose au déposant de déclarer l'exposition de l'invention lors du dépôt et de produire dans les quatre mois du dépôt une attestation affirmant que l'invention a bien été exposée[275].

b) Le droit de priorité

107. – **Droit de priorité unioniste.** Le système du droit de priorité permet au déposant d'une demande de brevet de bénéficier, dans certaines conditions, d'un délai de douze mois pour déposer plusieurs autres demandes sur la même invention dans des pays tiers – il s'agira de demandes « réflexes » – sans que sa première demande, ni les divulgations intervenues ou les autres demandes déposées par des tiers pendant cette période, ne détruisent la nouveauté des demandes subséquentes. En d'autres termes, toutes les demandes de brevets réflexes seront réputées avoir été faites à la date de la première demande de brevet pour l'examen de leur nouveauté. Le droit de priorité est d'abord d'origine internationale qui fut, dans un premier temps, édicté par l'article 4 de la Convention d'Union de Paris du 20 mars 1883 prévoyant l'effectivité du système au sein des pays membres de l'Union avant d'être étendu aux pays membres de l'OMC[276].

(268) À ce titre, la formulation des articles de la loi française et de la CBE diffère formellement. En effet l'article 55 de la CBE ne vise pas expressément l'hypothèse d'une divulgation résultant de la publication d'une demande de brevet. Elle prévoit, en revanche, une paralysie de la divulgation qui n'interviendrait pas « plus tôt » que six mois avant le dépôt, ce qui paraît couvrir les deux hypothèses prévues au texte français.

(269) CA Paris, 15 oct. 2003 : *PIBD* 2004, n° 778, III, p. 25 ; *Propr. industr.* 2004, comm. 51, note P. Vigand.

(270) Les textes sont clairs sur ce point ; *adde* en ce sens, OEB, Gde ch. recours, déc. G 3/28, 12 juill. 2000 : *JOOEB* 2/2001, p. 83.

(271) Dans ce sens, J. Passa, *Droit de la propriété industrielle*, *op. cit.*, n° 161. – J. Schmidt-Szalewski : *JCl. Brevets*, Fasc. 4260, n° 55. – *Adde* OEB, ch. recours tech., 1er juill. 1985, aff. T-173/83 : *JOOEB* 1987, p. 465.

(272) CPI, art. L. 611-13, a. – CBE, art. 55, § 1, a. – La référence « à l'inventeur ou son prédécesseur en droit » est malheureuse et celle d'ayant droit au titre doit lui être préférée. Certes, il s'agira parfois de l'inventeur, mais on voit mal qui pourrait être son prédécesseur en droit.

(273) TGI Bordeaux, 15 avr. 2008 : *PIBD* 2008, n° 878, III, p. 421. – Confirmé par CA Bordeaux, 1er juill. 2010 : *PIBD* 2010, n° 925, III, p. 605. – Sur pourvoi, Cass. com., 2 nov. 2011, n° 10-30.907, 1065 : *JurisData* n° 2011-023991 ; *PIBD* 2012, n° 954, III, p. 50 ; *Propr. industr.* 2012, comm. 30, note P. Vigand.

(274) CPI, art. L. 611-13, b. – CBE, art. 55, § 2, b.

(275) CPI, art. R. 612-22.

(276) Accord ADPIC, art. 4.

Aux termes de l'article L. 612-7 du Code de la propriété intellectuelle, tout dépôt régulier d'une demande de brevet – ou plusieurs demandes[(277)] – peut servir de support au droit de priorité indépendamment de son sort ultérieur[(278)]. Il n'est pas nécessaire qu'il existe une stricte identité entre les revendications de la demande support et celle de la demande bénéficiaire : il suffit en effet que « l'ensemble des pièces de la demande antérieure révèle de façon précise lesdits éléments »[(279)]. La priorité doit être revendiquée lors du dépôt des demandes réflexes[(280)] selon les modalités prévues aux articles R. 12-24 et R. 612-25 du Code de la propriété intellectuelle.

L'article L. 611-12 du même code prévoit, pour sa part, l'hypothèse d'un premier dépôt réalisé dans un pays n'appartenant pas à la CUP ni à l'OMC pour reconnaître la possibilité d'un droit de priorité en France sous réserve de réciprocité.

Le droit de priorité est autonome par rapport à la demande de brevet lui servant de support, de sorte que la cession de la seconde n'emporte pas, en l'absence de clause contractuelle spécifique, celle du premier[(281)].

108. – **Le droit de priorité européen.** L'OEB dispose d'un droit de priorité[(282)] autonome dont les règles de fonctionnement, similaires à celles de la priorité unioniste, sont localisées aux articles 87 à 89 de la CBE[(283)]. Ce système permet, dans la demande européenne, de revendiquer la priorité d'un dépôt antérieur portant sur la même invention[(284)]. L'article L. 614-14, alinéa 3 du Code de la propriété intellectuelle interdit la cession du droit de priorité pour le dépôt d'une demande européenne indépendamment de la cession de la demande française de brevet fondant la priorité. La sanction est la nullité de la cession du droit de priorité[(285)].

109. – **Le droit de priorité issu du PCT.** Le traité de Washington instaure, à son article 8, un système de priorité autonome qui a vocation à s'appliquer lorsque le déposant recourt au dépôt d'une demande internationale de brevet.

110. – **Droit de priorité interne**[(286)]. Le droit de priorité interne permet, en application de l'article L. 612-3 du Code de la propriété intellectuelle[(287)], au déposant d'une première demande de brevet français de bénéficier d'une période de douze mois au cours de laquelle il pourra déposer une seconde demande portant totalement ou partiellement sur le même objet que la première tout en bénéficiant de la date du premier dépôt pour les éléments communs aux deux demandes. Le

(277) CPI, art. L. 612-7, al. 2.
(278) CUP, art. 4, A, 3).
(279) CPI, art. L. 612-7, al. 4.
(280) CPI, art. R. 612-11.
(281) Cass. com., 18 juin 1996 : *PIBD* 1996, n° 619, III, p. 513. – Sur le transfert du droit de priorité, V. O. Lestrade (act. C. Meyrueis) : *JCl. Brevets*, Fasc. 4730, n° 20. – V. *infra*, n° 719.
(282) OEB, ch. recours juridique, 11 juin 1981, aff. J-15/80 : *JOOEB* 1981, p. 213.
(283) Étant un arrangement particulier au sens de l'article 19 de la CUP, l'intention des auteurs de la CBE était de ne pas contrevenir aux dispositions de cette dernière, V. OEB, Gde ch. recours, 16 août 1994, aff. G 3/93 : *JOOEB* 1995, p. 18.
(284) Sur l'identité d'invention, V. OEB, Gde ch. recours, 31 mai 2001, aff. G-2/98 : *JOOEB* 2001, p. 413. – Cass. com., 31 janv. 2012 : *PIBD* 2012, n° 960, III, p. 263. – Cass. com., 6 nov. 2012 : *PIBD* 2013, n° 976, III, p. 893. – Dans le cas particulier d'un brevet portant sur de la matière biologique, OEB, ch. recours. tech., 3.3.04, 12 juill. 2012, aff. T-0107/09, *Bristol-Myers Squibb Company c/ Biogen Idec MA Inc.* : *Propr. industr.* 2013, comm. 39, note P. Vigand.
(285) TGI Paris, 15 mars 2006 : *Propr. industr.* 2006, comm. 83, note P. Vigand.
(286) Sur laquelle, V. J. Foyer, *Le mirage de la priorité interne (Art. 13 bis nouveau de la loi des brevets)* : *JCP* G 1992, I, 3950.
(287) Le système est issu d'une loi du 26 novembre 1990 qui a connu quelques difficultés d'applications, V. CA Paris, 29 mai 1992 : *PIBD* 1992, n° 533, III, p. 609 ; *D.* 1992, 377, obs. J.-M. Mousseron et J. Schmidt.

droit de priorité ne peut pas être revendiqué si le premier ou le second dépôt revendiquent déjà une priorité étrangère. Il ne peut pas être revendiqué non plus lorsque le premier dépôt bénéficie, par le jeu de la priorité interne, de plusieurs dates de dépôt dont l'une est antérieure de plus de douze mois. Au terme de la procédure, la délivrance du second brevet (qui revendique la priorité interne) entraîne la cessation des effets attachés à la première demande pour les éléments communs.

2° Les attractions spécifiques

111. - **La double brevetabilité**(288)**.** L'état de la technique peut être étendu à des informations qui ne sont pas accessibles au public à la date de dépôt de la demande. Il s'agit de l'hypothèse dans laquelle deux demandes sont déposées successivement qui portent sur la même invention, la seconde demande ayant été déposée avant la publication de la première. Techniquement, le contenu de la première demande ne fait pas partie de l'état de la technique faute d'avoir été publié avant le dépôt de la seconde. Cette hypothèse, appelée « double brevetabilité », pose problème puisqu'elle pourrait conduire à délivrer à deux titulaires différents deux brevets portant sur la même invention. Les articles L. 611-11, alinéa 3 du Code de la propriété intellectuelle et 54, § 3 de la CBE prévoient, dans ce cas, que les informations contenues dans la première demande de brevet français, européen ou international désignant la France sont fictivement considérées comme faisant partie de l'état de la technique. De la sorte, la nouveauté de l'invention, objet de la seconde demande, est affectée, ce qui résout le conflit. Le système par lequel l'ensemble du contenu de la première demande est fictivement inclus dans l'état de la technique est dénommé *whole content approach*. Tel n'a toutefois pas toujours été le cas et la loi de 1968 optait pour le recours au système dit du *prior claim approach* qui consistait à limiter les revendications de la seconde demande de brevet à ce qui n'a pas été revendiqué dans la première. Le changement de régime, consécutif à la loi de 1978, a eu pour objectif de se conformer à la solution retenue par les dispositions du droit européen.

Une difficulté particulière, non tranchée par le texte, concerne l'hypothèse dans laquelle les deux demandes ont été déposées le même jour(289). La jurisprudence s'est prononcée sur l'hypothèse dite « de l'autocollision » dans laquelle les deux demandes émanent du même déposant pour juger qu'aucune demande n'antériorise l'autre, les deux demandes pouvant donc coexister(290). L'hypothèse de l'hétérocollision, lorsque les demandes émanent de deux personnes différentes, n'a jamais, pour sa part, été tranchée.

On précisera que si la demande de brevet première en date est retirée avant sa publication, son contenu n'est pas considéré comme faisant partie de l'état de la technique et la seconde demande ne verra pas sa nouveauté affectée de ce chef(291).

(288) J.-P. Stenger, *Le régime de l'antériorité tenant dans une demande de brevet antérieure non encore publiée : RD propr. intell.* 159/2004, p. 41.
(289) L'article 12 de la loi de 1968 initiale prévoyait dans ce cas que le conflit devait se régler en considération de l'ordre chronologique des dépôts.
(290) Cass. com., 19 janv. 1988 : *PIBD* 1988, n° 432, III, p. 175.
(291) J. Schmidt-Szalewski : *JCl. Brevets*, Fasc. 4260, n° 25.

C. – Les éléments indifférents

112. – **Indifférence des conditions de divulgation.** Les conditions que nous venons d'évoquer sont nécessaires et suffisantes pour que l'invention entre dans l'état de la technique. Les autres éléments sont indifférents ainsi que l'affirme, pour partie, l'article L. 611-11, alinéa 2 du Code de la propriété intellectuelle aux termes duquel l'accessibilité au public peut résulter indifféremment d'une « description orale, un usage ou tout autre moyen ». Ainsi, par exemple, la divulgation peut-elle résulter d'une conférence(292), d'un acte de commercialisation(293), d'une publication, d'un brevet antérieur, d'essais ou d'expérimentations(294)...

113. – **Indifférence de l'auteur de la divulgation.** Il importe peu que la divulgation soit le fait de l'inventeur lui-même ou d'un tiers. Il s'agit là d'un point d'éloignement avec le droit des dessins et modèles qui connaît un délai de grâce bénéficiant au créateur qui aurait divulgué son dessin ou son modèle dans les douze mois précédant la demande d'enregistrement(295).

114. – **Caractère absolu de la nouveauté dans le temps et l'espace.** La nouveauté est absolue dans le temps, ce qui signifie que la date de la divulgation importe peu pour autant qu'elle soit intervenue avant la date de dépôt de la demande de brevet ou la date de priorité. La nouveauté est absolue dans l'espace dans la mesure où la divulgation peut être intervenue sur n'importe quel territoire. Conférer à la nouveauté ce caractère « absolu » relève d'un choix législatif qui pourrait se tourner, au contraire, vers une conception « relative » de cette notion en autorisant par exemple la brevetabilité d'inventions oubliées ou divulguées ailleurs que sur le territoire où la protection est recherchée. Exiger que la nouveauté ait un caractère absolu élève mécaniquement le seuil de brevetabilité.

II. – La mise en œuvre de l'exigence

115. – **Annonce.** L'examen de la nouveauté se réalisera par une comparaison de l'invention protégée à l'état de la technique (A). Lorsqu'un contentieux se lie sur la question de la nouveauté, le demandeur cherche concrètement à prouver l'appartenance de l'invention à l'état de la technique en démontrant l'existence d'une « antériorité ». Comme nous l'avons vu, l'antériorité peut être le fait de toute personne (inventeur, déposant ou tiers) et résulter d'une pluralité d'actes (divulgation au cours d'essais, brevet antérieur, littérature technique...)(296). Pour que l'antériorité invoquée puisse détruire la nouveauté, il faut qu'elle remplisse en outre certaines conditions (B).

A. – L'invention protégée

116. – **L'invention revendiquée.** L'invention comparée à l'état de la technique est celle qui est revendiquée dans le brevet dans la mesure où les revendications définissent

(292) CA Lyon, 21 avr. 1952 : *Ann. propr. ind.* 1952, p. 219.
(293) Cass. com., 15 mai 2007 : *PIBD* 2007, n° 502, III, p. 857.
(294) TGI Paris, 12 sept. 1990 : *PIBD* 1991, n° 491, III, p. 7.
(295) V. *infra*, n° 546.
(296) Par commodité de langage, on parle plus volontiers de divulgation lorsque le défaut de nouveauté est le fait de l'inventeur ou du déposant lui-même et d'antériorité lorsque c'est le fait d'un tiers. Il n'y a en réalité pas de différence de nature entre les deux.

l'objet et l'étendue de la protection conférée par le titre de propriété industrielle[297]. L'examen de la nouveauté d'une invention ne se réalise pas de manière globale, mais revendication par revendication. Une question centrale concerne les conséquences de l'examen de la nouveauté d'une revendication principale sur les revendications placées dans sa dépendance[298]. Il est aujourd'hui admis que la nouveauté de la revendication principale bénéficie aux revendications placées dans sa dépendance[299] alors que son défaut de nouveauté n'implique pas automatiquement celui des revendications dépendantes. Dans ce dernier cas, la nouveauté d'une revendication dépendante doit s'apprécier de manière autonome, c'est-à-dire par une lecture combinée de la partie caractérisante de la revendication dépendante prise en combinaison avec le contenu de la revendication indépendante à laquelle elle se rattache[300]. En toute hypothèse, la nouveauté ou le défaut de nouveauté d'une revendication indépendante n'a pas d'incidence sur les autres revendications indépendantes du brevet.

B. – L'antériorité destructrice de nouveauté

117. - **Annonce.** Sous réserve qu'elle soit considérée comme « suffisante »[301], une antériorité est destructrice de nouveauté lorsqu'elle est « de toutes pièces » (1°) et que la preuve de son existence peut être rapportée (2°).

1° Une antériorité « de toutes pièces »

118. - **Annonce.** Il nous faudra définir ce qu'est une antériorité « de toutes pièces » (*a*) avant de vérifier comment la jurisprudence l'applique à chaque type d'invention (*b*).

a) Définition de l'antériorité « de toutes pièces »

119. - **Une invention totalement contenue dans une seule antériorité.** L'exigence d'une antériorité de toutes pièces, régulièrement rappelée par la jurisprudence française[302], comporte deux volets. Elle implique, tout d'abord, que l'invention ne répond pas à la condition de nouveauté lorsqu'elle est comprise entièrement dans une seule et même antériorité. En d'autres termes, il est interdit, dans le cadre de l'examen de la nouveauté, d'associer plusieurs titres de l'état de la technique[303]. Ensuite, l'antériorité destructrice de nouveauté doit reprendre les éléments principaux de l'invention « dans la même forme, le même agencement et le même fonctionnement en vue du même résultat technique »[304]. Cette appréciation stricte de la nouveauté suppose une identité totale entre l'antériorité et l'invention à l'exclusion, par exemple, des équiva-

(297) CPI, art. L. 612-6 et L. 613-2, V. *infra*, n°s 200 et s.
(298) Sur les conséquences générales de la nullité d'une revendication sur les autres revendications du brevet, V. *infra*, n° 172.
(299) Cass. com., 12 mars 1996 : *PIBD* 1996, n° 671, III, p. 273. – CA Paris, 19 mars 2014 : *PIBD* 2014, n° 1008, III, p. 491.
(300) V. récemment, Cass. com., 9 juill. 2013 : *PIBD* 2013, n° 991, III, p. 1416.
(301) V. *supra*, n°s 97 et s.
(302) Cass. com., 12 mars 1996, préc. – Cass. com., 15 mai 2007 : *PIBD* 2007, n° 502, III, p. 857. – CA Paris, 19 mars 2014, préc.
(303) La règle inverse s'applique en matière d'activité inventive, V. *infra*, n° 131.
(304) Cass. com., 6 juin 2001, n° 98-17.194, préc. – CA Paris, 13 févr. 2015 : *PIBD* 2015, n° 1026, III, p. 291. – La brevetabilité de l'invention n'est pas subordonnée à la nouveauté de son résultat (V. J. Schmidt-Szalewski : *JCl. Brevets*, Fasc. 4260, *Nouveauté*, n° 80. – *Adde* Cass. com., 13 juin 1966 : *Ann. propr. ind.* 1967, p. 4).

lents techniques dont la prise en compte est reportée au stade de l'examen de l'activité inventive[305]. Il faut relever que tel n'a pas toujours été le cas : en effet, avant l'insertion de la condition d'activité inventive dans notre droit positif par la loi de 1968, la jurisprudence parvenait à exclure de la protection certaines inventions insuffisamment innovatrices en recourant à une interprétation large de la condition de nouveauté[306].

b) Application à chaque catégorie d'invention

120. – **Invention de produit.** Comme l'a parfaitement analysé le professeur Schmidt-Szalewski, la nouveauté d'un produit doit, depuis l'abandon de la notion de « nouveauté fonctionnelle » employée sous l'empire de la loi de 1844, s'analyser par référence à sa seule structure physique ou chimique[307]. En d'autres termes, la question de la nouveauté de la fonction et, *a fortiori*, du résultat procuré par l'invention ne devrait pas entrer en ligne de compte[308]. Si l'existence d'un produit dans l'état de la technique empêche la prise de brevet sur un produit structurellement identique, elle n'atteint pas la nouveauté d'une nouvelle utilisation du produit divulgué par un brevet d'application[309]. Il a été jugé qu'un document qui divulgue un composé chimique rend ce produit disponible pour tous ses degrés de pureté[310]. S'agissant du cas particulier de l'invention de sélection, l'OEB a pu juger qu'« un sous-domaine de valeurs numériques dans un domaine plus large est nouveau s'il est satisfait à chacun des critères suivants : *a)* le sous-domaine choisi doit être étroit ; *b)* il doit être suffisamment éloigné du domaine connu qui a été illustré par des exemples ; *c)* la zone choisie ne doit pas être prise au hasard dans l'état de la technique »[311].

121. – **Invention de procédé.** La jurisprudence a pu retenir que la nouveauté de l'invention de procédé résidait dans sa forme, sa fonction et son résultat[312]. L'analyse portée par le professeur Passa nous paraît plus juste. Selon l'auteur, la nouveauté d'un procédé peut être recherchée dans sa forme, sa fonction ou son application alors que la prise en compte de la nouveauté du résultat n'a pas lieu d'être faute pour ce dernier de pouvoir accéder à la protection[313]. La solution est logique si l'on considère que le brevet de procédé ne protège l'invention que dans sa forme, sa fonction et son application[314]. Dès lors, la modification de l'un d'eux conduira à reconnaître la nouveauté du procédé.

(305) V. J. Schmidt-Szalewski, *Droit de la propriété industrielle, op. cit.*, n° 100.

(306) Pour une présentation générale de l'appréciation de la « nouveauté fonctionnelle », V. J. Schmidt-Szalewski, *JCl. Brevets*, Fasc. 4260, *Nouveauté*, n°s 82 et s.

(307) J. Schmidt-Szalewski, *ibid.*, n°s 84 et s.

(308) V. toutefois, J. Azéma et J.-Ch. Galloux, *Droit de la propriété industrielle, op. cit.*, n° 306 qui semblent y associer la fonction – on notera également que la Cour de cassation a pu rejeter un pourvoi contre une décision qui avait considéré qu'une antériorité structurellement identique au produit breveté mais exerçant une fonction différente ne détruisait pas sa nouveauté, Cass. com., 28 janv. 2003 : *PIBD* 2003, n° 766, III, p. 311.

(309) TGI Paris, 18 janv. 1968 : *PIBD* 1968, n° III, p. 218.

(310) CA Paris, 30 juin 2010 : *PIBD* 2010, n° 926, III, p. 663 ; *Propr. industr.* 2011, comm. 39, note P. Vigand. – Rejet du pourvoi Cass. com., 29 nov. 2011 : *PIBD* 2012, n° 955, III, p. 82.

(311) OEB, ch. recours tech., 10 mars 2014, aff. T-673/12 : *Propr. industr.* 2014, comm. 74, note P. Vigand.

(312) CA Paris, 15 avr. 1990 : *PIBD* 1990, n° 484, III, p. 506. – Rejet du pourvoi par Cass. com., 26 janv. 1993 : *PIBD* 1993, n° 542, III, p. 256.

(313) J. Passa, *Droit de la propriété industrielle, op. cit.*, n° 155. – La référence au résultat de l'invention reste toutefois utilisée par les juridictions, V. par ex. TGI Paris, 9 juin 2011 : *PIBD* 2011, n° 950, III, p. 658.

(314) J. Passa, *ibid.*, n° 66.

122. - **Invention d'application.** L'invention d'application consiste, on l'a vu[315], à utiliser un moyen connu ou inconnu pour lui faire produire un résultat qu'il n'avait jamais produit jusqu'alors. Ce n'est donc pas le moyen lui-même qui est protégé, mais l'utilisation que l'on en fait. Cette règle s'exprime généralement par le fait que l'invention porte sur le rapport du moyen au résultat[316]. C'est dans ce rapport que doit résider la nouveauté : l'état de la technique ne doit pas contenir d'antériorité qui décrive comment obtenir le résultat recherché en utilisant le moyen en question[317].

123. - **Cas particulier de la seconde application thérapeutique.** Pendant très longtemps, le droit français, tout comme le droit européen des brevets, a interdit la brevetabilité de la seconde application thérapeutique d'une substance ou composition déjà connue pour une première application thérapeutique[318]. Aux termes de la loi, la divulgation de la substance ou de la composition pour une application thérapeutique déterminée faisait entrer toutes ses applications thérapeutiques imaginables dans l'état de la technique. Cette exclusion se fondait sur le fait qu'une revendication portant sur l'utilisation d'une substance pour soigner une maladie donnée se ramenait, en réalité, à une méthode thérapeutique exclue de la brevetabilité[319]. Les instances de l'OEB ont pourtant rapidement contourné les textes en autorisant la délivrance de brevets portant sur « l'application d'une substance ou d'une composition pour obtenir un médicament destiné à une utilisation thérapeutique déterminée nouvelle et comportant un caractère inventif »[320]. Le nouveau texte de l'article 54, issu de la CBE 2000, autorise expressément, dans son paragraphe 5, la protection d'une nouvelle application thérapeutique d'un médicament déjà connu pour une application thérapeutique[321]. La loi française a intégré cette modification à l'article L. 611-11, alinéa 5 du Code de la propriété intellectuelle par la loi n° 2008-776 du 4 août 2008. La Grande chambre de recours de l'OEB a pu juger qu'entrait dans l'exception prévue à l'article 54, § 5 de la CBE la nouvelle application d'un médicament connu pour traiter la même maladie caractérisée par un simple changement de posologie[322]. Cette interprétation, hautement critiquable dans son principe, n'a pas été retenue par le tribunal de grande instance de Paris qui, dans une décision du 5 décembre 2014, a jugé que le brevet de posologie se ramène à un brevet de méthode exclu au titre de l'article 53 c) de la CBE[323].

124. - **Invention de combinaison.** La jurisprudence considère que la nouveauté d'une invention de combinaison ne peut être mise à mal que par une antériorité portant sur une combinaison identique, c'est-à-dire une antériorité portant sur les

(315) V. *supra*, n° 48.
(316) V. par ex. J. Passa, *Droit de la propriété industrielle, op. cit.*, n° 156. – J. Azéma et J.-Ch. Galloux, *Droit de la propriété industrielle, op. cit.*, n° 308.
(317) Comp. J. Schmidt-Szalewski : *JCl. Brevets*, Fasc. 4260, n°s 99 et s.
(318) CBE 1973, art. 54, § 5. – CPI, art. L. 611-11, al. 4, ancien. – Cass. com., 26 oct. 1993 : *PIBD* 1994, n° 557, III, p. 1.
(319) OEB, Gde ch. recours, 5 déc. 1993, déc. G 6/83 : *JOOEB* 1985, p. 67, pt 13 ; sur l'exclusion de la brevetabilité des méthodes thérapeutiques, V. *supra*, n° 71.
(320) OEB, Gde ch. recours, 5 déc. 1993, préc.
(321) En réalité, le texte est plus large et englobe toutes les utilisations spécifiques des méthodes visées à l'article 53 c) de la CBE.
(322) OEB, Gde ch. recours, 19 févr. 2010, aff. G 2/08, *Abbott Respiratory LLC* : *JOOEB* 10/2010, p. 456 ; *Propr. industr.* 2010, comm. 36, note A. Casalonga et G. Dossmann ; *Propr. intell.* 2010, n° 35, p. 737, note J.-Ch. Galloux.
(323) TGI Paris, 5 déc. 2014 : *PIBD* 2015, n° 1022, III, p. 143. – *Adde* J.-Ch. Galloux : *RTD com.* 2015, p. 93 et la jurisprudence citée.

éléments, formellement identiques, agencés de la même manière et produisant la même fonction en vue du même résultat technique(324). Une antériorité composée de moyens équivalents ne détruit donc pas la nouveauté de la combinaison, mais sera prise en compte pour l'examen de l'activité inventive(325).

125. – **Invention biotechnologique.** La question principale est ici celle de la nouveauté d'un produit biologique qui préexiste à l'état naturel. La nouveauté réside dans le fait que le produit « inventé » se distingue de celui existant dans la nature par une différence de forme ou d'état qui tient à la manipulation humaine qui l'a rendu utilisable(326). Ainsi, par exemple, une séquence de gène isolée, c'est-à-dire expurgée des éléments qui interagissent avec elle à l'état naturel sans participer à l'expression de sa fonction, n'existe pas telle quelle dans la nature : elle est donc nouvelle(327).

2° Une antériorité « certaine » : la preuve de l'antériorité

126. – **Preuve.** La preuve du défaut de nouveauté doit, classiquement, être rapportée par celui qui s'en prévaut. Traditionnellement, la jurisprudence affirme que l'antériorité destructrice de nouveauté doit avoir un caractère « certain »(328) quant à ses éléments constitutifs, à savoir sa date(329), son existence et son contenu(330). Derrière la généralité de la formule dont l'évident intérêt pédagogique permet de rappeler qu'il n'existe pas de droit sans preuve, la preuve du défaut de nouveauté répond, devant le juge national, aux règles du droit commun. Dans cette mesure, l'antériorité constituant un fait juridique, sa preuve en est libre et la force probante des éléments rapportés laissée à l'appréciation souveraine des juges du fond. Les mécanismes de raisonnement des instances de l'OEB, forcément exclusifs de ces références au droit français, sont néanmoins proches quant à leur résultat en ce qu'ils font peser la charge de la preuve, par tout moyen, de l'existence d'une antériorité sur celui qui invoque le défaut de nouveauté(331). Ainsi a-t-il été jugé que la preuve d'un usage antérieur pouvait être rapportée par différents documents (factures, états de livraison, comptes rendus de réunions...) ainsi que par des témoignages, alors même qu'ils émanaient de l'opposant lui-même(332). Le recours aux présomptions est naturellement possible de sorte que, dans une autre espèce, la divulgation résultant de l'envoi d'une revue par la poste à des abonnés non tenus au secret a été jugée « plus que vraisemblable » alors qu'il était prouvé que plusieurs destinataires, ne constituant pas le public, avaient reçu le document avant la date

(324) Cass. com., 26 mars 2002 : *PIBD* 2002, n° 746, III, p. 313 ; *Propr. industr.* 2002, comm. 85, note J. Raynard. – CA Paris, 23 mars 2012 : *PIBD* 2012, n° 965, III, p. 456.
(325) V. *infra*, n° 146.
(326) V. J. Passa, *Droit de la propriété industrielle, op. cit.*, n° 60, p. 79.
(327) V. H. Gaumont-Prat : *JCl. Brevets*, Fasc. 4241, n° 46, d'une manière plus générale, n° 14 : c'est l'état de pureté qui caractérise la nouveauté.
(328) Cass. com., 12 mars 1996 : *PIBD* 1996, n° 611, III, p. 273. – Cass. com., 6 juin 2001, n° 98-17.194 : *JurisData* n° 2001-010137 ; *PIBD* 2001, n° 726, III, p. 427 ; *Propr. industr.* 2002, comm. 15, J. Raynard.
(329) Pour une hypothèse de défaut de caractère certain de la date d'une publication Internet, V. TGI Paris, 9 juin 2011 : *PIBD* 2011, n° 950, III, p. 658.
(330) J. Azéma et J.-Ch. Galloux, *Droit de la propriété industrielle, op. cit.*, n° 287.
(331) V. *La jurisprudence des chambres de recours de l'OEB*, 7e éd., 2013, I.C.2.1.
(332) OEB, ch. recours tech., 3.3.02, 21 mars 2013, aff. T-1682/09, *Yamato c/ Multipond* : *Propr. industr.* 2013, comm. 56, note P. Vigand. – Comp. OEB, ch. recours tech., 24 janv. 2008, aff. T-1210/05 : *Propr. industr.* 2009, comm. 1, note P. Vigand.

de dépôt[(333)]. Le degré de conviction requis de l'instance n'est toutefois pas toujours identique et si, en principe, les membres des chambres de recours apprécient librement les preuves qui leur sont présentées, c'est-à-dire en faisant une « balance des probabilités »[(334)], il a été jugé, s'agissant de la preuve d'un usage antérieur, que la preuve devait être rapportée « au-delà de tout doute raisonnable » par l'opposant dans la mesure où il détenait l'essentiel des preuves y afférent[(335)]. La chambre de recours technique a récemment modifié sa pratique relativement à la preuve de la date d'une divulgation sur Internet en revenant à une exigence de « balance des probabilités »[(336)].

§ 3. – Une exigence d'activité inventive[(337)]

127. – **Rappel historique.** L'activité inventive est une condition de brevetabilité relativement récente issue du droit allemand. Elle n'a été introduite, formellement, dans le droit positif français que par la loi du 2 janvier 1968, en application de la convention de Strasbourg du 27 novembre 1963. Elle apporte une condition supplémentaire à la brevetabilité des inventions augmentant, ainsi, le seuil d'exigence requis pour l'accession à la protection par brevet[(338)]. La condition figure aujourd'hui aux articles L. 611-14 du Code de la propriété intellectuelle, 56 de la CBE et 27, alinéa 1er des accords ADPIC. La loi définit une invention faisant preuve d'activité inventive comme celle qui, pour un homme du métier, ne découle pas de manière évidente de l'état de la technique. Il convient ici de définir les éléments de référence (I) permettant de mettre en œuvre la méthode de détermination de l'activité inventive (II).

I. – Les éléments de référence

128. – **Annonce.** La détermination de l'activité inventive suppose que l'on définisse l'état de la technique (A) et l'homme du métier qui y a accès (B).

A. – L'état de la technique

129. – **Notion d'état de la technique. Principe.** L'état de la technique, tel qu'il doit être apprécié pour mettre en œuvre la condition d'activité inventive, est le même que celui qui doit être utilisé en matière de nouveauté[(339)]. Il s'agit, en effet, de l'ensemble des informations techniques rendues accessibles au public à la date de dépôt de la

(333) OEB, ch. recours tech., 18 juin 2003, aff. T-0176/02 : *Propr. industr.* 2004, comm. 12, note P. Vigand.

(334) Pour un rappel de ce principe, V. OEB, ch. recours tech., 15 avr. 2005, aff. T-665/00, pt 2.2., inédit.

(335) OEB, ch. recours tech., 20 nov. 1996, aff. T-472/92 : *JOOEB* 1998, p. 161. – Comp. OEB, ch. recours tech., 21 oct. 2014, aff. T-1748/10 : *Propr. industr.* 2015, comm. 32, note P. Vigand qui retient le critère de la « balance des probabilités » dans une hypothèse où une divulgation par un prospectus commercial était alléguée alors que chaque partie pouvait rechercher la preuve de l'existence ou de l'absence de divulgation.

(336) OEB, ch. recours tech., 21 mai 2014, aff. T-286/10 : *Propr. industr.* 2014, chron. 10, n° 1, obs. J. Raynard.

(337) F. Macrez : *JCl. Brevets*, Fasc. 4250 ; *À propos de l'exigence d'activité inventive*, in *Les grands arrêts de la propriété industrielle*, Dalloz, 2015, n° 33.

(338) Sur le débat doctrinal consacré à l'existence ou à l'absence de la prise en compte de l'activité inventive par les juridictions sous l'empire de la loi de 1844 malgré son absence formelle du texte, V. J. Foyer et M. Vivant, *Le droit des brevets*, *op. cit.*, p. 169.

(339) V. *infra*, n° 93 et s.

demande[340] ou à la date de priorité[341], ce qui peut se traduire par une date postérieure à la réalisation de l'invention. En revanche, les informations divulguées postérieurement au dépôt sont sans incidence sur l'activité inventive[342]. En principe, seules les caractéristiques techniques des antériorités invoquées sont prises en compte dans cet examen[343].

130. - **Notion d'état de la technique. Exceptions.** Contrairement à l'examen de la nouveauté, l'état de la technique ne prend pas en compte les demandes de brevet françaises, européennes ou internationales désignant la France non encore publiées à la date de dépôt de la demande[344]. La raison tient au fait que le risque de « double brevetabilité » est, en principe, éliminé suite à l'examen de la nouveauté de l'invention[345].

131. - **Modalités distinctes d'examen de l'état de la technique.** L'appréciation de l'activité inventive se fait au regard de l'ensemble du contenu de l'état de la technique – qui peut être qualifié de « composite »[346] – et non au regard d'une seule antériorité « de toutes pièces » comme c'est le cas en matière de nouveauté. Il est, en conséquence, possible d'associer plusieurs antériorités pour démontrer qu'une invention n'est pas inventive[347], alors que le défaut de nouveauté suppose que l'invention soit comprise dans une seule et même antériorité[348]. Parce qu'il s'agit d'une possibilité et non d'une obligation, rien n'interdit que le défaut d'activité inventive résulte d'une seule antériorité[349].

132. - **Renvoi.** L'homme du métier n'est toutefois pas censé connaître l'ensemble de l'état de la technique. C'est donc au regard de son champ de compétences élargi que l'on déterminera l'état de la technique pertinent[350].

B. – L'homme du métier

133. - **Personnage de référence.** Le second élément de référence de l'activité inventive est un personnage abstrait, l'homme du métier, dont la Cour de cassation contrôle la caractérisation[351]. Indispensable à la définition de l'activité inventive, il joue également un rôle fondamental dans l'examen de la suffisance de description[352], les éléments requis à sa caractérisation pour l'une valant pour l'autre[353].

(340) CA Paris, 25 avr. 1990 : *Ann. propr. ind.* 1990, p. 205, note P. Mathély. – Comp. Cass. com., 20 févr. 2007, n° 05-16.683 : *Propr. intell.* 2007, p. 231, note B. Warusfel.
(341) OEB, ch. recours tech., 9 nov. 1990, aff. T-426/88 : *JOOEB* 1992, p. 427.
(342) CA Paris, 29 mars 2002 : *PIBD* 2002, n° 749, III, p. 389.
(343) OEB, ch. recours tech., 9 juill. 2002, aff. T-641/00 : *JOOEB* 2003, p. 352 ; *Propr. intell.* 2003, chron. p. 408, note B. Warusfel.
(344) CPI, art. L. 611-14, *in fine.*
(345) En ce sens, par ex., F. Pollaud-Dulian, *La brevetabilité des inventions*, *op. cit.*, n° 127.
(346) F. Pollaud-Dulian, *Droit de la propriété industrielle*, *op. cit.*, n° 311.
(347) CA Paris, 4 juill. 2003 : *PIBD* 2003, n° 773, III, p. 495 : « Qu'en effet, pour apprécier l'activité inventive, le brevet est comparé avec l'ensemble des antériorités prises isolément ou en combinaison, constituant l'ensemble de l'état de la technique ».
(348) V. *supra*, n° 119.
(349) CA Paris, 2 avr. 2003 : *PIBD* 2003, n° 770, III, p. 401.
(350) V. *infra*, n° 136.
(351) Ainsi, une cour d'appel ne saurait se limiter à juger que l'homme du métier n'est « ni un concepteur de machine-outil, ni un ingénieur en micromécanique possédant des connaissances en optique » : Cass. com., 20 nov. 2012 : *PIBD* 2013, n° 975, III, p. 857 ; *Propr. industr.* 2013, chron. 6, obs. E. Py.
(352) V. *infra*, n° 197.
(353) J.-M. Mousseron, *Traité des brevets*, *op. cit.*, n° 651.

134. - **Le profil de l'homme du métier.** Si l'homme du métier est regardé comme un professionnel, il est naturellement le fabricant de l'invention et non son utilisateur(354). S'agissant du métier dans lequel il intervient, la jurisprudence considère qu'il s'agit du domaine dans lequel le problème technique résolu par l'invention est posé(355). Au-delà de ce principe de base, la solution peut être plus délicate lorsque le problème technique concerne plusieurs domaines techniques, ce qui amène parfois le juge à définir un profil très spécifique des compétences de l'homme du métier(356). D'une manière générale, l'homme du métier est un personnage unique à l'aune duquel s'apprécie l'activité inventive. La pratique de l'OEB(357) et, dans une moindre mesure, la jurisprudence française illustrent parfois le recours à un instrument de référence constitué d'une équipe de chercheurs aux compétences complémentaires. Ainsi, à l'occasion de l'examen de l'activité inventive d'une invention portant sur un composé protégeant les petits mammifères contre les puces, le tribunal de grande instance de Paris a jugé que l'homme du métier était constitué d'une équipe composée d'un vétérinaire, d'un parasitologue et d'un chimiste formulateur(358). Cette pratique, si elle répond à une volonté de s'approcher au plus près de la réalité de la recherche, augmente significativement le seuil d'exigence requis pour prétendre à la protection.

135. - **Le niveau de compétences de l'homme du métier.** L'homme du métier est un « praticien du domaine technique concerné »(359). Son niveau de compétence varie néanmoins en fonction de la complexité du domaine technique auquel ressortit l'invention et peut aller d'un technicien moyen jusqu'au chercheur expérimenté(360). En toute hypothèse, et parce qu'il sert de référence, l'homme du métier est un personnage disposant de qualités intellectuelles, de compétences professionnelles et de connaissances moyennes. Ni médiocre ni génial, ce personnage abstrait n'est pas doté d'une « quelconque capacité inventive »(361) sans quoi il serait... inventeur. La jurisprudence rappelle ainsi qu'il dispose des « qualités intellectuelles indispensables à la mise en application de sa technique »(362).

136. - **Les connaissances de l'homme du métier.** L'homme du métier dispose des connaissances normales théoriques et pratiques de la technique en cause(363). Cela implique qu'il connaît l'état de la technique du domaine dans lequel se pose le problème technique. Toutefois, les connaissances de l'homme du métier ne se réduisent pas à son domaine spécifique de compétence mais s'étendent, dans une certaine mesure, aux domaines voisins ou aux domaines plus généraux(364).

(354) CA Paris, 25 oct. 1990 : *PIBD* 1991, n° 492, III, p. 38.
(355) Cass. com., 13 juin 1995 : *PIBD* 1995, n° 594, III, p. 391. – Cass. com., 20 nov. 2012, préc.
(356) Pour quelques exemples, V. F. Macrez : *JCl. Brevets*, Fasc. 4250, n° 21.
(357) OEB, *Directives relatives à l'examen*, Partie G, VII, 3.
(358) TGI Paris, 13 févr. 2014 : *PIBD* 2014, n° 1009, III, p. 541.
(359) OEB, *Directives relatives à l'examen*, Partie G, VII, 3.
(360) Pour quelques exemples, V. J. Azéma et J.-Ch. Galloux, *Droit de la propriété industrielle*, *op. cit.*, n° 320.
(361) OEB, ch. recours tech., 14 févr. 1996, aff. T 39/93 : *JOOEB* 1997, p. 134.
(362) CA Paris, 24 mars 1983 : *PIBD* 1983, n° 330, III, p. 203.
(363) Cass. com., 17 oct. 1995 : *PIBD* 1996, n° 602, III, p. 34. – Cass. com., 23 oct. 2001, n° 99-10.043 : *PIBD* 2002, n° 734, III, p. 23. – Cass. com., 26 févr. 2008, n° 06-19.149 : *JurisData* n° 2008-042947 ; *PIBD* 2008, n° 873, III, p. 269 ; *Propr. industr.* 2008, comm. 94, P. Vigand ; *Propr. intell.* 2009, n° 33, p. 413, obs. B. Warusfel.
(364) CA Paris, 18 mai 2005 : *PIBD* 2005, n° 814, III, p. 496. – Cass. com., 3 mars 2009, n° 08-11.235 : *Propr. intell.* 2009, n° 33, p. 413, note B. Warusfel. – V. toutefois, Cass. com., 26 févr. 2008, préc., qui limite les connaissances de l'homme du métier à sa seule spécialité.

L'OEB traduit cela par le fait que seul l'état de la technique « pertinent » doit être pris en compte dans l'examen de l'activité inventive : cet état de la technique est défini comme celui qui est composé par les informations du domaine technique de l'invention auquel il faut ajouter celles issues des domaines voisins et enfin celles issues du domaine général qui les englobe(365). Cette approche est, fondamentalement, critiquée par une partie de la doctrine qui lui reproche de restreindre indûment l'étendue de l'état de la technique alors, au demeurant, que le texte ne le permet pas *a priori*(366). Cela n'implique pas que l'homme du métier doive connaître l'ensemble de l'état de la technique mais, ainsi que le relèvent justement ces auteurs, que la proximité ou l'éloignement d'une antériorité de son champ de compétences peuvent être pris en compte pour examiner ce qui, pour lui, est évident ou ne l'est pas(367).

II. – Mise en œuvre de l'exigence

137. – **Mise en œuvre formelle.** Comme en matière de nouveauté(368), l'activité inventive s'apprécie au regard des revendications du brevet à la date de dépôt de la demande. Plus précisément, l'activité inventive est appréciée revendication par revendication, l'annulation d'une revendication indépendante n'entraînant pas automatiquement celle des revendications placées dans sa dépendance, leur validité devant s'apprécier de manière autonome(369). En revanche, l'activité inventive d'une revendication indépendante bénéficie aux revendications placées dans sa dépendance(370). La preuve de l'absence d'activité inventive – comme celle de tout autre vice de brevetabilité(371) – pèse sur celui qui l'invoque, celle-ci pouvant être ramenée par tous moyens s'agissant d'un fait juridique.

138. – **Mise en œuvre fondamentale : la recherche de l'évidence ou de la non-évidence.** Au-delà de la généralité de la formule de l'article L. 611-14 du Code de la propriété intellectuelle, la question se pose de la méthode concrète permettant d'identifier le caractère évident ou non de l'invention(372). Les directives d'examen de l'OEB disposent que « le terme "évident" se réfère à ce qui ne va pas au-delà du progrès normal de la technique, mais ne fait que découler manifestement et logiquement de l'état de la technique, c'est-à-dire à ce qui ne suppose pas une qualification ou une habileté plus poussées que celles qu'on est en droit d'attendre d'un homme du métier »(373).

(365) OEB, ch. recours tech., 22 nov. 1985, aff. T-176/84, pt 5.3.1 : *JOOEB* 1986, p. 50.
(366) P. Mathély, *Le nouveau droit français des brevets d'invention, op. cit.*, p. 92. – F. Pollaud-Dulian, *La brevetabilité des inventions, op. cit.*, n° 128. – J. Passa, *Droit de la propriété industrielle, op. cit.*, n° 181.
(367) F. Pollaud-Dulian, *ibid.* – J. Passa, *ibid.* – V. par ex. CA Paris, 14 nov. 2012 : *PIBD* 2012, n° 974, III, p. 811 ; *Propr. industr.* 2013, chron. 10, n° 7, obs. E. Py : « Le spécialiste des vibrateurs utilisables pour l'enfoncement d'objets dans le sol ne sera pas naturellement amené à combiner les moyens connus dans ce domaine avec ceux d'un domaine distinct et non similaire, de vibrateurs destinés au compactage du sol, qui ne sont pas soumis aux mêmes contraintes de travail ».
(368) V. *supra*, n° 116.
(369) Cass. com., 7 janv. 2014 : *PIBD* 2014, n° 1006, III, p. 403. – Cass. com., 20 mai 2014 : *PIBD* 2014, n° 1010, III, p. 585.
(370) Cass. com., 12 déc. 1995 : *JCP E* 1996, II, 844, note J.-M. Mousseron et F. Hagel ; *PIBD* 1996, n° 607, III, p. 139.
(371) V. *infra*, n° 152.
(372) Selon la formule désormais célèbre : « les notions d'évidence et de non-évidence n'ont rien d'évident », J. Foyer et M. Vivant, *Le droit des brevets, op. cit.*, p. 174.
(373) OEB, *Directives relatives à l'examen*, Partie G, VII, 4.

139. - **Annonce.** Ainsi que l'indique le professeur Pollaud-Dulian dans son étude de référence sur la brevetabilité des inventions, la démarche permettant d'identifier l'existence d'une activité inventive est celle de l'homme du métier en partant du problème vers la solution[(374)] (A). Des indices peuvent encore être utilisés à cette fin (B).

A. – L'approche « problème-solution »

140. - **Méthodologie.** Les directives d'examen de l'OEB formalisent de manière très précise l'approche « problème-solution » qui se divise en trois phases : i) déterminer « l'état de la technique le plus proche » ; ii) établir le « problème technique objectif » à résoudre, et ; iii) examiner si l'invention revendiquée, en partant de l'état de la technique le plus proche et du problème objectif, aurait été évidente pour l'homme du métier[(375)]. De son côté, le juge français adopte une démarche similaire mais, sauf cas exceptionnels[(376)], n'utilise pas la notion d'« état de la technique le plus proche »[(377)].

141. - **Première phase : détermination de l'état de la technique le plus proche.** Selon les directives d'examen de l'OEB, l'état de la technique le plus proche est celui « qui divulgue, dans une seule référence, la combinaison de caractéristiques qui constitue le point de départ le plus prometteur pour effectuer un développement conduisant à l'invention »[(378)]. Concrètement, cela se traduira par la recherche d'un document qui divulgue un objet présentant des caractéristiques semblables à celles de l'invention, c'est-à-dire qui impliquent le moins de modifications fonctionnelles et structurelles et qui a été conçu dans le même but ou qui vise à atteindre le même objectif que l'invention revendiquée[(379)]. Cette règle a souvent été réaffirmée par les chambres de recours de l'OEB qui insistent sur la nécessité d'une utilisation semblable à l'invention revendiquée qui requiert le moins de modifications fonctionnelles et structurelles[(380)], sur l'identité ou la similarité des problèmes techniques en cause[(381)] ou, du moins, sur l'appartenance de l'antériorité pertinente à un domaine technique identique ou étroitement lié à celui de l'invention[(382)]. Lorsque la jurisprudence française recourt à cette approche, l'état de la technique le plus proche est défini de la même façon comme celui qui correspond « à une utilisation semblable et [appelle] le moins de modifications structurelles et fonctionnelles pour parvenir à l'invention revendiquée », ce qui implique qu'il doit viser à atteindre « le même objectif ou à obtenir le même effet que l'invention ou au moins appartenir au même domaine technique que l'invention revendiquée ou à un domaine qui lui est étroitement lié »[(383)].

(374) F. Pollaud-Dulian, *La brevetabilité des inventions*, *op. cit.*, n° 137 ; *La propriété industrielle*, *op. cit.*, n° 316.
(375) OEB, *Directives relatives à l'examen*, Partie G, VII, 5.
(376) CA Paris, 22 mai 2013 : *PIBD* 2013, n° 988, III, p. 1313.
(377) V. F. Pollaud-Dulian, *La brevetabilité des inventions*, *op. cit.*, n° 138.
(378) OEB, *Directives relatives à l'examen*, Partie G, VII, 5.1. – Pour une critique de cette approche, V. F. Pollaud-Dulian, *La brevetabilité des inventions*, *op. cit.*, n° 129. – J. Passa, *Droit de la propriété industrielle*, *op. cit.*, n° 183.
(379) V. *La jurisprudence des chambres de recours de l'OEB*, *op. cit.*, p. 187 et s.
(380) OEB, ch. recours tech., 18 sept. 1990, aff. 606/89, inédit.
(381) OEB, ch. recours tech., 9 mai 2000, aff. 1203/97, inédit.
(382) OEB, ch. recours tech., 16 avr. 1997, aff. 989/93, inédit.
(383) CA Paris, 22 mai 2013, préc.

142. – **Deuxième phase : détermination du problème technique objectif.** C'est en partant de l'état de la technique le plus proche qu'est déterminé le problème objectif qui se pose pour parvenir à la réalisation de l'invention et que les directives d'examen de l'OEB définissent comme « l'objectif et la tâche consistant à modifier ou à adapter l'état de la technique le plus proche en vue d'obtenir les effets techniques qui constituent l'apport de l'invention par rapport à l'état de la technique le plus proche »(384). Cette étape peut d'ailleurs conduire à modifier le problème technique tel qu'il a été défini dans la demande(385). On observera que le fait de poser un problème nouveau peut être le siège d'une activité inventive(386) alors même que la solution apportée serait banale et évidente(387) sous réserve que sa formulation ne soit pas évidente pour l'homme du métier(388).

143. – **Troisième phase : recherche de l'évidence ou de la non-évidence de la solution.** C'est en partant des deux éléments précédents que l'on examine si l'homme du métier, au vu de l'état de la technique pertinent(389), aurait réalisé de manière évidente ou non l'invention. Pour ce faire, l'OEB procède par une approche *could-would* qui implique qu'il est nécessaire de rechercher si l'homme du métier aurait réalisé l'invention de manière évidente et non s'il aurait pu la réaliser de manière évidente(390). La différence est d'importance dans la mesure où la reconnaissance de l'évidence implique que l'état de la technique contienne un enseignement qui aurait incité l'homme du métier à modifier ou à adapter l'état de la technique le plus proche afin de parvenir à la réalisation de l'invention(391).

B. – Le recours aux indices

144. – **Valeur des indices.** Pratiquement, le recours à des indices d'évidence ou de non-évidence permet de caractériser l'activité inventive. On relèvera que l'OEB confère à ces indices un caractère subsidiaire(392) alors que la jurisprudence française leur accorde, en application du droit commun de la preuve, une valeur laissée à la libre appréciation des juges du fond(393).

145. – **Les indices de non-évidence.** Outre le fait de poser un problème technique nouveau(394), des indices d'activité inventive peuvent, par exemple, tenir au fait que l'invention conduise à vaincre un préjugé(395), que l'état de la technique

(384) OEB, *Directives relatives à l'examen*, Partie G, VII, 5.2.
(385) V. *La jurisprudence des chambres de recours de l'OEB*, *op. cit.*, I, D, 4.4. – Pour un exemple de redéfinition d'un problème technique moins ambitieux que celui présenté dans la demande, V. OEB, ch. recours tech., 10 juin 2008, aff. T-0479/06 : *Propr. industr.* 2009, comm. 44, P. Vigand.
(386) CA Paris, 22 mars 1990 : *PIBD* 1990, n° 481, III, p. 411. – CA Paris, 27 mai 1998 : *PIBD* 1999, n° 672, III, p. 105.
(387) OEB, ch. recours tech., 15 mars 1984, aff. T-2/83 : *JOOEB* 1984, p. 265.
(388) OEB, ch. recours tech., 15 mai 1984, aff. T-109/82 : *JOOEB* 1984, p. 473.
(389) Qui est l'état de la technique tel que nous l'avons défini *supra* et non l'état de la technique le plus proche dont le rôle est de poser le problème technique objectif.
(390) OEB, ch. recours tech., 15 mars 1984, aff. T-2/83 : *JOOEB* 1984, p. 265.
(391) OEB, *Directives relatives à l'examen*, Partie G, VII, 5.3. – Pour une référence explicite à la pratique de l'OEB, V. CA Paris, pôle 5, 2e ch., 13 janv. 2012 : *PIBD* 2012, n° 962, III, p. 335.
(392) V. *La jurisprudence des chambres de recours…*, *op. cit.*, p. 254.
(393) V. F. Makrez : *JCl. Brevets*, Fasc. 4250, n° 31.
(394) Que nous avons examiné *supra*.
(395) CA Paris, 6 mars 1975 : *PIBD* 1975, n° 158, III, p. 418. – Cass. com., 19 déc. 2000 : *PIBD* 2001, n° 721, III, p. 277. – OEB, ch. recours tech., 1er mars 1985, aff. T-18/81 : *JOOEB* 1985, p. 166. – Le préjugé vaincu doit être d'ordre technique et non

contienne un nombre important d'antériorités pertinentes mais dispersées[396] ou relevant d'un domaine technique très différent de celui de l'invention[397], que l'invention réalise un progrès technique important[398], qu'elle procure un avantage économique[399], qu'il se soit écoulé une longue durée entre le moment où le problème technique s'est posé et le moment où l'invention a été réalisée[400], qu'elle ait nécessité d'importants essais[401], ou encore qu'elle présente une solution inattendue ou surprenante[402]. D'une manière générale, ces indices, dont la liste n'est pas exhaustive[403], ne sont pas nécessairement déterminants en tant que tels mais peuvent, naturellement, être associés entre eux.

146. - **Les indices d'évidence.** La jurisprudence rappelle régulièrement qu'une invention est dépourvue d'activité inventive lorsqu'au vu de l'état de la technique et en considération du problème posé, l'homme du métier tel que défini précédemment pouvait parvenir à la solution proposée par l'invention revendiquée par de simples opérations d'exécution[404], ou encore lorsque la réalisation de l'invention n'excède pas ses compétences[405]. La « démarche intellectuelle » qui le conduit du problème à la solution est alors considérée comme évidente[406]. Le fait que l'invention soit constituée de moyens équivalents à ceux de l'état de la technique est généralement le signe d'une absence d'activité inventive[407].

147. - **Cas particulier de l'invention d'application.** Traditionnellement, le fait de donner une application nouvelle à un moyen déjà connu est considéré comme impliquant une activité inventive si le moyen exerce, dans cette nouvelle application, une fonction nouvelle, c'est-à-dire différente de celle qu'elle exerçait dans l'état de la technique. Cette analyse résulte d'une théorie créée sous l'empire de la loi de 1844 qui distinguait l'« application nouvelle de moyens connus », brevetable car répondant à l'exigence précitée, de l'« emploi nouveau de moyens connus », non brevetable faute d'y répondre[408]. La jurisprudence continue d'opérer cette distinction[409]. Ainsi, la cour d'appel de Toulouse a-t-elle pu juger que « l'emploi nouveau d'un moyen connu dans une autre application, c'est-à-dire dans un domaine technique différent ou voisin de l'invention en cause, est considéré comme découlant de manière évidente de l'état de la technique pour un homme du métier lorsque la

commercial (OEB, ch. recours tech., 12 mars 1992, aff. T-854/90 : *JOOEB* 1993, p. 669) ou réglementaire (TGI Paris, 3 déc. 1987 : *PIBD* 1988, n° 431, III, p. 151).

(396) Cass. com., 18 oct. 1994 : *PIBD* 1995, n° 579, III, p. 5.

(397) CA Paris, 14 nov. 2012 : *PIBD* 2012, n° 974, III, p. 811.

(398) TGI Paris, 14 nov. 1985 : *PIBD* 1986, n° 386, III, p. 90.

(399) CA Paris, 10 oct. 1990 : *PIBD* 1991, n° 492, III, p. 33.

(400) CA Paris, 4 juin 1985 : *PIBD* 1985, n° 378, III, p. 299.

(401) CA Paris, 14 févr. 1989 : *PIBD* 1989, n° 456, III, p. 282.

(402) CA Paris, 3 mai 1983 : *PIBD* 1983, n° 328, III, p. 177. – CA Paris, 25 avr. 1990 : *PIBD* 1990, n° 484, III, p. 506. – OEB, ch. recours tech., 22 juill. 1983, aff. T-94/82 : *JOOEB* 1984, p. 75. – OEB, ch. recours tech., 28 févr. 1984, aff. T-181/82 : *JOOEB* 1984, p. 401.

(403) Pour un examen plus approfondi, V. F. Macrez, *op. cit.*, n°s 31 et s.

(404) Cass. com., 5 mai 1998 : *PIBD* 1998, n° 659, III, p. 398. – CA Paris, 1er mars 2006 : *PIBD* 2006, n° 829, III, p. 313 ; *Propr. industr.* 2006, comm. 90, P. Vigand.

(405) CA Lyon, 5 oct. 2010 : *PIBD* 2011, n° 717, III, p. 168.

(406) CA Paris, 6 janv. 2006 : *PIBD* 2006, n° 827, III, n° 241. – *Adde* F. Macrez, *op. cit.*, n° 39 et la jurisprudence citée.

(407) Cass. com., 3 mars 1978 : *Ann. propr. ind.* 1978, p. 157. – CA Paris, 20 mai 2005 : *PIBD* 2005, n° 814, III, p. 490.

(408) Sur laquelle, V. J.-M. Mousseron, *Traité des brevets*, *op. cit.*, n°s 342 et s.

(409) CA Paris, 25 oct. 1990 : *PIBD* 1991, n° 495, III, p. 38.

fonction technique du moyen en cause n'est pas modifiée »[410]. Il reste que, s'agissant d'un indice, l'identité de fonction du moyen dans les deux applications n'est pas exclusive de l'existence d'une activité inventive. Cette dernière peut ainsi résider dans l'éloignement des domaines techniques considérés qui implique que l'homme du métier n'aurait pas été incité à consulter l'antériorité pertinente pour résoudre le problème technique[411].

148. - Cas particulier de la combinaison de moyens. L'appréciation de l'activité inventive d'une combinaison porte sur l'agencement des moyens et non sur chacun des moyens pris séparément. Dès lors, même si les moyens composant la combinaison sont connus, celle-ci peut se révéler inventive si rien dans l'état de la technique ne suggérait à l'homme du métier de les associer entre eux pour atteindre le résultat recherché[412]. Lorsque l'invention porte sur une « juxtaposition de moyens », c'est-à-dire qu'elle est composée de moyens ne coopérant pas entre eux en vue d'obtenir un résultat commun[413], la jurisprudence peut adopter deux postures différentes : la première, contestable, consiste à considérer que l'activité inventive doit être examinée au regard de chaque moyen de la combinaison[414]. La seconde consiste à en déduire un défaut d'activité inventive[415], même si le dispositif obtenu donne un résultat plus performant que ceux de l'art antérieur[416]. Si cette seconde approche est plus juste, il ne faut pas oublier qu'il ne s'agit là que d'un indice qui ne saurait générer un refus mécanique de toute protection alors qu'une juxtaposition de moyens peut impliquer une activité inventive[417].

SECTION 2

LE CONTRÔLE DES ÉLÉMENTS DE BREVETABILITÉ

149. - Annonce. La conformité de l'invention aux conditions de fond permettant sa réservation par brevet est contrôlée – de manière automatique – au stade de la procédure de délivrance (§ 1) et – de façon facultative dans la mesure où elle suppose le déclenchement d'une action en justice – devant le juge judiciaire (§ 2). On observera immédiatement que la délivrance du brevet ne purge pas la demande des vices de brevetabilité qui l'affecteraient[418]. Concrètement, cela signifie que ces

(410) CA Toulouse, 2e ch., 2e sect., 24 avr. 2012 : *PIBD* 2012, n° 964, III, p. 413.

(411) OEB, ch. recours tech., 20 nov. 2014, aff. T-25-13 : *Propr. industr.* 2015, comm. 41, note P. Vigand. – *Adde* CA Toulouse, 24 avr. 2002, préc., qui constate également la proximité des domaines techniques considérés.

(412) Cass. com., 7 oct. 2008 : *PIBD* 2008, n° 884, III, p. 618.

(413) V. *supra*, n° 49.

(414) CA Paris, 8 mai 2000 : *RD propr. intell.* 114/2000, p. 13 : cette position était encore défendable lorsque sévissait la théorie de la « contrefaçon partielle » (sur laquelle V. *infra*, n° 631) en ce qu'elle permettait de mettre l'examen de la validité du brevet au niveau de celui de la contrefaçon (sur cette question, V. E. Py, *L'annulation du brevet d'invention*, préc., nos 1028 et s.).

(415) TGI Paris, 11 déc. 2001 : *PIBD* 2002, n° 746, III, p. 316.

(416) CA Paris, 28 janv. 2005 : *Propr. industr.* 2005, comm. 96, note P. Vigand.

(417) V. P. Vigand, note ss CA Paris, 28 janv. 2005, préc.

(418) Ce n'est pas le cas de toutes les causes de rejet. Ainsi, par exemple, le défaut d'unité d'invention ne peut être sanctionné que par le rejet de la demande, ce qui implique que ce vice est purgé par la délivrance du brevet – sur l'ensemble de la question, V. *supra*, n° 203.

deux contrôles sont cumulatifs et non alternatifs. La brevetabilité de l'invention pourra toujours être poursuivie après la délivrance du titre devant le juge judiciaire qui n'est pas tenu par l'appréciation qu'en aurait faite l'INPI ou l'OEB.

§ 1. – Le contrôle administratif

150. – **Brevet français. Contrôle restreint des conditions de brevetabilité.** L'article L. 612-12 du Code de la propriété intellectuelle permet à l'INPI de rejeter en tout ou partie une demande de brevet qui ne remplirait pas certaines conditions de fond et de forme[419]. S'agissant spécifiquement des conditions de brevetabilité, la délivrance quasi automatique du brevet est le résultat d'un choix, discutable et à tout le moins discuté, visant à l'obtention rapide d'un titre bon marché au prix d'un contrôle partiel et superficiel de la conformité de l'objet de la demande aux exigences légales. Tout d'abord, l'ensemble des conditions de brevetabilité n'est pas examiné dans la mesure où l'article L. 612-12 précité ne permet pas à l'INPI de vérifier l'existence des conditions d'activité inventive et d'application industrielle[420]. Ensuite, la formulation du texte est telle que le rejet n'interviendra dans les autres cas que dans l'hypothèse d'une inadéquation flagrante de l'élément dont la protection est recherchée aux exigences légales. Ainsi, le code conditionne-t-il le rejet de la demande à l'hypothèse d'une invention « manifestement » non brevetable en application des articles L. 611-16 à L. 611-19 (CPI, art. L. 612-12, 4°) ou encore d'un objet qui ne peut « manifestement » pas être considéré comme une invention au sens de l'article L. 611-10, alinéa 2 (CPI, art. L. 612-12, 5°). Dans le même ordre d'idées, le défaut de nouveauté ne sera sanctionné à ce stade qu'autant qu'il résulterait « manifestement du rapport de recherche » sous réserve que la demande n'ait pas été modifiée après mise en demeure (CPI, art. L. 612-12, 7°)[421]. La décision de l'INPI peut se traduire par un rejet total de la demande, mais également par un rejet partiel qui ne porte que sur certaines revendications (CPI, art. L. 612-12, al. 2). Enfin, il est permis à l'INPI de procéder d'office à la suppression d'une partie de la description ou des dessins en cas de non-conformité partielle de la demande à certaines dispositions de fond notamment (CPI, art. L. 612-12, al. 3). Malgré ces contraintes textuelles, il faut relever que l'INPI est particulièrement actif dans le contrôle de la condition d'invention – notamment lorsqu'il connaît des demandes de brevet faisant intervenir des logiciels ou des méthodes commerciales – ainsi que l'atteste la jurisprudence française qui, sur ces questions, implique le plus souvent la cour d'appel de Paris statuant comme instance de contrôle de la légalité des décisions de l'office de délivrance[422].

151. – **Brevet européen. Contrôle approfondi des conditions de brevetabilité.** Le contrôle administratif des conditions de brevetabilité opéré devant l'OEB est très différent de celui réalisé par l'INPI. Sans entrer dans le détail, puisque la procédure de délivrance est examinée par ailleurs[423], il convient seulement de rappeler

(419) Sur ces dernières, V. *infra*, n° 212.
(420) Cette dernière condition n'étant plus vérifiée depuis la loi de modernisation de l'économie de 2008.
(421) Sur la condition de nouveauté, V. *supra*, n°s 92 et s.
(422) Sur cette compétence singulière de la cour d'appel de Paris, V. *infra*, n° 214.
(423) V. *infra*, n°s 224 et s.

que la division d'examen a vocation à vérifier l'ensemble des conditions de brevetabilité et pas certaines d'entre elles seulement (CBE, art. 94, § 1). En outre, alors même que le brevet européen aurait été délivré et qu'il aurait, selon la formule consacrée, éclaté en un « faisceau de brevets nationaux », toute personne peut encore demander, pendant une durée de neuf mois à compter de la publication de la délivrance, la révocation du brevet en faisant opposition devant la division compétente (CBE, art. 99 et 100). Enfin, les décisions de la division d'examen et de la division d'opposition peuvent faire l'objet de recours devant les chambres de recours pour contester l'appréciation de la brevetabilité qui aurait été faite par ces « instances » de degré inférieur (CBE, art. 106, § 1). On comprend aisément que la validité d'un brevet européen soit généralement considérée comme étant « solide » dans la mesure où le respect des conditions de brevetabilité est, potentiellement, vérifié de manière plus approfondie que devant l'INPI. Pour autant, la délivrance d'un brevet européen n'est pas, comme pour un brevet français, une garantie de sa validité, de sorte que le juge français pourra toujours l'annuler au cours d'un contentieux. En outre, les décisions rendues par les instances de l'OEB ne sont pas contraignantes à l'égard du juge qui pourra apprécier différemment des conditions de brevetabilité qui sont, pourtant, formellement identiques à celles du droit français(424). On observe, enfin, que l'action en annulation de la partie française d'un brevet européen peut être demandée alors même que le brevet européen fait l'objet d'une procédure d'opposition, ce qui peut conduire à des situations délicates en cas d'appréciations divergentes par le juge français et les instances de l'OEB. Le juge français peut, dans une telle situation, surseoir à statuer, mais aucun texte ne l'y oblige.

§ 2. – Le contrôle judiciaire

152. - **Généralités**(425). Suite à la délivrance du brevet, il est loisible à toute personne intéressée d'en demander l'annulation afin d'obtenir son anéantissement rétroactif. La doctrine affirme parfois l'existence d'une « présomption de validité » ou « de brevetabilité » du brevet qui trouverait sa source dans l'adage « foi est due au titre ». Elle aurait pour conséquences que la remise en cause de la validité d'un titre passe nécessairement par une action en annulation et que la charge de la preuve de l'existence du vice pèse sur le demandeur à l'annulation. Ces formules sont trompeuses et inutiles, au moins si l'on cherche à en faire une spécificité du droit des brevets : l'action en annulation est nécessaire à la destruction du brevet, comme à celle de tout droit existant(426). En outre, la charge de la preuve d'un vice pèse sur celui qui l'invoque, conformément aux dispositions de l'article 9 du Code de procédure civile. En pratique, le demandeur à l'annulation ne peut donc pas se contenter de simples affirmations, mais doit établir factuellement l'existence du vice allégué(427).

(424) V. par ex. *supra* sur la brevetabilité des programmes d'ordinateur.
(425) Sur l'ensemble de la questions, V. E. Py, *L'annulation du brevet d'invention. Les apports du droit judiciaire privé et de la théorie des nullités*, thèse Strasbourg, 2008 ; *L'annulation du brevet* : *JCl. Brevets*, Fasc. 4495.
(426) J.-M. Mousseron, *Traité des brevets*, *op. cit.*, n° 1008, p. 971.
(427) Cass. com., 18 mai 1999 : *PIBD* 1999, n° 686, III, p. 473. – CA Paris, 7 avr. 2004 : *PIBD* 2004, n° 790, III, p. 401.

153. - Causes de nullité. Les causes d'ouverture de l'action en annulation de brevet sont limitativement visées aux articles L. 613-25 du Code de la propriété intellectuelle pour le brevet français et L. 614-12 du même code pour le brevet européen désignant la France[428]. Au titre de causes communes, on trouve le manquement à une condition de brevetabilité (CPI, art. L. 613-25, al. 1er, a), l'insuffisance d'exposé de l'invention dans le brevet (CPI, art. L. 613-25, al. 1er, b)[429] et l'extension de l'objet du brevet au-delà du contenu de la demande telle qu'elle a été déposée (CPI, art. L. 613-25, al. 1er, c)[430]. Le brevet français connaît une cause de nullité spécifique constituée par l'extension de la protection conférée par le brevet suite à une procédure de limitation (CPI, art. L. 613-25, al. 1er, d)[431]. La partie française du brevet européen, de son côté, encourt la nullité pour extension de sa portée (CBE, art. 138 [1], d)[432] et pour défaut de droit au titre de son titulaire (CBE, art. 138, [1], e)[433].

154. - Annonce du plan. Il nous faut ici nous intéresser à la mise en œuvre de la nullité (I) puis à ses conséquences (II).

I. - La mise en œuvre de la nullité

155. - Généralités. Les actions spécifiques du droit des brevets sont soumises au droit commun de la procédure civile « toutes les fois que le législateur n'a pas entendu y déroger »[434]. Ainsi en va-t-il de l'annulation du brevet qui, aux termes de l'article L. 613-25 du Code de la propriété intellectuelle et conformément au droit commun de l'annulation des actes juridiques, suppose l'intervention de l'autorité judiciaire. Nous examinerons successivement la question de la compétence du juge (A), puis celle des conditions subjectives (B) et objectives (C) de recevabilité de la demande.

A. - La compétence du juge

156. - Principe. Conformément aux dispositions des articles L. 615-17 et D. 631-2 du Code de la propriété intellectuelle[435], le tribunal de grande instance de Paris est

(428) Qui renvoie à l'article 138(1) de la CBE.
(429) L'insuffisance d'exposé de l'invention est souvent rapprochée de l'insuffisance de description avec laquelle elle se confond souvent (sur cette dernière, V. *infra*, n° 197). Néanmoins, la lecture de l'article L. 613-25 doit conduire à apprécier la suffisance de l'exposé de l'invention à l'aune de la description, mais aussi des autres documents de la demande, V. E. Py, *JCl. Brevets*, Fasc. 4495, nos 14 et s.
(430) Si cette cause de nullité peut se manifester par un défaut de support des revendications par la description (sur lequel, V. *infra*, n° 202), la rédaction du texte conduit à plusieurs précisions : tout d'abord, cette dernière assertion n'est vraie qu'autant que le défaut de support est le résultat d'une modification de la revendication en cours de procédure, car un défaut de support initial ne manifesterait pas une extension de l'objet du brevet au-delà de la demande telle que déposée ; ensuite, le vice pourrait se matérialiser hors l'hypothèse d'un défaut de support lorsque, au cours de la procédure de délivrance d'un brevet européen, la description et les revendications ont été modifiées dans le sens d'une extension de l'objet par-rapport au contenu initial – sur l'ensemble de ces questions, on se référera utilement à la pratique de l'OEB relativement à l'application de l'article 123 § 2 CBE qui peut être transposée en droit français, V. *La jurisprudence des chambres de recours*, *op. cit.*, p. 410 et s.
(431) Sur laquelle, V. *infra*, nos 218 et s.
(432) Pour des exemples d'extension de la protection conférée par le brevet, on se référera utilement à la pratique de l'OEB dans la mise en œuvre de l'article 123 § 3 CBE, V. *La jurisprudence des chambres de recours*, *op. cit.*, p. 470 et s.
(433) V. *infra*, nos 285 et s.
(434) J. Azéma, *Quelques particularités de procédure dans le droit des brevets*, in *Mél. dédiés à J. Vincent*, Dalloz, 1981, p. 1.
(435) Ce dernier renvoyant à l'article D. 211-6 du Code de l'organisation judiciaire.

exclusivement compétent pour connaître de la validité du brevet. Seul le juge français peut prononcer la nullité d'un brevet français ou de la partie française d'un brevet européen désignant la France[436]. L'arbitre qui, aux termes de l'alinéa 2 de l'article L. 615-17 précité, peut connaître des litiges portant sur des questions de brevet dans les conditions du droit commun, voyait traditionnellement les questions de validité lui échapper au motif que l'ordre public était en cause compte tenu, notamment, de l'effet absolu de la décision d'annulation par opposition au caractère relatif de la convention d'arbitrage qui s'oppose à ce que la sentence arbitrale ait des répercussions sur les droits des tiers[437]. L'inarbitrabilité de ces litiges causait des difficultés, notamment lorsqu'un vice de validité du brevet était soulevé à l'occasion d'un litige de nature contractuelle et que le refus de l'arbitre d'en connaître conduisait le demandeur à l'annulation à saisir un juge institutionnel, ce qui générait, au mieux, le prononcé d'un sursis à statuer et, au pire, un risque de contradictions de décisions[438]. Finalement, la cour d'appel de Paris a reconnu à l'arbitre le pouvoir de connaître d'une question de validité du brevet posée incidemment à l'occasion d'un contentieux dont l'arbitrabilité ne faisait aucun doute – un contentieux contractuel en l'espèce – sous réserve de se contenter, en cas de constatation d'un vice, de rejeter la demande adverse sans prononcer l'annulation *erga omnes* du brevet[439]. Si la motivation de la cour d'appel est contestable en ce qu'elle exprime une confusion entre l'autorité de la chose jugée et l'effet substantiel des jugements[440], la solution est opportune. La Cour de cassation a eu l'occasion de la réaffirmer[441].

B. – Les conditions subjectives de recevabilité de l'action

157. – **Les parties à l'instance.** La loi ne contient pas de dispositions particulières qui désigneraient les parties à l'instance en annulation[442], ce qui implique qu'il faille recourir aux règles de droit commun[443]. Conformément aux dispositions de l'article 31 du Code de procédure civile, l'action en nullité de brevet, archétype de l'action banale[444], est ouverte à toute personne intéressée. L'action pourra, au demeurant, être intentée par voie principale, reconventionnelle ou, de manière plus anecdotique jusqu'à présent, par le biais d'une exception de nullité.

(436) V. *infra*, n°s 695 et s.

(437) Sur l'ensemble de la question, V. J.-B. Racine, *L'arbitrage commercial international et l'ordre public*, LGDJ, 1999, n° 141, p. 83. – A.-C. Chiariny-Daudet, *Le règlement judiciaire et arbitral des contentieux internationaux sur brevets d'invention*, Litec, 2006. – E. Py, *L'annulation du brevet*, préc., n°s 596 et s. – *Adde* G. Bonet et C. Jarrosson, *L'arbitrabilité des litiges de propriété industrielle en droit français*, in *Arbitrage et propriété intellectuelle*, Litec, 1994, p. 61. – X.-A. de Mello, *L'expérience des arbitres ou l'espérance des arbitres*, in *Arbitrage et propriété intellectuelle*, *op. cit.*, p. 93.

(438) CA Paris, 24 mars 1994 : *RTD com.* 1995, p. 416, obs. J. Azéma ; *Rev. arb.* 1994, p. 514, note C. Jarrosson ; *D.* 1996, somm. p. 21, obs. J.-M. Mousseron et J. Schmidt. – *Adde* Ch. Le Stanc, *Arbitrage et contrat de licence : expérience française*, in *Rapport Atrip 2000-2001*, CEDIDAC, p. 247.

(439) CA Paris, 1re ch., 28 févr. 2008 : *Propr. industr.* 2009, comm. 2, note J. Raynard ; *JCP* E 2008, n° 1582, note Ch. Caron ; *Comm. com. électr.* 2008, comm. 75, Ch. Caron ; *JCP* G 2008, I, 164, obs. J. Béguin.

(440) V. E. Py, thèse préc., *ibid.*

(441) Cass. 1re civ., 12 juin 2013 : *JCP* E 2014, 1035, Ch. Caron.

(442) Contrairement à l'article 34 de la loi du 5 juillet 1844 qui disposait que l'action en nullité pouvait être exercée par « toute personne y ayant intérêt ».

(443) On observera que ces règles n'ont pas d'équivalent devant la division d'opposition de l'OEB puisque l'article 99 (1) de la CBE autorise « toute personne » à faire opposition. – V. OEB, ch. recours tech., 20 juin 1996, aff. T-798/93 : *JOOEB* 1997, p. 363.

(444) Pour reprendre la terminologie devenue classique des professeurs Cornu et Foyer : *Procédure civile*, PUF, 1996.

158. – Le concurrent du breveté. Le concurrent du breveté est, en principe, intéressé au sens de la loi. Le plus souvent, son action prendra la forme d'une demande reconventionnelle en défense à une action en contrefaçon. Cette réplique quasi systématique du défendeur à la contrefaçon tient au caractère rétroactif de l'annulation du brevet qui, mécaniquement, prive de fondement toute action fondée sur le titre : « on ne contrefait pas un brevet nul »(445). L'existence de l'intérêt du concurrent à demander la nullité des revendications qui lui sont opposées au titre de la contrefaçon ne fait donc pas de doute, de même que lorsqu'il est mis en demeure de cesser son activité par le breveté(446). En revanche, la jurisprudence tend à considérer que cet intérêt disparaît lorsque la demande en nullité porte sur des revendications non opposées au titre de la contrefaçon(447). La situation du concurrent du breveté non poursuivi en contrefaçon qui agirait par le biais d'une demande principale est plus délicate. Traditionnellement, les juridictions se montrent ouvertes à cette action, en exigeant seulement la démonstration d'un rapport de concurrence entre les protagonistes caractérisé notamment par un lien objectif entre l'invention protégée et l'activité du demandeur(448) sous réserve d'avoir une activité réelle dans le domaine(449). De manière plus contestable, le juge a pu déclarer irrecevable une action principale au motif que le demandeur ne démontrait ni n'alléguait « l'existence d'actes préparatoires ou de projets sérieux de mise en œuvre d'une technique proche des brevets contestés »(450). Cette approche manifeste un changement de paradigme faisant passer le brevet d'un outil d'accès au marché à celui de support exclusif d'une industrie(451).

159. – Le partenaire contractuel du breveté. Les partenaires contractuels du breveté, cessionnaire(452) ou concessionnaire(453), peuvent également avoir intérêt à demander la nullité du brevet pour obtenir consécutivement la nullité du contrat pour défaut d'objet et/ou de cause(454), l'exploitation paisible de brevet par le partenaire contractuel ne constituant pas un obstacle à l'exercice de l'action(455).

(445) J.-J. Burst, note ss CA Paris, 4e ch., 23 mars 1973 : *Ann. propr. ind.* 1973, p. 92.

(446) TGI Paris, 3e ch., 1re sect., 25 avr. 2013, n° 10/14406, inédit.

(447) CA Paris, 7 févr. 2001 : *RD propr. intell.* 124/2001, p. 21 ; *Ann. propr. ind.* 2001, p. 149. – CA Paris, 19 mars 2014 : *PIBD* 2014, n° 1008, III, p. 491 – certaines décisions soulèvent également le défaut de lien suffisant.

(448) V. par ex. TGI Paris, 7 oct. 2009 : *PIBD* 2009, n° 909, III, p. 9. – CA Paris, 13 mai 2005 : *PIBD* 2005, n° 813, III, p. 454.

(449) CA Paris, 6 juill. 2007, inédit.

(450) CA Paris, 6 mars 2013 : *PIBD* 2013, n° 983, III, p. 1150 ; *Propr. industr.* 2013, chron. 9, obs. E. Py. – De manière un peu différente, V. également, CA Paris, 17 févr. 2012, n° 11/09940, inédit. – S'agissant d'un mode de raisonnement semblable dans un contexte procédural différent tiré d'une intervention aux côtés du directeur de l'INPI sur un recours contre le refus de limiter une revendication, V. CA Paris, 11 sept. 2013, n° 12/14498 : *PIBD* 2013, n° 993, III, p. 1506.

(451) E. Py, *ibid.*

(452) CA Toulouse, 17 juin 1976 : *DB* 1977, II, p. 1 ; *Ann. propr. ind.* 1976, p. 262, note J.-J. Burst. – CA Paris, 4e ch., 19 oct. 2005 : *PIBD* 2006, n° 822, III, p. 47. – L'annulation peut également être invoquée au soutien de la mise en jeu de la garantie du cédant (CA Paris, 10 juill. 1979 : *DB* 1979, V, p. 3 ; *PIBD* 1979, n° 249, III, p. 404. – Rejet du pourvoi Cass. com., 8 juill. 1981, *Jojon c/ Marcellin et Chambrin* : *PIBD* 1981, n° 290, III, p. 236).

(453) Cass. com., 17 mars 1980, *Sarl Sodifus et Richard c/ Lévy et Sté MPP* : *Ann. propr. ind.* 1981, p. 326. – CA Lyon, 12 janv. 1989 : *Ann. propr. ind.* 1989, p. 45. – CA Paris, 4e ch., 5 juill. 1995 : *PIBD* 597/1995, III, p. 481. – Rejet du pourvoi Cass. com., 8 juill. 1997, *Samex et Plymouth c/ Plum Plastique et Cie* : *Quot. jur.* 24 juill. 1997, n° 59, p. 121, note A.G. ; *PIBD* 1998, n° 652, III, p. 215.

(454) V. *infra*, n° 175.

(455) A. Françon, *La nullité du brevet* : *RID comp.* 1986, p. 577. – *Contra* CA Limoges, 28 juill. 1901 : *Ann. propr. ind.* 1909, p. 36.

160. - Le breveté lui-même. Rien ne s'oppose *a priori* à ce que le breveté lui-même demande l'annulation de son droit(456). Il faut toutefois préciser que la garantie d'éviction du fait personnel s'oppose à ce que le cédant(457) ou le donneur de licence(458) intente une telle action ; dans la pratique, l'action du breveté lui-même ne se posera que dans l'hypothèse d'une demande en annulation partielle(459) – aujourd'hui largement théorique du fait de l'existence d'une procédure de limitation(460) – ou dans celle d'une situation de copropriété(461).

161. - L'action attitrée du demandeur à l'annulation. Dans certains cas, la loi elle-même qualifie une personne pour agir en annulation du brevet. Ainsi, l'article L. 613-26 du Code de la propriété intellectuelle donne-t-il au ministère public le pouvoir d'agir d'office en nullité du brevet(462). De la même façon, la jurisprudence reconnaît-elle aux syndicats le droit d'agir dans l'intérêt collectif de la profession qu'ils représentent(463). En revanche, il semble qu'une telle demande ne puisse pas émaner d'une association de consommateurs(464).

162. - L'action attitrée du demandeur. Création jurisprudentielle. Alors que les actions attitrées sont, en principe, le fait du législateur, la jurisprudence en a créé une dans le domaine du droit des brevets en réservant l'action en nullité tirée de l'article 138 (1) e) de la CBE à la personne qui avait le droit au titre en vertu de l'article 60 (1) de la CBE(465).

163. - Le défendeur à l'action. L'action en annulation doit être dirigée contre le défendeur naturel : il s'agit au premier chef du breveté actuel(466). Dans le cadre d'une demande en nullité partielle intentée par le breveté lui-même, il s'agit de la partie engagée contre lui dans l'instance. L'action en annulation d'un brevet détenu en copropriété ne sera efficacement dirigée que contre l'ensemble des copropriétaires(467). La solution contraire ne saurait être admise que si l'un des copropri-

(456) Sinon la délicate question de la détermination du défendeur, au moins dans le cadre d'une demande principale.
(457) J. Schmidt-Szalewski, *Droit de la propriété industrielle*, *op. cit.*, n° 269.
(458) J. Foyer et M. Vivant, *Le droit des brevets*, *op. cit.*, n° 446.
(459) V. *infra*, n° 173.
(460) V. *infra*, nos 219 et s.
(461) CA Rennes, 11 oct. 1988 : *Ann. propr. ind.* 1990, p. 251 : « Considérant que le breveté peut agir lui-même en nullité du brevet pour autant que les causes sont apparues postérieurement à la demande comme en l'espèce et qu'il justifie d'un intérêt, l'action en nullité pouvant être exercée par voie principale reconventionnelle ou par voie d'exception ; que le jugement a légitimement prononcé la nullité du brevet sur la demande du défendeur poursuivi en paiement d'une indemnité ». – *Contra* CA Paris, 4e ch., 19 déc. 2003 : *RD propr. intell.* 147/2004, p. 37 qui juge le contraire au motif que la société copropriétaire du brevet « ne peut sérieusement soutenir, étant avec M. Guillaume copropriétaire de deux titres qu'elle a en pratique toujours tenu pour valables, percevant en particulier les fruits de l'exploitation des inventions litigieuses, que les brevets seraient nuls car cela reviendrait somme toute à revendiquer leur anéantissement pour les seuls besoins de la présente procédure, ce qu'elle ne saurait à bon droit faire ». Cette décision est très contestable car, d'une part, le fait de tenir un brevet pour valable ne constitue pas, en soi, un acte de renonciation justifiant l'irrecevabilité pas plus, d'autre part, que son exploitation paisible.
(462) Même si son action est, en pratique, inexistante.
(463) Cass. com., 5 mai 1987 : *PIBD* 1987, n° 417, III, p. 307 (rejet du pourvoi contre CA Paris, 4 juill. 1985 : *PIBD* 1987, n° 413, III, p. 219). – TGI Paris, 3 mai 1995 : *PIBD* 1995, n° 595, III, p. 409.
(464) Sur cette question, V. E. Py, thèse préc., nos 163 et s.
(465) Cass. com., 14 févr. 2012, n° 11-14.288, *Lizarazu c/ Sté Sic Marking : JurisData* n° 2012-002185 ; *PIBD* 2012, n° 960, III, p. 263 ; *Propr. industr.* 2012, comm. 47, E. Py ; *Propr. industr.* 2012, comm. 70, J. Raynard ; *D.* 2013, p. 1379, obs. J. Raynard. – Cette décision a cassé l'arrêt de CA Lyon, 2 déc. 2010, n° 09/08133 : *PIBD* 2011, n° 936, III, p. 205 ; *Propr. industr.* 2011, comm. 62, P. Vigand ; *D.* 2012, p. 525, J. Raynard.
(466) Et non pas du cédant, TGI Paris, 3e ch., 1re sect., 25 avr. 2013, n° 10/14406, inédit.
(467) CA Paris, pôle 5, 2e ch., 13 avr. 2012 : *PIBD* 2012, n° 965, III, p. 449.

taires dispose d'un mandat exprès et spécial en ce sens. Un mandat donné à l'un des copropriétaires d'agir seul en contrefaçon à ses risques et périls ne lui confère donc pas la qualité de défendre seul la validité du brevet[468].

164. – Abus de droit. La théorie de l'abus de droit a vocation à s'appliquer ici pour autant que ses éléments constitutifs sont caractérisés[469].

165. – Clause de non-contestation. Cette clause par laquelle le partenaire contractuel du breveté s'interdit de demander la nullité du brevet est parfaitement valable au regard du droit commun sur le fondement de la liberté contractuelle[470]. En revanche, le droit communautaire de la concurrence a eu l'occasion à plusieurs reprises de rappeler son effet anticoncurrentiel[471]. Le règlement d'exemption n° 316/2014 du 21 mars 2014[472] fait de la clause de non-contestation, au même titre que son prédécesseur quoique en des termes sensiblement différents[473], une restriction exclue. Est donc illicite, « toute obligation directe ou indirecte imposée à une partie de ne pas mettre en cause la validité des droits de propriété intellectuelle que l'autre partie détient dans l'Union, sans préjudice de la possibilité, dans le cas d'une licence exclusive, de résilier l'accord de transfert de technologie si le preneur de licence met en cause la validité de l'un des droits sur technologie concédés, quel qu'il soit »[474]. On observera qu'il est en revanche possible de transiger sur la validité du brevet[475].

C. – Les conditions objectives de recevabilité de l'action

166. – Prescription. L'action en nullité se prescrit conformément au droit commun. Elle a donc été longtemps soumise à une prescription trentenaire. Depuis la loi du 17 juin 2008 portant réforme de la prescription civile[476], l'article 2224 du Code civil dispose que « les actions personnelles ou mobilières se prescrivent par cinq ans à compter du jour où le titulaire a connu ou aurait dû connaître les faits lui permettant de l'exercer ». La question se pose alors du point de départ effectif de la prescription qui pouvait être considéré comme celui de la connaissance effective du vice ou de sa connaissance supposée[477]. Le tribunal de grande instance de Paris a jugé, à ce sujet, que le point de départ devait être caractérisé par la mise en connaissance de cause effective de l'existence du brevet litigieux par son titulaire et ne pouvait résulter de la simple publication du brevet sans quoi les acteurs économiques se

(468) CA Lyon, 1re ch. civ. A, 12 sept. 2013 : *PIBD* 2013, n° 993, III, p. 1503.

(469) Ce n'est pas le cas du simple rejet de la demande en annulation, V. CA Paris, 26 mai 2000 : *Ann. propr. ind.* 2/2000, p. 184.

(470) Cass. com., 7 déc. 1964, *Pierson c/ Sibille : D.* 1966, p. 182, note R. Plaisand. – Cass. com., 17 déc. 1964, *Sté Dognin c/ Sté Gaine Scandale et a., ibid.* – Cass. com., 11 mars 1986, *Ouaknine c/ Sté SAFICO et a. : Bull. civ.* 1986, IV, n° 43.

(471) Comm. CE, déc. n° 76/29/CEE, 2 déc. 1975 : *JOCE* 13 janv. 1976. – Comm. CE, déc. 13 déc. 1985, *Royon c/ Richardier et Meillard : D.* 1987, somm. p. 133. – V. toutefois les limites posées par CJCE, 27 sept. 1988, aff. 65/86, *Sté Bayer AG et a. c/ Suelhoefer : JCP* E 1988, I, 17869.

(472) Règl. n° 316/2014, relatif à l'application de l'article 101, paragraphe 3 du Traité sur le fonctionnement de l'Union européenne à des catégories d'accords de transfert de technologie : *JOUE* n° L 93, 28 mars 2014, p. 17.

(473) Règl. n° 772/2004, art. 5 (1), c) : qui ne limite pas la possibilité de résiliation à la seule licence exclusive.

(474) Art. 5 (1), b).

(475) J.-M. Mousseron, *Traité des brevets, op. cit.*, n° 1020, p. 975.

(476) On précise immédiatement que le texte applicable est bien celui de l'article 2224 du Code civil et non, comme cela a été soutenu par une partie de la doctrine, celui de l'article L. 110-4 du Code de commerce qui ne concerne que les obligations nées à l'occasion du commerce des commerçants.

(477) V. E. Py, *Annulation du brevet*, nos 85 et s.

trouveraient contraints par une surveillance excessive du Registre national des brevets. En conséquence, « seule une appréciation *in concreto* du moment où celui qui agit en nullité a eu effectivement connaissance du titre qui lui est opposé doit être faite pour déterminer le point de départ de la prescription »(478). Une décision plus récente fait courir le point de départ de la prescription au jour de la publication de la délivrance(479). Il ne saurait s'agir, en toute hypothèse, de la date de publication de la demande de brevet(480). Malgré ce qu'affirme une partie de la doctrine(481), il faut considérer que cette prescription s'applique aussi bien aux demandes principales qu'aux demandes reconventionnelles, mais pas à l'exception de nullité(482).

167. – **Autorité de chose jugée.** Conformément aux dispositions de l'article 122 du Code de procédure civile, le rejet d'une précédente demande en annulation s'oppose au recommencement de l'instance dans les conditions de l'article 1351 du Code civil. De manière classique, le jeu de l'exception de chose jugée est fondé sur une triple identité de parties, d'objet et de cause. En conséquence, la demande en nullité d'une revendication est recevable alors que sa validité a déjà été examinée dans une instance antérieure, alors que les parties n'étaient pas les mêmes, fût-ce pour la même cause ou *a fortiori* en se fondant sur une cause différente. De la même façon, une telle demande est recevable lorsqu'elle porte sur une autre revendication que celle dont la validité a déjà été examinée dans une instance antérieure entre les mêmes parties puisqu'alors l'identité d'objet fait défaut.

168. – **Cause de la demande. Concentration des moyens. La transposition en droit des brevets de la jurisprudence *Césaréo* et de ses suites.** L'identité de cause de la demande est une question plus délicate. Traditionnellement, la doctrine et la jurisprudence considéraient que le changement de fondement juridique d'une demande en nullité faisait échec à la mise en œuvre de l'exception de chose jugée(483). Dans une décision *Césaréo* du 7 juillet 2006(484), l'assemblée plénière de la Cour de cassation a établi la doctrine dite de la « concentration des moyens » qui consistait, dans un premier temps, à réduire la notion de cause de la demande à un concept purement factuel. En d'autres termes, il appartenait au plaideur de présenter, dès le premier litige, toutes les qualifications juridiques possibles des faits allégués sous peine de se heurter à l'exception de chose jugée si, au cours d'un second procès, il se contentait de modifier le fondement juridique de sa demande. Par la suite, la Cour de cassation a étendu les effets de la jurisprudence *Césaréo* aux moyens de faits, ce qui implique qu'un plaideur doit, aujourd'hui, présenter tous les faits et toutes les qualifications qui pourraient permettre au juge de faire droit à sa demande sous peine de se heurter à l'exception de chose jugée dans un second litige(485). Alors que la possibilité d'une transposition de cette jurisprudence au droit

(478) TGI Paris, 6 nov. 2014 : *PIBD* 2015, n° 1020, III, p. 43 ; *Propr. industr.* 2015, chron. 11, n° 8, obs. E. Py.
(479) TGI Paris, 13 mars 2015 : *PIBD* 2015, n° 1027, III, p. 341 ; *Propr. industr.* 2015, chron. 11, *ibid.*
(480) *Contra* TGI Paris, 3e ch., 1re sect., 25 avr. 2013, n° 10/14406 : *Propr. industr.* 2015, chron. 11, *ibid.*
(481) V. par ex. J. Passa, *Droit de la propriété industrielle, op. cit.*, n° 407. – J. Azéma, *Lamy Droit commercial*, 2015, n° 1896.
(482) Sur cette analyse, V. E. Py, thèse préc., nos 269 et s.
(483) Cass. com., 10 mars 1980 : *DB* 1980, V, p. 3.
(484) Cass. ass. plén., 7 juill. 2006, n° 04-10.672 : *D.* 2006, 235, note Weiller.
(485) J. Héron et Th. Le Bars, *Droit judiciaire privé*, Montchrestien, 5e éd., 2012, n° 354.

des brevets est soulevée depuis longtemps par une partie de la doctrine[486], il a fallu attendre une décision du 9 mai 2014 pour que la cour d'appel l'applique pour la première fois[487]. En l'espèce, les juges du second degré ont estimé que l'exception de chose jugée s'opposait à ce qu'un plaideur demande l'annulation d'une revendication pour insuffisance de description alors que la décision antérieure opposant le cédant du brevet au même adversaire avait rejeté la demande en annulation de ladite revendication fondée sur un défaut de nouveauté et d'activité inventive. Cette décision encourt les mêmes critiques que celles généralement formulées dans d'autres domaines et qui consistent à constater l'extension de la notion d'« autorité de chose jugée » à celle d'« autorité de chose non jugée ». En revanche, cette décision ne change en rien la règle classique selon laquelle la présentation de nouvelles antériorités, qui sont de nouveaux moyens de preuve, ne modifie pas la cause de la demande fondée sur un défaut de nouveauté[488].

II. – Les conséquences de la nullité

169. – **Annonce.** L'annulation du brevet, comme celle de tout acte juridique, conduit à la disparition rétroactive du droit (B). L'étendue de la sanction varie néanmoins selon que le vice affecte totalement ou partiellement le brevet (A).

A. – L'étendue de l'annulation

170. – **La nullité affecte les revendications.** Avant toute chose, il convient de rappeler que la nullité affecte les revendications du brevet qui sont, depuis la loi de 1968, le siège du droit de propriété sur l'invention. Dès lors, ce sont ces revendications qui subiront la sanction, en totalité ou en partie, selon que l'annulation sera totale ou partielle.

171. – **La nullité totale ou partielle du brevet.** La première hypothèse, et la plus simple, est celle dans laquelle toutes les revendications du brevet sont concernées, dans leur totalité, par le vice. Alors, et dans la mesure où le demandeur aura soulevé la nullité de toutes les revendications, c'est l'ensemble du brevet qui disparaîtra de la scène juridique. Par opposition, l'article L. 613-25, alinéa 2 du Code de la propriété intellectuelle dispose que « si les motifs de nullité n'affectent le brevet qu'en partie, la nullité est prononcée sous la forme d'une limitation correspondante des revendications ». Cette disposition autorise deux formes d'annulation que l'on qualifiera, avec Mousseron, de « quantitative » et « qualitative »[489].

172. – **La nullité partielle quantitative. Le sort des revendications dépendantes.** La première hypothèse est celle, très fréquente, dans laquelle un vice affecte entièrement une ou plusieurs revendications d'un brevet sans les affecter toutes. La question centrale est ici de savoir comment cette nullité doit être appréciée et, plus

(486) E. Py, thèse préc., n°s 1531 et s.

(487) CA Paris, 9 mai 2014 : *PIBD* 2014, n° 1009, III, p. 537 ; *Propr. industr.* 2014, comm. 61, note P. Vigand ; *JCP* E 2014, 1579.

(488) Cass. com., 4 avr. 1889 : *Ann. propr. ind.* 1890, p. 65. – CA Paris, 11 avr. 1951 : *Ann. propr. ind.* 1951, p. 53. – CA Paris, 17 déc. 1982 : *PIBD* 1983, III, p. 79 ; *DB* 1983, III, p. 1.

(489) J.-M. Mousseron, *Traité des brevets*, *op. cit.*, n° 1023, p. 981.

précisément, quelle est l'incidence du sort d'une revendication indépendante sur les autres revendications du brevet. S'il n'a jamais fait de doute que le sort d'une revendication indépendante n'avait aucun impact sur les autres revendications indépendantes du brevet dont la validité doit être appréciée de façon autonome[(490)], la principale difficulté concerne les revendications dépendantes. Selon une jurisprudence aujourd'hui bien établie, l'annulation d'une revendication principale n'entraîne pas automatiquement celle des revendications placées dans sa dépendance[(491)]. Dans cette situation, la validité de chaque revendication dépendante doit être examinée de façon autonome. La formule ne doit toutefois pas tromper : un examen autonome ne signifie pas que la brevetabilité de la revendication doit être recherchée dans la seule caractéristique additionnelle proposée par la revendication dépendante[(492)], mais seulement que la nullité de la première n'entraîne pas mécaniquement celle de la seconde. La validité de la revendication devra être examinée « en combinaison » avec la revendication principale à laquelle elle se rattache[(493)] dans la mesure où « une revendication dépendante qui ajoute une caractéristique C à une revendication principale "A caractérisée en ce que B" est strictement équivalente à une revendication indépendante "A caractérisée en ce que B et C" »[(494)]. La jurisprudence a été plus fluctuante s'agissant de la question de la conséquence du rejet d'une demande en annulation dirigée contre une revendication indépendante sur les revendications placées dans sa dépendance. Suite à une célèbre affaire *Labinal*[(495)], les juridictions ont en effet jugé alternativement que la brevetabilité de la revendication indépendante rejaillissait nécessairement sur les revendications dépendantes[(496)] ou, au contraire, que la validité de ces dernières devait être recherchée de manière autonome[(497)]. Dans une décision *Packo France*, la Cour de cassation a stabilisé sa jurisprudence en jugeant que la constatation de l'existence du caractère inventif d'une revendication principale suffisait à fonder celle des revendications qui se trouvaient dans sa dépendance sans qu'il soit nécessaire de procéder à un examen de validité propre de ces dernières[(498)]. Il en va de même en matière de nouveauté[(499)], mais il ne semble pas que cette règle puisse être étendue telle quelle aux vices formels affectant le brevet.

173. – **La nullité partielle qualitative.** Un vice de validité peut n'affecter une ou plusieurs revendications qu'en partie. L'annulation partielle est alors dite « qualitative » en ce qu'elle conduit non pas à la disparition de la revendication viciée, mais à sa réécriture. La procédure de réécriture est décrite à l'article L. 613-27, alinéa 3 du

(490) F. Pollaud-Dulian, *La brevetabilité des inventions*, *op. cit.*, n° 166, p. 150.
(491) Pour des exemples en matière de nouveauté et d'activité inventive, V. *supra*, n°s 116 et 137.
(492) Cette démarche erronée a pu être suivie par la jurisprudence : CA Paris, 5 juill. 1995 : *PIBD* 1995, n° 597, III, p. 481. – TGI Paris, 12 mars 2004 : *Propr. industr.* 2004, comm. 77, note P. Vigand.
(493) V. par ex. CA Douai, 27 oct. 2003 : *PIBD* 2004, n° 777, III, p. 2. – CA Paris, 4 avr. 2007, préc. – CA Paris, 26 juin 2002, préc.
(494) P. Vigand, note ss TGI Paris, 12 mars 2004, préc.
(495) Cass. com., 4 nov. 1987 : *Ann. propr. ind.* 1988, p. 3, note P. Mathély. – F. Hagel, *L'objet du droit de brevet* : *DB* 1989, II ; *Les fruits amers de la doctrine Labinal* : *DB* 1996, II.
(496) V. par ex. Cass. com., 4 janv. 1994 : *PIBD* 1994, n° 563, III, p. 167. – Cass. com., 26 avr. 1994 : *PIBD* 1994, n° 571, III, p. 391.
(497) V. par ex. Cass. com., 2 juill. 1991 : *Ann. propr. ind.* 1991, p. 3. – Cass. com., 13 déc. 1994 : *PIBD* 1995, n° 584, III, p. 141.
(498) Cass. com., 12 déc. 1995 : *PIBD* 1996, n° 607, III, p. 139 ; *JCP* E 1996, II, 844, note J.-M. Mousseron et F. Hagel. – *Adde* Cass. com., 8 avr. 2008 : *PIBD* 2008, n° 877, III, p. 388.
(499) Cass. com., 12 mars 1996 : *PIBD* 1996, n° 671, III, p. 273. – CA Paris, 19 mars 2014 : *PIBD* 2014, n° 1008, III, p. 491.

Code de la propriété intellectuelle qui prévoit un renvoi du breveté devant l'INPI dans les conditions de l'article R. 612-73 du même code. Les rôles sont ainsi répartis entre le juge – qui dispose du pouvoir d'annuler partiellement la revendication –, le breveté – qui a la charge de réécrire la revendication – et l'INPI chargé du contrôle de la conformité de la nouvelle revendication au dispositif du jugement(500). Le texte réserve la possibilité d'un recours contre la décision du directeur général de l'INPI. La revendication partiellement annulée qui voit sa portée réduite est rétroactivement opposable au prétendu contrefacteur(501). Cette procédure, rarement mise en œuvre, était généralement le fait du breveté lui-même qui cherchait à sauver une partie de son titre lorsque la nullité totale était poursuivie par son adversaire(502). L'introduction en droit français d'une procédure de limitation administrative, plus sûre et plus simple à mettre en œuvre(503), devrait réduire, sinon faire disparaître cette pratique.

B. – Les effets de la nullité(504)

174. – **Annonce.** La constatation du vice affectant le brevet conduira le juge à ordonner la cessation de ses effets pour l'avenir, mais également sa disparition rétroactive et, corrélativement, le retour au *statu quo ante*. À cet effet rétroactif classique est associé un effet absolu qui, s'il est expressément visé à l'article L. 613-27, alinéa 1er du Code de la propriété intellectuelle, n'est pas une spécificité du droit des brevets mais l'expression du rayonnement de toute décision de justice.

175. – **Effet rétroactif.** Parce que la nullité frappe l'acte juridique de dépôt de la demande de brevet, qui constitue l'acte créateur du droit(505), elle conduit mécaniquement à l'anéantissement rétroactif du droit de propriété à la date de dépôt de la demande(506). Cette disparition *ab initio* du brevet conduit à interdire la poursuite d'actes d'exploitation non autorisés par le breveté au cours de la période d'effectivité du brevet et, si l'instance est déjà engagée, à faire rejeter la demande en contrefaçon comme étant infondée(507). De la même manière, les contrats conclus sur le brevet seront annulables pour défaut d'objet et/ou de cause, ce qui génère de nombreuses difficultés liées aux restitutions(508). On observera enfin que la loi elle-même prévoit l'annulation du certificat complémentaire de protection supporté par le brevet annulé (CPI, art. L. 613-28).

176. – **Effet absolu. Nature.** L'effet absolu, ou *erga omnes*, de la décision d'annulation a été introduit dans notre droit positif par la loi du 13 juillet 1978 et il est

(500) De manière très explicite dans CA Paris, 30 janv. 1995 : *PIBD* 1995, n° 585, III, p. 178 ; *DB* 1995, II, p. 4 ; *RTD com.* 1995, p. 772, obs. J. Azéma.
(501) CA Paris, 27 mai 1998 : *Ann. propr. ind.* 1998, p. 30.
(502) V. par ex. Cass. com., 15 nov. 1994 : *PIBD* 1995, n° 581, III, p. 51. – CA Paris, 30 nov. 2011 : *Propr. industr.* 2012, comm. 20, note E. Py.
(503) V. *infra*, nos 219 et s.
(504) Sur l'ensemble de la question, V. E. Py, *Sanction des conditions de brevetabilité : à propos de la décision d'annulation*, in *Les grands arrêts de la propriété intellectuelle*, Dalloz, 2e éd., 2015, n° 35.
(505) J.-M. Mousseron, *Contribution à une analyse objective du droit du breveté d'invention*, LGDJ, 1961 ; V. *infra*, n° 181.
(506) J.-M. Mousseron, *Traité des brevets*, *op. cit.*, n° 1026, p. 983. – Cette affirmation est d'ailleurs rappelée par la jurisprudence, V. Cass. com., 12 juin 2007 : *PIBD* 2007, n° 858, III, p. 521 ; *D.* 2008, 745, note J. Raynard ; *Propr. industr.* 2008, n° 1, note P. Vigand.
(507) Pour des exemples de jurisprudence, V. E. Py : *JCl. Brevets*, *op. cit.*, n° 166.
(508) V. *infra*, n° 728.

aujourd'hui codifié à l'article L. 613-27 du Code de la propriété intellectuelle aux termes duquel « la décision d'annulation d'un brevet d'invention a un effet absolu sous réserve de la tierce opposition »(509). Cette modification législative a permis de mettre fin à la situation antérieure qui, en l'absence de disposition propre au droit des brevets et au bénéfice d'une référence erronée au mécanisme de l'autorité de la chose jugée(510), conduisait à rendre l'annulation du brevet relative, c'est-à-dire effective entre les seules parties au procès en excluant ainsi les tiers qui ne pouvaient s'en prévaloir sauf dans l'hypothèse, sans manifestation pratique, d'une action initiée par le ministère public(511). L'effet absolu consacré par la loi nouvelle a pu être expliqué par son auteur par le fait que l'annulation d'un titre qui confère le droit d'interdire à tout tiers d'exploiter l'invention sur laquelle il porte a pour conséquence de faire disparaître corrélativement celui-ci à l'égard de tous(512). Exprimé également en terme d'opposabilité du jugement d'annulation(513), l'effet *erga omnes* consacré par la loi n'est, en réalité, qu'un alignement du droit des brevets sur le droit commun(514) et non, comme a pu le relever une partie de la doctrine et de la jurisprudence au lendemain de la réforme, une exception au caractère relatif de l'autorité de la chose jugée(515). Concrètement, un brevet annulé disparaît objectivement de la scène juridique et ne peut plus être invoqué par son auteur contre qui que ce soit.

177. - **Effet absolu. Domaine.** Seule la décision d'annulation produit un effet absolu par opposition à la décision qui se contente de rejeter la demande en annulation. Dans ce dernier cas, le brevet reste effectif, mais sa validité peut être à nouveau discutée judiciairement sous réserve du respect des conditions de l'article 1351 du Code civil(516). Il en va ainsi que l'action soit engagée sous la forme d'une demande principale ou reconventionnelle ou encore d'une tierce opposition(517), mais pas lorsqu'elle prend la forme d'une exception. L'effet absolu peut générer quelques difficultés : ainsi, une décision d'annulation frappée d'appel peut conduire le juge à prononcer un sursis à statuer dans une instance parallèle statuant sur une question de contrefaçon du brevet(518) ; la transaction intervenant en appel ne devrait pas « sauver » un brevet annulé en première instance(519).

(509) La réserve faite de la tierce opposition n'a guère d'utilité pratique : V. CA Paris, 5 déc. 2001 : *Propr. industr.* 2002, comm. 84, note J. Raynard. – Rejet du pourvoi, Cass. 2e civ., 18 déc. 2003 : *PIBD* 2004, n° 783, III, p. 181.

(510) P. Roubier, *Droit de la propriété industrielle*, Sirey, 1952-1954, p. 340. – P. Mathély, *Le droit français des brevets d'invention*, *op. cit.*, p. 520.

(511) Un auteur a pu alors qualifier la décision d'annulation de simple « déclaration d'inopposabilité », J.-M. Mousseron, *Traité des brevets*, *op. cit.*, n° 1027, p. 983. – Pour une explication de cette confusion, V. J. Foyer, Proposition n° 2902, annexée au procès-verbal de la séance du 18 mai 1977.

(512) J. Foyer, *Effets du jugement et autorité de chose jugée en matière de propriété industrielle*, in *Mél. dédiés à P. Mathély*, Litec, 1990, p. 157.

(513) D. Landraud, *Une remise en ordre des notions d'autorité relative de la chose jugée et d'opposabilité en matière de nullité de marques* : *JCP* E 1986, I, 15691.

(514) Pour une analyse approfondie, V. E. Py, *L'annulation du brevet d'invention*, thèse préc., nos 1253 et s.

(515) A. Françon, *La nullité du brevet* : *RID comp.* 1986, p. 578 qui y voyait expressément une autorité absolue de chose jugée. – CA Lyon, 28 mai 1985 : *DB* 1985, III, p. 5.

(516) V. *supra*, nos 167 et s.

(517) CA Paris, 17 déc. 1997 : *PIBD* 1997, n° 644, III, p. 633 ; *JCP* E 1999, p. 413, n° 22, note J.-M. Mousseron.

(518) V. par ex. CA Paris, 24 mars 1994 : *PIBD* 1994, n° 575, III, p. 493.

(519) TGI Paris, 29 mai 1991 : *RD propr. intell.* 37/1991, p. 27. – *Contra* CA Paris, 14 janv. 2004 : *PIBD* 2004, n° 784, III, p. 248 ; *Propr. intell.* 2004, p. 658, note B. Warusfel.

178. - **Effet absolu. Publication.** Aux termes de l'alinéa 2 de l'article L. 613-27 du Code de la propriété intellectuelle, la décision d'annulation passée en force de chose jugée doit être notifiée au directeur général de l'INPI aux fins d'inscription au Registre national des brevets.

179. - **Conflit entre une décision de condamnation pour contrefaçon et une décision postérieure d'annulation.** Une question centrale concerne les conséquences d'une décision d'annulation de brevet sur une première décision définitive de condamnation pour contrefaçon fondée sur ce titre. À cet égard, deux décisions importantes ont été rendues par la Cour de cassation[(520)]. Dans une première espèce, la Haute juridiction a jugé que l'annulation du brevet remettait en cause la décision de liquidation de l'indemnité de contrefaçon, ce qui impliquait que, malgré une décision définitive de condamnation pour contrefaçon, le versement de l'indemnité ne devait pas avoir lieu[(521)]. Plus tard, l'assemblée plénière de la Cour de cassation a opté pour une solution plus orthodoxe en jugeant qu'une décision d'annulation ne remettait pas en cause la décision définitive de contrefaçon antérieure, ce qui impliquait que le breveté ne devait pas restituer les sommes versées au titre de la contrefaçon[(522)]. En toute hypothèse, il est admis que le contrefacteur condamné peut reprendre l'exploitation de l'invention suite à l'annulation du brevet ayant servi de support à la condamnation[(523)].

(520) Pour un rappel des décisions antérieures, V. M. le premier avocat général L. Le Mesle, avis ss Cass. ass. plén., 17 févr. 2012 : *JCP* E 2012, 277.

(521) Cass. com., 12 juin 2007 : *D.* 2008, 745, note J. Raynard ; *PIBD* 2007, n° 858, III, p. 521 ; *Propr. industr.* 2008, n° 1, note P. Vigand.

(522) Cass. ass. plén., 17 févr. 2012 : *Propr. industr.* 2012, comm. 29, note E. Py ; *Les grands arrêts...*, préc., n° 36 ; *Bull. civ.* 2012, ass. plén., n° 2, p. 5 ; *D.* 2012, 715, note T. Lancrenon ; *D.* 2013, 1382, note J. Raynard ; *JCP* G 2012, 728, note J. Raynard ; *JCP* G 2012, 978, comm. C. Caron ; *JCP* E 2012, 277, avis L. Le Mesle ; *JCP* E 2012, 1299, note S. Agé et M. Mendes Moreira ; *PIBD* 2012, 959, III, 233 ; *Comm. com. électr.* 2012, comm. 72, note C. Caron ; *RTD civ.* 2012, p. 572, note R. Perrot.

(523) E. Py, *ibid.*

CHAPITRE 2

LE FAIT GÉNÉRATEUR DU DROIT DE BREVET

180. - **Plan.** Le droit de brevet naît du dépôt d'une demande (Section 1) dont le Code de la propriété intellectuelle pour les demandes françaises et la Convention sur le brevet européen pour les demandes européennes réglementent le contenu (Section 2) avant que d'en organiser le traitement dont résulte la délivrance du titre (Section 3).

SECTION 1

LE RÔLE DE LA DEMANDE DE BREVET

181. - **Nécessité d'un dépôt : le droit de brevet naît du dépôt d'une demande.** Le droit de brevet, droit privatif, naît d'une formalité volontaire : le dépôt d'une demande de brevet auprès d'un office administratif récepteur. Seul le dépôt donne naissance au droit de brevet en tant que droit de propriété[1] : en l'absence d'acte de dépôt, l'invention ne fait l'objet d'aucun monopole légal opposable *erga omnes* ; on parle alors communément de savoir-faire ou plus rigoureusement de savoir-faire non breveté[2]. De la sorte, le droit de brevet se distingue du droit d'auteur qui naît dès l'acte de création de l'œuvre, indépendamment de toute formalité de dépôt (CPI, art. L. 111-1). Le dépôt de la demande rendra public le savoir-faire mis à jour ; en contrepartie de sa contribution au progrès technique, le déposant se voit investi d'un monopole d'exploitation d'une durée de vingt années, droit exclusif opposable *erga omnes*. Ainsi le droit exclusif d'exploitation attaché au brevet prend effet à compter du dépôt de la demande, dès avant la délivrance du titre par l'office (CPI, art. L. 613-1). Dès cette époque, le déposant dispose de la faculté d'agir en contrefaçon, au bénéfice de certaines diligences particulières[3], tout comme de conclure des contrats ayant pour objet la simple demande. Cette origine particulière du droit privatif suggère un certain nombre d'observations, en réponse à autant de questions.

(1) Selon les termes mêmes de l'article L. 611-1 du Code de la propriété intellectuelle : « Toute invention peut faire l'objet d'un titre de propriété industrielle délivré par le directeur de l'Institut national de la propriété industrielle qui confère à son titulaire ou à ses ayants cause un droit exclusif d'exploitation. (...) ».

(2) V. Mousseron, *Traité*, n° 21, p. 24.

(3) V. *infra*, n° 684.

182. – **Qu'est-ce que le dépôt ? Analyse civiliste.** Les meilleurs auteurs ont rapporté le dépôt de la demande de brevet à un acte juridique unilatéral d'appropriation d'un bien sans maître[4]. L'analyse met en lumière l'origine individuelle et volontaire de l'acte constitutif du droit et assure de la qualification de droit privé du droit de brevet. Le droit de brevet est une création intégrale de la demande, et l'annulation judiciaire du titre qui peut être prononcée n'est rien d'autre que la sanction d'un défaut affectant l'acte de dépôt, tout comme la nullité sanctionne rétroactivement le contrat vicié. La naissance du droit privatif tient bien dans l'acte consistant à déposer une demande et non dans la délivrance administrative du titre, laquelle procède d'un acte déclaratif et non point constitutif de droit[5]. Avant la demande, il n'y a aucun droit privatif, c'est-à-dire de droit exclusif opposable *erga omnes*, sur le savoir-faire qui existe néanmoins en tant que solution à un problème industriel, ce qui est la caractéristique de l'invention. Le savoir-faire non breveté relève du domaine du principe de la liberté du commerce et de l'industrie. Situation inédite pour le droit civil qui voit la richesse exister indépendamment du droit de propriété. L'absence de dépôt ne laisse pas démuni le « maître du savoir-faire » qui devra prendre toutes diligences pour préserver la confidentialité de son innovation pour bénéficier du régime dit du « secret », régime de protection concurrent au droit privatif mais dépourvu de l'opposabilité *erga omnes*[6].

183. – **Faut-il déposer ? Choix de la voie du secret ou du brevet ; régime du « secret ».** C'est la question posée au service de propriété industrielle des entreprises, et plus généralement à l'inventeur ou l'investisseur, qui s'assure des droits sur une recherche industrielle et doit décider de l'opportunité de déposer ou non une demande de brevet sur le savoir-faire. Le dépôt rendra public le savoir-faire mis à jour ; en contrepartie de cette contribution au progrès technique, le déposant se verra investi d'un monopole d'exploitation d'une durée de vingt années, opposable *erga omnes*. C'est au regard de cet enjeu que s'opérera le choix entre la voie du brevet ou la voie du secret. Passée la question financière[7], sensible pour l'inventeur personne physique, d'importance mineure pour l'entreprise, ce sont des considérations techniques et de stratégie industrielle qui guideront ce choix. Un savoir-faire de nouveauté discutable ou pauvrement inventif pourra inciter à préférer la voie du secret. Mais, paradoxalement, le savoir-faire d'envergure et fortement précurseur pourra amener celui qui en a la maîtrise première au même choix en regard de la durée de vingt ans du monopole jugée insuffisante et de la nécessaire divulgation du savoir-faire qu'appelle cette voie, ouvrant par là même aux concurrents la voie aux recherches et perfectionnements possibles : « C'est la raison pour

(4) V. Mousseron, *Le droit du breveté d'invention, contribution à une analyse objective*, thèse Montpellier, Paris, LGDJ, coll. « Bibl. dr. privé », 1961, n°s 157 et s. : « Libre puisque la règle n'impose pas la soumission des inventions au régime des brevets, obligatoire puisque la délivrance ne peut être refusée, [la demande] contient le principe même du droit », n° 106, p. 135.

(5) Les motifs permettant à l'office de rejeter la demande seront donc très limitativement prévus par la loi. – V. *infra*, n° 212.

(6) La systématisation de ce régime, comme son intitulé même, est l'œuvre de Mousseron : V. not. *Traité des brevets*, préc., n°s 20 et s., p. 23 et s.

(7) Le coût du dépôt dépend largement de la voie choisie nationale, européenne ou euro-PCT, et tient largement dans les frais de traduction engagés. V. *Réduire les coûts de traduction des brevets* : *Les Échos* 28 juin 2012. – Sur les accords dits « de Londres » destinés à remédier à cet aspect, V. *infra*, n° 230.

laquelle, en pratique, les investisseurs industriels qui souhaitent conserver l'avantage intellectuel de l'invention décident de ne pas la protéger par un brevet, mais seulement par le secret (situation de pur fait), au risque de s'exposer à des captations contre lesquelles ils ne pourront lutter qu'avec les outils de la responsabilité civile »[(8)]. Le régime dit « du secret » repose sur les diligences mises en œuvre par le maître du savoir afin de préserver la confidentialité des informations techniques non déposées[(9)]. La préservation du secret entourant l'information relevant du secret d'affaires contraindra le tiers désireux d'y accéder à outrepasser les diligences du maître de l'information. L'accès intellectuel à l'information préservée secrète qui s'opère contre la volonté du maître du savoir-faire, et en l'absence de toute négligence de sa part, est caractéristique d'un comportement juridiquement répréhensible. De la sorte, en droit positif français, en l'absence d'une procédure de dépôt, la réservation du savoir-faire non breveté passe par l'appel à des techniques dispersées relevant du droit de la responsabilité pénale[(10)], de la concurrence déloyale[(11)] ou de la responsabilité contractuelle en présence de « clauses de secret », spécialement dans le cadre d'accords de partenariat ou de recherche en commun. L'absence de droit privatif sur le savoir-faire a justifié quelques propositions anormales, visant à recréer de la propriété en l'absence même du dépôt, et heureusement avortées[(12)]. En revanche, la protection des secrets d'affaires pourrait demain venir étayer le régime du secret[(13)].

(8) F. Zenati-Castaing et Th. Revet, *Les biens*, PUF, 3e éd., 2008, n° 79 et note 1. – On le voit, tout est affaire d'espèce et la pratique révèle que la grande industrie chimique, comme l'industrie automobile, préféreront parfois la voie du secret pour des innovations majeures, dont la mise en œuvre suppose de lourds investissements.

(9) Que le maître du savoir-faire vienne à divulguer intempestivement celui-ci : le tiers qui a un accès licite au savoir-faire peut en disposer à son souhait. De même, le tiers qui par ses propres moyens retrouve le savoir-faire d'un concurrent (étude des produits fabriqués et mis sur le marché par ce dernier) peut en disposer librement : en l'absence du monopole d'exploitation, la libre concurrence retrouve son emprise. La voie du secret paraît alors peu propice à la préservation du savoir-faire exclusivement lié à la fabrication de produit.

(10) Au titre de la divulgation du secret de fabrique, voire du vol, de l'abus de confiance ou encore de la corruption civile.

(11) V. l'arrêt de principe Cass. com., 3 oct. 1978 : *DB* 1979, II, 1 ; *D.* 1980, 55, J. Schmidt. – *Adde* notamment Cass. com., 7 nov. 1979 : *Bull. civ.* 1979, IV, n° 279 (à propos de la mise en vente de marchandises dont le brevet est tombé dans le domaine public : la cour impose la recherche d'une confusion préjudiciable dans l'esprit de la clientèle et caractéristique d'une faute délictuelle). – Paris, 10 avr. 1962 : *Ann. propr. ind.* 1962, p. 210. – V. Cass. com., 14 févr. 2012, n° 10-27.873 (droit des marques) qui retient que l'action en responsabilité pour agissements parasitaires peut être intentée par celui qui ne peut se prévaloir d'un droit privatif. – Cass. com., 10 févr. 2009, n° 07-21.912 (l'action en concurrence déloyale peut être intentée par celui qui ne peut se prévaloir d'un droit privatif), même formulation pour Cass. com., 3 juin 2008, n° 07-15.050. – V. J. Raynard, *Retour sur le savoir-faire non breveté*, in *Mél. G. Bonet*, Litec, 2010, coll. « IRPI », t. 36, p. 447 et s.

(12) Avait été déposée en 1992 (30 juin) une proposition de loi présentée par M. Godfrain sur « les créations réservées » qui proposait une réservation généralisée de créations qui n'entreraient pas dans le domaine du droit d'auteur ou du brevet. L'article 1er de la proposition prévoyait : « Toute création exploitable à des fins lucratives, qui résulte d'un travail intellectuel accompli avec ou sans l'aide d'un matériel ou d'un logiciel est constitutive d'un intérêt patrimonial susceptible de protection juridique », et l'article 6 : « Le droit exclusif d'exploitation est obtenu pour une durée de dix ans qui court à partir de la date de réservation ». – Sur la verte condamnation ce texte, V. C. Le Stanc, *La propriété intellectuelle dans le lit de Procuste : observations sur la proposition de loi du 30 juin 1992 relative à la protection des « créations réservées »* : *D.* 1993, p. 4. L'affaire n'a pas prospéré.

(13) V. Prop. de directive sur la protection des savoir-faire et des informations commerciales non divulgués (secrets d'affaires) contre l'obtention, l'utilisation et la divulgation illicites, Doc. COM (2013), 813 final. – V. J. Lapousterle, *Les secrets d'affaires à l'épreuve de l'harmonisation européenne* : *D.* 2014, p. 682. – J. Azéma *in Propr. industr.* juill. 2014, n° 7-8, étude 17. – L. Marino : *Propr. industr.* 2014, alerte 9. – J.-Ch. Galloux : *RTD com.* 2014, p. 87. – J. Raynard, *Les secrets d'affaires de l'entreprise : à propos de la proposition de directive sur la protection des savoir-faire et des informations commerciales non divulgués (secrets d'affaires)*, in *Mél. M. Germain*, LexisNexis-LGDJ, 2015, p. 713 et s.

184. - **Qui a le droit de déposer ? Droit au brevet.** La réponse à cette interrogation renvoie au thème de la titularité du droit étudiée par ailleurs : le droit au brevet revient à l'inventeur ou à son ayant cause, sauf règles spéciales aux inventeurs salariés (V. *infra*, n°s 249 et s.). Le déposant, demandeur au titre, est en principe celui qui a le « droit au brevet » tel que cette notion est définie aux articles L. 611-6 et suivants du Code de la propriété intellectuelle. Mais, dans la procédure devant l'office, le demandeur est réputé avoir droit au titre de propriété industrielle (CPI, art. L. 611-6, al. 3) : cela signifie que l'INPI n'a pas à apprécier la titularité légitime du déposant, ce n'est qu'au titre d'une action judiciaire en revendication que le véritable titulaire du droit au titre (*verus dominus*) pourra obtenir transfert rétroactif dans son patrimoine du brevet qui aurait été déposé illégitimement par autrui (CPI, art. L. 611-8. – V. *infra*, n°s 281 et s.). Le déposant étranger n'ayant ni domicile ni établissement en France bénéficiera des dispositions de la loi française sous condition de réciprocité (CPI, art. L. 611-1). Classique, l'exigence est d'application pratique rare dès lors que l'étranger déposant est ressortissant d'un État membre de l'Union de Paris ou bénéficiaire des accords ADPIC, ces traités s'accordant sur la règle de l'assimilation de l'étranger au national. Toute personne domiciliée dans un État signataire du *Patent Cooperation Treaty* (PCT) ou ressortissante d'un tel État peut déposer une demande internationale PCT (PCT, art. 9)[(14)].

185. - **Qui peut matériellement déposer ? Breveté et mandataire.** Le titulaire du brevet pourra réaliser le dépôt lui-même, par un salarié du service de propriété industrielle pour l'entreprise qui en dispose, sinon par l'intermédiaire d'un professionnel spécialisé agissant en qualité de mandataire[(15)]. La profession de *conseil en propriété industrielle* est une profession réglementée[(16)] dont les membres assurent en droit français une fonction de représentation pour le dépôt et tout acte relatif à la procédure de délivrance, à l'exception du simple paiement des redevances qui peut être assuré par tout intéressé[(17)]. Les déposants n'ayant pas leur domicile ou leur siège dans un État membre de la Communauté européenne ou dans un État partie à l'accord sur l'Espace économique européen doivent constituer auprès de l'INPI un mandataire domicilié dans un de ces États pour le dépôt de leur titre[(18)].

(14) On a observé que cette disposition était exagérément restrictive à l'endroit des accords ADPIC qui enjoignent aux États membres de l'OMC de traiter pareillement du point de vue du droit de priorité le premier dépôt fait dans un État membre de l'OMC avec celui fait dans un État membre de la CUP. V. L. Gruszow, *L'accès au brevet européen par la voie internationale Euro-PCT*, Litec-CEIPI, 2002, p. 36. – *Adde* J. Azéma et J.-Ch. Galloux, préc., n° 832.

(15) V. CPI, art. R. 612-2.

(16) V. CPI, art. L. 422-1 et s. Les conseils en propriété industrielle sont tous membres de la Compagnie nationale des conseils en propriété industrielle (CNCPI).

(17) CPI, art. R. 612-2.

(18) CPI, art. R. 612-2, al. 2. Fâcheusement en pareil cas, le Code de la propriété intellectuelle ne prévoit pas l'obligation pour le déposant étranger de maintenir un mandataire constitué pour la durée de vie du brevet, ce qui pour cette hypothèse rend équivoque le régime des notifications faites par l'INPI. Celles-ci sont réputées régulières si elles sont faites au dernier mandataire constitué auprès de l'institut (CPI, art. R. 618-1, al. 3). Ces difficultés sont à la source d'un contentieux nourri dans l'affaire dite de la *Pravastatine*. La société japonaise Sankyo est titulaire d'un CCP (n° 92C0224) déposé le 19 mai 1992 concernant le principe actif d'un médicament (la *Pravastatine*) ; elle a donné mandat et constitué à ce titre auprès de l'INPI un (premier) mandataire pour procéder au seul dépôt, la mission de celui-ci étant limitée à cette tâche. Postérieurement, le déposant sollicitera un deuxième mandataire pour procéder au paiement des annuités, jusqu'à la sixième, dont l'INPI accusera réception. Le second mandataire ne sera jamais officiellement constitué en tant que tel auprès de l'office. Quelques mois après paiement de la quatrième annuité, le 26 janvier 2005, l'INPI prend une décision de déchéance du CCP qu'elle notifie au seul premier mandataire, la quatrième annuité ayant pourtant été payée en son temps par le second cabinet ! Réitération de la notification de déchéance est faite au même premier mandataire, sans réaction. Le 25 mars 2005 intervient publication au *BOPI* de la déchéance du CCP. Aussitôt différents génériques du

La CBE prévoit également l'obligation de recourir à un mandataire agréé auprès de l'OEB lorsque le déposant n'a ni domicile ni siège dans un État partie à la convention de Munich, mais ici seulement pour les procédures et non le dépôt lui-même[19].

186. - **Quand faut-il déposer ?** Le moment du dépôt de la demande est à la discrétion du demandeur, sauf à rechercher le bénéfice du délai de priorité d'une demande étrangère[20]. En pratique, celui-ci attendra que son invention ait atteint un certain stade de maturité afin de satisfaire aux exigences légales de description suffisante, et d'activité industrielle. Mais à déposer trop tard, le même court le risque d'une divulgation intempestive ou d'une antériorité destructrice de nouveauté ou d'activité inventive, sinon du dépôt d'un concurrent développant des recherches sur le même segment. Bref : avant l'heure... après l'heure. La loi a le souci de ne pas dissuader le déposant qui peut encore hésiter sur la portée de son invention : il s'agit de prendre acte de l'acte de volonté du déposant, sans exiger d'emblée la constitution d'un dossier complet. Ainsi, la date de dépôt de la demande est celle à laquelle le demandeur produit une indication selon laquelle un brevet est demandé, des informations permettant d'identifier ou de communiquer avec le demandeur et une description, même non conforme aux exigences légales, ou un renvoi à une demande déposée antérieurement (CPI, art. L. 612-2)[21]. La CBE retient un régime analogue pour les demandes européennes[22]. Ainsi, une date de dépôt de la demande est attribuée alors même que le dossier ne comporte ni revendications ni description suffisante de l'invention, lesquelles seront déposées ultérieurement. La possibilité pour le déposant de limiter les revendications des brevets après leur délivrance participe du même souci[23]. En l'absence d'une pièce, le déposant sera invité à compléter son dossier dans un délai de deux mois, la date de dépôt étant alors celle où le dossier a été complété ; à défaut la demande sera déclarée irrecevable (CPI, art. R. 612-8).

médicament sous CCP apparaissent sur le marché. Après un recours gracieux jugé hors délai, Sankyo engage un recours devant le juge judiciaire : le 14 mars 2007, la cour de Paris annule la décision du directeur de l'INPI en jugeant irrégulière la notification faite au seul premier mandataire dont le mandat était limité au seul dépôt en sorte que le délai de recours gracieux n'avait pu courir (CA Paris, 14 mars 2007, n° 06/13427). Le 1er juillet 2008, la chambre commerciale de la Cour de cassation rejetait le pourvoi formé par le directeur de l'INPI et le *génériqueur* qui s'était joint à l'instance (Cass. com., 1er juill. 2008, n° 07-14.768 : *D.* 2008, act. jurispr. 2075 ; *ibid.* 2009, 455, obs. J.R.). Mais, à la suite de la tierce opposition formée par un nouveau *génériqueur* contre l'arrêt du 14 mars 2007, la Cour de cassation cassait un arrêt de la cour de Paris du 29 février 2012 rendu en parfaite orthodoxie avec l'arrêt de 2008 : contre toute attente, la cour révisait sa position en décidant que tant qu'un deuxième mandataire n'avait pas été constitué auprès de l'INPI, le seul premier mandataire constitué pour le dépôt restait habilité pour recevoir notification : la notification était pour cette espèce jugée régulière, faisant valablement courir le délai de recours gracieux ! (Cass. com., 25 juin 2013, n° 12-18022 : *Propr. industr.* 2014, comm. 2, J.R.). S'ensuit une rupture d'égalité, au moins sur le plan concurrentiel, entre des génériqueurs qui, pour certains, pourront bénéficier des effets de la tierce opposition et se prévaloir des décisions administratives de déchéance du CCP, et d'autres qui ne le peuvent pas (V. not. Cass. com., 25 juin 2013, n° 12-18.482). – *Adde* J. Raynard, *Le fabuleux destin du brevet de la pravastatine ou la propriété ressuscitée*, in *Mél. A. Lucas*, LexisNexis, 2015, p. 641 et s.

(19) CBE, art. 133, 2°. – S'agissant du brevet européen, le mandataire doit être choisi sur la liste des mandataires agréés auprès de l'OEB (CBE, art. 134).

(20) Ce qui suppose un dépôt réflexe dans un délai de douze mois de la demande première étrangère, V. *supra*, nos 107 et s.

(21) Un renvoi à une demande déposée antérieurement doit indiquer la date de dépôt, le numéro de cette demande et l'office auprès duquel elle a été déposée. Un tel renvoi doit préciser qu'il remplace la description et, le cas échéant, les dessins. Une copie de la demande déposée antérieurement, accompagnée, le cas échéant, de sa traduction en langue française doit être produite dans un délai de deux mois à compter du dépôt de la demande, V. CPI, art. R. 612-8, al. 4 et 5. – Ces dispositions reprennent les exigences de l'article 5 du Traité sur le droit des brevets (PLT) adopté à Genève le 1er juin 2000 destiné à rationaliser et harmoniser les exigences de forme imposées par les offices de brevets nationaux ou régionaux concernant le dépôt et le traitement des demandes.

(22) V. CBE, art. 80 et Règle 40.

(23) La loi de modernisation de l'économie du 4 août 2008 a introduit en droit français la procédure de limitation volontaire des revendications des brevets après leur délivrance, V. CPI, art. L. 613-24, L. 613-25 et L. 614-12. – V. *infra*, n° 219.

187. – **Où faut-il déposer ? Demande de brevet français, européen, PCT ; dépôt national ou régional.** Le déposant décidera du titre de protection qu'il recherche. La demande d'un brevet français, valant pour ce seul territoire, sera déposée devant l'Institut national de la propriété industrielle(24). La demande de brevet européen sera déposée devant l'Office européen des brevets (OEB) à Munich(25), ou auprès d'un office national d'un État membre à la convention de Munich(26) : l'INPI peut donc recevoir des demandes européennes. Le dépôt auprès de l'INPI devient même obligatoire lorsque le déposant a son domicile ou son siège en France et qu'il ne revendique pas la priorité d'un dépôt antérieur en France (CPI, art. L. 614-2)(27). Le déposant d'un PCT choisit l'office de son domicile ou du pays dont il est ressortissant, ce dernier peut encore déléguer compétence à un autre office(28).

188. – **Comment faut-il déposer ?** Si d'usage le dépôt était réalisé par voie postale, les dispositions réglementaires encouragent au dépôt électronique(29). Le contenu de la demande est réglementé dans des termes très voisins par le Code de la propriété intellectuelle, pour les demandes françaises, la CBE pour les demandes européennes, et le PCT pour une demande internationale ; l'étude de la teneur du dossier de demande sera menée de concert pour ces trois situations.

SECTION 2

LE CONTENU DE LA DEMANDE DE BREVET

189. – **Inventaire.** La demande de brevet français comme européen et la demande internationale(30) comportent une requête en délivrance (§ 1), à laquelle sont annexés une description de l'invention (§ 2) ainsi qu'un corps de revendications (§ 3) ; un abrégé du contenu technique de l'invention et, le cas échéant, une copie des dépôts antérieurs complètent l'ensemble(31) ; nous nous attacherons aux aspects majeurs de ce document, considérant du même pas les demandes française, européenne et internationale.

(24) Le dépôt pourra être opéré auprès de l'établissement parisien de l'INPI, sinon auprès d'une succursale de province (CPI, art. R. 612-1).

(25) Sinon à La Haye ou Berlin.

(26) À l'exception de toute demande divisionnaire de brevet européen qui doit être déposée directement auprès de l'OEB (CBE, art. 76).

(27) La règle se justifie afin de permettre son examen préalable par les services de la défense nationale, V. CPI, art. L. 614-3. – V. Goutorbe : *Propr. industr.* 2010, étude 9.

(28) Règl. d'exécution, Règle 19. Tout État contractant peut déléguer sa compétence à un autre État contractant ou à une organisation intergouvernementale (Règle 19.1). Ainsi de l'OEB qui peut agir comme office récepteur des demandes internationales.

(29) CPI, art. R. 612-1. – L'OEB et l'OMPI ont également mis en place leur service de dépôt en ligne avec « Epoline » et « PCT Safe ».

(30) Le Code de la propriété intellectuelle (art. R. 612-3 et s.), la Convention sur le brevet européen (art. 78 et s.) et le *Patent Cooperation Treaty* (art. 3 et s.) réglementent de façon similaire les éléments que doit comporter la demande de brevet.

(31) V. CPI, art. R. 612-3. – CBE, art. 78, § 1. – PCT, art. 3, al. 2 et Règles 2 à 13. – L'abrégé est un résumé de la demande.

§ 1. – La requête en délivrance

190. - **Fonction.** C'est le document par lequel le déposant exprime sa volonté de constituer un droit de propriété sur l'invention : la requête comportera « une déclaration selon laquelle un brevet est demandé »[32].

191. - **Mentions.** Signée du demandeur ou de son mandataire, elle doit préciser la nature du titre de propriété industrielle demandé (brevet, certificat d'utilité..), le titre de l'invention qui exprime de manière claire et concise la désignation technique de l'invention, la désignation de l'inventeur, l'identité du demandeur et celle de son éventuel mandataire[33]. L'exigence de clarté qui préside à la rédaction de ces dispositions permettra une classification aisée du brevet délivré[34] qui aidera aux recherches documentaires ultérieures (recherche d'antériorités). D'usage, le titre identifie le type dont relève l'invention (procédé, produit, dispositif d'utilisation). La requête sera éventuellement complétée d'une revendication de priorité concernant un dépôt antérieur étranger, ou l'indication de dépôts locaux dont certains éléments ou caractéristiques seraient repris (priorité interne)[35], voire de sollicitations concernant une réduction du taux de redevances.

192. - **Nature du titre de propriété industrielle. Certificat complémentaire de protection.** Le Code de la propriété intellectuelle dissocie trois types de titres : brevet, certificat d'utilité, certificat complémentaire de protection[36]. En réalité le certificat d'utilité est un « petit » brevet dont l'obtention est simplifiée (V. *infra*, n° 211), le certificat complémentaire de protection (CCP) appelle seul commentaire ici. Ce titre est à l'origine particulier à l'invention pharmaceutique. La commercialisation d'un nouveau médicament suppose au préalable la certitude de l'innocuité de celui-ci. Cette exigence conduit les pouvoirs publics à exiger, préalablement à toute commercialisation, l'obtention d'une autorisation de mise sur le marché (AMM), laquelle donne lieu à diverses expérimentations coûteuses et longues à mettre en œuvre (essais précliniques et cliniques)[37]. Le laboratoire qui aura déposé une demande de brevet dès la mise au point de la molécule (principe actif du médicament) voit la durée de son monopole d'exploitation de la sorte amputée du temps nécessaire à l'obtention de l'AMM. Le CCP vient pallier ce retard au démarrage en prolongeant la durée du monopole au-delà de son terme légal. Le CCP apparaît donc comme un titre accessoire à un brevet de médicament appelé à entrer en vigueur à l'expiration du brevet avec les mêmes droits et limitations que le brevet dit « de base »[38]. Une *prorogation* du titre en quelque sorte. La matière a fait l'objet d'une évolution notable glissant du droit national vers le droit communautaire. En effet, un CCP français avait été institué par une loi du 25 juin 1990

(32) CPI, art. L. 612-2, a. – CBE, Règle 41.2, a (i). – PCT, art. 4.1 qui évoque « une pétition » du demandeur en vue d'être soumis aux dispositions du Traité (comp. CBE 1973, Règle 26.2.a. qui utilisait le même terme).

(33) CPI, art. R. 612-10. – CBE, Règle 41. – PCT, Règle 4.

(34) Les offices de brevets utilisent la classification internationale des brevets (CIB) qui divise le monde de la technologie dans plus de 70 000 catégories.

(35) V. CPI, art. L. 612-3.

(36) CPI, art. L. 611-2.

(37) Attention : l'AMM est une autorisation administrative indépendante du droit de propriété industrielle. La commercialisation des médicaments génériques, non couverts par un droit de brevet, nécessite l'obtention d'une AMM.

(38) V. Règl. n° 469/2009, art. 5.

codifiée au Code de la propriété intellectuelle[39] avant que le CCP communautaire (Règl. n° 1768/92, 18 juin 1992, devenu à droit constant le règlement n° 469/2009 du 6 mai 2009) ne succède à ce titre national[40]. Le CCP ne peut être demandé que par le titulaire du brevet de base[41]. Le certificat produit effet au terme légal du brevet de base pour une durée égale à la période écoulée entre la date du dépôt de la demande du brevet de base et la date de la première autorisation de mise sur le marché dans la Communauté, réduite d'une période de cinq ans, sans cependant pouvoir excéder une durée de cinq ans à compter de la date à laquelle il produit effet[42]. Concrètement lorsque la première autorisation de mise sur le marché a été accordée plus de dix ans après le dépôt de la demande de brevet, la durée du CCP est de cinq ans ; lorsque cette même autorisation a été accordée entre cinq et dix ans après le dépôt de la demande de brevet, la durée du CCP est égale à cette période réduite de cinq ans. Ainsi le mécanisme du CCP n'offre pas une compensation intégrale de la réduction de protection effective consécutive au temps de latence nécessaire à l'obtention de l'AMM, la durée maximale du monopole effectif offert par le brevet de base prolongé par le CCP ne saurait excéder quinze années à compter de la première AMM[43]. Mais les laboratoires pharmaceutiques cherchent à prolonger le plus longtemps possible le monopole légal, suscitant un contentieux nourri de la Cour de justice de l'Union européenne[44], ceux-là sollicitant à l'occasion le droit des marques[45]. On le voit, la matière du certificat complémentaire de protection s'affiche comme une branche spéciale du droit des brevets[46]. Le succès

(39) CPI, art. L. 611-3, R. 617-1 et R. 617-2.

(40) Le règlement n° 1768/92 est entré en vigueur le 2 janvier 1993, il ne subsiste plus de CCP français en vigueur.

(41) Règl. n° 469/2009, art. 6. – Au cas de pluralité de brevets de base couvrant la même invention de médicament, chaque titulaire du brevet de base peut solliciter l'octroi d'un CCP (CJCE, 23 janv. 1997, aff. C-181/95, *Biogen : Rec. CJCE* 1997, I, p. 357 ; *RTD com.* 1997, p. 444, obs. J. Azéma ; *D.* 1997, somm., 338, obs. J.-Ch. Galloux).

(42) Règl. n° 469/2009, art. 13. Et sous réserve d'une prorogation de six mois pour les produits pédiatriques : Règl. n° 469/2009, art. 13, 3° qui renvoie au règlement n° 1901/2006. – V. E. Sergheraert et A. Soetemont, *Actualité récente de la procédure de prorogation des certificats complémentaires de protection instituée par le « règlement pédiatrique » : Propr. industr.* mai 2009, n° 5, étude 10.

(43) En ce sens V. CJCE, 11 déc. 2003, aff. C-127/00, *Hässle : Rec. CJCE* 2003, I, 14781. – Le considérant 9 du règlement n° 469/2009 est explicite : « La durée de la protection conférée par le certificat devrait être déterminée de telle sorte qu'elle permette une protection effective suffisante. À cet effet, le titulaire, à la fois d'un brevet et d'un certificat, doit pouvoir bénéficier au total de quinze années d'exclusivité au maximum à partir de la première autorisation de mise sur le marché, dans la Communauté, du médicament en question ». Exception : les médicaments à usage pédiatrique peuvent encore bénéficier d'une prorogation de six mois, V. Règl. n° 469/2009, art. 13, 3.

(44) Lorsque le brevet de base couvre un principe actif et que l'AMM est délivrée pour un produit comprenant ce principe actif, la question s'est posée de savoir si le CCP ne peut être délivré que sur la base du produit tel qu'il est défini dans l'AMM, ou si d'autres produits intégrant le même principe actif que celui visé dans l'AMM peuvent faire l'objet d'un CCP. En l'occurrence, le déposant avait obtenu l'autorisation de mise sur le marché de médicaments destinés à traiter chez l'homme des leucémies myéloïdes aiguës et contenant comme principe actif de l'idarubicine chlorhydrate et comme adjuvant du lactose déshydraté. Le titulaire du brevet de base demandait la délivrance d'un CCP pour ce dernier produit, mais également pour l'association de ce principe actif avec des sels d'idarubicine. L'office allemand délivrait un CCP « pour le médicament Zavedos, contenant comme principe actif de l'idarubicine chlorhydrate » mais refusait de délivrer un certificat pour « l'idarubicine et ses sels, y compris l'idarubicine chlorhydrate ». La Cour de justice, interprétant l'article 3 b. du règlement communautaire, juge à l'inverse que « dès lors qu'un produit sous la forme mentionnée dans l'autorisation de mise sur le marché est protégé par un brevet de base en vigueur, le certificat complémentaire de protection est susceptible de couvrir le produit, en tant que médicament, sous toutes les formes relevant de la protection du brevet de base » ; le CCP pouvait être délivré sur des formes dérivées du produit visé par l'AMM mais intégrant le principe actif couvert par celle-ci, V. CJUE, 16 sept. 1999, aff. C-C-392/97 : *RTD com.* 2000, J.-Ch. Galloux.

(45) V. CA Paris, 3 mai 2006, *SARL Sandoz c/ Sté Beecham Group PLC* interdisant au générique de mentionner dans sa publicité la marque du produit de référence correspondant : *Propr. industr.* 2006, repère 7, C. Le Stanc. – J. Armengaud et É. Berthet-Maillols, *Les génériques ne peuvent plus se nommer : Propr. industr.* sept. 2006, n° 9, étude 25. – L'arrêt est cassé par Cass. com., 26 mars 2008, n° 06-18.366 : *D.* 2008, p. 1524, J. Azéma ; *Propr. intell.* 2007, n° 28, obs. J. Passa.

(46) La matière fait l'objet d'études plus nourries dans les traités de plus grande envergure : V. J. Passa, préc., nos 753 et s. – J. Azéma et J.-Ch. Galloux, préc., nos 454 et s. – J. Armengaud et E. Berthet-Maillols, *Les certificats complémentaires de protection : dernières actualités : Propr. intell.* 2008, n° 26, p. 11.

de la formule en matière de médicaments a amené à mettre en place un deuxième certificat complémentaire de protection, cette fois pour les produits phytosanitaires avec le règlement n° 1610/96 du 23 juillet 1996[47].

193. – **Langue ; brevet européen.** Toute demande de brevet européen doit être déposée dans une des langues officielles (anglais, allemand et français) ou, si elle est déposée dans une autre langue, traduite dans une des langues officielles dans un certain délai[48]. La langue officielle de l'Office européen des brevets dans laquelle la demande de brevet européen a été déposée ou traduite doit être utilisée comme langue de la procédure (sur les exigences de traduction du brevet européen délivré, V. *infra*, n° 230). La demande internationale doit être déposée dans une langue que l'office récepteur accepte à cette fin, la requête doit être déposée dans une des dix langues de publication admises par le PCT[49]. Pr FR : R612-21 → si langue ≠ FR, trad. rev. et descr. en FR délai 2 mois

194. – **Portée territoriale.** Si la requête en délivrance d'un brevet français ne vaut que pour cet État, la demande d'un brevet européen doit normalement viser les États pour le territoire duquel l'appropriation est demandée. La CBE 2000 prévoit désormais que tous les États parties à la convention sont réputés désignés, sauf volonté contraire[50]. Mais le déposant peut retirer les États pour lesquels il ne recherche pas la protection privative ; la désignation d'un État contractant peut être retirée à tout moment jusqu'à la délivrance du brevet européen. La demande européenne sera souvent prise sous priorité d'une demande nationale antérieure. Dans un tel cas, pour le droit français, le titre européen délivré se substitue alors au brevet français à l'issue du délai d'opposition ou de cette procédure[51]. Une exigence similaire de désignation des États concernés vise la demande internationale[52].

§ 2. – La description de l'invention

195. – **Fonction : information ; support des revendications.** La description de l'invention apparaît comme une exigence tant de logique que de droit. La publication du dépôt de la demande de brevet vient publiquement enrichir l'état de la technique et contribuer au progrès technique, le monopole conféré par le brevet n'est que la contrepartie de cette contribution. La description entretient alors un lien particulier avec le monopole, c'est-à-dire avec les revendications qui définissent l'emprise du droit de propriété revendiqué. On conçoit aisément que le demandeur ne puisse revendiquer davantage qu'il n'ait inventé, en tout cas davantage que ce qu'il a pu rendre accessible au public au titre du dépôt : c'est le sens de la règle qui veut que les revendications doivent être supportées par la description (V. *infra*, n° 202) et la justification de la règle de l'intangibilité de la description (V. *infra*, n° 199).

(47) J.-Ch. Galloux, *Le CCP pour les produits phytopharmaceutiques* : *JCP* E 1996, I, n° 609.

(48) CBE, art. 14.2. Les demandeurs domiciliés dans un État contractant ayant une langue autre qu'une des trois langues officielles, et les nationaux de cet État ayant leur domicile à l'étranger, peuvent encore produire dans une langue officielle de cet État, des pièces devant être produites dans un délai déterminé.

(49) PCT, Règle 12.1. et Règle 48.3 : les dix langues en cause sont l'arabe, l'allemand, l'anglais, le chinois, le coréen, l'espagnol, le français, le japonais, le portugais ou le russe. Lorsque la langue dans laquelle la demande internationale est déposée n'est pas acceptée par l'administration qui sera chargée de la recherche internationale à l'égard de cette demande, le déposant remet à cet office une traduction de la demande internationale dans une langue appropriée (Règle 12.3).

(50) CBE, art. 79. Le déposant peut retirer les États pour lesquels il ne recherche pas la protection privative.

(51) CPI, art. L. 614-13, al. 1er. V. *infra*, n° 238.

(52) PCT, art. 4, 1°.

196. – Contenu. La description comprend l'indication du domaine technique auquel se rapporte l'invention, de l'état de la technique antérieure, un exposé de l'invention telle que caractérisée dans les revendications, une description d'éventuels dessins, un exposé détaillé d'au moins un mode de réalisation de l'invention assorti d'exemples et de références aux dessins, l'indication de la manière dont l'invention est susceptible d'application industrielle(53). Si l'invention porte sur de la matière biologique ou un micro-organisme, le dépôt d'une culture auprès d'un organisme qualifié est encore requis(54). La description est enrichie d'éventuels dessins, mais la jurisprudence française retient que ceux-là ne sauraient se substituer à la description littérale de l'invention, ni davantage pallier ses carences(55). Cette position paraît contraire à la jurisprudence des chambres de l'OEB qui retient que la CBE « n'interdit pas d'inclure dans les revendications, par voie de modification, des caractéristiques découlant de dessins, pour autant que ces caractéristiques sur le plan fonctionnel et structurel, puissent être déduites directement pleinement et sans ambiguïté des dessins par l'homme du métier et qu'elles ne soient d'aucune façon en contradiction avec les autres parties de la divulgation »(56).

197. – Suffisance de la description : clarté et complétude. C'est l'exigence fondamentale : l'invention doit être exposée dans la demande de brevet de façon suffisamment claire et complète pour qu'un homme du métier puisse l'exécuter(57). Concrètement, pour l'homme de l'art, la description doit se suffire à elle-même ! La description doit alors permettre la compréhension du problème technique ainsi que la solution qui lui est apportée(58) ; les avantages de l'invention par rapport à l'état de la technique antérieure peuvent éventuellement être indiqués, mais l'obtention d'un résultat médiocre n'affectera pas la validité du titre. C'est à l'aune de l'homme de métier que la suffisance de description s'apprécie(59) : celui-ci doit être à même de reproduire l'invention grâce à la description et aux dessins déposés auxquels il applique ses connaissances techniques, lesquelles sont seules en mesure de pallier d'éventuelles lacunes(60), et ce même si la description n'a pas à divulguer le mode de réalisation optimal pour l'invention(61). L'insuffisance de description est sanctionnée par la nullité du brevet(62).

198. – Inventions pharmaceutiques, propriétés pharmacologiques. Pour l'invention constituée par un médicament, la question s'est posée de savoir si la des-

(53) CPI, art. R. 612-2.

(54) CPI, art. L. 612-5, R. 612-14 et R. 612-15. – *Adde* Dir. n° 98/44, art. 13, relative à la protection juridique des inventions biotechnologiques. – Cette disposition vise à pallier l'impossibilité de décrire littéralement certains matériaux biologiques impliqués dans l'invention.

(55) CA Paris, 26 juin 2002 : *PIBD* 2003, 761, III, 175 ; *Propr. industr.* déc. 2003, n° 12, comm. 98, note crit. P. Vigand. – Peuvent encore figurer en annexe, et sont alors considérés comme dessins, de courts extraits de programmes d'ordinateurs présentés sous forme de listages rédigés en langages de programmation courants, lorsqu'ils sont nécessaires à la compréhension de l'invention des listes de séquences de nucléotides et/ou d'acides aminés, des formules chimiques ou mathématiques ; CPI, art. R. 612-13.

(56) OEB, Ch. recours tech., 25 mars 1985, aff. T-169183 : *JOOEB* juill. 1985. – V. P. Vigand, *Dessine-moi une invention : Propr. industr.* déc. 2003, n° 12, comm. 98 à propos de CA Paris, 26 juin 2002.

(57) CPI, art. L. 612-5. – CBE, art. 83. – PCT, art. 5.

(58) CPI, art. R. 612-12.

(59) Sur cette notion, V. *supra*, n°s 133 et s.

(60) Cass. com., 7 juill. 2009 : *PIBD* 2009, 905, III, 1421.

(61) TGI Lyon, 5 sept. 2002 : *PIBD* 2002, n° 753, III, 531.

(62) CPI, art. L. 613-25, b. – CBE, art. 138, 1°, b.

cription devait encore comporter l'indication des propriétés pharmacologiques, c'est-à-dire la présentation des propriétés chimiques de la substance active du médicament sur l'organisme. Si le brevet de médicament ne se distingue pas, par nature, des règles générales de la matière, on a cependant fait valoir que l'exposé des propriétés pharmacologiques permettait de distinguer le médicament en tant que tel[(63)]. La jurisprudence est équivoque. À l'égard de l'arrêt de cour d'appel qui avait annulé la demande de brevet au motif que *la description du brevet ne permettait pas à un professionnel de déduire les propriétés pharmacologiques et, par voie de conséquence, les réelles possibilités d'utilisation du produit*, la cour régulatrice est entrée en cassation considérant que la cour d'appel *ajoutait ainsi à la description de l'invention l'exigence d'un résultat*[(64)]. La solution incite à considérer que l'indication des propriétés pharmacologiques n'a pas à être requise pour satisfaire à la suffisance de description ; mais pour d'autres, cet arrêt exonère seulement de la démonstration des résultats avec les expérimentations par exemple[(65)].

199. - **Intangibilité de la description.** Le demandeur ne peut pas revendiquer davantage qu'il n'a inventé, donc qu'il n'a décrit. C'est encore la justification de la règle de l'intangibilité de la description qui veut que cette rubrique ne puisse plus évoluer après le dépôt de la demande de brevet. La *ratio legis* rend compte de la mesure de cette règle : en effet, le déposant peut, même après le dépôt, à l'occasion d'une procédure en limitation, modifier les revendications[(66)] ; il peut alors amender les descriptions à condition que cette modification n'étende pas l'objet de la demande au-delà du contenu de celle-ci[(67)]. Il s'agit seulement pour le déposant d'éliminer de la description et des dessins les éléments qui ne seraient plus en concordance avec les nouvelles revendications[(68)].

§ 3. – Les revendications[(69)]

200. - **Nature : la « clôture de la propriété » et le planteur de pieux.** Les revendications « définissent l'objet de la protection demandée »[(70)], en ce sens, elles délimitent l'étendue du monopole conféré par le brevet délivré[(71)] : c'est la clôture qui borne la propriété et définit l'emprise procurée par le droit privatif. Les revendications fixent donc l'objet (l'étendue) du droit de propriété tel qu'il est précisément « revendiqué » au travers d'un acte volontaire du demandeur. Où l'on retrouve le thème du

(63) V. J. Azéma, *Existe-t-il encore une spécificité du brevet pharmaceutique ?* : *JCP* E 1990, II, 15744 ; avec J.-Ch. Galloux ; *Propriété industrielle*, préc., n° 400, p. 269. – F. Pollaud-Dulian, *op. cit.*, n° 421, p. 250 qui estime « nécessaire d'indiquer l'application thérapeutique (...) revendiquée dans la mesure où on entend ici protéger non un produit chimique en général mais une utilisation comme médicament ». – M. de Haas, *Brevet et médicament en droit français et européen*, Litec, coll. « CEIPI », 1981, spéc. n° 396.
(64) Cass. com., 16 juin 1992, n° 90-17.466 : *Bull. civ.* 1992, IV, n° 234 ; *PIBD* 1992, n° 531, III, 543.
(65) V. J. Passa, *op. cit.*, n° 291, p. 362. – *Adde* semble-t-il au-delà : TGI Paris, 6 oct. 2009 : *PIBD* 2010, 914, III, 161.
(66) V. CPI, art. L. 613-24, V. *infra*, n° 219.
(67) CPI, art. L. 613-25, c. – CBE, art. 123.
(68) Ces modifications sont faites en droit français dans les conditions de l'article R. 612-60 du Code de la propriété intellectuelle.
(69) J.-M. Mousseron, *Traité*, nos 665 et s., p. 658 et s.
(70) CPI, art. L. 612-6. – CBE, art. 84. – PCT, art. 6.
(71) CPI, art. L. 613-2. – CBE, art. 69.

« planteur de pieux »[72] et l'origine *Rousseauiste* de la propriété[73]. C'est donc seulement à l'égard de l'invention telle que revendiquée que s'apprécient les conditions de brevetabilité requises à l'obtention du droit[74] et que se juge la réalité de la contrefaçon au titre de la reprise non autorisée des caractéristiques revendiquées.

201. – **Histoire.** En regard de l'importance prêtée aux revendications, on ne peut que s'étonner que notre droit positif ait pu se dispenser aussi longtemps d'instaurer un tel système. Celui-ci n'existait pas sous l'empire de la loi de 1844 qui prévoyait que la demande déposée comportait une simple description de l'invention[75]. Il a fallu attendre la loi du 2 janvier 1968 pour voir introduire l'exigence de la rédaction d'un corps de revendications dans le dépôt de la demande de brevet, en écho aux prescriptions de la convention de Strasbourg[76]. Cette innovation apparaissait comme l'élément majeur, avec l'introduction de l'exigence d'activité inventive, de la réforme de 1968 qui marquait l'entrée du droit français de brevets dans l'ère moderne[77].

202. – **Les revendications doivent s'appuyer sur la description.** C'est la règle fondamentale posée par le Code de la propriété intellectuelle : « Les revendications (...) doivent être claires et concises et se fonder sur la description »[78]. Le principe est justifié par l'idée que le déposant ne peut pas au titre des revendications s'approprier davantage que ce qu'il n'a rendu accessible au public au titre de la description, sinon que ce qu'il a inventé... Au cas d'une revendication non supportée par la description, la sanction tient dans la possibilité pour l'INPI de rejeter la demande de brevet[79]. Cette logique justifie encore qu'au cas de difficulté de lecture, la description et les dessins servent à interpréter les revendications[80].

203. – **Règle de l'unité de l'invention. Sanction.** Un brevet par invention, une invention par brevet ! Les justifications de la règle dite « de l'unité de l'invention » sont diverses : pour Mousseron, la préoccupation majeure est moins financière (une taxe par dépôt) que documentaire, à raison de la perturbation qui résulterait pour la classification des brevets, et le système publicitaire, de voir rassembler sur le même document une diversité d'inventions[81]. Dès lors que les revendications définissent l'objet de la protection, c'est au niveau de celles-ci que s'apprécie le principe d'unité de l'invention[82]. La règle est passée en termes similaires dans le droit

(72) Hugo, *Œuvres complètes. Littératures et philosophies*, Paris, 1834, E. Renduel, 3e éd., t. 1, p. 49.

(73) « Le premier qui ayant enclos un terrain s'avisa de dire ceci est à moi, et trouva des gens assez simples pour le croire, fut le vrai fondateur de la société civile », Rousseau, *Discours sur l'origine de l'inégalité*, 2e partie, Amsterdam, Marc Michel Rey, 1755 ; *Œuvres complètes*, Paris, Seuil, 1971, vol. 2, p. 228.

(74) Cass. com., 26 févr. 2008, n° 06-19.582 : la cour d'appel a retenu à bon droit qu'il n'y avait pas lieu d'examiner l'existence d'une activité inventive au regard d'une prétendue caractéristique de l'invention portant en l'occurrence sur l'isolation du réservoir, dont les revendications ne faisaient pas état.

(75) Mousseron, *Traité*, n° 666, p. 659.

(76) Conv. Strasbourg, art. 8, § 1.

(77) Mousseron, *Traité*, n° 667, p. 661.

(78) CPI, art. L. 612-6. – CBE, art. 84. – PCT, art. 6.

(79) CPI, art. L. 612-12, 8°. – V. Mousseron, qui observait dans cette disposition introduite par la loi de 1968 l'une des modifications majeures introduites par la réforme à raison du développement des investigations administratives qu'il suggérait, *Traité*, n° 771, p. 774. Il reste que, statistiquement, le rejet de la demande pour le motif sous étude reste faible. En pratique, l'INPI estime qu'il s'agit là d'une erreur et permettra au déposant de rajouter la caractéristique revendiquée et non décrite dans le texte (directives INPI). Pour la demande européenne, le rajout de la caractéristique au cours de l'examen n'est pas contraire à l'article 123, § 2 de la CBE.

(80) CPI, art. L. 613-2.

(81) *Traité*, n° 678, p. 676.

(82) CA Paris, 18 mai 1981 : *PIBD* 1981, 283, III, 147.

français et en droit européen : « La demande de brevet ne peut concerner qu'une invention ou une pluralité d'inventions liées entre elles de telle sorte qu'elles ne forment qu'un seul concept inventif général »[83]. C'est donc à l'aune du *concept inventif général* que s'apprécie l'unité d'invention[84]. En l'absence de définition, la partie réglementaire du Code de la propriété intellectuelle s'efforce d'expliquer et d'exemplifier la notion[85] : le même concept inventif général peut couvrir plusieurs revendications indépendantes, ainsi d'une demande concernant tout à la fois des produits intermédiaires, des produits finaux et le procédé de préparation des derniers, les premiers étant préparés dans le but d'obtenir les seconds[86]. Ce qui est proscrit, ce n'est pas l'invention complexe, mais le brevet complexe, enseignait Mathély[87]. La sanction du défaut d'unité ne tient ni dans l'irrecevabilité de la demande, ni dans la nullité du titre délivré (« la délivrance purge le vice de complexité »)[88], mais dans l'obligation de diviser la demande dans un délai fixé par l'INPI[89]. La sanction intervient soit sur prescription de l'INPI[90], soit à la diligence du déposant. Les demandes divisionnaires bénéficieront de la date de dépôt de la demande initiale et de son éventuelle priorité.

204. – Clarté et concision. Interprétation. Les revendications doivent être claires et concises[91]. En la matière, le juriste est amené à s'inspirer des règles relatives à l'interprétation du contrat[92] : l'interprétation ne se justifiera qu'au cas

(83) CPI, art. L. 612-14. – CBE, art. 82 et Règle 44 (1). – PCT, art. 3.4, iii) et Règle 13.

(84) Sur la diversité des critères proposés pour définir l'unité d'invention, V. Mousseron, *Traité*, § 681 et s., p. 678 et s.

(85) V. CPI, art. R. 612-19 : « Au sens de l'article L. 612-4, peuvent être notamment incluses dans une même demande de brevet, soit :
1° Une revendication indépendante pour un produit, une revendication indépendante pour un procédé conçu spécialement pour la fabrication de ce produit, et une revendication indépendante pour une utilisation de ce produit ;
2° Une revendication indépendante pour un procédé, et une revendication indépendante pour un dispositif ou moyen spécialement conçu pour la mise en œuvre de ce procédé ;
3° Une revendication indépendante pour un produit, une revendication indépendante pour un procédé conçu spécialement pour la fabrication de ce produit et une revendication indépendante pour un dispositif ou moyen spécialement conçu pour la mise en œuvre de ce procédé ».
Selon la CBE, Règle 44 : « Il n'est satisfait à l'exigence d'unité de l'invention (...) que s'il existe une relation technique entre ces inventions, portant sur un ou plusieurs éléments techniques particuliers identiques ou correspondants. L'expression "éléments techniques particuliers" s'entend des éléments techniques qui déterminent une contribution de chacune des inventions revendiquées, considérée comme un tout, par rapport à l'état de la technique ». Une application particulière de l'exigence, principalement dans le domaine de la chimie, s'attache aux revendications de type *Markush* (du nom du premier inventeur à avoir fait admettre le procédé devant *l'USPTO*) qui visent plusieurs entités chimiques « fonctionnellement équivalentes » et présentées comme variantes : V. OEB, *Jurisprudence des chambres de recours de l'OEB*, 2013, spéc. p. 337 et s.

(86) OEB, ch. recours tech., aff. T-35/87 : *JOOEB* 1988, p. 134. – OEB, ch. recours tech., 11 mai 1982, aff. T-470/91 : *JOOEB* 1993, p. 680 ; *PIBD* 1994, 560, III, 83 : « Une invention ayant pour objet des produits intermédiaires nouveaux et des produits finals nouveaux présente une unité si les produits intermédiaires préparés dans le but d'obtenir les produits finals ont, du fait qu'ils introduisent un élément essentiel dans la structure des produits finals, un lien technique suffisamment étroit avec ceux-ci, et s'il n'y a pas incompatibilité avec l'objectif poursuivi par les dispositions normatives de l'article 82 CBE ».

(87) P. Mathély, *Le droit français nouveau des brevets d'invention*, Paris, Librairie du Journal des Notaires et des Avocats, 1991, p. 232, qui a soufflé sur la jurisprudence : CA Paris, 22 févr. 1977 : *PIBD* 1977, 192, III, 199 ; *DB* 1978, I, 5.

(88) V. Cass. crim., 4 mai 1855 : *Bull. crim.* 1855, p. 266. Ce qui, de tradition, justifiait une certaine insouciance de la règle lors du dépôt par les praticiens.

(89) V. CPI, art. L. 612-4 ; *adde* art. R. 612-33 et s. – Le principe de la division est posé par la Convention d'Union de Paris, art. IV, G. – V. Mousseron, *Traité*, n° 683, p. 686. – Pour la demande européenne, la division appellera le paiement de taxes complémentaires, V. CBE, Règle 64.

(90) En revanche, si le déposant n'effectue pas de division ou de limitation, l'INPI rejettera la demande, CPI, art. R. 612-48.

(91) CPI, art. L. 612-6. – CBE, art. 84. – PCT, art. 6.

(92) On se rappelle que la demande de brevet n'est rien d'autre qu'un acte juridique unilatéral dont il s'agit ici d'interprér teneur. De fait, les décisions concernant la dénaturation de la demande sont rendues au visa de l'article 1134 du Co

d'une rédaction équivoque[93], elle ne saurait être divinatoire ni déformante[94], et ne saurait étendre la revendication dont la portée étroite est claire[95]. La Cour de cassation exerce un contrôle de la dénaturation sur les termes des revendications[96]. Au-delà de la logique civiliste de droit commun, les directives de l'OEB posent leurs règles d'interprétation dont l'autorité souffle sur la jurisprudence française[97].

205. – **Rédaction. Catégories.** Les directives OEB proposent une typologie des revendications selon que l'invention porte sur un produit ou un procédé :

« Le premier type fondamental de revendication ("revendication de produit") concerne une substance ou des compositions (par exemple un composé chimique ou un mélange de composés) de même que toute entité physique (par exemple : un objet, un dispositif, un appareil, une machine ou un ensemble de dispositifs fonctionnant conjointement), produite par une intervention technique humaine[98]. (...) Le deuxième type fondamental de revendications ("revendication de procédé") concerne toutes les sortes d'activités impliquant l'utilisation d'un objet matériel pour la mise en œuvre d'un procédé. Cette activité peut être exercée sur des objets, sur une énergie, sur d'autres procédés (par exemple, dans les procédés de commande) ou sur le vivant »[99].

En réalité, cette présentation ne renvoie pas à une prescription légale, mais intéresse les auteurs qui s'efforcent de systématiser la question. De la sorte, on évoque généralement deux méthodes de rédaction. Une rédaction *structurelle* revendiquera le moyen ou le produit dans sa structure et son application alors qu'une rédaction *fonctionnelle* s'attachera à identifier la fonction du ou des moyens de l'invention ; le premier type concerne les inventions de produits, le second les inventions de procédés. Attention : la fonction du moyen n'est pas le simple résultat technique atteint qui, en lui-même, n'est pas brevetable[100].

206. – **Structure : revendications principales et revendications dépendantes ; appréciation « à la Curiace ».** Les revendications doivent exposer « les caractéristiques techniques de l'invention »[101]. La rédaction des revendications est affaire de professionnels[102]. La revendication comporte une structure réglementée avec un préambule qui doit précéder la partie *caracté-*

(93) V. C. Drand, *Le caractère législatif de l'adage* Interpretatio cessat in claris *en droit français des contrats : Revue Scientia Juris* 2013, n° 2.

(94) Cass. com., 28 avr. 2004, n° 03-15.415 : *Bull. civ.* 2004, IV, n° 74, p. 76 : « La cour d'appel a souverainement apprécié, non point le sens de la revendication n° 1, dont elle a exactement reproduit les termes, mais sa portée au regard notamment de la description de l'invention et des dessins figurant à la demande de brevet, et ne s'étant ainsi livrée à aucune interprétation susceptible d'impliquer une dénaturation, a légalement justifié sa décision ».

(95) V. CA Paris, 4 mars 2009 : *PIBD* 2009, 895, III, 993.

(96) Cass. com., 28 avr. 2004, préc.

(97) OEB, *Directives relatives à l'examen pratiqué*, Partie F, chapitre IV, § 4. Ainsi les directives anticipent une simple discordance de termes, une discordance relative à des caractéristiques apparemment indispensables, le cas où une partie de la description ou des dessins n'est pas couverte par les revendications (§ 4.3) ; l'utilisation de termes ayant un sens relatif est proscrite (« fin », « large », « solide » : V. § 4.6). – Sur ces directives, V. J.-M. Mousseron, *Traité*, n°s 671 et s., p. 664 et s.

(98) Les directives citent les exemples suivants : « un mécanisme de direction auquel est intégré un circuit de réaction automatique... » ; « un vêtement tissé comprenant... » ; « un insecticide constitué par X, Y, Z... », « un système de télécommunications comprenant plusieurs stations émettrices et réceptrices... », V. OEB, *Directives* préc., Partie F, Chapitre IV, § 3.1.

(99) OEB, *Directives relatives à l'examen pratiqué*, Partie F, Chapitre IV, § 3.1.

(100) V. CA Paris, 28 juin 1996 : *JCP E* 1998, p. 747, obs. Mousseron.

(101) CPI, art. R. 612-17, 1°. – CBE, Règle 43. – PCT, Règle 6.3.

(102) C'est la tâche des conseils en propriété industrielle (CPI) ou de salariés spécialisés au sein des entreprises.

risante[103]. Le préambule désigne l'objet de l'invention et les caractéristiques techniques qui sont nécessaires à la définition des éléments revendiqués mais qui font déjà partie de l'état de la technique. La partie caractérisante expose les caractéristiques techniques pour lesquelles la protection en combinaison avec les caractéristiques du préambule est recherchée ; elle débute par la formule rituelle « invention...caractérisée par », au-delà de laquelle le rédacteur fait figurer les caractéristiques techniques revendiquées de l'invention à propos desquelles s'apprécieront les conditions de brevetabilité et l'emprise procurée par le monopole légal. Un moyen de l'invention mentionné dans le seul préambule ne devrait pas être considéré comme un moyen revendiqué et échapperait au monopole[104]. Le Code de la propriété intellectuelle ne fait cependant pas de cet usage une obligation et il pourra être procédé de façon différente si la nature de l'invention le justifie[105]. Dans le respect de la règle de l'unité d'invention, les revendications vont souvent comporter une revendication dite « principale » et des revendications dites « dépendantes » « concernant des modes particuliers de réalisation de cette invention »[106]. Les revendications dépendantes reprennent les caractéristiques de la revendication principale en y ajoutant une ou des caractéristiques particulières. L'objet de la revendication dépendante est de pousser plus avant, sur des détails ou des applications particulières, la nouveauté et l'activité inventive de l'invention revendiquée : il suit que la nullité de la revendication principale pour défaut de nouveauté ou d'activité inventive n'emporte pas nécessairement nullité, pour les mêmes raisons, des revendications dépendantes qui doivent être considérées en elles-mêmes[107]. L'examen des conditions de fond de brevetabilité doit donc s'opérer revendication par revendication, « à la Curiace » en quelque sorte. En revanche, la reconnaissance de l'activité inventive de la revendication principale emporte nécessairement la même conséquence pour les revendications dépendantes qui empruntent la caractéristique technique de la revendication mère[108]. On le voit, la rédaction du brevet est affaire de compétence technique autant que de linguistique, et pour un peu de droit.

(103) V. CPI, art. R. 612-17. Le texte prévoit toutefois qu'« il peut être procédé de façon différente si la nature de l'invention le justifie ». – CBE, Règle 43. – PCT, Règle 6.3.

(104) Cass. com., 4 nov. 1985 : *JCP* G 1985, II, 21221, obs. J.-P. Martin ; *Ann. propr. ind.* 1988, p. 35, obs. P. Mathély.

(105) CPI, art. R. 612-17. Néanmoins, on envisage péniblement la suppression du préambule seulement au cas d'absence de l'état de la technique antérieur dans lequel viendrait s'inscrire l'invention, V. F. Pollaud-Dulian, préc., n° 432, p. 256.

(106) CPI, art. R. 612-8, al. 2. – CBE, Règle 43 (4). – PCT, Règle 6.4.

(107) Après quelques hésitations, la jurisprudence est clairement fixée : V. not. TGI Paris, 12 mars 2004 : *Propr. industr.* 2004, n° 77, obs. P. Vigand. – Cass. com., 6 mai 2008 : *Propr. intell.* oct. 2008, p. 473, obs. B. Warusfel. – Cass. com., 7 janv. 2014 : *PIBD* 1006, III, 403. – Cass. com., 20 mai 2014 : *PIBD* 2014, 1010, III, 585. – Cass. com., 9 juill. 2013 : *PIBD* 2013, 991, III, 1416. En revanche, la nullité de la revendication principale issue d'une demande divisionnaire pour extension indue au-delà de la demande initiale (CPI, art. L. 613-25, c.) infeste nécessairement ses revendications dépendantes : TGI Paris, 26 janv. 2005 : *PIBD* 2005, 808, III, 299.

(108) Cass. com., 4 janv. 1994 : *PIBD* 1994, 563, III, 167 ; *DB* 1994, I, 1 ; *D.* 1996, somm. comm., 18, obs. Mousseron et J. Schmidt ; *RTD com.* 1994, p. 493.

SECTION 3

LE TRAITEMENT DE LA DEMANDE DE BREVET

207. - **Délivrance automatique ou contrôlée ?** Deux partis s'offrent aux concepteurs d'un système de brevets. Selon un premier point de vue, l'autorité administrative destinataire d'une demande de brevet peut accorder le titre automatiquement, après examen purement formel. À l'inverse, dans une deuxième conception, l'office administratif peut se faire juge des conditions de brevetabilité et être habilité à rejeter la demande pour défaut de nouveauté ou d'activité inventive. Historiquement le droit français marquait ses préférences pour le premier système, la loi de 1844 prévoyant un contrôle léger limité à la seule régularité formelle de la demande, le brevet étant de la sorte délivré « sans garantie du gouvernement ». À l'endroit d'un tel choix, on a fait valoir la faible crédibilité qui s'attache au titre délivré, en regard de titres étrangers obtenus après examen approfondi de brevetabilité(109). Pourtant, même délivré après examen contrôlé, la validité du brevet n'en est pas pour autant garantie et le titre de la sorte obtenu reste susceptible d'être annulé par l'autorité judiciaire à l'occasion d'un contentieux, généralement en contrefaçon. Entre ces deux extrêmes, le droit français moderne a sensiblement évolué au profit de la procédure dite « d'avis documentaire » (V. *infra*, n° 209) alors que le droit du brevet européen penchait résolument vers un système de délivrance contrôlé. Le système du PCT s'articule sur les systèmes nationaux ou régionaux. Les formules seront envisagées successivement.

§ 1. – Le traitement de la demande française

208. - **Le préalable de la défense nationale.** Le ministre chargé de la défense est habilité à prendre connaissance auprès de l'INPI, à titre confidentiel, de toute demande de brevet(110). Court alors une période de mise au secret durant laquelle l'invention ne saurait être divulguée ni exploitée aussi longtemps qu'une autorisation ministérielle n'est pas accordée(111). Résurgence ultime d'une prérogative régalienne dans la procédure de délivrance du brevet, dont l'origine privée et la nature de droit privé doivent être réaffirmées, l'intervention est justifiée par la possibilité de licences d'office, voire d'expropriations organisées au profit de la défense nationale(112). Ce préalable justifie que la demande de brevet européen visant la France pour laquelle le demandeur a son domicile ou son siège en France doit être déposée auprès de l'INPI et non de l'OEB(113).

(109) Sur cette discussion, V. Mousseron, *Traité*, n° 754, p. 760. – *Adde* pour une critique renouvelée, B. Warusfel, *Pour un véritable examen au fond des demandes de brevet français : Propr. intell.* 2012, n° 43, p. 273.

(110) V. CPI, art. L. 612-8. – Le code organise la communication par l'INPI aux représentants du ministre de toutes les demandes nouvellement déposées, V. CPI, art. R. 612-26 et s.

(111) V. CPI, art. L. 612-9. L'autorisation peut être accordée à tout moment, mais est acquise de droit au terme d'un délai de cinq mois à compter du jour du dépôt de la demande.

(112) V. CPI, art. L. 613-19 et L. 613-20. – Sur les sanctions pénales, V. CPI, art. L. 615-13. – Comp. F. Goutorbe, *Comparaison et analyse des contraintes relatives à la défense nationale dans les principaux pays européens : Propr. industr.* nov. 2007, p. 14 ; *ibid.* mai 2010, p. 18.

(113) V. CPI, art. L. 614-12. – CBE, art. 75 (2), a. – Même règle pour le PCT, V. CPI, art. L. 614-18.

209. - **Économie de l'examen de la demande française par l'INPI.** Entre les deux partis précédemment exposés (délivrance automatique, délivrance contrôlée), le droit moderne français a fait le (non) choix d'une voie médiane. L'innovation majeure introduite par la loi de 1968 tient dans l'établissement d'un « avis documentaire », document établi par les services de l'administration et ouvrant un dialogue entre celle-ci et le déposant à l'issue duquel, sous réserve du respect d'une procédure formelle, le brevet sera délivré, le titre restant susceptible d'annulation judiciaire ultérieure à l'occasion d'un contentieux généralement ouvert en contrefaçon. Mousseron décrit sûrement l'économie d'un tel système : « Le principe de cette formule consiste à dissocier la recherche des possibles antériorités, que, seul, un organisme public disposant de moyens documentaires extrêmement puissants peut mener à bien et l'appréciation de ces possibles antériorités qui suppose un traitement individuel extrêmement minutieux que les intéressés : demandeurs, industrieux soucieux de leurs droits d'exploitation, partenaires contractuels éventuels... peuvent assurer tout aussi bien sinon mieux que quelque organisme public que ce soit »(114). À l'administration la recherche documentaire, aux parties la discussion au fond.

210. - **Procédure et établissement du rapport de recherche.** Le dépôt de la demande de brevet donne lieu à la délivrance d'un récépissé par l'INPI, qui attribue un numéro d'enregistrement à la demande(115). Dans le mois du dépôt, le demandeur doit acquitter une redevance de dépôt puis une redevance de rapport de recherche(116). La demande est ensuite rendue publique au terme d'un délai de dix-huit mois à compter du dépôt (ou de la date de priorité), ou auparavant sur requête du demandeur, par voie de mention au *Bulletin officiel de la propriété industrielle* (*BOPI*) ou par diffusion grâce à une banque de données ou distribution du support informatique (CPI, art. L. 612-21). Cette publication enrichit l'état de la technique et ouvre aux tiers, sous certaines conditions, l'accès au dossier de dépôt (CPI, art. R. 612-39). À compter de la publication et de l'information des tiers qui en résulte, le demandeur peut pratiquer une saisie-contrefaçon à l'endroit de celui dont il estime qu'il empiéterait ses droits, et engager une action en contrefaçon, sur laquelle le tribunal saisi surseoira néanmoins à statuer jusqu'à délivrance du titre (CPI, art. L. 615-4)(117). La demande qui a reçu une date de dépôt donne lieu à l'établissement d'un rapport de recherche (CPI, art. L. 612-14) selon une procédure contradictoire : un projet de rapport de recherche (rapport de recherche préliminaire) vise à identifier l'état de la technique pour l'invention revendiquée ; le rapport est assorti d'une opinion sur la brevetabilité de l'invention en regard des antériorités citées (CPI, art. R. 612-57). Le rapport est notifié au déposant qui doit y répondre en modifiant ses revendications ou en faisant part de ses observations quant aux antériorités citées (CPI, art. R. 612-58). Seul un défaut de réponse serait sanctionné par le rejet de la demande (CPI, art. R. 612-59). L'opinion sur la brevetabilité est également rendue

(114) Mousseron, *Traité*, n° 754, p. 762.
(115) CPI, art. R. 612-6 et R. 612-7.
(116) CPI, art. R. 612-5.
(117) V. J. Schmidt, *Le droit du breveté entre la demande et la délivrance*, in *Mél. Bastian*, Litec, 1974, t. 2, p. 389. – Mais le monopole existe dès le dépôt : avant publication, le déposant peut agir en contrefaçon au bénéfice d'une notification d'une copie certifiée de la demande au prétendu contrefacteur : V. CPI, art. L. 615-4.

accessible aux tiers avec la demande (CPI, art. R. 612-57). Sous trois mois, ceux-là peuvent faire des observations qui seront notifiées au déposant (CPI, art. R. 612-62 et s.) qui devra y répondre selon la même procédure (modification des revendications ou présentation d'observations responsives). À noter que la procédure d'intervention du tiers dans la délivrance du titre sera bien plus intrusive en droit européen avec une procédure d'opposition, inconnue du droit français[118]. Au vu de l'ensemble, le rapport de recherche est finalement établi sur la base des dernières revendications. Celui-ci réfère aux antériorités jugées pertinentes, sans néanmoins prendre position sur l'autorité de celles-ci (mais le rapport préliminaire demeure accessible aux tiers). Il s'agit d'un simple document informatif sur l'état de la technique tel qu'il a été mis en évidence par les services administratifs. Au-delà, tout intéressé peut obtenir de l'INPI un « avis documentaire » citant les éléments de la technique pouvant être pris en compte pour apprécier la brevetabilité, mais sans lier davantage l'office[119] : en réalité, c'est seulement devant le juge judiciaire que s'opérera un contrôle contraignant des conditions de brevetabilité, nouveauté et activité inventive, souvent au titre d'une demande reconventionnelle en nullité formée par le défendeur à une action en contrefaçon. Ce dernier pourra s'appuyer sur les antériorités citées au rapport de recherche, mais au-delà de la recherche administrative, il pourra encore exhiber de nouvelles antériorités, divulgation orale ou autre, dont il apportera la preuve de l'existence et de la pertinence. Et il est vrai que l'opérateur économique appelé à jouer sa survie sur le procès qui lui est intenté mettra dans cette recherche documentaire une ardeur, et des moyens, d'une autre nature que celle engagée par l'agent administratif, aussi diligent soit-il, accomplissant sa mission de service public.

211. - **Certificat d'utilité.** Destiné aux inventions promises à une obsolescence rapide, le certificat d'utilité a été voulu comme un « petit brevet » dont l'obtention devait être plus aisée : à ce titre le certificat d'utilité est dispensé de la phase de recherche documentaire[120] et spécialement de son coût ! Néanmoins, il ne pourra être statué sur une action en contrefaçon qu'au préalable d'un rapport de recherche réalisé *a posteriori*[121]. Dans la même logique, il s'agit d'un titre court délivré pour une durée de six ans à compter de la demande[122]. Le demandeur peut transformer sa demande de brevet en certificat d'utilité à tout moment pendant le délai de dix-huit mois à compter du dépôt ou de la date de priorité[123].

212. - **Motifs d'irrecevabilité et de rejet de la demande.** On sait que la date de dépôt de la demande est celle à laquelle le demandeur produit un minimum de pièces exigées par la loi[124] : le défaut d'une pièce justifiera le rejet de la demande, sauf au déposant à compléter son dossier dans un délai de deux mois[125]. La demande

(118) Sur la procédure d'opposition en droit français des marques, V. *infra*, nos 431 et s.
(119) CPI, art. L. 612-23.
(120) CPI, art. L. 611-2, al. 5.
(121) CPI, art. L. 615-6.
(122) CPI, art. L. 611-2, 2°.
(123) CPI, art. R. 612-55.
(124) V. CPI, art. L. 612-2 qui énumère à ce titre une indication selon laquelle un brevet est demandé, des informations permettant d'identifier ou de communiquer avec le demandeur et une description, même non conforme aux exigences légales, ou un renvoi à une demande déposée antérieurement, V. *supra*, n° 186.
(125) CPI, art. R. 612-8.

irrecevable ne se voit attribuer aucune date et n'est pas publiée. Autres sont les motifs de rejet de la demande : ceux-là s'attachent à des irrégularités formelles ou, à un degré moindre, de fond. Le Code de la propriété intellectuelle prévoit divers cas de rejet de la demande pour irrégularité de forme : lorsque la demande ne satisfait pas aux exigences de forme légales (CPI, art. L. 612-12), lorsque la demande complexe n'a pas été divisée dans le délai prescrit (CPI, art. L. 612-2, 2°), lorsque la demande divisionnaire s'étend au-delà du contenu de la demande initiale (CPI, art. L. 612-12), lorsque la description ou les revendications sont imprécises et ne permettent pas l'établissement du rapport de recherche (CPI, art. L. 612-12, 6°), lorsque les revendications ne sont pas supportées par les descriptions (CPI, art. L. 612-12, 8°). Si les motifs de rejet n'atteignent la demande qu'en partie, seules les revendications correspondantes seront rejetées. D'autres motifs de rejet tiennent davantage au fond. Ainsi l'office rejettera-t-il la demande qui a pour objet une invention manifestement non brevetable (méthode de traitement chirurgical ou thérapeutique, atteinte à l'ordre public et aux bonnes mœurs, revendications portant sur un élément du corps humain, une race Z, une variété végétale...) ou dont l'objet ne peut manifestement être considéré comme une invention (découvertes, théorie scientifique, logiciel...)[126]. *Quid* de l'examen au fond portant sur un défaut de nouveauté ou d'activité inventive ? Le système présente là toute son originalité : le rapport de recherche établi par l'INPI (V. *supra*, n° 210) peut pointer des antériorités dont « l'absence de nouveauté résulte manifestement »[127]. Une notification est adressée au déposant avec mise en demeure de modifier la demande, voire, au cas d'antériorités citées, de déposer de nouvelles revendications ou de présenter des observations à l'appui des revendications maintenues (CPI, art. L. 612-12, 7° et 9° et R. 612-58). Le caractère obligatoire de la réponse du déposant doit être souligné. Ce n'est qu'à défaut de réponse du déposant, dans le délai imparti après notification (CPI, art. R. 612-51), que la demande serait rejetée. Il suit, d'une part, que la demande ne saurait être rejetée dès lors que le déposant répond dans les formes ci-dessus au rapport de recherche ; d'autre part, que l'examen opéré vise la seule absence manifeste de nouveauté, pas l'activité inventive. À l'issue de cette procédure, le brevet est délivré (CPI, art. L. 612-17). C'est au déposant d'apprécier la nouveauté et l'activité inventive de son invention au regard des documents convoqués dans cette procédure ; seule une absence manifeste de nouveauté pourrait amener l'INPI à rejeter la demande si l'invention est manifestement dépourvue de nouveauté. Où l'on retrouve clairement l'origine volontaire du droit au brevet, droit voulu par le seul déposant, en connaissance de cause en dépit d'antériorités sur lesquelles son attention a été attirée.

213. - **Recours en restauration, la deuxième chance.** Nombre de délais émaillent la procédure de délivrance, qui sont autant de chausse-trappes pour le demandeur et son mandataire. Nouveau signe de faveur, la loi organise largement une procédure de restauration de droits (*restitutio in integrum*) au profit du déposant défaillant, une faculté de rattrapage, une seconde chance :

(126) CPI, art. L. 612-12, 4° et 5°.
(127) CPI, art. L. 612-12, 7°.

CPI, art. L. 612-16

« Le demandeur qui n'a pas respecté un délai à l'égard de l'Institut national de la propriété industrielle peut présenter un recours en vue d'être restauré dans ses droits s'il justifie d'une excuse légitime et si l'inobservation de ce délai a pour conséquence directe le rejet de la demande de brevet ou d'une requête, la déchéance de la demande de brevet ou du brevet ou la perte de tout autre droit ».

Ce recours couvre les demandes nationales et européennes désignant la France. Délai sur délai : le recours doit être exercé dans un délai de deux mois à compter de la cessation de l'empêchement et l'acte non accompli doit l'être dans ce même délai ; en toute hypothèse, le recours devient irrecevable passé un an à compter de l'expiration du délai non observé. La restauration n'est ouverte qu'au bénéfice de la démonstration d'un motif *d'excuse légitime* qui justifie du manquement. La notion est étonnamment accueillante au sein d'une jurisprudence nourrie. L'exigence d'excuse légitime se révèle bien en deçà de l'événement de force majeure : la maladie, la désorganisation de l'entreprise à raison d'un événement extérieur, la faute du salarié en charge du secrétariat... Certains retiennent l'excuse légitime dès lors que le manquement n'est imputable ni à la volonté, ni à la faute, ni à la négligence du breveté(128). Une jurisprudence assez ferme s'attache au cas de manquement fautif du mandataire : le choix d'un mandataire qualifié exonérera le mandant(129), alors que le choix d'un mandataire non exercé(130) ou la limitation de la mission du mandataire au seul dépôt de la mission(131) n'ouvriront pas au mandant le bénéfice de l'excuse légitime. On observera que ce même recours est ouvert pour la restauration des demandes et brevets frappés de déchéance pour défaut de paiement d'une annuité (CPI, art. L. 613-22, 1°) et ce motif justifie sans doute la plus grande fréquence d'application du mécanisme(132). La restauration rétablit (rétroactivement) le breveté dans ses droits, sous la réserve des droits des tiers : si ceux-là ne sont guère concernés lorsque la restauration s'attache à un délai méconnu à l'occasion de la procédure de délivrance, la question se révèle sensible, et discutée, lorsque le retour au *statu quo ante* intervient à l'occasion d'un défaut de paiement d'une annuité, pour restaurer un titre un temps affiché dans le domaine public à propos duquel des actes d'exploitation auront pu être perpétrés sans autorisation (V. *infra*, n° 334).

214. – **Recours contre les décisions du directeur de l'INPI.** La décision de rejet du directeur de l'INPI est notifiée au déposant qui peut la contester au titre d'un recours gracieux devant l'autorité administrative décisionnaire, puis d'un recours contentieux devant la cour d'appel de Paris(133). Le recours doit être exercé dans un délai d'un mois à compter de la notification (CPI, art. R. 411-20).

(128) V. J. Passa, *Droit de la propriété industrielle*, t. 2, préc., n° 437, p. 491 qui cite en ce sens Mathély, *Le droit français des brevets d'invention*, Librairie du Journal des Notaires et des Avocats, 1974, p. 543, formule étayée par une jurisprudence de la cour de Paris de 1984 (not. CA Paris, 31 oct. 1984 : *PIBD* 1985, 362, III, 52).

(129) Cass. com., 19 févr. 1985 : *D.* 1986, somm. comm. 133, Mousseron et J. Schmidt.

(130) Cass. com., 26 janv. 1976 : *PIBD* 1976, III, 178.

(131) Cass. com., 25 févr. 1974 : *DB* 1975, I, 1.

(132) V. *infra*, n° 333. – Sur la situation consécutive à la restauration rétroactive du titre, V. J. Raynard, *Le fabuleux destin du brevet de la pravastatine ou la propriété ressuscitée*, in *Mél. A. Lucas*, LexisNexis, 2015, p. 641 et s.

(133) CPI, art. D. 411-19-1, al. 3 : « (...) La cour d'appel de Paris est seule compétente pour connaître directement des recours formés contre les décisions du directeur de l'Institut national de la propriété industrielle en matière de délivrance, rejet ou maintien de brevets d'invention, de certificats d'utilité, de certificats complémentaires de protection et de topographies de produits semi-conducteurs ».

215. – Modifications de la demande. Dès lors que le droit de brevet trouve son origine et ses limites dans un acte volontaire du déposant, il est cohérent que le même puisse modifier sa demande jusqu'à la délivrance, et plus étonnamment sans doute après celle-ci. Jusqu'à la délivrance, le déposant peut retirer sa demande (CPI, art. R. 612-38), opérer toute rectification d'erreur matérielle (CPI, art. R. 612-36), opérer transformation de la demande de brevet en certificat d'utilité (CPI, art. L. 612-15 et R. 612-55), modifier le texte des revendications (CPI, art. L. 612-13)[134], opérer division de la demande dans le respect de la règle d'unité de l'invention (CPI, art. L. 612-4).

216. – Délivrance du titre. À l'issue du rapport de recherche, le paiement de la redevance de délivrance et d'impression du fascicule achève la procédure. Le brevet est alors délivré : ce document comprend alors la description, les dessins, les revendications et le rapport de recherche, l'éventuelle mention d'une modification des revendications ou d'observations faites par le déposant en cours de procédure (CPI, art. L. 612-17). Le brevet délivré n'est pas « présumé valable » : il est valable, jusqu'à une décision judiciaire définitive venant en prononcer la nullité ! Le titre est délivré au déposant ou au dernier cessionnaire de la demande inscrit au Registre national des brevets (CPI, art. R. 612-71).

217. – Illustration.

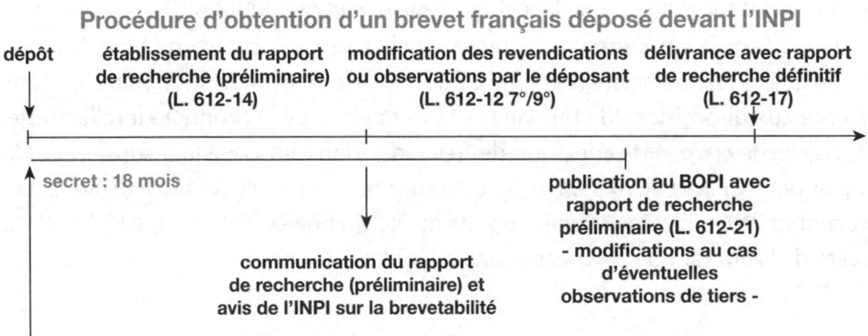

218. – Modification du titre délivré après délivrance. Après la délivrance, l'annulation partielle d'une revendication renverra le propriétaire devant l'INPI afin d'effectuer une modification de la revendication litigieuse (CPI, art. L. 613-27 et R. 612-73)[135] ; le déposant peut aussi désormais opérer de son initiative une limitation du brevet délivré (CPI, art. L. 613-24 et R. 613-45). Ces prérogatives révèlent,

(134) Cette faculté a été maintes fois évoquée, au cours de l'établissement du rapport de recherche, notamment en réponse du déposant à d'éventuelles antériorités affectant manifestement la nouveauté. Si les revendications modifiées se révèlent plus étendues que les revendications initiales, elles ne seront opposables aux tiers qu'à compter de leur publicité et non de la demande initiale, CPI, art. L. 615-4, 1. – V. TGI Paris, 21 oct. 2003 : *Propr. industr.* 2004, n° 96, P. Vigand. Enfin, la règle selon laquelle les revendications doivent être supportées par les descriptions demeure évidemment pour les revendications modifiées, V. Paris, 26 juin 2002 : *PIBD* 2003, n° 761, III, 175.

(135) V. *supra*, nos 171 et s.

dans un souci de faveur pour le titre, le pouvoir du breveté de réduire le champ de l'objet du droit, expression élémentaire du pouvoir du propriétaire de disposer de son droit au titre de la faculté d'abandon(136).

219. – **Limitation nationale**(137). La loi de modernisation de l'économie du 4 août 2008 a introduit à l'article L. 613-24 du Code de la propriété intellectuelle une procédure de limitation nationale tout à fait similaire à la procédure européenne. Cet article autorise le breveté à réduire la portée de sa revendication(138), de manière rétroactive, devant l'INPI(139) qui est compétent pour connaître des procédures de limitation du brevet français, mais aussi de la partie française du brevet européen(140). La requête est présentée par le breveté dans les conditions prévues à l'article R. 613-45 du Code de la propriété intellectuelle « à tout moment » de la vie du brevet. Si cette requête peut être présentée hors tout contentieux, elle peut également intervenir au cours d'une instance en nullité (CPI, art. L. 613-25, al. 4). Dans cette hypothèse, le juge choisira logiquement, dans l'intérêt d'une bonne administration de la justice, de surseoir à statuer sur l'action en nullité dans la mesure où le texte prévoit que le brevet limité devient l'objet de l'action en nullité engagée(141). La procédure de limitation peut être recommencée aussi souvent que le souhaite le breveté sous réserve d'une condamnation pour abus de droit (3 000 €) si une répétition fautive intervient au cours de la même instance(142), sans préjudice du versement de dommages et intérêts (CPI, art. L. 613-25, al. 5). La procédure peut être mise en œuvre en première instance comme en appel, ce qui peut donner lieu à des difficultés processuelles redoutables(143).

220. – **Teneur du contrôle.** L'office de délivrance a la charge de contrôler l'effectivité de la limitation, mais aussi la conformité de la revendication nouvellement réécrite aux dispositions de l'article L. 612-6 du Code de la propriété intellectuelle, c'est-à-dire la clarté et la concision des revendications ainsi que leur support par la description (CPI, art. R. 613-45, al. 3). L'extension de la portée du brevet suite à une procédure de limitation est une cause de nullité du brevet (CPI, art. L. 613-25, d). La réalité de la limitation pose néanmoins des difficultés(144).

(136) V. F. Zenati et Th. Revet, *Les biens*, PUF, 3e éd., 2008, n° 210.

(137) P. Véron et I. Romet, *Brevets : limiter pour consolider ? : Propr. industr.* 2009, chron. 23. – S. Roux-Vaillard et L. Lermercier, *Limitation de brevets en France : trois ans après : Propr. industr.* 2012, étude 2. – Ph. Schmitt, *La limitation du brevet devant l'INPI : Propr. industr.* 2012, étude 5. – E. Py, *Droit des brevets : la modification des revendications après la délivrance du brevet en droit français : Propr. industr.* 2013, étude 3.

(138) Mais aussi de la description et des dessins, V. CPI, art. R. 613-45, 5°.

(139) Contrairement à la procédure de nullité partielle qualitative, sur laquelle V. *supra*, n° 173.

(140) CA Paris, 1er juill. 2011, SAS *Teva santé c/ Eli Lilly and Co.* : *Propr. industr.* oct. 2011, comm. 70, note E. Py. – Dans ce cas d'espèce, la limitation était demandée au cours d'une instance en nullité, mais la généralisation de cette solution même hors les hypothèses judiciaires peut être défendue, V. E. Py, *La modification des revendications…*, préc., n° 8. La pratique est d'ailleurs en ce sens, V. par ex. CA Paris, 7 sept. 2011, *Syngenta c/ INPI* : *Propr. industr.* 2012, comm. 20, note P. Vigand.

(141) CA Paris, 21 oct. 2011, *Ateliers LR Etanco c/ SFS Intec Holding* : *PIBD* 954/2011, III, p. 55 : « Il convient par conséquent dans l'intérêt d'une bonne administration de la justice de surseoir à statuer sur la demande en nullité des revendications du brevet formée par la société Etanco jusqu'à ce que la requête en limitation des revendications du brevet soit examinée par l'Institut national de la propriété industrielle, que la décision prise à l'issue de l'examen par le directeur général de l'Institut national de la propriété industrielle soit régulièrement publiée et que le délai de recours prévu par l'article R. 411-20 du Code de la propriété intellectuelle soit expiré ».

(142) Une pluralité de limitations afin de consolider son droit avant d'attaquer en contrefaçon n'est pas considérée comme un comportement dilatoire ou abusif, V. CA Paris, 12 févr. 2014 : *PIBD* 2014, n° 1004, III, p. 326.

(143) Cass. com., 8 avr. 2014 : *PIBD* 2014, n° 1007, III, p. 445 ; *Propr. industr.* 2014, chron. 10, n° 17, obs. E. Py. – Cassant CA Paris, 26 sept. 2012, n° 09/28813, inédit.

(144) Suite à l'instauration de la règle générale « silence vaut acceptation », deux articles R. 613-45-1 et R. 613-45-2 ont été ajoutés au Code de la propriété intellectuelle afin de prévoir que la demande de limitation devait être traitée dans un délai de douze mois et que l'absence de réponse dans ce délai valait rejet de la demande (D. n° 2015-511, 7 mai

221. – **Illustration. Affaire *Syngenta*.** Dans cette affaire, une société avait souhaité limiter une revendication portant sur une composition fongicide comportant un composé fongicide (A) en y associant un autre composé ayant une activité biologique choisi dans une famille (B), (C) ou (D). Le directeur de l'INPI avait rejeté la requête en considérant que la modification étendait la portée de la revendication, ce que confirmait la cour d'appel de Paris au motif que la nouvelle rédaction « (...) n'avait pas pour conséquence de préciser, en la restreignant à une liste de combinaisons possibles, la composition du produit tel que mentionné dans la version initiale de la revendication 8, mais avait pour effet, tout au contraire, d'ajouter à ce produit un nouveau principe actif choisi parmi une liste nombreuse, offrant en réalité un champ considérable de nouvelles combinaisons possibles »(145). Cette décision fut très critiquée dans la mesure où elle s'opposait à la pratique de l'OEB selon laquelle le fait d'ajouter un élément à une revendication conduit, généralement, à en réduire la portée et non à l'étendre(146). La Cour de cassation censura la décision, sans se prononcer sur la question de la limitation, au motif que la cour d'appel n'avait pas vérifié si l'objet de la revendication modifiée n'était pas divulgué directement et sans ambiguïté dans la description du brevet(147). La cour de renvoi prit le contre-pied de la première décision en jugeant que la modification souhaitée par le breveté, qui était prévue dans la description, constituait bien une limitation de la portée de la revendication(148). La Cour de cassation, à nouveau saisie d'une contestation selon laquelle la modification de la revendication consistait à en changer l'objet, rejeta le pourvoi dirigé contre cet arrêt(149).

222. – **Recours propres à la procédure de limitation.** Conformément aux dispositions de l'article L. 411-4, alinéa 2 du Code de la propriété intellectuelle, le demandeur à la limitation qui voit sa requête rejetée par l'INPI peut intenter un recours devant la cour d'appel de Paris statuant comme juge de la légalité. La position des tiers est moins avantageuse. La cour d'appel de Paris a, en effet, jugé qu'un tiers ne pouvait contester l'effectivité de la limitation que devant le juge de la nullité en invoquant une violation de l'article L. 613-25, d) du Code de la propriété intellectuelle(150). Ce faisant, le tiers se voit privé d'une voie de recours même si la solution est admissible, en opportunité, dans une perspective de limitation du contentieux. La cour d'appel de Paris est toutefois allée beaucoup plus loin dans ce sens en étendant cette jurisprudence à toutes les causes de contestation issues de l'article R. 613-45, alinéa 3 du Code de la propriété intellectuelle(151). Or il n'y a pas d'identité totale entre les causes de nullité de l'article L. 613-25 et les causes

2015, modifiant le Code de la propriété intellectuelle et le décret n° 2014-1280 du 23 octobre 2014, relatif aux exceptions à l'application du principe « silence vaut acceptation » sur le fondement du II de l'article 21 de la loi n° 2000-321 du 12 avril 2000, relative aux droits des citoyens dans leurs relations avec les administrations : *JO* 8 mai 2015, p. 7932).

(145) CA Paris, 7 sept. 2011, *Syngenta c/ INPI* : *Propr. industr.* 2012, comm. 20, note P. Vigand.

(146) Pour une présentation détaillée, V. P. Vigand, note préc.

(147) Cass. com., 13 mars 2013 : *Propr. industr.* 2013, comm. 48, note P. Vigand.

(148) CA Paris, 25 oct. 2013 : *PIBD* 2013, n° 996, III, p. 1626 ; *Propr. industr.* 2014, comm. 17, note P. Vigand.

(149) Cass. com., 17 mars 2015 : *PIBD* 2015, n° 1027, III, p. 340.

(150) CA Paris, 30 mars 2011, *Routin c/ Teisseire* : *Propr. industr.* oct. 2011, comm. 69, note E. Py ; *Propr. intell.* janv. 2012, p. 101, note J.-Ch. Galloux. – Rejet du pourvoi, Cass. com., 30 mai 2012, *SAS Teisseire France c/ DG INPI* : *PIBD* 968/2012, III, p. 565 ; *Propr. industr.* nov. 2012, comm. 79, obs. E. Py.

(151) CA Paris, 1er juill. 2011, préc.

de contestation de l'article R. 613-45, ce qui implique que, sauf à procéder à une interprétation large des causes de nullité de l'article L. 613-25, la conformité de la revendication limitée aux dispositions de l'article L. 612-6 du Code de la propriété intellectuelle ne pourra pas faire l'objet d'un quelconque réexamen par le juge(152). Un tiers pourrait en revanche intervenir aux côtés du directeur général de l'INPI sous réserve de démontrer l'existence d'un intérêt à agir(153).

223. – **Publication.** La revendication modifiée fera l'objet d'une inscription au Registre national des brevets et un avis d'inscription est adressé à son auteur (CPI, art. R. 613-45, al. 4).

§ 2. – Le traitement de la demande européenne

224. – **Économie de l'examen de la demande européenne par l'Office européen des brevets (OEB).** La Convention sur le brevet européen (CBE) institue une procédure de délivrance d'introspection plus avancée que ne le connaît le système français(154). Ce renforcement du contrôle administratif se manifeste à deux égards : à la différence de l'office français, l'OEB se livre à un véritable examen de brevetabilité, spécialement de l'activité inventive, de l'invention revendiquée ; l'intervention des tiers est accrue au titre d'une procédure d'opposition susceptible d'entraîner la révocation totale ou partielle d'un brevet ayant fait l'objet d'une délivrance provisoire. Le résultat tient dans l'obtention de titres *a priori* plus solides que ceux délivrés par la voie nationale. Il reste que la nullité du brevet européen pourra néanmoins toujours être prononcée par l'autorité judiciaire(155). Le contrepoint tient dans une procédure de délivrance plus longue et plus coûteuse que la voie nationale. En l'état du droit positif(156), le brevet européen délivré éclate en un faisceau de brevets nationaux pour les pays visés dans la demande : la procédure devant l'OEB substitue donc une procédure unique de délivrance à une pluralité de procédures dans chacun des États pour le territoire desquels un titre est demandé. Le système institué réunit au sein de l'OEB instances administratives et judiciaires, les secondes étant appelées à contrôler le travail des premières(157).

(152) E. Py, note ss CA Paris, 1er juill. 2011, préc. ; *La modification des revendications...*, préc.

(153) Pour un exemple d'appréciation sévère de cet intérêt, V. CA Paris, 11 sept. 2013, n° 12/14498 : *PIBD* 2013, n° 993, III, p. 1506.

(154) Sur le système de l'Organisation européenne des brevets mis en place autour de l'Office européen des brevets par la convention dite de Munich du 5 octobre 1973, V. *supra*, n° 38.

(155) L'étude statistique permet de mesurer la différence relative : l'action en contrefaçon n'est accueillie que dans 33 % des cas, car le brevet français est déclaré nul dans 27 % des cas ; le brevet est reconnu valable, mais la contrefaçon écartée dans 40 % des cas. Les brevets européens sont plus solides que les brevets français, puisque le taux de succès du breveté est de 36 %, le taux d'annulation de 21 % et celui de rejet de la contrefaçon de 43 %, Sources cabinet P. Véron, *Le contentieux des brevets d'invention en France. Étude statistique 2000-2009*,Véron et associés, http://www.veron.com/setext.aspx.

(156) Sur le brevet européen à effet unitaire, V. *infra*, n° 239.

(157) Au rang des premières, on trouve les sections de dépôt, les divisions de recherche et d'examen, les divisions juridiques, d'opposition ou d'annulation ; les chambres de recours sont compétentes pour statuer sur les recours formés contre les décisions des précédentes (CBE, art. 21). Les compétences sont partagées entre la chambre de recours juridique et les chambres techniques, leurs décisions sont rendues en première instance et sans appel, V. déc. G 1/86 : *JOOEB* 1987, 447, pt 4. Néanmoins, la Grande chambre de recours statue sur les questions de droit posées par les chambres de recours ou les questions de droit posées par le président de l'OEB (CBE, art. 22 et s.). Elle vise à « assurer

225. – **Plan.** L'observation distingue les étapes proprement relatives à la délivrance du titre (I) des effets produits par le titre délivré (II).

I. – Les étapes relatives à la délivrance du brevet européen

226. – **Dépôt de la demande européenne.** Le dépôt de la demande européenne s'opère devant l'OEB (à Munich, La Haye ou Berlin), mais peut être réalisé physiquement devant un office national(158), la demande produisant alors les mêmes effets que si elle avait été déposée à la même date devant l'OEB. Le contenu de la demande de brevet européen reste extrêmement voisin de celui posé pour la demande française et nous renverrons à cet égard à l'étude de celui-ci(159). Particulière à la demande européenne en revanche sera la mention désignant les États contractants pour lesquels la demande est formulée, le brevet européen délivré ne produira ses effets que pour chacun des États retenus de la sorte(160). La demande européenne visera également fréquemment le dépôt national antérieur à l'égard duquel le demandeur du brevet européen se prévaut du droit de priorité : par l'effet de ce dernier, la date de priorité (date du premier dépôt national) est considérée comme celle du dépôt de la demande de brevet européen pour l'appréciation de l'état de la technique(161). Toute demande de brevet européen doit être déposée dans une des trois langues officielles de l'office (anglais, allemand, français) ou, si elle est déposée dans une autre langue, traduite dans une des langues officielles (CBE, art. 14, 2°). La langue officielle de l'Office européen des brevets dans laquelle la demande de brevet européen a été déposée ou traduite doit être utilisée comme langue de la procédure (CBE, art. 14, 3°). Des taxes annuelles doivent également être acquittées pour la troisième année, et à compter de la date de dépôt (CBE, art. 86).

227. – **Procédure, établissement du rapport de recherche européen, publication.** La procédure est d'abord réservée à un examen formel. À l'issue d'un premier examen formel du dossier de la demande européenne, l'OEB affecte celle-ci d'une date de dépôt(162). L'office invitera le demandeur à remédier à toute irrégularité formelle susceptible d'être réparée. La demande régulièrement déposée donne automatiquement lieu à l'établissement d'un rapport de recherche européenne (CBE, art. 92 ; Règles 61 et s.). Réalisé par la division de recherche, ce document cite les

---

une application uniforme du droit » sur des questions de droit « d'importance fondamentale », déc. G. 2/88 : *JOOEB* 1990, 92, pt 1 et déc. G 3/93 : *JOOEB* 1995, 18, pt 2. – V. Mousseron, *Traité*, n°s 947 et s., p. 926 et s.

(158) CBE, art. 75 (1) ; Règle 35. Spécialement, lorsque le déposant a son domicile ou son siège en France, les textes prévoient le dépôt de la demande européenne devant l'INPI (sauf si celle-ci revendique précisément la priorité d'une demande française) afin d'examen par les services de la défense nationale (CPI, art. L. 614-2, al. 2). Les conditions de la transmission de la demande française sont également encadrées : la demande européenne sera réputée retirée à raison du défaut de transmission par l'Office national à l'OEB dans un délai de quatorze mois à compter du dépôt ou de la priorité (*retrait fictif*) ; en ce cas la demande européenne est transformée en demande de brevet français, CPI, art. L. 614-6 et CBE, art. 135, § 1, a.

(159) V. CBE, art. 78 qui vise une requête en délivrance, la description de l'invention, une ou plusieurs revendications, les dessins, un abrégé, l'ensemble devant satisfaire aux conditions du règlement d'exécution.

(160) L'article 79 de la CBE prévoit : « Tous les États contractants parties à la présente convention lors du dépôt de la demande de brevet européen sont réputés désignés dans la requête en délivrance du brevet européen. (...) La désignation d'un État contractant peut être retirée à tout moment jusqu'à la délivrance du brevet européen ».

(161) V. CBE, art. 87 et s.

(162) V. CBE, art. 90. La demande européenne affectée d'une date de dépôt a, pour les États contractants désignés, la valeur d'un dépôt national régulier (CBE, art. 66).

antériorités susceptibles d'affecter la nouveauté et l'activité inventive de l'invention revendiquée ; chaque antériorité est citée avec sa date de publication, et en correspondance des revendications qu'elle peut affecter (Règle 61). Le rapport est accompagné d'un avis sur la brevetabilité, sans être publié avec le rapport de recherche (Règle 62). Dès qu'il est établi, le rapport de recherche avec copies de tous les documents cités (Règle 65) est transmis au demandeur. Celui-ci est invité à remédier aux irrégularités constatées et à modifier la description, les revendications et les dessins(163). Le rapport et la demande de brevet (revendications, description, dessins) sont ensuite publiés : cette publication doit intervenir dès que possible à l'expiration d'un délai de dix-huit mois courant de la date de dépôt, ou auparavant sur requête du demandeur. La publication de la demande de brevet européen produit un effet juridique majeur : l'acte de dépôt devient opposable aux tiers ; en conséquence, la demande assure provisoirement au demandeur la même protection que celle procurée par le brevet délivré(164) et celui-ci peut agir en contrefaçon, sous réserve de la publication des traductions en langue française des revendications (ou par la notification de la traduction au présumé contrefacteur), lorsque la demande n'a pas été publiée dans cette langue(165). En revanche, jugé qu'une demande de mesures provisoires (interdiction provisoire) ne peut être accordée sur cette base(166). Les tiers peuvent également présenter des observations concernant la brevetabilité, sans pour autant *acquérir la qualité de parties à la procédure* (CBE, art. 115).

228. – **Examen de la demande européenne.** La procédure va désormais s'attacher aux exigences de fond. C'est à la demande du déposant formulée dans les six mois de la publication (avec paiement de la taxe d'examen) que l'OEB examine si la demande de brevet et l'invention satisfont aux conditions prévues par la Convention (CBE, art. 94) ; à défaut, la demande est réputée retirée(167). La division d'examen va apprécier sans doute la régularité formelle de la demande, mais aussi les exigences de fond : nouveauté, activité inventive, application industrielle de l'invention revendiquée, exceptions à la brevetabilité, exigence d'unité de l'invention et suffisance de description... On mesure là la différence de degré dans le contrôle exercé avec le dépôt national. Lorsqu'elle sera amenée à considérer que la demande ou l'invention pèche pour satisfaire aux conditions de la CBE, la division d'examen en fera *notification* au déposant en l'invitant à faire valoir ses observations, sinon à modifier la demande (Règles 71 et s.), sous réserve de ne pas en étendre l'objet au-delà de la demande initiale (CBE, art. 123.2). Toute modification intervenant après la réponse au rapport de recherche doit être acceptée par la division d'examen. Par ailleurs le déposant peut demander à s'expliquer oralement devant cette « auto-

(163) V. CBE, Règle 70 bis, § 1.

(164) CBE, art. 67, § 1. Saisi d'une action en contrefaçon, le juge va surseoir à statuer jusqu'à la délivrance du brevet européen, comme il le ferait pour une demande de brevet français.

(165) CPI, art. L. 614-9. – V. CA Paris, 12 déc. 1997 : *PIBD* 1998, 658, III, 391, qui valide une saisie-contrefaçon sur la base d'une traduction non encore publiée mais notifiée au défendeur, *adde* CA Versailles, 13 mars 1998 : *RTD com.* 1999, 861, J. Azéma.

(166) CA Paris, 12 déc. 1997, préc., dès lors que l'article L. 614-9 du Code de la propriété intellectuelle ne renvoie pas formellement à l'article L. 615-3 relatif à la demande en interdiction provisoire.

(167) Le droit français ne prévoit pas pour ce cas la transformation de la demande européenne en demande française, V. CPI, art. L. 614-6.

rité ». S'instaure alors un dialogue étroit entre le déposant et la division d'examen ; l'OEB a de la sorte développé les principes gouvernant à un tel conciliabule : respect du contradictoire, principe de confiance légitime à l'endroit du déposant, droit d'être entendu, modalités de preuve..., un droit processuel propre à la procédure d'obtention du brevet européen, inspiré de principes de droit communautaire, sensible aux préceptes de la Convention européenne de sauvegarde des droits de l'homme, et qui suscite son propre contentieux devant les chambres spécialisées de cet office(168).

229. – **Le rejet de la demande.** Le rejet de la demande peut donc intervenir lorsque la division d'examen estime que la demande de brevet et l'invention ne satisfont pas aux conditions requises par la CBE, ou lorsque les modifications proposées par le déposant ne sont pas acceptées par la division d'examen.

230. – **Délivrance du brevet européen. Langue et traduction. Accord de Londres.** Lorsque la demande de brevet et l'invention satisfont aux conditions requises par la CBE, la division d'examen notifie le texte définitif au déposant en l'invitant à acquitter la taxe de délivrance et à produire une traduction des revendications dans les deux langues officielles de l'OEB autres que la langue de procédure dans un délai de quatre mois (Règle 71). La décision de délivrance est prise au respect de ces formalités, et avec l'accord du déposant sur le texte proposé (Règle 71 bis)(169). Le fascicule du brevet européen (description, revendications, dessins) est publié, mention en est faite au *Bulletin européen des brevets* (art. 98). *Quid* de la langue ? Le brevet européen est délivré dans une seule langue, parmi les trois officielles de l'OEB. Le texte rédigé dans la langue de la procédure est le texte qui fait foi devant l'Office européen des brevets et dans tous les États contractants (CBE, art. 70, 1° ; CPI, art. L. 614-7). Néanmoins, la CBE laissait la faculté à tout État contractant d'imposer la production d'une version du brevet traduite devant l'office national, sauf à ce que le titre puisse être privé d'effet dès l'origine pour cet État (CBE, art. 65)(170). La traduction de l'intégralité du fascicule du brevet associe un coût supplémentaire à l'obtention d'un titre européen souvent pointé du doigt, spécialement en regard du brevet américain(171). Aussi bien, au titre de l'accord dit « de Londres » (17 oct. 2000), les États signataires s'engagent à renoncer, en tout ou dans une large mesure, à l'exigence de produire des traductions des brevets européens(172). Spécialement un État ayant une langue officielle en commun avec une

(168) V. E. Waage, *L'application des principes généraux de procédure en droit européen des brevets*, Litec, coll. « CEIPI », 2000, t. 45, préf. D. Stauder. – Cl. Payraudeau, *La Convention sur le brevet européen*, Litec, coll. « CEIPI », 1999, préf. Y. Reboul. – *Adde La jurisprudence des chambres de recours de l'Office européen des brevets*, éd. OEB, 7e éd., 2013, spéc. p. 525 et s.

(169) À défaut d'accord du déposant, la procédure d'examen reprend, Règle 71 (6).

(170) La France, antérieurement à l'accord de Londres, imposait une traduction française devant l'INPI du brevet européen (L. 30 juin 1977, art. L. 614-7 ancien). La Cour de justice de l'Union européenne a jugé que cette disposition ne constituait pas une entrave au marché intérieur, CJUE, 21 sept. 1999, aff. *BASF* : *Rec. CJUE* 1999, I, 6269 ; *RTD com.* 1999, p. 861, obs. J. Azéma.

(171) A. Pompidou, alors président de l'OEB, déclarait : « Le coût par traduction est d'environ 1 400 €. Sur un brevet de 20 pages dont 16 pages de description et quatre pages de revendications, sans le protocole de Londres, dans la mesure où le déposant validerait dans les 31 États membres, c'est-à-dire dans vingt-trois langues, on arrive à un coût de 30 800 € par brevet. Avec le protocole de Londres, le fait qu'on réduise le coût des traductions uniquement aux revendications entraîne une division par cinq », audition publique devant l'Assemblée nationale, 11 mai 2006, Doc. AN n° 3169.

(172) V. Accord sur l'application de l'article 65 de la CBE, Londres, 17 oct. 2000 : *JOOEB* 12/2001, p. 550. Ratifié par L. n° 2007-1477, 17 oct. 2007, et publié par D. n° 2008-428, 2 mai 2008.

des langues officielles de l'OEB renonce totalement aux exigences en matière de traduction (c'est le cas de la France). Dès lors, pour la France, le brevet européen pourra produire effet sans que la description, établie dans l'une des deux autres langues officielles, n'ait été traduite[(173)]. En revanche, les États signataires dont la langue n'était pas l'une des trois langues officielles de l'OEB, ont renoncé pour la délivrance du brevet européen à une exigence de traduction du fascicule dans leur propre langue, mais peuvent exiger la traduction du brevet dans une langue officielle (en pratique l'anglais) si le brevet est délivré dans l'une des deux autres langues (en pratique l'allemand ou le français). Au cas de litige, les États parties à l'accord peuvent prescrire la traduction complète du brevet à la demande du défendeur à la contrefaçon ou de la juridiction compétente ; cette faculté est reprise par la loi française (CPI, art. L. 614-7, al. 2 et R. 614-11). Les États n'ayant pas ratifié cet accord exigent encore traduction du fascicule conformément à l'article 65 de la CBE. L'accord de Londres est entré en vigueur le 1er mai 2008 et s'applique aux brevets européens pour lesquels la mention de la délivrance a été publiée dans le *Bulletin européen des brevets*, après cette date (art. 9)[(174)].

231. – **Procédure d'opposition.** C'est sans aucun doute la procédure d'opposition, prévue après délivrance du titre, qui porte l'originalité et l'économie du système européen au regard du système français. Le brevet européen délivré s'affiche comme un titre fort, objet d'abord d'un examen contradictoire des conditions de brevetabilité avec l'office, ensuite d'une possible contestation de tiers au titre de la procédure d'opposition. Dans un délai de neuf mois à compter de la publication de la mention de délivrance au *Bulletin européen des brevets*, toute personne peut faire opposition au brevet[(175)]. Il peut même y avoir plusieurs demandeurs à l'opposition. La procédure se déroule devant une division d'opposition. L'opposition ne peut être fondée que sur des motifs limitativement prévus par la CBE : défaut de brevetabilité, insuffisance de description, extension de l'objet du brevet au-delà du contenu de la demande telle que déposée ou, s'il s'agit d'une demande divisionnaire ou d'une nouvelle demande déposée en vertu de l'article 61, au-delà de la demande initiale (CBE, art. 100). L'opposant doit dès sa demande étayer les motifs de la contradiction, mais la division d'opposition peut examiner d'office d'autres motifs. Lorsque la demande est recevable (paiement de la taxe d'opposition), la division invite le bre-

(173) Pour les revendications, il a été signalé que la délivrance du brevet européen est subordonnée à leur traduction dans deux langues officielles de l'OEB autres que la langue de procédure (V. Règle 71), donc nécessairement le français. La mise en œuvre en France de l'accord de Londres a suscité les plus vives réserves spécialement au titre de la défense de la langue française (J. Foyer *in Propr. industr.* déc. 2005, p. 9. – J.-Ch. Galloux : *D.* 2006, p. 850) ; sa constitutionnalité a été contestée sans succès, V. Cons. const., 28 sept. 2006 : *D.* 2007, p. 120, note Verpeaux et p. 1919, note crit. J. Foyer ; *Propr. intell.* 2006, n° 21, p. 478, B. Warusfel.

(174) À compter de cette date, l'INPI a refusé de recevoir toute traduction même pour une version modifiée pour un brevet délivré avant opposition. La cour de Paris a rejeté les recours contre les décisions de l'office (CA Paris, 14 avr. 2010 : *PIBD* 2010, n° 919, III, 333) [vingt-cinq arrêts]. – La Cour de cassation a rejeté les pourvois : Cass. com., 2 nov. 2011 : *Propr. industr.* mai 2012, comm. 36, P. Vigand : les dispositions de l'article 1, alinéa 1er, de l'accord de Londres du 17 octobre 2000, ratifié par la France et celles de l'article 10 de la loi du 29 octobre 2007 s'analysent comme des règles ne touchant pas à l'existence même des droits sur un brevet européen et en tant que telles s'appliquent à compter du 1er mai 2008, date d'entrée en vigueur de ces textes, peu important que le texte du brevet européen dans sa version initiale ait été publié antérieurement (également Cass. com., 29 nov. 2011, même référence).

(175) La preuve d'un intérêt à agir n'est pas formellement requise, OEB, déc. G 1/84, 24 juill. 1985 : *JOOEB* 1985, p. 229. Mais le breveté est irrecevable à former opposition contre son propre titre, OEB, déc. G 9/93, 6 juill. 1994 : *JOOEB* 1994, p. 891.

veté à faire valoir ses observations (CBE, art. 113-1). La procédure au fond se traduit par une série d'échanges (en principe écrits, oraux le cas échéant) entre l'opposant et le breveté, dans un souci de respect du contradictoire. L'opposant supporte la charge de la preuve et le doute profite au breveté. Ce dernier peut encore apporter des retouches à son titre pour répondre aux objections de l'opposant en cours d'opposition[(176)]. La division d'opposition a trois parties : elle peut rejeter l'opposition, et ce faisant confirmer le brevet tel que délivré, révoquer le brevet[(177)], maintenir le brevet sons forme modifiée avec des revendications proposées ou acceptées par le breveté (CBE, art. 101). La modification du brevet européen emporte publication d'un nouveau fascicule et mention de la modification au *Bulletin européen des brevets* (CBE, art. 103). La décision de la division d'opposition est susceptible de recours, comme indiqué ci-après.

232. – **Procédure de limitation. Modification des revendications.** La révision de la CBE de 2000 a également permis d'introduire une procédure en limitation devant l'OEB, ce qui fait l'économie de procédures nationales multiples. Le titulaire du brevet européen peut demander la révocation ou la limitation de son titre dans le cadre d'une modification des revendications (CBE, art. 105 bis) ; la requête ne peut être présentée tant qu'une procédure d'opposition est pendante ; hors cette réserve, elle peut être présentée à tout moment de la vie du brevet. La division d'examen apprécie si les revendications modifiées satisfont aux exigences de clarté et concision des revendications (CBE, art. 84) et n'étendent pas l'objet de la protection au-delà de la demande initiale (CBE, art. 123, § 2), sans pour autant revenir sur l'appréciation de la brevetabilité et de la suffisance de description. La limitation ou révocation produit effet dans tous les États pour lesquels la patente a été délivrée (CBE, art. 105 ter, 3°) et ce dès l'origine du titre (CBE, art. 68).

233. – ***Restitutio in integrum.*** Tout comme pour la procédure française, la CBE prévoit une faculté de restauration dans ses droits pour le déposant qui aurait manqué un délai. Conformément à l'article 122 de la CBE :

> « Le demandeur ou le titulaire d'un brevet européen qui, bien qu'ayant fait preuve de toute la vigilance nécessitée par les circonstances, n'a pas été en mesure d'observer un délai à l'égard de l'Office européen des brevets est, sur requête, rétabli dans ses droits si l'inobservation de ce délai a pour conséquence directe le rejet de la demande de brevet européen ou d'une requête, le fait que la demande est réputée retirée, la révocation du brevet européen, la perte de tout autre droit ou d'un moyen de recours ».

La requête doit être formée dans un délai de deux mois à compter de la cessation de l'empêchement ayant entraîné l'inobservation du délai et dans un délai maximum d'un an à compter de l'expiration du délai non observé (Règle 136, 1°). Sont exclus du bénéfice de la *restitutio in integrum* : le délai pour présenter ladite restauration ou les délais de présentation de la requête en poursuite de la procédure (CBE, art. 121). Le requérant doit faire la démonstration du manque-

(176) OEB, 2 mars 1988, aff. T-406/86 : *JOOEB* 1989, p. 302. Néanmoins sous contrôle de la division d'opposition.
(177) La révocation opère anéantissement rétroactif du brevet au même titre que la nullité (obtenue par voie judiciaire).

ment au délai « en dépit de toute la vigilance nécessitée par les circonstances » (CBE, art. L. 122, 1°)[178]. La notion suscite également un contentieux abondant des chambres de recours de l'OEB qui fait jurisprudence[179]. Pour apprécier l'obligation de vigilance, il convient d'examiner les faits de chaque cause dans leur ensemble pour chaque cas considéré[180]. L'exigence ne doit pas être entendue de manière excessive, d'une façon qui limiterait de manière déraisonnable l'accès à la procédure[181]. Les chambres de l'OEB tendent à considérer l'exigence de vigilance satisfaite lorsque l'inobservation du délai est due soit à des circonstances exceptionnelles (réorganisation, maladie grave...), soit à une méprise isolée dans l'application d'un système de surveillance des délais par ailleurs correctement mis en place[182]. L'obligation de vigilance est appréciée différemment selon que le manquement est imputable au demandeur déposant, à un mandataire agréé ou à un de ses auxiliaires (salarié)[183]. Si la requête est admise, le requérant est réputé ne pas avoir perdu le droit en cause (CBE, art. 122, 3°), l'acte omis doit être accompli dans le délai de deux mois à compter de la cessation de l'empêchement (Règle 136, § 1 et § 2).

234. - **Recours.** La CBE ouvre une faculté de recours à l'égard des décisions rendues par ses diverses instances (section de dépôt, division d'examen, d'opposition, division juridique) (CBE, art. 106). Toute partie à la procédure peut former un recours contre une décision n'ayant pas fait droit à ses prétentions ; les autres parties à la procédure sont de droit parties à la procédure de recours (CBE, art. 107). Tout recours doit être formé dans un délai de deux mois à compter de la signification de la décision par l'office et appelle paiement d'une taxe de recours, le mémoire exposant les motifs du recours peut être déposé ultérieurement, dans un délai de quatre mois à compter de la même date (CBE, art. 108). L'introduction d'un recours ouvre en sorte de préalable au contentieux un réexamen « gracieux » de la décision litigieuse par l'instance ayant pris celle-ci, c'est la révision préjudicielle (CBE, art. 109). Celle-ci n'est applicable qu'aux décisions *ex parte.* Au cas où il n'est pas fait droit à la demande s'ouvre le recours « contentieux ». Celui-ci est porté devant une chambre de recours. La procédure se déroule dans des conditions similaires à la phase d'opposition : la chambre invite les parties, autant que nécessaire, à présenter leurs observations en suite à ses notifications (Règle 100, 2°). Lorsqu'elle statue, la chambre de recours peut soit confirmer la décision rendue en première instance, soit exercer les compétences de l'instance qui a pris la décision attaquée, soit renvoyer l'affaire à ladite instance pour suite

(178) Comp. *supra* avec le régime de la restauration de droits en droit français qui évoque la démonstration d'un motif *d'excuse légitime*, CPI, art. L. 612-16.

(179) V. *Jurisprudence des chambres de recours de l'OEB*, préc., p. 609 et s., spéc. p. 625 et s.

(180) OEB, 11 juin 1985, aff. T-287/84 : *JOOEB* 1985, 333.

(181) OEB, 9 mai 2008, aff. T-1465/07, qui vise expressément une exigence de proportionnalité dans l'application de la règle, décision accessible sur le site de l'OEB.

(182) Il appartient dans ce cas au demandeur ou à son mandataire de démontrer que non seulement un système normalement efficace de surveillance des délais fixés dans la CBE était en place dans l'entreprise ou le cabinet (déc. J 2/86 et J 3/86 : *JOOEB* 1987, 362), mais aussi que ledit système prévoit un mécanisme de vérification indépendant et efficace permettant d'éviter l'inobservation des délais (OEB, 23 févr. 2001, aff. T-428/98 : *JOOEB* 2001, 494 ; OEB, 23 févr. 2014, aff. T-785/01, V. site OEB).

(183) V. not OEB, 22 févr. 1994, J. 3/93...

à donner (CBE, art. 110). Les décisions de la chambre de recours sont normalement définitives. Néanmoins, afin d'assurer une application uniforme du droit ou si une question juridique d'importance fondamentale se pose, la Grande chambre de recours a compétence (CBE, art. 112). Cette dernière peut être saisie par la chambre de recours soit d'office, soit à la requête d'une partie, ou par le président de l'OEB lorsque deux chambres de recours divergent sur une question de droit (CBE, art. 112). Depuis la révision de la CBE 2000, une requête en révision peut encore être formée devant la Grande chambre pour vice de procédure (composition irrégulière de la chambre de recours, méconnaissance du contradictoire...), sinon lorsqu'une infraction pénale a pu avoir une incidence sur la décision (CBE, art. 112 bis). Un souci de faveur pour le déposant, et le brevet obtenu, justifie un principe qui écarte toute réformation qui placerait l'unique requérant en recours contre une décision de la division d'opposition dans une situation plus défavorable que s'il n'avait pas formé de recours (*reformatio in peius*). La Grande chambre de recours a cependant fait exception à cette règle en rejetant une revendication modifiée au profit de breveté (en l'espèce la division d'opposition avait admis une modification irrecevable)[184].

235. – Illustration.

PROCÉDURE D'OBTENTION D'UN BREVET EUROPÉEN
(pris sous priorité d'une demande française)

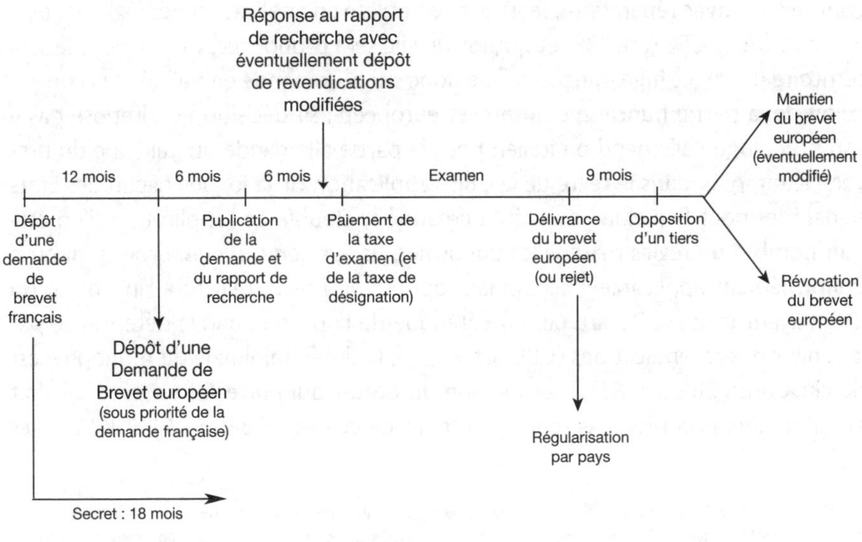

(184) OEB, Gde ch. recours, 2 avr. 2001, déc. G 1/99 : *JOOEB* 2001, 381. – Sur cette jurisprudence, V. *Jurisprudence des chambres de recours de l'OEB*, préc., p. 1096 et s.

II. – Les effets produits par la délivrance du brevet européen

236. – **Plan.** La présentation du droit positif (A) précédera celle du droit prospectif (B).

A. – Le droit positif

237. – **Effet du brevet européen délivré : « une fusée à têtes multiples ». Droit applicable.** Fondamentalement, la délivrance du brevet européen emporte éclatement de celui-ci en autant de brevets nationaux que le déposant a désigné d'États dans sa demande[185]. Ainsi le brevet européen ne vise pas à la délivrance d'un titre unique pour l'Union européenne ; tout au contraire, il permet au titre d'une procédure unique d'examen et de délivrance d'obtenir un « faisceau » de brevets nationaux : le brevet européen est une « fusée à têtes multiples », a-t-on pu dire. En réalité, la situation juridique est un peu plus complexe. La CBE décide que le brevet européen confère à son titulaire les mêmes droits qu'un brevet national, en sorte que toute contrefaçon du brevet européen est appréciée conformément à la loi nationale du pays pour lequel le titre a été pris (CBE, art. 64). Sur le terrain du conflit de lois, il faut en déduire l'application de la loi du pays pour le territoire duquel le brevet européen a été demandé, ce qui est strictement conforme au principe de territorialité. Ce sera le juge national qui aura à juger des actions relatives à ce brevet pour chacun des pays pour lequel le titre a été demandé : action en contrefaçon, avec réparations, mais aussi en nullité en application des règles de brevetabilité de la CBE (art. 138) et qui, lorsqu'elle sera prononcée, vaudra pour le seul territoire du *for*. Le juge français statue donc sur la demande en nullité et la contrefaçon de la partie française d'un brevet européen ; sa décision ne s'impose pas à son homologue allemand ou italien pour la partie allemande ou italienne du brevet. Néanmoins, dans le texte de la CBE, l'application de la loi de chacun des États signataires pour lequel le titre a été demandé se double de l'application d'un certain nombre de règles matérielles uniformes, un *jus conventionis*, droit minimum uniformément applicable[186]. Ainsi la propriété du brevet revient à l'inventeur ou à son ayant cause (CBE, art. 60, 1°), l'étendue de la protection est déterminée par la teneur des revendications (CBE, art. 69)[187], la durée minimale du monopole est de vingt ans (CBE, art. 63), la protection du brevet qui porte sur un procédé doit s'étendre aux produits directement obtenus de celui-ci (CBE, art. 64, 2°). Mais ces

(185) CBE, art. 2, § 2 : « Dans chacun des États contractants pour lesquels il est délivré, le brevet européen a les mêmes effets et est soumis au même régime qu'un brevet national délivré dans cet État, sauf si la présente convention en dispose autrement ».

(186) C'est là une méthode générale aux conventions internationales de propriété intellectuelle organisant le régime de protection de la création au-delà de son pays d'origine que de doubler le principe de l'application de la loi du pays pour le territoire duquel la protection est réclamée d'un *jus conventionis* minimum uniformément applicable dans les États membres : sur la convention de Berne du 9 septembre 1886 pour la protection des œuvres littéraires et artistiques, V. J. Raynard, *Droit d'auteur et conflits de lois*, Litec, 1990, spéc. 512 et s.

(187) La révision de la CBE de 2000 a justifié un Protocole interprétatif de l'article 69 soulignant le caractère subsidiaire de la description et des dessins à l'égard des revendications, et en visant expressément la théorie dite « des équivalents » : « Pour la détermination de l'étendue de la protection conférée par le brevet européen, il est dûment tenu compte de tout élément équivalent à un élément indiqué dans les revendications ». – Par ailleurs, l'OEB admet, sous certaines conditions, la pratique fréquente des *disclaimers* qui consiste à exclure expressément d'une revendication une caractéristique technique qui à défaut aurait été couverte : V. OEB, Gde ch. recours, 8 avr. 2004, déc. G 1/03 et G 2/03 : *Propr. industr.* juill.-août 2004, comm. 59, P. Vigand.

règles sont cependant identiques au droit français en sorte que le *jus conventionis* matériel de la CBE se fait caméléon pour ne pas se distinguer du droit national. Il est cependant des situations où la CBE prend la mesure de la diversité : la question de la titularité du brevet européen sur invention de salariés fait l'objet d'une règle de conflit (CBE, art. 60, 1°) qui permet d'apporter une réponse unique à cette rubrique, là où le renvoi au droit national serait susceptible de réponses divergentes selon les États (sur le régime des inventions de salariés dans la CBE, V. *infra*, n° 267)(188).

238. - **Brevet français et brevet européen pris pour la même invention, subrogation réelle.** Lorsque la même invention est revendiquée à la fois dans une demande de brevet ou un brevet européen, et dans une demande de brevet ou un brevet national, avec la même date de dépôt ou de priorité, il y aurait cumul à admettre que deux titres puissent couvrir le même objet(189). On perçoit les dangers d'une telle situation en cas de transfert des titres à des sujets différents ou d'appréciation divergente de la brevetabilité ou de l'étendue du droit pour chacun des brevets. Le droit français ne l'a évidemment pas voulu(190). De la sorte, en pareille hypothèse, lorsque le brevet européen vient à être délivré de manière irrévocable (plus d'opposition possible ou maintien du brevet à l'issue de telle procédure), le brevet européen désignant la France se substitue au brevet français (CPI, art. L. 614-13) ; ce dernier ne produit plus d'effet et ne saurait fonder une action en contrefaçon(191). Cette substitution suppose que les deux titres concernent exactement la même invention, en d'autres termes que le brevet français couvre le brevet européen(192). Ainsi lorsque le brevet européen a une portée moins étendue que le titre national, la substitution ne s'opère que partiellement, dans la seule mesure du titre européen(193). La substitution opère définitivement et l'extinction ou l'annulation ultérieure du brevet européen ne saurait faire renaître le brevet français substitué (CPI, art. L. 614-13, al. 3). Il en est de même au cas de déchéance de la partie française du brevet européen pour défaut de paiement de l'annuité, et ce en dépit de la rétroactivité attachée aux effets de la déchéance(194). La substitution

(188) C'est une question bien particulière au régime du droit que de désigner son titulaire *ab initio* : l'application de la loi de chaque État à cette rubrique risque d'emporter une disparité de réponses, et par là même de titulaires différents ! C'est la faiblesse des conventions internationales sur le droit d'auteur (Berne, préc.) qui ne règle pas la question. La Cour de cassation, avec orthodoxie, et maladresse, applique la règle de la territorialité avec application de la loi de chaque État de protection : V. Cass. 1re civ., 10 avr. 2013, trois arrêts, qui fixent la titularité initiale du droit d'auteur par référence à la loi du pays où la protection doit être réclamée (*JCP G* 2013, 701, note E. Treppoz). La CBE ne tombe pas dans ce travers et pose une règle matérielle générale aux inventeurs indépendants, et une règle de conflit propre aux inventions de salariés (V. CBE, art. 60). – Sur les questions de titularité du droit, V. *infra*, n° 267.

(189) Par ex. : *Primus* dépose en France avant de déposer ultérieurement la même invention devant l'OEB sous priorité de la demande française, pour une demande européenne visant également la France.

(190) La CBE n'impose pas l'effacement du titre national, laissant cette faculté aux États signataires, V. CBE, art. 139, al. 3.

(191) CA Paris, 2 juill. 2010 : *PIBD* 2010, 928, III, 730. – Les tribunaux français sont seuls compétents pour constater cette substitution, ce qui exclut les juridictions de l'OEB, en règle générale à l'occasion d'un contentieux en contrefaçon, V. CPI, art. L. 615-17.

(192) Cass. com., 17 oct. 1995 : *D.* 1996, somm. p. 289, Mousseron. – Cass. com., 7 juill. 2004 : *Propr. intell.* 2004, n° 13, p. 947, B. Warusfel.

(193) CA Paris, 6 janv. 2006 : *PIBD* 2006, n° 825, III, 160. – L'hypothèse vise deux demandes déposées dans les mêmes termes, la demande européenne étant ultérieurement amendée au cours de l'examen ou d'une procédure d'opposition pour avoir une portée moins étendue. Le juge ne s'arrête pas à une identité de termes, mais interprétera la portée des revendications des deux titres : CA Paris, 10 janv. 2007 : *PIBD* 2007, n° 847, III, 139.

(194) La société Trèves a déposé le 10 avril 1995 une demande de brevet français délivré le 20 juin 1997 ; le 5 avril 1996 elle dépose une demande de brevet européen pour la même invention, sous priorité de la demande française et désignant la France, le titre européen est délivré le 29 décembre 1999 ; mais la redevance annuelle due en France pour le brevet européen n'est pas payée à échéance, ni à l'expiration du délai de grâce : le directeur de l'INPI constate la déchéance de la partie française de ce brevet : résultat, plus de brevet européen ni de brevet français, l'action en contrefaçon du brevet français est irrecevable ! – V. CA Paris, 2 juill. 2010 : *PIBD* 2010, n° 928, III, 727, pourvoi rejeté par Cass.

laisse cependant un temps de cumul provisoire après le dépôt des deux titres et alors que le brevet européen n'est pas définitivement délivré (dans le temps d'une procédure d'opposition ou pendant celle-ci). Pour cette époque de coexistence, le droit français pose deux règles : d'une part, la cession, la licence ou la mise en garantie qui interviendrait séparément pour les deux demandes ou titres serait frappée de nullité (CPI, art. L. 614-14, al. 1er)(195) : d'autre part, le tribunal saisi d'une action en contrefaçon formée sur le titre français devra surseoir à statuer jusqu'à la date à laquelle le brevet français cesse de produire effet par substitution du titre européen ou la date à laquelle la demande de brevet européen est retirée ou le brevet européen révoqué (CPI, art. L. 614-15, al. 1er). Si la substitution vient à opérer, le demandeur poursuivra l'instance sur la base des revendications du brevet européen qui succède au brevet français pour les faits postérieurs à cette date (CPI, art. L. 614-15, al. 2). L'analyse civiliste du mécanisme de substitution reste à faire, mais cette dernière conséquence est caractéristique d'une *subrogation réelle* qui voit un bien en remplacer un autre dans toutes ses conséquences juridiques(196). Cette analyse justifierait que la licence portant sur le brevet français se poursuive pour les revendications substituées du brevet européen(197). Mais le titre européen est bien indépendant de son antécédent français : ainsi l'action en revendication du brevet européen se prescrit à compter de la seule délivrance de ce dernier, et non de la délivrance du brevet français(198).

B. – Le droit prospectif

239. – Brevet européen à effet unitaire. Les échecs répétés pendant quatre décennies visant à la mise en place d'un brevet uniforme communautaire ont amené les autorités européennes à adopter une approche d'un autre genre au titre du « brevet européen à effet unitaire ». Deux règlements du 17 décembre 2012 respectivement nos 1257/2012 et 1260/2012, constitutifs du *paquet brevet*, instaurent un système passablement plus complexe. Le règlement n° 1257/2012(199) a mis en œuvre la procédure de coopération renforcée(200) pour la création d'une protection unitaire conférée par

com., 18 oct. 2011, aff. *Trèves c/ Sillac* : *PIBD* 2012, n° 954, III, 52. Si la décision de constatation de déchéance est intervenue après la date à laquelle la substitution a pris effet, la déchéance opère à la date d'échéance de l'annuité non acquittée, en l'occurrence antérieurement à la substitution qui, du coup, est censée n'avoir jamais pu se réaliser ! Par analogie, on rapprochera cette solution de la jurisprudence de la cour régulatrice qui ignore les conséquences de la rétroactivité pour des situations mettant en cause l'existence du droit : sur l'autorité de chose jugée des décisions définitives de contrefaçon en dépit de l'annulation ultérieure du brevet, V. supra, n° 179 ; sur les conséquences de l'annulation du brevet sur le contrat de licence dont il est l'objet, V. *infra*, n° 728 ; sur la situation du tiers ayant réalisé des actes d'exploitation alors que la déchéance était prononcée avant restauration, V. *infra*, n° 334. – *Adde* J. Raynard, *Le fabuleux destin du brevet dit de la pravastatine ou la propriété ressuscitée*, in *Mél. A. Lucas*, LexisNexis, 2014, p. 614 et s.

(195) Nullité absolue : TGI Paris, 20 févr. 2008 : *PIBD* 2008, n° 874, III, 301. L'opposabilité aux tiers suppose encore la réalisation des formalités publicitaires tout à la fois au Registre national des brevets et au Registre européen des brevets : la cession séparée du droit de priorité unioniste est encore prohibée pour ce qui est du dépôt d'une demande européenne visant la France, V. CPI, art. L. 614-14, al. 2 et 3. On s'interroge sur la sanction atteignant une cession isolée du droit de priorité, l'annulation de la revendication de priorité est évoquée : Mathély, préc., p. 629. – J. Azéma et J.-Ch. Galloux, préc., n° 909, p. 546.

(196) V. F. Zenati et Th. Revet, *Les biens*, PUF, 3e éd., 2008, spéc. § 156 et s.

(197) Comp. CA Paris, 23 nov. 1993 : *PIBD* 1994, 561, III, 102, pourvoi rejeté par Cass. com., 17 oct. 1995, n° 94-10.373 : *D.* 1996, somm. 289, J.-M. Mousseron et J. Schmidt.

(198) Cass. com., 7 janv. 2014 : *Propr. industr.* 2015, n° 26, obs. J.R.

(199) PE et Cons. UE, règl. n° 1257/2012, 17 déc. 2012, mettant en œuvre la coopération renforcée dans le domaine de la création d'une protection unitaire conférée par le brevet : *JOUE* n° L 361, 31 déc. 2012, p. 1.

(200) La coopération renforcée regroupe vingt-cinq pays à l'exclusion de l'Espagne et de l'Italie hostiles au système pour des raisons principalement linguistiques. Le recours formé par ces États a été rejeté par la Cour de justice de l'Union européenne le 16 avril 2013 (aff. C-274/11 et C-295/11).

brevet. Le brevet concerné n'est pas un nouveau titre de propriété intellectuelle, mais un brevet européen assorti d'un effet unitaire nouveau, et optionnel, assurant la protection d'une invention sur le territoire de tous les États membres participants au titre d'un régime unique. À ce titre, le brevet considéré est délivré par l'Office européen des brevets selon la procédure européenne classique. Mais, une fois délivré, le titre peut produire un effet unitaire, au choix du titulaire. En vertu de ce texte, un brevet européen délivré avec le même jeu de revendications pour tous les États membres participants peut se voir conférer un effet unitaire pour ceux-ci, à la condition que son effet unitaire ait été enregistré dans le *registre de la protection unitaire conférée par un brevet* dont la gestion est confiée à l'OEB (Règl. n° 1257/2012, art. 1.1 et 9.1.b). En revanche, le brevet européen ne pourra accéder à cet effet unitaire dès lors qu'il aura été délivré avec des jeux de revendications différentes pour différents États membres participants (Règl. n° 1257/2012, art. 1.2). Pourvu de cet effet unitaire, le titre ne peut être limité, transféré, ou révoqué ou s'éteindre qu'à l'égard de tous les États membres participants ; il peut en revanche faire l'objet d'un contrat de licence pour tout ou partie des territoires des États membres participants (Règl. n° 1257/2012, art. 3.2). Les prérogatives unifiées tiennent dans un *jus conventionis* réduit comme peau de chagrin[201]. La protection uniforme accordée par l'effet unitaire est définie à l'article 5, § 1 comme « le droit d'empêcher tout tiers de commettre des actes contre lesquels ce brevet assure une protection sur l'ensemble du territoire des États membres participants dans lesquels il a un effet unitaire, sous réserve des limitations applicables ». La référence à un droit d'interdire caractéristique du monopole d'exploitation est heureuse, mais reste bien générale en sorte de plus petit dénominateur commun à l'ensemble des systèmes nationaux des États impliqués ; la définition des actes réservés et des limitations qui les accompagnent est laissée aux lois nationales déterminées selon les critères de rattachement particuliers (Règl. n° 1257/2012, art. 5, § 3). L'affirmation de la règle d'épuisement des droits (Règl. n° 1257/2012, art. 6) ou l'introduction d'une licence de droit sur déclaration unilatérale du titulaire du droit (Règl. n° 1257/2012, art. 8) complètent chichement le droit matériel. Le principe tient alors dans l'assimilation du brevet européen à effet unitaire à un brevet national :

Règl. n° 1257/2012, art. 7.1

« En tant qu'objet de propriété, le brevet européen à effet unitaire est assimilé dans son intégralité et dans tous les États membres participants à un brevet national de l'État membre participant dans lequel ce brevet a un effet unitaire et où, conformément au registre européen des brevets : *a)* le demandeur avait son domicile ou son principal établissement à la date du dépôt de la demande de brevet européen ; ou *b)* lorsque le point *a)* ne s'applique pas, le demandeur avait un établissement à la date du dépôt de la demande de brevet européen ».

(201) En suite à un marchandage du Conseil, qualifié de « bazar oriental », et ayant amené au report du vote par le Parlement, la définition des prérogatives réservées au titulaire du droit (*i.e.* : le monopole sur la fabrication, l'offre, la mise dans le commerce, l'utilisation, l'importation..., V. CPI, art. L. 613-3 et L. 613-4) échappe au *jus conventionis* du règlement communautaire... pour glisser dans l'accord relatif à la juridiction spécifique aux brevets européens (V. *infra*, n° 241). La mutation opérée d'un texte de droit communautaire dans un accord international doit beaucoup à nos amis anglais et n'a rien de neutre : la portée du droit aurait-elle été définie par le règlement (1er volet du paquet), la Cour de justice de l'Union européenne aurait eu compétence pour apprécier le respect du droit communautaire pour un jugement de contrefaçon d'un brevet unitaire ; désormais évacuée du règlement et repositionnée dans l'accord international instaurant la cour unifiée des brevets (3e volet), cette question n'appelle plus le contrôle de la Cour.

Concrètement, loin de créer un titre unique à effet communautaire, comme c'est le cas pour la marque communautaire ou le régime du dessin et modèle communautaire, le régime du brevet européen à effet unitaire prend le vecteur d'un brevet national auquel le règlement procure une application extraterritoriale pour les États membres participants. L'effet unitaire n'est pas autre chose qu'un effet extraterritorial – étendu aux États membres participants – d'un titre national et du droit national qui l'accompagne. Le brevet européen à effet unitaire sera donc un brevet français (pour l'entreprise française), allemand ou britannique, à effet extraterritorial pour le territoire des États membres participants[202]. L'unité ne tient pas au régime du titre, mais à l'extraterritorialité du régime national de droit de brevet du pays du domicile du déposant. Cette approche porte le deuil du principe de territorialité des droits de propriété intellectuelle ; elle s'inscrit en faux d'une démarche d'harmonisation qui seule nous paraît venir au soutien de la logique du marché unique. La construction alambiquée sollicite la règle de conflits de lois autant que le droit matériel[203]. Applicable au 1er janvier 2014, ce texte marche du même pas que l'accord sur la juridiction unifiée du brevet, en sorte que la date de son entrée en vigueur est retardée à celle de ce deuxième instrument (Règl. n° 1257/2012, art. 18, § 2).

240. – **Traduction.** Le règlement n° 1260/2012 traite des questions relatives à la traduction dudit brevet[204]. Le brevet européen à effet unitaire est délivré dans l'une des trois langues officielles de l'OEB, seules les revendications devant être traduites dans les deux autres langues (Règl. n° 1260/2012, art. 3). En cas de litige et à la demande du prétendu contrefacteur, le breveté doit fournir, à sa charge, une traduction du fascicule du brevet dans une langue officielle de l'État membre participant dans lequel la contrefaçon a eu lieu ou dans lequel le prétendu contrefacteur est domicilié (Règl. n° 1260/2012, art. 4, § 1)[205].

241. – **Juridiction unifiée du brevet (JUB).** Le règlement n° 1257/2012 prévoit la création d'une juridiction unifiée, nécessaire au fonctionnement du brevet unitaire, en sorte que l'entrée en vigueur des textes précédents est suspendue à la mise en place de cette instance. L'affaire n'allait pas de soi[206], mais en marge du Conseil Compétitivité du 19 février 2013 est intervenue la signature de l'accord international sur la création de la juridiction[207]. Ce texte institue un système juridictionnel

(202) Si le demandeur n'est domicilié, ni n'a d'établissement dans un État membre participant (*i.e.* demandeur américain ou japonais), le brevet européen à effet unitaire est assimilé, dans son intégralité et dans tous les États membres, « à un brevet national de l'État dans lequel l'Organisation européenne des brevets a son siège » (soit… Munich). Les dispositions du règlement n° 44/2001 (V. art. 59 et 60) devraient être de nature à éclairer la recherche du domicile ou de l'établissement du déposant.

(203) Sur l'appréciation globale du système institué, V. *infra*, n° 242.

(204) PE et Cons. UE, règl. n° 1260/2012, 17 déc. 2012, mettant en œuvre la coopération renforcée dans le domaine de la création d'une protection unitaire conférée par le brevet, en ce qui concerne les modalités applicables en matière de traduction : *JOUE* n° L 361, 31 déc. 2012, p. 89.

(205) Le texte prévoit un système de compensation destiné à aider financièrement certains déposants qui déposent dans une langue officielle d'un des pays de l'Union qui n'est pas une langue officielle de l'OEB (art. 5).

(206) La Cour de justice de l'Union européenne a rendu un avis négatif sur le projet d'accord visant à la création d'une telle juridiction. L'une des principales préoccupations exprimées par la Cour tenait à la possibilité pour des pays tiers de participer au projet d'accord, ce qui contrecarrait le contrôle de la bonne application des normes de l'Union par la Cour de justice sur les décisions de la juridiction unifiée ; la compétence exclusive de cette Cour sur le droit européen de la propriété intellectuelle, qu'il s'agisse du droit substantiel ou du droit conflictuel, prive encore les juridictions nationales de leur compétence à cet égard (CJUE, ass. plén., 8 mars 2011, avis n° 1/09).

(207) Doc. n° 16351/12 : *JOUE* n° C 175, 26 juin 2013, p. 1.

applicable au brevet à effet unitaire mais également aux brevets européens déjà délivrés ou demandes de brevet européen déposées à la date d'entrée en vigueur de l'accord ainsi qu'aux certificats complémentaires (art. 3). La nouvelle juridiction est une juridiction commune aux États membres contractants (et non une juridiction communautaire) et elle est donc soumise aux mêmes obligations en vertu du droit de l'Union que celles qui incombent à toute juridiction nationale des États membres contractants[(208)]. Structurellement, la juridiction est composée d'un tribunal de première instance, d'une cour d'appel et d'un greffe. Le tribunal de première instance comporte une division centrale dont le siège est à Paris, mais qui connaît deux sections à Londres et Munich (les affaires réparties entre ces différentes sections sont fonction de leurs domaines techniques)[(209)] et de plusieurs divisions locales ou régionales. La cour d'appel est pour sa part située à Luxembourg. Un *pool* de magistrats composé de juristes et de techniciens est appelé à siéger (art. 15 et s.). Pour des raisons politiques déjà évoquées (V. *supra*, n° 239) l'accord international portant création de la juridiction unifiée porte les textes définissant le contenu matériel du brevet unitaire : le droit de brevet procure à son titulaire le droit d'empêcher l'exploitation directe (art. 25) et l'exploitation indirecte (art. 26) de l'invention, les prérogatives associées à ce droit restant proches de celles définies pour le droit interne par les articles L. 613-3 et L. 613-4 du Code de la propriété intellectuelle ; pareillement la limitation des effets d'un brevet (art. 27), le droit fondé sur une utilisation antérieure (exception de possession personnelle antérieure – art. 28) ou la règle de l'épuisement du droit (art. 29) peuvent être rapprochés des dispositions connues pour les titres nationaux. La juridiction a compétence exclusive pour juger sur les actions en contrefaçon ou en menace de contrefaçon de brevets et de certificats complémentaires de protection, les défenses y afférentes, y compris les demandes reconventionnelles concernant les licences, les actions en constatation de non-contrefaçon, les demandes de mesures provisoires et conservatoires, les actions et demandes reconventionnelles en nullité, et plus généralement sur les dispositions matérielles relevant de l'accord international ou du règlement n° 1257/2012 (art. 32)[(210)]. La juridiction dispose du pouvoir d'ordonner la communication d'informations (art. 67) et de condamner au paiement de dommages-intérêts (art. 68)

(208) La situation a paru suffisamment singulière pour que le règlement n° 542/2014 du 15 mai 2014 vienne expressément prévoir que l'existence de cette juridiction appelle modification du règlement n° 1215/2012 (Bruxelles I) en ce qui concerne les règles à appliquer relatives à la juridiction unifiée du brevet : V. Règl. n° 1215/2012, art. 71 bis et s. L'article 71 bis, 3° du règlement modifié prévoit « lorsque [la JUB] est compétente à l'égard d'un défendeur (...) dans un litige relatif à une contrefaçon de brevet européen ayant entraîné des préjudices à l'intérieur de l'Union, cette juridiction peut également exercer sa compétence à l'égard des préjudices entraînés par cette contrefaçon à l'extérieur de l'Union ». Cette compétence extra Union européenne permettra au demandeur de réclamer devant la JUB réparation pour des États signataires de la CBE mais non membres de l'Union européenne (Turquie, Suisse...). Cette compétence ne peut être établie que si les biens appartenant au défendeur sont situés dans un État membre partie à l'instrument instituant la juridiction commune et si le litige a un lien suffisant avec un tel État membre. V. P. Véron, *Extent of the Long – Arm Jurisdiction Conferred upon the Unified Patent Court by Art.71(b)(3) of the Brussels I Regulation as Amended by Regulation 542/2014 of May 15, 2014 : Turkish Delight and a bit of Swiss Chocolate for the Unified Patent Court : European Intellectual Property Review*, vol. 37 Issue 9 2015, p. 588 et s.

(209) L'affectation des litiges sur brevets couvrant le domaine de la chimie, y compris les produits pharmaceutiques et les nécessités courantes de la vie à la division locale anglaise, et des litiges relevant de la mécanique au juge bavarois, découvre un partage entre les trois grands du brevet européen.

(210) Le règlement n° 542/2014 modifie le règlement n° 1215/2012 Bruxelles I concernant la compétence judiciaire, la reconnaissance et l'exécution des décisions en matière civile et commerciale, en ce qui concerne les règles relatives à la juridiction unifiée du brevet et à la Cour de justice du Benelux (juridictions communes à plusieurs États membres).

sur la base de textes similaires à ceux reproduits en droit interne sous le coup de la directive n° 2004/48 relative au respect des droits de propriété intellectuelle. Un règlement de procédure est aménagé par l'accord. Un régime transitoire complexe permet, pendant sept ans à partir de la date d'entrée en vigueur de l'accord, d'engager une procédure devant les juridictions nationales (art. 83). Un centre de médiation et d'arbitrage en matière de brevets est encore institué, il aura ses sièges à Ljubljana et à Lisbonne et compétence sur tout litige relevant de l'accord, sauf annulation ou limitation du brevet (art. 35). L'accord entrera en vigueur après la treizième ratification de celui-ci selon un régime complexe (art. 89).

242. – **Appréciation.** Les premiers commentaires relatifs au brevet européen à effet unitaire n'ont pas manqué de pointer les défauts et la complexité du système institué, si éloigné de la simplicité promise par un titre communautaire unique(211). L'effet extraterritorial du régime national de droit de brevet du pays du domicile du déposant procède d'une règle de conflits de lois qu'il faudra concilier avec les dispositions de droit matériel prévues dans l'accord international sur la juridiction(212), mais aussi avec d'autres dispositions de droit applicable à l'atteinte au droit intellectuel(213). La superposition de différents régimes concurrents s'annonce nocive pour le droit de brevet en tant que tel(214). Les dispositions sur la juridiction unifiée paraissent encore complexes à mettre en œuvre(215). Et les observateurs étrangers n'ont guère été plus indulgents avec la construction(216). Pour avoir nous-même contribué à ce concert, concédons volontiers que la critique est aisée et l'art bien difficile. Bien au-delà de la technique juridique, le succès du brevet européen à effet unitaire passera par l'adhésion du monde de l'entreprise à cette construction.

§ 3. – Le traitement de la demande internationale PCT

243. – **Plan.** Le Traité de coopération en matière de brevets (*Patent Cooperation Treaty*), signé à Washington le 19 juin 1970, met en place sous l'égide de l'OMPI une

(211) V. not. pour les auteurs français : N. Binctin, *Le projet de brevet européen à effet unitaire en attendant un brevet de l'Union ? : Propr. industr.* 2011, n° 40, p. 270. – E. Treppoz, *Le brevet unitaire est-il enfin pour demain ? : RTDE* 2011, 865. – G. Triet et M. Vivant, *Juridiction européenne : une nouvelle donne pour le brevet : CDE* janv. 2012, dossier 4, p. 41-46. – J.-C. Galloux, *Le brevet européen à effet unitaire : un volapük juridique intégré ? : D.* 2013, 520. – J. Raynard, *Chronique Brevets et savoir-faire industriel : D.* 2013, p. 1374.

(212) V. J.-Ch. Galloux, préc., qui pointe de potentielles différences concernant « les droits conférés et leurs limites », *op. cit.*

(213) Ainsi de l'appréciation de l'acte de contrefaçon dont on déduit du règlement n° 1257/2012 qu'elle relève de la loi du brevet du domicile du déposant alors que l'article 8, § 1 du règlement n° 864/2007 sur la loi applicable aux obligations non contractuelles (Rome II) retient pour l'atteinte aux droits de propriété intellectuelle la compétence de la loi du pays pour lequel la protection est revendiquée. En ce sens, V. E. Treppoz, préc., qui, à propos de l'atteinte en Allemagne d'un brevet européen à effet unitaire dont le déposant est domicilié en France, décrit « un dépeçage entre la loi nationale du titre, ici française, dont les effets sont étendus pour déterminer la consistance du droit et la loi du lieu de l'atteinte, ici allemande, compétente pour réparer ladite atteinte ». – *Adde* N. Binctin, préc.

(214) Quatre systèmes de brevets seraient susceptibles de coexister : les brevets délivrés par des voies nationales, ceux délivrés par la voie européenne sans effet unitaire, ceux délivrés par cette même voie avec effet unitaire et, au sein de ces derniers, ceux qui ne pourraient relever de l'accord instituant la juridiction unifiée, pour des États n'ayant pas ratifié cet accord.

(215) Ainsi des travaux menés sur l'établissement du règlement de procédure propre à cette juridiction,V. Document publié par Véron et associés, Draft n° 16, janv. 2014.

(216) V. l'avis du Max Planck Institut du 17 octobre 2012, *The Unitary Patent Package : Twelve Reasons for Concern*, http://www.ip.mpg.de/fileadmin/templates/pdf/MPI-IP_Twelve-Reasons_2012-10-17_01.pdf ; *adde* l'opinion de l'Association internationale pour la protection de la propriété intellectuelle (AIPPI) lors du Congrès de Séoul du 23 octobre 2012 selon laquelle : « the proposed system will not provide an improved experience for patent users », Special Committee Q165, www.aippi.org/download/commitees/165/RS165English.pdf.

coopération internationale pour la recherche des antériorités, voire l'examen des demandes de brevets. Il s'agit d'éviter au demandeur la nécessité de dépôts multiples et le coût de procédures qui peuvent être mises en commun comme celle de la recherche documentaire. L'observation distingue une phase internationale (I) préalable à une phase nationale ou régionale (II).

I. – La phase internationale

244. - **Plan.** Le texte de la convention de Washington dissocie la demande internationale et la recherche internationale de l'examen préliminaire international, seulement facultatif.

245. - **La demande internationale et la recherche internationale.** Le contenu de la demande internationale se présente de façon très similaire à celui des demandes française et européenne, et à ce titre a été évoqué dans les développements qui précèdent[217] ; seul le traitement de la demande PCT appelle donc ici observation. Régulièrement déposée, la demande internationale a dans tous les États désignés les effets d'une demande nationale et suspend d'éventuelles procédures locales. L'office récepteur indique l'administration qui sera chargée de la recherche internationale (l'ISA)[218] : il s'agit d'un office habilité à ce titre par l'Assemblée de l'Union PCT[219]. Ce dernier étudie l'état de la technique pertinent et élabore un « rapport de recherche international » (PCT, art. 15 et s.) qui est communiqué au demandeur et au Bureau international de l'OMPI (PCT, art. 19) puis aux offices nationaux des États désignés (PCT, art. 20). Le déposant, après réception du rapport de recherche internationale, a le droit de modifier une fois les revendications (PCT, art. 19, 1°). Le Bureau international procède à la publication de demandes internationales après l'expiration d'un délai de dix-huit mois à compter de la date de dépôt ou de priorité de cette demande (PCT, art. 21). Par l'effet de la publication, l'invention enrichit l'état de la technique.

246. - **L'examen préliminaire international.** C'est une procédure facultative pour le déposant qui peut, sans y être contraint, requérir un tel examen destiné « à formuler une opinion préliminaire et sans engagement sur les questions de savoir si l'invention dont la protection est demandée semble être nouvelle, impliquer une activité inventive (n'être pas évidente) et être susceptible d'application industrielle » (PCT, art. 33, 1°). L'examen est effectué par l'office récepteur ou l'administration retenue en tant que telle par l'Assemblée de l'Union[220] et donne lieu à la rédaction d'un « rapport d'examen préliminaire international » accompagné de la citation des documents qui étaient la conclusion déclarée et de toutes explications opportunes (PCT, art. 35). Ce document est transmis au déposant et au Bureau international ainsi qu'aux offices nationaux élus (PCT, art. 36). Ce document n'est pas accessible aux tiers (PCT, art. 38).

(217) PCT, art. 3, 2°. Une demande internationale doit comporter, conformément au présent traité et au règlement d'exécution, une requête, une description, une ou plusieurs revendications, un ou plusieurs dessins (lorsqu'ils sont requis) et un abrégé. – Aucune législation nationale ne peut exiger que la demande internationale satisfasse, quant à sa forme ou son contenu, à des exigences différentes de celles qui sont prévues dans le traité PCT et dans le règlement d'exécution ou à des exigences supplémentaires, PCT, art. 27, 1°.

(218) *International Searching Authority.*

(219) PCT, art. 16. Sont habilités à ce titre les offices américain, autrichien, australien, canadien, coréen du sud, espagnol, japonais, russe, suédois et naturellement l'Office européen des brevets.

(220) PCT, art. 32, 1° : « L'examen préliminaire international est effectué par l'administration chargée de l'examen préliminaire international » (*sic*).

II. – La phase nationale ou régionale

247. – **Droit national.** À l'issue de la phase internationale, la demande éclate en un faisceau de demandes nationales ou régionales (par ex., devant l'OEB pour l'Euro-PCT, V. *infra*, n° 248). Le déposant doit alors poursuivre la procédure de délivrance auprès de chacun des offices désignés (paiement des taxes, remise d'une copie de la demande, de la traduction appropriée) : c'est l'entrée en phase nationale, ou régionale, qui doit intervenir, à l'initiative du déposant, au plus tard à l'expiration d'un délai de trente mois à compter de la date de priorité, sauf règles nationales plus extensibles (PCT, art. 22, 1°)[221]. Ce sont les seuls offices nationaux et régionaux qui délivreront, ou non, le brevet, selon leurs propres critères et appréciations. Ainsi certains offices pourront procéder à un examen préalable de la demande, visant notamment l'activité inventive, que d'autres ignoreront. L'éventuel rapport d'examen préliminaire ne préjuge nullement de l'appréciation de la brevetabilité par chaque office qui a seul compétence pour délivrer ou non le titre[222] : il n'existe donc pas de brevet international analogue au brevet européen délivré par l'OEB et une même invention peut donner lieu à délivrance du titre dans certains pays et pas dans d'autres, tout en ayant passé le test du rapport d'examen préliminaire. Concrètement, un inventeur français peut déposer une demande PCT qui donnera lieu à délivrance par *l'USPTO* américain[223], mais pas par l'OEB ou l'office japonais. De fait le déposant mettra à profit le délai de trente mois pour décider des États qu'il retient finalement pour acquérir le monopole. Ce délai permet encore d'échapper au délai de douze mois de la priorité unioniste. Pour la France, la voie nationale se mue nécessairement en voie régionale : lorsqu'une demande internationale comporte la désignation de la France, cette demande est considérée comme tendant à l'obtention d'un brevet européen régi par les dispositions de la convention de Munich (CPI, art. L. 614-24)[224]. La procédure internationale ne peut conduire à la délivrance d'un brevet français, mais seulement à celle d'un brevet européen désignant la France.

248. – **Euro-PCT**[225]**.** Le PCT comme la CBE sont des arrangements particuliers au sens de la Convention d'Union de Paris (art. 19). Leur articulation a de la sorte été aménagée. La CBE est ainsi reconnue par le PCT comme un traité de brevet régional (PCT, art. 45). L'objet est de permettre aux demandes de brevet européen d'être déposées par la voie du PCT : on parle de « l'Euro-PCT ». L'OEB peut être office récepteur de la demande, administration chargée de la recherche internationale ou, le cas échéant, de l'examen préliminaire international (V. CBE, art. 150 et s.). Concrètement ce sera très largement le cas et le Bureau international confiera à l'OEB la charge de la recherche documentaire.

(221) Pour l'Europe, ce délai est de trente et un mois : CBE, Règle 159.

(222) V. PCT, art. 35, 2° : « Le rapport d'examen préliminaire international ne contient aucune déclaration quant à la question de savoir si l'invention dont la protection est demandée est ou semble être brevetable ou non au regard d'une législation nationale quelconque. Il déclare, sous réserve de l'alinéa 3), en relation avec chaque revendication, si cette revendication semble répondre aux critères de nouveauté, d'activité inventive (non-évidence) et d'application industrielle, tels que ces critères sont définis, aux fins de l'examen préliminaire international, à l'article 33.1) à 4) ».

(223) United States Patent and Trademark Office.

(224) PCT, art. 45, 2.

(225) V. L. Gruszow, *L'accès au brevet européen par la voie internationale Euro-PCT*, Litec-CEIPI, 2002.

CHAPITRE 3

LE SUJET DU DROIT DE BREVET

249. – **Inventeurs indépendants et salariés. Contrôle judiciaire.** Par sujet du droit de brevet, nous entendrons le titulaire originaire de ce droit. La désignation du titulaire originaire du droit de brevet est tributaire d'au moins trois considérations. À l'inverse du droit d'auteur qui naît du seul fait de la création, le droit de brevet naît du dépôt d'une demande auprès de l'office récepteur[1] ; la demande aura encore pour objet d'attribuer le droit privatif en lui donnant pour titulaire l'auteur de cet acte juridique, c'est-à-dire le déposant. Mais le droit de brevet est un droit sur une invention qui paraît *naturellement* devoir revenir au seul inventeur. Enfin, le droit de brevet est un droit d'entreprise et l'employeur qui finance des activités de recherche et développement espère, tout aussi légitimement, pouvoir être investi du monopole sur les innovations ainsi mises à jour. L'ensemble conduit à distinguer le régime général des inventions d'indépendants (Section 1), du régime spécial des inventions de salariés (Section 2). Le contrôle judiciaire de l'affectation du droit au brevet couvrant les deux hypothèses précédentes (Section 3).

SECTION 1

LE RÉGIME GÉNÉRAL DES INVENTIONS D'INDÉPENDANTS

250. – **L'inventeur et son ayant cause. Le « droit au brevet ».** Selon l'article L. 611-6 du Code de la propriété intellectuelle :

> « Le droit au titre de propriété industrielle mentionné à l'article L. 611-1 appartient à l'inventeur ou à son ayant cause ».

La même règle est retenue par la Convention sur le brevet européen (art. 60)[2]. Le droit français a de la sorte accueilli dans notre système juridique un droit au bre-

(1) V. *supra*, n°s 180 et s. : Le fait générateur du droit de brevet.

(2) V. CBE, art. 60 : « (1) Le droit au brevet européen appartient à l'inventeur ou à son ayant cause. Si l'inventeur est un employé, le droit au brevet européen est défini selon le droit de l'État dans lequel l'employé exerce son activité princi-

vet qui revient *naturellement* à l'inventeur[3]. Il résulte de cette disposition que le seul déposant légitime de la demande sera l'inventeur de l'invention pour laquelle un brevet est demandé (§ 1), sinon l'ayant cause de celui-ci (§ 2).

§ 1. – Le droit au brevet revient à l'inventeur

251. – **Premier déposant ou premier inventeur ?** Si le déposant doit, en principe, être l'inventeur, un choix se proposait néanmoins aux concepteurs du système des brevets. En présence de deux inventeurs ayant mis au point la même invention indépendamment l'un de l'autre, faut-il privilégier le premier inventeur en date ou le premier déposant ? La réponse à l'alternative passe par le choix entre deux thèses : celle du premier inventeur (*Erfinderprinzip*), celle du premier déposant (*Anmelderprinzip*). La dispute a des conséquences, le choix du premier inventeur faisant de cette qualité du déposant une condition de validité du titre. Chaque thèse appelle ses justifications théoriques[4]. Mais le droit positif français opte pour la règle du premier déposant : c'est le sens de l'article L. 611-6, alinéa 2, du Code de la propriété intellectuelle qui prévoit :

« Si plusieurs personnes ont réalisé l'invention indépendamment l'une de l'autre, le droit au titre de propriété industrielle appartient à celle qui justifie de la date de dépôt la plus ancienne ».

Le droit au brevet revient à l'inventeur (CPI, art. L. 611-6, al. 1er), mais sans être affecté au seul premier inventeur : c'est le sens du principe selon lequel le droit revient au premier déposant... légitime, à l'inventeur premier déposant en d'autres termes. La solution est en parfaite cohérence avec la naissance du droit privatif au seul moment du dépôt de la demande, en sorte d'occupation de choses vacantes et sans maître[5]. La Convention sur le brevet européen rallie ce principe, au profit de quelques concessions[6]. Ce système recueille désormais les suffrages de l'essentiel des systèmes de brevets depuis que les États-Unis l'ont adopté avec la loi *Leahy-Smith America Invents Act* (AIA) du 16 septembre 2011 qui substitue au système du *first to invent* la règle du *first to file*[7]. Attention : le principe du premier déposant ne sert à trancher les

pale ; si l'État dans lequel s'exerce l'activité principale ne peut être déterminé, le droit applicable est celui de l'État dans lequel se trouve l'établissement de l'employeur auquel l'employé est attaché. (2) Si plusieurs personnes ont réalisé l'invention indépendamment l'une de l'autre, le droit au brevet européen appartient à celle dont la demande de brevet européen a la date de dépôt la plus ancienne, sous réserve que cette première demande ait été publiée. (3) Dans la procédure devant l'Office européen des brevets, le demandeur est réputé habilité à exercer le droit au brevet européen ».

(3) V. J.-M. Mousseron, *Traité des brevets*, *op. cit.*, § 1040. – La loi française parle du droit au titre de propriété industrielle (L. 2 janv.1968, art. 1 bis ; CPI, art. L. 611-6) ; la Section II du Chapitre Ier du Livre VI du Code de la propriété intellectuelle relatif aux brevets s'intitule : « Droit au titre ». La formule « droit au brevet » figure dans l'article 60 de la CBE.

(4) En faveur du premier inventeur, on fera appel au droit naturel (toujours très disponible) – V. F. Pollaud-Dulian, *op. cit.*, n° 329, p. 212. – Au profit du premier déposant, on fera valoir que l'invention reste une *res nullius* avant le dépôt, en sorte que la demande équivaut à « l'occupation » d'une chose inappropriée. – V. Foyer et M. Vivant, *op. cit.*, p. 82. – Sur la discussion, V. Mousseron, *op. cit.*, nos 467 et s., p. 485.

(5) V. F. Zenati et Th. Revet, *Droit des biens*, *op. cit.*, n° 173, p. 275.

(6) L'article 60.2 de la CBE reproduit la règle qui fait primer le premier déposant, sous réserve que cette première demande ait été publiée.

(7) 35 USC 100 (note). – V. J. Raynard, *Entrée en vigueur du nouveau droit américain des brevets : du first to invent au first to file* : D. 2013, p. 1374. Le précédent système attribuait le droit au brevet au seul premier inventeur, en sorte que le dépôt opéré par un inventeur, deuxième en date, pouvait être contesté par le premier inventeur au titre d'une *interference proceeding*.

conflits qu'entre candidats légitimes au dépôt et le déposant qui aura détourné l'invention d'autrui, ou méconnu ses engagements contractuels, ne pourra s'en prévaloir.

252. - **Co-inventeurs, copropriété.** Lorsque l'invention sera le fait de plusieurs contributeurs, la règle légale affecte le droit au brevet à chacun d'entre eux au *prorata* de la contribution de chacun, par *parts viriles* en quelque sorte. La loi en tire les conséquences et organise un régime dit « de copropriété » d'autorité seulement supplétive[8]. Pour l'essentiel, chaque copropriétaire peut défendre seul le titre et agir en contrefaçon, l'assignation délivrée doit être notifiée aux autres copropriétaires. Chacun des copropriétaires peut encore exploiter seul l'invention personnellement ou au titre de licences non exclusives ; l'exploitant doit alors indemniser ceux des autres copropriétaires qui n'exploitent pas[9]. La conclusion de licence exclusive suppose l'unanimité des copropriétaires qui peut cependant être surmontée en justice. La question de la sanction de la licence conclue par un copropriétaire en méconnaissance des dispositions légales a fait débat. Il sera fréquent en effet que la contribution d'un inventeur soit tardivement reconnue au titre d'une action en revendication (V. *infra*, n° 281) qui opère alors rétroactivement reconnaissance de la qualité de copropriétaire pour celui-ci. Dans une importante décision *Institut Pasteur*, la Cour de cassation a jugé que le contrat de licence exclusive conclu en méconnaissance des droits d'un copropriétaire est inopposable à celui-ci et le licencié exclusif est contrefacteur à l'égard de ce dernier ; l'éviction du licencié trouve alors son origine dans le fait personnel du copropriétaire indélicat, donneur de licence, qui doit garantie[10]. Enfin, chaque copropriétaire peut, à tout moment, céder sa quote-part en le notifiant aux autres qui disposent d'un droit de préemption pendant un délai de trois mois[11]. La complexité de ce régime encouragera les copropriétaires à négocier un règlement de copropriété visant à alléger les conditions de gestion du titre.

§ 2. – Le droit au brevet peut être affecté à l'ayant cause de l'inventeur

253. - **L'ayant cause de l'inventeur.** Selon la loi, « le droit au titre de propriété industrielle (...) appartient à l'inventeur ou à son ayant cause » (CPI, art. L. 611-6, al. 1er). De la sorte, la loi admet que, avant même le dépôt de la demande, l'inventeur puisse investir autrui de sa qualité de déposant légitime. La figure (contractuelle) permettant à l'inventeur d'affecter à autrui la qualité « d'ayant cause » reste peu étudiée. Le droit de propriété naissant du seul acte de dépôt, on écartera ici

(8) V. CPI, art. L. 613-29 et s.

(9) À défaut d'accord amiable, cette indemnité est fixée par le tribunal de grande instance. Le projet de licence doit être notifié aux autres copropriétaires accompagné d'une offre de cession de la quote-part à un prix déterminé ; dans un délai de trois mois celui des copropriétaires qui s'oppose au contrat doit acquérir la quote-part en cause.

(10) Cass. com., 15 mars 2011, *Institut Pasteur et Sté Eco solutions c/ M. X* : *Propr. industr.* juill. 2011, n° 7, comm. 53, J.R. – Déjà CA Paris, 9 sept. 2009 : *PIBD* 2009, III, 1459 ; *Propr. industr.* mars 2010, comm. 13, J.R.

(11) À défaut d'accord sur le prix, celui-ci est fixé par le tribunal de grande instance, avec une faculté de rétractation – CPI, art. L. 613-29, e. – V. CA Paris, 23 sept. 2009 : *PIBD* 2010, 909, III, 1.

toute idée de « cession » de droit, même si le terme est parfois utilisé à tort[12]. On verra plus sûrement dans la formule un contrat de communication de savoir-faire assorti pour le communicant-inventeur des obligations de ne point déposer de demande de brevet sur le savoir-faire communiqué, en sorte que cette faculté sera réservée au seul partenaire contractuel, et de ne pas divulguer le dit savoir-faire afin de ne pas ruiner la nouveauté de ce dernier. L'« ayant cause » ne peut assurément être entendu au sens civil du terme comme celui qui tient son droit (privatif) d'un auteur déjà propriétaire[13], mais seulement comme celui qui tient de l'inventeur le droit au brevet, c'est-à-dire la qualité de déposant légitime.

254. – **Diversité contractuelle.** De la sorte, les accords industriels les plus divers mettant en cause des droits de propriété industrielle (recherche, coopération, commande, accord d'assistance)[14] vont assez systématiquement comporter des clauses d'affectation des résultats d'une recherche commune ou menée par l'un et financée par l'autre et affectant à l'une des parties la qualité de déposant légitime : celle-là seule aura qualité de décider et d'opérer – ou non – un acte de dépôt ; le dépôt qui serait opéré par l'autre partenaire donnerait lieu à une action en revendication (V. *infra*, n° 716). Ces clauses ne désignent rien de moins que le propriétaire des travaux effectués si un brevet devait être déposé[15]. Les dépôts réalisés en violation de ces dispositions donnent ouverture à l'action en revendication (V. *infra*, n° 281).

255. – **Nécessité d'une clause. Contrats de commande et de recherche.** La jurisprudence rappelle la nécessité d'une convention spéciale, antérieure ou postérieure à l'invention, pour fonder la qualité d'ayant cause de l'inventeur de celui qui n'effectue pas les travaux de recherche. La Cour de cassation a réaffirmé fermement la règle dans un arrêt de principe du 25 avril 2006, à l'occasion de l'affaire opposant le CNRS à l'un de ses stagiaires, en jugeant « que le droit au titre de propriété industrielle appartient à l'inventeur, et que les exceptions à ce principe ne résultent que de la loi »[16]. Cette exigence doit spécialement être rappelée à l'occasion des contrats de commande ou des contrats de recherche financés par des prestataires privés : contre une opinion parfois répandue[17], celui qui passe commande ou qui finance la recherche n'est pas l'inventeur ; il n'aura droit au brevet qu'au titre d'une disposition contractuelle spéciale destinée à le constituer en qualité d'ayant cause. La cour

(12) V. F. Pollaud-Dulian, *op. cit.*, n° 335, p. 215. – La pratique parle également mal à propos de « cession d'invention non brevetée ».

(13) V. F. Zenati et Th. Revet, *op. cit.*, n° 183, p. 291.

(14) Formules qui rejoignent fondamentalement la catégorie du contrat d'entreprise. Mais de telles clauses se retrouvent à l'identique dans les accords d'exploitation (licence...), par exemple à propos du sort des perfectionnements qui viendraient à être développés. Leur police doit alors prendre en compte les règles de droit communautaire de la concurrence.

(15) La formulation des clauses d'affectation du droit au brevet est très fréquemment analogue, la clause prévoyant l'affectation à l'une ou l'autre des parties de « la propriété » des résultats de la recherche. Ces contrats et ces clauses d'affectation ont été étudiés par le professeur Reboul qui a pointé l'usage juridiquement peu rigoureux du terme « propriété » pour qualifier le droit au brevet (droit au dépôt), V. Y. Reboul, *Les contrats de recherche*, Litec, coll. « CEIPI », 1978.

(16) La netteté de la solution ferme la porte à l'idée selon laquelle les inventions réalisées en exécution d'un contrat de recherche pourraient implicitement revenir au donneur d'ordre qui en aurait financé la réalisation. – Comp. F. Pollaud-Dulian qui invite à rechercher la commune intention des parties, *op. cit.*, n° 336, p. 215.

(17) V. Foyer et M. Vivant, *op. cit.*, p. 86. – V. également équivoque CA Paris, 17 mai 1995 : *D.* 1996, chron. p. 289, obs. Mousseron, J. Schmidt et J.-Ch. Galloux.

de Paris le rappelle fermement à l'occasion[18]. La même règle prévaut dans le cadre d'accords commerciaux, d'accords d'entreprise ou formules d'assistance technique.

SECTION 2

LE RÉGIME SPÉCIAL DES INVENTIONS DE SALARIÉS

256. – **Droit commun de l'activité salariale.** Le régime des inventions de salariés doit être étudié et compris dans le contexte du droit commun relatif à l'attribution des résultats de l'activité salariale. Les résultats de l'activité du salarié, réalisés sous couvert du contrat de travail, reviennent au seul employeur. Dans la justification de cette affectation, l'économique rejoint le juridique : l'entreprise retire les profits de l'activité salariée tout comme elle en supporte les risques. Juridiquement, la justification causale de l'affectation à l'employeur des fruits de l'activité salariée procède du paiement d'un salaire : la créance salariale fonde cette attribution automatique et dénuée de toute autre contrepartie financière. L'analyse civiliste du contrat de travail, comme portant mise à disposition par le salarié de sa « force de travail » au profit de l'employeur en contrepartie du paiement du salaire a été proposée, avec autorité, en doctrine comme rendant compte de l'économie du contrat de travail[19]. Selon la règle de droit civil qui veut que la jouissance d'une chose confère le droit d'en acquérir les fruits[20], l'employeur se voit affecter les fruits de la force de travail que lui « loue » le salarié, au même titre que tout preneur ou locataire pour les fruits de la chose qu'il prend à bail.

257. – **Droit spécial à la propriété intellectuelle de l'activité salariale : droit d'auteur, droit de brevets.** En rupture avec la logique du droit commun, la propriété littéraire et artistique offre une règle particulière qui affecte au seul salarié les droits sur la création réalisée dans le cadre d'un contrat de travail[21]. Ce régime est, probablement, applicable à la matière des dessins et modèles[22]. Le droit des brevets reste respectueux du droit commun de l'activité salariée, mais au prix d'un texte spécial à la matière, et de quelques aménagements.

258. – **Textes.** Aucune disposition législative spéciale ne réglementait la matière dans la loi du 2 janvier 1968 : prenant appui sur le seul contrat de travail, un régime prétorien distinguait alors les inventions de service, revenant à l'employeur, des autres pour lesquelles un régime de « cotitularité » pouvait être reconnu s'agissant d'inventions faites dans le domaine de l'entreprise (inventions mixtes)[23]. L'ensemble restait pragmatique

(18) V. CA Paris, 12 oct. 2012 : *PIBD* 2012, 973, III, 771 ; *Propr. industr.* avr. 2013, n° 4, comm. 20, obs. A.-C. Chiariny et J.R. : au visa de l'article L. 611-6 du Code de la propriété intellectuelle, la société qui a déposé les brevets litigieux ne peut être considérée comme l'inventeur, mais uniquement comme le donneur d'ordre, celle qui pose un problème à résoudre et qui ne fait qu'indiquer le but à atteindre ; à partir des paramètres techniques que cette société a fournis, la société poursuivante a trouvé des solutions aux problèmes qui lui avaient été posés et a donc fait preuve d'esprit créatif. L'invention doit lui être exclusivement attribuée ainsi qu'à son salarié. – *Adde* TGI Paris, 1er avr. 1992 : *PIBD* 1992, 530, III, 513. – Cass. com., 25 avr. 2006, cité *supra*.

(19) V. Th. Revet, *La force de travail*, Litec, coll. « Bibl. dr. entr. », 1992, t. 28, préf. F. Zenati.

(20) V. F. Zenati-Castaing et Th. Revet, *op. cit.*, nos 333 et 504.

(21) CPI, art. L. 111-1.

(22) V. *infra*, n° 579.

(23) V. Mousseron, *Traité des brevets*, préc., n° 485, p. 496.

et inapproprié à une question aussi fondamentale. La loi du 13 juillet 1978 introduisait dans notre droit un texte propre aux inventions de salariés[24] aujourd'hui codifié à l'article L. 611-7 du Code de la propriété intellectuelle. Un corps de dispositions réglementaires complète le dispositif légal[25]. La loi du 26 novembre 1990 a enrichi le texte en vigueur, rendant obligatoire le régime dit de *la rémunération supplémentaire* au profit du salarié satisfaisant à ses conditions (V. *infra*, n° 271). La loi « Macron » n° 2015-990 du 6 août 2015 pour la croissance, l'activité et l'égalité des chances économiques met à la charge de l'employeur une inopportune obligation d'information (V. *infra*, n° 275).

259. – **Plan.** Nous apprécierons successivement le domaine d'application (§ 1) puis le contenu (§ 2) du régime des inventions de salariés en droit positif français.

§ 1. – Le domaine d'application du régime des inventions de salariés

260. – **Plan.** Nos observations s'attacheront respectivement à préciser les inventeurs concernés (I), les inventions concernées (II), enfin les brevets concernés (III).

I. – Les inventeurs concernés par le régime légal des inventions de salariés

261. – **Nécessité d'un contrat de travail.** L'application du régime légal des inventions de salariés suppose que l'invention ait été conçue alors que l'inventeur était sous couvert d'un contrat de travail[26]. La définition du contrat de travail est fixée par la jurisprudence de la chambre sociale de la Cour de cassation. Plusieurs situations marginales doivent être évoquées. Ainsi des dirigeants mandataires sociaux qui, lorsqu'ils ne sont pas dans les liens d'un contrat de travail, ne peuvent invoquer le bénéfice du régime des inventions de salariés[27]. Le salarié intérimaire, quant à lui, sera dans les liens d'un contrat de travail avec l'entreprise de travail temporaire, mais exercera effectivement sa prestation auprès de la société cliente de cette dernière : les auteurs invitent à considérer les activités de la seule entreprise *d'intérim* notamment pour la qualification d'invention hors mission attribuable (V. *infra*, n° 276)[28]. L'analyse gagne à être étendue aux formules diverses de mise à disposition, prêt de personnel éventuellement dans le cadre de liens intragroupes. Concrètement, dans l'impossibilité de faire jouer la règle légale d'affectation de l'article L. 611-7 du Code de la propriété intellectuelle, les intéressés concluront utilement une convention

(24) Devenu l'article 1 ter de la loi.

(25) V. CPI, art. R. 611-10 et s.

(26) Jugé, si besoin est, que le salarié ne commet aucun abus d'agir en justice pour faire valoir ses droits en qualité d'inventeur, le licenciement intervenu en conséquence est donc abusif ! Cass. soc., 17 sept. 2014 : *PIBD* 1016, III, 835.

(27) La Cour de cassation, dans l'affaire *Richard c/ Rycovet France* du 21 juin 1988, refuse l'application analogique du régime légal des inventeurs salariés aux dirigeants sociaux : *PIBD* 1988, III, 504 ; *JCP* E 1988, I, 17735 ; *DB* 1988, V, 5 ; *RTD com.* 1988, 621, obs. A. Chavanne et J. Azéma.

(28) V. avec prudence, J.-M. Mousseron, *Traité*, *op. cit.*, § 491. – M. Mousseron, *Les inventions de salariés*, Litec, coll. « CEIPI », 1995, § 144. Il sera alors utile de prévoir une clause d'affectation des droits au moins dans le contrat de travail de l'intérimaire chercheur.

spéciale entrant dans les prescriptions de l'article L. 611-6 du même code (V. *supra*, n° 253). Il en est spécialement ainsi du régime du stagiaire non-salarié (V. *infra*, n° 263). Les liens du contrat de travail identifient encore les personnes juridiques tenues par le régime étudié. Il en est spécialement ainsi au sein des groupes de sociétés : le salarié n'est fondé à invoquer les droits qu'il tient de l'article L. 611-7 du Code de la propriété intellectuelle qu'à l'encontre de son employeur, et non à l'endroit du déposant, celui-ci serait-il partie d'un même groupe que l'employeur ; en revanche, le salarié est fondé à exercer les droits qu'il tient du même texte à l'encontre de la société qui, à l'issue d'opérations de restructuration, recueille le patrimoine de l'entité avec laquelle il était contractuellement lié[29].

262. – **Fonctionnaires et agents publics.** Les inventions des agents de l'État et collectivités publiques se calquent, en principe, sur le régime des inventions de salariés privés (CPI, art. L. 611-7 *in fine*)[30]. La partie réglementaire du code propose quelques amendements au régime de droit commun spécialement s'agissant de la rémunération de l'agent pour l'invention relevant de sa mission[31]. Les litiges relèveront également du préalable de la commission de conciliation mise en place pour le secteur privé[32].

263. – **Le stagiaire inventeur. L'affaire *Puech* c/ CNRS.** La situation du stagiaire recouvre plusieurs situations. Sous couvert de convention de stage peut d'abord s'établir un véritable contrat de travail à l'essai qui commandera application du régime légal. Plus souvent le contrat de stage lie l'organisme de formation à l'entreprise d'accueil en l'absence de tout contrat de travail. Un contentieux majeur a contribué à affermir l'état du droit positif sur le régime des inventions réalisées dans ce contexte. Le docteur Puech, avec un statut d'étudiant, effectuait un stage au sein d'un laboratoire d'ophtalmologie dépendant du CNRS. Aucune convention particulière ne liait le stagiaire au centre de recherches, sauf à évoquer un règlement interne que l'intéressé avait dû signer tardivement et qui prévoyait l'affectation au CNRS de toute demande de brevet qui pourrait être déposée sur la base des travaux réalisés. Suite au mémoire soutenu sur son thème de recherche, le docteur Puech déposait une demande de brevet français puis une demande internationale PCT, sous priorité du brevet français. Ces dépôts vont justifier une action en revendication du CNRS. La demande est rejetée en première instance[33], mais la cour de Paris infirme le jugement et accueille l'action en revendication[34]. Cet arrêt est cassé par la Cour de cassation au visa des articles L. 611-6 et L. 611-7 du Code de la propriété intellectuelle dans une décision aux accents de principe et selon laquelle « le droit au titre

(29) Cass. com., 9 déc. 2014, n° 13-16.559 : *Propr. industr.* mars 2015, n° 3, comm. 18, obs. J.R.

(30) V. Cl. Blaizot-Hazard, *Les droits de propriété intellectuelle des personnes publiques en droit français*, LGDJ, coll. « Bibl. dr. publ. », 1991.

(31) V. CPI, art. R. 611-11 et s. ; l'article R. 611-14-1 du Code de la propriété intellectuelle prévoit que pour les fonctionnaires ou agents publics de l'État et de ses établissements publics, la rémunération supplémentaire prévue par l'article est constituée par une prime d'intéressement aux produits tirés de l'invention par la personne publique qui en est bénéficiaire et par une prime au brevet d'invention. La prime d'intéressement correspond à 50 % d'une base constituée du produit hors taxes des redevances perçues chaque année après déduction de la totalité des frais directs, dans la limite d'un plafond correspondant au traitement brut annuel d'un fonctionnaire d'échelon élevé avec au-delà un régime dégressif. La prime par brevet est établie à 3 000 €.

(32) Sur la Commission nationale des inventions de salariés (CNIS), V. *infra*, n° 279.

(33) TGI Paris, 2 avr. 2002 : *PIBD* 2002, n° 579, III, p. 122.

(34) CA Paris, 10 sept. 2004, n° 02/12276 : *PIBD* 2004, n° 796, III, p. 607.

O.d. 15/12/2021
L611-7-1 CPI → stagiaire accueilli

de propriété industrielle appartient à l'inventeur, et (...) les exceptions à ce principe ne résultent que de la loi » avant de constater « que [le stagiaire] n'était ni salarié du CNRS, ni agent public, ce dont il résultait que la propriété de son invention ne relevait d'aucune des exceptions limitativement prévues par la loi »[35]. Contre toute attente, la cour de renvoi résistait en retenant au visa de l'article L. 611-6 du Code de la propriété intellectuelle que le CNRS tenait sa qualité d'ayant cause du stagiaire inventeur du règlement intérieur signé par ce dernier durant son stage[36]. Mais la cour de Paris renvoyait à la compétence administrative tout éventuel recours contestant la légalité dudit règlement. C'était sans compter sur la persévérance du stagiaire inventeur qui effectivement portait le fer devant les juridictions administratives : de la sorte, par un jugement du 11 juillet 2008, le tribunal administratif de Paris annulait le règlement intérieur du laboratoire d'imagerie paramétrique et le Conseil d'État confirmait le jugement[37]. Finalement, dans un arrêt du 29 mai 2013, la cour de Paris, après avoir exclu pour la circonstance le régime légal des inventions de salariés, tirait les conséquences de cette séquence : « Du fait de l'annulation, par la justice administrative, du règlement intérieur du Laboratoire d'imagerie paramétrique, le CNRS ne saurait revendiquer, sur la base de l'article 3 de ce règlement, la qualité d'ayant cause de M. Michel Puech pour réclamer la propriété du brevet et de la demande PCT litigieux »[38]. La solution fragilise les droits du CNRS, et plus largement des établissements publics, s'agissant des inventions des nombreux chercheurs, consultants d'entreprises, appelés à œuvrer dans ces laboratoires, avec des statuts souvent disparates mais exclusifs d'un contrat de travail. Plus généralement, en l'absence d'un contrat de travail, cette jurisprudence rappelle la fermeté du principe de l'article L. 611-6 du Code de la propriété intellectuelle.

II. – Les inventions concernées par le régime légal des inventions de salariés

264. – Application de la loi dans le temps. La question du droit applicable dans le temps a trouvé à se poser pour l'application du régime légal des inventions de salariés à l'occasion de plusieurs réformes du droit positif à l'égard de l'entrée en vigueur de la loi du 13 juillet 1978, qui portait le dispositif spécial à la matière, comme de la loi du 26 novembre 1990 qui retient le caractère obligatoire du paiement de la rémunération supplémentaire au salarié auteur de l'invention dite « de mission » (V. *infra*, n° 271). La jurisprudence majoritaire s'attache à la date de conception de l'invention, et non à celle du dépôt du brevet, pour décider du régime légal en vigueur[39]. Cette position sera saluée : c'est au jour de réalisation de l'invention que

(35) Cass. com., 25 avr. 2006, n° 04-19.482 : *JurisData* n° 2006-033210 ; *Propr. industr.* 2006, comm. 62 ; *D.* 2011, p. 330 ; *D.* 2007, pan. p. 336, obs. J.R. ; *Propr. industr.* 2006, comm. 62, J.R. ; *JCP* E 2006, 2586, obs. Y. Reinhard et 2747, obs. Ch. Caron ; *Propr. intell.* 2006, p. 349, obs. B. Warusfel.

(36) CA Paris, 12 sept. 2007 : *Propr. industr.* 2007, comm. 94 ; *D.* 2008, pan. p. 745.

(37) TA Paris, 11 juill. 2008 : *PIBD* 2008, n° 881, III, p. 521. – CE, 4e et 5e sect., 22 févr. 2010 : *PIBD* 2010, n° 918, III, p. 295.

(38) CA Paris, 29 mai 2013 : *PIBD* 2013, n° 987, III, p. 1277. Le stagiaire inventeur obtient encore 500 000 € de réparation.

(39) V. Cass. com., 20 sept. 2011 : *PIBD* 2011, 951, III, 691. – CA Paris, 6 déc. 2013 : *PIBD* 2013, 1003, III, 276 ; *Propr. industr.* mai 2012, n° 5, comm. 37, obs. A.-C. Chiariny-Daudet : « Attendu que le droit à rémunération supplémentaire, pour un salarié investi d'une mission inventive, prenant naissance à la date de réalisation de l'invention brevetable et non à celle du dépôt ou de la délivrance d'un brevet, c'est la loi en vigueur à la première de ces

la logique causaliste du contrat de travail produit effet et décide de l'affectation du droit au brevet au profit de l'employeur ou du salarié inventeur.

265. – **Application de la loi dans le champ des inventions.** L'objet de l'intervention légale doit être encore précisé : le régime des inventions de salariés s'applique-t-il aux seules inventions brevetées ? Aux inventions brevetables ? Sinon aux inventions quelconques, constitutives d'un simple savoir-faire ? Au motif que le texte de l'article L. 611-7 du Code de la propriété intellectuelle vise « le droit au titre » de propriété industrielle, la doctrine considère que le texte appelle les seules inventions brevetables à son domaine d'intervention. La jurisprudence de la Cour de cassation qui recherche les conditions de brevetabilité de l'invention en cause pour appliquer le dispositif légal, même en l'absence de dépôt d'une demande de brevet, confirme l'analyse(40). De la sorte, seules les inventions non brevetables échapperont au régime légal pour relever de la logique du seul contrat de travail(41).

266. – **Application de la loi dans l'espace.** À quelle localisation doit satisfaire l'invention pour y voir appliquer le droit français des inventions de salariés ? Le thème du droit international privé fait glisser la réflexion du terrain de l'invention à celui du brevet qui sera pris sur celle-ci tant ce dernier renvoie à une localisation et un régime national.

III. – Les brevets concernés par le régime légal des inventions de salariés

267. – **Droit international privé : loi du contrat ou loi du brevet ?** Faut-il limiter l'application du texte aux seules demandes de brevets français ? Faut-il au contraire privilégier la loi du contrat de travail pour décider du régime légal applicable aux inventions réalisées dans ce cadre par le salarié ? Dès lors que le régime d'attribution des inventions de salariés procède de l'économie du contrat de travail, c'est la loi de ce contrat qui doit commander au régime applicable aux inventions réalisées par le salarié. Ainsi la loi française définissant le régime légal des inventions de salariés devrait s'appliquer à toutes les demandes de brevets, français ou étrangers, déposées sur des inventions brevetables réalisées par les salariés dont le contrat de travail relève du droit français. De manière bilatérale, la loi étrangère gouvernant au contrat de travail doit également présider au régime d'affectation des inventions réalisées par le salarié sous couvert de la relation de travail. L'analyse renvoie à la recherche de la loi applicable au contrat international de travail gouvernée par le règlement n° 593/2008 sur la loi applicable aux obligations contractuelles(42). Cette analyse conflictualiste n'est pas démentie par les dispositions de la CBE dont l'article 60-1° rattache la ques-

---

dates qui doit seule s'appliquer pour déterminer la mise en œuvre de ce droit ». – Sur pourvoi Cass. com., 15 sept. 2015, n° 14-14.587.

(40) V. Cass. com., 12 févr. 2013, n° 12-12.898 : *Propr. industr.* 2013, n° 40, obs. J.R. – *Adde* CA Paris, 25 nov. 2014 : *PIBD* 1021, III, 110. – *Adde* TGI Paris (3e ch, 3e sect), 10 sept. 2008, *Grek* c/ Sanofi Aventis (inédit).

(41) V. Cass. com., 17 mars 1983 : *D.* 1986, somm. p. 134, obs. J. Schmidt et J.-M. Mousseron. L'obligation de communication de son savoir-faire non brevetable par le salarié à l'employeur procède des obligations mêmes du contrat de travail ; la cour régulatrice n'y associe aucune rémunération complémentaire autre que le salaire.

(42) L'article 8 de ce texte privilégie la loi du pays dans lequel ou, à défaut, à partir duquel le travailleur accomplit habituellement son travail ; cette compétence s'articule avec une éventuelle clause de loi applicable, la conjugaison de ces deux lois s'opère *in favorem* pour le salarié.

tion du régime de l'invention de salarié à la loi nationale sur le territoire duquel le salarié exerce son activité principale, cette dernière référence étant également privilégiée dans la recherche de la loi du contrat. Le choix fréquent de la voie européenne appellera application privilégiée de cette dernière disposition[43]. La sanction de ce régime renvoie à la matière de la compétence internationale du juge français sur l'action en revendication visant d'éventuels titres étrangers (V. *infra*, n° 284).

268. - **Action en nullité pour défaut de droit au titre sur brevet européen.** La CBE fait du dépôt du brevet par un autre que celui qui en avait légitimement le droit un motif de nullité du titre (CBE, art. 138, § 1)[44] : l'action en nullité vient de la sorte sanctionner un dépôt illégitime, mais pour le seul brevet européen (V. *infra*, n° 285).

§ 2. – Le contenu du régime des inventions de salariés

269. - **Répartition et procédures.** À la suite de l'article L. 611-6 du Code de la propriété intellectuelle relatif à la titularité de principe du droit au brevet au profit du seul inventeur, le même code réserve un texte spécial à la question du sort des inventions de salariés. Preuve de l'importance que revêt la question pour ce domaine de la propriété intellectuelle. À ce titre, le code organise pour l'essentiel un régime de répartition des inventions de salariés, avec rémunération consécutive (I) ; mais le code pose encore des règles de procédure applicables au sein de l'entreprise pour l'hypothèse (II).

I. – Le régime légal de répartition des inventions de salariés

270. - **Cohérence législative.** Le régime légal de répartition des inventions de salariés repose sur une construction législative cohérente dévoyée par la jurisprudence de la Cour de cassation. L'article L. 611-7 du Code de la propriété intellectuelle dissocie de la sorte trois catégories d'inventions dont l'attribution, et le régime financier se séparent : les inventions dites « de mission » (A) se distinguent alors des inventions dites « hors mission », ces dernières se séparant encore entre celles dites « attribuables » (B) et celles qui restent « non attribuables » (C).

A. – Les inventions dites « de mission »

271. - **Inventions de mission : *des chercheurs qui cherchent...*** Selon la loi, il s'agit des « inventions faites par le salarié dans l'exécution soit d'un contrat de travail comportant une mission inventive qui correspond à ses fonctions effectives, soit d'études et de recherches qui lui sont explicitement confiées » (CPI, art. L. 611-7, 1°). L'élément déterminant à la qualification tient dans la prescription hiérarchique de l'employeur portant mission inventive à la charge du salarié. Celle-là est générale et

(43) V. CA Lyon, 2 déc. 2010 : *PIBD* 2011, 936, III, 205 ; *Propr. industr.* sept. 2011, p. 22, obs. J.R. qui retient la compétence de la loi espagnole.

(44) Selon l'article 138, § 1 de la Convention sur le brevet européen (CBE), le titre « ne peut être déclaré nul, avec effet pour un État contractant, que si : (...) *e)* le titulaire du brevet européen n'avait pas le droit de l'obtenir en vertu de l'article 60, paragraphe 1 ».

précoce lorsqu'elle est prévue dans le contrat de travail ; tardive et spéciale lorsque la mission est confiée au salarié au titre d'une réunion d'entreprise, avec les difficultés probatoires qui s'ensuivent(45). La justification causale du paiement du salaire tient alors dans la prestation de mission inventive du salarié. Cette logique contractuelle justifie l'affectation à l'employeur du droit au brevet sur les résultats – éventuels – de l'activité du salarié(46). « Des chercheurs qui cherchent, on en trouve ; des chercheurs qui trouvent, on en cherche » dit la (mauvaise) pique. En réalité, l'invention de mission est celle qui entre dans le domaine du contrat de travail ; c'est celle qui est faite en exécution de celui-ci et pour la mise au point de laquelle le salarié est directement rémunéré. Le texte spécial à la propriété industrielle apparaît sur ce point comme une application de la règle de droit commun qui veut que l'employeur profite des fruits de l'activité du salarié, tout comme il en supporte les risques, à raison du seul paiement du salaire(47). Au-delà du droit commun, la loi prévoit cependant le paiement par l'employeur au salarié d'une « rémunération supplémentaire » dont les conditions « sont déterminées par les conventions collectives, les accords d'entreprise et les contrats individuels de travail » (CPI, art. L. 611-7, 1°)(48). Le principe d'une rémunération supplémentaire a été posé par la loi du 26 novembre 1990 modifiant l'article 1er ter de la loi du 13 juillet 1978, qui en a érigé le caractère d'ordre public. La cohérence du système institué doit être saluée : l'attribution automatique à l'employeur des droits sur l'invention du salarié procède du contrat de travail et du rapport de subordination qu'il emporte, et reste étrangère à une décision particulière de l'employeur spéciale à l'invention ; dans cette logique, la rémunération supplémentaire procède d'une prime de résultat dont il était d'usage admis qu'elle devait correspondre à quelques mensualités du salaire. C'est cette cohérence qu'est venue mettre à mal la jurisprudence de la Cour de cassation.

272. – **Inventions de mission : l'arrêt *Raynaud*.** À l'occasion d'un litige opposant le docteur Raynaud à son ancien employeur, la société Hoechst Marion, la Cour de cassation a jugé qu'« il ne résulte d'aucun texte légal ou conventionnel que la rémunération due au salarié, auteur d'une invention de mission, doive être fixée en fonction de son salaire »(49). Ce faisant la cour régulatrice rejetait le pourvoi formé contre l'arrêt d'appel qui avait condamné l'employeur de l'inventeur à verser à ce dernier une rémunération supplémentaire de 4 millions de francs(50). La solution

(45) Pour un exemple V. CA Paris, 11 avr. 2012 : *PIBD* 2010, 965, III, 454.

(46) Selon les termes de la loi, les inventions faites dans ce cadre « appartiennent à l'employeur » (CPI, art. L. 611-7, 1°).

(47) Lequel salaire est précisément appelé à tenir compte de la qualité particulière de la mission du salarié chercheur, sinon du niveau de qualification requis de ce dernier.

(48) Si l'employeur n'est pas soumis à une convention collective de branche, tout litige relatif à la rémunération supplémentaire est soumis à une procédure de conciliation menée devant la Commission nationale des inventions de salariés instituée par l'article L. 615-21 du Code de la propriété intellectuelle, sinon devant le tribunal de grande instance.

(49) Cass. com., 21 nov. 2000 : *PIBD* 2001, 715, III, 101 ; *Ann. propr. ind.* 2001, 3, obs. P. Mathély ; *D.* 2002, somm. 1188, obs. J.R. ; *JCP* E 2001, p. 275, obs. J.-Ch. Galloux.

(50) Contre le pourvoi qui reprochait aux premiers juges de s'être tournés vers la recherche de la valeur économique de l'invention pour valoriser la rémunération supplémentaire, la Cour de cassation retient que la « cour d'appel, ayant constaté qu'aucune des parties ne contestait les conclusions de l'expert sur le cadre légal de cette rémunération complémentaire, sur la définition, l'intérêt scientifique et les difficultés de la mise au point pratique de l'invention pas plus que sur l'importance de la contribution personnelle du salarié, et qui n'a pas fixé le montant de cette rémunération en fonction de l'intérêt économique de l'invention, a pu condamner l'employeur à verser une somme de 4 millions de francs au salarié ». Les critères visés par l'arrêt sont ceux posés par la convention collective chimie applicable au litige.

dissocie le montant de la rémunération supplémentaire d'un multiple du salaire comme le suggérait la logique de la prime de résultat. Cet arrêt va fixer la jurisprudence et susciter un emballement jurisprudentiel sur le thème des inventions de salariés, à la mesure de l'émotion du monde de l'entreprise, tout comme de l'espérance des salariés inventeurs[51].

273. – **Inventions de mission : garde-fous, clauses conditionnant le droit à rémunération supplémentaire, l'arrêt *Application des gaz*.** À l'encontre de l'arrêt *Raynaud*, deux garde-fous ont été proposés par la pratique. Le premier tient dans la mise en œuvre de dispositions contractuelles destinées à prévenir les prétentions des salariés inventeurs ; considérant que les recours exercés par le salarié sont souvent engagés alors que celui-ci a quitté l'entreprise, longtemps après la mise au point de l'invention, sinon le dépôt d'une demande de brevet, l'exception de prescription a été opposée à l'encontre des demandes de ce dernier. Ces deux lignes de défense ont été tenues en échec par la Cour de cassation au titre de l'arrêt *Application des gaz*. À l'encontre d'un ancien employé de cette société qui sollicitait une rémunération supplémentaire pour les inventions dont il était l'auteur, l'employeur faisait d'abord état de la convention collective métallurgie, applicable à l'espèce, et qui conditionnait le paiement d'une telle rémunération à la preuve de l'intérêt exceptionnel pour l'entreprise de l'invention en cause, et dont l'importance serait sans commune mesure avec le salaire de l'inventeur[52]. La Cour de cassation rejette le pourvoi formé contre l'arrêt d'appel qui avait réputé non écrite la disposition contractuelle en cause contraire au texte désormais d'ordre public dans sa rédaction issue de la loi du 26 novembre 1990 disposant que le salarié, auteur d'une invention de mission, doit dorénavant bénéficier d'une rémunération supplémentaire[53]. De la sorte, toute disposition conventionnelle, qu'elle fût posée au contrat individuel de travail, insérée à un accord collectif ou à un accord de branche, et qui remettrait en cause le principe même de la rémunération supplémentaire, en conditionnant celui-ci à certaines exigences, ou *a fortiori* en dénierait le bénéfice, doit être tenue pour non écrite[54].

274. – **Inventions de mission : prescription de l'action en paiement de la rémunération supplémentaire, l'arrêt *Application des gaz*.** La même affaire a

(51) Dans une affaire *Ray c/ Rhodia*, l'inventeur d'un pigment à base de silice sous forme de billes réclamait, sous le chef de la convention collective chimie, plus de neuf millions d'euros à son employeur ; il obtenait 600 000 € en première instance, puis 300 000 € en appel ; V. TGI Paris, 30 sept. 2003 : *D.* 2005, p. 962, et CA Paris, 13 mai 2005 : *Propr. industr.* sept. 2005, comm. 63, J.R. À noter que le brevet en cause ayant été déposé le 13 avril 1979, soit avant la date d'entrée en vigueur de la loi du 13 juillet 1978, le litige relevait des seules dispositions du contrat et de la convention chimie dont les critères sont énumérés dans l'arrêt *Raynaud*.

(52) V. CCN ingénieurs et cadres de la métallurgie, 13 mars 1972, art. 26, modifiée par avenants des 12 septembre 1983 et 25 janvier 1990.

(53) Cass. com., 22 févr. 2005, n° 03-11.027, *Application des gaz* : *PIBD* 2005, 807, III, 251 ; *Propr. industr.* 2005, comm. 53, P. Vigand ; *Lamy Droit commercial*, avr. 2005, mise à jour n° 176, obs. J. Azéma ; *JCP E* 2005, n° 964, obs. Cl. Girard et J.-Y. Fleurance.

(54) L'arrêt *Application des gaz* condamne de la sorte la convention collective métallurgie (art. 26) ; l'article 29 de la convention collective de l'industrie pharmaceutique qui subordonne le droit à rémunération supplémentaire à la double condition de la délivrance d'un brevet et de l'intérêt exceptionnel de l'invention pour l'entreprise a connu le même sort (Cass. com., 12 févr. 2013, n° 12-12.898 : *Propr. industr.* 2013, comm. 40, J.R. ; déjà TGI Paris, 10 avr. 2009 : *PIBD* 2009, 900, III, 1208 ; encore TGI Paris, 26 juin 2015 : *PIBD* 2015, 1035, III, 605), la convention des industries chimiques n'a pas davantage trouvé grâce pour la disposition qui limite le droit à rémunération supplémentaire aux seules inventions exploitées : CA Paris, 11 mars 2011 : *PIBD* 2011, 939, III, 303. – Encore faut-il que ces inventions aient été mises au point après l'entrée en vigueur de la loi du 26 novembre 1990 qui pose le caractère d'ordre public du droit à rémunération supplémentaire : Cass. com., 15 sept. 2015, n° 14-14.587. – V. *supra*, n° 264.

permis à la Cour de cassation de tenir en échec la règle de la prescription quinquennale de tradition associée à la demande en paiement de rémunération supplémentaire sur le fondement de l'ancien article 2277 du Code civil[55]. Au motif « qu'il existait un litige entre les parties sur le montant de la rémunération supplémentaire due au titre de l'invention de mission », à la suite de la cour d'appel, la Cour de cassation retient « que la prescription quinquennale n'atteint les créances que si elles sont déterminées et qu'il n'en est pas ainsi lorsque leur fixation fait l'objet d'un litige entre les parties »[56]. À la suite de cet arrêt, la discussion s'attache tour à tour au point de départ (*terme a quo*) du délai de prescription puis à la durée dudit délai. S'agissant du *terme a quo* de la prescription, une lecture littérale de l'arrêt *ADG* refuse à la créance litigieuse tout caractère déterminé, ou déterminable, pour en déduire que le délai de prescription n'a pu valablement courir. Il suit que, le montant de la créance de rémunération supplémentaire constituant l'objet du litige, la prescription ne devrait pas pouvoir courir. C'est pourquoi cette lecture a été critiquée. La cour régulatrice a pourtant réaffirmé cette solution[57] qui, de fait, neutralise le mécanisme de prescription ; la solution est évidemment excessive et guère fondée. La loi n° 2008-516 du 17 juin 2008 fait désormais débuter la course de la prescription « à compter du jour où le titulaire du droit a connu ou aurait dû connaître les faits lui permettant de l'exercer » (C. civ., art. 2224). L'essentiel des décisions de jurisprudence ayant été rendu sous l'empire du droit antérieur à ce texte, la portée de celui-ci sur le point de départ du délai de l'action en paiement de la rémunération supplémentaire reste incertaine. Il restera également au juge à préciser, du point de vue du terme *a quo* de la prescription, l'exigence du respect par l'employeur de son obligation d'information du salarié introduite par la loi « Macron » (V. *infra*, n° 275).

S'agissant cette fois de *la durée de la prescription extinctive* frappant le droit d'action en paiement de la rémunération supplémentaire, il était généralement admis qu'elle relevait de l'ancien article 2277 du Code civil prévoyant une durée de cinq années pour les actions en paiement de salaire[58]. La loi n° 2008-561 du 17 juin 2008 portant réforme du droit français de la prescription en matière civile a désormais érigé le délai quinquennal en délai de prescription de droit commun[59]. L'application à l'action en paiement de la rémunération supplémentaire du délai de prescription de droit commun pouvait ne pas être neutre quant au facteur déclenchant la

(55) Ce texte prévoyait que « se prescrivent par cinq ans les actions en paiement (…) des salaires ». Il a été abrogé par la loi n° 2008-561 du 17 juin 2008 qui a réformé l'ensemble du régime de la prescription en droit français.

(56) Cass. com., 22 févr. 2005, préc.

(57) Cass. com., 12 juin 2012, n° 11-21.990 : *PIBD* 2012, n° 967, III, p. 527 ; *Propr. industr.* nov. 2012, comm. 78, J.R., qui juge que « la prescription prévue par l'article 2277 du Code civil, dans sa rédaction antérieure à la loi du 17 juin 2008, s'applique aux actions en paiement de créances déterminées ou déterminables. Prive sa décision de base légale, la cour d'appel qui déclare prescrite une action en paiement de créances relevant de ce texte, en retenant que le créancier avait connaissance, depuis plus de cinq années, de l'exploitation industrielle existante et prévisible des inventions fondant sa créance, sans constater que le créancier disposait des éléments nécessaires au calcul du montant de sa créance ». – Des décisions des juges du fond paraissent cependant enclines à admettre le jeu de la prescription : CA Paris, 30 oct. 2015, n° 14/23487, *SA Alstom Transport c/ GD*, inédit. – TGI Paris, 18 sept. 2015, n° 13/17744, *L. Blanco c/ SAS Développement industrialisation et promotion de technologies avancées*, inédit.

(58) L'arrêt *Raynaud* aurait pu amener à remettre en cause ce rattachement à la prescription salariale ; il n'en a rien été, le texte de l'article 2277 du Code civil demeurant même après cet arrêt la référence en matière de prescription de la créance de rémunération supplémentaire (V. Cass. com., 22 févr. 2005, préc.).

(59) V. C. civ., art. 2224.

prescription[60]. Mais la loi n° 2013-504 du 14 juin 2013 relative à la sécurisation de l'emploi a prévu une réduction du délai de prescription de l'action en paiement de salaire de cinq à trois ans[61]. Il ne fait pas de doute que le régime propre aux créances d'inventeurs salariés tombe sous le coup du nouveau texte ; ce faisant, la prescription de l'action en paiement de la rémunération supplémentaire relève, à nouveau, d'un régime d'exception de prescription triennale[62]. Il reste que le Code du travail fait débuter la course de la prescription « à compter du jour où celui qui l'exerce a connu ou aurait dû connaître les faits lui permettant de l'exercer » (C. trav., art. L. 3245-1), soit dans les termes mêmes du droit commun (C. civ., art. 2224). On a signalé que la portée de cette référence sur le point de départ du délai de prescription (et l'exigence d'une créance déterminée) reste incertaine. La perspective ouverte par la loi du 17 juin 2008 d'aménagement contractuel du délai de prescription ne paraît guère disponible pour la créance de rémunération supplémentaire, l'article 2254 du Code civil excluant cette faculté pour le cas des créances anciennement concernées par l'article 2277 ancien du code (« actions en paiement ou répétition des salaires »), et alors même que le Code de la propriété intellectuelle ne retient d'aménagement contractuel que plus favorable au salarié (CPI, art. L. 611-7, al. 1er).

275. - **Obligation d'information. Loi Macron.** La loi « Macron » n° 2015-990 du 6 août 2015 pour la croissance, l'activité et l'égalité des chances économiques a modifié le texte de l'article L. 611-7, 1° du Code de la propriété intellectuelle et prévoit désormais que « l'employeur informe le salarié auteur d'une telle invention lorsque cette dernière fait l'objet du dépôt d'une demande de titre de propriété industrielle et lors de la délivrance, le cas échéant, de ce titre ». La modification vise à pallier le silence souvent reproché à l'employeur qui ne permettait pas au salarié auteur d'une invention de mission d'apprécier la réalité de ses droits. Observons, en premier lieu, que le salarié inventeur a lui-même l'obligation de faire déclaration de sa création à son employeur (CPI, art. R. 611-1. – V. *infra*, n° 278), en sorte que l'information due par l'employeur devrait faire écho à cette déclaration primitive du salarié ! On en vient à se demander si le législateur, de circonstance, avait bien connaissance de ce préalable. L'obligation d'information a pour objet *le dépôt d'une demande de titre de propriété industrielle* et *la délivrance* de celui-ci. Cette référence est dommageable en ce qu'elle paraît révéler une grave confusion à la source du nouveau dispositif : ce n'est pas le dépôt de la demande de brevet qui génère le droit à rémunération supplémentaire, comme pourrait le suggérer à tort le texte, mais le seul fait de la mise au point d'une

(60) Il avait été relevé que l'exigence de détermination de la créance consécutive à l'arrêt *Application des gaz* comme condition à la course du délai de prescription paraissait devoir être liée au régime d'une prescription spéciale, telle qu'elle était originairement posée par l'article 2277 ancien du Code civil pour la créance de rémunération supplémentaire, en sorte que ce débat serait devenu étranger à une prescription relevant du droit commun (V. nos obs. *in D.* 2013, p. 1378. – Comp. F. Terré, Ph. Simler et Y. Lequette, *Les obligations*, Dalloz, 2009, n° 1478). Le retour à un régime spécial marque de ce point de vue un retour au *statu quo ante* et préserve tout l'intérêt de la qualification de la créance litigieuse.

(61) V. C. trav., nouvel art. L. 3245-1.

(62) Le nouvel article L. 3245-1 du Code du travail s'applique aux prescriptions en cours à compter de la date de promulgation de la présente loi, sans que la durée totale de la prescription puisse excéder la durée prévue par la loi antérieure. Lorsqu'une instance a été introduite avant la promulgation de la présente loi, l'action est poursuivie et jugée conformément à la loi ancienne.

invention brevetable dans le respect des conditions légales ; la seule réalisation d'une telle invention, non déposée, ni même exploitée, ouvre droit au paiement de la rémunération supplémentaire, même si l'exploitation de celle-ci en affectera sans nul doute le *quantum*. On s'interroge enfin, en l'absence de sanction, sur les apports réels pour le salarié du respect d'une telle obligation : de fait, la situation juridique de l'employeur qui méconnaîtrait ce devoir d'information ne sera guère différente de celle qui était la sienne avant l'érection de ce nouveau devoir. En revanche, dès lors que le salarié aura été régulièrement informé du simple dépôt par son employeur, la logique du texte voudrait que le salarié fasse dès lors valoir ses droits, à une époque où le succès commercial de l'exploitation de l'invention reste très prospectif, et le calcul de la créance de rémunération supplémentaire très aléatoire. En pratique, la réaction du salarié intervient tardivement, en regard du succès commercial d'une invention auquel il estime n'avoir pas été convenablement associé par sa rémunération supplémentaire. Le salarié peut-il encore se prévaloir de la jurisprudence *Application des gaz*, pour une prescription triennale, alors qu'il aura été convenablement informé par son employeur, et que le Code du travail fait courir le jeu de la prescription « à compter du jour où celui qui l'exerce a connu ou aurait dû connaître les faits lui permettant de l'exercer » (C. trav., art. L. 3245-1) ?

B. – Les inventions dites « hors missions » attribuables

276. – **L'attraction du contrat de travail.** Hormis la catégorie des inventions de mission, « toutes les autres inventions appartiennent au salarié », proclame la loi (CPI, art. L. 611-7, 2°). La formule est logique : hors le domaine du contrat de travail, le paiement du salaire ne cause plus l'affectation à l'employeur des résultats de l'activité du salarié. Mais la formule est par trop générale et, à ce titre, trompeuse. En effet, la catégorie des inventions hors mission se découpe selon que l'invention est réalisée sous l'influence du contrat de travail, ou non.

Ainsi, « lorsqu'une invention est faite par un salarié soit dans le cours de l'exécution de ses fonctions, soit dans le domaine des activités de l'entreprise, soit par la connaissance ou l'utilisation des techniques ou de moyens spécifiques à l'entreprise, ou de données procurées par elle », l'employeur dispose de la faculté de s'attribuer le droit sur l'invention ; il devra alors s'acquitter du paiement d'un *juste prix*. Le droit d'attribution procède d'un pouvoir unilatéral de l'employeur, analogue à un droit d'option potestatif[63]. À défaut d'accord entre les parties, le juste prix est fixé par le tribunal de grande instance, après tentative de conciliation devant la Commission nationale des inventions de salariés (CNIS) ; la loi fixe les critères servant de base à cette valorisation : pour calculer le juste prix, le juge prendra « en considération tous éléments fournis par l'employeur et par le salarié, tant en fonction des apports initiaux de l'un et de l'autre que de l'utilité industrielle et commerciale de l'invention » (CPI, art. L. 611-7, 2°). L'attribution du droit au brevet à l'employeur est alors volontaire et procède d'une faveur du législateur à son endroit ; la dette

(63) Jacques Azéma évoquait, à propos du droit d'attribution de l'employeur, une faculté d'expropriation pour cause privée.

de juste prix procède d'une décision spécifique d'acquisition (d'expropriation), son montant doit refléter la valeur de l'invention et reste sans rapport avec le salaire[(64)]. Ainsi les créances de rémunération supplémentaire (V. *supra*, n° 271) et de juste prix n'ont ni le même objet, ni la même cause et ne peuvent être assimilées ni dans leur nature ni dans leur montant, comme le fait pourtant la jurisprudence à propos de la première, depuis l'arrêt *Raynaud* (V. *supra*, n° 272). La prescription de la créance de juste prix échappe au régime de la prescription salariale pour relever du droit commun : cinq ans à compter de la décision d'attribution de l'employeur[(65)].

C. – L'invention hors mission non attribuable

277. – **À distance du contrat de travail.** C'est l'ultime catégorie légale, définie par défaut pour les inventions n'entrant dans aucune des deux catégories précédentes. Il s'agit des inventions réalisées hors domaine du contrat de travail et sans rapport avec celui-ci en sorte que l'employeur ne peut se les attribuer. Elle se place à une distance telle du contrat de travail qu'elle échappe à la « force gravitationnelle » de celui-ci : le droit au brevet sur l'invention hors mission non attribuable revient au seul salarié, sans faculté d'expropriation au profit de son employeur ; le premier pourra librement négocier le droit au brevet à un tiers ou déposer une demande pour exploiter ultérieurement l'invention ou en concéder licence[(66)].

Les inventions de salariés : qualification, contenu, régime. Tableau

QUALIFICATION	CONTENU	RÉGIME
1. Invention de mission (CPI, art. L. 611-7, 1°)	→ Contrat de travail + mission inventive + fonctions effectives. → Études et recherches explicitement confiées.	Employeur : droit au brevet. → **Rémunération supplémentaire** au salarié.
2. Invention hors mission attribuable (CPI, art. L. 611-7, 2°)	Invention réalisée dans : → L'exécution de ses fonctions. → Le domaine des activités de l'entreprise. → Avec la connaissance/utilisation technique ou moyens de l'entreprise, ou données procurées par elle.	Salarié : droit au brevet SAUF décision d'attribution de l'employeur. → **Juste prix** au salarié.
3. Invention hors mission non attribuable (CPI, art. L. 611-7, 2°)	Hors catégories précédentes.	« Toutes les autres inventions appartiennent au salarié. »

(64) En bonne logique, l'évaluation du montant du juste prix doit être faite au moment de l'exercice du droit d'attribution, fait générateur de cette créance. La Cour de cassation juge cependant que « des éléments postérieurs à cette date peuvent être pris en compte pour confirmer l'appréciation des perspectives de développement de l'invention », Cass. com., 9 juill. 2013, n° 12-22.157 : *Propr. industr.*, oct. 2013.

(65) CA Paris, 21 févr. 2014 : *PIBD* 2014, 1004, III, 323 ; *Propr. industr.* déc. 2014, chron. brevets, n° 10, spéc. § 16, obs. J.R.

(66) La réalité économique révèle que le salarié cherchera rarement cette qualification, préférant se placer dans la catégorie de l'invention attribuable pour réclamer paiement du juste prix à l'employeur, même si la jurisprudence *Raynaud* a singulièrement rapproché la rémunération supplémentaire du juste prix.

II. – Les règles de procédures propres aux inventions de salariés

278. – **Information et formalisme.** Le salarié auteur d'une invention doit informer immédiatement son employeur (CPI, art. L. 611-7, 3° et R. 611-1), en même temps qu'il reste tenu d'une obligation de non-divulgation et confidentialité à l'égard du savoir-faire mis au point (CPI, art. R. 611-10 et L. 611-7, 3°). La déclaration doit être circonstanciée et comportera déjà les éléments permettant la qualification de l'invention dans une catégorie légale (CPI, art. R. 611-2). À compter de la réception de la déclaration du salarié, l'employeur dispose d'un délai de deux mois pour exprimer son accord ou proposer son propre classement de l'invention (CPI, art. R. 611-6). Il dispose encore d'un délai supplémentaire de deux mois pour exercer le droit d'attribution s'agissant de l'invention hors mission attribuable (CPI, art. R. 611-7). Les délais sont suspendus au cas d'action contentieuse ou de saisine de la Commission nationale des inventions de salariés (CNIS). La loi impose un formalisme étriqué : les déclarations et communications doivent être faites par courrier recommandé (CPI, art. R. 611-9), tout accord doit être constaté par écrit à peine de nullité. Cette vision technocrate est angélique et ne correspond pas à la réalité pratique des services de propriété industrielle d'entreprise. La réalité voit l'employeur déposer les demandes de brevets sur inventions de salariés qui présentent un intérêt pour l'entreprise, l'acte de dépôt emportant décision d'attribution par l'employeur. De fait, les formalités d'information sont souvent méconnues par les salariés, la Cour de cassation n'en tire d'ailleurs pas conséquence, jugeant que le salarié qui s'est dispensé de celles-ci ne perd pas son droit à rémunération supplémentaire[67]. On a signalé comment la loi « Macron » n° 2015-990 du 6 août 2015 pour la croissance, l'activité et l'égalité des chances économiques a modifié le texte de l'article L. 611-7, 1° du Code de la propriété intellectuelle et prévoit désormais que « l'employeur informe le salarié auteur d'une telle invention lorsque cette dernière fait l'objet du dépôt d'une demande de titre de propriété industrielle et lors de la délivrance, le cas échéant, de ce titre » ; mais on s'interroge sur l'utilité d'une telle obligation légale, dépourvue de sanctions (V. *supra*, n° 275).

279. – **Commission nationale des inventions de salariés (CNIS).** Le souci de permettre au salarié et à son employeur de purger d'éventuelles difficultés tout en préservant les relations de travail est à la source de la procédure de conciliation mise en place par le législateur[68]. Si l'une des parties le demande, toute contestation relative à une question ressortant du régime des inventions de salariés sera portée devant la Commission nationale des inventions de salariés instituée à cet effet auprès de l'INPI. La CNIS est une commission paritaire, composée d'un représentant respectivement des salariés et des employeurs et présidée par un juge judiciaire. La mission de la CNIS est de formuler une proposition de conciliation qui vaut accord entre les parties, si, dans le mois de sa notification, l'une d'elles n'a pas saisi le tribunal de grande ins-

(67) Cass. com., 18 déc. 2007 : *Propr. industr.* mars 2008, n° 18, obs. J.R., qui juge que les formalités légales ne sont pas prescrites à peine de nullité.
(68) V. CPI, art. L. 615-21.

tance[(69)]. Cet accord peut être rendu exécutoire par ordonnance du président du tribunal de grande instance saisi sur simple requête par la partie la plus diligente. Au cas de désaccord, le juge judiciaire n'est en aucune façon tenu par la proposition qui avait été avancée. En regard de ses fonctions, la CNIS ne saurait être tenue pour une véritable juridiction en charge de trancher un litige à l'image du conseil de prud'hommes.

SECTION 3

LE CONTRÔLE JUDICIAIRE DE L'AFFECTATION DU DROIT AU BREVET

280. – **Principe du premier déposant.** Le droit positif français ne requiert aucune qualité particulière du demandeur pour la validité de la demande[(70)]. Le droit à demander le brevet n'a donc pas à être établi lors du dépôt et le déposant n'a pas à faire la preuve de sa qualité d'inventeur, ni de celle d'ayant cause, ni davantage à démontrer la qualification de l'invention s'agissant de l'employeur pour l'invention de salarié[(71)]. Dans la procédure devant l'office, le demandeur est réputé avoir droit au titre[(72)]. En bonne logique, la loi française ne retient pas comme motif d'annulation du brevet la qualité illégitime du déposant ; la seule sanction que le droit français affecte au dépôt illégitime tient à la substitution du déposant légitime dans les droits de celui qui ne l'était pas au titre d'une action dite en revendication (§ 1). Le droit européen prévoit cependant une action en nullité, alors propre aux brevets pris par la voie européenne, et qui jure avec la cohérence du principe du premier déposant (§ 2).

§ 1. – L'action en revendication

281. – **Objet de l'action en revendication. Action réelle.** Historiquement, le droit français ne réservait le brevet à qui que ce soit : le principe du « premier déposant » invite à ne pas se soucier du fait de savoir si le déposant est le premier inventeur pour apprécier la validité du dépôt effectué. Mais ce contexte n'évinçait pas de possibles situations d'usurpation d'invention au titre de dépôts réalisés en violation de dispositions contractuelles. La jurisprudence empruntait les voies de l'action en responsabilité civile pour réparer en nature le préjudice né en ordonnant le transfert du droit de propriété du patrimoine de l'usurpateur dans celui de la victime. La loi de 1968 a codifié cette jurisprudence en instituant une « action en revendication ». Au titre de l'article L. 611-8 du Code de la propriété intellectuelle :

(69) Les parties pourront se présenter elles-mêmes devant la commission et se faire assister ou représenter par une personne de leur choix. La commission pourra se faire assister d'experts qu'elle désignera pour chaque affaire. La procédure est prévue dans la partie réglementaire du code : V. CPI, art. R. 615-12 et s.

(70) V. *supra*, n° 184.

(71) En ce sens, le droit français ne connaît pas un « droit à demander le brevet » : Mousseron, *op. cit.*, n°s 467 et s., p. 485.

(72) CPI, art. L. 611-6, al. 3 ; CBE, art. 60.3.

« Si un titre de propriété industrielle a été demandé soit pour une invention soustraite à l'inventeur ou à ses ayants cause, soit en violation d'une obligation légale ou conventionnelle, la personne lésée peut revendiquer la propriété de la demande ou du titre délivré. »

L'action instituée ne s'apparente nullement à l'instauration d'une condition de régularité de la demande et le dépôt réalisé par celui qui n'avait pas droit au titre n'entraînera, en droit français, ni le rejet de la demande, ni l'annulation du brevet(73). Le seul objet de cette action est d'opérer transfert du droit privatif du patrimoine du déposant illégitime dans celui du *verus dominus*(74). On verra volontiers dans la revendication du brevet une application concrète de l'action civiliste de même nom, action réelle permettant au propriétaire de reprendre possession du bien usurpé, proche de l'action pétitoire(75).

282. – **Conditions de l'action en revendication.** La loi envisage deux situations ouvrant droit à la revendication : l'action est ouverte *si un titre de propriété industrielle a été demandé soit pour une invention soustraite à l'inventeur ou à ses ayants cause, soit en violation d'une obligation légale ou conventionnelle* (CPI, art. L. 611-8). Dans le premier cas d'ouverture, le revendiquant (inventeur ou ayant cause) et le déposant n'ont aucun lien contractuel : il s'agit de l'usurpation de l'invention d'autrui (espionnage industriel notamment) et l'action est dirigée contre un tiers(76). Dans le second cas d'ouverture, l'action a un fondement contractuel et le soustracteur a opéré le dépôt en violation d'une obligation légale (contrat de travail) ou conventionnelle (clause affectant le droit au brevet)(77). De la même source doit être rapprochée l'action en revendication introduite par celui qui, ayant cédé la demande première d'un brevet sans vouloir céder le droit de priorité, voit néanmoins le cessionnaire opérer pour les dépôts réflexes alors déposés en violation de l'acte de cession(78). On sera encore attentif aux contentieux de titularité qui peuvent apparaître à l'occasion de dépôts opérés en leur nom par les dirigeants et mandataires sociaux de sociétés susceptibles de faire l'objet de procédures de redressement judiciaire et de plan de cession ultérieurs(79) ; la jurisprudence sur

(73) Sur le droit européen, V. *infra*, n° 285.

(74) Ce dernier devant être tenu comme l'inventeur ou son ayant cause, selon la règle de l'article L. 611-6 du Code de la propriété intellectuelle, sinon comme l'attributaire du droit au brevet selon les règles d'affectation posées par l'article L. 611-7 du Code de la propriété intellectuelle pour les inventions de salariés.

(75) V. F. Zenati et Th. Revet, *op. cit.*, n° 197, p. 319. – La doctrine observe également parfois dans l'action en revendication une forme d'action en réparation, V. F. Pollaud-Dulian, *op. cit.*, n° 352. – Sur l'analyse des effets de la revendication en terme de subrogation, V. *infra*, n° 284.

(76) Sévère dans les conditions de mise en jeu de la revendication : V. CA Colmar, 25 mars 2003 : *Propr. industr.* oct. 2003, comm. 73, J.R. : le dépôt est opéré par la fille d'un ancien salarié, l'action en revendication échoue : « Pour établir qu'il y a eu soustraction d'une invention, il faut que les demandeurs parviennent à démontrer à la fois qu'ils détenaient conjointement une invention qui renfermait déjà les éléments techniques ayant ultérieurement permis le dépôt du brevet par un tiers, et que cette invention leur a été soustraite par des procédés déloyaux... l'action doit être déclarée non fondée si une seule de ces conditions n'est pas remplie ». – Pourvoi rejeté par Cass. com., 22 mars 2005 : *PIBD* 2005, 810, III, 356. – Sur l'invention dite « de belle-mère », V. CA Paris, 24 mai 1994 : *DB* 1994, I, 3. – M. Mousseron, *Les inventions de salariés*, *op. cit.*, n° 512, p. 297.

(77) Dans ce dernier cas, l'action paraît se rapprocher de la demande en restitution, action personnelle, fondée sur un contrat. – V. F. Zenati et Th. Revet, *op. et loc. cit.* – Reste que le droit privatif naissant du dépôt de la demande n'a jamais préexisté à la relation contractuelle.

(78) Cass. com., 18 juin 1996, n° 94-18.909 : *Bull. civ.* 1996, IV, n° 176, p. 152. – Cass. com., 18 janv. 1994, n° 91-15.337 : *Bull. civ.* 1994, IV, n° 23, p. 19.

(79) V. CA Paris, 12 nov. 1992 : *PIBD* 1993, 546, III, 119. – CA Aix-en-Provence, 23 févr. 1993 : *PIBD* 1993, 546, III, 378. – CA Paris, 22 janv. 1987 : *DB* 1987, II, 4 JMM.

l'acte anormal de gestion plane sur ces comportements. L'action sera ouverte à l'encontre du titulaire du titre, déposant ou cessionnaire du brevet, même de bonne foi, les ressources de l'article 2276 du Code civil restant propres aux biens meubles corporels[80]. Dans tous les cas, la charge de la preuve pèse sur le revendiquant[81]. L'action en revendication se prescrit par cinq ans à compter de la publication de la délivrance du titre de propriété industrielle, mais ce délai court à compter de l'expiration du titre au cas de mauvaise foi[82] du défendeur au moment de la délivrance ou de l'acquisition du titre (CPI, art. L. 611-8, al. 2 et 3). Pour le brevet européen irrévocablement délivré, et substitué au brevet français de priorité, la prescription court à compter de la seule date de délivrance du titre européen[83].

283. – **Effets de l'action en revendication.** Le succès de l'action en revendication permet au revendiquant d'être substitué rétroactivement dans les droits du déposant. Les auteurs voient dans cette conséquence l'application du mécanisme de la subrogation, ce qui est discutable[84]. Quoi qu'il en soit, l'usurpateur évincé devient contrefacteur pour le passé[85] et restituera les fruits au *verus dominus* selon les principes de droit civil[86]. Pareillement, le revendiquant qui triomphe bénéficie du droit de priorité attaché à la première demande et obtiendra retour des brevets réflexes déposés par ce biais par le soustracteur. En revanche, la revendication n'étendra pas ses effets aux brevets de perfectionnement qui sont le fait du déposant : ceux-là restent indépendants du titre litigieux, et le déposant aurait pu légitimement les obtenir sans usurpation du titre premier[87] ; les brevets de perfectionnement seront cependant exploités sous la dépendance du brevet revendiqué. À l'égard des tiers et des licences conclues par le déposant évincé, la bonne foi du licencié et la théorie de l'apparence devraient être à même de consolider les droits de ce dernier. La Cour de cassation n'admet que partiellement l'application de cette théorie en jugeant qu'à compter de la date de la publication du jugement ordonnant restitution des titres litigieux, l'apparence a cessé d'exister : alors que les actes

(80) Cass. com., 5 janv. 1973, n° 71-12.515 : *Ann. propr. ind.* 1973, p. 245, note Mousseron. – En ce sens V. Roubier, t. 2, n° 163. – J. Passa, *op. cit.*, t. 2, n° 213, p. 269. – V. F. Zenati et Th. Revet, *op. cit.*, n° 200, p. 322.

(81) Il ne suffit pas au revendiquant d'établir que le déposant n'est pas l'inventeur du brevet, ni même qu'il a eu connaissance de l'invention, mais bien que cette connaissance a été acquise par des moyens frauduleux conformément aux prescriptions légales.

(82) On décèlera la mauvaise foi du déposant dans toute manœuvre, ruse, artifice qui tiendra le véritable inventeur à l'écart d'une procédure de dépôt que le déposant sait illégitime. La preuve de la mauvaise foi du déposant doit être apportée par le demandeur à l'action et la jurisprudence peine à admettre celle-là : V. TGI Paris, 9 févr. 2012 : *Propr. industr.* juin 2012, n° 6, comm. 43, J.R. – La cour régulatrice a écarté la mauvaise foi pour le dépôt opéré par le donneur d'ordres pour l'invention réalisée par l'employé détaché d'une autre entreprise : Cass. com., 24 févr. 1998 : *DB* 1999, I, 6, obs. Mousseron. – *Adde* Cass. com., 8 juill. 1997 : *JCP* G 1997, IV, 1920 ; *JCP* E 1997, pan. 1015.

(83) Cass. com., 7 janv. 2014, n° 12-28.883 : *Propr. industr.* avr. 2014, n° 4, comm. 26, J.R.

(84) V. F. Pollaud-Dulian, *op. cit.*, n° 351. – J. Passa, *op. cit.*, t. 2, n° 216. – Comp. Foyer, dubitatif sur cette question, Foyer et M. Vivant, *op. cit.*, p. 79. La subrogation réelle opère remplacement d'un bien par un autre, ce qui est ici hors sujet. Et à la différence de la subrogation personnelle, l'action ne vise pas au transfert d'une créance mais d'un droit réel.

(85) Cass. com., 5 janv. 1973, n° 71-12.515 : *Ann. propr. ind.* 1973, p. 245, note Mousseron. – CA Paris, 10 mai 1971 : *JCP* CI 1972, II, 10818, note Mousseron.

(86) Les fruits de l'exploitation du brevet seront les gains directement réalisés par le déposant ou les revenus de licence perçus par le même. Le déposant évincé devra restituer ceux-là et seulement à compter du jour de la demande s'il est de bonne foi (par ex., cessionnaire du brevet qui ignorait la soustraction frauduleuse). – V. C. civ., art. 549 et 550. – Cass. com., 28 avr. 2004 : *PIBD* 2004, 791, III, 432.

(87) Le revendiquant est l'inventeur (ou l'ayant cause) de la seule invention revendiquée, il n'a donc aucun droit sur les titres obtenus sur perfectionnements de celle-ci.

du licencié antérieurs à la publication de la décision de justice ordonnant restitution du titre restent irréprochables, postérieurement à cette date la licence devient inopposable au *verus dominus* qui peut poursuivre le prétendu licencié qui persévérerait dans ses actes d'exploitation(88). Rappelons que le cessionnaire du brevet peut lui-même être actionné en revendication (V. *supra*, n° 282). La Cour de cassation refuse au défendeur, il est vrai lorsqu'il s'agit du déposant, la possibilité d'alléguer de la nullité du titre : nul ne peut se contredire au détriment d'autrui(89). Enfin, ce dernier pourra encore être condamné au paiement de réparations pour le préjudice dont le revendiquant apportera la preuve, et qui n'entrerait pas dans la seule restitution des fruits ou la restitution du titre.

284. - **Droit international privé : compétence du juge français sur titres étrangers. Loi applicable.** L'action en revendication concernera tout titre français et brevet européen pris pour la France ; elle pourra être formée à l'encontre de tout titre de propriété industrielle, brevet, certificat d'addition, certificat d'obtention végétale(90). Le problème majeur posé par une telle action tient aujourd'hui à ses possibles effets extraterritoriaux et à la compétence du juge français pour prononcer des décisions concernant des titres étrangers. La question est importante tant cette action visera souvent non point un titre unique, mais un portefeuille de brevets, impliquant alors une modification des inscriptions pour divers registres nationaux. La doctrine française de droit des brevets s'affichait résolument hostile à cette possibilité au titre du principe fondamental de l'indépendance territoriale des brevets : « Le caractère étatique, pour ne pas dire d'ordre public, du brevet fait obstacle à ce qu'un juge national français, par exemple, puisse exercer son *imperium* pour transférer la titularité de brevets nationaux étrangers et adresser aux autorités administratives étrangères des ordres concernant ces mutations »(91). D'autres auteurs contemporains retenaient cette faculté pour le juge français notamment au simple titre de la réparation intégrale du préjudice causé par la réparation(92), si tant est que l'action en revendication procède bien d'une action en réparation. Pourtant, le cœur du débat s'attache moins au droit propre des brevets qu'à l'application des règles de compétence judiciaire internationale à l'action en revendication introduite devant un juge français. Les règles de compétence internationales issues du droit communautaire, convention de Bruxelles et règlements consécutifs,

(88) Cass. com., 7 févr. 1995, n° 93-12.212 : *DB* 1995, I, 4, JMM ; *RTD com.* 1996, p. 266, J. Azéma : « Ayant retenu que M. X n'avait jamais été propriétaire des brevets et que la société Pirelli ne pouvait pas prétendre avoir acquis valablement un droit de licence exclusive d'exploitation à l'encontre du véritable propriétaire de ces brevets, l'arrêt relève qu'à compter de la date de la publication du jugement du 20 mai 1988 faisant apparaître la véritable propriété des titres de propriété industrielle litigieux, l'apparence créée par la fraude de M. X a cessé d'exister ; qu'à partir de ces constatations et appréciations, la cour d'appel a pu décider que la société Pirelli avait cessé d'être, à compter de la publication du jugement du 20 mai 1988, exploitant de bonne foi ». - CA Paris, 12 mars 1997 : *PIBD* 1997, n° 663, III, 282. - Par analogie avec le bail de la chose d'autrui, la sanction nous paraît davantage tenir dans l'inopposabilité au *verus dominus* du contrat de licence que dans sa résiliation ; l'inopposabilité préserve le recours du contractant évincé contre son ayant cause : comp. avec l'inopposabilité de la licence à l'égard du copropriétaire ignoré, Cass. com., 15 mars 2011, V. *supra*, n° 252.

(89) Cass. com., 20 nov. 2007, n° 06-17.915 : *PIBD*, 2008, 886, III, 29 (pour un modèle). - *Adde* Cass. com., 19 nov. 1963 : *Ann. propr. ind.* 1964, p. 124. - TGI Paris, 7 avr. 2009 : *PIBD* 2009, III, 1221.

(90) V. Mousseron, *op. cit.*, n° 1044, p. 1006.

(91) V. Mousseron, *op. cit.*, n°s 1040 et s., note 80 et n° 1044, p. 1006. - *Adde* J. Schmidt et J.-L. Pierre, *Droit de la propriété industrielle*, Litec, 1996, n° 929 ; également note *in D.* 1996, chron. préc.

(92) V. F. Pollaud-Dulian, *Propriété industrielle*, Economica, 2011, n° 352.

posent, on le sait, une compétence exclusive du juge du titre « en matière d'inscription ou de validité des brevets, marques, dessins et modèles, et autres droits analogues donnant lieu à dépôt ou à un enregistrement, que la question soit soulevée par voie d'action ou d'exception, [des] juridictions de l'État membre »(93). La Cour de justice, dans l'arrêt *Duijnstee*, a cependant retenu une interprétation restrictive de ce texte, excluant l'action en revendication de son domaine, laquelle ne concerne ni la validité des brevets, ni la régularité de leur inscription(94). Rendue à l'occasion d'un contentieux ayant pour origine l'exécution d'un contrat de travail, la solution doit sans nul doute être étendue à l'action en revendication consécutive à un contrat conclu entre indépendants. Dans ce cas, la modification du registre par l'administration locale apparaît comme la simple conséquence du succès de l'action, et le juge autochtone doit pouvoir prêter son concours à la décision valablement rendue selon les règles de compétence internationale de droit communautaire(95). À l'encontre d'un défendeur domicilié en dehors de l'Union européenne, ces règles ne pourront plus être sollicitées(96) et la compétence du juge français devra être recherchée sur la base des règles de droit commun des conflits de juridiction, la coopération du juge étranger paraissant alors beaucoup moins certaine. La jurisprudence confirme cette disponibilité du juge français. La Cour de cassation, sur le fondement de l'article 14 du Code civil, admet la compétence du juge français pour statuer sur le régime d'inventions réalisées par un salarié français d'une entreprise monégasque(97), et la cour de Paris retient sa compétence pour faire injonction au déposant illégitime de transférer les titres français et américains au prestataire qui a effectué la recherche(98). En tout état de cause, l'injonction pourra être adressée au défendeur qui succombe d'avoir à procéder sous astreinte au transfert des titres litigieux(99).

(93) La règle est d'abord posée par l'article 16-4 de la convention de Bruxelles du 27 septembre 1968, devenu l'article 22-4 du règlement n° 44/2001 du 22 décembre 2000 (« Bruxelles I »), enfin article 24, § 4 du règlement n° 1215/2012 du 12 décembre 2012 qui emporte refonte du règlement « Bruxelles I ». – Sur cet argument V. Mousseron, *op. cit.*, n° 1044, p. 1008. Lorsque le défendeur est domicilié dans un État membre, l'application de ces règles s'impose, et notamment l'article 2 de chacun de ces instruments qui attribue compétence aux juridictions du lieu du domicile du défendeur. Sur la compétence internationale du juge français à l'action en contrefaçon : V. *infra*, n°s 694 et s.

(94) CJCE, 15 nov. 1983, aff. 288/82, *Duijnstee c/ Goderbauer : Rec. CJCE* 1983, I, p. 3663, concl. Rozès. En l'occurrence, le syndic d'une société de droit néerlandais, déclarée en faillite, avait agi en revendication devant les juridictions nationales de dépôts réalisés par un salarié de la société et dont il estimait qu'ils avaient été effectués en fraude des droits de celle-ci. Les magistrats européens concluent que « la notion de litige en matière d'inscription ou de validité d'un brevet ne recouvre pas un différend entre un employé, auteur d'une invention pour laquelle un brevet a été demandé ou obtenu, et son employeur lorsque le litige porte sur leurs droits respectifs sur ce brevet découlant de la relation de travail » (pt 28). Rendue à l'occasion d'un contentieux ayant pour origine l'exécution d'un contrat de travail, la solution doit sans nul doute être étendue à l'action en revendication consécutive à un contrat de commande conclu entre indépendants.

(95) Les demandeurs pourront obtenir le concours des différentes autorités nationales *via* une procédure *d'exequatur* simplifiée, l'Union européenne favorisant toujours davantage la reconnaissance réciproque des décisions des juges des États membres.

(96) V. H. Gaudemet-Tallon, *Compétence et exécution des jugements en Europe*, LGDJ, 4e éd., 2010, n° 24, qui cite CA Orléans, 14 déc. 2007 : *Rev. crit. DIP* 2008, 311, note H. Gaudemet-Tallon.

(97) Cass. 1re civ., 10 juin 2015, n° 14-15.180 : *PIBD* 2015, 1032, III, 518 ; *Propr. industr.* oct. 2015, n° 10, comm. 64, obs. J.R. – Déjà en ce sens : CA Paris, 4 déc. 2013, n° 12/09804 : *Propr. industr.* 2014, chron. 10, n° 13, J.R.

(98) CA Paris, 2e ch., 12 oct. 2012, *Manoir Industries Sas et Manoir Industries INC. c/ Nexter Systems aux droits de Giat Industrie et Denis Degesne : PIBD* 2013, 973, III, 771 ; *Propr. industr.* avr. 2013, n° 4, comm. 20, obs. A.-C. Chiariny et J.R.

(99) Cette solution est encore avancée dans le contexte voisin du contentieux arbitral par Me P. Véron qui observe qu'« entre la flétrissure du pêcheur et l'injonction à l'office, il existe une gamme de possibilités », *Le contentieux de l'exploitation contractuelle des droits de propriété industrielle, terrain conquis pour l'arbitrage*, in coll. « Arbitrage et propriété intellectuelle », *Rev. arb.* 2014, n° 2, p. 279 et s.

De la compétence judiciaire sera soigneusement dissociée la question de la loi applicable à la question de fond (l'affectation du droit au brevet). Cette matière procède du rapport juridique applicable aux relations développées entre le déposant et le demandeur à l'action en revendication, soit la loi applicable au contrat (V. *supra*, n° 267).

§ 2. – L'action en nullité sur brevet européen

285. – **Action en nullité pour défaut de droit au titre sur brevet européen.** La CBE fait du dépôt du brevet par un autre que celui qui en avait légitimement le droit un motif de nullité du titre(100). La situation trouve une hypothèse d'application fréquente dans les conflits opposant employeurs et salariés sur la titularité du droit au brevet. L'annulation d'un brevet européen ne peut être poursuivie que devant les juridictions nationales. Certains États ont retranscrit cette cause de nullité dans leur législation nationale. Bien que le droit français n'admette pas pareille cause de nullité pour les brevets pris par la voie nationale, l'admission de cette solution ne fait pas discussion pour les brevets européens désignant la France(101).

286. – **Qualité à agir en nullité pour défaut de droit au titre sur brevet européen.** L'annulation du brevet européen posait une difficulté récurrente dans la jurisprudence française tenant au fait de savoir qui pouvait se prévaloir de ce motif de nullité. La jurisprudence des juges du fond était partagée : certaines décisions retenaient une acception large de l'action ouverte à tout intéressé, c'est-à-dire notamment au prétendu contrefacteur(102), alors que d'autres limitaient le bénéfice de l'action à la seule personne pouvant prétendre au droit au brevet(103). La doctrine se divisait également(104). La Cour de cassation a finalement retenu que les dispositions de l'article 138, § 1, e) de la CBE visent à protéger les intérêts privés du véritable titulaire du brevet ou de son ayant cause, leur violation est donc sanctionnée par une nullité relative qui ne peut être invoquée que par les personnes lésées(105). La solution sera saluée. La décision d'annulation du brevet consécutive à une demande introduite par un tiers produirait un effet absolu et pourrait causer préjudice au véritable titulaire du brevet, victime de l'usurpation, pourtant absent au contentieux ;

(100) Selon l'article 138, § 1 de la Convention sur le brevet européen (CBE), le titre « ne peut être déclaré nul, avec effet pour un État contractant, que si : (...) *e)* le titulaire du brevet européen n'avait pas le droit de l'obtenir en vertu de l'article 60, paragraphe 1 ».

(101) V. Mousseron, *op. cit.*, n° 1073, p. 1035 qui vise l'article 12 de la loi française d'application de la CBE prévoyant que le brevet européen peut être annulé pour « l'un quelconque des motifs visés à l'art. 138 § 1 de la CBE ».

(102) V. TGI Lyon, 22 oct. 2009 et Lyon, 2 déc. 2010 : *D.* 2012, p. 525, obs. J.R. – Également TGI Paris, 3e ch., 3e sect., 26 janv. 2005, *The Gates Corp. c/ Hutchinson Inc.*, inédit.

(103) V. not. TGI Paris, 28 sept. 2007, *Magig Technologies c/ Swisscom : D.* 2009, p. 459, obs. J. Raynard ; *Propr. industr.* déc. 2008, p. 25, nos obs. – CA Paris, 4e ch., sect. B, 15 sept. 2000, *Apotex France c/ The Wellcome Foundation Ltd : Propr. industr.* juin 2002, p. 20, note P. Vigand.

(104) Une interprétation large était prônée en tant qu'expression du principe « pas d'intérêt, pas d'action » : V. Mousseron, *op. cit.*, n° 1073, p. 1035. – P. Mathély, *Le nouveau droit des brevets d'invention : Journ. not.* 1991, p. 381. – J. Schmidt et J.-L. Pierre, *Droit de la propriété industrielle*, Litec, 2007, n° 219. – *Contra* : V. E. Py, *L'annulation du brevet d'invention*, thèse Strasbourg, 2008, nos 200 et s. – J. Azéma et J.-C. Galloux, *Droit de la propriété industrielle*, Dalloz, 2012, n° 488.

(105) Cass. com., 14 févr. 2012, n° 11-14.288 ; *Propr. industr.* oct. 2012, n° 10, comm. 70, obs. J.R.

s'agissant d'un motif de nullité qui ne tient pas dans un vice du titre, cette action est ainsi destinée à protéger l'intérêt particulier de l'inventeur, ou de son ayant cause, qui aurait pu souhaiter ne pas déposer de demande de brevet, ou rechercher une appropriation au domaine plus limitée en sorte que, au final, celui-là seul doit être à même de pouvoir anéantir le titre qui lui revenait. Cette solution aligne le droit français sur les principaux systèmes juridiques mettant en œuvre la CBE[106].

(106) La solution était également prônée par l'accord de Luxembourg dédié au brevet communautaire (art. 57, § 1, e).

CHAPITRE 4

LE CONTENU DU DROIT DE BREVET

287. – **Présentation.** Aux termes de l'article L. 611-1 du Code de la propriété intellectuelle, le brevet confère à son titulaire ou à ses ayants cause « un droit exclusif d'exploitation » sur l'invention qui en est l'objet ; ce rapport de droit est constitué de diverses prérogatives légales réservées au breveté, sujet du droit (Section 1). En contrepartie de cette exclusivité, le breveté se voit imposer certaines charges (Section 2).

SECTION 1

LES PRÉROGATIVES DU BREVETÉ

288. – **Le pouvoir d'interdire.** La réservation de l'invention par le brevet se traduit ainsi par un droit de propriété qui, empruntant les invariants du modèle de la propriété de droit commun, s'adapte à l'objet spécifique qu'est l'invention[1]. Ainsi le droit de brevet porte sur un bien, l'invention, et confère à son titulaire un pouvoir exclusif et absolu d'interdire aux tiers l'exploitation de l'invention[2]. Il faut toutefois préciser immédiatement que le droit de brevet ne se confond pas avec une autorisation d'exploiter : des dispositions légales peuvent interdire l'exploitation d'une invention pourtant protégeable en France[3], de même que le titulaire d'un brevet de perfectionnement ne saurait librement exploiter son invention brevetée sans obtenir l'autorisation du titulaire du brevet dominant[4]. Il est indispensable à ce stade de comprendre que les questions de protection et d'exploitation sont totalement distinctes et qu'une invention peut répondre aux conditions de brevetabilité, et faire l'objet d'un droit de propriété, alors que sa mise en œuvre par le titulaire du brevet constituerait un acte de contrefaçon.

(1) J.-M. Mousseron, J. Raynard et Th. Revet, *De la propriété comme modèle*, préc.

(2) Corrélativement, le titulaire dispose de la faculté d'autoriser l'exploitation aux tiers, précisément en s'abstenant d'exercer son pouvoir d'interdire : l'hypothèse renvoie à l'étude des contrats d'exploitation : V. *infra*, n°s 707 et s.

(3) V. *supra*, n° 74.

(4) Primus est titulaire d'un brevet A sur une brouette comportant une seule roue. Secundus est titulaire d'un brevet de perfectionnement B sur une brouette comportant une roue supplémentaire assurant une meilleure stabilité du dispositif. Secundus ne pourra pas exploiter son invention sans l'accord de Primus puisqu'il devra reproduire, donc exploiter, le brevet A pour mettre en œuvre le brevet B. – Les dispositions relatives aux licences de dépendance ne disent pas autre chose : V. CPI, art. L. 613-15, al. 1er.

289. – **Le droit moral de l'inventeur**[5]. À côté des prérogatives patrimoniales, le droit de brevet connaît une – faible – composante morale puisque l'article L. 611-9 du Code de la propriété intellectuelle reconnaît à l'inventeur, salarié ou non, le droit d'être mentionné comme tel dans le brevet ainsi que le droit de s'opposer à cette mention.

290. – **Plan.** Les prérogatives du breveté sont définies par la loi (§ 1). Elles sont assorties de certaines limites (§ 2).

§ 1. – L'inventaire des prérogatives

291. – **Énumération limitative des actes que le breveté peut interdire.** Le législateur a défini les contours du monopole du breveté. À ce titre, les articles L. 613-3 et L. 613-4 du Code de la propriété intellectuelle précisent les actes qui ne peuvent être accomplis sans l'autorisation du titulaire du droit. La nature des actes interdits aux tiers sans le consentement du breveté varie selon que l'objet de la protection est un produit (I) ou un procédé (II). La loi prévoit également que le titulaire du droit peut s'opposer à la réalisation d'actes préparatoires en fournissant ou en tentant de fournir les moyens de contrefaire (III).

I. – L'exploitation d'un produit breveté

292. – **Inventaire.** À une définition du monopole d'exploitation la loi a préféré un inventaire des prérogatives légales. L'article L. 613-3, a) du Code de la propriété intellectuelle énumère les actes d'exploitation d'un produit breveté interdits sans autorisation du titulaire du droit comme étant « la fabrication, l'offre, la mise dans le commerce, l'utilisation, l'importation, l'exportation, le transbordement, ou la détention aux fins précitées du produit objet du brevet ».

293. – **La fabrication.** La fabrication suppose la reproduction matérielle des éléments essentiels du produit breveté[6]. L'acte de reproduction est nécessaire et suffisant pour que la contrefaçon soit réalisée[7]. Parce que la reproduction est nécessaire, la contrefaçon ne sera pas caractérisée par le simple dépôt d'une demande de brevet[8], par l'annonce d'un acte de fabrication non réalisé dans les faits[9], ou encore par sa reproduction en modèle réduit[10]. La simple réparation d'un produit breveté ne constitue pas un acte de contrefaçon sous réserve, toutefois, que l'acte ne conduise pas à la reconstruction complète dudit produit[11]. Une question délicate concerne l'hypothèse d'un acte de contrefaçon réalisé sur commande par un sous-traitant. Le sous-traitant réalise l'acte de reproduction et doit être considéré comme

(5) N. Bronzo, *Le droit moral de l'inventeur* : *Propr. industr.* 2013, étude 5. – Le droit de paternité de l'inventeur est le vestige d'un droit moral que connaissent les droits de propriété intellectuelle au profit du créateur et qui marque encore la proximité du brevet avec le droit d'auteur au droit moral beaucoup plus développé, V. CPI, art. L. 121-1 et s.

(6) Sur l'essentialité, V. *infra*, n°s 629 et s.

(7) Ch. Le Stanc : *JCl. Brevets*, Fasc. 4600, n°s 54 et s.

(8) TGI Paris, 16 oct. 1971 : *PIBD* 1972, III, p. 57.

(9) T. civ. Seine, 10 janv. 1908 : *Ann. propr. ind.* 1908, p. 232.

(10) E. Pouillet, *Traité théorique et pratique des brevets d'invention et contrefaçon*, *op. cit.*, n° 664.

(11) F. Pollaud-Dulian, *La propriété industrielle*, *op. cit.*, n° 755.

contrefacteur[12]. Le donneur d'ordre, de son côté, sera coauteur de la contrefaçon, au moins si les spécifications données au sous-traitant ne lui laissent aucune marge de manœuvre dans la réalisation de la commande[13]. La jurisprudence a pu considérer qu'engage sa responsabilité au titre de la reproduction la société qui réalise certaines étapes de la fabrication alors qu'une autre est réalisée par un tiers sur un site différent dès lors que les auteurs « agissent de concert et poursuivent l'objectif commun de parvenir au résultat promis par l'invention »[14]. Parce que la reproduction est suffisante, une commercialisation subséquente du produit n'est pas requise[15].

294. – **L'importation, l'exportation, le transbordement.** L'importation est classiquement un acte de contrefaçon en matière de brevet d'invention. Il consiste dans l'acte d'introduction sur le territoire français d'un objet protégé en France et fabriqué à l'étranger. Il importe peu, à cet égard, que le produit ait été fabriqué licitement ou non à l'étranger[16], sous réserve de la mise en jeu de la théorie de l'épuisement du droit[17]. L'importateur est, matériellement, désigné par la jurisprudence comme étant « l'opérateur exerçant en France tout ou partie de ses activités ayant pour but d'introduire sur le territoire français des produits fabriqués en dehors des frontières »[18]. Il s'agira donc le plus souvent de l'acheteur qui destine les produits au marché français[19], mais aussi du fabricant étranger lui-même « s'il exerce une activité en France ou s'il existe des liens particuliers entre le fabricant étranger et l'opérateur français (filiale, circuit de distribution sélectif) »[20]. Il faut donc comprendre que l'opérateur étranger (fabricant et/ou vendeur) qui participe activement à l'importation[21], par exemple en fournissant directement le produit litigieux à sa filiale française[22], encourt une sanction, mais que tel n'est pas le cas s'il se contente de vendre le produit litigieux sur son territoire[23]. Au regard de la rédaction du texte de l'article L. 613-3 du Code de la propriété intellectuelle, issue de la loi de 1978, une partie de la doctrine relevait, fort justement, que l'importation ne pouvait être sanctionnée que dans l'hypothèse de la réalisation subséquente d'un acte secondaire de contrefaçon[24]. Depuis la modification de l'article par la loi du 11 mars 2014, cette interprétation ne peut plus se fonder sur l'exégèse du texte[25]. Depuis l'entrée en

(12) Cass. com., 13 nov. 2013 : *PIBD* 2014, n° 999, III, p. 89 : « la qualité de sous-traitant n'est pas exclusive de celle de fabricant ».

(13) CA Paris, pôle 5, 1re ch., 22 mai 2013 : *PIBD* 2013, n° 988, III, p. 1313. – *Adde* Ch. Le Stanc, *JCl. Brevets*, Fasc. 4600, n° 59 : l'existence d'une relation salariale interdit, quant à elle, la mise en jeu de la responsabilité du salarié au regard des règles de l'article 1384, alinéa 5 du Code civil.

(14) CA Paris, pôle 5, 1re ch., 19 sept. 2012 : *PIBD* 2012, n° 972, III, p. 739 ; *Propr. industr.* 2014, comm. 11, note P. Vigand.

(15) J.-Ch. Galloux et J. Azéma, *op. cit.*, n° 739.

(16) TGI Paris, 18 nov. 1985 : *PIBD* 1986, n° 388, III, p. 94.

(17) V. *infra*, nos 656 et s.

(18) TGI Paris, 18 mars 2008 : *PIBD* 2008, n° 876, III, p. 361.

(19) *Ibid.* – *Adde*, J. Passa, *Droit de la propriété industrielle*, *op. cit.*, n° 476.

(20) TGI Paris, 18 mars 2008, préc.

(21) CA Nancy, 19 janv. 1988 : *Ann. propr. ind.* 1988, p. 156.

(22) CA Paris, 7 avr. 2004 : *PIBD* 2004, n° 789, III, p. 375.

(23) TGI Paris, 31 mai 2011 : *PIBD* 2011, n° 951, III, p. 694. – Pour un examen détaillé de la qualité d'importateur, V. J. Passa, *ibid.*

(24) L'importation se situait après la locution « ou bien », ce qui impliquait, comme pour la détention, que l'acte fut réalisé « aux fins précitées », en ce sens, J. Azéma et J.-Ch. Galloux, *Droit de la propriété industrielle*, *op. cit.*, n° 750. – J. Passa, *ibid.*, n° 474. – V. CA Paris, 14 nov. 2012 : *PIBD* 2013, n° 974, III, p. 811 (pour une importation suivie d'une location).

(25) L'importation se trouve à présent avant le terme « ou » après lequel seuls les actes réalisés « aux fins précitées » sont des actes de contrefaçon.

vigueur de cette loi, la contrefaçon d'un produit breveté peut expressément s'incarner dans un acte d'exportation ou de transbordement. S'agissant du premier, qui aligne le droit des brevets sur celui des marques[(26)] et des dessins et modèles[(27)], la question se pose de l'interprétation du texte[(28)] : le recours à la notion d'exportation peut viser à sanctionner le fabricant étranger qui exporte le produit en France[(29)] ou encore celui qui exporte un produit depuis le territoire français[(30)]. On observera que, comme pour l'importation, l'interprétation exégétique du texte fait de l'exportation un acte autonome de contrefaçon. Le délit de transbordement[(31)], qui d'après l'exposé des motifs semble désigner le transit externe[(32)], a, pour sa part, été largement critiqué par la doctrine qui lui reproche, notamment, sa contradiction avec le droit de l'Union européenne[(33)].

295. – **La commercialisation.** L'article L. 613-3, a) du Code de la propriété intellectuelle interdit l'offre de produit ainsi que sa mise dans le commerce[(34)]. L'offre de produit se définit comme « toute opération matérielle tendant à mettre un produit en contact avec la clientèle potentielle, à préparer la mise dans le commerce »[(35)], ou encore comme « toute opération matérielle tendant à mettre un produit en circulation »[(36)]. L'offre de produit se situe donc, théoriquement, en amont de la mise en circulation effective du produit. Elle prendra, par exemple, la forme d'une offre de vente[(37)], de la présentation du produit dans un salon[(38)], d'un démarchage[(39)] ou, d'une manière plus générale, d'une publicité quelconque. L'offre est condamnée en elle-même indépendamment de la mise effective dans le commerce, ce qui induit qu'est sanctionnée l'offre de vente d'un train d'atterrissage d'hélicoptère qui ne peut être effectivement commercialisé faute d'homologation sur le territoire français[(40)] ou encore celle d'un médicament qui ne dispose pas encore d'AMM[(41)]. Du fait du caractère territorial de la faute, l'offre doit être émise et/ou reçue sur le ter-

(26) V. *infra*, n°s 476 et s.
(27) V. *infra*, n° 592.
(28) Pour une proposition d'interprétation, V. X. Buffet Delamas d'Autane et J. Fabre, *Nouveauté, clarifications, carences et incertitudes du dispositif de lutte contre la contrefaçon tel que renforcé par la loi n° 2014-315 du 11 mars 2014 : Propr. industr.* 2014, étude 12, n° 27.
(29) Dans ce cas, deux interprétations sont possibles : soit il s'agit de sanctionner le fabricant qui participe activement à l'importation et la loi ne fera que consacrer la pratique jurisprudentielle actuelle ; soit il s'agit de sanctionner le vendeur étranger quelle que soit son implication, ce qui serait, sans doute, une interprétation excessive.
(30) Cette dernière option obligerait à se poser la question de l'équivalence avec la vente à l'exportation lorsque le contrat est conclu en France, V. *infra*, n° 295.
(31) V. *infra*, n°s 476 et s. pour les marques et n° 592 pour les dessins et modèles.
(32) Prop. de loi n° 866, 30 sept. 2013, tendant à renforcer la lutte contre la contrefaçon, exposé des motifs p. 9.
(33) J.-Ch. Galloux, *La loi 2014-315 du 11 mars 2014 renforçant la lutte contre la contrefaçon : vers la saturation ? : Propr. intell.* 2014, p. 242 ; *Les lois n° 2014-315 renforçant la lutte contre la contrefaçon et n° 2014-344 du 17 mars 2014 relative à la consommation : RTD com.* 2014, p. 579. – *Adde* N. Binctin, *La loi renforçant la lutte contre la contrefaçon : JCP* E 2014, act. 270, qui considère que la disposition ne peut avoir d'efficacité juridique.
(34) Ainsi que le relève une partie de la doctrine, la jurisprudence peut avoir une vision large de la notion de « mise dans le commerce », de sorte qu'elle englobe parfois la notion d'« offre » : V. J. Passa, *Droit de la propriété industrielle, op. cit.*, n° 480.
(35) CA Paris, 20 mars 2015 : *PIBD* 2015, n° 1030, III, p. 435.
(36) CA Paris, 15 sept. 2000 : *PIBD* 2001, n° 726, III, p. 429.
(37) Ou de l'offre de conclure tout autre contrat tel que le prêt ou la location, V. Ch. Le Stanc, *JCl. Brevets*, Fasc. 4600, n° 69.
(38) TGI Paris, 28 mai 2008 : *PIBD* 2008, III, p. 527.
(39) CA Paris, 15 sept. 2000, préc.
(40) CA Paris, 20 mars 2015, préc. : la raison tient à ce que la présentation du produit en France « est susceptible de détourner une partie de la clientèle du produit concurrent ».
(41) CA Paris, 15 sept. 2000, préc. – TGI Paris, 28 mai 2008, préc.

ritoire français[42] indépendamment de sa présentation matérielle au public[43]. La sanction est encourue lorsque l'offre porte sur un produit destiné au marché français, mais il en va de même de l'offre faite en France d'acquérir, à l'étranger, un produit protégé en France[44]. Une question délicate se pose s'agissant des offres reçues en France, notamment lorsqu'elles sont le fait d'un site Internet étranger qui, par hypothèse, est accessible partout. La jurisprudence distingue, dans ce cas, selon que l'offre peut être ou non considérée comme étant destinée au public français[45].

La mise dans le commerce désigne, quant à elle, l'opération de mise en circulation effective du produit breveté. Si la caractérisation de la faute ne pose pas de problème lorsque la mise en circulation a effectivement lieu en France, il est admis que la vente à l'exportation est également sanctionnée par le texte lorsque le contrat de vente est conclu en France[46].

296. - **L'utilisation.** Le simple fait d'utiliser l'invention constitue, en principe, un acte de contrefaçon[47]. Néanmoins, lorsque l'utilisation n'est pas réalisée à des fins professionnelles ou hors du cadre domestique, elle tombe dans le champ de l'exception de l'article L. 613-5, a) du Code de la propriété intellectuelle[48].

297. - **La détention aux fins précitées.** Aux termes de l'article L. 613-3, a) du Code de la propriété intellectuelle, l'acte de détention ne peut être l'objet d'une sanction que s'il est le préalable à la commission d'un autre acte de contrefaçon, c'est-à-dire lorsqu'il est réalisé « aux fins précitées » : si l'acte de fabrication n'est pas, *a priori*, concerné[49], la détention peut précéder un acte d'utilisation, de commercialisation[50], d'exportation ou encore de transbordement[51].

II. – L'exploitation d'un procédé breveté

298. - **Inventaire.** L'article L. 613-3, b) du Code de la propriété intellectuelle énumère les actes d'exploitation d'un procédé breveté interdits sans autorisation du titulaire du droit comme étant « l'utilisation d'un procédé objet du brevet ou, lorsque le tiers sait ou lorsque les circonstances rendent évident que l'utilisation du procédé est interdite sans le consentement du propriétaire du brevet, l'offre de son utilisation sur le territoire français ».

299. - **L'utilisation du procédé.** L'utilisation du procédé constitue un acte de contrefaçon primaire. Il s'agit, strictement, du pendant de l'acte de fabrication pour

(42) En ce sens, Ch. Le Stanc, *op. cit.*, n° 70. – TGI Paris, 31 mai 2011 : *PIBD* 2011, n° 951, III, p. 694 : qui reprend expressément la formule.

(43) TGI Paris, 28 mai 2008, préc.

(44) Dans une hypothèse où les documents saisis précisent que les produits protégés par un brevet ne sont pas offerts ni vendus dans ce pays, Cass. com., 30 janv. 2001 : *PIBD* 2001, n° 723, III, p. 329. – Pour une comparaison avec l'offre de fourniture de moyens pour contrefaire, V. *infra*, n° 303.

(45) Dans un sens défavorable, V. TGI Paris, 6 oct. 2006 : *PIBD* 2007, n° 844, III, p. 50. – CA Paris, 15 nov. 2013 : *PIBD* 2014, n° 1000, III, p. 138.

(46) J. Azéma, *Lamy Droit commercial*, 2015, n° 1989. – *Adde* J. Azéma et J.-Ch. Galloux, *Droit de la propriété industrielle*, *op. cit.*, n° 743. – Ch. Le Stanc, *ibid.* n°s 71 et s.

(47) CA Paris, 3 déc. 1985 : *PIBD* 1986, n° 388, III, p. 130 : qui qualifie d'utilisation la formulation d'un produit chimique.

(48) V. *infra*, n° 318.

(49) V. toutefois, J. Passa, *Droit de la propriété industrielle*, *op. cit.*, n° 485.

(50) TGI Paris, 14 déc. 1982 : *PIBD* 1983, n° 323, III, p. 130.

(51) Sur les difficultés que cela peut générer, V. J.-Ch. Galloux, *La loi 2014-315 du 11 mars 2014…*, *op. cit.*, p. 244.

le produit breveté. Il se caractérise par la mise en œuvre des éléments essentiels de l'invention. Face à la difficulté de rapporter la preuve d'un tel acte de contrefaçon, le Code de la propriété intellectuelle aménage des règles probatoires spécifiques[52].

300. – **Le produit obtenu directement par le procédé breveté.** Alors que seul un procédé serait breveté, la contrefaçon peut être réalisée par l'exploitation du produit directement obtenu par le procédé. En effet, la loi (CPI, art. L. 613-3, c) sanctionne « l'offre, la mise dans le commerce, l'utilisation, l'importation, l'exportation, le transbordement ou la détention aux fins précitées du produit obtenu directement par le procédé breveté »[53]. La formule ne doit toutefois pas prêter à confusion. L'exploitation du produit n'est sanctionnée que dans la stricte mesure où ce dernier a été obtenu par la mise en œuvre non autorisée du procédé protégé. Il n'en irait pas de même de l'exploitation du produit alors que sa fabrication aurait pu être réalisée à l'aide d'un procédé autre que celui constituant l'objet du brevet. C'est ainsi que la jurisprudence a pu juger que constituait un acte de contrefaçon l'importation d'un produit obtenu directement par un procédé équivalent à l'objet du brevet[54].

301. – **L'offre d'utilisation de procédé.** Les manifestations concrètes de l'offre d'utilisation de procédé ne paraissent pas, de prime abord, évidentes à caractériser. La jurisprudence en fournit toutefois quelques rares exemples : ainsi en va-t-il de la vente d'un dispositif incorporant le procédé breveté[55] ou encore de la concession d'un savoir-faire dans la perspective de réaliser un produit obtenu par le procédé breveté alors même que le savoir-faire n'aurait jamais été utilisé commercialement ou industriellement[56].

Sur un plan matériel, l'acte est constitué lorsque l'offre est faite d'utiliser le procédé « sur le territoire français »[57], ce qui exclut une offre faite en France d'utiliser le procédé à l'étranger ; ensuite, le texte prévoit un élément moral spécifique, que la doctrine distingue de celui visé à l'article L. 615-1 du Code de la propriété intellectuelle[58], puisque l'acte ne sera sanctionné que « lorsque le tiers sait ou lorsque les circonstances rendent évident que l'utilisation du procédé est interdite sans le consentement du propriétaire du brevet ».

III. – La fourniture ou l'offre de fourniture de moyens pour contrefaire

302. – **Présentation.** L'article L. 613-4 du Code de la propriété intellectuelle permet de sanctionner celui qui fournit ou offre de fournir à un tiers non autorisé des moyens de commettre un acte de contrefaçon (les termes légaux sont « la livraison ou l'offre de livraison »). C'est dont bien le fournisseur ou l'auteur de l'offre, et non

(52) V. *infra*, n° 666.
(53) L'existence de ces actes de contrefaçon est la conséquence de l'article L. 613-2 du Code de la propriété intellectuelle qui dispose que la protection conférée par un brevet de procédé s'étend aux produits directement obtenus par lui.
(54) Cass. com., 13 déc. 1988 : *DB* 1989, III, 5.
(55) TGI Paris, 31 oct. 1991 : *PIBD* 1992, n° 518, III, p. 169.
(56) Cass. com., 19 nov. 2002 : *Propr. industr.* 2003, comm. 67, note J. Raynard.
(57) En ce sens, J. Passa, *op. cit.*, n° 489.
(58) J. Azéma, *Lamy Droit commercial*, 2015, n° 1993.

le fourni ou le destinataire de l'offre, qui encourt la sanction au titre de la fourniture de moyens. Il semble, en outre, que la faute soit caractérisée alors même que le fourni n'a pas réalisé l'acte de contrefaçon final[(59)]. Ce texte, dont la clarté n'est pas la principale qualité, pose l'exigence d'un élément matériel et, comme pour l'offre de procédé breveté, d'un élément moral spécifique qui se distingue de la « connaissance de cause »[(60)].

303. – **Élément matériel de l'acte de fourniture ou d'offre de fourniture de moyens. Le caractère territorial de la faute.** La faute implique une livraison ou une offre de livraison « sur le territoire français » de moyens de mise en œuvre « sur ce territoire » de l'invention. La répétition de l'exigence territoriale du texte a conduit la doctrine, au bénéfice d'une interprétation exégétique, à proposer une grille de lecture très fine des situations entrant ou non dans le champ de la faute[(61)]. Pour résumer, on pourrait dire que la livraison doit avoir lieu en France et que l'offre de livraison ne peut être sanctionnée que si elle est émise et/ou reçue en France[(62)]. Il faut ensuite que les moyens fournis ou offerts à la fourniture soient destinés à être mis en œuvre sur le territoire français. Il faut en conclure qu'une livraison ou une offre de livraison sur le territoire français de moyens destinés à être mis en œuvre à l'étranger n'entrent pas dans le champ du texte. Il s'ensuit qu'une publicité réalisée sur un salon français offrant de fournir des produits entrant dans la composition de l'invention, avec la mention que ces produits sont indisponibles à la vente dans les pays où des brevets valables sont en vigueur, ne remplit pas la condition textuelle[(63)].

304. – **La nature des moyens.** Les moyens fournis sont « des moyens de mise en œuvre (...) de cette invention se rapportant à un élément essentiel de celle-ci ». La formule implique que la faute est caractérisée lorsque l'acte vise un ou plusieurs moyens constitutifs de l'invention, dès lors qu'ils sont considérés comme essentiels, c'est-à-dire qu'ils participent au résultat de l'invention[(64)]. Ont ainsi été jugés essentiels un connecteur entrant dans l'assemblage d'un balai d'essuie-glace breveté[(65)], un godet formant un élément de la combinaison brevetée[(66)] ou encore des plans et la notice permettant l'installation d'un dispositif mettant en œuvre le procédé couvert par le brevet[(67)]. Au contraire, ont été jugés non essentiels des cartouches déminéralisantes destinées à être emboîtées dans un fer à repasser alors

(59) En ce sens, Ch. Le Stanc : *JCl. Brevets*, Fasc. 4600, n° 46. – J. Passa, *op. cit.*, n° 491. – *Contra* J. Azéma et J.-Ch. Galloux, *Droit de la propriété industrielle*, *op. cit.*, n° 747.

(60) Sur lequel V. *infra*, n° 641.

(61) Ch. Le Stanc, *ibid.*, n°s 39 et s.

(62) La lecture du texte prête à confusion : on pourrait en effet interpréter le texte, de façon littérale, comme signifiant que l'offre de livraison doit être faite, c'est-à-dire émise et/ou reçue, « sur le territoire français » ; il est aussi possible de considérer que puisqu'une offre est sanctionnée si elle est reçue émise et/ou reçue en France (sur l'offre de produit, V. *supra* n° 295), la précision selon laquelle elle doit être réalisée « sur le territoire français » ajoute une obligation territoriale supplémentaire impliquant que ne soit sanctionnée que l'offre émise et/ou reçue en France de livrer sur le territoire français le moyen litigieux, dans ce sens, V. Ch. Le Stanc, *ibid.*, n° 44.

(63) CA Paris, 19 janv. 2000 : *PIBD* 2000, n° 700, III, p. 303.

(64) CA Paris, 4 mars 2009 : *PIBD* 2009, n° 885, III, p. 993. – CA Paris, 14 avr. 2015 : *PIBD* 2015, n° 1029, III, p. 405 ; *Propr. industr.* 2015, chron. 9, n° 22, obs. E. Py. – V. toutefois CA Paris, 25 nov. 2014 : *PIBD* 2015, n° 1021, III, p. 101.

(65) CA Paris, 14 avr. 2015, préc.

(66) TGI Paris, 30 sept. 2009 : *PIBD* 2010, n° 909, III, p. 14. – Dans le même sens pour la fourniture de sacs plastique formant, avec un dévidoir, un élément de la combinaison brevetée, TGI Paris, 5 nov. 2004 : *PIBD* 2005, n° 802, III, p. 103. – Pour un chapeau de bouteille de gaz, V. CA Paris, pôle 5, 1re ch., 22 mai 2013 : *PIBD* 2013, n° 988, III, p. 1313.

(67) Cass. com., 12 févr. 2008 : *Propr. industr.* 2008, comm. 38, note M. Boizard.

que seul le positionnement de la cartouche était revendiqué(68), des rouleaux de papier toilette à intégrer au dispositif breveté(69) ou encore la fourniture d'un boîtier alors que l'invention portait sur la solution d'acquisition vitro-sensible qui lui était solidaire(70).

305. – **Le destinataire de la fourniture ou de l'offre de fourniture.** Sauf à ce que le propriétaire du brevet ait donné son consentement, la sanction n'est encourue que si le fourni ou le destinataire de l'offre n'est pas une personne habilitée à exploiter l'invention. Sont ainsi exclus du champ de l'article L. 613-4 ceux qui fournissent un licencié ou le bénéficiaire d'un droit de possession personnelle antérieure par exemple(71). L'alinéa 3 du texte pose une limite à cette règle générale en précisant que les personnes visées aux *a*, *b* et *c* de l'article L. 613-5 ne sont pas considérées comme étant habilitées à exploiter l'invention(72).

306. – **L'élément moral de la faute.** La sanction n'est encourue que « lorsque le tiers sait ou lorsque les circonstances rendent évident que ces moyens sont aptes et destinés » à la mise en œuvre de l'invention brevetée. Cet élément moral est à rechercher dans la personne du fournisseur ou de l'auteur de l'offre et semble caractérisé par la connaissance de ce que les moyens vont servir à la mise en œuvre de l'invention et non de celle de l'existence du brevet ou du caractère contrefaisant de la mise en œuvre des moyens fournis(73). Le texte précise, en outre, que « lorsque les moyens de mise en œuvre sont des produits qui se trouvent couramment dans le commerce », l'auteur de l'acte ne verra sa responsabilité engagée qu'autant qu'il aura incité le fourni à commettre des actes interdits par l'article L. 613-3 du Code de la propriété intellectuelle (CPI, art. L. 613-4, 2°).

§ 2. – Les limites aux prérogatives du breveté

307. – **Présentation.** Les prérogatives du breveté sont encadrées par certaines limites. Si l'on exclut la question de l'épuisement du droit, qui sera examinée par ailleurs(74), les prérogatives du breveté ne pourront s'exercer au-delà d'un cadre géographique ou temporel précis (I). Les licences autoritaires, fondées sur des considérations d'intérêt général, réduiront sa liberté d'user de son droit (II). Enfin, les prérogatives du breveté sont limitées par l'existence d'exceptions spécifiques prévues au texte et fondées sur des considérations diverses (III).

(68) CA Lyon, 19 sept. 2002 : *PIBD* 2003, n° 765, III, p. 281. – *Adde* pour une offre de fourniture d'un convecteur destiné à recevoir un programmateur alors que le brevet ne porte que sur le programmateur, Cass. com., 28 avr. 2004 : *Bull. civ.* 2004, IV, n° 74.

(69) CA Paris, 25 nov. 2014 : *PIBD* 2015, n° 1021, III, p. 101.

(70) CA Paris, 19 mars 2014 : *PIBD* 2014, n° 1008, III, p. 491.

(71) J. Azéma et J.-Ch. Galloux, *Droit de la propriété industrielle*, *op. cit.*, n° 746.

(72) Sera donc sanctionné celui qui fournit les moyens litigieux à une personne accomplissant un acte entrant dans le champ du brevet dans un cadre privé et à des fins non commerciales, dans un cadre expérimental ou à l'occasion d'une préparation magistrale dans une officine pharmaceutique.

(73) CA Paris, pôle 5, 1re ch., 22 mai 2013, préc. (après avoir posé le principe, la cour d'appel constate néanmoins que le fournisseur ne pouvait ignorer l'existence de la protection du fait de ses relations d'affaires avec le breveté). – Ch. Le Stanc, *Brefs propos sur l'élément intentionnel de la fourniture de moyens en droit des brevets* : *Propr. industr.* 2010, rép. 10 ; *JCl. Brevets*, Fasc. 4610, n° 16 et la jurisprudence citée. – J. Passa, *op. cit.*, t. 2, n° 497.

(74) V. *infra*, nos 656 et s.

I. – Les limites géographiques et temporelles

308. – **Le champ géographique des prérogatives. La territorialité du droit**[75]. Le caractère territorial du droit de brevet implique que les prérogatives du breveté se limitent au territoire de l'État qui a délivré le titre ou qui a été désigné dans la demande de brevet européen. S'agissant de la France, est donc concerné le territoire métropolitain mais également les départements et régions d'outre-mer et les collectivités d'outre-mer[76]. L'article 5 ter de la Convention d'Union de Paris prévoit une limite à cette règle matérialisée par une « fiction d'extraterritorialité »[77] concernant les navires et les engins de locomotion aérienne[78] ou terrestre qui pénètrent temporairement ou accidentellement sur le territoire d'un État membre. Un moyen, breveté en France, intégré à la structure d'un tel appareil n'est pas considéré comme portant atteinte aux droits du breveté et ne saurait, en conséquence, être sanctionné. Il a été jugé qu'un navire en construction sur un chantier naval français ne bénéficiait pas de cette disposition[79].

309. – **Le champ temporel des prérogatives.** Les prérogatives du breveté n'ont vocation à être mises en œuvre que pendant la période d'effectivité de son droit. Cette durée s'étend de la date de naissance du droit de propriété constituée par le dépôt de la demande (CPI, art. L. 613-1) jusqu'à une période de 20 ans suivant le dépôt, s'agissant du brevet *stricto sensu*, et de six ans pour le certificat d'utilité (CPI, art. L. 611-2)[80]. Passée cette période, l'invention tombe dans le domaine public et peut être librement exploitée par tous[81].

Concernant le point de départ de la protection, une exception aux dispositions de l'article L. 613-1 du Code de la propriété intellectuelle est expressément prévue par l'article L. 615-4 du même code aux termes duquel ne sont pas considérés comme ayant porté atteinte aux droits attachés au brevet « les faits antérieurs à la date à laquelle la demande de brevet a été rendue publique en vertu de l'article L. 612-21 ou à celle de la notification à tout tiers d'une copie certifiée de cette demande ». Fort logiquement, le législateur prend ici en compte le fait que l'on ne saurait reprocher à un tiers l'exploitation d'une invention qui fait l'objet d'une demande de brevet non encore publiée (CPI, art. L. 612-21), sauf à ce que le demandeur ait, avant cette date, notifié une copie certifiée conforme de la demande[82]. Toutefois, après l'une de ces dates, la demande de brevet peut faire l'objet de modifications allant dans le sens d'une extension ou d'une limitation de sa portée, de sorte que l'article L. 615-4

(75) Sur l'ensemble de la question, V. N. Bouche, *Le principe de territorialité de la propriété intellectuelle*, L'Harmattan, 2003.

(76) Pour un examen approfondi de cette limite, V. J. Azéma et J.-Ch. Galloux, *Droit de la propriété industrielle*, *op. cit.*, n° 502. – Ch. Le Stanc : *JCl. Brevets*, Fasc. 4600, n°s 22 et s.

(77) Pour reprendre la formule du professeur Le Stanc, *ibid.*

(78) Y compris les objets destinés à l'espace extra-atmosphérique, V. *infra*, n° 321.

(79) Cass. com., 12 févr. 2008 : *Propr. industr.* 2008, comm. 38, note M. Boizard.

(80) Concernant les modalités de calcul de la durée d'effectivité du certificat complémentaire de protection, V. *supra*, n° 192.

(81) Sur les conséquences de disparition du titre sur la mise en œuvre de l'action en contrefaçon (V. *infra*, n° 681) et de la saisie-contrefaçon (V. *infra*, n° 672).

(82) Il s'agit d'une formalité substantielle qui conditionne le droit d'agir en contrefaçon de sorte que la connaissance effective de la demande de brevet ne saurait pallier son absence, CA Paris, 25 avr. 2001 : *Gaz. Pal.* 7-8 juin 2002, n° 158-159, p. 7, note A. Le Tarnec.

poursuit en disposant qu'entre la date de publication de la demande, ou de la notification de la copie conforme, et celle de la publication de la délivrance du brevet, ce dernier n'est opposable que dans la mesure où les revendications n'ont pas été étendues[(83)]. Enfin, et dans la même logique de prise en compte d'une possible modification des revendications en cours de procédure ou d'un rejet de la demande, le texte dispose, *in fine*, que le tribunal saisi d'une action en contrefaçon sur le fondement d'une demande de brevet sursoit à statuer jusqu'à la délivrance du titre.

S'agissant du brevet européen désignant la France, la mise en œuvre des prérogatives prévues aux articles L. 613-3 à L. 613-7 et L. 615-4 du Code de la propriété intellectuelle est subordonnée à la publication de la demande de brevet conformément aux dispositions de l'article 93 de la CBE. Lorsque ladite publication a été faite dans une langue autre que le français, leur mise en œuvre suppose qu'une traduction des revendications en langue française a été publiée par l'INPI ou a été notifiée au contrefacteur présumé (CPI, art. L. 614-9)[(84)].

Concernant le terme de la protection, il faut préciser que le droit de brevet peut naturellement se trouver écourté par le biais d'une déchéance pour défaut de paiement des annuités[(85)], ce qui limitera d'autant la durée du monopole[(86)]. Il est également parfaitement possible qu'il disparaisse rétroactivement du fait, généralement, d'une décision d'annulation[(87)] ou, plus rarement, d'une renonciation (CPI, art. L. 613-24). Dans ces dernières hypothèses, le droit étant censé n'avoir jamais existé, aucun acte visé aux articles L. 613-3 et suivants du Code de la propriété intellectuelle ne saurait constituer une atteinte au droit du breveté.

II. – Les licences autoritaires

310. – Présentation[(88)]. Plusieurs licences autoritaires peuvent être imposées au breveté pour des raisons d'intérêt général. Si nous excluons la licence obligatoire pour défaut d'exploitation, qui sera examinée plus loin[(89)], ces licences peuvent être classées en deux catégories : certaines, les licences obligatoires, sont judiciaires et d'autres, les licences d'office, administratives.

311. – La licence de dépendance. L'article L. 613-15 du Code de la propriété intellectuelle autorise le titulaire d'un brevet placé dans la dépendance d'un autre à demander au tribunal de grande instance l'octroi d'une licence de dépendance conditionnée, toutefois, au fait que l'invention dont l'exploitation est empêchée constitue à l'égard du brevet antérieur « un progrès technique important et présente un intérêt économique considérable ». La licence ne peut être transmise qu'avec le brevet et le titulaire du brevet dominant peut demander l'attribution judiciaire d'une licence réciproque sur le brevet dépendant. L'article L. 613-15-1 précité

(83) Sur la modification des revendications, V. *supra*, n° 215. – L'article L. 615-4, alinéa 2, 2° du Code de la propriété intellectuelle contient une disposition spécifique aux termes de laquelle au cours de la même période, un brevet portant sur un micro-organisme n'est opposable qu'à compter du jour où le micro-organisme a été mis à disposition du public.
(84) Pour une application récente, V. CA Caen, 11 sept. 2014 : *PIBD* 2015, n° 1014, III, p. 753.
(85) V. *infra*, n° 333.
(86) Sur les difficultés liées à la restauration du brevet, V. *infra*, n° 334.
(87) V. *supra*, n° 174.
(88) M. Sabatier : *JCl. Brevets*, Fasc. 4780, *Mesures autoritaires sur brevet d'invention*.
(89) V. *infra*, n°s 329 et s.

offre une disposition similaire à l'obtenteur qui ne peut obtenir ou exploiter un droit d'obtention végétale sans porter atteinte à un brevet antérieur. Les articles L. 613-12 à L. 613-14 du Code de la propriété intellectuelle prévoient un régime commun portant sur la demande de toutes les licences obligatoires ainsi que sur leurs effets[(90)].

312. – **La licence d'exportation de produits pharmaceutiques des pays connaissant des problèmes de santé publique.** L'article L. 613-17-1 du Code de la propriété intellectuelle concerne la mise en œuvre de la licence obligatoire visée au règlement (CE) n° 816/2006 du 17 mai 2006 adopté consécutivement à la déclaration de Doha sur l'accord sur les ADPIC et la santé publique dont l'objectif est de favoriser l'accès aux médicaments des pays en voie de développement[(91)].

313. – **La licence d'office dans l'intérêt de la santé publique.** Dans l'intérêt de la santé publique et à défaut d'accord amiable avec le titulaire du brevet, le ministre en charge de la propriété industrielle peut, à la demande du ministre en charge de la santé publique, soumettre par arrêté à une licence d'office tout brevet portant sur « *a)* un médicament, un dispositif médical, un dispositif de diagnostic *in vitro*, un produit pharmaceutique annexe ; *b)* leur procédé d'obtention, un produit nécessaire à leur obtention ou un procédé de fabrication d'un tel produit ; *c)* une méthode diagnostic *ex vivo* » (CPI, art. L. 613-16). La condition de la soumission d'un brevet à un tel régime tient à l'insuffisance de leur mise à disposition du public, ou à des prix anormalement élevés ou encore lorsque le brevet est exploité dans des conditions contraires à l'intérêt de la santé publique ou constitutives de pratiques jugées ou déclarées anticoncurrentielles[(92)]. La procédure d'obtention d'une licence d'office passe par une demande formulée au ministre dès le jour de la publication de l'arrêté. Le ministre détermine les conditions de la licence à l'exclusion du montant des redevances qui, à défaut de résulter d'un accord amiable, est fixé par le tribunal de grande instance. On ajoutera que l'article L. 5141-13 du Code de la santé publique prévoit une licence d'office portant sur des médicaments vétérinaires dans l'intérêt de l'économie de l'élevage.

314. – **La licence d'office dans l'intérêt de l'économie nationale.** À défaut d'une exploitation de nature à satisfaire aux besoins de l'économie nationale, le ministre chargé de la propriété industrielle peut mettre en demeure les propriétaires des brevets de remédier à la situation. Si la mise en demeure n'est pas suivie d'effet dans un délai d'un an et si l'insuffisance d'exploitation « porte gravement préjudice au développement économique et à l'intérêt public », les brevets concernés peuvent être soumis au régime des licences d'office par décret en Conseil d'État (CPI, art. L. 613-18). Le délai d'un an peut être prolongé lorsque le breveté justifie d'une excuse légitime pour autant qu'elle soit compatible avec l'intérêt de l'économie nationale. Le régime de la licence d'office est similaire à celui valant dans le domaine de la santé publique (CPI, art. L. 613-18, al. 4, 5 et 6).

(90) Ainsi, le demandeur doit-il justifier qu'il n'a pas pu obtenir de licence amiable et qu'il est en état d'exploiter l'invention de manière sérieuse et effective. Le tribunal qui accorde une licence obligatoire en détermine les conditions précises qui peuvent être modifiées judiciairement à la demande du titulaire du brevet ou du licencié (CPI, art. L. 613-12). À la demande du breveté ou d'autres licenciés, le tribunal peut retirer la licence obligatoire lorsque son bénéficiaire ne satisfait pas aux conditions auxquelles elle a été accordée (CPI, art. L. 613-14).

(91) Pour une présentation complète, V. J. Passa, *Droit de la propriété industrielle*, *op. cit.*, n°s 547 et s.

(92) Dans ce dernier cas, l'accord amiable n'a pas à être préalablement recherché, CPI, art. L. 613-16, *in fine*.

315. – Licence d'office dans l'intérêt de la défense nationale. L'État peut obtenir à tout moment une licence d'office sur une demande de brevet ou un brevet délivré pour les besoins de la défense nationale sans considération de l'auteur effectif de l'exploitation qui n'est pas nécessairement l'État (CPI, art. L. 613-19). La licence est accordée par arrêté du ministre chargé de la propriété industrielle sur demande du ministre chargé de la défense qui fixe les conditions de la licence à l'exclusion du montant des redevances. La licence prend effet à la date de sa demande et tout litige relatif au montant des redevances est tranché par le tribunal de grande instance jugeant en chambre du conseil. Cette prérogative de puissance publique connaît une expression extrême dans la faculté d'expropriation des inventions reconnue à l'État par l'article L. 613-20 du Code de la propriété intellectuelle(93).

316. – Aspects communs aux licences obligatoires et aux licences d'office. Les licences obligatoires et les licences d'office sont nécessairement non exclusives et les droits qui y sont attachés ne peuvent être transmis qu'avec le fonds de commerce, l'entreprise ou la partie de l'entreprise auquel ils sont attachés (CPI, art. L. 613-13).

III. – Les autres limites

317. – Diversité. Alors même qu'un tiers réaliserait, sans l'accord du breveté, un acte remplissant les conditions matérielles et morales de la sanction, la loi peut l'extraire du champ du monopole. Pour reprendre la dichotomie proposée par le professeur Schmidt-Szalewski dans une précédente édition de cet ouvrage, l'article L. 613-5 du Code de la propriété intellectuelle énumère un certain nombre d'actes qui échappent au monopole du breveté soit en raison de leur finalité(94) (A), soit en considération de leur auteur (B), auxquels nous ajouterons le cas particulier des inventions portant sur du matériel biologique (C).

A. – Les actes exclus du champ de la protection en raison de leur finalité

318. – Les actes accomplis dans un cadre privé et à des fins non commerciales. Visée à l'article L. 613-5, a) du Code de la propriété intellectuelle, l'exception au monopole suppose la réunion de deux conditions cumulatives. Les actes doivent être accomplis dans un cadre « privé », ce que l'on traduit généralement par « domestique »(95). Il faut en outre que la finalité poursuivie soit « non commerciale ». La doctrine défend une approche large de cette formule qui doit être considérée comme équivalente à « non professionnelle »(96), ce qui permet d'exclure du champ de l'exception les activités commerciales *stricto sensu* mais aussi les activités agricoles(97) ou libérales.

319. – Les expérimentations portant sur l'objet du brevet. L'article L. 613-5, b) du Code de la propriété intellectuelle exclut les « actes accomplis à titre expérimen-

(93) V. *supra*, n° 208.
(94) Sur la justification de ces limites, V. J. Foyer et M. Vivant, *Le droit des brevets*, *op. cit.*, n° 317.
(95) J. Foyer et M. Vivant, *ibid.*, p. 316.
(96) En ce sens, par ex., J. Passa, *Droit de la propriété industrielle*, *op. cit.*, n° 502.
(97) Sous l'empire de la loi antérieure au sujet d'une coopérative agricole, V. Cass. com., 15 avr. 1964 : *Ann. propr. ind.* 1964, p. 105.

tal qui portent sur l'objet de l'invention brevetée ». Toute la difficulté est, ici, de poser la limite entre ce qui relève de l'expérimentation et de l'activité commerciale, notamment lorsque ladite expérimentation est une mise au point réalisée dans une perspective de commercialisation. Plusieurs critères peuvent être utilisés, comme par exemple le nombre d'actes réalisés, mais c'est surtout la proximité de la commercialisation qui semble déterminante et ne conduit à écarter le bénéfice de l'exception que lorsque la commercialisation est la finalité de l'acte, c'est-à-dire son but immédiat(98). Dans le domaine particulier du médicament, la loi n° 2007-248 du 26 février 2007 a ajouté au texte un *d)* par lequel sont exclus du champ de la protection les « études et essais requis en vue de l'obtention d'une autorisation de mise sur le marché pour un médicament, ainsi qu'aux actes nécessaires à leur réalisation et à l'obtention de l'autorisation ». Cette disposition, marquant la volonté des autorités françaises de favoriser le développement de l'industrie du générique, fait entrer dans le champ de l'exception tous les actes permettant l'obtention d'une AMM pour un médicament générique alors que le médicament princeps est encore en vigueur(99). Dans le même ordre d'idées, la loi n° 2011-2012 du 29 décembre 2011 a introduit un article d bis) qui exclut encore du champ du monopole les « actes nécessaires à l'obtention du visa de publicité mentionné à l'article L. 5122-9 du Code de la santé publique ».

320. – **La préparation de médicament dans les officines de pharmacie.** L'article L. 613-5, c) du Code de la propriété intellectuelle exclut du champ de la protection « la préparation de médicaments faite extemporanément et par unité dans les officines de pharmacie, sur ordonnance médicale [ainsi que les] actes concernant les médicaments ainsi préparés ». Cette exception ne connaît pas d'illustration jurisprudentielle.

321. – **Les objets destinés à être lancés dans l'espace extra-atmosphérique.** L'article L. 613-5, e) du Code de la propriété intellectuelle vise les « objets destinés à être lancés dans l'espace extra-atmosphérique introduits sur le territoire français ». Cette exception, introduite par la loi n° 2008-518 du 3 juin 2008, vise à garantir la coopération spatiale en formalisant les dispositions de l'article 5 ter de la Convention d'Union de Paris, qui exclut du champ de la protection les objets intégrés à certains appareils pénétrant temporairement ou accidentellement sur le territoire d'un État où un brevet est en vigueur(100), que les États-Unis d'Amérique acceptent d'appliquer aux objets spatiaux transitant par leur territoire sous réserve de réciprocité(101).

B. – Les actes exclus du champ de la protection en raison de leur auteur : la possession personnelle antérieure

322. – **Principe.** L'article L. 613-7 du Code de la propriété intellectuelle dispose, dans son premier alinéa, que « toute personne qui, de bonne foi, à la date de dépôt ou de priorité d'un brevet, était, sur le territoire où le présent livre est applicable,

(98) J. Azéma, *Lamy Droit commercial*, 2015, n° 2003. – V. par ex. CA Paris, 3 juill. 2002 : *PIBD* 2003, n° 758, III, p. 93. – CA Paris, 7 oct. 2005 : *PIBD* 2005, n° 819, III, p. 685.

(99) J. Armengaud et E. Berthet-Maillols, *La loi du 27 février 2007 transposant la directive 2004/27/CEE ou le coup de pouce donné aux génériques* : *Propr. intell.* 2007, p. 146. – Il reste que ce texte ne règle pas toutes les difficultés, V. J.-Ch. Galloux : *RTD com.* 2015, p. 93.

(100) Sur la fiction d'extraterritorialité, V. *supra*, n° 308.

(101) P. Labordes, *Rapport sur le projet de loi relatif aux opérations spatiales*, art. 22.

en possession de l'invention objet du brevet a le droit, à titre personnel, d'exploiter l'invention malgré l'existence du brevet ». Cette exception, créée pour des raisons d'équité au bénéfice de l'auteur d'une invention qui aura été pris de vitesse par un tiers au moment du dépôt, permet à son bénéficiaire d'exploiter personnellement l'invention malgré l'existence du brevet.

323. – **Les conditions de la possession personnelle antérieure.** Le bénéficiaire de l'exception, personne physique ou morale, doit tout d'abord être « en possession de l'invention ». La possession requise s'entend, semble-t-il, de la maîtrise intellectuelle de l'invention(102), c'est-à-dire de ses éléments constitutifs(103), et non de l'existence de préparatifs effectifs et sérieux de mise en œuvre(104). La possession doit, ensuite, être antérieure à la date de dépôt et de priorité, ce qui relève du bon sens au regard de la raison d'être de l'exception. La possession doit, encore, être « de bonne foi ». Il faut comprendre ici que son bénéficiaire doit être un possesseur « légitime » de la connaissance(105). L'inventeur qui dépose une demande de brevet au nom de la société dont il est le gérant ne peut pas opposer une possession personnelle antérieure à une tierce société ayant absorbé la sienne et qui le poursuivrait en contrefaçon(106). La possession doit, enfin, avoir été acquise « sur le territoire français ». Une possession acquise à l'étranger ne pourra donc utilement être invoquée au soutien de la constitution de l'exception(107). S'agissant d'un fait juridique, la preuve peut en être rapportée par tous moyens(108).

324. – **Les effets de la possession personnelle antérieure.** Le bénéficiaire de la possession personnelle antérieure pourra exploiter personnellement l'invention sans que le breveté ne puisse utilement le poursuivre en contrefaçon : toute action en ce sens se heurterait à l'exception de possession personnelle antérieure comprise, au plan processuel, comme un moyen de défense au fond conduisant un rejet de la demande de l'adversaire. Encore faut-il déterminer ce que couvre ce concept : son bénéficiaire disposera du droit d'exploiter l'invention pour lui-même, c'est-à-dire de réaliser tous les actes d'exploitation en principe soumis à autorisation (CPI, art. L. 613-3 et s.)(109). En revanche, le bénéficiaire ne pourra pas céder son droit, ni concéder de licences ni même recourir à des sous-traitants(110). La seule limite tient à une possibilité de transmission « avec le fonds de commerce, l'entreprise ou la partie de l'entreprise auquel il est attaché » (CPI, art. L. 613-7, al. 2).

(102) CA Paris, 14 janv. 2004 : *Ann. propr. ind.* 1/2004, p. 46. – Plus clairement encore, TGI Paris, 1er juill. 2003 : *PIBD* 2003, n° 776, III, p. 587.

(103) CA Paris, 14 janv. 2004, préc.

(104) V. toutefois, TGI Paris, 6 juin 2013 : *PIBD* 2013, n° 992, III, p. 1456. – *Adde* Ch. Le Stanc : *JCl. Brevets*, Fasc. 4620, n° 27 ; *Le possesseur antérieur sur invention brevetée ou les deux visages de Janus : Propr. industr.* 2002, repère 5 ; *Possession personnelle antérieure sur invention brevetée : incertitudes : Propr. industr.* 2015, repère 1.

(105) Soit parce qu'il aurait réalisé lui-même l'invention ou encore qu'il l'aurait reçue légitimement de l'inventeur. Tel n'est pas le cas de celui qui a pris connaissance de l'invention parce qu'il a réalisé des essais et des mises au point au bénéfice du futur breveté, Cass. com., 25 avr. 2006 : *PIBD* 2006, n° 833, III, p. 460.

(106) Cass. com., 20 mai 2003 : *PIBD* 2003, n° 771, III, p. 439.

(107) Ce qui peut générer des difficultés, V. Ch. Le Stanc, Fasc. 4620, préc., n° 17.

(108) TGI Paris, 6 juin 2013, préc.

(109) Le bénéfice de l'exception s'étend également aux revendeurs, V. J. Azéma et J.-Ch. Galloux, *Droit de la propriété industrielle*, *op. cit.*, n° 510.

(110) *Ibid.*

C. – Le cas des inventions portant sur du matériel biologique

325. – **Le privilège de l'agriculteur.** Issu de la transposition de la directive n° 98/44/CE, le privilège de l'agriculteur figure d'abord à l'article L. 613-5-1 du Code de la propriété intellectuelle qui prévoit une exception à l'étendue de la protection conférée au brevet par les articles L. 613-2-2 et L. 613-2-3 du même code. Ainsi, la commercialisation de « matériel de reproduction végétal » à un agriculteur permet à ce dernier « d'utiliser le produit de sa récolte pour la reproduction ou la multiplication par lui-même sur sa propre exploitation ». Ce « privilège de l'agriculteur » aligne le droit des brevets sur celui des obtentions végétales dans lequel il existe déjà. D'ailleurs, le texte renvoie à l'article 14 du règlement (CE) n° 2100/94 du Conseil du 17 juillet 1994 instituant un régime de protection communautaire des obtentions végétales concernant ses conditions d'utilisation (CPI, art. L. 615-5-1, al. 2). Dans le même ordre d'idées, l'article L. 613-5-2 du Code de la propriété intellectuelle prévoit que la commercialisation d'animaux d'élevage ou d'un matériel de reproduction animal par le breveté implique l'autorisation pour l'agriculteur d'utiliser le bétail ou le matériel de reproduction animal vendu par le breveté « pour un usage agricole, [l'autorisation emportant] la mise à disposition de l'animal ou du matériel de reproduction animal pour la poursuite de son activité agricole, mais exclut la vente dans le cadre d'une activité commerciale de reproduction »(111).

326. – **Le privilège de l'obtenteur.** Le privilège de l'obtenteur qui, dans le droit des obtentions végétales, permet à une personne d'utiliser une variété protégée afin d'en réaliser une nouvelle, est transposé au droit des brevets (CPI, art. L. 613-5-3) qui dispose que « les prérogatives conférées par les articles L. 613-2-2 et L. 613-2-3 ne s'étendent pas aux actes accomplis en vue de créer ou de découvrir et de développer d'autres variétés végétales »(112).

327. – **Épuisement du droit (renvoi).** Les inventions biotechnologiques font l'objet de règles spécifiques concernant l'application de l'épuisement du droit de brevet (V. *infra*, n° 658).

SECTION 2

LES CHARGES DU BREVETÉ

328. – **Présentation.** En contrepartie des prérogatives que la loi lui accorde, le breveté se voit contraint au respect de quelques obligations dont la violation n'est pas sanctionnée avec la même rigueur. Il s'agit de l'obligation d'exploiter l'invention brevetée (§ 1) et de l'obligation de payer des annuités (§ 2).

(111) Pour une analyse de ces hypothèses, V. J. Passa, *Droit de la propriété industrielle*, *op. cit.*, n° 519.

(112) Sur les difficultés d'articulation de cet article avec la protection communautaire des variétés végétales, V. J. Azéma et J.-Ch. Galloux, *op. cit.*, n° 762.

§ 1. – L'obligation d'exploiter

329. – **Principe.** Le breveté est astreint à une obligation d'exploitation de l'invention objet de sa propriété[113]. La raison tient au fait, ainsi que l'exprimait Pouillet, que le brevet vise à assurer la marche du progrès et ne doit pas, au contraire, devenir une barrière qui viendrait à l'entraver[114]. Une telle conséquence serait le fait d'un breveté qui, s'étant réservé une invention, se refuserait à l'exploiter tout en empêchant les tiers de le faire au bénéfice de la collectivité. L'article 5.A de la CUP qualifie expressément d'« abus » l'exercice des droits de propriété industrielle en cas de défaut d'exploitation, ce que, semble-t-il, on ne peut toutefois pas traduire par un comportement excédant la fonction du droit[115]. Aux termes des articles L. 613-11 et suivants du Code de la propriété intellectuelle, le défaut d'exploitation est sanctionné par l'octroi d'une licence obligatoire à la demande d'un tiers intéressé[116].

330. – **Le défaut d'exploitation.** La détermination de ce qui caractérise l'exploitation du brevet – et en contrepoint son défaut d'exploitation – a évolué au fil du temps et des réformes législatives. Impliquant, au départ, une fabrication en France, l'exploitation s'est ensuite étendue à une fabrication dans un État membre de la Communauté européenne ou de l'Espace économique européen avant d'inclure l'importation d'un produit breveté fabriqué dans un État membre de l'OMC[117]. Le texte actuel de l'article L. 613-11 du Code de la propriété intellectuelle caractérise le défaut, ou l'insuffisance, d'exploitation lorsque le propriétaire du brevet ou son ayant cause[118] :

« *a)* n'a pas commencé à faire exploiter ou fait des préparatifs effectifs et sérieux pour exploiter l'invention objet du brevet sur le territoire d'un État membre de la Communauté européenne ou d'un autre État partie à l'accord sur l'espace économique européen ; *b)* n'a pas commercialisé le produit objet du brevet en quantité suffisante pour satisfaire aux besoins du marché français (...). Pour l'application du présent article, l'importation de produits objets de brevets fabriqués dans un État partie à l'accord instituant l'Organisation mondiale du commerce est considérée comme une exploitation de ce brevet »[119].

Le défaut d'exploitation n'ouvrira le droit d'agir en vue d'obtenir une licence obligatoire que si l'exploitation n'a pas commencé « à l'expiration d'un délai de trois ans après la délivrance d'un brevet, ou de quatre ans à compter de la date de dépôt de la demande »[120], ou si elle a été abandonnée « depuis plus de trois ans ».

Enfin, le breveté peut échapper à la licence en démontrant l'existence d'une « excuse légitime » au défaut d'exploitation. Les hypothèses en sont multiples, mais

(113) M. Sabatier, *L'exploitation des brevets et l'intérêt général d'ordre économique*, Litec, 1976, p. 121 et s. ; *JCl. Brevets*, Fasc. 4680.

(114) E. Pouillet, *Traité théorique et pratique des brevets d'invention…*, *op. cit.*, n° 506.

(115) V. J. Passa, *Droit de la propriété industrielle*, *op. cit.*, 378, qui considère que l'obligation d'exploiter ne se justifie pas totalement par la fonction du brevet qui est d'enrichir l'état de la technique, mais tient plutôt à des considérations d'intérêt général.

(116) Cette sanction est le résultat du décret n° 53-970 du 30 septembre 1953. Avant cela, le défaut d'exploitation était sanctionné par la déchéance du brevet, V. J.-M. Mousseron, act. par Y. Basire : *JCl. Brevets*, Fasc. 4520, *Les charges du breveté*, n° 111.

(117) Sur cette évolution, V. J.-M. Mousseron, act. par Y. Basire, *op. cit.*, n°s 118 et s.

(118) Un licencié par exemple.

(119) Sur l'interprétation de ces textes, V. M. Sabatier : *JCl. Brevets*, Fasc. 4780, n°s 20 et s.

(120) Le délai le plus long devant être retenu, V. F. Pollaud-Dulian, *La propriété industrielle*, *op. cit.*, n° 627.

relativement anciennes, et l'excuse est caractérisée lorsque le défaut d'exploitation résulte d'un obstacle effectif d'une gravité considérée comme suffisante[(121)].

331. – **La demande.** Aux termes de la loi, la demande de licence obligatoire peut être présentée par toute personne, y compris un contrefacteur[(122)], de droit public ou privé (CPI, art. L. 613-11) devant le tribunal de grande instance de Paris (CPI, art. L. 613-12). Il y sera fait droit sous réserve que le demandeur démontre qu'il n'a pu obtenir une licence amiable du breveté[(123)] et qu'il est « en état d'exploiter l'invention de manière sérieuse et effective »[(124)].

332. – **Les effets de la licence obligatoire.** Aux termes de la loi, la licence obligatoire est accordée par le juge aux conditions définies dans le jugement qui pourront toutefois faire l'objet d'une modification sur demande du licencié ou du breveté (CPI, art. L. 613-12). La licence est nécessairement non exclusive et ne peut être transmise, comme les licences d'office[(125)] et la possession personnelle antérieure[(126)], « qu'avec le fonds de commerce, l'entreprise ou la partie de l'entreprise auquel » elle est attachée (CPI, art. L. 613-13). Enfin, la licence peut être judiciairement retirée à la demande du breveté ou des autres licenciés si ses modalités d'attribution ne sont pas respectées par son bénéficiaire (CPI, art. L. 613-14).

§ 2. – L'obligation de payer des redevances

333. – **Contenu et sanction de l'obligation.** Aux termes de l'article L. 612-19 du Code de la propriété intellectuelle, le maintien en vigueur du brevet suppose le versement d'une redevance annuelle à l'INPI[(127)] dont le montant est progressif[(128)]. Le paiement de la redevance annuelle doit intervenir le dernier jour du mois de la date anniversaire du dépôt de la demande (CPI, art. R. 613-46). En cas de défaut de paiement dans le délai, un avertissement est adressé au breveté, mais le défaut n'engage pas la responsabilité de l'INPI ni ne constitue une cause de restauration (CPI, art. R. 613-48). Lorsque le breveté laisse passer ce délai, la loi lui

(121) CA Paris, 2 mai 1963 : *Ann. propr. ind.* 1963, p. 295, note P. Combeau. – Pour un cas de force majeure, V. Cass. req., 18 janv. 1938 : *Ann. propr. ind.* 1939, p. 124. – En revanche, tel n'est pas le cas lorsque le refus d'exploiter résulte de la volonté de mettre en œuvre une technique plus performante, V. Cass. com., 11 janv. 2000 : *PIBD* 2000, n° 697, III, p. 217. – Rejet du pourvoi, V. CA Lyon, 11 sept. 1997 : *PIBD* 1998, n° 650, III, p. 167.

(122) CA Lyon, 11 sept. 1997, préc.

(123) La jurisprudence y assimile les hypothèses dans lesquelles le breveté proposerait au demandeur des conditions inacceptables ou encore des redevances exorbitantes (CA Paris, 3 avr. 1965 : *Ann. propr. ind.* 1967, p. 124, note P. Combeau. – TGI Toulouse, 15 oct. 1979 : *JCP* CI 1980, II, 19330, note M. Sabatier). – *Adde* pour une analyse complète, M. Sabatier : *JCl. Brevets*, *op. cit.*, n°s 50 et s.

(124) TGI Paris, 2 mai 1990 : *PIBD* 1990, n° 484, III, p. 519. – La preuve pouvant résulter de l'activité contrefaisante antérieure, CA Lyon, 11 sept. 1997, préc.

(125) V. *supra*, n° 316.

(126) V. *supra*, n° 324.

(127) S'agissant du brevet européen, la taxe annuelle doit être versée à l'OEB à partir de la troisième année à compter du dépôt de la demande et jusqu'à l'année de publication de la mention de délivrance du brevet européen au *Bulletin européen des brevets* (CBE, art. 86). Après cette date, l'OEB ne peut plus recevoir de taxe annuelle (CBE, art. 141 [1]) qui devra être versée aux offices nationaux (l'article R. 614-16 du Code de la propriété intellectuelle renvoie d'ailleurs aux dispositions de l'article 141 de la CBE).

(128) Aux termes de l'arrêté du 24 avril 2008 (dans sa version consolidée au 10 juin 2015), le montant des redevances va de 36 € à 760 € sous réserve d'une réduction pour les catégories de personnes visées à l'article L. 612-20 du Code de la propriété intellectuelle.

accorde un délai de grâce de six mois pendant lequel il peut régulariser sa situation moyennant le paiement d'une surtaxe(129). Passé ce délai de grâce, le défaut de paiement de la redevance(130) est sanctionné par la déchéance du brevet (CPI, art. L. 613-22, 1°). Elle doit être constatée par une décision du directeur général de l'INPI dont la nature est déclarative(131). Le délai de grâce étant de droit, la décision ne peut intervenir avant son échéance ; toutefois, aux termes du deuxième alinéa de l'article précité, la déchéance prend effet rétroactivement à la date de l'échéance de la redevance annuelle non acquittée. La décision est ensuite publiée et notifiée au breveté(132).

334. – **La restauration du brevet.** Le breveté qui a vu son brevet frappé de déchéance peut en demander la restauration, avec effet rétroactif(133), à condition de justifier d'une « excuse légitime » et de respecter la procédure prévue à cette fin (CPI, art. L. 612-16)(134).

(129) S'agissant du brevet européen désignant la France, le délai de grâce ne commence à courir qu'à l'expiration du délai de deux mois visé à l'article 141 (2) de la CBE, V. CA Paris, 23 sept. 2014 : *PIBD* 2014, n° 1017, III, p. 879.

(130) Tout comme le paiement à un taux insuffisant, V. CA Lyon, 3 sept. 2009 : *PIBD* 2009, n° 905, III, p. 1426.

(131) J. Passa, *Droit de la propriété industrielle*, *op. cit.*, n° 425. – *Contra* J. Azéma, *Lamy Droit commercial*, *op. cit.*

(132) Pour une difficulté particulière en cas de changement de mandataire, V. Cass. com., 25 juin 2013 : *Propr. industr.* 2014, comm. 2, note J. Raynard.

(133) Le caractère rétroactif de la restauration ne va pas sans poser de problèmes lorsqu'un tiers a réalisé des actes d'exploitation de l'invention après la déchéance du brevet. La loi de 1968 initiale prévoyait le mécanisme de la restauration « sous réserve des droits acquis par les tiers », disposition que la réforme de 1978 fit disparaître. Aujourd'hui, si la doctrine est unanime à reconnaître que l'exploitation de l'invention par un tiers après la déchéance ne lui confère pas le droit de la poursuivre après la restauration, les auteurs sont partagés sur la qualification des actes réalisés entre ces deux dates et si, pour certains, ils ne sauraient constituer des actes de contrefaçon (Ch. Le Stanc : *JCl. Brevets*, Fasc. 4600, n° 32. – F. Pollaud-Dulian, *La propriété industrielle*, *op. cit.*, n° 516. – J. Raynard, *Le fabuleux destin du brevet de la pravastatine ou la propriété ressuscitée*, in *Mél. A. Lucas*, LexisNexis, 2015, p. 641 et s.), l'opinion inverse est défendue (J. Passa, *Droit de la propriété industrielle*, *op. cit.*, n° 442).

(134) Sur l'ensemble, V. *supra*, n° 213.

TITRE 2

L'IDENTITÉ DU DROIT DE MARQUE

335. – **Signe de ralliement de la clientèle.** La marque est un instrument de ralliement de la clientèle qui se trouve ainsi informée de l'origine d'un produit ou d'un service (principe de spécialité, V. *infra*, n° 374). Les marques sont extrêmement nombreuses aujourd'hui (plus d'un million et demi de marques, toutes classes confondues, sont en vigueur sur le territoire français). Elles permettent à un opérateur de fidéliser sa clientèle et servent de vecteur de communication de caractéristiques (bon marché, qualité, solidité, haute technologie, *vintage*, etc.) et de sensations (modernité, apaisement, sécurité, luxe, ou au contraire, obsolescence, ringardise, etc.), en relation avec des produits et/ou des services. La science du marketing accompagne très souvent la politique menée par une entreprise pour nommer et commercialiser ses productions et services(1). La marque nécessite, comme tout droit de propriété industrielle, d'être enregistrée ; elle procurera à son titulaire une protection effective au regard des territoires pour lesquels l'enregistrement a été opéré, et le droit a été déposé (principe de territorialité). L'importance commerciale de la marque pour l'entreprise n'est plus à démontrer : souvent celle-là constituera l'actif majeur de valorisation de son propriétaire. Diverses études statistiques font état de l'importance du phénomène au niveau national et mondial(2) ; les marques donnent encore lieu à un classement en fonction de leur valorisation(3). Ce classement a été largement bouleversé avec l'arrivée d'Internet et de ses outils.

(1) V. par ex., les travaux de D. Yankelevitch et D. Meer, *Rediscovering market segmentation*, in *Harward Business Review* févr. 2006.

(2) V. www.inpi.fr, *dataroom*, les chiffres relatifs aux marques, montrant qu'en 2010, point culminant, le nombre de dépôts, annuellement, était de 91 928, puis de 91 214 en 2011 et de plus de 86 000 en 2012 et 2013 ; au niveau européen (données OHMI, office pour l'harmonisation dans le marché intérieur), la progression est constante et il y a plus de 100 000 demandes d'enregistrements depuis 2011. Le site de l'Organisation mondiale de la propriété intellectuelle (OMPI), présente également des statistiques indiquant qu'en 2012, le nombre de classes indiquées dans les demandes d'enregistrement de marque au niveau mondial a augmenté de 6 %. Il est encore précisé qu'avec 278 458 classes, la France se situe au quatrième rang par voie « nationale », après la Chine, les États-Unis et l'OHMI. La France se situe en troisième position dans les désignations nationales, après l'Allemagne et les États-Unis et huit entreprises françaises figurent au Top 50 des déposants de marques *via* le système de Madrid. En comptabilisant les marques françaises, les marques communautaires et les marques internationales désignant la France, il y a environ 1 600 000 marques en vigueur.

(3) Dans le Top 100 BrandZ 2014, réalisé par Millward Brown, il apparaît que les marques dites « technologiques » améliorent leur classement (les quatre premières). En 2010, alors que les indicateurs financiers clés chutaient, l'étude précitée observait que la valeur des marques de ce Top 100 avait augmenté de 4 % pour atteindre 2 000 milliards de dollars. Ce classement tient compte de la valeur monétaire de ces marques, mais aussi des opinions des consommateurs. L'étude 2014 fait apparaître que la valeur des marques de ce Top a augmenté de 12 % en un an. La société Google se place première, évaluée à 158 843 millions de dollars, la société Apple (147 880) supplante la société IBM

336. – **Signe distinctif.** La marque est signe distinctif, à l'instar de la dénomination sociale qui correspond au nom choisi dans ses statuts par une personne morale, ou du nom commercial qui est le nom sous lequel un professionnel décide de se faire connaître de sa clientèle, ou encore de l'enseigne, qui permet de localiser un fonds de commerce, artisanal. Chacun de ces signes se voit attribuer un rôle particulier : la marque permet d'identifier une origine commerciale d'un produit ou d'un service, le nom commercial distingue un professionnel d'un autre, l'indication géographique associe certaines qualités à des productions en raison de leur rattachement à un terroir et à un savoir-faire spécifique. La marque bénéficie néanmoins d'un régime juridique développé, qui se fonde sur un droit privatif accordé à son titulaire. L'indication géographique peut revendiquer un régime spécifique, qui se rapproche ces dernières années de la marque, même s'il demeure des différences entre ces deux signes. Les autres signes distinctifs, rejoints par le nom de domaine Internet, sont seulement susceptibles de permettre la mise en œuvre de l'action en concurrence déloyale, fondée sur le mécanisme de la responsabilité civile délictuelle et quasi délictuelle des articles 1382 et 1383 du Code civil, lorsqu'un opérateur, volontairement ou par négligence, use d'un signe si proche qu'il peut susciter un risque de confusion, fautif, dans l'esprit de la clientèle.

337. – **Sources, historique de la législation française.** C'est certainement après la Révolution française, avec l'affirmation du principe de liberté du commerce et de l'industrie[(4)] et la suppression des corporations[(5)], que les marques « modernes » sont apparues. Auparavant, des signes étaient parfois apposés sur des productions, mais il s'agissait davantage de mesures de police (identifier des biens volés ou vérifier que tel potier appartenait bien à une corporation lui permettant de fabriquer des objets de son métier). La pratique existait, mais aucune loi ne venait sanctionner les reproductions et imitations sans autorisation du titulaire qui avait adopté un signe pour marquer ses productions et les identifier auprès des clients. Après une loi jugée trop sévère[(6)], et donc très peu appliquée, une loi du 28 avril 1824, codifiée désormais au Code de la consommation, à l'article L. 217-1, dispose :

> « Quiconque aura soit apposé, soit fait apparaître par addition, retranchement ou par une altération quelconque, sur les objets fabriqués, le nom d'un fabricant autre que celui qui en est l'auteur, ou la raison commerciale d'une fabrique autre que celle où lesdits objets auront été fabriqués, ou enfin le nom d'un lieu autre que celui de la fabrication, sera puni des peines prévues à l'article L. 216-9, sans préjudice des dommages-intérêts, s'il y a lieu[(7)]. »

(107 541), suivie par la société Microsoft (90 185), la société Mc Donald's (alimentaire) et Coca-Cola (boissons), etc. Facebook, réseau social connu, intègre ce classement, évalué à 5,5 milliards de dollars. Les marques françaises, pour leur part, maintiennent leur rang dans ce classement : Louis Vuitton se place au 29e rang, suivi de Carrefour (42e), L'Oréal (49e), Orange (49e), Hermès (86e) et Auchan (96e). Luxe, cosmétique et distribution permettent à la France de bien se situer en valorisant ses signes distinctifs.

(4) Décret d'Allarde, L. 2 et 17 mars 1791 qui affirme à son article 7 : « À compter du 1er avril prochain, il sera libre à toute personne de faire tel négoce ou d'exercer telle profession, art ou métier qu'elle trouvera bon, mais elle sera tenue de se pourvoir auparavant d'une patente, d'en acquitter le prix d'après les taux ci-après déterminés et de se conformer aux règlements de police qui sont ou pourront être faits ».

(5) Loi Le Chapelier du 17 juin 1791 retenant à son article 1er : « L'anéantissement de toutes espèces de corporations des citoyens du même état ou profession étant une des bases fondamentales de la Constitution française, il est défendu de les rétablir de fait, sous quelque prétexte et quelque forme que ce soit ».

(6) L. 22 germinal an XI (12 avr. 1803), associant la contrefaçon de marques de fabrique à un crime de faux.

(7) Et l'article L. 213-1, modifié par la loi Hamon dite « consommation » n° 2014-344 du 17 mars 2014, fixe la peine à deux ans d'emprisonnement et à 300 000 € d'amende. Des peines complémentaires (par ex., de publication) peuvent être prononcées.

Il ne s'agit pas de contrefaçon de marque à proprement parler, mais la loi permettait de sanctionner de peines d'amende, voire d'emprisonnement, les commerçants qui reproduisaient sur des objets fabriqués le nom d'un autre, sans doute plus connu ou dont les productions bénéficiaient d'une certaine notoriété, sans y être autorisés. Or, comme souvent les fabricants adoptaient leur nom à titre de marques, cette loi pouvait néanmoins être utile. La loi du 23 juin 1857 concerne spécifiquement les marques de fabrique ou de commerce. Le droit de marque s'acquiert alors par le premier usage public d'un signe à titre de marque, en relation avec des produits, même s'il existe une procédure d'enregistrement, simplement déclarative. Curieusement, l'action en contrefaçon était réservée aux seules marques enregistrées ; l'usage non autorisé des marques d'usage donnait lieu à une action en concurrence déloyale. Cette loi de 1857 régira le droit français des marques jusqu'à la loi n° 64-1360 du 31 décembre 1964 qui opte pour un enregistrement obligatoire des marques, assorti d'un examen de certaines conditions de fond[8]. Le nouveau système vise à assurer une plus grande sécurité des tiers qui peuvent vérifier, sur les registres des marques, les signes réservés à ce titre, dans leur secteur afin d'éviter de commettre des actes de contrefaçon. La loi de 1964, plus précise, envisage les marques de services, aux côtés des marques de fabrique ou de commerce et prévoit une procédure de déchéance en cas de défaut d'exploitation.

338. - **Sources actuelles.** La loi de 1964 sera abrogée à son tour par la loi n° 91-7 du 4 janvier 1991[9], qui vient transposer la directive (CE) n° 89/104 du 21 décembre 1988, harmonisant les droits des États membres de l'Union européenne en matière de marques, elle-même remplacée par la directive (CE) n° 2008/95 du 22 octobre 2008[10]. La loi de 1991 a introduit une procédure d'opposition relative aux demandes d'enregistrement de marques (obligeant alors l'INPI à se prononcer sur le caractère de disponibilité du signe, avec une ouverture progressive des classes, programmée sur cinq ans), plusieurs motifs de déchéance possibles d'une marque (outre le cas du défaut d'exploitation, la loi vise le cas où la marque est devenue générique ou trompeuse du fait de son titulaire) et un mécanisme de forclusion (lorsque le titulaire n'a pas agi en nullité ou en contrefaçon après un certain délai, ce qui était tout à fait novateur en droit français). En suite à la loi n° 92-597 du 1er juillet 1992 qui a rassemblé tous les textes de droit de la propriété intellectuelle dans le Code de la propriété intellectuelle (CPI), les dispositions relatives au droit

(8) La loi aménage une période transitoire de cinq ans afin de permettre aux titulaires de marques d'usage, jusque-là efficaces, de procéder à leur enregistrement, V. J. Passa, *op. cit.*, nos 54 et s.

(9) La loi du 4 janvier 1991 entrera en vigueur le 28 décembre 1991.

(10) V. par ex., les motifs de la directive de 2008 : « Une marque sert à distinguer les produits et services d'une entreprise. Ce sont les marques qui permettent à une entreprise d'attirer et de fidéliser des clients et de créer de la valeur et de la croissance. La marque fonctionne dans ce cas comme un moteur de l'innovation : la nécessité de lui conserver sa valeur encourage l'investissement en recherche et développement, ce qui se traduit par un processus ininterrompu de mise au point et d'amélioration des produits. Ce processus dynamique a aussi une incidence favorable sur l'emploi. Dans un environnement de plus en plus concurrentiel, l'on observe un accroissement constant non seulement du rôle crucial que jouent les marques en termes de succès commercial, mais aussi de leur valeur commerciale, comme en témoignent le nombre croissant de demandes d'enregistrement déposées tant au niveau national qu'au niveau de l'Union européenne et le nombre d'utilisateurs des marques. Cette évolution s'est accompagnée d'un accroissement des attentes chez les parties prenantes en ce qui concerne la rationalisation et la qualité des systèmes d'enregistrement qu'elles souhaitent plus cohérents, accessibles au public et dotés des dernières technologies ».

des marques se situent au Livre VII de ce code, aux articles L. 711-1 et suivants pour les dispositions législatives et aux articles R. 712-1 suivants pour les dispositions réglementaires. Parallèlement, le règlement (CE) n° 40/94 du 20 décembre 1993 institue la marque communautaire ; il a été remplacé par le règlement (CE) n° 207/2009 du 26 février 2009. Selon l'article 1.2 du règlement sur la marque communautaire :

> « La marque communautaire a un caractère unitaire. Elle produit les mêmes effets dans l'ensemble de la Communauté : elle ne peut être enregistrée, transférée, faire l'objet d'une renonciation, d'une décision de déchéance des droits du titulaire ou de nullité, et son usage ne peut être interdit que pour l'ensemble de la Communauté. »

L'Union a attribué à l'Office pour l'harmonisation dans le marché intérieur (OHMI, devenu Office de l'Union européenne pour la propriété intellectuelle, Règl. n° 207/2009, modifié par Règl. n° 2015/2424, 16 déc. 2015) la gestion de ce titre. Deux propositions de directive et de règlement ont été déposées le 27 mars 2013 devant la Commission afin, notamment, de simplifier les textes applicables et de les rendre plus accessibles aux PME[(11)]. Ces textes ont été adoptés le 16 décembre 2015. La directive n° 2015/2436 du 16 décembre 2015 (*JOUE* n° L. 336/1, 23 déc. 2015) généralise le régime de la procédure d'opposition pour les États n'ayant pas adopté une telle procédure – ce qui ne concerne pas la France qui connaît ce mécanisme – (les États membres doivent prévoir une telle procédure pour des motifs relatifs à l'existence de droits antérieurs, marques, appellation d'origine protégée ou indication géographique protégée). La directive devra être transposée par les États membres d'ici le 14 janvier 2019, sauf régimes transitoires spéciaux : ainsi des procédures de déchéance ou de nullité (art. 45) par les offices nationaux pour lesquelles le délai d'entrée en vigueur est reportée au 14 janvier 2023. Le règlement n° 2015/2424 du 16 décembre 2915 (*JOUE* n° L. 341/21, 24 déc. 2015) est entré en vigueur le 23 mars 2016. Ce règlement porte modification du règlement n° 207/2009, sans l'abroger. À partir de cette date, l'Office devient l'Office de l'Union Européenne pour la Propriété Intellectuelle (*European Union Intellectual Property Office*, EUIPO) et la marque communautaire devient la marque de l'Union européenne. Le droit communautaire, droit de l'Union, peut-être plus que pour toute autre branche de la propriété industrielle, souffle sur le droit des marques.

339. – Sources internationales. La Convention d'Union de Paris (CUP) du 20 mars 1883 s'attache naturellement à la protection des marques (V. *supra*, n°s 36 et 107 et s.). Rappelons que cette convention institue un droit de priorité unioniste qui permet au titulaire d'un droit de propriété industrielle, délivré dans l'un des États de l'Union, d'obtenir la délivrance d'un titre dans d'autres pays d'Union, sans par exemple se heurter à l'absence de nouveauté (résultant de la publication de la demande du titre pilotis) et sans qu'un tiers puisse s'intercaler et dis-

(11) Ces propositions sont accompagnées d'une proposition « Taxe » ; ces trois textes sont dénommés familièrement « paquet Marques » ; V. G. Bonet, *La très prochaine réforme du droit des marques dans l'Union européenne, communautarisation du droit national de marque* : *Propr. intell.* janv. 2015, n° 54, p. 4 et s.

cuter de l'exigence de disponibilité dans le domaine des marques[12]. Ce droit de priorité, qui appartient au déposant, est de six mois en matière de marques et de dessins et modèles à compter du dépôt du titre pilotis. Il faudra revendiquer le bénéfice de la priorité lors des enregistrements réflexes et certains États (dont la France) peuvent exiger la production de la copie de la demande initiale (pilotis). Ce droit de priorité est extrêmement important et, en pratique, souvent utilisé dès lors qu'il est question d'obtenir une protection couvrant plusieurs pays (ce qui est en effet fréquent avec l'internationalisation des échanges). L'autre instrument international qui couvre l'ensemble de la propriété intellectuelle résulte de l'accord instituant l'Organisation mondiale du commerce (OMC), signé à Marrakech le 15 avril 1994. Une de ses annexes est consacrée aux aspects des droits de propriété intellectuelle liés au commerce (ADPIC ou TRIPS en anglais) et a pour objet de renforcer la protection de ces droits au niveau mondial : pour pouvoir bénéficier des avantages douaniers accordés par l'accord, les États membres doivent assurer une protection minimale des droits de propriété intellectuelle (V. *supra*, n° 36). La France a apporté quelques modifications à sa législation avec la loi du 5 février 1994 afin de se conformer à l'accord ADPIC. Les pays en voie de développement ont pu bénéficier d'arrangements transitoires avant de se conformer aux prescriptions de l'accord. Quant aux instruments internationaux spécifiques à un droit de propriété industrielle, l'Arrangement de Madrid, en matière de marques, a été signé en 1891. Il instaure l'enregistrement international des marques (les pays qui ont ratifié cette convention instituent entre eux une Union particulière ; grâce à ce mécanisme, un enregistrement international unique permet d'obtenir une protection dans chacun des pays désignés comme si la marque y avait été déposée et enregistrée). L'arrangement, signé par une cinquantaine de pays, est complété désormais par le Protocole de Madrid, signé en 1989, qui a adopté des règles un peu différentes (plus consensuelles) et qui établit un lien avec la marque communautaire. De nombreux pays ont adhéré au protocole. En outre, il convient de citer, toujours en matière de marques, l'Arrangement de Nice du 15 juin 1957 qui a créé une classification internationale des produits et services qui permet notamment de faciliter les recherches d'antériorités[13]. Et l'OMPI a appuyé la signature d'un traité en matière de marque (du 27 octobre 1994) afin d'essayer d'harmoniser les législations dans ce domaine.

340. – **Plan.** L'enregistrement de la marque confère un droit de propriété à son titulaire, dont les contours seront étudiés minutieusement ; toute atteinte est qualifiée de contrefaçon et sanctionnée à ce titre, comme pour les autres droits de propriété industrielle. Nous envisagerons successivement l'objet du droit de marque (Chapitre 1), le fait générateur du droit (enregistrement) (Chapitre 2), le sujet du droit (Chapitre 3), enfin le contenu du droit procuré par l'enregistrement (Chapitre 4).

(12) V. *supra*, n°s 36 et 107 et s., Introduction et développements en matière de brevets d'invention.

(13) Il s'agit de vérifier que le signe envisagé, pour désigner tels produits ou services, ne porte pas atteinte à des droits antérieurs, s'avère bien disponible. Parmi les droits antérieurs, les marques sont bien entendu citées : il convient par conséquent, en s'aidant de la classification internationale, de vérifier que dans les classes de produits ou de services concernés, aucune marque antérieure (identique ou similaire au point alors de susciter un risque de confusion) n'a été enregistrée.

CHAPITRE 1

L'OBJET DU DROIT DE MARQUE

341. – Définition de la marque. L'article L. 711-1 du Code de la propriété intellectuelle dispose :

« La marque de fabrique, de commerce ou de services est un signe susceptible de représentation graphique servant à distinguer les produits ou services d'une personne physique ou morale. »

Puis, cet article énonce une liste, non exhaustive, de signes susceptibles de constituer une telle marque. Comme cela apparaît dès le premier article relatif à la marque, celle-ci sert à distinguer les productions et services d'une entreprise de ceux d'un concurrent. La marque est indépendante des produits et services auxquels elle va être associée, même si certaines des conditions requises nécessitent de les étudier en fonction des produits et services revendiqués (par ex., la marque est distinctive en fonction des produits et services désignés).

342. – Nature juridique de la marque. L'article L. 713-1 du Code de la propriété intellectuelle énonce que : « L'enregistrement de la marque confère à son titulaire un droit de propriété sur cette marque pour les produits et services qu'il a désignés » tandis que l'article 9 du règlement n° 207/2009 modifié par le règlement n° 2015/2424 du 16 décembre 2015 sur la marque de l'Union européenne dispose que : « 1. L'enregistrement d'une marque de l'Union européenne confère à son titulaire un droit exclusif ». Si le doyen Roubier a qualifié les droits de propriété intellectuelle de droits de clientèle(1), on a encore souvent qualifié le droit de marque de droit d'occupation. Mais la majorité de la doctrine considère que, dans l'exercice de qualification, il n'y a pas lieu de tenir compte de la finalité du droit (attirer et fidéliser une clientèle sur le marché concerné), ni de son origine, historique(2), mais bien du seul contenu du rapport de droit : les droits de propriété intellectuelle confèrent un droit réel à leur titulaire, opposable à tous, peu importe que ce droit puisse être temporaire et limité à sa fonction(3). Le titulaire de la marque, qui se voit conférer « un droit de propriété », dispose d'un droit exclusif (V. *supra* Introduction générale, spéc. n° 11) qu'il peut

(1) V. Roubier, *Droits intellectuels ou droits de clientèle : RTD civ.* 1935, p. 228 et s. ; V. encore, *Le droit de la propriété industrielle*, t. 1, Sirey, 1951, p. 104. – V. Introduction générale.

(2) Sous le régime de la vieille loi du 23 juin 1857, le droit sur la marque s'acquérait par l'usage, donc disait-on par occupation. La loi du 31 décembre 1964 a rendu le dépôt obligatoire : comme pour le brevet, le droit de marque naît d'une formalité volontaire. – Sur la critique de la référence à l'occupation, V. Pouillet, *Traité*, préc., 6e éd., t. 2, p. 252.

(3) V. Introduction générale.

opposer à tous, dont il peut user, jouir et disposer[(4)]. Le signe réservé constitue par conséquent un bien meuble, incorporel, objet d'un droit réel de propriété.

343. – **Marques individuelles et marques collectives.** La très grande majorité des marques sont enregistrées en tant que marques individuelles, procurant un droit exclusif réservé à leur propriétaire (la situation créée par l'enregistrement par plusieurs personnes d'une marque individuelle relève d'une indivision, régie par le droit commun issu des articles 815 et suivants du Code civil)[(5)]. À l'inverse, la marque collective est ouverte à toute personne satisfaisant à ses conditions d'utilisation : celles-ci tenant à l'origine géographique ou la qualité des produits. Issue des pratiques des corporations, la marque collective a survécu à la suppression de ces groupements professionnels, à la suite de la Révolution française. Bien que la loi de 1857 n'envisageait pas de tels titres, la pratique les utilisait. La loi du 31 décembre 1964 leur a consacré quelques articles, aujourd'hui codifiés aux articles L. 715-1 à L. 715-3 du Code de la propriété intellectuelle (et articles R. 715-1 et suivants du même code). L'article L. 715-1 du Code de la propriété intellectuelle énonce que :

> « La marque est collective lorsqu'elle peut être exploitée par toute personne respectant un règlement d'usage établi par le titulaire de l'enregistrement. La marque collective de certification est appliquée au produit ou service qui présente notamment, quant à sa nature, ses propriétés ou ses qualités, des caractères précisés dans son règlement. »

Il existe par conséquent en droit français deux types de marques collectives : la *marque collective simple* qui peut être pour l'heure enregistrée par une personne physique ou morale, sans condition particulière si ce n'est en principe la remise d'un règlement d'usage (souvent de contenu limité à l'exigence d'appartenir à un groupement ou un syndicat)[(6)], et la *marque collective de certification* qui ne peut être enregistrée que par « une personne morale qui n'est ni fabricant, ni importateur, ni vendeur des produits ou services »[(7)]. Ce régime se justifie par l'exigence d'un contrôle par un organisme indépendant, « conformément aux conditions fixées par la législation applicable à la certification »[(8)].

(4) Un droit de propriété, au sens des articles 544 et suivants du Code civil, V. J.-M. Mousseron, J. Raynard et Th. Revet, *De la propriété comme modèle*, in *Mél. A. Colomer*, Litec, 1993, p. 281. – Th. Revet, *Le Code civil et le régime des biens : questions pour un bicentenaire : Dr. et patrimoine* mars 2004, p. 20. – F. Zenati, *Essai sur la nature juridique de la propriété. Contribution à la théorie du droit subjectif*, thèse Lyon III, 1981, t. 2, n° 310. – F. Zenati-Castaing et Th. Revet, *Les biens*, PUF, 3e éd., 2008, nos 64 et s.

(5) En matière de marques (et de dessins et modèles),et contrairement au domaine des brevets d'invention (V. *supra*, n° 252), le législateur n'a pas organisé le régime des titres enregistrés au profit de plusieurs titulaires, il convient par conséquent de se référer au régime de droit commun de l'indivision qui, n'étant que supplétif, peut être aménagé contractuellement par les coïndivisaires.

(6) Il semblerait qu'aucune sanction ne soit attachée à son défaut, permettant une régularisation ultérieure. V. par ex. J. Passa, *Traité de droit de la propriété industrielle*, t. 1, LGDJ, 2e éd., 2009, nos 516 et 521. Cet auteur considère que le régime du règlement d'usage est différent selon les types de marques collectives : la loi n'exige la remise du règlement d'usage qu'en matière de marques collectives de certification, CPI, art. L. 715-2, 2° (V. Cass. com., 3 juin 2008, n° 08-15.050 : *PIBD* 2008, n° 208, III, p. 532 : marque individuelle déposée sans règlement d'usage, qui était nécessaire dès lors qu'il s'agit d'une marque collective de certification, circonstances que les juges d'appel devaient vérifier ; V. encore, TGI Paris, 21 juin 2013 : *PIBD* 2013, n° 994, III, p. 1568, *Palace pour tous : Propr. industr.* 2014, comm. 3, nos obs. : marque collective simple déposée alors qu'il s'agit d'assurer certaines qualités aux services revendiqués, nullité car il s'agit d'une marque collective de certification qui nécessitait un règlement d'usage spécifique, objectif), ce qui peut d'ailleurs se justifier puisque ce type de marque promet des caractères particuliers, dûment certifiés, aux consommateurs, ce que ne fait pas la marque collective simple. Cependant, la jurisprudence n'est pas toujours aussi tranchée et la doctrine n'est pas unanime.

(7) V. CPI, art. L. 715-2.

(8) La certification de conformité est régie par les articles L. 641-20 et suivants du Code rural et de la pêche maritime, auxquels renvoie l'article L. 115-25 du Code de la consommation, relatif aux denrées alimentaires et aux produits

La directive du 22 octobre 2008 embrassait les « marques de produits ou de services individuelles, collectives, de garantie ou de certification (...) », tandis que le règlement du 26 février 2009 précité réservait un Titre VIII aux « Marques communautaires collectives », qui ne distingue pas entre marques collectives simples et marques collectives de certification[9]. La proposition de directive de 2013 considère qu'il est nécessaire d'harmoniser davantage les législations en matière de marques collectives[10]. La directive n° 2015/2436 du 16 décembre 2015 consacre diverses dispositions aux marques de garantie ou de certification et marques collectives. La directive définit la marque de garantie ou de certification comme « une marque ainsi désignée lors du dépôt de la demande et propre à distinguer les produits ou services qui sont certifiés par le titulaire de la marque en ce qui concerne la matière, le mode de fabrication des produits ou de prestations de service, la qualité, la précision ou d'autres caractéristiques par rapport aux produits et aux services qui ne sont pas certifiés » ; la marque collective est « la marque ainsi désignée lors du dépôt de la demande et propre à distinguer les produits et les services de l'association qui en est le titulaire de ceux d'autres entreprises » (art. 27). Les États membres peuvent prévoir l'enregistrement de marques de garantie ou de certification (art. 28) mais prévoient l'enregistrement de marques collectives (art. 29). La directive règle les conditions et effets de ces marques, même si ses dispositions ne se réfèrent qu'aux « marques collectives », l'ensemble devrait concerner également les marques de garantie ou de certification (V. *infra*). Le règlement n° 207/2009 tel que modifié par le règlement n° 2015/2424 du 16 décembre 2015 consacre également un titre aux marques collectives et aux marques de certification de l'Union européenne (VIII, art. 66 et s.).

Les nouveaux textes de l'Union européenne (directive et règlement) prévoient qu'une personne morale, mais aussi physique, pourra déposer une marque de garantie (Dir. n° 2015/2436) ou de certification (Dir. n° 2015/2436 et Règl. n° 207/2009, tel que modifié par Règl. n° 2015/2424), y compris les institutions, autorités et orga-

agricoles non alimentaires et non transformés. L'article L. 115-27 s'intéresse aux certifications de produits et de services : certifications, labels et normes répondent à des caractéristiques précises et sont soumis à des contrôles réguliers, gages de la qualité attendue. Un peu différentes, les appellations et indications géographiques promettent elles aussi aux consommateurs des qualités qui sont liées au terroir et à un savoir-faire particulier. La loi Hamon n° 2014-344 « consommation » du 17 mars 2014 institue les indications géographiques aux produits industriels et artisanaux et crée de nouveaux articles L. 721-2 à L. 721-10 du Code de la propriété intellectuelle, qui seront de la compétence de l'INPI, proches de nos anciennes appellations d'origine. Les atteintes portées aux appellations d'origine et indications géographiques sont désormais qualifiées de contrefaçons, V. CPI, art. L. 722-1, tel que modifié par L. n° 2014-315, 11 mars 2014.

(9) Ce que se propose de modifier la proposition de règlement de 2013 : « Alors que plusieurs systèmes nationaux assurent une protection aux marques de certification, le système de marques européen ne prévoit actuellement que l'enregistrement de marques individuelles ou collectives. Certains organismes publics et privés ne remplissant pas les conditions d'obtention de la protection par une marque collective ont également besoin d'un système permettant de faire protéger des marques de certification au niveau de l'Union européenne. Un tel système permettrait aussi de corriger le déséquilibre actuel entre les systèmes nationaux et le système de marques européen. Il est donc proposé d'ajouter au règlement un ensemble de règles spécifique visant l'enregistrement de marques de certification européennes ».

(10) V. les motifs de la proposition de directive de 2013 : « Afin d'aligner la directive sur le règlement, les codifications apportées à ces articles instaurent un ensemble de règles spécifiques pour l'enregistrement et la protection des marques collectives. Protégées dans un certain nombre d'États membres, les marques collectives se sont révélées particulièrement efficaces comme instrument commercial de protection de la valeur économique. Bien qu'au niveau de l'Union européenne et dans la plupart des États membres, les marques collectives doivent avoir un titulaire (normalement une association dont les membres utilisent la marque), tel n'est pas le cas dans d'autres États membres, en conséquence de quoi il est difficile de leur conserver un caractère clairement distinct des marques de certification », V. Prop. de directive 2013, art. 28, 30 à 37.

nismes de droit public, « pourvu que cette personne n'exerce pas une activité ayant trait à la fourniture de produits ou de services du type certifié » (Dir., art. 28, 2 ; Règl., art. 74 bis, 2). Pour les marques collectives (que l'on dénommait « simples »), il semblerait que la directive les limite aux « associations de fabricants, de producteurs, de prestataires de services ou de commerçants » qui disposent de la personnalité juridique, ainsi qu'aux « personnes morales de droit public » (le règlement ne reprend pas ces distinctions). Les États membres ne sont pas obligés d'adopter ces marques collectives (simples), mais s'ils le font, il semble que ce ne soit qu'au profit de personnes morales (ce qui était en pratique la plupart du temps le cas). Les marques collectives simples et de certification doivent respecter pour le surplus les conditions de fond de toute marque individuelle et disposent d'une protection en cas d'usage par un tiers qui ne respecterait pas les conditions fixées par le règlement d'usage (la sanction intervient sur le terrain de la contrefaçon, mais encore sur celui de la fraude et des pratiques commerciales trompeuses, sanctionnées par le Code de la consommation)[11]. Si le règlement n° 207/2009 modifié par le règlement n° 2015/2424 se réfère à l'exigence d'un règlement d'usage à déposer avec aussi bien la marque collective de l'Union européenne (art. 67) qu'avec la marque de certification de l'Union européenne (art. 74 ter), la directive n° 2015/2436 paraît distinguer, dès l'intitulé de sa section 6, les marques de garantie ou de certification, d'une part, des marques collectives, d'autre part. Or, l'article 30 traitant du règlement d'usage, se réfère à la « marque collective », le règlement devant alors préciser au minimum « les personnes autorisées à utiliser la marque, les conditions d'affiliation à l'association ainsi que les conditions d'usage de la marque, y compris les sanctions ». Cependant, il nous semble que les dispositions des articles 30 et suivants de la directive se réfèrent aux deux types de marques collectives, rejoignant alors les dispositions du règlement UE.

344. – **Quatre conditions de fond requises.** Pour pouvoir être valablement choisi à titre de marque, le signe distinctif doit répondre à quatre conditions : il doit permettre une représentation graphique, être distinctif, licite et enfin disponible. Compte tenu de l'harmonisation réalisée, les conditions de fond notamment sont identiques quels que soient les États dans lesquels la marque va être enregistrée, qu'il s'agisse d'une marque nationale ou d'une marque communautaire. Seules les formalités d'enregistrement peuvent quelque peu différer, comme cela sera souligné par exemple entre marques françaises et marques communautaires, lorsque cela s'avère utile, dans le cadre du chapitre relatif au fait générateur. Le contrôle est alors opéré tantôt par l'INPI (pour l'examen d'enregistrement et les procédures d'observation et d'opposition) et les juridictions françaises (pour les actions en nullité et déchéance), tantôt par les instances de l'Union européenne, à savoir l'Office pour l'harmonisation dans le marché intérieur (OHMI) (pour l'examen d'enregistrement, les procédures d'observation et d'opposition, les demandes en nullité et déchéance à titre principal, Tribunal de l'Union européenne et Cour de justice de l'Union européenne pour les recours).

(11) V. C. consom., art. L. 213-1, pour la fraude et L. 120-1 et spéc. L. 121-1 pour les pratiques commerciales déloyales et trompeuses.

SECTION 1

LE SIGNE CHOISI À TITRE DE MARQUE DOIT PERMETTRE UNE REPRÉSENTATION GRAPHIQUE

345. - **Représentation graphique.** L'article L. 711-1 du Code de la propriété intellectuelle, en définissant la marque, indique qu'il faut un signe « susceptible de représentation graphique » (V. Dir. n° 2008/95, 22 nov. 2008, art. 2, abrogeant la directive initiale n° 89/104 du 21 décembre 1988). Les propositions de directive d'harmonisation en matière de marques et de règlement sur la marque européenne du 27 mars 2013 suppriment ce terme de « représentation graphique » tout en maintenant une certaine exigence d'identification de l'objet même de la protection. La directive n° 2015/2436 du 16 décembre 2015 précise qu'il faut que les signes adoptés soient propres à « être représentés dans le registre d'une manière qui permette aux autorités compétentes et au public de déterminer précisément et clairement l'objet bénéficiant de la protection conférée à leur titulaire » (art. 3, b). La même disposition se retrouve, sans surprise, dans le règlement n° 207/2009, modifié par le règlement n° 2015/2424 du 16 décembre 2015 (art. 4, b).

346. - **But de la représentation du signe.** Comme l'énoncent les propositions précitées, il s'agit de permettre aux tiers (et aux institutions d'enregistrement chargées d'apprécier la validité du signe) d'identifier clairement et immédiatement quel est le signe choisi par tel opérateur pour identifier l'origine de ses productions et de ses services. Certains types de signes ne soulèvent pas de difficulté (§ 1) ; tel n'est pas le cas des signes sonores, olfactifs ou encore gustatifs (§ 2).

§ 1. – Les signes ne soulevant pas de difficulté de représentation graphique

I. – Les marques nominales

347. - **Marques nominales et représentations graphiques.** La marque nominale ou verbale s'applique au signe qui s'écrit et se prononce. Un tel signe ne pose pas de difficulté pour être représenté graphiquement[12], mais d'autres questions peuvent être envisagées à son égard.

348. - **Mots et assemblages de mots.** La marque peut être composée d'un ou de plusieurs mots, de lettres, de chiffres ou encore de sigles. Les mots choisis peuvent avoir une signification ou au contraire être de pure fantaisie. Si le mot a une signification, celle-ci ne doit pas être trop proche des produits ou des services couverts par la marque, faute de quoi la marque serait nulle pour ne pas être distinctive (V. *infra*, n°s 361 et s.). Il peut s'agir de mots étrangers qui doivent également

(12) V. *supra*, n° 402, sur les exigences tenant au format, 8 cm × 8 cm pour la marque française et au format A4 pour la marque communautaire.

répondre à l'exigence de distinctivité. Il peut s'agir de néologismes(13). Des slogans peuvent également faire l'objet d'un dépôt de marque, sous réserve du caractère distinctif exigé, au regard des produits ou services désignés(14), même si les instances de l'Union européenne s'avèrent, comme nous le verrons, plus exigeantes désormais. Par ailleurs, la loi n° 94-665 du 4 août 1994, dite « loi Toubon », a modifié la loi du 31 décembre 1975 relative à l'emploi de la langue française qui s'intéresse désormais aux marques en interdisant aux personnes publiques d'enregistrer des marques composées de termes étrangers.

349. - **Noms de famille**(15). À l'origine, la loi du 23 juin 1857 interdisait le dépôt d'un nom patronymique seul. Il était nécessaire que celui-ci soit présenté avec d'autres termes ou avec un graphisme particulier. Cependant, la jurisprudence s'avérait fort libérale et se contentait parfois d'un article, précédant le nom ou de termes génériques. La loi de 1964 a alors admis le dépôt d'un nom de famille, même à titre isolé, tout en réglementant le cas des homonymies. C'est toujours le cas avec les dispositions du Code de la propriété intellectuelle, la directive et le règlement sur la marque communautaire(16). Les marques composées de noms de famille sont très fréquentes, comme d'ailleurs les noms commerciaux, car les personnes usaient, et usent parfois encore, classiquement, de leur nom pour se faire connaître de leur clientèle. Il convient alors de distinguer le nom patronymique, attribut de la personne, qui est imprescriptible, incessible et insaisissable du nom patronymique déposé à titre de marque et qui devient alors un élément incorporel, qui se détache de la personne pour revêtir les caractères de la marque. Cette distinction a été remarquablement établie par la Cour de cassation à propos de l'affaire *Bordas*(17). Même s'il s'agit dans cette affaire des conséquences de l'adoption d'un nom de famille dans une dénomination sociale, le raisonnement est transposable à l'adoption d'un tel nom à titre de marque, autre type de signe distinctif. En revanche, la volonté du titulaire d'un nom de famille de voir ce dernier investi de la qualité de marque s'interprète strictement. Cela a été rappelé dans l'affaire *Alain Ducasse*(18).

(13) *Cotonelle*, pour désigner du papier hygiénique, Cass. com., 4 oct. 1988 : *PIBD* 1989, n° 450, III, p. 113. – *Biotherm* pour désigner notamment des produits cosmétiques, TGI Paris, 13 janv. 1986 : *PIBD* 1986, n° 395, III, p. 273. – Plus récemment, le néologisme « Nutri-rich » (CA Paris, 1er juin 2005 : *D.* 2005, p. 2467, note J. Passa ; *RTD com.* 2005, p. 715, obs. J. Azéma. – Pourvoi rejeté, Cass. com., 10 juill. 2007, n° 05-18.571 : *JCP* G 2007, II, 10161, note C. Chabert ; *JCP* E 2007, 2269, note J. Passa ; *PIBD* 2007, n° 859, III, p. 562).

(14) « Je t'aime aujourd'hui plus qu'hier et moins que demain », pour des bijoux notamment, CA Lyon : *PIBD* 1978, n° 217, III, p. 258. – « Sans parfum, la peau est muette », TGI Paris, 17 juin 1992 : *PIBD* 1992, n° 531, III, p. 557.

(15) L. n° 2002-304, 4 mars 2002, relative au nom de famille et remplaçant le patronyme par ce terme ; pas modifié dans le CPI, art. L. 711-1, a) et L. 713-6, a).

(16) Même si le nom est courant, la marque peut être distinctive, dès lors que le terme est arbitraire au regard des produits et services désignés par ladite marque, CJCE, 16 sept. 2004, aff. C-404-02, *Nichols*.

(17) CA Paris, 8 nov. 1984 : *PIBD* 1985, n° 367, III, p. 136, infirmant le jugement, interdisait l'usage du nom Bordas à la SA Éditions Bordas, en retenant : « Considérant que cette incorporation dans la dénomination sociale de la société de ce nom Bordas qui, comme tout patronyme, est inaliénable et imprescriptible et demeure la propriété de son titulaire et de sa famille, ne peut s'analyser que comme étant de la part de Pierre Bordas une simple tolérance d'usage de son nom, tolérance à laquelle il pouvait mettre fin sans pour autant commettre un abus dès lors qu'il justifiait de justes motifs (politique d'édition nouvelle totalement désapprouvée) ». – Cass. com.,12 mars 1985 : *PIBD* 1985, n° 367, III, p. 135, cassation : « Ce patronyme est devenu, en raison de son insertion le 22 janvier 1946 dans les statuts de la société signés de M. Pierre Bordas, un signe distinctif qui s'est détaché de la personne physique qui le porte, pour s'appliquer à la personne morale qu'il distingue, et devenir ainsi l'objet de propriété incorporelle ».

(18) Cass. com., 6 mai 2002 : *JCP* G 2003, II, 10169, obs. E. Tricoire ; *D.* 2003, cah. aff. jurispr. 2228, obs. G. Loiseau : « Qu'il n'était ni établi, ni même allégué que M. Ducasse aurait renoncé à ses droits de propriété incorporelle sur son patronyme » ; le simple fait d'accepter que ses prénom et nom constituent la dénomination sociale d'une société (après avoir obtenu sa troisième étoile au guide de gastronomie Michelin) n'a pas entraîné automatiquement que ce grand chef ait accepté des enregistrements de marques reprenant ses éléments.

350. – Nom de famille et droits de tiers, une marque identique à un nom de famille. Le déposant peut parfaitement enregistrer son propre nom de famille à titre de marque, sous réserve de la disponibilité du signe[19]. Il se peut encore que le déposant veuille enregistrer un terme qui s'avère correspondre à un nom de famille qui lui est étranger. Deux situations peuvent alors se rencontrer : cet enregistrement peut gêner la famille investie de ce nom ; inversement, la personne investie d'un patronyme peut-elle utiliser celui-ci déjà enregistré à titre de marque par autrui ?

351. – Marques et noms de famille antérieurs. Cette situation peut se produire involontairement, en raison de la multitude des patronymes ayant cours en France (environ 300 000 différents). Il se peut très bien qu'une personne, pensant déposer un terme de fantaisie, réserve en réalité et par hasard le patronyme d'un tiers. Si ce tiers n'a pas déposé de marque pour les produits et les services concernés et ne peut justifier d'une utilisation de son nom comme dénomination sociale, nom commercial ou enseigne dans le même secteur[20], la loi lui permet de s'opposer à cette marque, dans une certaine mesure. L'article L. 711-4, g) du Code de la propriété intellectuelle énonce que :

> « Ne peut être adopté comme marque un signe portant atteinte à des droits antérieurs, et notamment : (...) *g)* au droit de la personnalité d'un tiers, notamment à son nom patronymique, à son pseudonyme ou à son image. »

Il est nécessaire de démontrer que la marque « porte atteinte » au nom de famille litigieux. En pratique, l'action ne sera accueillie que si le nom dont il s'agit est rare, célèbre ou même noble. Bien entendu, la volonté de nuire ou la fraude serait tout autant sanctionnée[21]. Il faut alors démontrer l'existence d'un lien entre la marque querellée et le nom de famille. En effet, les tribunaux veillent à ce que la personne qui conteste le dépôt de marque justifie d'un intérêt à agir et ne soit pas seulement guidée par la volonté de retirer un certain profit de son action[22]. En principe, le fait que le nom de famille soit particulièrement connu n'exclut pas l'application du principe de spécialité[23]. À titre d'exemple, la famille de Luynes a pu s'opposer à l'usage de ce nom à titre de marque pour désigner des rouges à lèvres, tout comme la famille de Noailles a pu obtenir la nullité de la marque reprenant leur patronyme pour désigner des couverts[24]. En revanche, dès lors que le nom ne présente pas un caractère relativement rare, et en l'absence de volonté de nuire, l'action est rejetée. Dans l'affaire *Ala*, la marque éponyme pour désigner des lessives n'a pas été annulée, car il a été jugé que de nombreuses familles portaient ce nom,

(19) V. *infra*, n°s 373 et s., spéc. n°389.

(20) V. *infra*, n°s 373 et s., sur l'exigence de disponibilité.

(21) À propos de la fraude, pour un enregistrement réalisé par l'intermédiaire d'un prête-nom, par exemple, un salarié embauché portant le nom d'une personne connue afin que l'employeur enregistre une marque éponyme, *Martini*, CA Paris, 26 juin 1951 : *Ann. propr. ind.* 1951, 290. – *Chaumet*, CA Paris, 20 nov. 1997 : *Ann. propr. ind.* 1980, 185. – *Picasso*, TGI Paris, 27 juin 1984 : *JCP* G 1986, II, 20582.

(22) « Il est fréquent que les plaideurs deviennent d'une susceptibilité d'écorchés au sujet du respect de leur nom patronymique qui est un dépôt sacré qu'ils tiennent de leurs ancêtres », J.-J. Burst et A. Chavanne, *Droit de la propriété industrielle*, Précis Dalloz, 5e éd., 1998, n° 915.

(23) V. aff. *Ritz*, Cass. com., 27 mai 1986 : *D.* 1987, jurispr. 22, retenant que les marques *Ritz* et *Charles of the Ritz* pouvaient coexister, l'une visant l'hôtellerie et l'autre des produits cosmétiques ; solution identique reprise dans l'affaire *Negresco*, Cass. com., 28 avr. 1987 : *RD propr. intell.* 1987, n° 13, p. 106.

(24) Respectivement, CA Paris, 24 janv. 1962 : *D.* 1962, 639. – CA Paris, 21 mars 1973 : *Ann. propr. ind.* 1974, 154.

par conséquent relativement commun[25]. Le nom peut aussi être considéré en tant qu'élément incorporel et, à ce titre, il peut faire l'objet d'un contrat d'usage, dès lors qu'il ne dissimule pas de fraude. Ce type de contrat est souvent le fait de sportifs ou d'acteurs qui valorisent ainsi leur notoriété[26].

352. – **Marques et homonymies actives sur le marché.** L'article L. 713-6, a) du Code de la propriété intellectuelle énonce :

« L'enregistrement d'une marque ne fait pas obstacle à l'utilisation du même signe ou d'un signe similaire comme : *a)* dénomination sociale, nom commercial ou enseigne, lorsque cette utilisation est soit antérieure à l'enregistrement, soit le fait d'un tiers de bonne foi employant son nom patronymique. »

Il apparaît légitime de pouvoir exercer une activité professionnelle sous son nom de famille[27] et c'est pourquoi le législateur a imaginé ce compromis : une personne a par conséquent le droit d'user de son nom pour exercer un commerce, même si celui-ci a déjà fait l'objet d'un enregistrement de marque dans le même secteur[28], à la condition que cet usage soit réalisé de bonne foi. En revanche, cette personne ne pourra pas enregistrer son propre nom à titre de marque puisque le terme ne sera pas disponible. Il s'agit d'une atténuation du monopole reconnu au titulaire de la marque. Cependant, l'article L. 713-6, dernier alinéa poursuit :

« Si cette utilisation porte atteinte à ses droits, le titulaire de l'enregistrement peut demander qu'elle soit limitée ou interdite. »

Concrètement, en cas de risque de confusion, le titulaire de la marque peut saisir les tribunaux afin qu'ils réglementent cet usage, voire l'interdisent, selon les circonstances de la cause. Il arrive que le titulaire du nom de famille déposé par un tiers à titre de marque soit contraint d'adjoindre son prénom, la date de création de son fonds de commerce, ou encore un graphisme particulier. Cependant, en cas de noms connus, la réglementation laissera sans doute subsister un risque de confusion, ce qui conduit souvent les juges à prononcer une interdiction d'usage à des fins commerciales du nom en cause. Les juges se sont par exemple prononcés en faveur de l'interdiction dans une affaire *Francine Ricard*[29] ou encore dans une affaire opposant

(25) Trib. Paris, 7 janv. 1972 : *JCP G* 1973, II, 17389. – Déjà, Cass. 1re civ., 19 déc. 1967 : *Ann. propr. ind.* 1968, 187 ; *D.* 1968, 277, retenant avec sagesse : « S'il est de principe que le nom patronymique d'une famille donne à ses membres le droit de s'opposer à toute appropriation indue par un tiers au même titre de nom patronymique, il est nécessaire, lorsque ce nom est utilisé à des fins commerciales ou publicitaires, que le demandeur justifie de l'existence d'une confusion à laquelle il a intérêt à mettre fin. C'est donc à bon droit que les juges du fond rejettent une demande tendant à faire interdire l'emploi commercial d'un nom patronymique dès lors qu'ils constatent que ce nom est celui de plusieurs communes, un nom de famille courant et que son utilisation commerciale ne peut entraîner un risque de confusion avec les demandeurs ou leur famille ».

(26) L'analyse juridique discerne dans ces contrats la renonciation par le titulaire du nom d'agir par les voies de droit commun contre le cocontractant lors de l'utilisation par le second du patronyme du premier dans des conditions contractuellement définies. – V. P. Ancel, *L'indisponibilité des droits de la personnalité*, thèse Dijon, 1978.

(27) V. M.-A. Pérot-Morel, *L'usage du nom patronymique d'autrui à titre de marque*, in *Mél. Desbois*, Dalloz, 1974, p. 181.

(28) Cass. com., 9 févr. 1993 : *D.* 1994, somm. comm. 55, obs. J.-J. Burst : « Le nom patronymique de M. X... était connu dans un domaine étranger à celui de la chaussure et a ainsi fait apparaître, dans l'exercice de son pouvoir souverain d'appréciation, par une décision motivée (...) qu'aucun risque de confusion ne pouvait exister dans l'esprit de la clientèle entre le titulaire du nom patronymique et celui de la marque litigieuse ; que la cour d'appel a donc pu décider que le dépôt de la marque ne constituait pas l'usurpation du nom patronymique X... et était valable ».

(29) Cass. com., 28 juin 1971, n° 70-11.732 : *RTD com.* 1971, 83, n° 2.

Ted Lapidus à son fils, Olivier Lapidus[30]. Mais la mise en place d'une réglementation a été préférée à propos des frères Poilâne[31]. Dans la mesure où il s'agit de limiter le monopole du titulaire, il convient d'interpréter strictement cette exception[32].

353. – **Marques et pseudonymes antérieurs.** Le pseudonyme est un nom de fantaisie choisi, généralement, pour dissimuler son identité, et se faire connaître du public sous ce nom. Le pseudonyme peut bénéficier d'une certaine protection dès lors qu'il est connu du public concerné[33]. L'emploi de pseudonyme est surtout le fait de personnalités du monde littéraire ou artistique. La personne qui dispose d'un pseudonyme peut tout à fait le déposer à titre de marque, en application de l'article L. 711-1, a) du Code de la propriété intellectuelle, mais elle devra mentionner sa véritable identité dans l'acte d'enregistrement, éventuellement suivie de son pseudonyme[34]. Le régime applicable au pseudonyme est semblable à celui du nom de famille, sous la réserve de démontrer que le public concerné le connaît puisqu'il ne s'agit pas d'un nom hérité et officiel, ce qui est légèrement différent des notions de rareté, de célébrité ou de noblesse qui pour le patronyme justifieront la sanction. Si une personne vient à déposer une marque qui constitue le pseudonyme d'un tiers, celui-ci pourra demander l'annulation de cette marque, en application de l'article L. 711-4, g) du Code de la propriété intellectuelle, à condition de justifier d'un préjudice. Pour cela, il convient de démontrer que le pseudonyme jouit d'une certaine notoriété, dans son secteur[35]. Seule la personne qui est connue sous ledit pseudonyme peut bénéficier de la protection ainsi reconnue et procéder à l'enregis-

(30) Cass. com., 2 mai 1984, n° 82-14.090 : *Ann. propr. ind.* 1984, 49 ; *D.* 1986, inf. rap. 86, rejet pourvoi c/ CA Paris, 22 avr. 1982 : *PIBD* 1982, n° 305, III, p. 152 : « Il est démontré que le dépôt des marques litigieuses n'a été effectué que dans le dessein de faire bénéficier frauduleusement les appelantes de la renommée acquise par les marques composées de "Lapidus" ; M. Olivier Lapidus ne peut être mis hors de cause, car il ne pouvait ignorer le but frauduleux de ces dépôt, ne serait-ce qu'en raison des activités de son père ».

(31) Cass. com., 13 juin 1995, n° 93-15.084 : « Mais attendu qu'après avoir constaté que M. Max Poilâne exploite personnellement un fonds de commerce de boulangerie depuis 1976 et a déposé, en 1982, la marque Poilâne, en lettres anglaises moins hautes, la cour d'appel a pu décider, réglementant au sens de l'article 2 de la loi du 31 décembre 1964, l'utilisation du nom patronymique à des fins commerciales, que M. Max Poilâne et la société Poilâne ne pourraient faire un usage commercial de ce nom, à titre de marque ou de dénomination sociale, qu'en le faisant précéder immédiatement du prénom Max, sur la même ligne et avec les mêmes caractères de même dimensions, couleur, et tonalité et en y ajoutant immédiatement en dessous en caractères lisibles l'adresse de l'établissement ». Ultérieurement, un autre contentieux est né, mais il a été jugé que les marques de Max Poilâne étaient valables mais qu'il devait respecter les conditions de la réglementation (CA Paris, 18 avr. 2008, n° 06/05545 : *PIBD* 2008, n° 879, III, p. 473, sanctionnant le non-respect de ces conditions). Sous l'empire de la loi de 1964, la jurisprudence admettait que l'homonyme puisse disposer d'une marque ; désormais, le second en date au regard d'une marque antérieure ne peut qu'user de son nom de famille comme « dénomination sociale, nom commercial ou enseigne » (L. 1991). – Cass. com., 7 juill. 2009, n° 08-19.195, cassant partiellement l'arrêt de 2008, mais sur un autre motif.

(32) V. Ch. Zanella, *Les marques nominatives*, Litec, coll. « IRPI », 1996, p. 197 et s. ; par exemple, cela ne peut pas s'appliquer au prénom, CA Paris, 22 oct. 1999 : *PIBD* 2000, 690, III, p. 44 ; cela a été refusé pour une personne qui souhaitait pouvoir continuer à exercer sous son pseudonyme alors qu'une marque était enregistrée, CA Paris, 17 sept. 1984 : *PIBD* 1984, n° 357, III, p. 279.

(33) Aff. *Lova Moor*, Cass. 1re civ., 19 févr. 1975, retenant : « Attendu que pour qu'un pseudonyme soit protégé, il n'est pas nécessaire que son titulaire ait acquis une notoriété dépassant le milieu où il exerce son activité ; qu'ainsi la cour d'appel a, sans se contredire, légalement justifié sa décision en relevant que sous le pseudonyme original de Lova Moor, la demoiselle Jourdain jouissait depuis trois ans d'une notoriété réelle dans le monde des spectacles de cabaret » ; un tiers qui utilisait ledit pseudonyme pour commercialiser des vêtements pour femme s'est vu interdire de poursuivre son activité avec un tel terme.

(34) V. *infra*, n° 401.

(35) V. aff. *Lova Moor* préc., V., plus récemment, aff. *Réplicant*, CA Paris, 10 janv. 2003 : *JurisData* n° 2003-209030 ; *Propr. industr.* 2013, comm. 60, nos obs., permettant à M. François, connu du public intéressé par son activité de disc-jockey dans le milieu techno grâce à des soirées organisées à Paris, New York et au Japon, depuis 1996, d'obtenir la nullité de la marque déposée par un concurrent, qui utilise le même terme postérieurement à lui.

trement d'une marque[36]. Comme cela a été précisé, la tolérance prévue par le législateur en matière de nom de famille, et qui permet à toute personne d'user de son patronyme comme dénomination sociale, nom commercial ou enseigne, en dépit de l'existence d'une marque dans le même secteur, n'a pas été étendue au pseudonyme.

354. – **Noms géographiques.** Pour des raisons sans doute pratiques[37], notre droit des marques retient un principe de liberté : il est tout à fait possible d'enregistrer à titre de marques des noms géographiques (V. CPI, art. L. 711-1, a]) et des décisions anciennes ont confirmé la validité de telles marques[38]. Toutefois, de nombreuses limites existent. Ainsi, en application de l'article L. 711-4, d) du Code de la propriété intellectuelle, les appellations d'origine ou indications géographiques ne peuvent être enregistrées à titre de marques, sauf si d'autres éléments, distinctifs, y sont associés (par ex., un producteur de vin bénéficiant d'une AOC pourra déposer en classe 33 l'étiquette de ses vins, comportant la mention de ladite AOC : la marque pourra être enregistrée, mais son titulaire ne pourra opposer aucun droit de marque à propos de l'AOC qui dispose d'un régime juridique particulier). Même si un seul producteur bénéficie de l'AOC, il ne peut pas pour autant enregistrer de marque[39]. Une action en nullité pourrait être intentée et par ailleurs, depuis 2014, un droit d'opposition peut être mis en œuvre lorsqu'une demande d'enregistrement porte atteinte au nom d'une commune ou peut susciter un risque d'atteinte au nom, à l'image, à la réputation ou à la notoriété d'une appellation d'origine ou d'une indication géographique[40].

355. – **Noms géographiques et appellations d'origine, indications géographiques.** Depuis longtemps, la France a œuvré pour mettre en valeur certains produits dont les qualités étaient liées au terroir, grâce aux appellations d'origine, destinées aux produits agricoles et alimentaires, bruts ou transformés[41]. L'article 1er de la Convention d'Union de Paris s'y réfère (« indications de provenance ou appellations d'origine »). Pour les producteurs, il s'agit de valoriser leurs productions en s'appuyant sur une réputation installée et un savoir-faire reconnu. Pour les consommateurs, il s'agit d'un gage de qualité, reconnu et contrôlé. Et pour les collectivités territoriales, il s'agit de protéger leur patrimoine culturel. À la suite de l'affaire médiatique de la commune de Laguiole[42], le législateur a été sensible à la demande

(36) Cass. com., 25 avr. 2006, n° 04-15.641 : *PIBD* 2006, n° 833, III, p. 471, approuvant la cour d'appel qui a considéré que l'enregistrement accompli par le producteur qui soutenait avoir conçu le pseudonyme Emma Shapplin pour une chanteuse dont il avait produit le CD-Rom, était frauduleux et donc nul, car le pseudonyme s'applique à la chanteuse ; peu importe qu'elle ait pu être présente lors de l'enregistrement : « Un dépôt de marque est entaché de fraude lorsqu'il est effectué dans l'intention de priver autrui d'un signe nécessaire à son activité ».

(37) Ainsi, Kodak, qui est une marque ancienne et très connue, peut être perçue comme un terme de fantaisie alors qu'elle correspond à des noms de ville (en Espagne, aux États-Unis et en Ukraine) : s'il était interdit d'enregistrer un nom géographique, de nombreux titulaires pourraient avoir de mauvaises surprises, sur le terrain de la validité de leur titre.

(38) CA Paris, 26 avr. 1960 : *Ann. propr. ind.* 1969, p. 163, *Wembley* pour désigner des ballons. – CA Lyon, 22 avr. 1980 : *Ann. propr. ind.* 1980, p. 220, *Côte d'Or* pour désigner des chocolats.

(39) Cass. com., 1er déc. 1987, n° 86-11.328, *Romanée-Conti* : *JCP* G 1988, II, 21080, note E. Agostini. – V., à l'inverse, Cass. com., 9 nov. 1981, n° 80-12.943, *Cru du Fort Médoc* : *JCP* G 1982, II, 19798, note G. Bonet, retenant que les tiers qui commercialisent des produits identiques sans pouvoir bénéficier de l'appellation ont l'interdiction absolue de la faire figurer dans une marque.

(40) V. CPI, art. L. 712-4, issu de la loi n° 2014-1170 du 13 octobre 2014 ; V. *infra*, nos 431 et s., sur l'opposition.

(41) V. S. Visse-causse, *L'appellation d'origine*, ADEF, 2007.

(42) V. CA Paris, 4 avr. 2014, n° 12-20559, rejetant l'action de la commune visant à l'annulation des nombreuses marques déposées par une société L., ne fabriquant aucun des produits qu'elle commercialise sur ladite commune et contenant pourtant cette dénomination : pas de fraude, pas d'atteinte à la renommée de la commune et pas de pratiques commerciales trompeuses ; un pourvoi en cassation est en cours ; mais V. Trib. UE, 21 oct. 2014, aff. T-453/11, annulant la

d'une reconnaissance étendue à des produits manufacturés et la loi n° 2014-344 du 17 mars 2014, relative à la consommation, institue en France un régime propre aux indications géographiques protégeant les produits industriels et artisanaux (IGPIA), dont la mise en œuvre appartient à l'INPI(43). La législation de l'Union européenne s'est inspirée de nos dispositions pour favoriser à son tour les indications géographiques(44), conformément aux accords de l'OMC sur les ADPIC. L'appellation d'origine protégée (AOP) concerne un produit dont la production, la transformation et l'élaboration doivent avoir lieu dans une aire géographique déterminée où un savoir-faire particulier a été reconnu, tandis que l'indication géographique protégée (IGP) s'intéresse aux produits agricoles et aux denrées alimentaires dont les caractéristiques sont étroitement liées à une zone géographique, dans laquelle se déroule au moins leur production, leur transformation ou leur élaboration, plus proche de l'appellation d'origine française. Le lien avec le terroir est plus fort pour l'AOP qui se rapproche de notre conception de l'appellation d'origine. Une réglementation particulière s'intéresse aux vins et spiritueux(45). L'usage de nombreux termes y est réglementé(46). La coexistence entre homonymes est là aussi organisée(47). L'article L. 115-1 du Code de la consommation, auquel renvoie l'article L. 721-1 du Code de la propriété intellectuelle, définit ainsi l'appellation d'origine :

« Constitue une appellation d'origine la dénomination d'un pays, d'une région ou d'une localité servant à désigner un produit qui en est originaire et dont la qualité ou les caractères sont dus au milieu géographique, comprenant des facteurs naturels et des facteurs humains. »

Cette définition est conforme à celle retenue dans l'Arrangement de Lisbonne du 31 octobre 1958 (art. 2)(48). L'appellation bénéficie d'un régime juridique particu-

marque communautaire déposée par le dirigeant de la société L., pour tous les produits et activités liées à la coutellerie, aux ustensiles avec une ou des lames.

(43) V. D. n° 2015-595, 2 juin 2015, instituant la procédure à suivre pour faire homologuer une telle indication géographique ; il a été observé que la procédure aurait pu être attribuée à l'Institut national de l'origine et de la qualité, ex-INAO, habitué à ces procédures.

(44) V. Règl. (CE) n° 510/2006, 20 mars 2006, relatif à la protection des indications géographiques et des appellations d'origine des produits agricoles et des denrées alimentaires (AOP, pour appellation d'origine protégée et IGP, pour indication géographique protégée) et Règl. n° 509/2006, relatif aux spécialités traditionnelles garanties (STG) : ces deux règlements ont été remplacés par le règlement (CE) n° 1151/2012 du 21 novembre 2012, relatif aux systèmes de qualité applicables aux produits agricoles et aux denrées alimentaires.

(45) V. Règl. (CE) n° 1234/2007, 22 oct. 2007, modifié, portant organisation commune des marchés dans le secteur agricole et dispositions spécifiques en ce qui concerne certains produits de ce secteur (règlement « OCM unique ») et notamment ses articles 118 bis et suivants, Appellations d'origine, indications géographiques et mentions traditionnelles dans le secteur vitivinicole.

(46) Par ex., les termes tels qu'Abbaye, Bastide, Campagne, Chapelle, Château, Mas, Commanderie, Côte, Cru, Clos, Domaine, Moulin, Tour, etc., doivent être associés à une AOP ou IGP et s'appliquent à un vin produit exclusivement à partir de raisins récoltés dans les vignobles de l'exploitation, que la vinification soit réalisée entièrement dans cette exploitation et que l'usage du terme en question soit réglementé dans l'État membre (le cas en France, V. C. rur. pêche marit., art. L. 644-2 et L. 644-11, abrogés depuis par D. n° 2012-655, 4 mai 2012, attendu depuis une ordonnance n° 2010-459 de 2010 et fixant les règles applicables à l'usage de certains termes, avec le rappel du principe « une exploitation, un nom de château », avec deux exceptions maintenues, en faveur des exploitations viticoles qui ont acquis leur notoriété sous deux noms différents avant le 7 janvier 1983 et l'hypothèse de la réunion de plusieurs exploitations viticoles, sous réserve d'une vinification séparée. Les autres opérateurs [distributeur par exemple] ne peuvent utiliser ces termes qu'avec l'autorisation du domaine exploitant).

(47) De manière dérogatoire, un viticulteur a le droit de désigner son vin du nom des parcelles ou lieu-dit dont le vin est issu même s'il existe un droit antérieur ; il s'agit du « droit au toponyme », qui nécessite une vinification séparée des tènements en lien avec le lieu, CA Bordeaux, 3 déc. 2005, *Château La Tour de Ségur*. – Cass. com., 3 mars 2004 : *RD rur.* 2004, n° 324, p. 366, obs. D. Rochard. Cependant, en cas de risque de confusion avec une marque antérieure, le viticulteur pourra être contraint d'adjoindre à ce toponyme un préfixe ou suffixe.

(48) Arrangement de Lisbonne, révisé à Stockholm en 1967 et modifié en 1979.

lier. Il s'agit d'un droit collectif puisque plusieurs personnes ont vocation à en user, sans enregistrement de marque(49) et sans avoir besoin d'une quelconque autorisation ou licence. Une autre particularité tient au fait que ce droit n'appartient à personne, pas même à l'État. Il s'agit d'un droit exclusif reconnu à l'ensemble des producteurs situés sur l'aire géographique délimitée pour ladite appellation. L'article L. 115-5 du code précité énonce notamment :

« L'appellation d'origine contrôlée ne peut jamais être considérée comme présentant un caractère générique et tomber dans le domaine public. Le nom géographique qui constitue l'appellation d'origine ou toute autre mention l'évoquant ne peuvent être employés pour aucun produit similaire, sans préjudice des dispositions législatives ou réglementaires en vigueur au 6 juillet 1990, ni pour aucun autre produit ou service lorsque cette utilisation est susceptible de détourner ou d'affaiblir la notoriété de l'appellation d'origine. »

L'article L. 643-1 du Code rural et de la pêche maritime, issu d'une section relative à la protection des dénominations reconnues, reprend ces dispositions. Les producteurs, souvent représentés par leur syndicat ou fédération, pourront poursuivre quiconque en userait indûment sur le fondement du Code de la consommation et du Code rural et de la pêche maritime(50). Les poursuites sont souvent menées entre concurrents afin d'assainir le marché, mais il est possible de faire condamner un opérateur qui userait des termes d'une appellation, même en dehors du principe de spécialité, dès lors qu'il est démontré que l'usage affaiblit la notoriété de ladite appellation(51). Depuis la loi n° 2007-1544 du 29 octobre 2007 de lutte contre la contrefaçon, le Livre VII du Code de la propriété intellectuelle s'intitule désormais « Indications géographiques » en lieu et place de « Appellations d'origine ». Néanmoins, ce terme d'appellations d'origine se trouve encore souvent dans nos textes. Depuis cette loi d'octobre 2007, les mesures relatives aux actions civiles reconnues aux droits de propriété intellectuelle étaient ouvertes aux « atteintes » portées à ces appellations(52). Désormais, la loi n° 2014-315 de lutte contre la contrefaçon du 11 mars 2014 prévoit que les atteintes portées aux appellations sont constitutives de contrefaçon (V. CPI, art. L. 722-1, modifié par L. 17 mars 2014, relative à la consommation). Les sanctions pénales prévues par le Code de la propriété intellectuelle en matière de contrefaçon de droits de propriété intellectuelle n'ont pas été retenues (restent néanmoins les sanctions pénales issues du Code de la consommation). Un droit d'opposition a été institué pour protéger les appellations d'origine et les indications géographiques(53).

(49) Après avoir admis une reconnaissance judiciaire, désormais ce droit est issu d'une procédure administrative, française, communautaire ou internationale.

(50) V. C. rur. pêche marit., art. L. 643-2 et L. 643-3-3, tel qu'issu de la loi n° 2014-1170 du 13 octobre 2014, affirmant que : « L'utilisation à des fins commerciales de termes susceptibles d'induire le public en erreur sur le fait que les produits concernés bénéficient d'un signe officiel de la qualité et de l'origine constitue une pratique prohibée par le 2° du I de l'article L. 121-1 du Code de la consommation ». – V. encore C. consom., art. L. 115-16, retenant comme peine un emprisonnement de deux ans et une amende de 300 000 €. – V., pour une condamnation sur le fondement des textes antérieurs, Cass. com., 9 nov. 1981, *Ford Médoc* : *JCP* G 1982, II, 19798, note G. Bonet.

(51) À propos de l'affaire du *parfum Champagne*, largement commentée, V. CA Paris, 15 déc. 1993 : *PIBD* 2004, n° 787, III, p. 331 ; *JCP* E 1994, II, 540, F. Pollaud-Dulian ; *JCP* G 1994, 2229 ; *D.* 1994, 145, obs. Ph. Le Tourneau ; chron. p. 213, *Le champagne ou le parfum de la renommée*, C. Lampré ; *RTD com.* 1994, p. 269, obs. A. Chavanne : dans cette affaire, tant l'atteinte à l'appellation d'origine hors spécialité que le parasitisme avaient été retenus.

(52) V. *infra*, n°s 431 et s.

(53) CPI, art. L. 712-4 tel qu'issu de la loi n° 2014-1170 ouvrant l'opposition au directeur de l'Institut national de l'origine et de la qualité et aux collectivités territoriales ; V. *infra*, n°s 431 et s., sur l'opposition.

356. – **L'indication de provenance.** L'indication de provenance est une notion reconnue par la jurisprudence qui prononce la nullité de marques qui s'avèrent être trompeuses au regard des qualités attendues de certains produits en raison de leur origine géographique, sans qu'il existe nécessairement une appellation d'origine (par ex., compte tenu de la réputation des montres suisses, enregistrer une marque comportant une référence à ce pays ou à la ville de Genève pourrait être considéré comme trompeur). La reconnaissance d'une tradition ou un savoir-faire artisanal particulier ferme toute prétention à un droit exclusif sur l'usage du nom de ce lieu pour les produits concernés, parce que les autres opérateurs bénéficiant de ces connaissances ont besoin d'y faire référence également[(54)]. La Cour de justice a eu l'occasion de rappeler que la directive Marques poursuit un but d'intérêt général de telle sorte que les signes descriptifs (éventuellement le nom d'un lieu, donc) doivent pouvoir être utilisés par tous[(55)]. Cette notion d'intérêt général n'est pas encore très utilisée par les juges, elle semble pourtant inhérente au droit des marques qui doit composer entre nécessités du marché (liberté de la concurrence) et droit privatif (limité aux fonctions de ce droit). La directive n° 2008/95 limitait la possibilité pour un tiers d'user : « d'indications relatives à l'espèce, à la qualité (...), à la provenance géographique (...) » (art. 6, § 1, c). Le règlement n° 207/2009 énonçait au titre des motifs absolus de refus à l'enregistrement « les marques qui sont composées exclusivement de signes ou d'indications pouvant servir, dans le commerce, pour désigner l'espèce, la qualité (...), la provenance géographique (...) » (Règl. n° 207/2009, art. 7, § 1, c)[(56)]) et à raison de leur caractère trompeur les marques de nature à tromper le public, par exemple sur la nature, la qualité ou la provenance géographique du produit ou du service (Règl. n° 207/2009, art. 7, § 1, g et j)[(57)]). La directive n° 2015/2436 exclut de l'enregistrement les marques qui porteraient atteinte à des appellations d'origine et des indications géographiques (hypothèse déjà prévue mais désormais explicite), à des mentions traditionnelles pour les vins, à des spécialités traditionnelles garanties et à la dénomination d'une variété végétale (dès lors que ces signes sont protégés par la législation de l'Union, du droit national de l'État

(54) Cass. com., 24 oct. 2000, n° 97-20.262 : *PIBD* 2001, n° 712, III, p. 33 : en 1977, date de la marque « Montroucous », ce lieu n'était pas connu du grand public en lien avec des eaux minérales, de nature à constituer une indication de provenance, donc la marque est valable. Dans une autre affaire, le syndicat français de la parfumerie souhaitait obtenir la nullité de la marque « Paris YSL » au motif que la ville de Paris était réputée pour ses parfums ; cependant, le tribunal a considéré que la présence, clairement visible, du sigle à côté de l'indication de provenance commune, permet de distinguer le produit ainsi désigné de ceux des autres fabricants, TGI Paris, 19 sept. 1984 : *PIBD* 1985, n° 365, III, p. 127. La marque « Paris Dessert » a été jugée valable car notre capitale n'a pas de notoriété particulière en ce domaine, CA Paris, 12 mai 1982 : *PIBD* 1982, 305, III, p. 152.

(55) CJCE, 4 mai 1999, aff. jtes C-108/97 et C-109/97, *Chiemsee* : l'article 3, § 1, c) recouvre à la fois des noms géographiques déjà réputés ou connus pour les produits concernés (c'est-à-dire qu'un lien actuel existe aux yeux des milieux intéressés entre le terme litigieux et les produits concernés), et des noms géographiques à propos desquels il est raisonnable d'envisager que, dans l'avenir, un tel lien puisse être établi ; V. TPICE, 15 oct. 2003, aff. T-295/01, confirmant refus d'enregistrer la marque communautaire « Oldenburger » pour désigner des produits alimentaires car elle est très proche de la ville allemande Oldenburg, connue comme une région productrice des produits en cause (actuellement, pour le lait, la viande ; pour le poisson, raisonnable de penser qu'un lien pourra être établi à l'avenir), le public ciblé peut percevoir ce nom géographique comme une indication de provenance ; or, « il existe un intérêt général à préserver la disponibilité de certains noms géographiques (...) ».

(56) V. par ex., TIPICE, 7 juin 2006, aff. T-316/03, *Munich Financial Services* pour désigner des services financiers, retenant que l'intérêt général conduit à préserver la disponibilité de ce signe pour tous les opérateurs de ce marché, car la ville de Munich est largement connue pour être un centre financier important.

(57) Lorsqu'il s'agit de marques de vins trompeuses au regard d'appellations d'origine ; V. pour le règlement n° 207/2009, modifié par le règlement n° 2015/2424, art. 7, c), g), j), k), sur les mentions traditionnelles pour le vin, l), sur les spécialités traditionnelles garanties et m), sur les dénominations d'une variété végétale enregistrée (...).

concerné ou d'accords internationaux). À propos des marques collectives et des marques de garantie ou de certification, la directive n° 2015/2436 du 16 décembre 2016 précise que « les États membres peuvent prévoir que les signes ou indications susceptibles de servir, dans le commerce, à désigner la provenance géographique des produits ou des services peuvent constituer des marques collectives (ou de garantie et de certification) », sans autoriser pour autant leur titulaire à interdire aux tiers d'user de tels termes dans la vie des affaires, dès lors que l'usage est conforme aux usages honnêtes en matière industrielle ou commerciale. De la sorte, le titulaire ne pourrait pas opposer son droit de marque à un tiers qui serait habilité à user d'une dénomination géographique. Cela permet aux marques collectives ou de certification de déroger à l'interdiction d'enregistrement qui s'attache aux marques composées exclusivement de signes ou d'indications pouvant servir, dans le commerce, à désigner (...) la provenance géographique (...) » (Dir., art. 4, § 1, c).

II. – Les marques figuratives et tridimensionnelles

357. – **Marques figuratives et tridimensionnelles et représentation graphique.** Ces marques sont essentiellement visuelles. Elles sont constituées de dessins, de couleurs, de formes diverses (marques tridimensionnelles)[58] ou d'une combinaison de ces composantes[59]. Parfois elles comportent également des termes nominaux et sont dénommées « marques semi-figuratives ». Ces marques ne posent pas difficultés particulières au regard de l'exigence de représentation graphique ou de la condition de pouvoir en assurer une représentation suffisamment claire et précise pour permettre aux offices et aux tiers de connaître exactement le signe réservé, selon la nouvelle rédaction. Il faut néanmoins que les tiers et les offices d'enregistrement soient capables d'identifier avec précision le signe déposé, objet du droit de marque et donc du droit privatif (arrêt *Sieckman*)[60]. En revanche, outre l'exigence de distinctivité requise quel que soit le type de signe enregistré, la validité de ce type de marques suppose que le déposant dispose des droits d'exploitation utiles, en cas d'œuvres éligibles à la protection par droit d'auteur[61]. En outre, afin de ne pas détourner le droit des marques (obtenir une protection indéfiniment renouvelable par dépôts successifs là où le droit d'auteur viendrait à expiration), le signe déposé

(58) La représentation de ce type de signe se réalise par la remise d'un dessin ou d'une photographie de la forme concernée avec la mention qu'il s'agit d'une marque tridimensionnelle, V. CJUE, 10 juill. 2014, aff. C-421/13, *Apple Inc.* : *Propr. industr.* 2014, comm. 62, obs. A. Folliard-Montguiral, retenant, pts 18 et 19, qu'un signe matérialisé par un dessin constitue une représentation graphique utile, peu important que ce signe désigne des produits ou des services, comme en l'espèce, et que la représentation graphique de l'environnement dans lequel le service est destiné à être fourni peut être perçu comme un indicateur d'origine, dès lors qu'il dispose d'une capacité distinctive, qui peut résulter du fait que ce signe diverge de manière significative des normes du secteur. Il paraît ici surprenant que la Cour n'exige pas de dimensions ni de proportions aux éléments qui auraient permis d'avoir une vision plus précise de l'objet de la protection.

(59) V. M.-A. Pérot-Morel, *La marque emblématique*, in *Mél. Chavanne*, Litec, 1990, p. 259.

(60) CJCE, 12 déc. 2002, aff. C-273/00, *Sieckman* : *JCP* E 2003, 1434, n° 1, obs. N. Boespflug, P. Greffe et D. Barthelémy ; *Comm. com. électr.* 2003, comm. 13, obs. Ch. Caron ; *Propr. industr.* 2003, comm. 19, nos obs. ; *Propr. intell.* 2003, n° 7, p. 205, obs. S. Joly ; *ibid.* n° 9, p. 456, obs. J.-M. Bruguière.

(61) Il faudra par conséquent qu'un contrat de cession entre l'auteur et le déposant soit conclu, dans les formes, strictes, requises par les articles L. 131-1 et suivants du Code de la propriété intellectuelle, sachant qu'aucune cession implicite ne peut être retenue (V. CPI, art. L. 111-1), et que tout ce qui n'a pas été expressément cédé reste dans le giron de l'auteur, V. Cass. com., 16 févr. 2010, n° 09-12.262, *L'Oréal c/ Redon*, retenant : « Qu'ayant relevé que l'acte de cession ne précisait pas que le dessin pouvait être déposé à titre de marque, la cour d'appel a statué à bon droit, aucun usage n'imposant qu'à elle seule et sauf clause contraire expresse, la cession des droits de reproduction d'une œuvre sur des étuis et emballages implique la cession du droit de déposer ce dessin en tant que marque ».

doit remplir la fonction essentielle de la marque, à savoir identifier une origine particulière pour les produits et services revendiqués[62]. Les combinaisons et dispositions ou nuances de couleurs sont expressément citées par l'article L. 711-1 du Code de la propriété intellectuelle. Toutefois, pour ce dernier type de signe, la Cour de justice a été interrogée afin de savoir si une couleur unie, sans forme ni contour, pouvait être enregistrée. Il est vrai qu'il existe un nombre limité de couleurs et qu'il n'est pas aisé de les décrire, ce qui limite rapidement le choix des opérateurs si certains enregistrent plusieurs nuances dans leur secteur. La Cour de justice a cependant considéré qu'une nuance pouvait constituer une marque valable, mais sous réserve qu'elle soit perçue comme un signe de ralliement par la clientèle concernée, ce qui nécessite qu'elle soit utilisée en relation avec quelques produits ou services pour être un véritable repère pour le consommateur, et qu'elle soit éventuellement accompagnée d'une référence à un code internationalement reconnu (comme le code Pantone ou RAL par exemple)[63]. Plus récentes, les marques de positionnement revendiquent d'apposer une couleur à un endroit spécifique du produit (par ex., la couleur rouge apposée sur des semelles d'escarpins, particularité de la marque Christian Louboutin[64] ; un triangle bleu apposé systématiquement sur tous les produits, documents commerciaux, emballages en bas à droite, particularité des produits de marque Ravensburger[65]). Des marques en mouvement sont apparues également. Il s'agit de plusieurs vignettes représentées qui doivent être imaginées en succession pour envisager le signe exactement revendiqué. Ces marques posent la question de la précision requise à l'enregistrement, car il faut accomplir un effort d'imagination (ou fixer ces différentes vignettes en un point fixe afin d'en tourner très rapidement les pages, *flipbook*, pour apercevoir les éléments en mouvement, tels les premiers dessins animés)[66]. En outre, certaines marques enregistrées paraissent revendiquer une idée, un message très descriptif, ce qui est contraire aux conditions de réservation[67]. Le fait d'avoir supprimé l'exigence de « représentation graphique » va permettre de déposer des fichiers MP4 par exemple, qui sont des vidéos permettant de visualiser clairement et précisément (exigence maintenue) quel est le signe (en mouvement) qui est l'objet du droit. Cette circonstance est de nature à mettre en lumière le fait que certaines de ces marques revendiquent en réalité une idée ou un message descriptif, lesquels ne devraient pas accéder à la protection privative.

(62) V. *infra*, n°s 361 et s.

(63) CJCE, 6 mai 2003, aff. C-104/01, *Libertel Groep Bv c/ Benelux Merkenbureau : JCP* E 2003, 1434, *op. cit.* ; *Propr. industr.* 2003, comm. 69, obs. S. Mandel, comm. 76, obs. P. Tréfigny ; *D.* 2003, act. jurispr. 1501, obs. J. Daleau. – V. A. 2 sept. 2008, exigeant que la représentation des couleurs soit accompagnée obligatoirement d'un code d'identification internationalement reconnu de ladite couleur.

(64) La première marque déposée en classe 25 par le créateur n'était pas très facilement accessible (mais il s'agit d'un des premiers dépôts de ce type de marque) et a connu des déboires auprès des tribunaux français, TGI Paris, 4 nov. 2008, *Christian Louboutin c/ Zara France*, marque annulée mais concurrence déloyale retenue, puis CA Paris, 22 juin 2011, marque annulée et pas de concurrence déloyale, relevant qu'il s'agit d'une simple idée. – Cass. com., 30 mai 2012, n° 11-20.724, rejet pourvoi. Autre marque avec semelle rouge et soulier en pointillé, avec une description exacte de l'objet de la marque, accompagné du code pantone revendiqué, FR 3869270, UE 8845539 WO 1031242.

(65) V. marque UE 7205507, revendiquant l'emplacement du triangle bleu, 2 sept. 2008 et même marque UE 8647241, emplacement d'un triangle noir, 28 sept. 2009.

(66) V. marque UE 8581977 déposée par la société Ericsson dans les classes 9, 38 et 41, et revendiquant une vingtaine de vignettes pour une séquence animée d'environ six secondes, OHMI, 2e ch. recours, 23 sept. 2010.

(67) V. marque UE 5952999, déposée en 2007 et enregistrée en 2008, en classe 3, pour désigner des produits de nettoyage et montrant une main qui plonge à moitié une pièce de monnaie très sale et la ressort, montrant que la partie immergée est propre, grâce au produit…

§ 2. – Les signes soulevant des difficultés de représentation graphique

358. – **Position du problème.** Tant que les textes feront référence à l'exigence d'« une représentation graphique », il sera difficile, voire impossible d'enregistrer à titre de marque des bruits, des odeurs ou des goûts. L'OHMI accepte déjà d'enregistrer des fichiers MP3 (ce qui permet d'écouter des sons, musique ou bruit), bien qu'il ne s'agisse pas d'une représentation graphique. L'INPI ne s'y risquait pas, compte tenu de l'exigence légale. Désormais le règlement n° 207/2008 modifié par le règlement n° 2015/2424 et la directive n° 2015/2436 suppriment l'exigence de représentation graphique et préfèrent retenir que le signe éligible doit pouvoir être représenté dans le registre « d'une manière qui permette aux autorités compétentes et au public de déterminer précisément et clairement l'objet » de la protection (Dir., art. 3 b ; Règl., art. 4 b). De la sorte, fichiers MP3 pour le son ou MP4 pour les séquences animées seront admis au dépôt sans difficulté (ce qui rendra plus accessible le signe soustrait au principe de liberté d'usage). Pour les odeurs et les goûts, les conseils devront encore user de leur imagination et de leur ingéniosité pour parvenir à une description objective, durable, intelligible, facilement accessible.

359. – **Les marques sonores.** Certaines rengaines, à force de publicités et de répétitions, conduisent le consommateur à relier ces musiques à un opérateur économique : ces signes remplissent la fonction d'une marque. Certains bruits peuvent également être identifiables et permettent de les associer à une entreprise (le vrombissement de certaines motos par exemple ou le rugissement d'un lion). Il reste cependant nécessaire de pouvoir les « représenter graphiquement ». Si les extraits musicaux, assortis d'une portée musicale[(68)], ont été enregistrés et validés par les instances de l'Union européenne, les bruits et autres onomatopées n'ont pas été considérés comme des signes représentés de façon suffisamment claire et précise pour permettre d'accéder à la réservation demandée. Si quelques marques françaises composées de quelques signes sonores accompagnés d'un spectre sonore ont néanmoins été admises, de façon ancienne, à l'enregistrement[(69)], au niveau communautaire, les exigences posées début 2000 n'ont pas permis de tels enregistrements, sauf revendication d'anciennetés nationales. Les marques sonores décrites verbalement n'ont pas obtenu plus de succès ces dernières années[(70)]. La décision de principe de la Cour de justice date de 2003 et a repris les enseignements de l'affaire *Sieckman* de 2002[(71)], considérant que la représentation doit être « claire, précise, complète en elle-même, facilement accessible, intelligible, durable et objective »[(72)].

(68) V. par ex., FR 92435510, 28 sept. 1992, pour une marque sonore accompagnée d'une portée musicale, en faveur de la société d'information Radio autoroutière.

(69) V. par ex., FR 94543458, 4 nov. 1994, pour une marque sonore déposée (et enregistrée) par la société Metro Goldwyn Mayer décrite, outre le spectre sonore, comme « constituée par le son produit par le rugissement d'un lion et figurée par le spectrogramme ci-dessus représenté ».

(70) V. par ex., OHMI, 1re ch. recours, 7 oct. 1998, *Déclic*, refusant l'enregistrement d'une marque sonore simplement décrite comme « consistant en un déclic de loquet » pour désigner des instruments chirurgicaux.

(71) CJCE, 12 déc. 2002, aff. C-273/00, *Sieckman*, *op. cit.*

(72) CJCE, 27 nov. 2003, aff. C-283/01, *Shield Mark* : *D.* 2004, act. jurispr. 64 ; *D.* 2005, pan. 502, obs. S. Durrande ; *Propr. intell.* 2004, n° 11, p. 662, obs. I. de Medrano Caballero.

Or, si tel est le cas d'une partition (qui n'est pourtant pas facilement accessible pour tous), la Cour considère que la simple énumération des notes de musique du morceau musical ou sa seule référence (les neuf premières notes de la composition musicale *Für Elise*, de L. von Beethoven) ne répondent pas aux exigences posées. De même, la simple mention de « l'onomatopée du chant du coq », voire le seul terme *Kukelekuu* (son du coq qu'entendent les Hollandais, lorsque les Français entendent *Cocorico* et les Italiens *Chicchirichi*), ne peut pas davantage constituer une représentation claire et objective du signe soumis à l'enregistrement. L'OHMI admet d'enregistrer des marques sonores assorties de la remise d'un fichier en format MP3 : il n'est pas certain qu'à y regarder de plus près, il soit possible de considérer qu'il s'agit d'une « représentation graphique ». Sans doute est-il possible aux tiers d'accéder au signe de façon très précise et fort simple (par un simple clic depuis le site Internet d'un office d'enregistrement), mais il ne s'agit là que d'une astuce technique et l'accès, classique, aux registres papier ne permet pas d'accéder au son. Il est certain que la nouvelle formulation de la représentation, sans référence à l'exigence de représentation graphique, permettra d'échapper à toute critique (même si cela conduit à considérer que l'utilisation d'Internet sera alors incontournable pour accéder au « signe »).

360. – **Les marques olfactives, gustatives ou tactiles.** Ces catégories de signes posent un véritable problème de représentation graphique dès lors qu'une description verbale est considérée comme insuffisante alors que, pour l'heure, aucun format informatique ne permet d'accéder à des odeurs par exemple. Une seule marque communautaire a été enregistrée(73), décrite verbalement comme revendiquant « l'odeur d'herbe fraîchement coupée » pour désigner des balles de tennis, mais elle n'a pas été renouvelée. Depuis, de façon très ferme, les instances de l'Union européenne affirment qu'il s'agissait d'une erreur et aucune autre marque olfactive n'a été enregistrée (que ce soit parce que la représentation graphique n'est pas satisfaisante, parce que le parfum ou le goût sert à dissimuler un élément désagréable et s'avère indispensable aux autres opérateurs, tel le goût de framboise pour des produits pharmaceutiques ou des sirops contre la toux pour enfants(74)). La Cour de justice, dans son arrêt *Sieckman* de 2002, a énoncé qu'une odeur pouvait en effet constituer un signe distinctif et donc une marque, informant le consommateur d'une origine commerciale pour certains produits et services, mais elle a assorti cette position de principe de tant d'exigences qu'aucune marque olfactive, ni gustative, voire tactile, n'a pu accéder au rang de marque enregistrée(75). Avec l'assouplissement de l'exigence de représentation graphique issu des nouveaux textes (Dir. n° 2015/2436 et Règl. n° 207/2008 modifié par Règl. n° 2015/2424, tous deux du 16 décembre 2015), la porte n'est sans doute pas définitivement fermée à ce genre de signes, mais il faudra être imaginatif pour assurer une description précise et claire de ceux-là.

(73) OHMI, 2e ch. recours, 11 févr. 1999, R. 156/1998-2.
(74) OHMI, 2e ch. recours, 4 août 2003, R. 120/2001-2.
(75) CJCE, 12 déc. 2002, aff. C-273/00, *Sieckman*, *op. cit.* On sait par ailleurs comment la Cour de cassation considère que la fragrance d'un parfum procède de la simple mise en œuvre d'un savoir-faire et ne constitue pas au sens des articles L. 112-1 et L. 112-2 du Code de la propriété intellectuelle la création d'une forme d'expression pouvant bénéficier de la protection des œuvres de l'esprit : V. *supra*, Introduction générale, n° 18.

SECTION 2

LE SIGNE CHOISI À TITRE DE MARQUE DOIT PRÉSENTER UN CARACTÈRE DISTINCTIF

361. – **Présentation.** La marque doit présenter un caractère distinctif lors de la demande d'enregistrement : en ce sens, la marque doit permettre d'identifier un produit ou un service au regard de ceux du concurrent et doit être perçue en tant que marque par le consommateur(76). Si le monopole accordé vient restreindre la concurrence, il convient néanmoins de ne pas gêner excessivement les opérateurs sur le marché concerné : certains signes, indispensables et/ou nécessaires, ne peuvent faire l'objet d'une réservation privative au profit d'un seul. Par ailleurs, le signe doit apparaître aux yeux du public concerné par les productions ou services comme une marque. En ce sens, le signe choisi doit être arbitraire au regard des produits et services qui vont lui être associés. Le caractère distinctif constitue une condition indispensable, quasiment intrinsèque à la définition et à la fonction même de la marque : le consommateur doit percevoir qu'il est en présence d'une marque, d'un signe qui le renseigne sur une provenance particulière. Le droit français définit l'exigence de distinctivité de manière négative en prohibant les marges génériques ou descriptives ; de fait, les textes français n'affirment pas une condition positive en ce sens (V. CPI, art. L. 711-2). À l'inverse, le droit de l'Union européenne retient, positivement, que « sont refusés à l'enregistrement : *b)* les marques qui sont dépourvues de caractère distinctif »(77). C'est ce que l'on dénomme la condition autonome de distinctivité. L'examen de la distinctivité conduit alors à envisager, en premier lieu, le signe envisagé à l'enregistrement dans son aptitude à être perçu en tant que tel comme une marque. Il faut ensuite considérer, en second lieu, si ce signe n'est pas générique ou usuel, ou encore descriptif (Dir. n° 2015/2436, art. 4.1., c et d) ou enfin constitué exclusivement par la forme ou une autre caractéristique due à la nature même du produit (Dir., art. 4, 1, e, i), nécessaire à l'obtention d'un résultat technique (Dir., art. 4.1, e, ii) ou qui donne sa valeur substantielle audit produit (Dir., art. 4.1, e, iii). La distinctivité s'apprécie souverainement par les juges du fond au regard des produits et des services revendiqués par ladite marque(78). La jurisprudence française a mis un certain temps avant d'appliquer la condition autonome de distinctivité, réduisant l'examen à la seule prohibition des marques génériques ou descriptives, ce qui conduisait à une appréciation beaucoup plus souple et accueillante du caractère distinctif exigé.

(76) V. Cass. com., 4 oct. 2011, n° 10-16.994, *Fizz* : *PIBD* 2011, n° 950, III, p. 661, appréciation au jour du dépôt, selon la loi applicable à cette date, par rapport aux produits désignés et vis-à-vis du public auxquels ils sont destinés. – Pour une eau-de-vie de cidre d'une région, la marque est générique si le signe choisi est utilisé usuellement par la partie de la population qui le produit et le consomme, Cass. com., 11 mars 2003, n° 01-02.752, *Lambig* : *JCP* E 2003, 1434, n° 2, obs. N. Boespflug, P. Greffe et D. Barthélémy.

(77) Dir. n° 2015/2436 , art. 4.1, b – *Adde* Règl. n° 207/2008 modifié par le Règl. n° 2015/2424, sur la marque de l'Union européenne, art. 7.1, b.

(78) V. CPI, art. L. 711-2, b) et les juges du fond doivent motiver leur décision au regard de chaque produit ou service revendiqué pour déclarer le signe non distinctif, Cass. com., 7 juin 2011, n° 10-19.742, *Boîte à meuh* : *Propr. industr.* 2011, comm. 73, nos obs. – V. Cass. com., 13 mars 2001, n° 98-18.777, *Abracadabra* : *PIBD* 2001, n° 722, III, p. 309. – V. encore, CJCE, 4 mai 1999, aff. 108 et 109/97, *Windsurfing* : *RTDE* 2000, 127, obs. G. Bonet. – CJCE, 4 oct. 2001, aff. C-517/99, *Merz & Krell* : *RTDE* 2004, 97, obs. G. Bonet. – Trib. UE, 15 janv. 2015, aff. T-197/13, *Monaco*, pour de nombreuses classes, refus approuvé : *PIBD* 2015, n° 1027, III, p. 344.

362. - **La condition autonome de distinctivité.** La jurisprudence des instances de l'Union européenne a depuis longtemps perçu l'exigence de distinctivité comme une condition autonome, première à l'enregistrement sur le fondement des dispositions de l'article 3, § 1, b), de la directive n° 89/104 (puis n° 2008/95)[(79)], désormais visées à l'article 4, § 1, b), de la directive n° 2015/2436 du 16 décembre 2015. Ainsi, les signes qui pouvaient être perçus comme esthétiques, pratiques ou encore laudatifs, se voyaient refusés à l'enregistrement par l'OHMI. Pareillement, les marques tridimensionnelles échouaient également à la porte de l'Office pour ne pas répondre à l'exigence de distinctivité de l'article 7, § 1, b) du règlement n° 207/2008 modifié par le règlement n° 2015/2424[(80)]. Ainsi, par exemple, un ensemble de motifs destinés à être apposés sur des parois de cabines de douche a été refusé à l'enregistrement, car il a été jugé que l'utilisateur, en apercevant ces motifs, pourrait penser qu'il s'agissait de décorer les cabines et non pas de lui indiquer une provenance particulière. Non perçu comme marque, le signe ne peut remplir une telle fonction : la marque est refusée. Ces motifs peuvent aussi être perçus comme permettant d'opacifier les parois. Quoi qu'il en soit, alors que les motifs ne sont ni génériques pour désigner des cabines de douche, ni descriptifs, ni une forme, la marque n'est pas valable pour n'être pas perçue en tant que telle par les destinataires de ladite marque[(81)]. De même, les formules promotionnelles, de prime abord, ne sont pas reçues par les consommateurs comme l'indication d'une origine commerciale et ne peuvent par conséquent constituer une marque valable[(82)]. L'OHMI adopte d'ailleurs une position très sévère à l'égard des slogans publicitaires, considérant qu'en général ces formules sont inaptes à constituer des marques[(83)]. En dépit d'une décision de la Cour

(79) V. par ex., CJCE, 4 mai 1999, pt 46, aff. C-108/97 et C-109/98 : *RTDE* 2000, p. 128, obs. G. Bonet. – CJCE, 8 avr. 2003, aff. C-53/01, *Linde AG*, pt 67 : « Il ressort clairement de l'article 3 paragraphe 1 de la directive que chacun des motifs de refus d'enregistrement mentionnés dans cette disposition est indépendant des autres et exige un examen séparé » ; *Propr. intell.* 2003, n° 9, p. 420, obs. G. Bonet ; *RTDE* 2004, p. 126, obs. G. Bonet ; *Propr. industr.* 2003, comm. 52, obs. A. Folliard-Monguiral.

(80) V. TPICE, 30 nov. 2005, aff. T-12/04, bouteille en verre transparent jugée de forme courante pour le conditionnement de limonade et quant aux parties grenées, jugées inopérantes car perceptibles de près et à l'issue d'une inspection plutôt attentive qui apparaîtra en outre comme une finition esthétique ou décorative. – CJCE, 29 avr. 2004, aff. C-456/01 et C-457/01, *Henkel*, tablettes pour lave-linge ou lave-vaisselle de couleur rouge et blanche, forme non distinctive, Règl. n° 207/2008, modifié par Règl. n° 2015/2424, art. 7, § 1, b). – CJCE, 29 avr. 2004, aff. C-468/01, C-472/01 et C-473/01 et aff. C-474/01, *Procter & Gamble* : *JCl. Europe Traité* 2004, comm. 241, obs. L. Idot, retenant que plus la forme dont l'enregistrement est demandé se rapproche de la plus probable que prendra le produit en cause, plus il est vraisemblable que ladite forme est dépourvue de caractère distinctif. Seule une marque qui diverge de la norme des habitudes du secteur et de ce fait remplit sa fonction essentielle d'origine n'est pas dépourvue de caractère distinctif ; V. encore, CJCE, 6 sept. 2002, aff. C-96/11, retenant que la forme d'une souris en chocolat de couleur brune pour désigner des sucreries et chocolat ne constitue pas une configuration spéciale ou inhabituelle ; V. encore, CJUE, 7 mai 2015, aff. C-445/13, *Voss*, bouteille purement cylindrique transparente avec bouchon de même diamètre en bandeau et opaque, se distinguant dans une large mesure des bouteilles existantes, selon la division d'annulation OHMI, mais au final malgré tout refusée à l'enregistrement.

(81) TPICE, 9 oct. 2002, aff. T-36/01 : *Propr. industr.* 2003, act. 25, obs. I. Meunier-Cœur, pour des traits répétés à l'infini, appliqués à la surface des produits (cloisons de douches).

(82) TPICE, 31 mars 2004, aff. T-216/02 : *Propr. industr.* 2004, comm. 55, obs. A. Folliard-Monguiral, « Looks like grass..., Feels like grass..., Plays like grass », pour désigner des produits de surfaces synthétiques : le tribunal considère, à l'instar de l'OHMI, que cette marque communautaire ne présente aucun « éclat » rhétorique, aucun caractère poétique, ni aucun rythme particulier de nature à lui conférer un caractère distinctif, sachant qu'à supposer que cette marque produise de tels effets, ceux-ci seraient de toute façon très diffus et n'amèneraient pas le consommateur pertinent à y voir autre chose qu'une formule promotionnelle applicable aux gazons synthétiques en général, et donc non susceptibles de désigner l'origine des produits. Or, pour qu'un slogan puisse être distinctif, il faut qu'il soit « perçu d'emblée comme une indication de l'origine commerciale des produits ou services désignés afin de permettre au public pertinent de distinguer sans confusion possible les produits ou services du titulaire de la marque de ceux qui ont une autre provenance commerciale », pt 25. – V. déjà, TPICE, 5 déc. 2002, aff. T-130-01, *Real people, Real solutions*.

(83) V. TPICE, 3 juill. 2003, aff. T-122/01, *Best Buy*, associé à une étiquette de prix de couleur jaune couramment utilisée dans le commerce : *Propr. industr.* 2003, comm. 77, obs. A. Folliard-Monguiral. – V. encore, TPICE, 15 sept. 2005, aff. T-320/03, *Live Richly*, pour désigner des services monétaires. – TPICE, 2 juill. 2008, aff. T-186/07, *Dream it Do it !*, en classes 35, 36, 41 et 45. – CJCE, 30 janv. 2009, aff. C-131/08, *Safety 1st*.

de justice[84], la jurisprudence dominante reste très réservée quant à l'accueil de slogans à titre de marque[85], même si la pratique de notre office français d'enregistrement reste moins exigeante[86]. Longtemps méconnue, la condition autonome de distinctivité s'est peu à peu imposée en France. La jurisprudence française accepte désormais d'apprécier la distinctivité d'une marque à l'aune de cette condition autonome, même si notre texte de référence ne vise pas cette exigence en tant que telle. Les juges estiment que l'exigence de distinctivité est consubstantielle à la définition même de la marque, posée à l'article L. 711-1 du Code de la propriété intellectuelle[87]. Et la présentation spécifique d'un magasin doit être appréciée de la même manière que d'autres types de signes et peut constituer une marque distinctive pour désigner des services de vente dans un tel magasin des produits de cette marque, pour le public concerné, s'il perçoit cette présentation comme l'indication d'une origine commerciale déterminée[88].

363. – **Distinctivité et termes exclusivement nécessaires, génériques ou usuels dans le langage courant ou professionnel.** La loi prévoit que :

CPI, art. L. 711-2, a

« Sont dépourvus de caractère distinctif les signes ou dénominations qui, dans le langage courant ou professionnel, sont exclusivement la désignation nécessaire, générique ou usuelle du produit ou du service[89]. »

Il s'agit d'interdire à un seul opérateur la réservation de termes utiles à tous[90]. Dans l'appréciation de l'exclusion, le langage familier ou encore professionnel doit

(84) CJUE, 21 janv. 2010, aff. C-398/08 : *Propr. industr.* 2010, comm. 23, obs. A. Folliard-Monguiral, *Vorsprung durch Technik* (l'avance par la technique), pour désigner toutes sortes de produits autres que des véhicules (Audi), car l'usage avait permis de valider cette classe, retenant (pt 59), de façon discutable : « (...) ledit message ne découle pas de manière évidente dudit slogan. (...) La suite de mots (...) ne laisse entrevoir, dans premier temps, qu'une relation de causalité et nécessite de ce fait un certain effort d'interprétation de la part du public. En outre, ce slogan témoigne d'une certaine originalité et prégnance qui le rende facilement mémorisable » ; la décision estimant en outre que la notoriété de ce slogan largement employé par la société Audi conduit les consommateurs à identifier une origine commerciale, même pour des produits autres : il est particulièrement étonnant de trouver la notion d'originalité en matière de marques, car elle y est indifférente en principe et la notoriété acquise dans un secteur (automobile) semble, par une sorte de capillarité, bénéficier à d'autres (ce qui n'est pas prévu par les textes).

(85) V. Trib. UE, 12 déc. 2014, aff. T-601/13, *Pionnering for you.* – Trib. UE, 25 mars 2014, aff. T-291/12, *Passion to perform.* – Trib. UE, 14 juill. 2014, *Wash & Coffee*, retenant qu'en l'absence de caractéristiques frappantes dans la structure du signe ou sa signification, le contenu informatif du slogan exclut qu'il soit enregistré à titre de marque : *Propr. industr.* 2015, chron. « Un an de jurisprudence sur les motifs absolus de refus de marques communautaires », A. Folliard-Monguiral. – CJUE, 12 juill. 2012, aff. C-311/11, *Wir machen des besondere einfach.* – V. encore, CA Versailles, 17 mars 2015 : *PIBD* 2015, n° 1027, III, p. 359.

(86) Quelques exemples de comparaison : *Acne clearing*, UE 11016276, refusée en classe 3 ; *Patch Acne*, FR 033449042, marque admise pour des cosmétiques mais refusée pour des produits pharmaceutiques ; *Volume maker* pour désigner un mascara, UE 10701597, refusée ; mais *Magic volume*, FR 123945752, admise ; *No miracles, just clinically proven solutions*, UE 10442051, refusée en classe 3 ; *Fluide miracle pour nuit trop courte*, FR 093641102, admise.

(87) Ainsi, l'une des premières décisions françaises à avoir accepté de s'en référer à la condition autonome de distinctivité concernait une marque française, « Film'vitres », pour désigner des films à appliquer sur des vitres, CA Paris, 27 juin 2008 : *Propr. industr.* 2008, comm. 95, nos obs. La motivation était quelque peu discutable, car la cour relevait que, bien que n'étant pas exclusivement composée de termes génériques et/ou descriptifs, la marque litigieuse n'était pas pour autant valable car l'article L. 711-2 de notre code devait s'interpréter à la lumière de l'article 3 de la directive, lequel imposait une condition autonome de distinctivité. Or, pour la cour, le consommateur, habitué à l'utilisation d'une apostrophe dans le langage commercial et publicitaire pour remplacer un mot tel que « pour », ne percevra pas l'expression choisie comme un indicateur d'origine ; V., pour une motivation plus convaincante, mais à propos d'une marque communautaire, donc avec le texte du règlement identique à celui de la directive commentée, CA Paris, 21 nov. 2008 : *Propr. industr.* 2009, comm. 33, nos obs., aff. de la photo du Che au béret à l'étoile de Korda, pourvoi rejeté, Cass. 1re civ., 12 juill. 2011, n° 09-16.188. – Plus récemment, V. Cass. com., 6 janv. 2015, n° 13-17.108 : *Propr. industr.* 2015, repère 3, Ch. Le Stanc, « I ♥ Paris ».

(88) CJUE, 10 juill. 2014, aff. C-421/13, *Apple store : Propr. industr.* 2014, comm. 62, obs. A. Folliard-Monguiral.

(89) Le texte se distingue de la directive qui prévoit que cette appréciation doit se faire dans les « habitudes loyales et constantes du commerce » (Dir. n° 2015/2436, art. 4, d), mais il semble que cela n'affecte pas l'appréciation qui doit ici être menée.

(90) V. par ex., CA Paris, 6 mai 1082 : *PIBD* 1982, n° 305, III, p. 152, *Festival International Hector Berlioz*, « marque composée exclusivement de termes qui sont la désignation d'un festival consacré à Hector Berlioz et indique par conséquent la qualité essentielle des produits et services fournis lors d'une telle manifestation ».

être pris en compte. En effet, il se peut qu'un terme ou qu'une expression apparaisse arbitraire pour un tiers extérieur au secteur concerné, alors que les professionnels de ce secteur en font un usage indispensable[91]. L'appréciation doit porter sur la marque telle que déposée et si celle-ci est composée de plusieurs éléments, il n'est pas possible de focaliser l'analyse sur un seul de ceux-là sauf à considérer les autres comme négligeables parce que dépourvus d'un pouvoir attractif pour le consommateur[92]. Par ailleurs, la Cour de justice a énoncé qu'une marque composée par deux éléments usuels ou génériques peut très bien conduire à une combinaison arbitraire donc recevable[93]. Lorsque des termes étrangers sont choisis à titre de marque française par exemple, la marque est valable si le public concerné n'établit pas de lien entre le vocable choisi et les produits et services revendiqués par ladite marque (soit parce que les termes sont arbitraires, soit parce que le consommateur français concerné ne connaît pas la traduction en lien avec les produits et services)[94]. Cette exigence s'applique bien entendu aussi aux marques figuratives et, par exemple, il a été jugé qu'une clé de sol n'était pas distinctive pour désigner une école de musique[95].

364. – **Signes distinctifs et termes descriptifs.** Selon le droit français, sont dépourvus de caractère distinctif « les signes ou dénominations pouvant servir à désigner une caractéristique du produit ou du service, et notamment l'espèce, la qualité, la quantité, la destination, la valeur, la provenance géographique, l'époque de la production du bien ou de la prestation de service » (CPI, art. L. 711-2, b). Le texte ne reprend pas exactement les dispositions de la directive n° 2015/2424 qui exclut « les marques qui sont composées *exclusivement* » de tels signes (art. 4, c), mais la jurisprudence se réfère au texte européen[96]. Il s'agit d'exclure de la réservation des termes qui sont communs à un produit ou service. La Cour de justice a pris soin d'énoncer que la marque n'est pas distinctive « si en au moins une de ses significations potentielles elle désigne une caractéristique des produits ou services concernés »[97]. La situation des concurrents est un peu moins inconfortable qu'en cas de marque composée de signes usuels ou génériques, car ils pourraient

(91) Ainsi, TPICE, 20 juill. 2004, aff. T-311/02, *Limo*, abréviation éloquente de « Laser Intensity Modulation System », modulation de l'intensité du laser, demande de marque communautaire dépourvue de tout caractère distinctif pour le public concerné, à savoir, un public spécialisé, bien informé et avisé, V. TPICE, 27 févr. 2002, aff. T-34/00, *Eurocool Logistik*, sachant que l'existence d'un lien suffisamment concret pour ce public suffit.

(92) V. par ex., Cass. com., 3 mars 2004, n° 01-12.256. – Cass. com., 27 janv. 2009, n° 07-20.949 : *PIBD* 2009, n° 893, III, p. 925. – Cass. com., 11 mars 2014, n° 13-10.650, *Château Le Cluzeau c/ Château Ducluzeau*, retenant : « Mais attendu, en premier lieu, qu'en présence de signes composés de plusieurs éléments, ce n'est qu'à la condition que certains de ces éléments apparaissent comme négligeables pour le consommateur d'attention moyenne que l'appréciation du risque de confusion peut se faire à partir de l'élément dominant ; que l'arrêt relève que, dans la marque "Château Ducluzeau", l'élément figuratif, représentant une étiquette montrant dans un encadré formé d'un épais trait une propriété servant à illustrer cette dénomination, n'est pas dénué de pouvoir attractif ; qu'il en déduit qu'au plan visuel, la différence avec la marque incriminée est flagrante, nonobstant la présence dans le même ordre des éléments communs Château et Cluzeau ».

(93) CJCE, 16 sept. 2004, aff. C-329/02, *Sat 2* : *Propr. intell.* 2005, n° 15, p. 194, obs. I. de Médrano Caballero. – CJCE, 15 sept. 2005, *BioID*. – CJCE, 8 mai 2008, *Eurohypo* : *Propr. industr.* 2008, comm. 41, obs. A. Folliard-Monguiral.

(94) V. par ex., CA Paris, 30 janv. 2004 : *PIBD* 2004, n° 785, III, p. 266, *Kinder* pour désigner des confiseries chocolatées, jugée valable. – Cass. com., 20 mai 2008, n° 07.11-738 : *PIBD* 2008, n° 878, III, p. 426, *Bruschetteria et Bruschetta*, pour désigner des produits alimentaires, cassation car l'arrêt observait que le terme *bruschetta* figurait dans un dictionnaire franco-italien sans rechercher si, pour le public concerné, le terme, au jour du dépôt, était entré dans les usages et largement compris par la plus grande partie du public en France pour désigner les produits revendiqués. – CJCE, 9 mars 2006, aff. C-421/04, *Matrazen Concord* : *Propr. industr.* 2006, comm. 45, obs. A. Folliard-Monguiral.

(95) TGI Paris, 26 nov. 1987 : *PIBD* 1988, n° 433, III, p. 220.

(96) TGI Bobigny, 22 oct. 2002, *Action Hero* : *Propr. industr.* 2003, comm. 27, obs. P. Tréfigny : il est nécessaire de se référer à la directive. – V. encore, A. Bouvel, *Principe de spécialité et signes distinctifs*, Litec, coll. « IRPI », 2004, n° 192.

(97) CJCE, 23 oct. 2003, aff. C-191/01, *Doublemint* : *PIBD* 2004, n° 784, III, p. 222 ; *Propr. industr.* 2003, comm. 100, nos obs., *Propr. intell.* 2004, n° 11, p. 664, obs. I. de Medrano Caballero.

user d'autres qualificatifs pour décrire d'autres caractéristiques du produit que celle réservée. Mais le principe de libre et loyale concurrence a conduit à exclure de toute réservation les termes qui permettent de décrire une caractéristique en lien avec les produits ou les services désignés par la marque étudiée[98]. Ainsi, des laudatifs tels que « super », « extra », « top », « maxi », etc., doivent pouvoir être utilisés librement par tous les opérateurs[99]. Dès lors que le ou les termes descriptifs sont accompagnés d'autres signes nominaux ou figuratifs, il conviendra d'analyser si ces ajouts ne permettent pas de considérer la marque, prise dans son ensemble, comme distinctive. De même, de nombreuses marques sont constituées à la fois de termes génériques et descriptifs. Il convient alors de peser si la juxtaposition de ces termes (génériques/usuels/descriptifs) ne conduit pas à donner au signe un arbitraire suffisant pour rendre celui-ci distinctif[100]. L'appréciation relève du pouvoir souverain des juges du fond[101]. Ils estiment parfois qu'un terme reste évocateur, bien que faiblement distinctif. Dans une telle hypothèse, la marque est alors jugée valable du fait de l'écart observé par les juges du fond entre le terme nécessaire et le terme choisi. La frontière n'est pas facile à dessiner et source d'incertitudes. Cependant, conséquence de ce choix peu distinctif, la portée du droit obtenu sera très souvent limitée, car le titulaire de ce type de marque ne pourra bien entendu pas interdire aux tiers d'user, pour leur part, des termes usuels ou génériques. Ainsi, la marque *Phot'express* pour désigner des développements de photographies a été jugée valable, mais n'a pas été jugé comme contrefaisant l'usage des termes *Photo express*[102]. Plus la marque disposera d'un caractère distinctif fort (choix de termes totalement arbitraires au regard des produits et services désignés), plus la portée de la protection en sera renforcée. La jurisprudence, lorsqu'il s'agit d'apprécier d'éventuels actes de contrefaçon, invite à tenir compte de l'ensemble des facteurs pertinents, dont le plus ou moins grand caractère distinctif de la marque litigieuse, en excluant bien entendu les termes utilisés dans le sens du langage courant[103]. Les contours du monopole sont à l'exacte mesure de l'effort d'arbitraire mené dans le choix de la marque.

(98) Ainsi, par ex., CA Paris, 19 nov. 1971, *Fraises de Plougastel, pour une confiserie : D.* 1973, 90, obs. Burst et sur pourvoi, Cass. com., 23 oct. 1973 : *D* 1974, 115. – CA Versailles, 17 nov. 2005, *Maisons de campagne*, pour des revues consacrées à ce type de maison : *Propr. industr.* 2006, comm. 92, nos obs. – Cass. com., 6 mai 2014, n° 13-16.470, *Argane*, pour désigner des produits d'hygiène et de soins pour la peau, car marque composée exclusivement d'un terme répertorié depuis le XIXe siècle dans des dictionnaires de langue française destinés au grand public de sorte qu'à la date du dépôt, ce terme constituait la désignation nécessaire et générique d'une substance qui devait demeurer à la libre disposition des acteurs de l'activité économique concernée, terme descriptif de la composition des produits. – Trib. UE, 13 sept. 2012, aff. T-72/11, *Espetec*, désignant des produits de charcuterie, refusé car signifie en catalan, langue régionale, un fouet et désigne aussi une pièce de charcuterie fine et longue ressemblant à un saucisson, descriptif des produits désignés.

(99) V. CA Amiens, 10 mai 1993 : *PIBD* 1993, n° 552, III, p. 598, annulant la marque « Super » pour désigner une agence de voyages. – CA Paris, 30 juin 1978, annulant la marque « Bien » : *RTD com.* 1978, 789.

(100) V. CA Paris, 23 juin 1981, *Caming-gaz* : *D.* 1982, jurispr. 434, obs. Y. Reboul, pourvoi rejeté, Cass. com., 7 déc. 1983 : *Bull. civ.* 1983, IV, n° 342.

(101) Ainsi, par ex., *Gay* et *Gay infos magazine*, termes jugés non distinctifs pour des produits destinés aux membres de la communauté homosexuelle, CA Paris, 15 nov. 2006, n° 07-11.385 : *Propr. industr.* 2007, comm. 11, nos obs., avec pourvoi rejeté, Cass. com., 8 avr. 2008 : *PIBD* 2008, n° 876, III, p. 373 ; *LPA* 30 juin 2008, p. 12, et à l'inverse, le signe *Femme* jugé tout au plus évocateur du public visé par les journaux et publications, Cass. com., 16 déc. 2008, n° 08-11.816 : *PIBD* 2009, n° 890, III, p. 818 ; *Propr. industr.* 2009, comm. 27, note C. Le Goffic.

(102) TGI Reims, 8 mars 1994 : *PIBD* 1994, n° 570, III, p. 384 : l'exemple est ancien, mais jurisprudence constante. – *Adde* CA Versailles, 25 sept. 2003, *Surf and book c/ Andbook*, pour des services de réservation sur Internet, même solution : *Comm. com. électr.* 2004, comm. 16, obs. Ch. Caron. – TGI Paris, 2 févr. 2005 : *PIBD* 2005, n° 808, III, p. 320 ; *Propr. industr.* 2005, comm. 77, obs. P. Tréfigny, *Coup d'éclat*, marque valable mais utilisée dans le sens du langage courant. – CA Paris, 18 nov. 2005 : *Propr. industr.* 2006, comm. 17.

(103) V. CA Paris, 18 mai 2005 : *PIBD* 2005, n° 814, III, p. 511, *Quoi de plus naturel ?* – Cass. com., 29 janv. 2013, n° 11-28.596 : *Propr. industr.* 2013, comm. 22, nos obs.

365. - **Caractère distinctif et usage du signe. Acquisition du caractère distinctif.** L'usage d'une marque peut tantôt conduire celle-ci à acquérir un caractère distinctif qu'elle n'avait pas à l'origine, tantôt la conduire, au contraire, à perdre ce caractère, pourtant présent au jour de l'enregistrement(104). L'article L. 711-2, dernier alinéa du Code de la propriété intellectuelle dispose en effet : « Le caractère distinctif peut, sauf dans le cas prévu au *c)*(105), être acquis par l'usage »(106). Cela permet de considérer que l'enregistrement d'un signe a pu être rendu valable grâce à un usage antérieur suffisant pour permettre au public concerné de rattacher les produits ou services associés à cette marque à une origine déterminée ou encore d'admettre que l'enregistrement du signe contesté a pu, depuis, acquérir le caractère distinctif qui lui manquait grâce, là encore, à un usage pertinent(107). Dans cette hypothèse, le principe d'appréciation de la validité d'une marque au jour de la demande d'enregistrement connaît une forte atténuation : un signe qui ne satisfait pas à la condition de distinctivité au jour du dépôt peut être ultérieurement « racheté » par un usage adéquat. Une sorte de possession acquisitive de distinctivité. Cette faculté est sans doute regrettable en ce qu'elle contrarie la nature même de l'acte de dépôt, seul fait générateur du droit (V. *infra*, n° 392). Mais les termes du Code de la propriété intellectuelle ne distinguent pas et la jurisprudence admet que l'usage synonyme de distinctivité peut être consommé après l'enregistrement(108). La donne risque d'être modifiée par les nouveaux textes communautaires. La directive n° 2015/2424 dispose qu'une marque n'est pas refusée à l'enregistrement « si, avant la date de la demande d'enregistrement et à la suite de l'usage qui en a été fait, elle a acquis un caractère distinctif. Une marque n'est pas déclarée nulle pour les mêmes motifs si, avant la date de la demande en nullité et à la suite de l'usage qui en a été fait, elle a acquis un caractère distinctif » (Dir., art. 4, § 4). Les États membres ont la possibilité de prévoir que ces dispositions s'appliquent également « lorsque le caractère distinctif a été acquis après la date de la demande d'enregistrement mais avant la date de l'enregistrement » (Dir., art. 4, § 5). Il suit que l'usage acquisitif de distinctivité qui serait postérieur au dépôt doit être consommé avant la date de l'enregistrement. Cette borne est d'autant plus remarquable qu'elle ne se retrouve pas dans le texte de la directive n° 2008/95 selon lequel le caractère distinctif pouvait être acquis après la demande d'enregistrement « ou après son enregistrement » (art. 3, § 3). Il était admis que la France avait opté pour une possible acquisition de distinctivité, même après l'enregistrement. Il n'est pas certain qu'une telle faculté reste ouverte aujourd'hui. En revanche, le règlement n° 207/2008 modifié par le règlement n° 2015/2424 n'est pas aussi précis que la directive (art. 7, § 3) ; surtout, l'article 52, § 2 de cet instrument prévoit que lorsque la

(104) V. *infra*, n°s 494 et s., la déchéance possible, lorsque la marque est devenue « la désignation usuelle dans le commerce du produit ou service ».

(105) CPI, art. L. 711-2 : « Sont dépourvus de caractère distinctif : *c)* : Les signes constitués exclusivement par la forme imposée par la nature ou la fonction du produit, ou conférant à ce dernier sa valeur substantielle ».

(106) V. A. Folliard-Monguiral, *Le caractère distinctif acquis par l'usage* : *Propr. industr.* 2004, chron. p. 9.

(107) V. J. Passa, *Traité de droit de la propriété industrielle*, t. 1, LGDJ, 2e éd., 2009, n° 132. – V. Dir. n° 2008/95, art. 3, § 3, ou plus net encore, V. Règl., art. 7, § 3. – Encore, Accord ADPIC, art. 15, § 1. – V. TPICE, 29 avr. 2004, *Bouteille Corona* : *Propr. intell.* 2004, n° 13, p. 953, obs. I. de Medrano Caballero.

(108) En application de l'adage selon lequel « Où la loi ne distingue pas, il ne faut pas distinguer » : V. Cass. com., 19 déc. 1998, n° 96-20.653, *La maison du café* : *PIBD* 1999, n° 671, III p. 88 ; *Ann. propr. ind.* 1999, 186, retenant comme date pertinente d'appréciation la date des poursuites en contrefaçon du tiers réclamant reconventionnellement la nullité du titre, même si au final la Cour de cassation approuve la cour d'appel qui a estimé qu'il n'y avait pas eu acquisition du caractère distinctif.

marque (de l'Union européenne) a été enregistrée, elle ne pourra être déclarée nulle « si, par l'usage qui en a été fait, elle a acquis après son enregistrement un caractère distinctif ». Il est franchement regrettable que les textes communautaires ne soient pas sur ce sujet identiques. Pour que la marque acquière ce caractère distinctif qui lui manquait, il est nécessaire que son usage, ancien, intensif, ait conduit le public concerné à percevoir désormais ledit signe comme un indicateur d'une origine commerciale spécifique. Le signe prend un autre sens pour une partie significative du public auquel sont destinés les produits ou services, sur le territoire concerné. Pour une marque communautaire (de l'Union européenne) figurative, par exemple, il faudra démontrer l'acquisition du caractère distinctif pour l'ensemble des territoires de l'Union européenne ; pour une marque nominale d'une des langues de l'Union européenne, il faudra démontrer l'acquisition de ce caractère dans les États où cette langue est parlée(109). La Cour de justice a eu l'occasion de préciser qu'il convenait de prendre en considération notamment la part de marché détenue par la marque, l'intensité, l'étendue géographique et la durée de l'usage de ladite marque, l'importance des investissements réalisés par l'entreprise pour la promouvoir, la proportion des milieux intéressés susceptible d'identifier le produit ou service comme provenant d'une entreprise déterminée grâce à la marque, les déclarations des chambres de commerce et d'industrie ou d'autres associations professionnelles ainsi que les sondages d'opinion(110). Même si la preuve peut être plus délicate à rapporter, l'acquisition du caractère distinctif par l'usage peut s'appliquer à un signe associé à un autre(111). La Cour de justice a ainsi retenu :

> « L'acquisition d'un caractère distinctif peut résulter aussi bien de l'usage, en tant que partie d'une marque enregistrée, d'un élément de celle-ci que de l'usage d'une marque distincte en combinaison avec une marque enregistrée. Dans les deux cas, il suffit que, en conséquence de cet usage, les milieux intéressés perçoivent effectivement le produit ou le service, désigné par la seule marque dont l'enregistrement est demandé, comme provenant d'une entreprise déterminée(112). »

Le public concerné va varier selon le type de produits ou services concernés ; il peut s'agir aussi bien du consommateur d'attention moyenne (en cas de produits diffusés par exemple par la grande distribution) que de professionnels(113). L'enregistrement admis dans plusieurs, voire dans de très nombreux États membres, est totalement indifférent(114). À défaut de précision sur la date d'effet de l'acquisition du caractère distinctif par l'usage, la Cour de cassation française a retenu que la marque, qui présentait un

(109) TPICE, 29 avr. 2004, aff. T-399/02, *Corona*, pour une forme de bouteille de bière. – TPICE, 15 oct. 2008, aff. T-405/05, *Manpower* : *Propr. industr.* 2008, comm. 96, obs. A. Folliard-Monguiral. – V. CJCE, 4 mai 1999, aff. C-108/97 et C-109/97, *Windsurfing Chiemsee*, précisant que l'acquisition du caractère distinctif ne peut résulter de données générales et abstraites. – CJUE, 24 mai 2012, aff. C-98/11, *Lindt*, lapin en chocolat entouré de papier doré et avec un ruban autour du cou, estimant que « la requérante n'a pas prouvé de manière quantitativement suffisante l'acquisition d'un caractère distinctif par l'usage dans l'ensemble du territoire de l'Union », tout en admettant (pt 62), qu'il serait excessif d'exiger cette démonstration pour chaque État membre pris individuellement.

(110) V. TPICE, 6 mars 2007, aff. 230/05, *Golf USA*, pt 79. – TPICE, préc., *Corona*, pt 44. – CJCE, *Windsurfing Chiemsee*, pt 51, préc. et *Philips*, *infra*, pt 60. – CA Paris, 28 sept. 2012, n° 11/09.466, *Les puces du design*, reprenant *in extenso* cette énumération des instances de l'Union européenne.

(111) Cass. com., 19 avr. 2005, n° 03-13.924, *Miss Europe* : *PIBD* 2005, n° 813, III, p. 470.

(112) CJCE, 7 juill. 2005, aff. C-553/03, *Nestlé, Have a break, Have a Kit Kat* et la marque Kit Kat, pt 30 : *PIBD* 2005, n° 818, III, p. 659 ; *Propr. industr.* 2005, comm. 72, obs. A. Folliard-Monguiral ; *Propr. intell.* 2005, n° 17, p. 467, obs. I. de Medrano Caballero.

(113) V. CJUE, 10 juill. 2012, aff. C-582/11, *Scomber mix*, retenant que le caractère descriptif d'un signe désignant des conserves de poisson peut résulter de la compréhension du signe par les consommateurs des produits, mais aussi des professionnels intervenant dans le processus de fabrication, de distribution ou de vente.

(114) CJUE, 24 mai 2012, aff. C-98/11, *Lindt*, préc., pt 50. – Déjà, CJCE, 25 oct. 2007, aff. C-283/06, *Develey*, pts 72 et 73.

défaut de distinctivité à l'origine, ne pouvait disposer de protection qu'à compter de l'usage jugé utile pour la conforter[115]. En revanche, comme l'indiquent les textes, un signe qui serait exclu de toute réservation parce que constitutif de la forme imposée par la nature ou la fonction du produit ou conférant à celui-ci sa valeur substantielle ne peut jamais acquérir de caractère distinctif, quel que soit l'usage qui a pu en être fait[116].

366. - **Signes distinctifs et formes ou caractéristiques exclusivement imposées par la nature ou la fonction technique du produit ou conférant à ce dernier sa valeur substantielle.** Parmi les signes qui ne sont pas susceptibles de constituer une marque valable – et qu'aucune forme d'usage ne peut sauver – l'article L. 711-2, c) du Code de la propriété intellectuelle s'intéresse aux formes qui sont nécessaires aux autres opérateurs du secteur économique concerné ou qui ne sont pas perçues comme l'indication d'une origine commerciale, ou enfin qui devraient relever d'un autre type de protection. Ainsi, la forme banale du produit, ou de son conditionnement, qui serait imposée en quelque sorte par sa nature, outre qu'elle ne serait très certainement pas perçue par le consommateur comme une marque en tant que telle (pour ne pas s'écarter de manière significative des formes existantes), ne peut pas être enregistrée[117].

367. - **Forme ou autre caractéristique imposée par la fonction du produit.** S'agissant de la forme imposée par la fonction, celle-ci ne peut être enregistrée valablement à titre de marque ; ce type de forme traduit une fonction technique, éventuellement éligible à la protection par brevet. La Cour de justice a précisé, à propos de l'article 3, § 1, e) de la directive n° 89/104 (depuis remplacée) :

« Un signe constitué exclusivement par la forme d'un produit n'est pas susceptible d'enregistrement en vertu de cette disposition s'il est démontré que les caractéristiques fonctionnelles essentielles de cette forme sont attribuables uniquement au résultat technique. En outre, la démonstration de l'existence d'autres formes permettant d'obtenir le même résultat technique n'est pas de nature à écarter le motif de refus ou de nullité d'enregistrement contenu dans ladite disposition[118]. »

Il est nécessaire de laisser à la disposition de tous, les formes qui sont inhérentes à une fonction essentielle, générique ou technique, du produit[119]. Le fait qu'il existe plusieurs formes possibles pour répondre au résultat recherché n'y change rien : la marque

(115) V. Cass. com., 15 déc. 1998, n° 96-20.653, *Maison du bon café*, préc. : *PIBD* 1999, n° 671, III, p. 88.

(116) V. CJCE, 18 juin 2002, aff. C-299/99, *Philips*, pts 57, 75 et 76 ; *Propr. industr.* 2002, comm. 71, obs. F. Greffe ; *Propr. intell.* 2002, n° 5, p. 83, S. Joly. – V. encore, CJCE, 20 sept. 2007, aff. C-371/06, *Benetton* : *PIBD* 2007, n° 864, III, p. 729 ; *JCP* E 2007, act. 453, retenant qu'un signe conférant sa valeur substantielle au produit ne peut acquérir le caractère requis quel que soit l'usage intensif, même attaché à la renommée de la marque nominale qui l'accompagne, et ce même avant l'enregistrement de la marque.

(117) V. déjà, CA Paris, 10 avr. 1956 : *JCP* 1956, II, 9545, retenant que « c'est seulement s'il est arbitraire et de fantaisie qu'un flacon, dont l'usage est indispensable à la vente de produits liquides, peut faire l'objet d'une marque ». – TGI Paris, 9 janv. 1986 : *PIBD* 1986, n° 395, III, p. 271, retenant qu'une marque composée d'un filet permettant d'entrevoir les mini-fromages rassemblés n'est pas distinctive, car les filets sont d'usage courant pour contenir les produits alimentaires notamment et permettent également de rassembler lesdits produits, ce qui traduit par ailleurs un résultat pratique. – TGI Nanterre, 24 mai 2004 : *Propr. industr.* 2005, comm. 65, nos obs., retenant que la forme d'un carton ondulé pour désigner des articles en papier et carton n'était pas distinctive car ce signe est imposé par la nature du produit. – V. CA Paris, 13 déc. 2013, n° 13-09.001, *Nestlé*, représentation des doubles barres chocolatées Kit-Kat, marque tridimensionnelle internationale refusée en partie FR par l'INPI, retenant que la représentation bien que simple se distingue des autres barres sur le marché, est facilement mémorisable et permet au public concerné d'identifier une origine commerciale ; retenant encore que la partie plus fine entre les deux barres, si elle simplifie leur séparation, n'est ni exclusivement technique ni essentielle des barres chocolatées.

(118) V. CJCE, 18 juin 2002, aff. C-299/99, *Philips*, préc. ; *Propr. industr.* 2002, comm. 71, obs. F. Greffe ; *Propr. intell.* 2002, n° 5, p. 83, S. Joly. – V. encore, CJUE, 14 sept. 2010, aff. 48/09, *Lego*, confirmant TPICE, 12 nov. 2009, aff. T-270/06.

(119) CJUE, 18 sept. 2014, aff. C-205/13, chaise pour enfants *Tripp Trapp*.

ne doit pas être composée d'une forme purement technique. Dès lors, s'il est démontré que la forme poursuit exclusivement un but fonctionnel, la marque n'est pas valable et la présence d'un élément ornemental ne suffit pas s'il n'est pas essentiel à l'appréhension du signe[120].

368. – **Forme conférant au produit sa valeur substantielle.** Enfin, s'agissant de la forme conférant au produit sa valeur substantielle, il s'agit d'exclure de la réservation par un droit de marque un élément qui serait déterminant dans la motivation à l'achat du consommateur, plus intéressé par l'objet lui-même déposé que par la marque en tant que telle[121]. Peut-être peut-on voir ici la volonté de ne pas rechercher une réservation indéfiniment renouvelable pour nombre d'éléments qui auraient vocation à être protégés par des droits temporaires tels que le droit d'auteur ou le droit spécifique des dessins et modèles, à l'instar de l'exclusion des formes exclusivement dictées par une fonction technique qui ont vocation à relever du droit des brevets d'invention[122]. Dans une décision remarquée, il a été jugé que, dans l'appréciation de la notion de valeur substantielle, le *design* constituait un élément très important dans la motivation du consommateur, même si d'autres éléments peuvent lui importer. Dans cette affaire, la marque tridimensionnelle représentait une enceinte en forme de crayon posé élégamment sur sa mine et reposant sur un socle carré ; à propos de son titulaire il est jugé que « ce *design* est un élément essentiel de sa stratégie de marque et qu'il augmente l'attractivité du produit en cause, c'est-à-dire sa valeur »[123]. Il a encore été jugé que l'exclusion de protection devait s'imposer lorsque le signe choisi était constitué « exclusivement par la forme d'un produit ayant plusieurs caractéristiques pouvant lui conférer différentes valeurs substantielles. La perception du public ciblé ne constitue qu'un seul des éléments d'appréciation aux fins de déterminer l'applicabilité du motif du refus en cause »[124]. Il suffit que l'élément revendiqué à titre de marque constitue l'un des motifs déclencheurs de l'acte d'achat du consommateur pour rendre le signe inapte à constituer une marque (qualité acoustique pour les enceintes ; sécurité, confort pour la chaise pour enfants).

(120) C'est ainsi que l'existence dans un brevet d'invention d'un schéma identique à la représentation déposée en tant que marque permet de conduire à reconnaître le caractère technique du signe proposé à l'enregistrement ; V. aff. *Philips*, préc., et *Lego*, préc. – Trib. UE, 8 mai 2012, aff. T-331/10 et T-416/10, représentation d'un manche de couteau, avec des points noirs. Le Tribunal de l'Union européenne sanctionne la chambre de recours qui avait annulé les marques en retenant que les points noirs représentaient des creux, jugés alors nécessaires pour l'obtention d'un résultat technique, à savoir celui d'éviter que la main tenant le manche ne glisse accidentellement, cette caractéristique étant écrite dans un brevet américain du titulaire ; or, il s'agit pour le tribunal d'un postulat car l'image ne montre pas de creux et il pouvait s'agir de décorations ; décision infirmée : CJUE, 6 mars 2014, aff. C-337 et 240/12, car si l'examen porte sur la marque telle que déposée, un examen approfondi peut être réalisé des éléments utiles à l'identification convenable des éléments caractéristiques du signe. – V. encore Trib. UE, 19 sept. 2012, aff. T-164/11, *Reddig*, pts 33, 35 et 40, manche d'un couteau, éléments ornementaux ne jouant pas un rôle essentiel, pas de marque valable. – *Contra*, Trib. UE, 25 nov. 2014, aff. T-450/09, *Rubik's cube*, structure cubique en grille représentant le fameux cube pour désigner des puzzles en trois dimensions, après analyse, marque validée car apparence d'une cage noire !

(121) V. par ex., CA Paris, 9 juin 2006 : *D.* 2007, pan. 2834, obs. S. Durrande.

(122) V. ainsi, Trib. UE, 6 oct. 2011, aff. T-508/08, *Bang & Olufsen*, pts 63 et 65.

(123) Trib. UE, 6 oct. 2011, aff. T-508/08, *Bang & Olufsen*, préc., pts 74 à 76 : *Propr. industr.* 2012, comm. 11, obs. A. Folliard-Monguiral, relevant que des extraits de sites Internet mettent l'accent sur les caractéristiques de cette forme, perçues comme une sorte de sculpture pure, élancée et intemporelle pour la reproduction de la musique, traduisant qu'il s'agit d'un élément substantiel en tant qu'argument de promotion de vente.

(124) , CJUE, 18 sept. 2014, aff. C-205/13, *Tripp Trapp* ; ainsi, le point 35 rappelle les observations de l'avocat général : « Peuvent entrer en ligne de compte d'autres éléments d'appréciation tels que la nature de la catégorie concernée des produits, la valeur artistique de la forme en cause, la spécificité de cette forme par rapport à d'autres formes généralement présentes sur le marché concerné, la différence notable de prix par rapport à des produits similaires ou la mise au point d'une stratégie promotionnelle mettant principalement en avant les caractéristiques esthétiques du produit en cause ».

SECTION 3

LE SIGNE CHOISI À TITRE DE MARQUE DOIT ÊTRE LICITE

369. – **Présentation.** Le signe doit en effet répondre à cette exigence et les textes, tant français que de l'Union européenne, retiennent à ce titre trois types d'exclusion : les signes qui sont exclus par la Convention d'Union de Paris ou l'accord ADPIC, ceux qui sont contraires à l'ordre public et aux bonnes mœurs et enfin, les signes qui seraient trompeurs pour le consommateur. Au titre des motifs absolus de refus ou de nullité, la directive n° 2015/2436 et le règlement n° 207/2008, modifié par le règlement n° 2015/2424, ont ajouté les marques qui seraient exclues, en application de la législation de l'Union ou du droit national de l'État membre concerné ou d'accords internationaux, du fait de la protection des appellations d'origine et des indications géographiques, des mentions traditionnelles pour le vin ou encore des dénominations relatives à des variétés végétales. Les textes de l'Union européenne offrent la possibilité aux États membres d'exclure des signes « de haute valeur symbolique, et notamment un symbole religieux ». Ce caractère de licéité s'analyse indépendamment des produits et services désignés par la marque pour la contrariété à l'ordre public et aux bonnes mœurs ainsi que pour les signes exclus par certains textes. Le motif de rejet est intrinsèque à la marque(125). Toutefois, concernant le grief de tromperie, la jurisprudence répugne fréquemment à s'en tenir à analyser ce critère à la date de dépôt et tient compte des conditions de l'exploitation effective la marque sur le marché, ce qui est discutable.

370. – **Les signes exclus par des conventions.** Ainsi, la Convention d'Union de Paris (CUP), en son article 6 ter, énumère les signes qui ne peuvent pas être enregistrés à titre de marques et offre aux États membres la possibilité de notifier d'autres signes qu'ils souhaiteraient exclure. L'ADPIC prévoit pareillement un système de notifications pour les indications géographiques(126). L'article L. 711-3, a) du Code de la propriété intellectuelle précise que sont exclus de la réservation certains signes, par application de la CUP, tels que les armoiries, les drapeaux des États, les signes et poinçons officiels(127). Peu importe les produits ou services revendiqués, de tels signes ne sont pas appropriables et la marque sera vouée à la nullité. Par disposition expresse, sont exclus également les insignes de la Croix-Rouge (nominale et emblématique), les anneaux olympiques, ainsi que les emblèmes, acronymes et signes des organisations internationales dont les États de l'Union sont adhérents(128). En cas

(125) Cass. crim., 6 mai 1986 : *Bull. crim.* 1986, n° 152, p. 395, *Dorcel*, la marque n'est pas contraire à l'ordre public, même si elle s'applique à des vidéogrammes pornographiques. – TPICE, 13 sept. 2005 : *Propr. industr.* 2005, comm. 87, obs. A. Folliard-Monguiral.

(126) V. articles 22 et 23, annexe 1 C, à l'accord instituant l'Organisation mondiale du commerce, concernant l'accord sur les aspects des droits de propriété intellectuelle qui touchent au commerce.

(127) Il faut, en revanche, qu'il s'agisse de signes officiels : or, tel n'est pas le cas du coq gaulois, CA Paris, 4 janv. 1980 : *Ann. propr. ind.* 1980, p. 369. – Cass. com., 23 juin 2009, n° 07-19.542, réservation du sigle 29, se rattachant au département du Finistère, bénéficiant d'une forte identité culturelle (à l'instar du 64 et du Pays basque) et retenant que ce signe n'a pas été notifié au bureau de l'Office mondial de la propriété intellectuelle, dans les formes prévues à la Convention d'Union de Paris, de sorte qu'il ne s'agit pas d'un sigle officiel, CA Toulouse, 31 mai 2011 : *Propr. industr.* 2011, comm. 89, nos obs., ne revenant pas sur ce point, rejetant la demande du département car il n'y avait pas de risque de confusion.

(128) V. à propos d'Interpol, CA Paris, 17 déc. 1997, *Interpole informatique : PIBD* 1998, n° 650, III, p. 170 ; *JCP* G 1988, II, 10083, obs. I. Roujou de Boubée. – CA Paris, 17 déc. 1997 : *PIBD* 1998, n° 650, III, p. 170. – Plus récemment, CA Rennes,

d'adoption de tels signes, la marque pourra être annulée à la suite d'une action judiciaire à cette fin. À titre d'exemple, a été annulée une marque qui témoignait avec l'emblème de la Confédération helvétique de similitudes importantes telles que, en dépit de différences de détail mineures, le public d'attention moyenne pouvait opérer une confusion(129). La marque semi-figurative « Cirque de Monaco », enregistrée pour désigner des spectacles, a elle aussi été annulée car elle utilisait la représentation du drapeau monégasque et était, de plus, trompeuse sur l'origine et le statut des représentations qu'elle pouvait accompagner, laissant à penser qu'il existait un lien avec le festival international de cirque qu'organise depuis des années la société Monte-Carlo Festivals, à Monte-Carlo(130). Au niveau de l'Union européenne, le tribunal a eu l'occasion de se prononcer à propos d'une demande d'enregistrement de marque communautaire semi-figurative portant sur l'acronyme ECA associé à la couronne de l'Europe (les douze étoiles). L'enregistrement a été refusé car :

« L'adjonction d'un élément verbal (qui peut d'ailleurs se référer à la Cour des comptes de la Communauté ; *European Court of Auditors*) et certaines différences graphiques ne suffisent pas à écarter l'imitation héraldique au sens de l'article 6 ter de la CUP dès lors que les éléments constitutifs de l'emblème officiel restent identifiables(131). »

371. – **Les signes contraires à l'ordre public et aux bonnes mœurs.** Ces signes sont exclus de la réservation au titre de l'article L. 711-3, b) du Code de la propriété intellectuelle (également Dir. n° 2015/2436, art. 4, f, et Règl. n° 207/2008, modifié par Règl. n° 2015/2424, art. 7, f). Le texte français élargit la prohibition aux signes « dont l'utilisation est légalement interdite ». Ainsi, un signe (nominal, figuratif ou semi-figuratif) qui serait obscène ou inciterait par exemple à la violence ou à la haine raciale, ne devrait pas pouvoir être enregistré, et s'il l'est, il sera susceptible d'être annulé (V. CPI, art. L. 714-3). L'atteinte à l'ordre public ou aux bonnes mœurs est une notion subjective qui varie selon les époques et les pays(132). Par exemple, ce n'est qu'à la suite d'un recours devant la cour d'appel de Paris, fin des années 1970, que la marque *Opium* pour désigner des parfums a pu être enregistrée : l'INPI considérait que ce signe pouvait s'analyser en une incitation à la prise de substances illicites, rejetant la demande d'enregistrement de marque, tandis que la cour y voyait davantage un hommage à l'Orient, aux voyages lointains, validant la marque(133). La marque *Cannabia*, pour désigner des produits alimentaires, a été jugée contraire à l'ordre public, car le public pouvait penser que ces produits contenaient cette substance illicite(134). Le prétendu caractère décalé ou humoristique ne permet pas en

28 avr. 2015, *Inter pôle l'agence métiers* : *PIBD* 2015, n° 1029, III, p. 422 ; *Propr. industr.* juill.-août 2015, comm. 51, nos obs. : la marque litigieuse est annulée en raison du lien qui peut être établi avec l'organisation internationale de police criminelle Interpol.

(129) CA Paris, 17 oct. 1989 : *PIBD* 1990, n° 474, III, p. 175 ; *D.* 1989, inf. rap. 285, marque semi-figurative « Médecins sans frontières », surmontée d'une croix blanche sur fond hachuré, jugée nulle en raison de la ressemblance incontestable avec l'emblème national grec.

(130) TGI Paris, 14 févr. 2003 : *Propr. industr.* 2003, comm. 89, nos obs.

(131) TPICE, 21 avr. 2004, aff. T-127/02 : *Propr. industr.* 2004, comm. 54, obs. A. Folliard-Monguiral ; *RTD com.* 2004, p. 713, obs. J. Azéma.

(132) La notion relève bien entendu de l'appréciation souveraine des juges du fond, Cass. com., 28 juin 1976 : *JCP G* 1977, II, 18700, obs. J.-J. Burst.

(133) CA Paris, 7 mai 1979 : *PIBD* 1980, n° 256, III, p. 87 ; *Ann. propr. ind.* 1979, 306, obs. A. Chavanne.

(134) CA Paris, 18 oct. 2000 : *D* 2001, somm. 1131, obs. S. Durrande. – V. encore, pour des boissons, CA Rennes, 12 mars 2002 : *PIBD* 2002, n° 743, III, p. 247. – TPICE, 19 nov. 2009, aff. T-234/06, invalidant la marque Cannabis, mais estimant

général d'échapper à la nullité[135]. Mais, pour d'autres types de produits et services, le terme *Cannabis* a pu être enregistré, comme en attestent les registres. La marque *Alcool Cannabis et conduite* a même été enregistrée, mais en classes 9, 16 et 41 et au profit d'une association reconnue d'utilité publique, la Prévention routière[136]. Cette exigence peut s'avérer scélérate pour les marques verbales communautaires (désormais de l'Union européenne). En effet, un signe qui n'a pas de signification particulière en français peut se traduire en un mot particulièrement obscène ou vulgaire dans une des langues de l'Union européenne[137]. Or, comme il s'agit d'un titre unitaire, le fait que le signe choisi soit contraire à l'ordre public ou aux bonnes mœurs ou encore soit un signe interdit dans l'un des États conduit à devoir rejeter la marque ou à la déclarer nulle si elle a été enregistrée. Il reste alors possible de transformer la demande de marque communautaire en demande nationale, en évitant bien entendu de demander l'enregistrement pour l'État où la contrariété à l'ordre public existe. Le texte français précise que les signes dont l'usage est légalement interdit ne peuvent pas davantage constituer une marque valable. Ainsi, a été annulée une marque en contrariété avec les termes d'un décret réglementant la commercialisation des eaux minérales de source[138].

372. – **Les signes de nature à tromper le public.** Ces marques sont appelées des marques « trompeuses » ou « déceptives » car, associées aux produits et services tels qu'ils sont communiqués au public, elles suggèrent une image erronée de ceux-là, « notamment quant à leur nature, leur qualité ou leur provenance géographique » (CPI, art. L. 711-3, c ; Dir. n° 2015/2436, art. 4, 1 g ; Règl. n° 207/2008, modifié par Règl. n° 2015/2424, art. 7, g). Cette exclusion participe d'une fonction de police du droit des marques puisqu'il s'agit de protéger le consommateur d'une tromperie (les dispositions du Code de la consommation sont également applicables). La présence de l'adverbe « notamment » dans le texte de loi permet de ne pas limiter la tromperie répréhensible aux seules qualités envisagées. Ainsi, par exemple, la marque *Évian fruité* a été annulée car elle désignait des boissons aux fruits qui ne contenaient pas d'eau minérale d'Évian ou encore la marque *Comme à la maison* qui désignait des confitures industrielles[139]. Récemment, il a été jugé que

que certaines boissons et aliments contiennent cette substance et que le consommateur peut être trompé quant à la composition du produit.

(135) Trib. UE, 9 mars 2012, aff. T-417/10 : *Propr.industr.* 2012, chron. 2, Un an de jurisprudence sur les motifs absolus de refus de marques communautaires, J. Montéro, spéc. n° 102 ; *Propr. intell.* 2012, n° 1, p. 97, obs. B. Geoffray, *Que buenu Ye Hijoputa*, pour désigner des eaux de vie, des alcools, a été qualifié de contraire aux bonnes mœurs. – Cass. com., 29 mars 2011, n° 10-12.046 : *Propr. industr.* 2011, comm. 48, nos obs. ; *Propr. intell.* 2011, n° 40, p. 323, obs. M. Sabatier, *puta madre* pour désigner des vêtements. – Trib. UE, 5 oct. 2011, aff. T-526/09, *Paki Logistics*, terme injurieux, raciste pour le public anglophone. – Trib. UE, 20 sept. 2011, aff. T-232/10, *Couture Tech*, marque revendiquant le blason soviétique, Code pénal hongrois interdisant l'usage et l'exhibition de ce signe, le plus souvent contraire à l'ordre public dans de nombreux États de l'Europe de l'Est.

(136) FR 3569027, 11 avr. 2008 ; classe 9 (appareils et instruments scientifiques, films éducatifs, etc.), classes 16 (affiches, fiches techniques) et 41 (éducation, formation).

(137) Ainsi, une demande de marque communautaire *Reva* a été refusée à l'enregistrement, car le terme est la désignation vulgaire, en finnois, du sexe féminin.

(138) CA Paris, 24 mai 1982 : *Ann. propr. ind.* 1982, 111, décision annulant la marque *Vals fluor* pour désigner des boissons à base d'eau minérale auxquelles était ajouté du fluor, car le décret n° 57-404 du 28 mars 1957 (depuis abrogé), en son article 4, exigeait que la nature ou la composition de l'eau minérale ne soient pas altérées au regard de leurs qualités à l'émergence.

(139) CA Paris, 14 oct. 1981 : *Ann. propr. ind.* 1982, p. 125 ; rejet pourvoi Cass. com., 17 janv. 1984 : *Ann. propr. ind.* 1984, p. 23. – CA Paris, 11 oct. 1990 : *PIBD* 1991, n° 497, III, p. 200. – V., pour le slogan *Premier sur le matin*, enregistré à titre de

la marque tridimensionnelle désignant du thé et composée de plusieurs éléments graphiques, de couleurs et nominaux, renvoyant à une origine marocaine, pouvait être de nature à tromper le public sur la provenance géographique d'un thé issu en réalité de Chine[(140)]. De nombreuses marques composées de termes identiques ou similaires à des appellations d'origine et indications géographiques protégées ont été annulées pour être trompeuses d'une origine géographique[(141)]. Au contraire, la marque *Platinium*, pour des produits de maroquinerie, a été jugée valable car un consommateur normalement informé et raisonnablement attentif est apte à ne pas attendre que de tels produits soient réalisés en platine, métal précieux extrêmement cher[(142)]. De même, les termes laissant à penser à une certification officielle, à des vertus thérapeutiques, sont trompeurs[(143)]. Le plus souvent, la marque ainsi trompeuse est annulée alors qu'en réalité, très peu de marques sont trompeuses en tant que telles lors de leur enregistrement ; ces marques sont souvent viciées du fait d'un usage trompeur, sur le marché, par leur titulaire. La procédure de déchéance lorsque la marque est devenue trompeuse du fait de son titulaire serait alors sans doute plus juste[(144)]. Quoi qu'il en soit, l'usage d'un signe trompeur ne peut pas lui permettre d'échapper à la nullité[(145)] et l'action en revendication ne peut pas être mise en œuvre[(146)]. Outre la nullité de la marque litigieuse, cet usage peut être réprimé également sur le terrain du droit de la consommation[(147)].

SECTION 4

LE SIGNE CHOISI À TITRE DE MARQUE DOIT ÊTRE DISPONIBLE

373. – Présentation. Le signe destiné à être enregistré en tant que marque doit être juridiquement libre, disponible. Il ne doit pas exister de droits de tiers qui s'exercent d'ores et déjà sur ledit signe. L'exigence de disponibilité trouve sa justifica-

marque pour désigner une émission de radio, annulé, comme trompeur sur la tranche horaire pour laquelle il est utilisé, CA Paris, 9 oct. 2005 : *Propr. industr.* 2006, comm. 3, nos obs. ; *Propr. intell.* 2006, n° 19, p. 217, obs. X. Buffet Delmas ; pourvoi rejeté, Cass. com., 2 mai 2007, n° 05-22.029.

(140) V. TGI Paris, 7 nov. 2014 : *PIBD* 2014, n° 1019, III, p. 29 ; *Propr. industr.* 2015, comm. 14, nos obs.

(141) V. *infra*, n°s 355 et 386 ; par ex., Cass. com., 3 mai 1983, n° 81.16.606 : *Ann. propr. ind.* 1984, 22, estimant que le terme *Ritzliger*, déposé pour désigner des vins, peut être confondu dans l'esprit de l'acheteur avec l'appellation d'origine *Riesling* désignant un cépage alsacien réputé, ce qui rend nulle ladite marque. – Cass. com., 1er déc. 1987, n° 86-11.328, *Vicomte Bernard de Romanet* : *JCP* G 1988, II, 21081, note E. Agostini.

(142) CA Paris, 19 janv. 2005 : *PIBD* 2005, n° 806, III, p. 238.

(143) *École de conduite française*, Cass. com., 28 juin 1976 : *JCP* G 1977, II, 18700, note J.-J. Burst. – *Fleurs de santé*, pour désigner des produits sans vertus thérapeutiques, CA Paris, 26 oct. 1988 : *PIBD* 1989, n° 450, III, p. 114.

(144) V. CPI, art. L. 714-6, V. *infra*, nos 500 et s. – V. encore, J. Passa, *op. cit.*, n° 142. – CA Paris, 19 oct. 2005 : *PIBD* 2005, n° 820, III, p. 735 ; *Propr. intell.* 2006, n° 19, p. 217, obs. X. Buffet Delmas.

(145) V. CA Paris, 17 sept. 1999 : *PIBD* 2000, n° 689, III, p. 17.

(146) V. Cass. com., 16 déc. 2014, n° 12-29.157 : *Propr. industr.* 2015, comm. 22, nos obs. : la marque verbale Notaires 37, qui renvoie à une profession réglementée, pour désigner des journaux ayant été enregistrée par un organisme privé, constitue une atteinte à l'ordre public et ne peut être revendiquée par le Conseil régional des notaires ; seule la nullité peut être prononcée car le vice est intrinsèque.

(147) V. J. Passa, *Droit commun des marques et protection du consommateur*, in *Mél. J. Calais-Auloy*, Dalloz, 2004, p. 781. – V. not. les pratiques commerciales trompeuses (C. consom., art. L. 121-1 et L. 121-6 pour les peines encourues) et frauduleuses (C. consom., art. L. 213-1).

tion dans l'idée selon laquelle il n'est pas possible d'avoir deux droits de propriété de même nature sur le même bien (signe). Toute la logique objective de la propriété industrielle est là, à la différence du droit d'auteur dont l'originalité subjective admettra la coexistence de deux droits sur la même œuvre au titre de la « coexistence fortuite » de deux créations distinctes[148]. Le titulaire du droit antérieur, et seulement lui, qui constaterait un second dépôt sur le signe déjà approprié pourra agir en formant opposition dans le cadre de la procédure d'enregistrement, sinon, le plus souvent, sur le terrain judiciaire en nullité, une fois la marque litigieuse enregistrée. À tort, il est parfois fait mention de la condition de nouveauté, exigence requise il est vrai dans d'autres domaines de la propriété industrielle (brevets d'invention, dessins et modèles). Cette référence est toutefois équivoque en matière de marque puisqu'un signe qui aurait déjà été enregistré, dans le secteur d'activité concerné, mais depuis abandonné (société radiée ou marque non renouvelée par exemple), redevient disponible et pourra en principe à nouveau être enregistré au profit d'un autre ; à tout le moins la nouveauté qui peut être requise en droit des marques apparaît-elle comme relative à un secteur commercial donné (V. *infra*, n° 374). Les marques collectives de certification et de renommée viennent tempérer cette affirmation puisque les premières ne peuvent être redéposées pendant un délai de dix ans, afin de ne pas tromper le consommateur et la validité du dépôt des secondes reste sujette à l'absence de fraude et/ou de risque de confusion, exigence générale à la matière. Le législateur a prévu à l'article L. 711-4 du Code de la propriété intellectuelle divers types d'antériorités de nature à rendre le signe indisponible, et sans que l'énumération proposée ne soit exhaustive (« et notamment »).

374. - **Principe de spécialité.** Le droit de marque est un droit de propriété sur un signe distinctif pris dans sa relation avec des produits ou services. Pour caractériser une antériorité de nature à vicier la marque enregistrée, le signe en cause doit mobiliser la relation à la clientèle que le droit de marque cherche ultérieurement à réserver : concrètement, il est nécessaire que l'antériorité existe dans le même secteur commercial ou industriel que celui où la marque doit être déposée. C'est le sens du principe de spécialité en vertu duquel le droit de propriété (de marque) n'existe que pour un signe en relation avec des produits ou services déterminés. Il en ressort que le droit de propriété (de marque) peut paraître relatif à l'utilisation du signe pour ces seuls produits ou services[149] ; il en ressort encore que l'antériorité rendant le signe indisponible doit exister dans le segment commercial pour lequel la marque est déposée : en ce sens, la nouveauté requise par le droit des marques est relative, et s'apprécie par rapport aux produits ou services que le signe déposé cherche à distinguer. Le même signe peut donc être utilisé, et déposé, comme marque pour des produits ou services différents. Ainsi la marque *Mont-Blanc* qui identifie ici des stylos de luxe, là une crème dessert à base de lait frais. Le principe

(148) V. *supra*, n°s 11 et s., Introduction générale.

(149) Il ne faut pas confondre l'objet du droit de propriété et ses caractères : l'objet du droit de marque vise un signe distinctif dans sa relation avec un produit ou un service, le droit de marque est parfois qualifié d'absolu et exclusif pour ce qui est du rapport de droit constitué sur l'objet approprié (le signe dans sa relation au produit ou service marqué). Que la marque ne réserve pas à son titulaire l'usage du signe distinctif pour un tout autre produit ou service de même nature n'altère pas le caractère absolu du droit de propriété constitué puisque la situation en cause est hors l'objet de celui-ci.

de spécialité est appelé à jouer un rôle pour apprécier la disponibilité du signe enregistré et la pertinence de l'antériorité alléguée ; il trouvera encore à être appelé dans l'appréciation de la contrefaçon, c'est-à-dire de l'atteinte au droit. En revanche, certains droits antérieurs ne relevant pas de la catégorie des signes distinctifs constituent une entrave quel que soit le secteur concerné (par exemple, une marque qui serait composée d'une œuvre de l'esprit réalisée par un tiers, sans son autorisation).

375. – **Plan.** À l'invite de la loi (CPI, art. L. 711-4), l'indisponibilité peut résulter de droits antérieurs tenant à l'existence d'une marque (§ 1), d'une dénomination ou raison sociale (§ 2), d'un nom commercial ou d'une enseigne (§ 3), d'une appellation d'origine ou indication géographique (§ 4), d'une création artistique (§ 5), d'atteintes aux droits de la personnalité d'un tiers (§ 6), d'atteintes à l'image ou à la renommée d'une collectivité territoriale (§ 7).

§ 1. – Indisponibilité résultant d'une marque antérieure

376. – **Plan.** Il peut s'agir d'une marque enregistrée (I) ou d'une marque notoire (II).

I. – L'existence d'une marque antérieure enregistrée

377. – **Une marque antérieure enregistrée pour les mêmes produits ou services.** Une marque enregistrée, en vigueur, désignant des produits ou services identiques ou similaires à ceux envisagés par le déposant second constitue une antériorité qui permet d'annuler une marque seconde en temps, qui adopterait un signe identique ou si proche qu'un risque de confusion pourrait exister, pour désigner des produits ou services identiques ou similaires. Si une telle marque seconde vient à être déposée, le titulaire de la marque première (enregistrée ou en cours d'enregistrement) peut également former opposition, selon les règles propres à cette procédure(150). L'usage antérieur du signe envisagé, qui n'aurait pas fait l'objet d'un dépôt de marque, ne constitue pas une antériorité car les marques d'usage n'existent plus depuis la loi du 31 décembre 1964. Afin d'éviter d'entrer en conflit avec une marque antérieurement enregistrée, il est par conséquent nécessaire d'effectuer une recherche d'antériorités. La recherche peut porter sur des antériorités à l'identique, mais il semble plus utile de l'étendre aux termes proches, qui pourraient, par application de la notion d'imitation, constituer néanmoins des antériorités susceptibles de conduire à la nullité du dépôt. Cela est d'autant plus important qu'il a souvent été jugé que le simple dépôt d'une marque constitue un acte de contrefaçon, même si cela peut être discuté(151). En principe, seules les marques en vigueur

(150) V. *infra*, nos 431 et s.

(151) V. *infra*, nos 451 et s., la fonction de la marque. En effet, l'article 5, § 1, précise que : « La marque enregistrée confère à son titulaire un droit exclusif. Le titulaire est habilité à interdire à tout tiers, en l'absence de son consentement, de faire usage dans la vie des affaires : *a)* d'un signe identique (...) ». – Comp. Accord ADPIC, art. 16 qui se réfère à un « usage au cours d'opérations commerciales ». – V. Cass. civ., 15 juin 1957 : *Ann. propr. ind.* 1959, p. 118,

sur le territoire concerné sont pertinentes au regard de cette condition de disponibilité. Toutefois, la directive n° 2015/2436 du 16 décembre 2015 prévoit au titre des antériorités permettant de refuser la demande d'enregistrement ou d'annuler la marque enregistrée l'hypothèse où « la marque peut être confondue avec une marque antérieure protégée à l'étranger, à condition qu'à la date de la demande, le demandeur fût de mauvaise foi » (Dir., art. 5.4 c. – V. encore, Règl. n° 207/2008, modifié par Règl. n° 2015/2424, art. 5, § 4, c), et ce sans que la marque étrangère soit pour autant notoire. Il est conseillé, en raison des autres types d'antériorités, d'étendre la recherche aux dénominations sociales répertoriées au registre du commerce et des sociétés (RCS). Cette recherche est nécessaire, notamment dans les pays qui, comme la France, n'effectuent pas d'examen de la disponibilité du signe déposé lors de l'enregistrement. Cette recherche est facilitée par la classification internationale, sauf en ce qui concerne les marques figuratives, inclassables, même si l'Arrangement de Vienne tente de remédier à cette difficulté. Certains produits peuvent relever de plusieurs classes à la fois et il faut tenir compte du risque provenant de produits et/ou services qui pourraient être jugés similaires. La directive n° 2015/2436 est venue préciser que des produits et des services ne sont pas considérés comme similaires au motif qu'ils apparaissent dans la même classe, et inversement des produits et services ne sont pas considérés comme différents au motif qu'ils apparaissent dans des classes différentes (art. 39, § 7) : il faudra se demander si, pour le consommateur d'attention moyenne, il existe un risque de confusion entre les produits et les services en question, même s'il est vrai que la classification peut aider, mais sans automatisme.

II. – L'existence d'une marque notoirement connue

378. – **Une marque notoire non déposée.** Le législateur a étendu l'antériorité qui vicie l'enregistrement à un signe qui, antérieurement au dépôt, serait notoirement connu, sans être pour autant déposé. La marque notoire, non déposée en France, constituera par conséquent une antériorité, ce qui caractérise une exception au principe de territorialité des droits et à l'exigence d'un dépôt[152]. C'est en principe le seul effet accordé à la marque notoire, sur le pur terrain du droit des marques : celle-là constitue une antériorité sans avoir été déposée. Bien qu'employée comme une marque d'usage, grâce à sa notoriété, elle se voit élevée au rang d'antériorité pertinente, susceptible de causer la nullité de la marque d'un tiers[153]. Il s'agit

obs. P. Mathély. – Cass. com., 23 nov. 1993, n° 91-21.312 : *PIBD* 1994, n° 561, III, p. 115, retenant alors, de façon très large, que « la contrefaçon résulte de la reproduction des éléments caractéristiques d'un signe protégé au titre de la marque, quelle que soit l'utilisation qui en est faite ». – V. encore, plus précisément, Cass. com., 26 nov. 2003, n° 01-11.784 : *PIBD* 2004, n° 780, III, p. 98, estimant que « l'arrêt retient à bon droit que le dépôt de la marque seconde constitue un acte d'usage non autorisé d'une marque première, et par là même un acte de contrefaçon par usage non autorisé portant préjudice au premier déposant ». – Cass. crim., 24 oct. 2006, n° 06-82.396 : *RLDI* 2006, n° 688, obs. L. Costes et J.-B. Auroux. – *Contra*, TGI Paris, 27 juin 2007 : *PIBD* 2007, n° 860, III, p. 616. – CA Versailles, 3 mai 2007 : *PIBD* 2007, n° 201, III, p. 448. – Cass. com., 28 mars 2006 : *D.* 2006, act. jurispr. 1045, obs. J. Daleau ; *Comm. com. électr.* 2006, comm. 89, obs. Ch. Caron. – Plus récemment, TGI Paris, 20 sept. 2011 : *Propr. industr.* 2012, comm. 52, nos obs.

(152) V. M.-A. Pérot-Morel, *L'extension de la protection des marques notoires* : *RTD com.* 1966, p. 9 et s. ; *L'influence de la notoriété sur le droit à la marque*, in *Droit comparé des marques dans la CEE*, colloque CUERPI, 1975, p. 106. – L'exigence du dépôt produit un effet juridique d'appropriation ; ce qui ne prive pas le signe non enregistré d'exister, au moins en tant que fait juridique, et à ce titre de constituer une antériorité. Où l'on retrouve la possession par usage sur un corpus (signe distinctif) : V. N. Binctin, préc., n° 9.

(153) La marque notoire permet à son titulaire d'agir en nullité ou encore de former opposition, s'il est dans les temps.

de sanctionner les pratiques déloyales qui verraient les tiers désireux de profiter de la notoriété et d'investissements d'autrui. En revanche, le titulaire de la marque notoire qui n'a pas été déposée ne bénéficiera pas de l'action en contrefaçon.

379. – **L'absence de définition légale de la marque notoire ou notoirement connue.** Aucune définition de la marque notoire ou notoirement connue, ou encore de renommée, n'a été donnée, ni par la loi française, ni par l'article 6 bis de la CUP. À l'origine, plusieurs définitions ont été suggérées, parfois contradictoires. La marque notoire était définie comme une marque « connue d'une très large fraction du public »[154] tandis que la marque de « haute renommée », qui ne figurait pas alors dans les textes, était envisagée comme étant une marque notoire jouissant d'une réputation plus importante, d'un pouvoir d'attraction propre, ce qui permettait d'être moins exigeant au regard du principe de spécialité par exemple[155]. Parfois, les juges retenaient que la notoriété de la marque devait s'apprécier au regard de l'ensemble de la population[156] alors que d'autres fois, ils s'en tenaient au public concerné, ce qui abaissait le seuil de l'exigence de notoriété[157]. Le consensus semblait difficile à obtenir sur la définition de la marque notoire. Or, avec la directive d'harmonisation n° 89/104, sont apparues dans le même texte les notions, apparemment distinctes, de « marque jouissant d'une renommée » et de « marque notoire au sens de l'article 6 bis de la CUP ». La directive n° 89/104 du 21 décembre 1988, remplacée par la directive n° 2008/95 du 22 octobre 2008, laissait aux États membres la faculté de prévoir dans leur législation nationale une protection étendue aux marques qui jouissent d'une renommée particulière, dans certaines situations (art. 5, § 2). Le législateur français, en transposant cette disposition à l'article L. 713-5 du Code de la propriété intellectuelle, s'est largement éloigné du texte d'harmonisation, ce qui a conduit à de sérieuses difficultés d'interprétation et à une modification du texte[158]. Ce texte prévoit ainsi que la protection spéciale conçue pour les marques jouissant d'une renommée (al. 1er) s'appliquait également aux marques notoires (al. 2). La doctrine semble préférer une unité de régime

(154) CA Paris, 17 janv. 1996, *Concorde* : *PIBD* 1996, n° 607, III, p. 155. – CA Paris, 24 janv. 1997, *Top 50* : *PIBD* 1997, n° 630, III, p. 209.

(155) M.-A. Pérot-Morel, *Notoriété et renommée : unité ou dualité de concept en droit des marques ?*, in *Mél. Burst*, Litec, 1997, p. 464. – F. Pollaud-Dulian, *Marques de renommée. Histoire de la dénaturation d'un concept* : *Propr. intell.* 2001, n° 1, p. 43. Et la question s'est posée avec plus d'acuité du fait de la présence de ces deux notions (par conséquent différentes ?) à l'article L. 713-5 du Code de la propriété intellectuelle, transposant l'article 5, § 2 de la directive Marques.

(156) V. par ex., TGI Paris, 13 juill. 1977 : *PIBD* 1978, n° 210, III, p. 94, marque nominale Jicky détenue par la société Guerlain depuis 1889 : le simple dépôt d'une marque même sans usage constitue une contrefaçon.

(157) V. par ex., TGI Paris, 12 mai 2010 : *D.* 2010, 2496, note M. Vivant.

(158) Initialement, l'article L. 713-5 du Code de la propriété intellectuelle disposait : « L'emploi d'une marque jouissant d'une renommée pour des produits ou services non similaires à ceux désignés dans l'enregistrement engage la responsabilité civile de son auteur s'il est de nature à porter préjudice au propriétaire de la marque ou si cet emploi constitue une exploitation injustifiée de cette dernière » et la jurisprudence française, approuvée par la Cour de cassation, avait considéré que le terme « emploi » nécessitait que la marque notoire soit reproduite, ce qui excluait les imitations de cette protection spécifique, Cass.com., 12 juill. 2005, n° 03-17.640 : *D.* 2005, act. jurispr. 207, obs. J. Daleau ; *RTD com.* 2005, 713, obs. J. Azéma ; *Comm. com. électr.* 2005, comm. 151, obs. Ch. Caron ; *Propr. industr.* 2005, comm. 75, obs. P. Tréfigny ; *Propr. intell.* 2005, n° 17, p. 475, obs. X. Buffet-Delmas, condamnant la position adoptée par la Cour de cassation précédemment, Cass. com., 29 juin 1999, n° 97-12045 qui retenait que l'action spécifique étant une exception, il convenait d'en retenir une interprétation stricte, ce qui excluait d'élargir la notion d'usage d'une marque de renommée à une simple imitation. Or, la Cour de justice avait eu l'occasion de préciser que si les États membres ont la faculté de transposer cette action spécifique, ils doivent en respecter les termes à la lettre, celle-là comprenant non seulement la reproduction mais encore l'imitation, CJCE, 23 oct. 2003, aff.C-408-01, *Adidas Salomon c/ Fitness World trading* : *D.* 2004, jurispr. 341, obs. J. Passa ; *RTD com.* 2004, 91, obs. J. Azéma ; *RTDE* 2004, obs. G. Bonet ; *Propr. industr.* 2004, comm. 5, obs. A. Folliard-Monguiral. L'ordonnance n° 2008-1301 du 11 décembre 2008 a modifié l'article L. 713-5 qui, désormais n'utilise plus le terme d'emploi de la marque de renommée, mais sanctionne « la reproduction ou l'imitation d'une marque jouissant d'une renommée (…) ».

(puisque les effets sont identiques et que la directive ne distingue pas)[159]. L'accord ADPIC, après avoir indiqué que l'article 6 bis précité, relatif à la marque notoire, s'appliquera également aux marques de services prévoit quant à lui :

> « Les membres tiendront compte de la notoriété de cette marque dans la partie du public concernée, y compris la notoriété dans le membre concerné obtenue par suite de la promotion de cette marque[160]. »

Il semble que la notoriété doive s'apprécier au regard du public intéressé par les produits ou services concernés par la marque étudiée. C'est d'ailleurs ce qu'a retenu la Cour de justice, dans l'affaire *General Motors* estimant que, pour constituer une marque de renommée, « la marque enregistrée doit être connue d'une partie significative du public concerné par les produits ou services couverts par elle » et que le public de référence peut varier en fonction du produit ou du service commercialisé[161]. Dans une autre affaire, il a été ajouté que ce public de référence est constitué « par le consommateur moyen des produits et services pour lesquels cette marque est enregistrée, normalement informé et raisonnablement attentif et avisé »[162]. Même si certains auteurs ont regretté cette interprétation[163], elle semble désormais fixée et une marque notoire ou renommée doit être connue d'une large partie du public concerné. Si une différence devait subsister entre ces deux notions (comme paraît l'admettre l'article L. 713-5 du Code de la propriété intellectuelle), il s'agirait sans doute de considérer que la marque notoire est la marque qui jouit d'une reconnaissance importante auprès du public concerné, sans être déposée (reconnue par le législateur comme une antériorité possible à une marque seconde en raison de sa notoriété, dans le principe de spécialité et bénéficiant de la protection spécifique offerte par la directive, que l'usage soit réalisé dans ou hors le principe de spécialité), tandis que la marque renommée serait la marque enregistrée qui peut bénéficier de la protection spécifique hors du principe de spécialité (puisque son titulaire dispose de l'action en contrefaçon dans le principe de spécialité).

380. – Les critères de la marque notoire ou de renommée. Il s'agit d'une question de fait qui relève par conséquent de l'appréciation souveraine des juges du fond[164]. La décision *General Motors* précitée a apporté quelques précisions, en retenant que :

> « Le juge national doit prendre en considération tous les éléments pertinents de la cause, à savoir notamment, la part de marché détenue par la marque, l'intensité, l'étendue géographique et la durée de son usage, ainsi que l'importance des investissements réalisés par l'entreprise pour la promouvoir »[165].

La jurisprudence peut apprécier la notoriété en se fiant notamment aux sondages[166], mais tient davantage compte de l'ancienneté de la marque, de la durée

---

(159) V. par ex., J. Passa, *op. cit.*, n° 368. – F. Pollaud-Dulian, *op. cit.*, n° 1474.
(160) V. Accord ADPIC, art. 16, § 2.
(161) CJCE, 14 sept. 1999, aff. C-275/97, *General Motors* : *RTDE* 2000, p. 134, obs. G. Bonet ; *RTD com.* 2000, 87, obs. J. Azéma et J.-Ch. Galloux ; *D.* 2001, somm. 449, obs. S. Durrande.
(162) CJCE, 27 nov. 2008, aff. C-252/07, *Intel*, pt 34 : *Propr. industr.* 2009, comm. 3, obs. A. Folliard-Monguiral ; *Comm. com. électr.* 2009, comm. 14, obs. Ch. Caron ; *Gaz. Pal.* 29-31 mars 2009, note F. Pollaud-Dulian ; *RTD com.* 2009, 117, obs. J. Azéma ; *D.* 2008, pan. 851, obs. S. Durrande ; *Propr. intell.* 2010, n° 34, p. 651, obs. G. Bonet.
(163) V. par ex., J. Passa, *op. cit.*, n° 367.
(164) Cass. com., 16 janv. 1989 : *Ann. propr. ind.* 1990, 5. – Cass. com., 16 janv. 1990, *Bulgari* : *PIBD* 1990, n° 480, III, p. 391.
(165) V. CJCE, 14 sept. 1999, préc., pt 27.
(166) V. par ex., CA Paris, 25 févr. 2000, *Connexion* : *RJDA* 2000, n° 1057 ; *D.* 2000, act. jurispr. 227. – CA Paris, 30 juin 2004, *Top 50* : *Propr. intell.* 2004, n° 16, p. 361, obs. J. Passa.

de l'usage, des budgets consacrés à la publicité dans les journaux, à la télévision, ce qui est conforme aux prescriptions de la Cour de justice. La cour d'appel de Paris a retenu par exemple qu'« une marque ne peut être qualifiée de notoire que lorsqu'elle est susceptible d'être connue d'une large partie du public par une exploitation ancienne, constante et importante et une active publicité »[167]. Cette même cour a également eu l'occasion de préciser que :

« La notoriété d'une marque ne se mesure pas au nombre des personnes disposant des moyens de se procurer les produits qu'elle couvre, les progrès de la commercialisation faisant que des produits de très grand luxe sont désormais connus d'une très grande partie du public pour lequel, en raison de leur cherté, ils demeurent inabordables[168]. »

D'ailleurs, la notoriété ou la renommée peut très bien être attachée à une marque relative à des produits éloignés du monde du luxe : notoriété et prestige sont tout à fait dissociables[169]. Par ailleurs, la notoriété peut évoluer dans le temps et il est nécessaire d'en justifier au jour où l'action est engagée sur ce type de marque[170]. Fort de la démonstration de la notoriété de sa marque, pourtant non déposée, son titulaire pourra, s'il le souhaite, former opposition ou agir en nullité à l'encontre, respectivement, d'une demande d'enregistrement ou d'une marque enregistrée qui lui porterait atteinte au sens de l'article L. 713-5 du Code de la propriété intellectuelle[171]. Ces marques bénéficient encore d'une protection spécifique qui permet de faire sanctionner certains usages par des tiers non autorisés, et ce même hors du principe de spécialité.

381. – **Protection spécifique accordée aux marques notoires et de renommée ; responsabilité civile.** Outre l'exception apportée au principe de territorialité reconnue en faveur des marques notoires, les marques notoires et de renommée se voient reconnaître une protection élargie, en raison de leur particulière reconnaissance auprès du public, faisant échec ici au principe de spécialité. L'article L. 713-5 du Code de la propriété intellectuelle[172] prévoit que :

« La reproduction ou l'imitation d'une marque jouissant d'une renommée pour des produits ou services non similaires à ceux désignés dans l'enregistrement engage la responsabilité civile de son auteur si elle est de nature à porter préjudice au propriétaire de la marque ou si cette reproduction ou imitation constitue une exploitation injustifiée de cette dernière. »

(167) CA Paris, 11 mai 1988 : *D.* 1988, inf. rap. 175. – CA Paris, 18 mai 2001, *Chaumet* : *D.* 2002, somm. 1132, obs. S. Durrande ; *PIBD* 2001, n° 730, III, p. 576. – CA Paris, 16 déc. 2005, n° 04/07.547. – Sur l'obligation de démontrer la renommée autrement que par des publications presse et le recours à des mannequins vedettes, V. TGI Paris, 1er avr. 1998, *Victoria's Secret* : *PIBD* 1998, n° 658, III, p. 383.

(168) CA Paris, 18 févr. 1993 : *PIBD* 1993, n° 546, III, p. 393. – CA Paris, 26 janv. 2001, *Azzaro* : *D.* 2002, somm. 1132, obs. S. Durrande. – CA Paris, 12 mai 2004, *Ebel* : *PIBD* 2004, n° 793, III, p. 514. – Pourvoi rejeté, Cass. com., 7 juin 2006, n° 04-16.908 : *Bull. civ.* 2006, IV, n° 138 ; *PIBD* 2006, n° 836, III, p. 579.

(169) V. TPICE, 22 mars 2007, aff. T-2015/03, *Vips*, retenant la renommée possible d'une marque relative à des services de restauration rapide à destination de jeunes populations, loin des restaurants prestigieux, même si la notion de prestige peut avoir une incidence, après, sur les atteintes exigées pour la mise en œuvre de la responsabilité spécifique : *Propr. industr.* 2007, comm. 41, obs. A. Folliard-Monguiral.

(170) V. CA Paris, 17 oct. 2012 : *JurisData* n° 2012-034311 ; *Propr. industr.* 2013, comm. 41, nos obs., marque *Must*.

(171) V. *infra*, nos 431 et s., à propos de la procédure d'opposition et nos 506 et s., à propos de la procédure en nullité.

(172) La directive d'harmonisation en matière de marques a précisé que la protection envisagée ici était facultative pour les États mais que, s'ils la retiennent, ils doivent alors se conformer au régime prévu. La proposition de directive du 27 mars 2013 prévoit que ce soit désormais obligatoire. Cela aura surtout des conséquences pour les nouveaux venus, car tous les États de l'Union ont accueilli cette protection spécifique dans leur législation. La France n'a pas transposé exactement les termes de la directive, ce qui a donné lieu à des difficultés. Notre texte a dû être modifié (Ord. n° 2008-1301, 11 déc. 2008 (V. déjà, *supra*, n° 379), mais il n'est pas encore exactement identique (il manque « l'usage du signe tire indûment profit du caractère distinctif (...) » de la marque ; Dir. n° 2008/95, art. 5.2).

Et le texte de prévoir que ces dispositions sont également applicables à la marque notoirement connue au sens de l'article 6 bis de la Convention de Paris. La Cour de justice a jugé que, s'agissant d'accorder une protection renforcée à ces marques, les États membres peuvent prévoir d'appliquer cette protection également aux usages d'un signe identique ou comparable à la marque notoire ou de renommée lorsque l'usage vise des produits ou services identiques à ceux couverts habituellement par ladite marque(173). Conformément au texte légal, la mise en jeu de la responsabilité civile est subordonnée à deux conditions alternatives : il faut démontrer que l'usage incriminé tire indûment profit du caractère distinctif ou de la renommée de la marque, sinon que cet emploi cause préjudice au titulaire de la marque. Il n'est pas nécessaire de démontrer l'existence d'un risque de confusion pour bénéficier de cette protection(174). La Cour de justice a encore jugé que l'existence d'un lien potentiel entre la marque notoire ou de renommée et l'usage accompli par un tiers d'un signe identique ou comparable ne suffit pas à caractériser l'atteinte : il faut en outre démontrer en quoi cet usage est susceptible de porter atteinte au caractère distinctif ou à la renommée de la marque enviée ou en tire indûment profit(175). Cependant, des justes motifs peuvent permettre de ne pas condamner l'usage d'un signe similaire à la marque par un tiers de bonne foi(176).

§ 2. – Indisponibilité résultant d'une dénomination ou raison sociale antérieure

382. – **Risque de confusion.** La dénomination sociale constitue une antériorité susceptible de vicier la distinctivité de la marque déposée ultérieurement par un tiers. La dénomination sociale est en quelque sorte le nom patronymique de la personne morale. Elle est déterminée dans les statuts de la personne morale et sera portée à la connaissance de tous grâce à l'inscription au registre du commerce et des sociétés pour les sociétés commerciales et civiles, les groupements d'intérêt économique, ou à la déclaration accomplie en préfecture par exemple pour les associations. En droit français, la dénomination sociale n'est l'objet d'aucun droit de propriété, seule l'action en responsabilité civile étant susceptible d'être mobilisée le cas échéant. Bien que la marque identifie l'origine de certains produits et services et la dénomination sociale, le

(173) CJCE, 9 janv. 2003, aff. C-292/00, *Davidoff* : *JCP* E 2003, p. 1249, obs. A. Bouvel ; *D.* 2003, act. jurispr. 350 ; *RTDE* 2004, 110, obs. G. Bonet ; *RTD com.* 2003, 502, obs. J. Azéma ; *Propr. industr.* 2003, comm. 17, obs. Y. Reboul ; *Propr. intell.* 2003, n° 7, p. 197, obs. G. Bonet. La directive n° 2015/2436 du 16 décembre 2015, tenant compte de cette jurisprudence prévoit au titre des droits conférés par la marque (Dir. n° 2015/2436, art. 10, § 2) que : « (…) le titulaire est habilité à interdire à tout tiers, en l'absence de son consentement, de faire usage dans le vie des affaires, pour des produits ou des services, d'un signe lorsque : (…) *c)* le signe est identique ou similaire à la marque, indépendamment du fait qu'il soit utilisé pour des produits ou des services qui sont identiques, similaires ou non similaires à ceux pour lesquels la marque est enregistrée, lorsque celle-ci jouit d'une renommée dans l'État membre et que l'usage du signe sans juste motif tire indûment profit du caractère distinctif ou de la renommée de la marque ,ou leur porte préjudice ». L'article 10, § 6 ajoute qu'il est possible de s'opposer à « l'usage d'un signe à des fins autres que celle de distinguer des produits ou des services lorsque l'usage de ce signe sans juste motif tire profit du caractère distinctif ou de la renommée de la marque, ou leur porte préjudice » (V. déjà, Dir. n° 2008/95, art. 5, § 5).

(174) V. CJCE, 23 oct. 2003, aff. C-408/01, *Adidas-Salomon* : *RTDE* 2004, 706, obs. G. Bonet. – CJCE, 10 avr. 2008, aff. C-102/07 : *RTD com.* 2008, p. 542, obs. J. Azéma ; *D.* 2008, act. jurispr. 1205.

(175) CJCE, 27 nov. 2008, aff. C-252/07, *Intel* : *Gaz. Pal.* 29-31 mars 2009, note F. Pollaud-Dulian ; *RTD com.* 2009, 117, obs. J. Azéma ; *D.* 2008, pan. 851, obs. S. Durrande.

(176) Dir. n° 2008/95, art. 5.2 ; Dir. n° 2015/2436, art. 10, § 2. – V. CJUE, 6 févr. 2014, aff. C-65/12, *Red Bull* : *D.* 2014, 421 ; *Propr. industr.* 2014, comm. 21, obs. A. Folliard-Monguiral ; *Comm. com. électr.* 2014, comm. 5, obs. Ch. Caron.

nom de la personne morale, les deux notions sont liées à l'activité commerciale d'une société et le consommateur rapprochera sans mal produits et services, d'une part, et le nom de la société, d'autre part. C'est la raison pour laquelle l'article L. 711-4, b) du Code de la propriété intellectuelle prévoit que ce type de signe peut constituer une antériorité susceptible de fonder la nullité d'une marque seconde[(177)], « s'il existe un risque de confusion ». L'hypothèse suppose que le terme choisi à titre de marque, bien que distinctif soit semblable ou très proche à la raison sociale d'un autre opérateur personne morale, et que les produits et services concernés par la marque et l'activité, effective, de la personne morale soient suffisamment proches pour conduire le public concerné à un risque de confusion, c'est-à-dire à un lien erroné, entre leurs titulaires[(178)]. Le succès de l'action suppose la preuve d'un risque de confusion dans l'esprit des consommateurs. C'est le mécanisme de la responsabilité civile (concurrence déloyale) qui permet alors de sanctionner quiconque, dans le même secteur d'activité, engendre un risque de confusion (la faute), préjudiciable pour l'entreprise qui, la première, avait opté pour le signe litigieux. S'il est souvent énoncé que le droit sur la dénomination naît à compter de l'immatriculation de la société (ou la déclaration de l'association), très souvent l'utilisation de la dénomination officiellement retenue sera suivie d'un usage commercial auprès d'une clientèle, et il reste nécessaire de démontrer un tel usage pour agir contre un tiers, sur le fondement de la concurrence déloyale ; la faute qui réside dans le risque de confusion ne peut exister si la société, dûment déclarée, n'a jamais engagé d'actes d'exploitation de telle sorte que la clientèle ne peut être induite en erreur[(179)]. Contrairement au nom commercial, un rayonnement national pour l'antériorité n'est pas ici exigé[(180)], peut-être parce que la dénomination sociale fait l'objet d'une certaine publicité accessible aux tiers[(181)]. Pour l'heure, l'existence de ce type d'antériorité ne permet pas de former opposition à la demande d'une marque française tandis que cela est permis à l'encontre d'une demande de marque communautaire (marque de l'Union européenne). Cependant, la proposition de directive du 27 mars 2013 entendait imposer aux États membres de permettre aux titulaires de dénominations sociales, de noms commerciaux et autres signes distinctifs de former opposition. La directive n° 2015/2436 du 16 décembre 2015 laisse le choix aux États membres : il faudra attendre le texte de transposition pour savoir si la France accueille d'autres droits antérieurs pour fonder une opposition. Quoi qu'il en soit, l'opposition n'a pas d'incidence sur la procédure en nullité, qui demeure ouverte au titulaire de l'antériorité (V. Dir., art. 5, § 4, sur les motifs de refus d'enregistrement ou de nullité, et art. 43, relatif à l'opposition qui devra être mise en œuvre dans les États membres en tout état de cause au profit de titulaires de marques antérieures et d'appellations protégées ou indications géographiques).

(177) V. CPI, art. L. 714-3, énumérant les causes de nullité de la marque.

(178) V. Cass. com., 9 oct. 2007, n° 06-14.300 : *PIBD* 2007, n° 863, III, p. 701, approuvant l'arrêt qui avait rejeté en partie la demande de nullité de marque, compte tenu de la différence existant entre l'activité de la société et les produits revendiqués par la marque : produits diététiques sous forme solide, visant un segment de clientèle spécifique, en l'occurrence les sportifs ; pour l'autre, de l'eau de source ou de l'eau minérale.

(179) V. sur ce point, particulièrement, J. Passa, *op. cit.*, n° 153. – V. encore, n° 483 sur l'affirmation, un peu trop rapide, selon laquelle la dénomination sociale, le nom commercial ou encore l'enseigne font l'objet d'un droit : certes, ces signes peuvent être à l'origine d'une action en responsabilité civile, mais seulement à raison d'un comportement fautif, préjudiciable, et non d'une atteinte à un droit subjectif, à défaut de droit de propriété institué par le législateur sur de tels signes.

(180) V. Cass. com., 19 nov. 2002, n° 00-18.130 : *PIBD* 2003, n° 758, III, p. 100 ; *Propr. intell.* 2003, n° 11, p. 681, obs. J. Passa.

(181) Cela se vérifie pour les sociétés commerciales et civiles, qui doivent obligatoirement être immatriculées au RCS et il est alors possible d'accéder à ce registre par Internet (www.infogreffe.fr) pour vérifier la disponibilité d'un signe à ce titre.

§ 3. – Indisponibilité résultant d'un nom commercial ou d'une enseigne antérieurs

383. – Un nom commercial, ou une enseigne, *connus sur l'ensemble du territoire national.* Le nom commercial est le terme sous lequel un commerçant (ou plus largement le professionnel) se fait connaître de sa clientèle, tandis que l'enseigne est la localisation géographique d'un fonds de commerce (ou d'un fonds professionnel). Ces signes distinctifs ne font pas l'objet d'un dépôt(182). Ils ne sont pas l'objet d'un droit de propriété, leur reprise illégitime dans des conditions entraînant un risque de confusion dans l'esprit des consommateurs concernés n'ouvre droit qu'à l'action en concurrence déloyale (responsabilité civile). L'utilisation antérieure du nom commercial ou de l'enseigne se prouve par tout moyen. Peu importe qu'il en ait été fait mention auprès du RCS ou pas : il faut démontrer l'usage effectif auprès du public du signe en tant que tel. En l'absence d'un système publicitaire organisé, il pouvait paraître très discutable d'admettre qu'un nom commercial ou une enseigne non déposé puisse être retenu comme antériorité de nature à vicier le dépôt d'une marque, alors précisément que cette autorité n'est pas prêtée à une marque d'usage antérieur non déposée ! D'un autre côté, il pourrait paraître tout aussi inéquitable de nier les droits régulièrement acquis sur un nom commercial ou une enseigne par un commerçant, du fait de l'adoption, ultérieure, de ces signes à titre de marque par un tiers. Aussi, le législateur a-t-il prévu à l'article L. 711-4, c) du Code de la propriété intellectuelle que le nom commercial ou l'enseigne pourront fonder une action en nullité d'une marque seconde dès lors qu'ils sont « connus sur l'ensemble du territoire national » et s'il existe un risque de confusion. La jurisprudence, déjà, admettait ces signes comme pouvant annuler une marque postérieure(183), la loi l'affirme clairement désormais à l'article L. 711-4, c) précité(184). Cette disposition permet de ménager les intérêts des uns et des autres : la marque, identique ou similaire à un nom commercial (ou une enseigne) antérieur, pourtant dans le même secteur économique, reste néanmoins valable, sauf si son titulaire connaissait ou aurait dû connaître le nom commercial (ou l'enseigne) antérieur, compte tenu du fait que celui-ci est connu sur l'ensemble du territoire national. La sécurité des tiers (déposants) est alors respectée. Le nom commercial ou l'enseigne doit être connu sur l'ensemble du territoire national, sans être notoire pour autant. Il a ainsi été jugé que : « Cette notion se distingue du critère de notoriété et, notamment, n'exige pas que le nom soit connu d'un très large public ; il s'agit d'un critère géographique qui implique seulement une large dif-

(182) En effet, la Convention d'Union de Paris impose aux États membres de prévoir une protection à ces signes, sans que soit imposée une formalité d'enregistrement.

(183) En effet, la jurisprudence, après avoir été réticente à admettre que le rayonnement d'un nom commercial pouvait constituer une antériorité, avait fini par lui accorder une protection nationale, justifiant cette position par l'observation qu'un commerçant a vocation à commercialiser ses productions le plus largement possible, sur l'ensemble du territoire national. Cela ne semblait pas raisonnable, d'autant que la pratique révélait parfois l'existence de nombreux noms commerciaux identiques dans différentes villes, sans que cela ne soit apparemment gênant pour les commerçants, en réalité, non concurrents directement (par ex., les cafés de la gare ou du théâtre, les hôtels Luxe, etc.). Ainsi, il a été jugé que « Pompes funèbres méridionales », à Toulon, pouvait coexister avec « Pompes funèbres » à Marseille, Cass. civ., 8 janv. 1964 : *D* 1964, 186. La loi a permis de clarifier la situation.

(184) La jurisprudence acceptait parfois, auparavant, d'annuler une marque postérieure à un nom commercial jouissant d'un rayonnement seulement local, V. Cass. com., 18 déc. 2007, n° 06-10.035.

fusion sur le territoire national »[185]. Il suffit de démontrer une exploitation nationale, par des commercialisations à travers le territoire, la présence sur des salons en France, une diffusion publicitaire dans des journaux nationaux, etc.[186]. Il a même été jugé que la preuve d'une exploitation nationale suffisait, sans avoir à démontrer la connaissance effective de celle-ci par le déposant de la marque litigieuse[187].

384. – **Coexistence d'une marque seconde avec une dénomination sociale, un nom commercial ou une enseigne antérieure.** Le législateur a envisagé cette situation à l'article L. 713-6 du Code de la propriété intellectuelle :

> « L'enregistrement d'une marque ne fait pas obstacle à l'utilisation du même signe ou d'un signe similaire comme *a)* dénomination sociale, nom commercial ou enseigne, lorsque cette utilisation est (...) antérieure à l'enregistrement (...) ; toutefois, si cette utilisation porte atteinte à ses droits, le titulaire de l'enregistrement peut demander qu'elle soit limitée ou interdite. »

La règle peut paraître quelque peu inéquitable pour le professionnel qui avait opté le premier pour le signe depuis enregistré par un autre, mais la préférence est nettement accordée à la personne qui a joué le jeu de la propriété industrielle. En principe, les juges préfèrent d'ailleurs la réglementation[188], lorsqu'elle est suffisante, pour éviter que le titulaire de la marque ne subisse une atteinte du fait de l'existence du titulaire du signe antérieur. Les titulaires de tels signes, dénominations sociales, noms commerciaux et enseignes (et noms de domaine Internet) ne peuvent pas, pour l'heure, former opposition à une demande d'enregistrement de marque française La directive n° 2015/2436 laisse le choix aux États membres (V. *supra*, n° 382).

385. – **Nom de domaine Internet.** Même si l'énumération légale n'envisage pas l'hypothèse, il est possible de considérer qu'un nom de domaine puisse constituer un droit antérieur pertinent rendant le signe indisponible, dès lors que la liste légale de telles antériorités n'est pas exhaustive. Le nom de domaine Internet correspond à l'adresse symbolique sur Internet qui permet de mémoriser et d'identifier un site, lorsque celui-ci sera accessible sur la toile. Le développement de la pratique des noms de domaine s'est fait en marge d'un régime juridique normatif organisé. L'accès au site du commerçant professionnel va permettre à l'internaute de connaître l'entreprise ou le particulier, son activité, sa taille, ses produits et éventuellement ses tarifs, voire alors de passer commande directement auprès de celui-ci. Permettant d'individualiser une entreprise, de la situer et de fidéliser une clientèle, le nom de domaine paraît être un signe distinctif remplissant une fonction proche de l'enseigne dans le monde réel. La jurisprudence, à l'instar du nom commercial et de l'enseigne, retient qu'un nom de domaine peut faire naître des droits au profit de son titulaire, à condition que le nom ait pu rencontrer un public, c'est-à-dire soit relié à un site actif permettant d'être rattaché à une clientèle et de connaître l'activité exercée[189]. Ainsi, par exemple, il a été jugé que le nom de domaine « looxor.com » ne pouvait consti-

(185) CA Paris, 15 oct. 1997 : *PIBD* 1997, n° 644, III, p. 646.
(186) Cass. com., 13 déc. 1988, n° 87-15.259 : *PIBD* 1989, n° 455, III, p. 259.
(187) CA Paris, 15 oct. 1997, préc.
(188) Par ex., CA Paris, 24 févr. 1999 : *PIBD* 1999, n° 678, III, p. 257.
(189) À l'instar du code minitel, en son temps, la seule réservation d'un nom de domaine auprès d'un *registrar* est considérée comme une simple opération technique, V. CA Versailles, 22 nov. 2001 : *RJDA* 2002/10, n° 1093 ; *Comm. com. électr.* 2002, comm. 56, obs. Ch. Caron. – CA Versailles, 27 févr. 2003 : *PIBD* 2003, n° 763, III, p. 245.

tuer une antériorité utile au regard de la marque Looxor réservée pour désigner des scooters, puisque le nom de domaine n'avait été relié à un site actif, en lien avec la dangerosité des deux roues, qu'après une vaine tentative de revente dudit nom à une société automobile, laquelle avait réservé et activé un site comportant effectivement le terme « looxor ». Le nom de domaine, pour constituer une antériorité, doit être connu de la clientèle et susceptible par conséquent de générer un risque de confusion(190). Sans *activation*, point d'action et le nom de domaine « looxor.com » aurait très bien pu convenir à une agence de voyages, sans créer aucune difficulté pour la marque rattachée à des prestations de vente ou de location de deux roues.

§ 4. – Indisponibilité résultant d'une appellation d'origine protégée ou d'une indication géographique

386. – **Autre antériorité retenue.** Lorsqu'existe une appellation d'origine ou une indication géographique(191), celle-là ne saurait faire l'objet d'un dépôt, à titre isolé, en tant que marque. En effet, ce serait priver les autres personnes susceptibles de s'en prévaloir d'un usage auquel elles ont droit(192). L'enregistrement d'une marque comportant un signe identique ou similaire à une appellation d'origine ou une indication pourra être annulé sur ce fondement. En outre, depuis la loi n° 2014-1170 du 13 octobre 2014, un droit d'opposition peut être mis en œuvre par le directeur de l'Institut national de l'origine et de la qualité, « dès lors qu'il y a un risque d'atteinte au nom, à l'image, à la réputation ou à la notoriété d'une appellation d'origine ou d'une indication géographique mentionnées (…) [au] Code rural et de la pêche maritime ». Un droit d'opposition est encore reconnu au bénéfice d'une collectivité territoriale au titre d'une atteinte à son nom, son image ou sa renommée (CPI, art. L. 711-4 h) ou au titre d'une atteinte à une indication géographique qui comporte le nom de la collectivité concernée » (CPI, art. L. 721-2). Le même droit est ouvert au profit d'un organisme de défense et de gestion mentionné à l'article L. 721-4 du code pour les indications géographiques des produits industriels et artisanaux(193).

387. – **Synthèse.** Toutes les antériorités précitées rendent indisponibles à l'enregistrement à titre de marques de tels signes distinctifs dans le cadre du principe de spécialité (à l'exception des indications géographiques qui sont protégées au-delà du principe de spécialité « lorsque cette utilisation est susceptible de détourner ou d'affaiblir la notoriété de l'appellation d'origine » (C. consom., art. L. 115-5). Les indisponibilités qui suivent sont d'une autre nature et sont indifférentes aux classes visées, aux produits et services concernés, au principe de spécialité donc.

(190) TGI Paris, 9 juill. 2002 : *Propr. industr.* 2002, comm. 87, nos obs. : d'où l'importance de l'activation du site Internet, avec, dans cette affaire, une condamnation pour contrefaçon de marque – l'agence qui proposait à la revente du nom de domaine avait, ensuite, activé un site en relation avec les produits réservés par la marque – mais également une condamnation pour concurrence déloyale – les chiffres produits sur la dangerosité de la conduite d'un deux roues avaient été exagérés – de même, à l'instar des autres signes distinctifs, il faut que le site soit un minium visité par la clientèle pour qu'il y ait un risque de confusion suffisant pour justifier la nullité d'une marque.

(191) L. n° 2014-344, 17 mars 2014, art. 73.

(192) V. *supra*, n°s 355 et s.

(193) V. *infra*, n°s 431 et s., l'opposition.

§ 5. – Indisponibilité résultant d'une création artistique antérieure[(194)]

388. – Droit d'auteur. Le signe dont le dépôt est envisagé à titre de marque peut caractériser une création de forme. Originale, celle-là sera déjà l'objet d'un droit d'auteur[(195)] ; nouvelle et présentant un caractère propre, elle peut encore être l'objet d'un droit de dessin et modèle, issu du Livre V du Code de la propriété intellectuelle, et tout autant qu'un dépôt ait été réalisé[(196)]. Ainsi, le signe concerné peut être une œuvre littéraire (tel un slogan), graphique (un logo) ou encore une phrase musicale, susceptible de faire naître un droit d'auteur au profit de son créateur, son compositeur ou interprète. Lorsque le créateur de ces œuvres n'est pas le déposant de la marque, il est indispensable que ce dernier ait obtenu les droits premiers sur la création formelle. Une cession des droits d'auteur, ou de modèles, au déposant de la marque y pourvoira. Confronté à un droit d'auteur préexistant, le rédacteur de la cession sera attentif au respect des règles du Livre Ier du Code de la propriété intellectuelle visant les contrats d'exploitation et spécialement protectrices des auteurs[(197)]. De la sorte, le Code de la propriété intellectuelle prévoit que ce qui n'a pas été expressément cédé par l'auteur reste dans son giron[(198)]. Et l'article L. 111-1 du même code prévient : en dépit de tout contrat de commande ou de travail, nulle cession automatique ou implicite ne peut en résulter. Il convient par conséquent de prévoir non seulement la cession expresse des droits d'utilisation nécessaires à l'exploitation commerciale envisagée, mais encore la possibilité de déposer une marque (et/ou un dessin ou modèle le cas échéant). Si le déposant n'a pas prêté attention aux droits éventuels qui existent sur le signe qu'il a enregistré, le titulaire de ces droits (mais seulement lui) pourra faire annuler ladite marque, sur le fondement de l'article L. 711-4, e) et f) du code précité. Par exemple, les ayants droit d'Antoine de Saint-Exupéry et la société civile pour l'œuvre et la mémoire de Saint-Exupéry ont pu s'opposer à l'appropriation réalisée par un dépôt de marque et l'adoption en tant que dénomination sociale du titre *Vol de nuit* et obtenir la nullité de ladite marque et l'interdiction d'user de ce titre, protégé par un droit d'auteur[(199)].

§ 6. – Indisponibilité résultant d'atteintes aux droits de la personnalité

389. – Indisponibilité des droits de la personnalité. La préexistence de droits de la personnalité sur le signe enregistré peut également constituer une cause de

(194) Qu'il s'agisse de l'existence d'un droit d'auteur antérieur (CPI, art. L. 711-4, e) ou d'un dessin et modèle protégé (CPI, art. L. 711-4, g).
(195) CPI, art. L. 111-1.
(196) CPI, art. L. 511-2 et s.
(197) V. ces règles aux articles L. 131-3 et suivants du Code de la propriété intellectuelle.
(198) V. Cass. com., 16 févr. 2010, n° 09-12.263, aff. *L'Oréal c/ Redon* : « Mais attendu qu'ayant relevé que l'acte de cession ne précisait pas que le dessin pouvait être déposé à titre de marque, la cour d'appel a statué à bon droit, aucun usage n'imposant qu'à elle seule et sauf clause contraire expresse, la cession des droits de reproduction d'une œuvre sur des étuis et emballages implique cession du droit de déposer ce dessin en tant que marque ».
(199) TGI Nanterre, 29 avr. 1998 : *PIBD* 1998, n° 658, III, p. 385.

nullité de la marque. Si un signe est constitué du portrait d'une personne existante, il conviendra que celle-ci ait expressément accepté de figurer sur l'acte de dépôt et que son image constitue désormais une marque commerciale. Il peut s'agir d'un nom patronymique d'un tiers, ce qui a été envisagé précédemment, avec la solution posée à l'article L. 713-6 du Code de la propriété intellectuelle. Un peu particulier, il a été jugé que la devise d'une famille pouvait constituer un attribut de la personnalité et, en tant que telle, être rendue indisponible(200). Observons qu'ici ce n'est pas au titre d'un droit de propriété sur l'antériorité préexistante que l'enregistrement est vicié, mais à raison de l'indisponibilité de ces « droits » particuliers attachés à la personne.

§ 7. – Indisponibilité résultant d'atteintes à l'image ou à la renommée d'une collectivité territoriale

390. – *Laguiole.* La loi du 4 janvier 1991, qui transposait la directive n° 89/104 du 21 décembre 1988, a prévu qu'une collectivité pouvait demander la nullité d'un dépôt de marque lorsque celui-ci portait atteinte à son image ou à sa renommée(201). Lors des premières affaires mettant en œuvre cette « nouvelle » disposition, la commune de Laguiole avait obtenu la nullité de plusieurs marques déposées par une société parisienne, comportant le terme « Laguiole », pour désigner des stylos, rasoirs et autres accessoires, motif pris qu'il y avait une atteinte à la renommée de cette collectivité, connue plus particulièrement pour la fabrication de couteaux Laguiole. Cette utilisation pour des produits qui n'étaient pas fabriqués sur ladite commune pouvait s'avérer trompeuse ou encore participer à la dilution de son nom(202). Mais, à l'occasion d'un nouveau contentieux, la commune a été déboutée de son action par la cour de Paris(203). L'affaire fut tant médiatisée que le législateur semble y avoir été sensible(204). Désormais, les collectivités territoriales bénéficient d'un droit d'alerte(205), initié à l'article L. 712-2-1 du Code de la propriété

(200) La devise « A plus », de la famille de Rohan-Chabot, CA Paris, 7 févr. 1989 : *Ann. propr. ind.* 1990, p. 156.

(201) La directive ne prévoit nullement cette particularité. Toutefois, dans la mesure où elle comporte l'adverbe « notamment », cela signifie qu'il peut exister d'autres droits antérieurs que ceux cités et par conséquent la France pouvait, sans heurter les textes, enrichir la liste des antériorités.

(202) TGI Paris, 23 avr. 1997 : *PIBD* 1997, n° 637, III, p. 374, retenant : « En application de l'article L. 711-4 h), la commune de Laguiole, et sans que puisse lui être reproché de n'avoir pas assuré cette protection par un dépôt de marque, apparaît pleinement fondée à agir à l'instance aux fins de protection de son nom, et à s'opposer à l'image commerciale de celui-ci, en ce qu'il est de nature à tromper le public quant à l'origine des objets désignés, ou encore quant à la garantie éventuelle qu'il penserait être en droit d'attendre de la collectivité en cause ; qu'un tel nom est en conséquence indisponible comme marque au sens du texte susvisé » ; mais infirmation, CA Paris, 3 nov. 1999 : *Ann. propr. ind.* 2000, p. 115, infirmant sur l'indisponibilité, mais retenant la tromperie sur l'origine des produits fabriqués à l'étranger.

(203) V. Ch. Le Stanc : *Propr. industr.* 2013, repère 4, *Laguiole Bazar*. – Puis, CA Paris, 4 avr. 2014, n° 12-20559 : *PIBD* 2014, n° 1008, III, p. 502 ; *Propr. intell.* 2014, n° 52, p. 295, obs. J. Canlorbe, rejetant l'action de la commune des nombreuses marques déposées par une société L., ne fabriquant aucun des produits qu'elle commercialise sur ladite commune et contenant pourtant cette dénomination : pas de fraude, pas d'atteinte à la renommée de la commune et pas de pratiques commerciales trompeuses ; un pourvoi en cassation est en cours ; mais V. Trib. UE, 21 oct. 2014, aff. T-453/11, annulant la marque communautaire déposée par le dirigeant de la société L., pour tous les produits et activités liées à la coutellerie, aux ustensiles avec une ou des lames.

(204) V. L. n° 2014-344, 17 mars 2014, relative à la consommation, instituant des nouvelles indications géographiques pour protéger les produits industriels et artisanaux (IGPIA) dont l'INPI sera en charge. Le décret a été publié : D. n° 2015-595, 2 juin 2015.

(205) D. n° 2015-671, 15 juin 2015.

intellectuelle, leur assurant d'être informées par l'INPI de demandes d'enregistrement de marques qui mettraient en cause leur nom. L'article D. 712-29 du Code de la propriété intellectuelle, issu du décret du 15 juin 2015, dispose :

« Pour bénéficier du droit d'alerte gratuit prévu par l'article L. 712-2-1, les collectivités territoriales et les établissements publics mentionnés (...) adressent à l'INPI une demande par voie électronique (...). Cette demande comprend la dénomination ou le nom du pays pour lequel l'alerte est demandée ; l'adresse électronique à laquelle l'alerte doit être envoyée ; l'identification de la collectivité ou de l'établissement demandeur ainsi que son numéro d'identification Siren[206]. »

L'INPI doit, dans un délai de cinq jours à compter de la publication du dépôt d'une demande d'enregistrement de la marque contenant la dénomination de la collectivité ou le nom du pays, alerter le demandeur par voie électronique[207]. Ces collectivités se voient, en outre, reconnaître le droit de former opposition à ces marques[208]. Même enregistrée, la marque composée d'un terme semblable à celui d'une collectivité territoriale pourra être annulée s'il est démontré qu'il est porté atteinte « à l'image ou à la renommée » de celle-ci. Au vu de la jurisprudence, il semble que l'atteinte est constituée lorsque la marque litigieuse est à l'origine d'un risque de confusion avec la collectivité[209]. Il pourrait très certainement y avoir une atteinte à la renommée d'une collectivité en cas d'adoption de son nom à titre de marque pour désigner des produits porteurs d'une image sulfureuse.

(206) De juin 2015 à août 2015, l'INPI indique sur son site que plus d'une centaine de communes ont demandé à bénéficier de ce droit de veille gratuit.

(207) V. CPI, art. D. 212-30.

(208) V. Ch. Dernoncourt : *Propr. industr.* 2014, étude 18, marques et collectivités territoriales : enregistrement et protection contre les usurpations en droit européen et en droit français.

(209) TGI Paris, 6 juill. 2007, *Paris sans fil* : *PIBD* 2007, n° 861, III, p. 646 ; *Propr. industr.* 2007, comm. 84, obs. J. Larrieu ; *RLDI* 2007/31, n° 1027, note J. Lacker, retenant qu'un risque de confusion existait entre la ville de Paris et cette marque, puisque Paris avait initié une large campagne de communication pour informer que de nombreux lieux publics seraient équipés de WiFi, permettant l'accès sans fil à Internet. – Au contraire, CA Versailles, 13 sept. 2007, *Issy tv* : *Propr. industr.* 2007, comm. 95, nos obs., relevant que le titulaire de la marque disposait d'un site Internet offrant une présentation très éloignée de celle de la ville d'Issy-les-Moulineaux et qu'aucun risque de confusion n'existait. – CA Paris, 12 déc. 2007, *Paris l'été* : *Propr. intell.* 2008, n° 27, p. 172, F. Fajgenbaum et Th. Lachacinski.

CHAPITRE 2

LE FAIT GÉNÉRATEUR DU DROIT DE MARQUE

391. – **Plan.** Le droit de marque naît du dépôt d'une demande d'enregistrement (Section 1) dont le Code de la propriété intellectuelle pour les demandes françaises et le règlement (CE) n° 207/2009 du 26 février 2009, modifié par le règlement n° 2015/2424, pour les demandes de marques communautaires, désormais marques de l'Union européenne, en réglementent le contenu (Section 2), avant que d'en organiser le traitement (Section 3). L'ensemble amène à la délivrance du titre et à sa publication (Section 4).

SECTION 1

LE RÔLE DE LA DEMANDE DE MARQUE

392. – **Nécessité d'un dépôt : le droit de marque naît du dépôt d'une demande.** Le droit de marque tout comme le droit de brevet, droit privatif, naît d'une formalité volontaire : le dépôt d'une demande de marque auprès d'un office administratif récepteur. Seul le dépôt donne naissance au droit de marque en tant que droit de propriété(1). L'acquisition de la marque, depuis la loi du 31 décembre 1964, codifiée aux articles L. 712-1 et suivants du Code de la propriété intellectuelle, s'opère nécessairement par un acte positif de dépôt, d'enregistrement. La marque d'usage n'a par conséquent plus de valeur juridique en France pour constituer un droit exclusif sur le signe(2). La loi n° 91-7 du 4 janvier 1991 fait désormais référence à la notion « d'acte d'enregistrement » au lieu et place d'une référence au dépôt prévu par la loi de 1964, mais ce changement de terminologie ne modifie pas les modalités du fait générateur. L'article 6 du règlement n° 207/2009 du 26 septembre

(1) Selon les termes mêmes de l'article L. 712-1 du Code de la propriété intellectuelle : « La propriété de la marque s'acquiert par l'enregistrement ».

(2) Certains usent des mentions anglo-américaines TM pour Trade Mark, pour désigner des marques d'usage et ® pour les marques enregistrées. Une telle pratique peut, pour la mention ®, avoir un effet dissuasif dans l'esprit des concurrents par exemple ou des consommateurs, mais aucune portée juridique ne peut lui être accordée.

2009 (inchangé par le règlement n° 2015/2424 du 16 décembre 2015) dispose : « La marque communautaire [marque de l'Union européenne] s'acquiert par l'enregistrement ». Seules les marques notoires (marques non enregistrées) se voient reconnaître un régime de faveur et peuvent constituer une antériorité utile pour justifier la nullité d'une marque seconde[(3)], mais ces marques ne sauraient pour autant bénéficier d'une protection fondée sur un droit privatif ni, en principe, asseoir une action en contrefaçon[(4)]. Ainsi, conformément à la logique de la propriété industrielle, seul le dépôt, à l'exclusion de l'usage, fait naître le droit privatif de marque.

393. – **Intérêt du dépôt de marque.** Ainsi, la propriété de la marque s'acquiert par l'enregistrement mais « l'enregistrement produit ses effets à compter de la date de dépôt de la demande (...) »[(5)]. Le déposant dispose de la faculté d'agir en contrefaçon, au bénéfice de certaines diligences particulières[(6)], tout comme de conclure des contrats ayant pour objet la simple demande. Tout au plus, en cas d'action judiciaire, le tribunal saisi devra surseoir à statuer jusqu'à ce que le titre soit enregistré. Le fait d'enregistrer une marque permet de bénéficier d'un droit de propriété industrielle qui, en cas de conflit avec une dénomination sociale, un nom commercial ou une enseigne antérieure, bénéficiera d'une bienveillance du tribunal en mesure de mettre en place une réglementation d'usage entre les protagonistes, voire une interdiction à l'encontre du concurrent qui s'était satisfait d'un signe distinctif de moindre autorité que la marque, droit de propriété[(7)].

394. – **Qu'est-ce que le dépôt ? Analyse civiliste.** Il conviendra de se reporter à l'analyse menée à propos du dépôt de brevet, observant dans cette démarche un acte juridique unilatéral d'appropriation d'un bien sans maître[(8)]. Avant le dépôt, le signe utilisé ne confère aucun droit privatif au profit de la personne qui en use pour désigner ses productions ou ses services ou le nom de son entreprise. Cet opérateur pourra poursuivre un concurrent qui viendrait à user du même signe en suscitant un risque de confusion dans l'esprit de la clientèle, mais sur le seul terrain de la responsabilité civile délictuelle sur le fondement de l'article 1382 du Code civil (concurrence déloyale). En vertu du principe de liberté d'exploitation, à défaut de tout droit de propriété industrielle, il serait alors nécessaire de rapporter la preuve d'une faute (de confusion, de dénigrement, etc.), d'un préjudice et d'un lien de causalité.

(3) V. *infra*, n°s 378 et s.

(4) En effet, l'action en contrefaçon est réservée aux titulaires d'une marque enregistrée, même si une décision isolée a accepté la mise en œuvre d'une saisie-contrefaçon en faveur du titulaire d'une marque notoire, non enregistrée, Cass. com., 20 févr. 2007, n° 04-16.712 : *Propr. industr.* 2007, comm. 39, nos obs., retenant : « Mais attendu que les dispositions de l'article L. 716-7 du Code de la propriété intellectuelle n'interdisant pas au titulaire d'une marque agissant sur le fondement de l'article L. 713-5 de ce code, de faire procéder à une saisie-contrefaçon ». Or, seules les personnes pouvant agir en contrefaçon peuvent user de ce mode de preuve...

(5) CPI, art. L. 712-1, al. 2. Le texte est différent en matière de brevets, V. CPI, art. L. 613-1, mais les effets sont similaires. V. Règl. n° 207/2009, modifié par Règl. n° 2015/2424, 16 déc. 2015, art. 27 : « La date de dépôt d'une demande de marque de l'Union européenne est la date à laquelle le demandeur a déposé auprès de l'Office les documents contenant les éléments visés à l'article 26, paragraphe 1, sous réserve du paiement de la taxe de dépôt dans un délai d'un mois à compter du dépôt de ces documents ». L'article 25 du règlement n° 207/2009, modifié par le règlement n° 2015/2424 précise simplement que « la demande de marque de l'Union européenne est déposée auprès de l'office » ; les offices nationaux ne reçoivent plus de telles demandes auparavant transmises à l'office.

(6) V. *infra*, n°s 437 et 438, pour les parties à l'action en contrefaçon, l'action peut être introduite après que la demande d'enregistrement ait été publiée au *BOPI* et, auparavant, sous réserve d'avoir notifié copie de la demande au présumé contrefacteur, CPI, art. L. 716-2, v. *infra*, n° 684..

(7) V. CPI, art. L. 713-6, *infra*, n° 384.

(8) V. *infra*, n° 182. – J.-M. Mousseron, *Le droit du breveté d'invention, contribution à une analyse objective*, thèse Montpellier, Paris, LGDJ, coll. « Bibl. dr. privé », 1961, n°s 157 et s.

395. - **Qui a le droit de déposer ?** Toute personne, physique ou morale, peut déposer une marque. Contrairement au droit des brevets, il n'y a pas de « droit au titre » qui procéderait de la réalisation préalable au dépôt d'une œuvre ou d'une invention. Il n'y a pas de régime particulier réservé aux marques qui seraient réalisées par des salariés et, d'ailleurs, nulle condition de fond en la matière n'exige originalité ou inventivité quant au signe, objet du dépôt. Si le signe réservé ne peut pas être une réalisation technique (CPI, art. L. 711-2, c), il peut constituer une œuvre de l'esprit objet de droits d'auteur : dans ce cas, le demandeur à l'enregistrement de la marque devra être titulaire des droits nés du Livre Ier du Code de la propriété intellectuelle (V. *supra*, n° 388). En réalité, si la loi ne désigne pas ici le *verus dominus* comme elle peut le faire à propos de l'inventeur pour les brevets, il reste qu'un propriétaire naturel du droit pourra souvent être identifié : ainsi du commerçant qui, sans l'avoir préalablement déposé, utilise un signe ici pour commercialiser ses produits, là à titre de nom commercial ou d'enseigne. Le dépôt opéré par un tiers, en connaissance de cause, revêtira alors un caractère souvent frauduleux. Aussi l'article L. 712-6 du Code de la propriété intellectuelle introduit en droit des marques une action en revendication directement inspirée du régime de l'action homonyme de droit des brevets (V. *supra*, nos 446 et s.). Cette action vise à se faire attribuer le droit sur le dépôt opéré par un tiers au profit de la personne qui souffre d'un enregistrement demandé soit en fraude de ses droits, « soit en violation d'une obligation légale ou conventionnelle ». Le même pourra encore agir en nullité au cas du dépôt frauduleux(9).

396. - **Qui peut matériellement déposer ?** Le titulaire de la marque pourra accomplir la formalité de dépôt lui-même, le faire réaliser par un salarié de son propre service de propriété industrielle pour le compte de l'entreprise(10), ou par l'intermédiaire d'un professionnel spécialisé agissant en qualité de mandataire. La profession de *conseil en propriété industrielle* est une profession réglementée(11) dont les membres assurent en droit français une fonction de représentation pour le dépôt et tout acte relatif à la procédure de délivrance, à l'exception du simple paiement des redevances et déclaration de renouvellement, qui peuvent être assurés par tout intéressé(12). Les déposants n'ayant pas leur domicile ou leur siège dans un État membre de la Communauté européenne ou dans un État partie à l'accord sur l'Espace économique européen doivent constituer auprès de l'INPI un mandataire domicilié dans un de ces États pour le dépôt de leur titre(13). Enfin, lorsque plusieurs personnes déposent une marque, pour des raisons de simplicité (et peut-être aussi de coût pour l'INPI qui se contentera d'un seul interlocuteur), il est nécessaire de désigner un mandataire, soit parmi eux, soit en dehors, mais en ce cas, il faudra respecter les dispositions précédentes en matière de domiciliation(14).

(9) Sur le régime du sujet du droit et celui des actions pour dépôts frauduleux, l'action en nullité fondée sur la fraude et l'action en revendication également ouverte en cas de comportement frauduleux, V. *infra*, nos 445 et s.

(10) Il faudra alors que le chef d'entreprise établisse un mandat spécial à cette fin (CPI, art. R. 712-2, dernier al.) ; les conseils en propriété industrielle et les avocats en sont dispensés, ils bénéficient en général d'un numéro attribué par l'INPI.

(11) V. CPI, art. L. 422-1 et s.

(12) CPI, art. R. 712-2.

(13) CPI, art. R. 712-2.

(14) Art. préc.

397. – **Quand faut-il déposer ? Droit de priorité.** En matière de marques, le moment du dépôt est une question peut-être un peu moins sensible que pour les autres droits industriels : le critère essentiel n'est pas la nouveauté, mais la disponibilité. Sans doute n'est-il pas utile de retarder un dépôt : les registres de marques sont déjà bien fournis et les nécessités marketing conduisent les entreprises à rechercher des signes dans une même mouvance (le végétal, par exemple). Le moment du dépôt de la demande est à la discrétion du demandeur, sauf à rechercher le bénéfice du délai de priorité d'une demande étrangère(15). Le bénéfice du droit de priorité doit être mentionné lors de la demande déposée auprès de l'INPI, le déposant ayant l'obligation de produire une copie officielle du dépôt antérieur dans les trois mois du dépôt en France(16). À défaut, la priorité est réputée n'avoir pas été revendiquée(17). Lors de la demande d'une marque de l'Union européenne, le déposant peut également faire état de l'existence d'un droit de priorité (Règl. n° 207/2009, modifié par Règl. n° 2015/2424, art. 29 et s.), mais également revendiquer une priorité d'exposition (Règl. préc., art. 33) et une priorité de l'ancienneté d'une marque nationale(18). Lorsque la demande d'enregistrement est déposée, l'INPI lui attribue un numéro soit directement (dépôt à l'INPI) ou ultérieurement (à réception de la demande) qui doit être rappelé dans toutes les communications. La date de dépôt est celle de la réception de la demande au siège de l'INPI. L'acte qui ne comporte pas les éléments requis à l'article R. 712-3 du Code de la propriété intellectuelle ou n'est pas accompagné de la justification du paiement de la redevance de dépôt, est en principe irrecevable. Toutefois, l'irrecevabilité ne peut être opposée par l'INPI qu'après que le déposant ait été invité à compléter sa demande dans un délai fixé. Si la régularisation n'intervient pas dans ledit délai, le dépôt sera déclaré irrecevable ; si elle a lieu dans le délai imparti, la date de dépôt à prendre en considération est celle à laquelle les mentions manquantes ont été produites(19). Des demandes divisionnaires peuvent être déposées (à propos de marques françaises comme de marques de l'Union européenne) afin de limiter les produits et services concernés(20). Lorsqu'une demande de marque de l'Union européenne a eu

(15) Sur le mécanisme du droit de priorité (en matière de brevets) V. *supra*, n°s 36, 107 et s. et n° 226. Le bénéfice du droit de priorité suppose un dépôt initial dans un État membre de la Convention d'Union de Paris. Cette dernière prévoit un délai de priorité dit « unioniste », d'une durée de six mois en matière de marque, permettant de considérer que les enregistrements intercalaires, dans d'autres États de l'Union, ne pourront pas constituer des antériorités pertinentes, justifiant une action en nullité. Le titulaire initial dispose de six mois pour accomplir les extensions internationales qu'il souhaite, en écartant les enregistrements de tiers réalisés dans ce délai. Même après ce délai, puisqu'il est question ici de disponibilité et non de nouveauté, le titulaire pourra toujours faire une recherche d'antériorité dans des pays qu'il n'avait pas envisagés initialement et enregistrer la marque si aucun dépôt de tiers n'a eu lieu. En revanche, si un tiers (de bonne foi) a enregistré le même signe dans le principe de spécialité, passé le délai de priorité, le signe n'est plus disponible (principe de territorialité). V., sur la question, J.-S. Bergé, *La protection internationale et européenne du droit de la propriété intellectuelle*, Larcier, coll. « Manuels », 2015, p. 145. La directive n° 2015/2436 du 16 décembre 2015 maintient l'offre faite aux États membres de prévoir au titre des antériorités de refuser la demande d'enregistrement ou d'annuler la marque enregistrée « lorsque la marque peut être confondue avec une marque antérieure protégée à l'étranger, à condition qu' à la date de la demande, le demandeur fût de mauvaise foi » (art. 5, § 4, c).

(16) CPI, art. R. 712-4.

(17) CPI, art. R. 712-4 qui ajoute que le déposant peut être contraint de joindre, en plus de la copie officielle du dépôt antérieur, le cas échéant, la justification du droit de revendiquer ladite priorité (cession du droit de priorité, V. *infra*, n° 107, en matière de brevets (mais cela vaut bien entendu pour la marque) précisant que le droit de priorité peut être cédé indépendamment du titre pilotis et qu'à défaut de précision lors de la cession du titre, le droit de priorité ne fait pas partie de l'objet de la cession).

(18) V. Règl. (CE) n° 207/2009, modifié par Règl. n° 2015/2424, art. 34, sur les effets de cette revendication : pouvoir bénéficier, alors que le titulaire renonce aux effets de la marque nationale qu'il détenait, des mêmes droits que ceux qu'il aurait eus si la marque antérieure avait continué à être enregistrée ; cela ne vaut bien entendu que pour le territoire pour lequel l'ancienneté de la marque nationale est réclamée.

(19) CPI, art. R. 712-7.

(20) CPI, art. R. 712-27 ; Règl. n°207/2009, modifié par Règl. (UE) n° 2015/2424, art. 43 et 44.

lieu et qu'il apparaît un motif de nullité dans un ou plusieurs États membres (rejet de la demande ou nullité prononcée), le déposant peut transformer sa demande de marque de l'Union européenne en demandes de marques nationales (dans les pays où le motif de nullité n'existe pas), en conservant la date de dépôt initial (sous réserve que la demande ait été déposée régulièrement), voire de la priorité revendiquée.

398. – **Où faut-il déposer ?** Il s'agit d'une question de stratégie commerciale. Le déposant décidera des territoires qui l'intéressent, notamment pour procéder aux extensions dans la période de priorité, dans les pays et/ou région (marque de l'Union européenne par exemple) pour lesquels il entend disposer d'un monopole d'exploitation. La demande de marque française ne vaudra que pour le territoire de la France[(21)] et sera déposée auprès de l'INPI. La demande de marque de l'Union européenne sera déposée auprès de l'Office de l'Union européenne pour la propriété intellectuelle, (situé à Alicante, en Espagne, seul habilité depuis le règlement n° 207/2009, modifié par le règlement n° 2015/2424, à recevoir les demandes d'enregistrement de marques de l'UE) ou enfin auprès de l'OMPI (Organisation mondiale de la propriété intellectuelle, située à Genève, Suisse). Lorsque le dépôt concerne un État qui n'a pas adhéré à ces conventions, il faudra passer par un enregistrement national, souvent par l'intermédiaire d'un conseil en propriété industrielle local.

399. – **Comment faut-il déposer ?** Il est possible de déposer la demande d'enregistrement de marque auprès de l'INPI directement[(22)]. Depuis le 1er juillet 2014, il n'est plus possible de déposer une marque auprès des délégations régionales ou antennes INPI. La demande peut être réalisée par voie postale auprès du siège de l'INPI et la date du dépôt sera celle de réception à l'INPI. Le dépôt par télécopie n'est pas vraiment encouragé (il faut régulariser par l'envoi de la demande dans les deux jours ouvrés)[(23)], à l'inverse de la voie électronique puisque la taxe réclamée est moins élevée par ce biais[(24)]. La date de dépôt dans ce dernier cas est la date du jour où le dépôt électronique a été définitivement validé par le serveur informatique de l'INPI. En principe, il n'est plus possible de déposer une marque auprès des greffes du tribunal de commerce (ou du tribunal de grande instance, lorsqu'il n'y avait pas de tribunal de commerce dans le ressort concerné)[(25)]. Le contenu de la demande est réglementé dans des termes voisins pour les demandes françaises, les demandes auprès de l'Office de l'Union européenne pour la propriété intellectuelle[(26)] et auprès de l'OMPI.

(21) Pour la Polynésie française, concernant les marques françaises, et à la suite de loi organique n° 2004-192 du 27 février 2004 portant statut d'autonomie de la Polynésie française, il existe désormais une déclaration de reconnaissance optionnelle pour que la protection territoriale englobe ce territoire, V. art. LP 138 de la loi du pays n° 2013-14 du 6 mai 2013, modifié par la loi du pays n° 2014-10 du 6 mai 2014 qui pose le principe de la reconnaissance des « titres antérieurs » délivrés par l'Institut national de la propriété industrielle. L'arrêté n° 1002/CM du 22 juillet 2013 pris en application de cet article est venu préciser les modalités de mise en œuvre de ce principe ; V., à propos de la période « intermédiaire », Cass.com., 8 déc. 2015, n° 14-12.238 : *JurisData* n° 2015-027921 ; *PIBD* 2016, n° 1043, III, p. 110 ; *Propr. industr.* 2016, comm. 17, nos obs.

(22) Siège de l'INPI, à Courbevoie, 15 rue des Minimes (pour un envoi postal : CS 50001, 92677 Courbevoie Cedex).

(23) En revanche, jusqu'au nouveau barème de taxes, en vigueur depuis le 1er juillet 2015, il fallait en outre payer une surtaxe de 100 €. Cette dernière formule ne permet pas de déposer une marque en couleur, qui nécessite un dépôt d'origine en couleur.

(24) En effet, depuis le nouveau barème, applicable depuis le 1er juillet 2015, le coût d'un dépôt de marque auprès de l'INPI, jusqu'à trois classes, est de 250 €, tandis qu'il est ramené à 210 € par la voie électronique, 42 € par classe supplémentaire ; la revendication d'un droit de priorité est gratuite depuis un arrêté de 2008.

(25) En effet, l'article R. 712-5 du Code de la propriété intellectuelle a été modifié par un décret n° 2007-280 du 1er mars 2007, supprimant cette possibilité puisque le dépôt électronique, à une époque où les ordinateurs sont quasiment dans tous les foyers, ne nécessitait pas d'offrir un lieu de dépôt proche du déposant.

(26) V. Règl. n° 207/2009, modifié par Règl. n° 2015/2424, 16 déc. 2015, art. 25 et s.

SECTION 2

LE CONTENU DE LA DEMANDE DE MARQUE

400. – Les éléments exigés. L'article R. 712-3 du Code de la propriété intellectuelle énonce les éléments que doit comporter la demande d'enregistrement :

« Le dépôt comprend : 1° La demande d'enregistrement (...) précisant notamment : *a)* L'identifiant du déposant ; *b)* Le modèle de la marque, consistant dans la représentation graphique de cette dernière ; le modèle peut être complété par une brève description ; cette dernière est obligatoire dans les cas prévus à l'arrêté précité [A. 31 janv. 1992, mod. A. 2 sept. 2008(27)] ; *c)* L'énumération des produits ou services auxquels elle s'applique, ainsi que l'énumération de classes correspondantes ; *d)* Le cas échéant, l'indication qu'est revendiqué le droit de priorité attaché à un précédent dépôt étranger ou qu'un certificat de garantie a été délivré en application de la loi du 13 avril 1908 (28) ; 2° Les pièces annexes ci-après : *a)* La justification du paiement des redevances prescrites (29) ; *b)* S'il est constitué un mandataire, le pouvoir de ce dernier, à moins qu'il n'ait la qualité de conseil en propriété industrielle ou d'avocat ; *c)* Si le caractère distinctif du signe déposé à titre de marque a été acquis par l'usage, la justification de cet usage ; *d)* S'il s'agit d'une marque collective de certification, le règlement déterminant les conditions auxquelles est subordonné l'usage de la marque ; *e)* Si le déposant est un étranger qui n'est ni domicilié, ni établi sur le territoire national, et sous réserve des conventions internationales, la justification qu'il a régulièrement déposé la marque dans le pays de son domicile ou de son établissement et que ce pays accorde la réciprocité de protection aux marques françaises. »

Il est encore précisé : « Un même dépôt ne peut porter que sur une seule marque ». Des éléments similaires sont exigés à l'article 26 du règlement n° 207/2009, modifié par le règlement n° 2015/2424 relatif à la marque de l'Union européenne(30).

401. – La personne du déposant. Le déposant peut être une personne physique ou morale (V. CPI, art. L. 711-1), quelles que soient sa qualité (particulier, commerçant, syndicat, association, collectivité territoriale, etc.) et sa nationalité(31). La demande peut être accomplie par une ou plusieurs personnes ou encore pour le compte d'une société en cours de formation (il faudra alors penser à mentionner cette demande d'enregistrement lors de la première assemblée générale de cette société parmi les actes qui vont être repris). Si la demande a été effectuée au nom d'une personne morale à une date où celle-ci n'était pas encore immatriculée (et donc sans personnalité juridique), la marque sera nulle. Si la personne physique est connue sous un pseudonyme, elle doit mentionner ses nom et prénom, éventuellement suivis de son pseudonyme(32). À ce stade, si la demande ne comprend pas l'en-

(27) V. encore sur le site www.inpi.fr, directives Marques contenant les précisions relatives aux demandes d'enregistrement notamment. – A. 2 sept. 2008, exigeant que les marques de couleur soient accompagnées d'une description à l'aide de références à une codification internationalement reconnue.

(28) Renvoyant à la protection temporaire accordée lors d'expositions étrangères internationales officielles ou officiellement reconnues.

(29) V. *supra*, n° 407.

(30) Cet article n'a pas fait l'objet de modifications au titre du « Paquet Marques », adopté le 16 décembre 2015.

(31) Règl. n° 2015/2424, qui ne pose aucune exigence en termes de nationalité ; le Code de la propriété intellectuelle exige simplement de désigner un mandataire situé sur un territoire de l'Union, en l'absence d'établissement du déposant sur le territoire d'un État membre de l'Union, V. *supra*, n° 396 ; V. *supra*, n° 343, pour les marques collectives et les personnes autorisées à les déposer.

(32) Sur la sanction à retenir, lorsque la marque est enregistrée, la jurisprudence hésite : tantôt, elle retient que la marque enregistrée sous le seul pseudonyme est inopposable, CA Paris, 28 févr. 2003 : *Juris-Data* n° 2003-221731 ;

semble des éléments requis, une notification d'irrégularités matérielles sera adressée au déposant, mais la demande sera considérée comme recevable, avec la date de dépôt initial sous réserve de régularisation.

402. – **Le format de la représentation graphique.** L'INPI offre un carré de 8 cm sur 8 cm pour représenter le signe, objet de la marque, tandis que l'Office de l'Union européenne pour la propriété intellectuelle offre un rectangle de format A4 (21 × 29,7 cm), ce qui, pour les marques en mouvement, rend la représentation plus facilement accessible, même si le fait d'avoir supprimé l'exigence de représentation graphique va surtout permettre de déposer ce type de marque en format MP4 par exemple. La brève description ne doit pas modifier le signe tel que déposé et ne doit pas permettre de variantes ou déclinaisons(33). Si tel était le cas, la demande de marque devrait être rejetée par l'INPI et, en toutes hypothèses, succomberait à une action en nullité. De même, si le déposant a déposé une multitude de signes, remplissant quasiment le cadre prévu à cet effet, il ne pourra revendiquer de propriété que sur cet ensemble complexe ; la protection conférée porte sur le signe tel que déposé, en sorte que la reprise d'un seul de ces signes sera difficilement perçue comme susceptible de susciter un risque de confusion dans l'esprit du consommateur. Aussi, la marque déposée fixe le droit, même si la notion d'imitation illicite permettra d'élargir le champ de la protection, au bénéfice de la preuve d'un risque de confusion. Ajouter des éléments graphiques, des couleurs n'est pas indifférent par conséquent sur la protection qui sera conférée au signe. La représentation graphique doit être « claire, précise, complète par elle-même, facilement accessible, intelligible, durable et objective »(34). La directive n° 2015/2436 et le règlement n° 207/2009, modifié par le règlement n° 2015/2424 du 16 décembre 2015 ont en effet supprimé l'exigence de représentation graphique, en exigeant simplement de définir précisément et clairement l'objet du droit. Cette modification devrait permettre notamment de valider les enregistrements sonores en format MP3 en matière de marques communautaires ; à ce jour le caractère « graphique » de ces signes sonores fait défaut.

403. – **Énumération des produits et services.** Il est nécessaire d'indiquer quels sont les produits et/ou services pour lesquels la marque est déposée. Cette indication a une incidence juridique tant sur le champ de l'appropriation que sur l'appréciation de la validité de la marque enregistrée. En effet, la marque permet l'appropriation d'un signe pour désigner certains produits et services. En vertu du principe de spécialité, le signe réservé n'est pas protégé en tant que tel(35), mais en relation avec des produits et des services choisis par le déposant. Le droit attaché à la marque se détermine par rapport au signe tel que déposé et par rapport aux produits et services tels que revendiqués : c'est l'objet du droit de marque. C'est pour cet objet que la marque procure un droit exclusif, même si la présence d'un risque de confusion dans l'esprit du public permettra encore d'élargir le champ de

D. 2003, p. 2630, obs. S. Durrande ; tantôt, elle opte pour la nullité, TGI Paris, 19 mai 1988 : *PIBD* 1988, n° 441, III, p. 431.

(33) TGI Paris, 4 avr. 2008 : *Propr. industr.* 2008, comm. 78, nos obs.

(34) CJCE, 12 déc. 2002, aff. C-273/00, *Sieckman*, préc. – CJCE, 6 mai 2003, aff. C-104/01, *Libertel Groep*, préc.

(35) Contrairement par exemple à une œuvre de l'esprit qui, originale, sera protégée quelle que soit son utilisation, le domaine choisi.

la protection au-delà au cas d'utilisation ou d'imitation du signe déposé pour désigner des produits ou services similaires. Par ailleurs, l'énumération des produits et services auxquels va s'appliquer la marque permet encore d'apprécier la validité de la marque pour certains de ses caractères (distinctivité, caractère trompeur de la marque). L'INPI offre une liste simplifiée de la classification internationale de Nice récapitulant les quarante-cinq classes(36). Le déposant peut revendiquer soit la désignation précise de chaque produit et service qu'il offre ou entend offrir au public (savons, shampoings, soins du visage, etc.), soit la catégorie de produits et services (produits cosmétiques par exemple). Ces listes ne sont qu'indicatives et il est toujours possible d'opter pour d'autres termes, tout autant que ceux-là permettent aux tiers d'identifier clairement quels sont les produits ou services concernés. La demande d'enregistrement peut être rejetée pour irrégularité formelle si la formulation est considérée comme trop vague(37). En revanche, même si la sécurité juridique est bien entendue moins grande, il est possible de s'en tenir à la seule mention de la catégorie. Dans l'affaire *IP Translator*, la Cour de justice a précisé que :

« La directive 2008/95 exige que les produits ou les services pour lesquels la protection par la marque est demandée soient identifiés par le demandeur avec suffisamment de clarté et de précision pour permettre aux autorités compétentes et aux opérateurs économiques, sur cette seule base, de déterminer l'étendue de la protection demandée(38). »

Elle poursuit :

« La directive 2008/95 ne s'oppose pas à l'utilisation des indications générales des intitulés de classes de la classification de Nice afin d'identifier les produits et les services pour lesquels la protection par la marque est demandée, pour autant qu'une telle identification soit suffisamment claire et précise pour permettre aux autorités compétentes et aux opérateurs économiques de déterminer l'étendue de la protection demandée(39). »

La Cour de justice conclut qu'il reviendra aux juridictions nationales de déterminer si le déposant, dans l'espèce, en reprenant les dispositions générales de l'intitulé de la classe 41 de services, a précisé s'il couvrait tous les services de cette classe et notamment les services de traduction (pour lesquels l'exigence de distinctivité était discutable)(40). La directive n° 2015/2436 et le règlement n° 207/2009, modifié par le règlement n° 2015/2424 rappellent que le fait, pour des produits et services, d'appartenir à une même classe ne les rend pas similaires pour autant, tout comme le fait de ne pas appartenir à une même classe n'exclut pas toute similarité entre eux. Il convient de mener une analyse individuelle pour chaque cas d'espèce concret. Une catégorie a posé quelques difficultés, certains estimant que la famille

(36) Arrangement de Nice, 1957, avec depuis le 1er janvier 2002, désormais quarante-cinq classes, trente-quatre de produits et onze de services ; dixième classification entrée en vigueur au 1er janvier 2014.

(37) Ainsi, CA Paris, 13 sept. 2000 : *RD propr. intell.* 2001, n° 125, p. 43, désignant des accessoires automobiles ou encore CA Paris, 16 mai 2003 : *PIBD* 2004, n° 778, III, p. 43, pour des produits en cuir.

(38) CJUE, 19 juin 2012, aff. C-307/10, *IP Translator*, pt 49 : *Propr. industr.* 2012, comm. 65, obs. A. Folliard-Monguiral.

(39) CJUE, 19 juin 2012, préc., pt 56, après avoir relevé, au pt 54 : « Il y a lieu d'observer que certaines des indications générales figurant aux intitulés de classes de la classification de Nice sont, en elles-mêmes, suffisamment claires et précises pour permettre aux autorités compétentes et aux opérateurs économiques de déterminer l'étendue de la protection conférée par la marque, alors que d'autres ne sont pas susceptibles de satisfaire à cette exigence lorsqu'elles sont trop générales et recouvrent des produits ou des services trop variés pour être compatibles avec la fonction d'origine de la marque » et qu'il appartiendra donc aux autorités compétentes de « déterminer si ces indications satisfont aux exigences de clarté et de précision requises ».

(40) C'est également la solution retenue par la directive n° 2015/2436, art. 39, et le règlement n° 207/2009, modifié par le règlement n° 2015/2424, art.28, tous deux en date du 16 décembre 2015.

regroupée était trop large : les services de vente au détail. La Cour de justice, dans l'affaire *Praktiker-Bau*, a estimé à ce propos :

« Aux fins de l'enregistrement d'une marque couvrant des services fournis dans le cadre du commerce de détail, il n'est pas nécessaire de désigner concrètement le ou les services pour lesquels cet enregistrement est demandé. Pour l'identification de ceux-ci, il suffit d'utiliser des formules générales telles que regroupement de produits divers permettant au consommateur de les voir et de les acheter commodément[41]. »

Mais la Cour précise néanmoins :

« En revanche, il doit être exigé du demandeur qu'il précise les produits ou types de produits concernés par ces services au moyen, par exemple, d'indications telles que celles contenues dans la demande d'enregistrement présentée dans le litige au principal[42]. »

404. - **Exigence d'exploitation.** Il faut veiller à désigner des produits et services pour lesquels la marque sera effectivement exploitée ; à défaut, une action en déchéance pourra être engagée par tout tiers intéressé[43]. Les articles L. 714-2 et R. 712-21 du Code de la propriété intellectuelle permettent au déposant de modifier cette énumération, mais exclusivement en la limitant. Par conséquent, il faut réfléchir avant de procéder à l'enregistrement d'une marque aux produits et services dont la réservation est recherchée, et il ne sera pas possible de compléter la liste en ce sens pour ceux qui auraient été oubliés. Compte tenu des difficultés à trouver un signe disponible, il est parfois préférable de se contenter d'une seule classe si celle-là est seulement concernée par l'exploitation envisagée (ou déjà mise en œuvre).

405. - **Énumération des classes.** Il est utile, notamment pour faciliter la consultation des bases de données dans le cadre de recherche d'antériorités, de répertorier les classes de l'Arrangement de Nice qui correspondent aux produits et services revendiqués. Cette classification ne joue qu'un rôle administratif et la seule mention de la classe, sans identifier les produits et services concernés, ne permettrait pas d'enregistrer la marque. Si certains produits ou services peuvent relever de plusieurs classes, il faut en revanche en tenir compte lors des recherches d'antériorités et mener celles-ci dans l'autre classe afin de vérifier qu'il n'existe pas déjà une marque antérieure, désignant des produits ou services identiques ou similaires. Si les produits et services ont été désignés, sans référence aux classes, la demande est normalement recevable et fera en revanche l'objet d'une rectification, nécessaire, lors de la phase d'examen approfondi de la demande ; il en est de même si la classe choisie ne correspond pas à la bonne classe, si les produits ou services revendiqués concernent plusieurs classes qui n'ont pas toutes été visées ou encore si l'intitulé des produits et services revendiqués apparaît trop vague pour l'INPI. Le cas échéant, les classes provisoirement attribuées par l'INPI figure-

(41) CJCE, 7 juill. 2005, aff. C-418/02, *Praktiker-Bau*, pt 49 : *PIBD* 2005, n° 817, III, p. 624 ; *JCP* E 2005, p. 1219 ; *D.* 2005, p. 2813, obs. E. Schahl et J.-Ph. Bresson ; *Propr. industr.* 2005, alerte 5, obs. I. Meunier-Cœur, à la suite de la demande d'une marque auprès de l'office allemand revendiquant : « commerce de détail d'articles de construction, de bricolage et de jardinage et d'autres biens de consommation pour le secteur du "do-it-yourself" ».

(42) CJCE, 7 juill. 2005, préc., pt 50.

(43) V. *infra*, n° 495. Ainsi, si la marque a été enregistrée pour désigner des vêtements et que le titulaire l'exploite pour des lunettes, bijoux, bien que souvent ces produits soient jugés similaires au regard de la portée du droit, la déchéance devrait être prononcée car le titulaire doit exploiter son signe pour les produits qu'il a revendiqués : l'objet du droit. Or, en n'exploitant pas de vêtements sous sa marque, il risque la déchéance.

ront lors de la publication au *BOPI* de la demande d'enregistrement. La directive n° 2015/2436 et le règlement n° 207/2009, modifié par le règlement n° 2015/2424 précisent que lorsque la demande concerne plus d'une classe, il conviendra de présenter les différents groupes de produits et services, selon la classification de Nice et dans l'ordre des classes de celle-ci.

406. – **Langue pour la demande de marque de l'Union européenne.** La demande de marque de l'Union européenne peut être déposée dans toute langue de l'Union européenne, mais le déposant doit désigner une seconde langue parmi les cinq langues officielles de l'Office (l'anglais, l'allemand, l'espagnol, le français et l'italien). Pour les actions de tiers contre la demande ou la marque (opposition ou nullité par exemple), la procédure pourra être menée dans la langue de dépôt ou la seconde langue, choisie comme langue de procédure. Les parties peuvent choisir une autre langue, mais dans les rapports avec l'office, les échanges se feront dans la langue du dépôt s'il s'agit d'une des langues officielles, à défaut, dans la deuxième langue choisie (forcément l'une des cinq langues officielles). Le règlement préserve le principe de l'égalité entre les différentes langues de l'Union, et la publication ainsi que l'enregistrement seront accomplis dans toutes les langues de l'Union, toute traduction nécessaire sera effectuée par l'office.

407. – **Paiement des redevances.** Il est nécessaire de joindre à la demande d'enregistrement le paiement des redevances correspondant au nombre de classes revendiquées(44). S'il s'agit d'un dépôt électronique, à défaut de paiement, la validation du dépôt ne pourra pas intervenir. Pour les autres modes de dépôt, en l'absence de paiement ou en cas de paiement d'une redevance inférieure à celle qui est due, la demande sera déclarée irrecevable.

408. – **Rectifications. Retrait.** Sur requête écrite du déposant adressée au directeur de l'INPI, le déposant peut être autorisé, jusqu'au début des préparatifs techniques relatifs à l'enregistrement, à rectifier les erreurs matérielles relevées dans les pièces déposées(45). L'INPI peut demander des précisions et notamment le sens de la correction sollicitée(46). Par ailleurs, dans ce même temps, le déposant peut retirer sa demande d'enregistrement(47). Le retrait peut être limité à une partie du dépôt et ne doit concerner qu'une seule marque. Un pouvoir spécial à cette fin est requis,

(44) La redevance pour un enregistrement en France (au 1er juillet 2015) est de : 250 € sous format papier, 210 € sous format électronique, et ce jusqu'à trois classes, puis 42 € par classe supplémentaire revendiquée ; la taxe pour une marque de l'Union européenne (V. Règl. n° 207/2009, ann. 1, modifié par Règl. n° 2015/2424) ont été largement modifiées par l'adoption du « Paquet Marque » le 16 décembre 2015, puisque, ce qui n'est qu'une option pour les États membres (le fait de prévoir que la demande d'enregistrement ne vaudra que pour une classe au lieu de trois jusque-là) a été mis en œuvre : la taxe de base pour une marque individuelle est de 1 000 € pour une classe, 850 € si l'enregistrement est accompli par voie électronique ; 50 € pour la deuxième classe et 150 € pour chaque classe supplémentaire, au-delà de la deuxième classe. On observe qu'il avait annoncé que réduire à une classe pouvait permettre un meilleur accès aux petites entreprises, en espérant que le montant serait fortement réduit (un tiers du montant avait été imaginé, il ne l'a été que d'environ 50 € au final et encore, il n'y a pas de différence si le déposant revendique deux classes, et pour disposer de trois classes cela lui coûtera en réalité 150 € en plus). Cette protection vaut pour tout le territoire composé par les États de l'Union européenne. Pour la marque collective de l'Union européenne, la taxe de base est de 1 800 € ou 1 500 € par voie électronique ; la taxe pour la deuxième classe est de 50 € et au-delà de la deuxième classe, de 150 € par classe supplémentaire. Le renouvellement obéit à ces dispositions : les redevances seront calculées en principe pour une classe, puis deux et ensuite au-delà.

(45) Les rectifications et régularisations donnent lieu à une redevance de 104 €.

(46) CPI, art. R. 712-20.

(47) CPI, art. R. 712-21.

sauf pour les conseils en propriété industrielle et les avocats. Si la marque, objet de la demande de retrait, a été déposée par plusieurs personnes, il faut l'accord de tous et si des droits ont été concédés sur cette demande d'enregistrement (licence, gage), il faudra joindre le consentement écrit du bénéficiaire. Il est précisé que cette demande de rectification ou retrait ne fait pas obstacle à la publication au *Bulletin officiel de la propriété industrielle* (BOPI).

SECTION 3

LE TRAITEMENT DE LA DEMANDE DE MARQUE

409. - **Annonce.** Bien que les procédures restent assez semblables, nous distinguerons le traitement de la demande française (§ 1) de celui de la demande communautaire (§ 2).

§ 1. – Le traitement de la demande française

410. - **Présentation.** En premier lieu, l'INPI procède à l'examen approfondi de la demande d'enregistrement, ce qui peut donner lieu au rejet de la demande, sauf régularisation dans un certain délai ; puis intervient la publication de la demande d'enregistrement au *Bulletin officiel de la propriété industrielle* (*BOPI*), dans les six semaines de la demande. Cette mesure doit permettre d'informer les tiers pour leur permettre, au besoin, de formuler des observations ou de formaliser des oppositions à l'enregistrement tel que demandé. Enfin, l'enregistrement de la marque fait l'objet d'une publication au *BOPI*, informant officiellement les tiers de la délivrance de ce titre de propriété industrielle[48].

411. - **Motifs d'irrecevabilité et de rejet de la demande.** L'INPI peut déclarer la demande irrecevable pour des motifs tenant à la présentation formelle de celle-ci, mais aussi lorsque la demande ne respecte pas les exigences des articles L. 711-1 à L. 711-3 du Code de la propriété intellectuelle, pour défaut de représentation graphique conforme, d'atteinte à l'ordre public et aux bonnes mœurs ou encore lorsque le signe n'est pas distinctif. L'INPI ne vérifie pas la disponibilité ; tout au plus, l'institut transmettrait au déposant les observations formulées par des tiers, au titre de cette procédure.

412. - **Rejet pour des raisons formelles.** Lorsqu'un des éléments exigés par la loi vient à manquer (identification du déposant, représentation de la marque, produits et services et leurs classes correspondantes) ou au cas de défaut de paiement des redevances, la demande est en principe irrecevable[49]. Toutefois, l'irrecevabilité ne peut être prononcée qu'après que le directeur de l'INPI en ait informé le

(48) Les entreprises (et les conseils en propriété industrielle pour leurs clients) effectuent souvent une veille juridique et technique en s'abonnant au *BOPI*, ce qui leur permet d'être informées de l'activité et des choix opérés par la concurrence (connaître les titres en voie d'enregistrement, les techniques, formes et signes qui vont apparaître sur le marché).
(49) CPI, art. R. 712-7.

déposant qui dispose d'un délai pour régulariser[50]. L'INPI précise dans ses « directives » qu'il en est de même en cas de « difficultés techniques » (lorsque le dépôt est même en partie illisible)[51]. Si le déposant adresse les éléments manquants dans le délai, l'INPI l'informe (ou le mandataire), par courrier recommandé avec demande d'avis de réception, de l'attribution de la date définitive de dépôt (la date de dépôt n'est pas rétroactive et correspond à celle de réception par les services de l'INPI). La demande d'enregistrement comportant cette date définitive est alors publiée au *BOPI* afin de faire courir le délai de deux mois durant lequel les tiers sont à même de formuler des observations ou de former opposition à cette demande. Si la régularisation n'est pas conforme, il n'y a pas de prorogation de délai et la demande sera déclarée irrecevable. À défaut de toute régularisation, la demande est déclarée bien entendu pareillement irrecevable. Le déposant peut former un recours en saisissant la cour d'appel compétente. Le dépôt n'est pas publié.

413. – **Difficultés liées à la représentation graphique ou contrariété à l'ordre public et aux bonnes mœurs**[52]. La publication suppose une communication au public qui va être informé du signe appelé à être réservé à l'issue de la procédure d'enregistrement. Lorsque le signe choisi peut heurter l'ordre public ou les bonnes mœurs, l'INPI notifie au déposant ou à son mandataire une notification de refus provisoire et la publication de l'INPI comportera cette mention lors de la publication du numéro national de demande. La demande fera néanmoins l'objet de l'examen approfondi : si l'examen conclut qu'une telle atteinte n'est finalement pas constituée, la demande fera l'objet d'une publication complète au *BOPI* ; au cas contraire, la demande est déclarée irrecevable. De même, la demande qui n'aurait pas été perçue comme susceptible de contrevenir à l'ordre public pourrait quand même donner lieu à rejet si, à l'issue de l'examen approfondi, le directeur de l'INPI estime que tel est bien le cas[53].

414. – **Rejet pour non-respect des articles L. 711-1 à L. 711-3 du Code de la propriété intellectuelle**[54]. L'INPI, lors de l'examen approfondi, va vérifier la conformité du signe, on l'a vu, aux exigences de représentation graphique, de non contrariété aux bonnes mœurs et à l'ordre public et de distinctivité. Il s'agit bien de certaines des conditions de fond de validité de l'enregistrement sur lesquelles l'INPI est amené à se prononcer[55]. En revanche, l'INPI ne contrôle pas la condition de disponibilité. Tout au plus, en cas de procédure d'opposition, l'office sera amené à se prononcer à la suite d'une procédure initiée par l'une des personnes qui se voit reconnaître qualité pour agir[56].

415. – **Relevé de déchéance.** Nombre de délais émaillent la procédure de délivrance. L'article L. 712-10 (qui renvoie aux délais fixés dans le cadre de la demande d'enregistrement) et l'article R. 712-12 du Code de la propriété intellectuelle pré-

(50) L'INPI adresse une notification au déposant par lettre recommandée avec demande d'avis de réception (CPI, art. R. 718-3 et R. 718-4 sur les modalités de la notification) ; il dispose alors d'un délai d'un mois à compter de la réception de la notification pour régulariser.

(51) CPI, art. R. 712-8 qui fait état de possibles difficultés techniques.

(52) CPI, art. L. 711-3 et R. 712-10.

(53) Sur les tentatives de dépôt de la formule « Je suis Charlie » : V. Y. Basire, *Je suis Charlie, la tentative de récupération d'un symbole* : *Propr. industr.* mars 2015, étude 5.

(54) CPI, art. L. 712-7, b).

(55) Comp. en matière de brevets, n°s 209 et s. et 224 et s.

(56) V. CPI, art. L. 712-4, tel que modifié par L. 17 mars 2014.

voient, pour le demandeur qui n'aurait pas respecté ces délais, la possibilité d'être relevé des déchéances qu'il a pu encourir en justifiant « d'un empêchement qui n'est imputable ni à sa volonté, ni à sa faute, ni à sa négligence »(57). Il faut démontrer le caractère péremptoire de l'empêchement. La demande de relevé de déchéance doit être présentée au directeur de l'INPI par écrit en justifiant de l'empêchement, dans les deux mois de la cessation de l'empêchement (une hospitalisation par exemple) et l'acte non accompli doit l'être dans ce même délai. La décision en réponse doit être motivée et elle est notifiée au déposant ou à son mandataire. Cependant, l'article R. 712-12 précité précise que la demande n'est plus recevable « après un délai préfix de six mois décompté à partir de l'expiration du délai non observé ».

416. – **Recours contre les décisions du directeur de l'INPI.** La décision de rejet du directeur de l'INPI est susceptible d'un recours devant l'une des cours d'appel compétentes(58). Le recours est porté, dans le délai d'un mois en principe à compter de la notification de la décision contestée, devant la juridiction dans le ressort de laquelle la personne qui forme le recours a son domicile(59).

417. – **Remboursement des redevances en cas de rejet de la demande.** Lorsque le délai de recours est expiré, les redevances perçues sont restituées au déposant. Il peut même demander leur remboursement avant, s'il en fait la demande et s'il s'engage à ne pas exercer de recours.

418. – **Publication.** Tout dépôt reconnu recevable est publié au *BOPI*. La publication intervient dans les six semaines qui suivent la réception du dépôt de la demande à l'INPI. La publication doit mentionner la faculté ouverte aux tiers de formuler des observations dans un délai de deux mois et aux personnes autorisées à former opposition dans le même délai(60). Si la demande d'enregistrement a été rejetée, elle ne fait pas l'objet d'une publication.

§ 2. – Le traitement de la demande communautaire

419. – **Présentation.** L'office de l'Union européenne pour la propriété intellectuelle (*European Union Intellectual Property Office*, EUIPO) procède à l'examen approfondi de la demande d'enregistrement, avec l'établissement d'un rapport de recherche, ce qui se distingue du traitement français ; l'examen peut donner lieu au rejet de la demande, sauf régularisation dans le délai imparti. Intervient ensuite la publication de la demande d'enregistrement au *Bulletin des marques de l'Union européenne*. Cette mesure doit permettre d'informer les tiers pour leur permettre, au besoin, de formuler des observations ou de formaliser des oppositions à l'enre-

(57) La redevance de relevé de déchéance est d'un montant de 156 € ; la taxe de la demande de restitution *in integrum* est de 200 € pour la marque de l'Union européenne.

(58) CPI, art. L. 411-4, précisant qu'il y est statué, « le ministère public et le directeur de l'INPI entendus ».

(59) V. CPI, art. R. 411-19, D. 411-19 et D. 411-19-1 qui renvoie aux cours mentionnées à l'article D. 311-8 du Code de l'organisation judiciaire, tableau XVI. Les dix cours d'appel compétentes sont : « Aix-en-Provence, Bordeaux, Douai, Lyon, Nancy, Paris, Rennes, Strasbourg, Versailles et Fort-de-France » ; lorsque la personne qui forme le recours réside à l'étranger, la cour d'appel de Paris est compétente et la personne doit faire élection de domicile dans le ressort de cette cour (V. CPI, art. R. 411-20, renvoyant à l'article 643 du CPC pour l'augmentation des délais en cas d'éloignement).

(60) CPI, art. R. 712-8.

gistrement demandé. Enfin, l'enregistrement de la marque fait l'objet d'une publication au bulletin précité, informant officiellement les tiers de la délivrance de ce titre de propriété industrielle[61].

420. – **Procédure d'examen de la demande.** Comme pour la demande de marque française, à réception de la demande de marque de l'Union européenne, l'office doit lui attribuer une date et un numéro. Le règlement n° 207/2009, modifié par le règlement n° 2015/2424 énonce que : « L'office examine : si la demande de marque communautaire remplit les conditions pour qu'il lui soit accordé une date de dépôt (...) » (Règl., art. 36). Un récépissé va être transmis au déposant contenant ces éléments. Si la demande ne comporte pas l'identification du déposant, la représentation de la marque ou le libellé des produits et services, la demande doit être déclarée irrecevable. Mais, comme pour la demande de marque française, l'office doit avoir préalablement informé le déposant de l'irrégularité pour lui permettre de procéder à la rectification nécessaire, en ce compris le défaut de paiement[62]. Lorsque le déposant ne procède pas à la rectification du fait de l'irrégularité prévue à l'article 36, a) précité dans le délai imparti, la demande n'est pas traitée comme une demande de marque de l'Union européenne. En revanche, lorsque la demande ne satisfait pas aux conditions prévues au règlement et à son règlement d'exécution (Règl. n° 207/2009, modifié par Règl. n° 2015/2424, art. 36, b), soit le déposant régularise dans le délai de deux mois imparti par l'office et la date de la demande sera celle à laquelle la régularisation est intervenue, soit il ne régularise pas, et l'office rejette la demande. En cas de défaut de paiement des taxes (Règl. n° 207/2009, modifié par le Règl. n° 2015/2424, art. 36, c), la demande est réputée retirée, « sauf s'il ressort quelles sont les classes de produits ou de services que le montant payé est destiné à couvrir »[63]. Il est encore précisé qu'en cas d'inobservation des dispositions relatives à la revendication d'un droit de priorité ou de l'ancienneté d'une marque nationale, ce droit ne peut être revendiqué. La demande d'enregistrement d'une marque communautaire a la valeur d'une marque nationale dans les États membres[64].

421. – **Rejet pour des motifs absolus de refus.** L'office peut rejeter la demande d'enregistrement lorsque la marque ne respecte pas l'article 7 du règlement n° 207/2009, modifié par le règlement n° 2015/2424 (conditions de fond de validité de l'enregistrement), pour tout ou partie des produits et services revendiqués par la marque. Cependant, l'office doit notifier le rejet au déposant qui peut présenter ses observations, modifier sa demande ou la retirer[65]. Lorsque la marque comporte un

(61) Les entreprises (et les conseils en propriété industrielle pour leurs clients) effectuent souvent une veille juridique et technique en s'abonnant au *BOPI*, ce qui leur permet d'être informées de l'activité et des choix opérés par la concurrence (connaître les titres en voie d'enregistrement, les techniques, formes et signes qui vont apparaître sur le marché).

(62) Règl. n° 207/2009, modifié par Règl. n° 2015/2424, art. 36, § 2, précisant désormais que « l'office invite le demandeur à remédier dans un délai de deux mois (au lieu « dans les délais prescrits ») à compter de la réception de la notification aux irrégularités ou au défaut de paiement constatés ».

(63) Lorsqu'une partie des redevances a été payée, mais sans couvrir toutes les classes concernées. Le règlement n° 207/2009, modifié par le règlement n° 2015/2424 vient préciser, à l'article 36, § 5 : « À défaut d'autres critères permettant de déterminer les classes que le montant payé est destiné à couvrir, l'office prend en considération les classes dans l'ordre de la classification. La demande est réputée retirée en ce qui concerne les classes pour lesquelles les taxes par classe n'ont pas été acquittées ou n'ont pas été acquittées dans leur intégralité ».

(64) Règl. n° 207/2009, modifié par Règl. n° 2015/2424, art. 32.

(65) Règl. n° 207/2009, modifié par Règl. n° 2015/2424, art. 37.

élément qui n'apparaît pas distinctif, l'office peut demander au déposant de renoncer à invoquer le bénéfice du droit exclusif sur celui-ci. Sa déclaration sera publiée en même temps que la demande ou, le cas échéant, que l'enregistrement de la marque de l'Union européenne. L'office doit motiver ses décisions, qui doivent respecter la règle du contradictoire(66).

422. – **Établissement du rapport de recherche de l'Union européenne.** Lorsque l'office a accordé une date de dépôt, il va établir un rapport de recherche de l'Union européenne(67). Ce rapport va répertorier les marques de l'Union européenne ainsi que les demandes de marques de l'Union européenne antérieures qui sont susceptibles d'être opposées conformément à l'article 8 à l'enregistrement de la marque de l'Union européenne, objet de la demande(68). Des offices nationaux procèdent pareillement à la recherche de marques antérieures nationales (ce qui n'est pas le cas en France), les rapports de ces offices doivent alors être communiqués dans un délai de deux mois à l'office de l'Union européenne pour la propriété intellectuelle. L'office va communiquer au déposant son propre rapport de recherche et, sur demande, pourra aussi communiquer les rapports de recherche nationaux qu'il a reçus (dans un délai de deux mois).

423. – **Retrait, modification et division de la demande.** Comme pour la demande de marque française, le demandeur peut à tout moment retirer sa demande ou limiter la liste des produits et services. Après publication de la demande, le retrait ou la limitation feront à leur tour l'objet d'une nouvelle publication(69). Seules des modifications matérielles peuvent être apportées (ou la rectification du nom et l'adresse du demandeur), sur requête du déposant. Lorsque les modifications portent sur la représentation graphique de la marque ou la liste des produits et services, une nouvelle publication est réalisée. Une division de la demande peut également intervenir « en déclarant qu'une partie des produits ou services inclus dans la demande originale fera l'objet d'une ou plusieurs demandes divisionnaires »(70). La demande divisionnaire bénéficiera de la date de dépôt ainsi que de la date de la priorité revendiquée par la demande initiale.

424. – **Relevé de déchéance, *restitutio in integrum*.** Comme en matière de brevets d'invention, lorsqu'un des délais de la procédure a été méconnu, le déposant dispose d'une faculté de rachat. L'article 81 du règlement n° 207/2009, tel que modifié par le règlement n° 2015/2424 prévoit :

« 1. Le demandeur ou le titulaire d'une marque de l'Union européenne ou toute autre partie à une procédure devant l'Office qui, bien qu'ayant fait preuve de toute la vigilance nécessitée par les circonstances, n'a pas été en mesure d'observer un délai à l'égard de l'Office est, sur requête, rétabli dans ses droits si l'empêchement a eu pour conséquence directe, en vertu des dispositions du présent règlement, la perte d'un droit ou celle d'un moyen de recours. »

(66) Règl. n° 207/2009, modifié par Règl. n° 2015/2424, art. 75, qui a été étoffé.
(67) Règl. n° 207/2009, modifié par Règl. n° 2015/2424, art. 38.
(68) Le rapport de recherche est par conséquent fort limité par rapport à celui qui est établi, en matière de brevets d'invention, par l'OEB – V. *supra*, n°s 210 et 227.
(69) Règl. n° 207/2009, modifié par Règl. n° 2015/2424, art. 43.
(70) Règl. n° 207/2009, modifié par Règl. n° 2015/2424, art. 44, étoffé.

La requête doit être adressée par écrit à l'office, accompagnée des éléments justifiant l'empêchement, dans un délai de deux mois à compter de sa cessation. L'acte non accompli doit l'être dans ce délai. En toute hypothèse, la requête est irrecevable passé un délai d'un an l'échéance de l'acte manqué. La requête doit être accompagnée du paiement de la taxe de *restitutio in integrum*. Par souci de sécurité pour les tiers, l'article 81 précité prévoit que le demandeur ou le titulaire d'une marque de l'Union européenne rétabli dans ses droits ne peut invoquer ces derniers contre un tiers qui a pu, de bonne foi, mettre des produits dans le commerce revêtus de la marque litigieuse, ou offrir des services accompagnés de celle-ci, pendant la période comprise entre la perte des droits et la publication de la mention du rétablissement de ceux-ci.

425. – **Recours.** « Les décisions des examinateurs, des divisions d'opposition, de la division d'administration des marques et des questions juridiques et des divisions d'annulation sont susceptibles de recours. Le recours a un effet suspensif »(71). Toute personne partie à la procédure qui a donné lieu à la décision qui lui cause préjudice peut former un recours contre celle-ci ; les autres parties sont de droit parties à la procédure de recours(72). Le recours doit être formé par écrit devant l'office, dans un délai de deux mois à compter du jour de la notification de la décision contestée et un mémoire contenant les motifs du recours doit, pour sa part, être déposé dans un délai de quatre mois à compter de la notification de la décision précitée(73). Si le recours est recevable, la chambre des recours de l'office statue. Selon l'article 64 modifié du règlement n° 207/2009, « les décisions des chambres de recours ne prennent effet qu'à compter de l'expiration du délai visé à l'article 65, paragraphe 5 [deux mois à compter de la notification de la décision de la chambre de recours], ou, si une action a été introduite devant le Tribunal dans ce délai, à compter de la date du rejet de celle-ci ou du rejet de tout pourvoi introduit devant la Cour de justice contre la décision du Tribunal » (Règl. n° 2015/2424, art. 58). Concrètement le recours porté devant la Cour de justice de l'Union européenne doit être intenté dans un délai de deux mois à compter de la notification de la décision de la chambre des recours. Ce recours est ouvert pour incompétence, violation des formes substantielles, violation du traité, du règlement ou de toute règle de droit y relative, ou enfin en cas de détournement de pouvoir. La Cour de justice peut aussi bien annuler que réformer la décision qui lui est déférée.

426. – **Rejet de la demande.** Le rejet de la demande peut intervenir à plusieurs stades : lorsque la demande est rejetée par l'office, sans recours du déposant, ou lorsque la chambre de recours confirme la décision de l'examinateur qui a rejeté la demande. Il se peut encore que la demande soit rejetée à l'issue d'une procédure d'opposition.

(71) Règl. n° 207/2009, modifié par Règl. n° 2015/2424, art. 58 (inchangé).

(72) Règl. n° 207/2009, modifié par Règl. n° 2015/2424, art. 59 (inchangé). – CJUE, 19 janv. 2012, *OHMI c/ Nike international : Europe* 2012, comm. 138, obs. L. Idot ; *Propr. industr.* 2012, comm. 25, obs. A. Folliard-Monguiral : la partie qui intente un recours doit sous peine d'irrecevabilité justifier de sa qualité à agir dans un délai de quatre mois (V. Règl. n° 40/94, art. 59,) et en cas de cession de la marque qui fondait l'opposition, il appartient au cessionnaire d'en justifier dans ce délai.

(73) Règl. n° 207/2009, modifié par Règl. n° 2015/2424, art. 60 (le recours doit être déposé dans la langue de procédure de la décision attaquée).

427. – **Publication de la demande.** À l'origine, la publication de la demande de marque au registre des marques (communautaires) ne pouvait avoir lieu « avant l'expiration d'une période d'un mois à compter de la date à laquelle l'office communique les rapports de recherche au demandeur »(74). Depuis la modification du règlement n° 207/2009 par le règlement n° 2015/2424, il n'y a plus de délai d'attente (art. 38.7, mod.). Dès la publication, l'office informe les différents titulaires de demandes antérieures de la publication de la demande de marque de l'Union européenne. À partir de la publication de la demande, les tiers vont pouvoir formuler des observations, tandis que la voie d'opposition est ouverte dans un délai de deux mois, pour la marque française, et de trois mois pour la marque de l'Union européenne. Lorsque, après avoir été publiée, la demande est finalement rejetée, la décision définitive de rejet est publiée (Règl. n° 207/2009, modifié par Règl. n° 2005/2424, art. 39, § 2).

SECTION 4

LES SUITES DE LA PUBLICATION DE LA DEMANDE D'ENREGISTREMENT DE MARQUE

428. – **Présentation.** À compter de la publication de la demande d'enregistrement, il est possible à tous de formuler des observations (§ 1). Depuis la loi du 17 mars 2014 relative à la consommation(75), les collectivités territoriales(76) peuvent demander à l'INPI d'être alertées lorsqu'une demande d'enregistrement de marque contiendrait un nom se rapportant à leur situation géographique (droit d'alerte) (§ 2). Enfin, un droit d'opposition est reconnu au profit de certaines personnes déterminées (§ 3).

§ 1. – La formulation d'observations

429. – **Les observations de tiers.** L'article L. 712-3 du Code de la propriété intellectuelle et l'article 40 du règlement n° 207/2009 modifié par le règlement n° 2015/2424 prévoient le droit des tiers de formuler des observations après la publication de la demande de marque. En France, « toute personne intéressée » peut adresser des observations au directeur de l'INPI dans les deux mois de la publication au *BOPI* de la demande concernée. Ces observations sont diverses : elles peuvent porter sur des droits antérieurs que pourrait détenir leur auteur(77), sur la descriptivité de la marque(78). Ces observations peuvent être classées sans suite, notamment si elles ont été formulées hors délai ou si elles apparaissent sans lien avec la demande au regard

(74) Règl. n° 207/2009, art. 38.7.
(75) L. n° 2014-244, 17 mars 2014.
(76) Et tout établissement public de coopération intercommunale, tous conseils régionaux, la collectivité de Corse et les conseils généraux.
(77) V. *infra*, n°s 373 et s.
(78) V. *infra*, n°s 361 et s.

des dispositions légales ; sinon, elles sont transmises sans délai au déposant qui pourra y répondre[79]. Il peut s'agir d'attirer l'attention du déposant sur l'existence d'un droit d'auteur sur le signe qu'il entend réserver, lui permettant le cas échéant de retirer sa demande. Les observations sont assez souvent le fait de concurrents qui constatent que l'utilisation d'un terme est nécessaire dans leur activité, ce qui peut ne pas apparaître à l'examinateur de l'INPI, s'il s'agit de termes professionnels spécifiques au secteur par exemple. Pour la marque de l'Union européenne, le règlement dispose que :

Règl. n° 207/2009, art. 40, § 1

« Toute personne physique ou morale, ainsi que tout groupement ou organe représentant des fabricants, des producteurs, des prestataires de services, des commerçants ou des consommateurs peuvent présenter à l'office des observations écrites, précisant les motifs pour lesquels la marque devrait être refusée d'office à l'enregistrement (...). »

À l'inverse de ce qui était le cas sous couvert du règlement n° 207/2009, le règlement n° 2015/2424 prévoit un délai à cet égard : ces observations doivent être formulées « avant la fin du délai d'opposition ou, si une opposition a été formée contre la marque, avant que la décision finale ne soit prise sur cette opposition » (art. 40, § 2). L'article 41 du règlement précise que les personnes formulant de telles observations n'acquièrent pas la qualité de parties à la procédure devant l'office. Les observations sont notifiées au demandeur afin qu'il prenne position. Les offices français et de l'Union européenne sont de la sorte alertés d'une difficulté potentielle à l'enregistrement. Ils prendront position, après réponse le cas échéant du déposant, si la demande est maintenue, en connaissance de cause. Le règlement n° 207/2009, modifié par le règlement n° 2015/2424 rappelle que « la présentation d'observations de préjudicie pas au droit de l'office de reprendre de sa propre initiative, à tout moment, l'examen des motifs absolus, s'il le juge opportun » (art. 40, § 3).

§ 2. – La procédure d'alerte

430. – **Le droit d'alerte.** Ce droit d'alerte a été institué par la loi n° 2014-244, relative à la consommation, du 17 mars 2014 en faveur des collectivités territoriales, conseils régionaux et généraux, établissements publics de coopération intercommunale (CPI, art. L. 712-2-1. – V. *supra*, n° 390). Il est mis en œuvre à la demande des bénéficiaires qui demandent à être alertés d'un dépôt comportant une référence à leur nom géographique. L'INPI doit alors notifier par voie électronique toute demande d'enregistrement en ce sens dans les cinq jours. La collectivité concernée peut alors former opposition dans les conditions de la loi (CPI, art. L. 712-4).

§ 3. – La procédure d'opposition

431. – **L'opposition.** Cette procédure est réglementée aux articles L. 712-4, R. 712-13 à R. 713-18 du Code de la propriété intellectuelle pour la demande de

(79) CPI, art. R. 712-9.

marque française et à l'article 41 du règlement n° 207/2009 modifié par le règlement n° 2015/2424, pour la demande de marque de l'Union européenne. La procédure d'opposition a constitué une innovation importante de notre droit des marques introduite par la loi du 4 janvier 1991, transposant la directive du 21 décembre 1988 ; cette dernière laissait les États membres libres d'organiser une recherche d'antériorités à la suite de l'établissement d'un rapport de recherche lors de la procédure d'enregistrement, la France n'a pas retenu cette voie préférant une procédure réservée à l'initiative de tiers, disposant de droits antérieurs (Dir. CEE n° 89/104, consid. 5).

432. - **Qui ? Personnes pouvant former opposition.** À l'origine (L. 4 janv. 1991), la procédure d'opposition n'était ouverte, pour les demandes de marques françaises, qu'au titulaire d'une marque enregistrée ou déposée antérieurement, ou bénéficiant d'une date de priorité antérieure, ou au titulaire d'une marque notoire antérieure auquel la demande d'enregistrement était susceptible de porter atteinte[(80)]. Avec la loi n° 2014-344 du 14 mars 2014, l'opposition est encore ouverte au directeur de l'Institut national de l'origine et de la qualité (en cas de risque d'atteinte au nom, à l'image, à la réputation ou à la notoriété d'une appellation d'origine ou d'une indication géographique), au bénéficiaire d'un droit exclusif d'exploitation (licencié exclusif, sauf stipulation contraire), à une collectivité territoriale (au titre d'une indication géographique qui comporterait son nom, CPI, art. L. 711-4, h), enfin, à un organisme de défense et de gestion d'une indication géographique. S'agissant de la marque de l'Union européenne, l'opposition est ouverte plus largement : au-delà du titulaire d'une marque antérieure, le droit d'opposition peut être mis en œuvre par le titulaire « d'une marque non enregistrée ou d'un autre signe utilisé dans la vie des affaires dont la portée n'est pas seulement locale (...) lorsque et dans la mesure où selon la législation communautaire ou le droit de l'État membre qui est applicable à ce signe : *a)* des droits à ce signe ont été acquis avant la date de dépôt de la demande de marque communautaire ou le cas échéant, avant la date de priorité invoquée à l'appui de la demande de marque communautaire ; *b)* ce signe donne à son titulaire le droit d'interdire l'utilisation d'une marque plus récente »[(81)]. L'opposition est offerte encore aux titulaires d'une marque antérieure jouissant d'une renommée, même en présence de produits ou services simplement similaires. Les droits antérieurs sont invoqués en principe par leur titulaire, mais les licenciés, habilités par les titulaires de ces marques, peuvent former opposition, ainsi que les personnes autorisées, en vertu du droit national, à exercer les droits résultant des autres types de signes utilisés dans la vie des affaires[(82)].

433. - **Comment ? L'acte d'opposition.** L'acte d'opposition est un acte juridique unilatéral. Il doit intervenir dans les deux mois de la publication au *BOPI* de la

(80) C'est le cas lorsque le signe porté par la demande d'enregistrement pouvait être considéré comme une reproduction ou une imitation illicite, au regard du signe choisi pour désigner des produits et services identiques ou similaires : pour les atteintes en cas de double identité (signe/produits ou services), V. *infra*, n°s 457 et s. et n° 462.

(81) Règl. n° 207/2009, modifié par Règl. n° 2015/2424, art. 41, renvoyant à l'art. 8, § 4. – V. CJUE, 10 juill. 2014, aff. jtes C-325/13 P et C-326/13 P, *Peek & Cloppenburg KG*.

(82) Règl. n° 207/2009, modifié par Règl. n° 2015/2424, art. 41. Il faudra attendre la transposition de la directive n° 2015/2436 pour savoir si la France ouvre la procédure d'opposition à des titulaires de droits antérieurs autres (dénominations sociales, nom commerciaux, titulaires d'un droit d'auteur, etc.).

demande française, et dans les trois mois à compter de la publication au registre des marques de l'Union européenne de la demande de marque de l'Union européenne. Cet acte, écrit, doit comporter le numéro de la demande d'enregistrement litigieuse, le numéro de la marque antérieure et leurs copies, justifier le cas échéant de la notoriété(83), ainsi que toute précision et justification s'il s'agit d'un signe utilisé dans la vie des affaires (tels une dénomination antérieure, un nom commercial antérieur) pour ce qui est des demandes devant l'office de l'Union européenne de la propriété intellectuelle. Il faut encore préciser en quoi les signes entrent en conflit (reproduction ou imitation illicite, auquel cas il faudra justifier d'un risque de confusion), pour quels produits et services l'opposition est formée (tout ou partie), et en quoi ceux-ci sont identiques ou similaires (dans ce dernier cas, il faudra démontrer l'existence d'un risque de confusion dans l'esprit du public sur la provenance des produits ou services). L'acte doit être accompagné du paiement des redevances ou taxes correspondantes(84).

434. – **Procédure.** Lorsque l'opposition lui paraît recevable, l'office français la notifie sans délai au déposant, en lui adressant copie de l'opposition formalisée ainsi que des pièces fournies et en indiquant que le titulaire de la demande d'enregistrement qui a fondé l'opposition doit y répondre dans un certain délai (qui ne peut être inférieur à deux mois, CPI, art. R. 712-16). L'Office de l'Union européenne de la propriété intellectuelle transmet l'opposition au déposant avant tout examen de sa recevabilité, et ce n'est qu'une fois cet examen réalisé que l'office notifie aux parties le début d'une « période de réflexion » (*cooling-off*) de deux mois. Les parties peuvent, par requête conjointe, demander que cette période soit prolongée. Elle le sera désormais automatiquement pour vingt-deux mois (période de réflexion de maximum vingt-quatre mois), sachant que l'une ou l'autre des parties peut mettre un terme à cette phase, par exemple s'il s'avère que les discussions amiables entamées sont suspendues. La procédure d'opposition ouvre une phase contradictoire durant laquelle les parties échangent, dans les délais indiqués par l'office en charge de la procédure. Le déposant va argumenter et tenter de défendre sa demande de dépôt aux fins d'enregistrement. Il peut demander que des preuves d'usage soient fournies si l'auteur de l'opposition se fonde sur une marque enregistrée depuis plus de cinq ans. Le titulaire du droit antérieur devra démontrer, s'il lui est demandé de prouver l'usage effectif de la marque qui fonde son opposition à la demande d'enregistrement, qu'il l'a exploitée pour chaque produit et service revendiqué (comme dans la procédure devant l'Office de l'Union européenne de la propriété intellectuelle). L'INPI adresse, pour sa part, un projet de décision contre laquelle les parties peuvent encore formuler des observations. Elles peuvent demander audience pour formuler oralement les observations utiles auprès d'une commission de l'INPI. Devant l'office de l'Union européenne, à l'issue de la « période de réflexion », la phase contradictoire a lieu, comme pour l'opposition formée devant l'INPI ; une audience peut être accordée par l'office de l'Union européenne. L'office informe ensuite les parties de la clôture de l'instruction, qui met un terme aux échanges. L'office peut aussi avoir invité les parties à se concilier.

(83) La notoriété ne peut pas être invoquée pour la première fois en appel ou devant le Tribunal de l'Union.
(84) La redevance est de 325 €, pour une opposition, depuis le 1er juillet 2015, pour une demande de marque française ; 320 €, pour une demande de marque de l'Union européenne.

435. - **Décision définitive et recours.** L'office rend alors sa décision, qu'il notifie aux parties. Du fait de la procédure d'opposition, l'office est obligé de prendre position sur la condition de disponibilité du signe déposé à titre de marque au regard de certains droits antérieurs. La procédure peut être clôturée si l'auteur de l'opposition a retiré celle-ci, s'il a perdu qualité à agir ou n'a pas fourni les pièces demandées en temps utile ou lorsque les parties ont conclu un accord conduisant au retrait de l'opposition ou de la marque. La décision peut accueillir l'opposition, en tout ou partie, ce qui conduit en principe (sauf recours) au rejet de la demande d'enregistrement conformément à la décision retenue ; la demande d'opposition peut enfin être rejetée et la procédure d'enregistrement suit alors son cours. La partie mécontente de la décision rendue peut former un recours, dans le mois de la notification de la décision du directeur de l'INPI(85), devant l'une des dix cours d'appel compétentes, au regard du domicile de la personne qui forme le recours(86). Le recours est porté devant la chambre des recours de l'office de l'Union européenne, dans un délai de deux mois à compter de la notification de la décision. Lorsque l'opposition est accueillie, il est possible de recourir par la procédure de passerelle permettant de transformer la demande de marque de l'Union européenne en demandes de marques nationales pour les États où il n'existerait pas de conflit.

436. - **Enregistrement forcé.** Le déposant peut obtenir l'enregistrement de sa marque, en dépit de la procédure d'opposition (marque française), s'il justifie que cela est nécessaire à la préservation de sa marque à l'étranger (CPI, art. L. 712-8). Pour les marques de l'Union européenne, cela n'est pas possible : il faudra, le cas échéant, recourir à la procédure de division.

437. - **Procédure d'enregistrement et publication.** Lorsque la marque est déclarée enregistrée, un titre de propriété va être délivré, constitutif du droit de marque. Un certificat est alors adressé au déposant, qui constitue le titre de propriété de la marque. L'enregistrement, tout comme la demande, fait l'objet d'une publication au *BOPI* et la marque est inscrite au Registre national des marques. Pour la marque de l'Union européenne, son enregistrement va être publié au *Bulletin officiel des marques de l'Union européenne* (nous n'avons pas encore le terme officiel) et la marque sera inscrite au registre des marques de l'Union européenne. Seules les mentions qui figurent sur les registres sont opposables aux tiers. Pour les marques françaises, la date à laquelle une marque est réputée enregistrée est « celle du *BOPI* dans lequel l'enregistrement est publié (...) »(87). La date de publication de l'enregistrement de la marque de l'Union européenne marque également la dernière étape de la procédure d'enregistrement et constitue la date pertinente en cas de besoin.

438. - **Effet de l'enregistrement.** L'article L. 712-1, alinéa 1er du Code de la propriété intellectuelle et l'article 46 du règlement indiquent que le droit de marque naît de l'en-

(85) Augmenté d'un mois pour les personnes domiciliées dans les DOM et de deux mois, à l'étranger.

(86) CPI, art. R. 411-19, R. 411-21, R. 411-25.

(87) CPI, art. R. 712-23 (notamment pour tenir compte de la date utile en cas de déchéance pour défaut d'exploitation d'une marque qui n'a jamais été exploitée). – L'article poursuit : « 2) pour les marques internationales n'ayant pas fait l'objet d'une notification d'irrégularité (...) ou d'une opposition, celle de l'expiration du délai prévu à l'article R. 717-4 ou, si elle est postérieure, celle de l'expiration du délai pour former opposition ; 3) pour les marques internationales ayant fait l'objet d'une notification d'irrégularité (...) ou d'une opposition, celle, le cas échéant, de l'inscription au registre international des marques de la levée totale ou partielle du refus ».

registrement et qu'il produit ses effets à compter du dépôt de la demande, et ce, pour une durée de dix ans à compter de ce même jour ; il peut être indéfiniment renouvelé pour des périodes de dix ans. La marque française sera protégée sur le territoire français, selon le contenu que lui a accordé le législateur. L'article 16 du règlement n° 207/2009 modifié par le règlement n° 2015/2424 dispose : « (...) la marque de l'Union européenne en tant qu'objet de propriété est considérée en sa totalité et pour l'ensemble du territoire de l'Union comme une marque nationale enregistrée dans l'État membre (...) ». L'enregistrement de la marque revêt un caractère déclaratif de droit : comme pour le brevet, le droit de propriété naît de l'acte volontaire de dépôt de la demande.

C H A P I T R E 3

LE SUJET DU DROIT DE MARQUE

439. – Plan. La marque naît de l'enregistrement réalisé auprès d'un office générateur d'un monopole d'exploitation sur le signe choisi pour la désignation de certains produits et services, dûment revendiqués dans l'acte d'enregistrement. Le titulaire du droit est le premier déposant légitime (Section 1). Le dépôt illégitime, réalisé en fraude des droits du *verus dominus*, ou en violation d'une obligation légale ou conventionnelle, sera sanctionné (Section 2).

S E C T I O N 1

LE SUJET DU DROIT EST LE PREMIER DÉPOSANT LÉGITIME

440. – *Verus dominus*. Le droit des marques n'identifie pas le *verus dominus*, c'est-à-dire le propriétaire ayant seul la qualité de déposant légitime. Le droit des marques fait peu de cas du créateur du signe distinctif. Cette absence est singulière au regard du droit des brevets ou de celui des dessins et modèles qui distinguent respectivement chez l'inventeur et le créateur, ou leur ayant cause, le titulaire du droit ayant qualité pour déposer la demande de droits industriels[1]. Aussi il est enseigné que le droit à la marque appartient au premier déposant[2]. Néanmoins, l'existence en matière de marques d'une action en revendication (CPI, art. L. 712-6. – V. *infra*, n°s 446 et s.) révèle que le droit de propriété, ici aussi, n'est pas le simple « prix de la course » et que le déposant, premier en date, n'est pas nécessairement... le bon. Aussi est-il plus exact de dire que le droit de marque appartient au premier déposant légitime. Reste à définir celui-ci. Une première situation vise l'utilisateur d'une marque d'usage, non déposée donc, et qui peut légitimement prétendre au

(1) Pour les modèles, V. CPI, art. L. 511-9 qui énonce que : « La protection du dessin et modèle conférée par les dispositions du présent livre s'acquiert par l'enregistrement. Elle est accordée au créateur ou à son ayant cause. L'auteur de la demande d'enregistrement est, sauf preuve contraire, regardé comme le bénéficiaire de cette protection ». – Pour les brevets, V. CPI, art. L. 611-6.

(2) V. F. Pollaud-Dulian, préc., n° 1418. – N. Binctin, préc., n° 779 qui observe que la question du bénéfice du droit de propriété sur une marque « est réglée de façon assez brutale par le législateur ».

dépôt. Encore faut-il observer que cette légitimité ne vaut (pour agir en nullité ou en revendication) qu'à l'endroit du tiers de mauvaise foi qui viendrait à déposer le titre alors en *fraude* des droits au dépôt de l'utilisateur premier. En revanche, deux concurrents, de bonne foi, utilisateurs de longue date de la même marque d'usage, auront chacun la même légitimité à déposer le signe en tant que marque : ici, le droit à la marque appartient bien au premier déposant. Tout se passe comme si le dépôt tranchait le conflit entre deux candidats légitimes à l'appropriation(3). Dans des conditions similaires, le déposant légitime est celui qui utilise déjà le signe à titre de nom commercial. Une autre situation tient à l'existence de droits d'auteur sur le signe, alors caractéristique d'une œuvre de l'esprit au sens de l'article L. 111-1 du Code de la propriété intellectuelle, préalablement au dépôt. Le déposant doit se préoccuper de disposer des droits d'exploitation nécessaires pour pouvoir enregistrer ce signe à titre de marque et l'exploiter, pour les territoires qui l'intéressent et pour une durée en adéquation avec les prévisions du contrat de cession à son profit et la durée de la marque envisagée(4). À défaut de cession de droits d'auteur, dans les formes requises au Livre Ier du Code de la propriété intellectuelle, l'exploitation du signe pourrait être caractéristique d'une contrefaçon de droits d'auteur(5). Reste qu'il n'est pas sûr que l'auteur de l'œuvre puisse agir en revendication du signe de la sorte déposé à titre de marque (V. *supra*, n° 388).

441. - **Copropriété.** La marque peut être le fait de plusieurs déposants, comme l'énonce l'article L. 712-1 du Code de la propriété intellectuelle. Contrairement aux brevets d'invention, le législateur n'a pas prévu de régime légal particulier au cas de propriété plurale : la copropriété de marque est soumise aux dispositions de droit commun des articles 815 et suivants du Code civil. Les copropriétaires peuvent parfaitement convenir d'un règlement de copropriété qui leur est spécifique, afin de bénéficier d'un régime de fonctionnement plus souple, adapté à leurs attentes (par ex., décider que l'un d'entre eux pourra conclure tout contrat de licence à titre non exclusif sans avoir à obtenir l'autorisation préalable des autres). Lors de l'enregistrement, il est nécessaire de déclarer un mandataire comme interlocuteur de l'INPI(6).

442. - **Marque collective.** La marque peut relever d'un régime spécial : la marque collective, qui peut être simple ou de certification(7). Une marque est dite « collective »

(3) Une analyse civiliste ferait naître le droit de propriété dès l'émergence de la richesse, dès que la marque d'usage est exploitée donc, rejoignant en cela l'état du droit antérieur à la loi du 31 décembre 1964. – Sur la constitution automatique et directe du droit de propriété à l'égard de toute chose (corporelle) utile et rare non encore appropriée : V. F. Zenati-Castaing, *La propriété, mécanisme fondamental du droit* : *RTD civ.* 2006, p. 445 et s. – Avec Th. Revet, *Les biens*, préc., n° 67. – La propriété industrielle en revanche décale l'apparition du droit privatif, à l'acte de dépôt : à moins que le dépôt en l'occurrence n'ait pour fonction que de rendre la propriété (préexistante) opposable *erga omnes* ? Mais que serait une propriété dépourvue d'opposabilité ? V. *supra*, n° 384, sur la coexistence de droits de marque et une dénomination ou un nom commercial antérieurs, avec une mesure de réglementation ou d'interdiction néanmoins en cas de risque de confusion avec la marque.

(4) V. *supra*, nos 373 et s., sur la disponibilité du signe.

(5) Cass. com., 16 févr. 2010, n° 09-12.262, aff. *L'Oréal c/ Redon* : *Comm. com. électr.* 2010, n° 23, obs. Ch. Caron ; *RTD com.* 2010, 300, obs. J. Azéma et 314, obs. F. Pollaud-Dulian : l'acte de cession ne précisait pas que le dessin pouvait être déposé à titre de marque, la cour d'appel retient à bon droit qu'en déposant la marque le cessionnaire a commis un acte de contrefaçon, aucun usage n'imposant qu'à elle seule et sauf clause contraire expresse, la cession des droits de reproduction d'une œuvre sur des étuis et emballages implique cession du droit de déposer ce dessin en tant que marque.

(6) V. *supra*, n° 396.

(7) V. *supra*, nos 343 et s.

lorsqu'elle peut être exploitée par toute personne respectant un règlement d'usage qui sera établi par le titulaire de l'enregistrement. La marque collective simple est celle déposée par un groupement d'entreprises pour mettre en œuvre une campagne publicitaire commune. La marque collective de certification est appliquée au produit ou service qui présente, quant à sa nature, ses propriétés ou qualités, des caractères précisés dans son règlement (CPI, art. L. 715-1) ; elle exerce davantage une fonction de garantie dans l'intérêt général(8). Si la marque collective simple peut être déposée par toute personne, morale ou physique, de droit privé ou de droit public, la marque collective de certification ne peut l'être que par une personne morale qui, en outre, ne sera ni fabricant, ni importateur, ni vendeur des produits ou services distribués sous cette marque ; l'usage de ladite marque sera ouvert aux personnes qui fournissent des produits ou services répondant aux conditions imposées par le règlement(9).

443. - **Ayant droit, contrat de commande, contrat de travail.** La marque peut résulter d'un travail commun réalisé au profit d'une seule personne, le donneur d'ordre ou l'employeur. Si le signe élaboré peut être qualifié d'œuvre de l'esprit, objet d'un droit d'auteur, la conclusion d'un contrat de commande ou de travail avec les créateurs n'emporte pas cession de droit au profit du donneur d'ordre ou de l'employeur(10). Seule la qualification d'œuvre collective, au sens du Livre Ier du Code de la propriété intellectuelle, permet d'affecter les droits (d'auteur) au profit de la personne (physique ou morale) sous le nom de laquelle l'œuvre est divulguée(11). À défaut, les auteurs doivent avoir autorisé expressément l'enregistrement de la marque au titre d'une cession de droits, respectueuse des exigences du Livre Ier du Code de la propriété intellectuelle(12). L'INPI ne vérifie pas la disponibilité ; tout au plus, par la procédure d'observations, l'auteur de l'œuvre déposée sans son autorisation pourrait alerter l'institut, qui transmettrait alors au déposant lesdites observations. Si la marque est enregistrée, l'auteur peut en demander la nullité en justice(13). Il faut néanmoins être attentif à la forclusion par tolérance, qui conduit à rejeter la demande « si la marque a été déposée de bonne foi et s'il en a toléré l'usage pendant cinq ans » (V. *infra*, n° 509).

SECTION 2

LA SANCTION DU DÉPÔT ILLÉGITIME

444. - **Dépôts frauduleux.** À l'endroit d'un dépôt entaché de fraude ou réalisé en violation d'une obligation légale ou conventionnelle, le *verus dominus* de la marque dispose de deux actions : l'une fait disparaître la marque ainsi déposée, l'autre le réintègre dans ses droits.

(8) V. Mathély, *Marques collectives et de certification*, in *Mél. Chavanne*, Litec, 1990, p. 241.
(9) CPI, art. L. 715-2.
(10) CPI, art. L. 111-1 ; V. *supra*, n° 388.
(11) CPI, art. L. 113-5. – Sur la définition de l'œuvre collective, V. CPI, art. L. 113-2, al. 3.
(12) Cass. com., 16 févr. 2010, n° 09-12.262, aff. *L'Oréal c/ Redon*, préc.
(13) CPI, art. L. 714-3. – V. *infra*, nos 506 et s.

445. – **La nullité.** En application de l'adage *fraus omnia corrumpit*, la personne qui démontre que le dépôt a été réalisé en fraude de ses droits pourra agir en nullité(14). Le dépôt est frauduleux lorsqu'il est, par exemple, le fait d'une personne informée de la volonté d'un tiers de déposer un signe déterminé à titre de marque. Cela peut par exemple être le fait d'un salarié, informé du souhait de son employeur de se réserver un signe particulier, ou encore d'un partenaire potentiel qui, ayant eu cette information dans le cadre de pourparlers confidentiels, en aura profité pour procéder au dépôt du signe envisagé. Le titre annulé est censé n'avoir jamais existé. Les conséquences de la nullité sont cependant moins dommageables en droit des marques qu'en droit des brevets où règne une exigence de nouveauté absolue de l'invention revendiquée, en sorte que le titre annulé ayant divulgué l'invention, celle-là est définitivement rentrée dans l'état de la technique et n'est plus susceptible d'être appropriée par un nouveau dépôt. Cette conséquence ne se retrouve pas en matière de marque où le critère pertinent d'enregistrement tient dans la disponibilité du titre. Aussi, lorsque la recherche d'antériorité a démontré qu'il n'y avait pas eu de dépôt intercalaire (entre l'enregistrement litigieux et l'action en nullité), la personne victime de l'usurpation peut parfois préférer demander la nullité du titre avant d'opérer un nouveau dépôt en maîtrisant parfaitement le signe déposé et les produits et services revendiqués (le déposant régulier peut souhaiter enregistrer la marque dans d'autres classes). L'action en nullité sanctionne l'atteinte aux intérêts d'autrui, indépendamment de la justification de droits antérieurs sur le signe(15).

446. – **La revendication.** Comme en matière de brevets d'invention et de dessins et modèles, la personne qui constate qu'une marque a été déposée « en fraude de ses droits ou en violation d'une obligation légale ou conventionnelle » peut préférer agir en revendication du titre déposé en application de l'article L. 712-6 du Code de la propriété intellectuelle. La directive d'harmonisation, de même que le règlement sur la marque communautaire (devenue marques de l'Union européenne), restaient muets sur cette action, les deux textes envisageant seulement l'annulation du dépôt fait de mauvaise foi(16). Sous l'empire de la loi du 31 décembre 1964, également ignorante d'une telle action, la jurisprudence appuyée par la doctrine en admettait néanmoins le principe(17). La loi du 4 janvier 1991 en a formellement consacré la reconnaissance en reprenant les termes mêmes utilisés pour ce genre d'action en matière de brevets et de dessins et modèles(18). Il reste que le bénéfice d'une telle action suppose l'identification précise du *verus dominus* : l'inventeur pour le brevet, le créateur pour le modèle. Le silence du droit des marques à cet égard rend les conditions de l'action équivoque. Plutôt que de définir un

(14) V. par ex., Cass. com., 25 avr. 2006, n° 04-15.641.
(15) Cass. com., 19 déc. 2006, *Roncato* : *PIBD* 2007, n° 846, III, p. 112.
(16) Dir. n° 2008/95, art. 3, § 2, d. – Règl. n° 40/94, art. 51, § 1, b. La CUP retient cependant le principe d'une telle action (art. 6 septies) ; V. auj. Règl. n° 207/2009, modifié par Règl. n° 2015/2436, art. 18, qui n'envisage que l'hypothèse de la marque de l'Union européenne enregistrée au nom de l'agent ou du représentant d'une personne qui est titulaire de cette marque, sans l'autorisation du titulaire qui va pouvoir « réclamer la cession à son profit de la marque de l'Union européenne », et encore, si l'agent ou le représentant ne peut justifier sa démarche (V. Règl. n° 6/2002 sur les dessins et modèles communautaires, art. 15 prévoyant expressément la revendication du dessin ou modèle qui aurait été divulgué ou enregistré par une personne qui n'est pas habilitée – créateur ou ayant droit).
(17) Cass. com., 23 juin 1965 : *Bull. civ.* 1965, IV, n° 394. – V. Mathély, *Le droit français des signes distinctifs*, préc., p. 378.
(18) V. CPI, art. L. 611-8 (brevets) et L. 511-10 (dessins et modèles).

« droit à la marque » dont l'action en revendication sanctionnerait l'usurpation, la loi conditionne le succès de l'action à la fraude réalisée ou à la violation d'une obligation légale ou conventionnelle. La référence à la *violation d'une obligation légale ou conventionnelle* paraît directement inspirer des textes sur les brevets ou les modèles, et la jurisprudence s'attache essentiellement à démontrer le dépôt frauduleux[19]. Tel sera le cas lorsque le déposant usurpateur aura eu connaissance du projet de dépôt de celui qui exploite le signe ou simplement connaissance de l'usage antérieur du signe : le signe enregistré était nécessaire pour l'opérateur qui exerçait paisiblement[20]. Il n'est même pas nécessaire que le signe ait été antérieurement exploité dès lors que le dépôt est effectué dans l'intention de priver autrui d'un signe nécessaire à son activité[21]. Les effets de l'action en revendication tiennent dans la restitution *ab initio* du titre usurpé au *verus dominus*. Le dépôt est maintenu, le *verus dominus* est réintégré dans ses droits et bénéficie de la date du dépôt frauduleux. Le demandeur est rétroactivement subrogé dans les droits du déposant au jour de la demande. Il est considéré avoir déposé la marque dès l'origine. En dépit de la référence à la fraude du déposant, il s'agit bien d'une action en revendication mobilière, action réelle, qui permet au *verus dominus* de reprendre possession du titre enregistré.

447. – **L'action judiciaire.** L'action doit intervenir dans les cinq ans de la publication de la demande d'enregistrement considérée comme frauduleuse, sauf en cas de mauvaise foi du déposant (CPI, art. L. 712-6, al. 2 : comment un dépôt frauduleux peut-il être fait de bonne foi ?). Dans cette hypothèse, l'action en revendication n'est plus enserrée par un délai et peut même intervenir après un renouvellement de ladite marque. L'action doit être engagée devant l'un des tribunaux de grande instance exclusivement compétents en matière de marque, choisi conformément aux règles de droit commun de compétence territoriale[22]. En cas de succès, une publication de la décision au registre des marques informe les tiers. Le demandeur peut encore obtenir réparation du préjudice qu'il a subi (en général, il n'a pas à rembourser les frais de dépôt) et en application de l'article 549 du Code civil, si le déposant est qualifié de possesseur de mauvaise foi, le demandeur à l'action pourra obtenir la restitution des fruits perçus au titre d'un contrat de licence[23].

(19) Cette référence à la fraude dans le cadre de l'action en revendication est sans doute malheureuse : pour les brevets, l'action est ouverte « si un titre de propriété industrielle a été demandé soit pour une invention soustraite à l'inventeur ou à ses ayants cause, soit en violation d'une obligation légale ou conventionnelle » (CPI, art. L. 611-8).

(20) CA Paris, 5 mai 2004 : *PIBD* 2004, n° 793, III, p. 520, cas d'un ancien salarié. – Cass. com., 21 sept. 2004, n° 03-12.319 : *PIBD* 2004, n° 797, III, p. 648 ; *Propr. industr.* 2005, comm. 4, nos obs., marque Halloween, proposition d'un contrat de licence aux confiseurs : fraude d'autant que le déposant n'exerçait pas dans le secteur de la marque enregistrée. – CA Paris, 18 janv. 2006 : *PIBD* 2006, n° 826, III, p. 223 ; *Propr. industr.* 2006, comm. 33, nos obs., commune de Dax, marque *Toro y Salsa* du nom du festival enregistré par un tiers, domicilié dans la région et ne pouvant ignorer l'existence de cette manifestation. – Cass. com., 26 févr. 2008, n° 06-18.123, nécessité pour le tiers de disposer de ce signe, connaissance du déposant. – V. également Cass. com., 23 juin 2009, *Bil Toki* : *Propr. industr.* oct. 2009, n° 58, obs. J. Larrieu.

(21) Cass. 1re civ., 25 avr. 2006, *Joliton c/ Capdevielle et Pendragon* : *PIBD* 2006, 883, III, 471 (dépôt par son producteur du nom de scène d'une chanteuse débutante).

(22) CPC, art. 42.

(23) CA Paris, 17 févr. 1999 : *Ann. propr. ind.* 1999, p. 20. – En matière de brevets, CA Paris, 14 sept. 2005 : *PIBD* 2006, n° 823, III, p. 80. – V. Cass. com., 28 avr. 2004, n° 02-21.585 : *Bull. civ.* 2004, IV, n° 80 ; *PIBD* 2004, n° 791, III, p. 432, estimant que les fruits doivent être restitués au moins à compter de la demande en justice. – Cass. com., 4 déc. 2007, n° 06-16.118 : *PIBD* 2008, n° 868, III, p. 104. – Sur la restitution des fruits, tirés de l'exploitation directe du titre ou par licence, CA Paris, 14 sept. 2005, préc.

CHAPITRE 4

LE CONTENU DU DROIT DE MARQUE

448. – **Le pouvoir d'interdire.** L'enregistrement de la marque confère à son titulaire un droit exclusif opposable aux tiers. Ce rapport de droit procure à son titulaire un pouvoir d'interdire caractéristique d'un droit de propriété sur la marque pour les produits ou services désignés (CPI, art. L. 713-1). Pour les droits de propriété intellectuelle, l'emprise juridique procurée par la propriété (le contenu du droit) ne peut se déduire de la chose par nature immatérielle et passe par la définition des prérogatives légales effectivement réservées au titulaire du monopole[1]. Les prérogatives reconnues par la loi au propriétaire de la marque définissent le monopole d'exploitation (Section 1). À raison de l'exception qu'ils portent au jeu de la libre concurrence, les monopoles intellectuels connaissent des exceptions qui en limitent la portée (Section 2). Enfin, les particularités du droit de marque, à raison notamment des facultés de renouvellement du monopole, justifient des dispositions propres à la perte du droit (Section 3).

SECTION 1

LES PRÉROGATIVES DU PROPRIÉTAIRE DE LA MARQUE

449. – **Présentation.** Comme pour les autres droits intellectuels, le législateur a défini les contours du monopole légal en énonçant les actes que le titulaire d'une marque peut interdire (CPI, art. L. 713-2 et L. 713-3) (§ 2). Les textes de droit français constituent la transposition des textes communautaires[2]. Ces dispositions bénéficient de la sorte d'une interprétation nourrie de la Cour de justice qui a fortement influencé la compréhension du monopole réservé au titre du droit de marque. De la sorte, la Cour de justice a développé une jurisprudence qui veut que l'usage effectivement reprochable au titre d'une des prérogatives légales enfreigne une des fonctions du droit de marque… où le juriste retrouve de manière inattendue la recherche des fonctions de la propriété, intellectuelle cette fois (§ 1).

(1) V. *supra*, n° 27, Introduction générale.
(2) Dir. n° 2008/95, 22 oct. 2008, art. 5, § 1, a) et b). – V. Dir. n° 2015/2436, 16 déc. 2015, art. 10 et 11.

§ 1. – Les fonctions de droit de marque

450. – **L'atteinte au droit doit résulter d'actes accomplis dans un contexte commercial.** Même si la loi n'y fait pas référence, l'atteinte au droit de marque s'entend d'actes accomplis dans la vie des affaires[3]. Le droit de marque s'attache à l'usage d'un signe distinctif en relation avec des produits et services, en sorte que ce n'est qu'à l'occasion d'actes lucratifs, s'inscrivant dans la vie des affaires, que l'atteinte sera constituée. Les droits industriels réservent l'accès à un bien intellectuel considéré en tant que valeur économique : lorsque le signe est utilisé indépendamment de sa relation aux produits ou services, il n'est pas considéré en tant que valeur économique, et n'est donc plus pris en compte en tant que bien objet de propriété. L'analogie avec le droit d'auteur est singulière : il n'y a pas contrefaçon de l'œuvre de l'esprit en présence d'actes de reproduction qui ne portent pas atteinte aux intérêts patrimoniaux du titulaire du droit[4]. Ainsi de l'exception au droit d'auteur attachée à l'utilisation de l'œuvre à titre de parodie ou de pastiche[5]. Bien que le droit des marques ne vise pas une telle exception, l'utilisation caricaturale de la marque n'appelle pas sanction sur le terrain du droit des marques, mais sur celui de la seule responsabilité civile[6] ; la reproduction de la marque sur des sites Internet dénigrant celle-ci en procure une ultime illustration (V. *infra*, n° 451). La contrefaçon de marque suppose bien la reprise du signe comme support à la promotion à la vente de produits ou services. Roubier observait : « La propriété industrielle consiste essentiellement en une régulation juridique du jeu de la concurrence entre les producteurs »[7]. La Cour de justice a précisé le sens de cette référence en précisant que la contrefaçon devait s'entendre d'une atteinte à la fonction de la marque.

451. – **La contrefaçon suppose une atteinte à la fonction du droit de marque. L'affaire *Arsenal*.** Une entreprise proposait à la vente aux supporters de l'équipe d'Arsenal divers objets revêtus de l'emblème de ce club de football, avec la mention de ce que les produits constituaient pour lui un signe de soutien et d'attachement à cette équipe, sans qu'il ne s'agisse de produits authentiques labellisés par le club. L'intéressé proposait également de tels produits expressément mentionnés comme « authentiques ». Le titulaire de la marque a poursuivi en contrefaçon de marque. Pour sa défense le vendeur soutenait qu'il ne pouvait y avoir de confusion et que l'utilisation reprochée constituait, selon lui, un usage à des fins décoratives. Dans cet arrêt de référence, la Cour de justice a retenu que : « L'atteinte est constituée lorsque l'usage litigieux affecte ou peut affecter une des fonctions de la marque (...) ». L'exercice du droit est réservé aux cas où « l'usage du signe contesté par le tiers est susceptible d'affecter la garantie de provenance du pro-

(3) Les textes de l'Union européenne font expressément référence à la notion de vie des affaires, la directive n° 2015/2436 prévoit expressément : « Le titulaire de ladite marque enregistrée est habilité à interdire à tout tiers, en l'absence de son consentement, de faire usage dans la vie des affaires, pour des produits ou des services, d'un signe (...) » (art. 10.2). – L'accord ADPIC (OMC), quant à lui, précise que seuls les actes accomplis « au cours d'opérations commerciales » sont concernés (art. 16.1).

(4) V. J. Raynard, *Droit d'auteur et conflits de lois*, Litec, 1990, spéc. n°s 208 et s., p. 398 et s.

(5) CPI, art. L. 112-5, 4°.

(6) Cass. ass. plén., 12 juill. 2001 : *D.* 2002, 259, note B. Edelman.

(7) P. Roubier, *Le droit de la propriété industrielle*, Sirey, 1952, t. 1, p. 1.

duit (...), cette conclusion ne saurait être remise en cause par la circonstance que ledit signe est perçu, dans le cadre de cet usage, comme un témoignage de soutien, de loyauté ou d'attachement au titulaire de la marque »[8]. La Cour de justice a également défini l'usage du signe dans la vie des affaires en estimant qu'il convient de vérifier que l'usage intervient « dans le contexte d'une activité commerciale visant à un avantage économique et non dans le domaine privé »[9]. En revanche, il n'est pas nécessaire de démontrer que le signe critiqué a été mis en contact avec la clientèle et la démonstration de la reproduction dans la phase de fabrication, tout comme la détention en vue d'une commercialisation prochaine, suffit à caractériser l'impact « dans la vie des affaires »[10]. L'influence des actes incriminés sur la « vie des affaires » est nécessaire pour que l'usage d'une marque sans autorisation du titulaire du droit caractérise une contrefaçon ; cette référence a permis d'exclure toute atteinte lorsque des tiers usaient d'une marque en la reproduisant ou en l'imitant pour critiquer la politique sociale ou environnementale de son titulaire[11], mais également lorsqu'il s'est agi de railler celui-ci[12]. La notion d'activité commerciale consubstantielle à la contrefaçon ne se limite pas aux seules relations entre commerçants, mais s'entend très certainement des activités professionnelles largement entendues. En revanche, il a été jugé que le fait pour une association d'éditer une lettre d'information à l'attention de ses adhérents ne constituait pas un usage dans la vie des affaires ; l'action en contrefaçon diligentée par un syndicat concurrent, titulaire d'une marque qu'il estimait contrefaite, a été rejetée[13]. Il peut

(8) CJCE, 12 nov. 2002, aff. C-206/01, *Arsenal* : *PIBD* 2003, n° 764, III, p. 263 ; *RJDA* 2003/2, n° 204 ; *ibid.* 2003/3, chron. p. 195, obs. J. Passa ; *Propr. intell.* 2003, n° 7, p. 200, obs. G. Bonet ; *D.* 2003, p. 755, obs. P. de Candé. Cette affaire est citée en référence pour avoir défini l'usage dans la vie des affaires, mais elle a rappelé également le but poursuivi par la marque : « Le droit de marque constitue en effet un élément essentiel du système de concurrence non faussé que le traité entend établir et maintenir. Dans un tel système, les entreprises doivent être en mesure de s'attacher la clientèle grâce à l'existence de signes distinctifs permettant de les identifier », dans le droit fil de décisions précédentes, CJCE, 23 mai 1978, aff. C-102/77, *Hoffmann-La Roche* et CJCE, 18 juin 2002, aff. C-299/99, *Philips*. – *Adde* déjà, cités, CJCE, 17 oct. 1990, aff. C-10/89, *Hag GF* et CJCE, 4 oct. 2001, aff. C-517/9, *Merz & Krell*. – La proposition de directive du 27 mars 2013 a ajouté cette référence à son article 10, § 1, a) : l'atteinte au droit suppose « que cet usage porte atteinte ou est susceptible de porter atteinte à la fonction de la marque consistant à garantir aux consommateurs l'origine des produits ou des services ».

(9) Cette motivation se retrouve dans plusieurs affaires : CJCE, 25 janv. 2007, aff. C-48/05, *Adam Opel* : *PIBD* 2007, n° 849, III, p. 241 ; *Propr. industr.* 2007, comm. 18, obs. A. Folliard-Monguiral ; *Propr. intell.* 2008, n° 26, p. 142, obs. G. Bonet. – CJCE, Gde ch., 11 sept. 2007, aff. C-17/06, *Céline* : *PIBD* 2007, n° 863, III, p. 698 ; *Propr. industr.* 2007, comm. 86, obs. A. Folliard-Monguiral ; *Propr. intell.* 2008, n° 26, p. 142, obs. G. Bonet. – CJCE, ord., 19 févr. 2009, aff. C-62/08, *UDV North America*. – CJCE, 12 juin 2008, aff. C-533/06, *O2 Holding* : *Propr. industr.* 2008, comm. 61, obs. A. Folliard-Monguiral.

(10) V. *contra*, CA Paris, 1er juin 2005, aff. *Nutri-Riche* : *D.* 2005, p. 2467, note crit. J. Passa, sur des marchés distincts et une fabrication en France de produits revêtus de la marque détenue par un tiers en France, en vue d'une commercialisation, ultérieurement licite, sur des territoires où cette marque appartient bien au fabricant. – V. Cass. com., 10 juill. 2007, n° 05-18.571 : *Bull. civ.* 2007, IV, n° 159 ; *PIBD* 2007, n° 859, III, p. 562 ; *JCP* E 2007, 2269, note J. Passa ; *Propr. industr.* 2008, étude 10.

(11) V. ainsi, les affaires *www.jeboycottedanone.com* et *en extension .net*, CA Paris, 30 avr. 2003 : *D.* 2003, p. 1760, obs. C. Manara ; *Propr. intell.* 2003, n° 8, p. 322, obs. V.-L. Bénabou ; ou encore *Greenpeace c/ Esso et Areva*, CA Paris, 26 févr. 2003, deux arrêts, où là, la motivation est nette, retenant, dans la première affaire, que le litige s'avère « étranger à la vie des affaires ou à la compétition entre entreprises commerciales » et dans la seconde, que le litige ne concernait « manifestement pas à promouvoir la commercialisation de produits ou de services en faveur de Greenpeace mais relève au contraire d'un usage polémique étranger à la vie des affaires » : *JurisData* n° 2003-202549 ; *D.* 2003, p. 1831, obs. B. Edelman et *D.* 2003, p. 2685, obs. S. Durrande ; *Comm. com. électr.* 2003, comm. 38, obs. Ch. Caron ; *Propr. industr.* 2003, comm. 40, nos obs. ; *Propr. intell.* 2003, n° 8, p. 322, obs. V.-L. Bénabou et n° 9, p. 458, obs. M. Vivant.

(12) Cass. 2e civ., 19 oct. 2006, n° 05-13.489, *Camel* : *JurisData* n° 2006-035397 ; *JCP* G 2006, II, 10195, note F. Pollaud-Dulian ; *Propr. industr.* 2007, comm. 5, nos obs. – V. auparavant, pour des décisions sévères, TGI Paris, 8 janv. 2002, aff. *Ricard 51* : *JurisData* n° 2002-202542 ; *Propr. industr.* 2003, comm. 28, nos obs. – TGI Nanterre, 4 nov. 2002, aff. *Bordeau Chesnel* : *Propr. industr.* 2003, comm. 40, nos obs.

(13) Cass. com., 10 mai 2011, n° 10-18.173, *La Basoche c/ La Bastoche* : *Propr. industr.* 2011, comm. 72, obs. crit. P. Tréfigny. La cour retient ici : « Mais attendu que l'arrêt retient que la publication en cause est une lettre d'information syndicale à parution régulière dont le contenu révèle qu'elle n'a pour objet que de donner aux salariés concernés des informations relatives

paraître curieux d'inciter des syndicats et associations à enregistrer des marques s'ils ne peuvent pas, ensuite, arguer d'un usage dans le cadre de leur activité qui n'est pas nécessairement économique, tout en s'inscrivant dans un cadre professionnel[14]. D'autant qu'il est toujours possible d'imaginer qu'en dépit du caractère gratuit de ces lettres d'information, le but de l'association est d'attirer de nouveaux adhérents qui cotiseront : l'activité se situe bien par conséquent, selon nous, dans le cadre d'une activité intéressée, même si non « commerciale » au sens restrictif de notre conception française. La Cour de justice allait encore énoncer sa conception de la fonction du droit de marque ; la question a justifié une jurisprudence évolutive.

452. – **La fonction première de la marque : garantir l'identité d'origine du produit ou du service**[15]. L'arrêt *Arsenal* précité énonce que : « l'atteinte est constituée lorsque l'usage litigieux affecte ou peut affecter une des fonctions de la marque », et précise la notion de fonction essentielle de la marque : celle-là est « (...) de garantir au consommateur ou à l'utilisateur final l'identité d'origine du produit ou du service désigné par la marque, en lui permettant de distinguer sans confusion possible ce produit ou service de ceux qui ont une autre provenance »[16]. Le consommateur doit pouvoir être assuré que tel produit ou service a été fabriqué ou fourni « sous le contrôle d'une entreprise unique à laquelle peut être attribuée la responsabilité de leur qualité »[17]. De très nombreuses décisions sont venues depuis rappeler que le titulaire doit rapporter la démonstration d'une atteinte à la fonction essentielle d'origine de la marque pour que la contrefaçon soit constituée. Cette référence permet d'exclure du champ de la contrefaçon les actes pour lesquels la marque est utilisée dans le sens du langage courant[18], comme un élément de décor[19], ou plus généralement dans un contexte qui ne désigne pas

---

à leurs droits au travail, aux négociations (...) ; qu'il retient encore que cette lettre diffusée gratuitement, qui ne comporte aucune publicité commerciale et qui ne contient aucun appel à participer à des opérations de nature économique ou à contribuer à leur financement, est l'expression d'une communication uniquement syndicale ; que de ces constatations et appréciations, la cour d'appel a pu déduire que la lettre d'information litigieuse ne tendait pas à l'obtention d'un avantage direct ou indirect de nature économique et qu'elle était en conséquence étrangère à la vie des affaires ».

(14) Est-ce que, dans l'affaire précitée, *La Basoche c/ La Bastoche*, où plus sûrement l'action aurait pu être rejetée pour absence de risque de confusion, le syndicat pourra échapper à une action en déchéance pour défaut d'exploitation ? En effet, si l'usage étudié n'apparaît pas être réalisé dans la vie des affaires, il n'est pas certain que l'on puisse considérer, alors, cet usage comme effectif, sérieux et non équivoque. Or, si tel était le cas, pourquoi alors enregistrer une marque ?

(15) V. Y. Bazire, Les fonctions de la marque. Essai sur la cohérence du régime juridique d'un signe distinctif, Paris, LexisNexis, coll. « CEIPI », 2015, préf. Y. Reboul.

(16) CJCE, 12 nov. 2002, aff. C-206/01, *Arsenal*, préc., pt 48. – V. encore, CJCE, 16 nov. 2004, aff. C-245/02, *Anheuser-Bush : Propr. industr.* 2005, comm. 3, obs. A. Folliard-Monguiral ; *Propr. intell.* 2005, n° 15, p. 189, obs. G. Bonet.

(17) CJCE, 12 nov. 2002, préc., rappelant des arrêts précédents, CJCE, 23 mai 1978, aff. C-102/77, *Hoffmann-La Roche* et CJCE, 18 juin 2002, aff. C-299/99, *Philips*.

(18) Ainsi, lorsque la marque est constituée d'un terme évocateur, utilisé par un tiers non en tant que marque mais compris dans le sens du langage courant, la contrefaçon ne peut être retenue, V. Cass. com., 15 oct. 1995 : *PIBD* 1996, n° 621, III, p. 587. – CA Paris, 26 janv. 2007 : *PIBD* 2007, n° 849, III, p. 250. – Cass. com., 3 avr. 2012, n° 11-18.144, retenant : « Mais attendu, en premier lieu, que la cour d'appel a pu retenir que l'expression "sérum coup d'éclat sans rinçage" n'avait pas pour objet de désigner l'origine du produit litigieux puisque celle-ci était déjà définie par la présence de la marque "René Furterer" nettement mise en évidence en partie supérieure du flacon et de son emballage, et encore par l'indication de la gamme "Oara protect color" à laquelle il appartient ; Et attendu, en second lieu, qu'ayant retenu, par motifs propres et adoptés, que l'expression "coup d'éclat" employée avec une autre expression servait à la définition de la qualité du produit vendu et ne désignait pas le produit lui-même, la cour d'appel a pu en déduire que dans cette locution, l'expression "coup d'éclat" perdait son individualité et son pouvoir distinctif propre ». – CA Paris, 18 mai 2005, *Quoi de plus naturel* : *PIBD* 2005, n° 814, III, p. 510 ; *RTD com.* 2005, p. 712, obs. J. Azéma.

(19) V. CA Paris, 17 déc. 2008 : *PIBD* 2009, n° 891, III, p. 859, à propos de motifs représentant des croix. – TGI Paris, 29 nov. 2011 : *JurisData* n° 2011-033780 ; *Propr. industr.* 2012, comm. 49, nos obs., retenant que l'usage du signe Westbury sur le polo litigieux, du fait de multiples représentations et de son association aux termes « sportsfield » (terrain de sport),

l'origine des produits ou des services[20]. Pour constituer une atteinte à la marque, il est nécessaire que le signe concerné par le titre soit utilisé de telle sorte que le public pertinent perçoive clairement l'indication d'une origine commerciale particulière pour ces produits et services, à la vue de l'apposition du signe en question. À défaut, l'usage n'est pas illicite ; il n'enfreint pas le monopole attribué au titulaire.

453. – **La fonction d'exclusivité procurée par le droit de marque.** L'exclusivité est inhérente à la propriété, on a encore voulu y déceler une fonction du droit de marque, au même titre que la fonction de garantie de provenance. Ainsi, à l'origine, la Cour de justice avait pris soin de relever que le droit de marque confère un monopole à son titulaire et a pour objet, par conséquent, « d'assurer au titulaire le droit exclusif d'utiliser la marque, pour la première mise en circulation d'un produit, et de le protéger ainsi contre les concurrents qui voudraient abuser de la position et de la réputation de la marque en vendant des produits indûment pourvus de cette marque »[21]. Ces observations valent bien entendu également pour les services et couvrent tous les actes réservés au profit du titulaire. Affirmée à l'origine par la Cour de justice, la fonction d'exclusivité du droit de marque s'est progressivement effacée au profit de la notion de garantie d'origine commerciale[22]. De fait l'exclusivité tient moins d'une « fonction » du droit que d'une caractéristique technique consubstantielle à la propriété intellectuelle ; pourtant il serait opportun que la jurisprudence rappelât davantage cette fonction d'exclusivité, inhérente à la marque[23]. Ainsi, dans l'affaire *L'Oréal c/ Bellure* (sur laquelle V. *infra*, n° 454), cette fonction d'exclusivité aurait permis d'asseoir l'interdiction de pratiquer des tableaux de concordance en matière de parfums pour permettre aux clients, informés de l'origine étrangère aux sociétés de luxe titulaires des marques reproduites dans ces tableaux, de retrouver le parfum qui les intéresse, commercialisé sous des numéros[24].

454. – **Les fonctions de communication, d'investissement et de publicité.** Ces dernières années ont vu la Cour de justice identifier de nouvelles fonctions pour le droit de marque. Dans une affaire un peu ancienne, la Cour semblait tenir compte de l'image de luxe attachée aux produits du titulaire de la marque, relevant que : « le revendeur ne doit pas agir d'une façon déloyale à l'égard des intérêts légitimes du titulaire de la marque. Il doit donc s'efforcer d'éviter que sa publicité n'affecte la

Bristol, un écusson et la mention de l'année 1976, est purement décoratif et ne peut constituer la contrefaçon de la marque Westbury déposée pourtant pour des vêtements. – V., en ce sens, CJCE, 10 avr. 2008, aff. C-102/07, *Adidas AG et al. c/ Marca Mode CV et al.* : *Propr. industr.* 2008, comm. 41, obs. A. Folliard-Monguiral.

(20) V. TGI Paris, 18 déc. 2009 : *JurisData* n° 2009-016553 ; *Propr. industr.* 2010, comm. 28, nos obs., retenant que la reproduction des marques de diverses maisons d'édition dans les résultats offerts par la mise en œuvre du service « google livres » ne constitue pas une contrefaçon, ni une atteinte à leur renommée, car les marques sont employées non pour désigner des bases de données, services revendiqués, mais pour renseigner les internautes sur l'identité de l'éditeur de l'ouvrage recherché et dont des extraits sont proposés en résultat aux requêtes formulées. Cela permet d'identifier l'origine des extraits sans conduire l'internaute à confondre l'origine du service.

(21) V. J. Passa, *Traité*, *op. cit.*, nos 233 et s. – CJCE, 31 oct. 1974, aff. C-16/74, *Centrafarm BV/Winthrop*, pt 8 : *Rec. CJCE* 1974, I, p. 1183. – CJCE, 23 mai 1978, aff. C-102/77, préc.

(22) V. CJCE, 12 juin 2008, aff. C-533/06, *O2 Holding*, préc., retenant que la contrefaçon de marque suppose qu'il y ait une atteinte « à la fonction essentielle de la marque qui est de garantir aux consommateurs la provenance des produits ou des services, en raison d'un risque de confusion dans l'esprit du public [les signes en cause n'étaient pas identiques], défini comme le risque que le public puisse croire que les produits ou les services en cause proviennent de la même entreprise ou, le cas échéant, d'entreprises liées économiquement ».

(23) V., pour un rappel plus récent, CJCE, ord., 19 févr. 2009, aff. C-62/08, *UDV North America*, pt 50.

(24) CJCE, 18 juin 2009, aff. C-487/07, *L'Oréal c/ Bellure* : *Propr. industr.* 2009, comm. 51, obs. A. Folliard-Monguiral.

valeur de la marque en portant préjudice à l'allure et à l'image de prestige des produits en cause ainsi qu'à la sensation de luxe qui émane de ceux-ci »[25]. Mais c'est surtout l'affaire *L'Oréal c/ Bellure*, relative à des tableaux de correspondance de parfums, qui marque une évolution dans la jurisprudence de la Cour. Celle-ci a estimé que le droit de marque répondait à des fonctions de préservation de « communication, d'investissement ou de publicité », sans en définir le contenu[26]. Cette perception de la fonction du droit vient étayer l'analyse qui observe dans le droit de marque une technique juridique de réservation des résultats d'une activité d'investissement et de promotion publicitaire. Une nouvelle affaire donnait l'occasion à la Cour de persévérer dans cette voie. Un concurrent de la société *Interflora* avait sélectionné ce nom dans le cadre d'un service de référencement sur Internet lui permettant d'être prioritairement identifié lorsqu'un internaute entrait le mot « Interflora » ou une variante dans le moteur de recherche Google. La société Interflora se plaignait d'atteintes portées à sa marque[27]. La Cour de justice retient que : « Outre sa fonction d'indication d'origine et, le cas échéant, sa fonction publicitaire, une marque peut également être employée par son titulaire pour acquérir ou conserver une réputation susceptible d'attirer et de fidéliser les consommateurs »[28]. La décision permet à la Cour de décliner chacune des fonctions précédentes et d'en préciser la portée. S'agissant de la fonction d'indication d'origine, les juges nationaux devront observer l'attitude des internautes composant le public pertinent, normalement informés et attentifs : à défaut de confusion dans l'esprit de ceux-là, l'atteinte à la fonction d'origine ne sera pas constituée[29]. S'agissant de la fonction de publicité, la Cour retient que :

> « Le seul fait que l'usage, par un tiers, d'un signe identique à une marque pour des produits ou des services identiques à ceux pour lesquelles cette marque est enregistrée contraigne le titulaire de cette marque à intensifier ses efforts publicitaires pour maintenir ou augmenter sa visibilité auprès des consommateurs, ne suffit pas, dans tous les cas, pour conclure qu'il y a atteinte à la fonction de publicité de ladite marque. Il importe de souligner, à cet égard, que, si la marque constitue un élément essentiel du système de concurrence non faussé que le droit de l'Union entend établir, elle n'a cependant pas pour objet de protéger son titulaire contre des pratiques inhérentes au jeu de la concurrence[30]. »

(25) CJCE, 4 nov. 1997, aff. C-337/95, *Dior c/ Evora BV*, à propos de la revente hors réseau de produits de parfumerie de luxe mis dans le commerce pourtant avec l'accord du titulaire de la marque. – V., plus récemment, CJCE, 23 avr. 2009, aff. C-59/08, *Dior c/ Copad*, retenant : « Le titulaire de la marque peut invoquer les droits conférés par cette dernière à l'encontre d'un licencié qui enfreint une clause du contrat de licence interdisant, pour des raisons de prestige de la marque, la vente à des soldeurs de produits tels que ceux en cause au principal, pour autant qu'il soit établi que cette violation, en raison des circonstances propres à l'affaire au principal, porte atteinte à l'allure et à l'image de prestige qui confèrent auxdits produits une sensation de luxe », sachant qu'il appartiendra au juge national de vérifier si les conditions de revente portent atteinte en effet à cette sensation de prestige attachée à la marque, constituant une atteinte à la qualité des produits et donc un motif légitime à s'opposer à l'effet de l'épuisement par la mise sur le commerce avec l'accord du titulaire.

(26) CJCE, 18 juin 2009, aff. C-487/07, *L'Oréal c/ Bellure*, préc., pt 63 : il appartiendra au juge national de vérifier si l'usage qui est fait des marques de tiers, dans ces tableaux, est susceptible de porter atteinte à l'une de ces fonctions de la marque.

(27) CJUE, 22 sept. 2011, aff. C-323/09, *Interflora c/ Marks & Spencer* : *D.* 2011, 2332, obs. C. Manara, et 2012, S. Durrande.

(28) CJUE, 22 sept. 2011, préc., pt 60.

(29) CJUE, 22 sept. 2011, préc., pt 51 et s. : il faudra vérifier si les internautes sont conscients, à la lecture du message qui accompagne le lien commercial, que les services proposés le sont par une société qui n'appartient pas au réseau Interflora et si l'emploi des termes « M & S Flowers » est suffisant pour écarter un tel lien. – V. déjà, sur ces questions, l'arrêt *Google*, CJUE, Gde ch., 23 mars 2010, aff. C-236/08 : *D.* 2010, 885, obs. C. Manara, 1966, nos obs. et 2011, p. 908, obs. S. Durrande ; *RTDE* 2010, 939, chron. E. Treppoz ; *Comm. com. électr.* 2010, comm. 93, obs. Ch. Caron ; suivi « des arrêts Google » en France, Cass. com., 12 juill. 2012, n°s 11-13.666, 11-13.669 et 11-15.165 : *D.* 2012, pan. dr. numérique, 2346, nos obs.

(30) CJUE, 22 sept. 2011, préc., pt 57.

Enfin, s'agissant de la fonction d'investissement, la Cour adopte pareillement une position très favorable à la concurrence en constatant que, certes, l'usage accompli par le tiers peut conduire le titulaire de la marque à davantage d'efforts, et sans doute s'avérer plus coûteux, mais cette conséquence ne suffit pas à caractériser une atteinte à la fonction de marque[31]. La Cour conclut que les juges nationaux devront « vérifier si l'usage, par [le concurrent], du signe identique à la marque Interflora met en péril le maintien, par Interflora, d'une réputation susceptible d'attirer et de fidéliser des consommateurs »[32]. Dans une autre affaire relative à l'application de la règle de l'épuisement du droit[33], la Cour de justice a dû se prononcer sur les conditions de commercialisation de bouteilles de gaz qui sont rechargeables par des concurrents du titulaire de la marque apposée sur lesdites bouteilles[34]. La Cour estime, qu'en l'espèce, ces bouteilles ont vocation à être rechargées plusieurs fois, à la différence d'un emballage classique, ce qui conduit à retenir pour celles-ci un usage économique autonome. Le titulaire de la marque ne pourra s'opposer au remplissage opéré par un tiers que s'il démontre que les conditions de cette commercialisation conduisent le consommateur à établir un lien économique entre les différents opérateurs[35]. En reconnaissant au droit de marque une fonction de « communication, d'investissement et de publicité », la Cour de justice prend la mesure de l'analyse qui observe dans ce droit une technique juridique assurant à son titulaire la réservation des résultats d'une activité d'investissement et de promotion publicitaire sur un signe distinctif associé à un produit ou un service.

§ 2. – L'inventaire des prérogatives légales

455. – **Actes de contrefaçon. Plan.** Si les principaux actes de contrefaçon tiennent dans la reproduction et l'imitation non autorisées par le titulaire de la marque du signe enregistré (I), ces références n'épuisent pas le champ de l'interdit légal (II).

I. – Principaux actes de contrefaçon, la reproduction et l'imitation

456. – **Plan.** Dans la déclinaison des actes de contrefaçon, on distinguera les actes ne nécessitant pas l'existence d'un risque de confusion relevant de l'article L. 713-2 du Code de la propriété intellectuelle (A) de ceux qui, au contraire, doivent être accompagnés de cette démonstration pour que l'atteinte au droit de marque soit constituée et relevant de l'article L. 713-3 du même code (B).

(31) CJCE, 22 sept. 2011, préc., même « si cet usage a pour seule conséquence d'obliger le titulaire de cette marque à adapter ses efforts pour acquérir ou conserver une réputation susceptible d'attirer et de fidéliser les consommateurs. De la même manière, la circonstance que ledit usage conduise certains consommateurs à se détourner des produits ou des services revêtus de ladite marque ne saurait être utilement invoquée par le titulaire de cette dernière ».

(32) CJUE, 22 sept. 2011, préc., pt 65.

(33) V. *infra*, n° 474, délit de substitution et remplissage et n° 656, épuisement du droit.

(34) CJUE, 14 juill. 2011, aff. C-46/10, *Viking Gas : Europe* 2011, 366, obs. L. Idot.

(35) Or, sur ce marché, les consommateurs ont l'habitude en effet de pouvoir réutiliser les bouteilles de gaz et le risque d'attribuer une fausse origine peut être écarté lorsque l'offre de recharge est accompagnée d'une autre marque qui vient informer la clientèle.

A. – Les actes ne nécessitant pas la présence d'un risque de confusion

457. – **Énumération légale.** L'article L. 713-2 du Code de la propriété intellectuelle dispose :

« Sont interdits, sauf autorisation du propriétaire : *a)* la reproduction, l'usage ou l'apposition d'une marque, même avec l'adjonction de mots tels que : "formule, façon, système, imitation, genre, méthode", ainsi que l'usage d'une marque reproduite pour des produits ou services identiques à ceux désignés dans l'enregistrement ; *b)* la suppression ou la modification d'une marque régulièrement apposée. »

Pour l'essentiel, cet article énonce la prohibition, sans autorisation du propriétaire, de la reproduction de la marque ainsi que sa suppression ou modification. L'appréciation de la notion de reproduction a justifié une évolution sous l'influence de la Cour de justice ; lorsqu'il y a une identité (signe identique pour désigner des produits et services identiques), en principe la contrefaçon est constituée et la sanction était jusque-là systématique, la preuve du risque de confusion n'était pas exigée(36). Si la suppression de marque ou la modification d'une marque régulièrement apposée ne posent pas véritablement de difficulté au regard de son sens, peut-être davantage au regard de sa conformité avec la directive(37), la formule employée à propos de la reproduction a donné lieu à une jurisprudence française particulièrement favorable au titulaire, position qui a dû être modifiée.

458. – **La reproduction à l'identique, avant l'intervention de la Cour de justice.** La notion de reproduction s'entend d'abord de la situation dans laquelle la marque authentique est reproduite à l'identique pour des produits ou services identiques. L'hypothèse est rare tant le contrefacteur cherchera à se distancier, même légèrement, de la marque ou des produits d'origine ; elle suggère la contrefaçon de produits de luxe pour lesquels la recherche de la plus grande proximité est de mise. Au-delà de ce cas de figure, la jurisprudence française a étendu la notion de reproduction à l'identique à la reproduction au quasi-identique ou quasi-servile, puis à la reproduction partielle, par adjonction ou retrait. Ainsi, lorsque les signes en présence ne présentaient pas vraiment de différence (une lettre en plus ou en moins, une lettre différente mais de même forme comme le G et le O, un détail en moins sur un logo), les juges considéraient qu'il convenait de se placer sur le terrain de la double identité, sans qu'il y ait à prendre en compte l'existence d'un risque de confusion(38). La quasi-identité emportait contrefaçon sans que le titulaire n'ait à se soucier de rapporter la démonstration d'une potentielle erreur pour le consommateur concerné. Mieux, lorsque la marque opposée dans le contentieux se présen-

(36) Cass. com., 2 juill. 2002 : *PIBD* 2003, n° 755, III, p. 18. – V., sur les contours de la protection, avec les affaires de la Cour de justice précitées, *Opel et Céline* : CJCE, 25 janv. 2007, aff. C-48/05, *Adam Opel* : *PIBD* 2007, n° 849, III, p. 241 ; *Propr. industr.* 2007, comm. 18, obs. A. Folliard-Monguiral ; *Propr. intell.* 2008, n° 26, p. 142, obs. G. Bonet. – CJCE, Gde ch., 11 sept. 2007, aff. C-17/06, *Céline* : *PIBD* 2007, n° 863, III, p. 698 ; *Propr. industr.* 2007, comm. 86, obs. A. Folliard-Monguiral ; *Propr. intell.* 2008, n° 26, p. 142, obs. G. Bonet.

(37) Ce ne sont pas les actes de contrefaçon les plus fréquents, car si l'atteinte est manifeste du fait de la suppression ou de la modification de la marque d'autrui, l'intérêt pour le contrefacteur apparaît moins net ; V., sur la question de l'absence de conformité, J. Passa, *Traité*, *op. cit.*, n° 281.

(38) Ainsi, *Marriage et Mariage*, CA Paris, 5 févr. 1970 : *Ann. propr. ind.* 1970, p. 110. – *Hermès et Helmès*, CA Paris, 8 févr. 1988 : *PIBD* 1988, n° 438, III, p. 343. – *Kenzo et Kendo*, CA Paris, 21 avr. 1988 : *PIBD* 1988, n° 442, III, p. 456. – Et même *Calèche et Ça lèche*, CA Paris, 21 nov. 1989 : *PIBD* 1990, n° 481, III, p. 422 ; *Golconde* et *Golconda*, CA Paris, 2 juin 1995 : *Ann. propr. ind.* 1995, p. 144.

tait sous la forme d'un mot et que le prétendu contrefacteur utilisait ce mot ajouté à un autre élément, les juges considéraient qu'il s'agissait d'une reproduction partielle (la marque se trouvait bien présente, à l'identique, dans le signe querellé) par adjonction d'un ou plusieurs autres éléments. De même, lorsque la marque opposée était composée de plusieurs éléments et que le signe querellé n'en reproduisait qu'un seul, les juges retenaient la contrefaçon par reproduction partielle par retrait (puisqu'un ou plusieurs éléments de la marque se trouvaient retirés du signe critiqué)(39). Enfin, la reprise du mot distinctif vedette, à l'identique, permettait aux juges de considérer qu'il y avait encore contrefaçon par « reproduction », le texte de l'article L. 713-2 du Code de la propriété intellectuelle envisageant la sanction d'une reproduction « même avec l'adjonction de mots tels que : formule, façon, système, imitation, genre, méthode ». Cette jurisprudence permettait l'économie de la preuve du risque de confusion dans des situations néanmoins assez éloignées d'une reproduction à l'identique *stricto sensu*(40). Les juges estimaient néanmoins qu'il n'y avait plus de reproduction à l'identique (partielle) lorsqu'une des formules en cause constituait un tout indivisible, modifiant alors sensiblement l'appréhension des signes. Ainsi, la formule *Eau de roche* n'est pas la contrefaçon de *Roche*, car le mot « roche » renvoie à une pierre, un objet solide et perd son individualité dans la première formule qui suggère irrésistiblement un liquide, une eau particulière(41). L'ensemble relève du pouvoir souverain d'appréciation des juges du fond(42).

459. – **La reproduction à l'identique et l'interprétation de la Cour de justice.** L'interprétation française, extensive, de la notion de contrefaçon par reproduction au sens de l'article L. 713-2 du Code de la propriété intellectuelle et de l'article 5.1, a) de la directive a été soumise à la Cour de justice dans les circonstances suivantes(43). L'affaire mettait en cause une marque semi-figurative (caractères de fantaisie) revendiquant le prénom *Arthur* pour désigner notamment des vêtements, à une autre marque, nominale, reproduisant à l'identique ce prénom masculin mais associé à un prénom féminin : *Arthur et Félicie* pour désigner des

(39) Par ex., il a été jugé que *Femme 2000* contrefait la marque *Femme*, CA Paris, 26 juin 1990 : *PIBD* 1991, n° 492, III, p. 53. – Que la formule *Lu et approuvé* et *J'ai lu* sont des contrefaçons de la marque *Lu*, CA Paris, 18 déc. 1991 : *PIBD* 1992, n° 521, III, p. 251. – Ainsi encore, il a été jugé que la marque *Petit Pierrot* était la contrefaçon de la marque *Pierrot gourmand*, car le prénom est le mot vedette repris à l'identique, Cass. com., 12 mai 1975 : *Ann. propr. ind.* 1977, p. 209. – De même, que la marque *King Douglas* constituait la contrefaçon de la marque *Mac Douglas*, CA Paris, 31 janv. 1990 : *Ann. propr. ind.* 1992, p. 26. – Ou encore que *Mademoiselle âge tendre* contrefait la marque *Mademoiselle*, Cass. com., 20 mai 1969 : *PIBD* 1969, n° 28, III, p. 349.

(40) Le dictionnaire *Le Petit Larousse* retient comme définition de l'identique, qui provient du latin *idem*, le même, « Qui ne diffère en rien d'un autre ; qui présente avec quelqu'un, quelque chose une parfaite ressemblance ».

(41) Cass. com., 2 déc. 1974, n° 73-11.899 : *Ann. propr. ind.* 1975, p. 88. – Par exemple encore, il a été jugé que la marque *American Eagle* ne contrefait pas la marque *Aigle*, CA Paris, 16 janv. 1989 : *Ann. propr. ind.* 1990, p. 281.

(42) Cass. com., 13 déc. 2011, n° 10-10.348. – Cass. com., 2 nov. 2011, n° 10-26.201.

(43) CJCE, 20 mars 2003, aff. C-291/00, *LTJ Diffusion c/ Sadas Verbaudet*, *Arthur c/ Arthur* et *Félicie* : *PIBD* 2003, n° 771, III, p. 441 ; *Comm. com. électr.* 2003, comm. 47, obs. Ch. Caron ; *Propr. industr.* 2003, chron. 8, Ch. Vilmart et comm. 88, nos obs. ; *Propr. intell.* 2003, n° 7, p. 203, obs. G. Bonet, retenant, pour motiver sa décision : « Le critère d'identité du signe et de la marque doit faire l'objet d'une interprétation restrictive. En effet, la définition même de la notion d'identité implique que les deux éléments comparés soient en tous points les mêmes », pt 50 et : « Toutefois, la perception d'une identité entre le signe et la marque doit être appréciée globalement dans le chef d'un consommateur moyen qui est censé être normalement informé et raisonnablement attentif et avisé. Or, à l'égard d'un tel consommateur, le signe produit une impression d'ensemble. En effet, ce consommateur moyen n'a que rarement la possibilité de procéder à une comparaison directe des signes et des marques, mais doit se fier à l'image non parfaite qu'il en a gardée en mémoire. En outre, le niveau d'attention est susceptible de varier en fonction de la catégorie de produits ou de services en cause (voir, en ce sens, arrêt du 22 juin 1999, *Lloyd Schuhfabrik Meyer*, C-342/97, *Rec.* p. I-3819, point 26) », pt 52.

produits identiques. En France, la notion de reproduction partielle avec adjonction permettait de faire l'économie du risque de confusion, mais cette interprétation était-elle conforme aux termes de la directive ? La Cour de justice a considéré que :

CJCE, 20 mars 2003, aff. C-291/100, pt 54
« Dans ces conditions, (...) l'article 5, paragraphe 1, sous *a)*, de la directive doit être interprété en ce sens qu'un signe est identique à la marque lorsqu'il reproduit, sans modification ni ajout, tous les éléments constituant la marque ou lorsque, considéré dans son ensemble, il recèle des différences si insignifiantes qu'elles peuvent passer inaperçues aux yeux d'un consommateur moyen. »

Par conséquent, désormais, si la contrefaçon au quasi-identique demeure considérée comme une reproduction à l'identique (lorsqu'il existe des différences insignifiantes entre les signes pour le consommateur d'attention moyenne), tel n'est plus le cas de la contrefaçon par reproduction partielle avec adjonction ou retrait. Dès que la différence entre les signes est autre qu'insignifiante, il n'y a plus reproduction à l'identique ; il convient de se placer sur un autre terrain, celui de l'imitation visée à l'article L. 713-3 du Code de la propriété intellectuelle qui appelle la démonstration d'un risque de confusion. La jurisprudence française[44] et l'INPI[45] se sont conformés très rapidement à cette interprétation. Par exemple, dans une affaire opposant la marque *Sun Valley* au signe *Deep Valley*, il a été jugé :

« Il résulte de la jurisprudence de la CJCE qu'en l'absence de reproduction à l'identique de la marque revendiquée comprenant la reproduction de l'intégralité des éléments de la marque, selon la même configuration et pour les mêmes produits, la contrefaçon est appréhendée sous l'angle de l'imitation et de la démonstration d'un risque de confusion[46]. »

460. – La « protection absolue » du propriétaire au cas de contrefaçon présentant une double identité de signes et de produits. La directive n° 2008/95 mentionne en cas de reproduction (à l'identique ou au quasi-identique) de la marque par un tiers non autorisé, pour désigner des produits et services identiques (double identité entre les deux signes et les produits – ou services – en relation), que le titulaire bénéficie d'une « protection absolue »[47]. Il s'agit alors seulement de

(44) La jurisprudence est très frileuse et estime souvent qu'à la moindre différence entre les signes, il n'y a plus de « reproduction », en ce sens, S. Durrande : *JCl. Marques-Dessins et Modèles*, Fasc. 7511, n°s 32 et 33. – Cass. com., 26 nov. 2003, n° 01-11.593, *Clinique du Rond-Point : Ann. propr. ind.* 2003, p. 469. – Cass. com., 26 nov. 2003, n° 00-20.923, *La Poste c/ N'post : Bull. civ.* 2003, IV, n° 185 ; *D.* 2005, pan. 505, obs. S. Durrande et Cass. com., 26 nov. 2003, n°s 00-18.046 et 00-18.047, *Orangina Move c/ Moove*. – Cass. com., 2 févr. 2010, n° 09-11.686, *Interplus : PIBD* 2010, n° 914, III, p. 166. – Et sur renvoi, considérant que les différences ne sont pas insignifiantes, CA Paris, 20 mai 2011 : *PIBD* 2011, n° 943, III, p. 463.

(45) Ainsi, l'INPI a modifié ses formulaires d'opposition qui mentionnaient, au titre de la contrefaçon par reproduction, « reproduction à l'identique » ou « reproduction partielle », faisant disparaître cette formule ; certaines décisions françaises avaient devancé l'arrêt de la Cour de justice, V. C. Verneret, *Évolution jurisprudentielle en matière d'appréciation de la contrefaçon de marque : JCP* E 2001, p. 485. – G. Requéna, *L'évolution récente de la jurisprudence française en matière d'appréciation de la contrefaçon de marque : D.* 2001, p. 3602.

(46) CA Aix-en-Provence, 24 nov. 2000 : *PIBD* 2000, 719, III, 246. – Cass. com., 4 févr. 2004 : *PIBD* 2004, n° 786, III, p. 293 ; *Propr. intell.* 2004, n° 13, p. 959, obs. X. Buffet-Delmas.

(47) Dir. n° 2008/95, consid. 11. – Le considérant 16 de la directive n° 2015/2436 reprend : « La protection conférée par la marque enregistrée, dont le but est notamment de garantir la marque en tant qu'appellation d'origine, devrait être absolue en cas d'identité entre la marque et le signe et entre les produits ou les services. La protection devrait valoir également en cas de similitude entre la marque et le signe et entre les produits ou les services. Il est indispensable d'interpréter la notion de similitude en relation avec le risque de confusion. Le risque de confusion, dont l'appréciation dépend de nombreux facteurs et, notamment, de la connaissance de la marque sur le marché, de l'association qui peut en être faite avec le signe utilisé ou enregistré, du degré de similitude entre la marque et le signe et entre les produits ou les services désignés, devrait constituer la condition spécifique de la protection. Les moyens par lesquels un risque de confusion peut être constaté, et en particulier la charge de la preuve y afférente, devraient relever des règles nationales de procédure auxquelles la présente directive ne devrait pas porter préjudice ».

différencier cette hypothèse de l'imitation de la marque pour des produits et services identiques ou similaires ou de la reproduction de la marque pour des produits et services simplement similaires qui nécessitent la démonstration d'un risque de confusion. Ainsi pendant des années, au cas de contrefaçon présentant une double identité de signes et des produits (ou services) associés, l'appréciation était simple puisque la contrefaçon était établie de façon quasi systématique. Le doute n'était guère permis : les sanctions liées à la contrefaçon étaient assurées. C'est le sens de la référence à une « protection absolue » du propriétaire de la marque.

461. - **La contrefaçon portant double identité de signes et de produits néanmoins soumise aux fonctions de la marque.** Or, ces dernières années, il est apparu qu'avec l'émergence dans la jurisprudence de la Cour de justice du rôle prêté aux fonctions de la marque (V. *supra*, n°s 452 et s.), l'automaticité de la sanction au cas d'une reproduction présentant une double identité (mêmes signes pour les mêmes produits – ou services –) n'était plus de mise : en telle hypothèse, le propriétaire de la marque devra en effet démontrer en outre en quoi la reproduction litigieuse a pu porter atteinte à l'une des fonctions de la marque. L'affaire la plus caractéristique pour qui était habitué à l'automaticité de la sanction en cas de double identité est le cas *Opel* jugé par la Cour de justice(48). La société Opel avait enregistré une marque figurative représentant un cercle avec à l'intérieur une sorte d'éclair horizontal, pour désigner des véhicules automobiles mais également des jouets, en ce compris des voitures miniatures. Elle a poursuivi une société qui commercialisait des miniatures sous sa propre marque (Cartonic avec l'indication Autec ®) pour avoir reproduit ses modèles de voiture associés à la marque figurative précitée, sur le fondement de la double identité : signe identique à la marque en relation avec des produits identiques à ceux revendiqués par le titre. Là où la condamnation pouvait sembler assurée, la Cour de justice, saisie d'une question préjudicielle, a tout d'abord observé que la juridiction de renvoi (allemande) avait pris soin d'expliquer que « le consommateur moyen des produits de l'industrie du jouet, normalement informé et raisonnablement attentif et raisonné, est habitué à ce que les modèles réduits s'appuient sur des exemples réels et accorde même beaucoup d'importance à la fidélité absolue à l'original ». Cela laisse à penser que ce consommateur attend de retrouver les logos et écussons propres à chaque marque reproduite dans ces modèles réduits sans pour autant établir un lien entre ces éléments figuratifs pour lui et l'origine des modèles. Si, pour ce consommateur, le logo renvoie à l'origine des véhicules miniatures, alors en effet la contrefaçon est établie ; à défaut, si ce n'est qu'un détail attendu, sans aucun lien avec l'origine de la production, l'atteinte à l'une de ses fonctions de la marque n'est pas matérialisée. La Cour de justice conclut que :

> « C'est à la juridiction de renvoi de déterminer, par référence au consommateur moyen de jouets en Allemagne, si l'usage en cause au principal porte atteinte aux fonctions du logo Opel en tant que marque enregistrée pour des jouets. Au demeurant, Adam Opel ne paraît pas avoir allégué que cet usage porte atteinte à d'autres fonctions de cette marque que sa fonction essentielle(49). »

(48) CJCE, 25 janv. 2007, aff. C-48/05, *Adam Opel*, préc. : *Propr. industr.* 2007, comm. 18, obs. A. Folliard-Monguiral : tout est relatif, même la protection absolue.

(49) Arrêt *Opel*, *op. cit.*, pt 25. – Dans sa note, A. Folliard-Monguiral observe qu'en effet, d'autres fonctions auraient pu être concernées, telles l'atteinte à « l'image de prestige » ou à la renommée de la marque (V. CJCE, 4 nov. 1997, aff. C-337/95, *Dior* et CJCE, 11 nov. 1997, aff. C-349/95, *Ballantine*). Selon lui, « la garantie de qualité serait une fonction "dérivée" qui,

On le voit, la reprise de la marque d'autrui à l'identique, pour désigner des produits et services identiques est loin de conduire automatiquement à une sanction. La Cour de justice a été très claire et les juges nationaux allemands ont d'ailleurs conclu, au cas d'espèce, qu'il n'y avait pas d'atteinte à la fonction d'origine de la marque, car le logo n'était pas perçu par le public concerné comme une marque, mais comme un élément de décor fidèle au modèle reproduit(50). La cour d'appel de Paris, dans une affaire assez semblable, a considéré que le fait pour des maquettes de reproduire le célèbre voilier dénommé Belem(51), avec la reproduction de cette marque, ne constituait pas une contrefaçon dès lors que le nom constituait ici une caractéristique du navire, fidèlement reproduite, sans que le public concerné n'y voie une origine commerciale(52). Dans une autre affaire, la société Céline SA poursuivait une SARL Céline pour user de sa marque, à l'identique, dans sa dénomination sociale, son nom commercial et son enseigne, alors que les produits concernés étaient identiques (vêtements). Là aussi, il était possible de s'attendre à une condamnation sans autre discussion. Mais, là aussi, la Cour de justice, saisie d'une question préjudicielle, apporte une réponse qui oblige à davantage de circonspection. En effet, la Cour estime qu'il n'y a pas d'atteinte automatique au droit de marque et les juges nationaux devront vérifier, dans les faits, si le public de référence est susceptible d'établir un lien indu avec les productions ou prestations du titulaire : dans l'affirmative, la contrefaçon est établie ; dans la négative, l'usage est licite(53). La cour d'appel de Nancy a analysé les faits à l'aune des prescriptions de la Cour de justice pour conclure à une atteinte à la marque(54). Si la formule de Pouillet demeure, « la contrefaçon, c'est en quelque sorte la fabrication même de la marque contrefaite ; c'en est l'exécution matérielle, en dehors de tout emploi, de toute apposition sur une marchandise... »(55), il faut désormais la tempérer par la nécessaire prise en considération des fonctions de la marque. Même dans des hypothèses de reproduction présentant une double iden-

---

à défaut d'être inhérente à la marque, devrait être acquise par l'usage et la reconnaissance sur le marché ». Pour cela, il aurait fallu démontrer que la loi nationale a opté pour la protection des marques renommées hors du principe de spécialité et, en outre, que l'usage critiqué tire, sans juste motif, indûment profit du caractère distinctif ou de la renommée de la marque Opel acquise pour des voitures, ou leur porte préjudice (pt 34-37). Tel n'était pas le cas.

(50) Cour suprême allemande (*Bundesgerichthof*), 14 janv. 2010 : *Flash Apram* 12 févr. 2010, n° 153.

(51) Seul témoignage apparemment des voiliers composant la flotte commerciale française du XIXe siècle.

(52) CA Paris, 31 oct. 2008 : *PIBD* 2008, n° 888, III, p. 762.

(53) CJCE, 11 sept. 2007, aff. C-17/06, *Céline* : *PIBD* 2007, n° 863, III, p. 698 ; *Propr. industr.* 2007, comm. 86, obs. A. Folliard-Monguiral ; *Propr. intell.* 2008, n° 26, p. 142, obs. G. Bonet ; *RTD com.* 2007, p. 712, obs. J. Azéma ; *RTDE* 2007, p. 685, obs. J. Schmitd-Szalewski. La Cour retient : « L'usage d'un signe protégé comme marque et utilisé par un tiers comme dénomination sociale, nom commercial ou enseigne n'a en principe pas pour finalité de distinguer des produits ou des services. Un tel usage est cependant fait "pour" des produits ou services, au sens de l'article 5(1) de la directive, si ce signe est apposé sur les produits ou si un lien peut s'opérer avec le propriétaire de la marque antérieure. Si ces conditions sont remplies, l'article 6(1)(a) de la directive permet encore de déroger au droit exclusif de marque si l'usage du nom est conforme aux usages honnêtes en matière commerciale ». La Cour précise que ces usages doivent être appréciés en tenant compte du fait qu'une partie significative du public visé par la dénomination sociale, le nom commercial ou l'enseigne peut établir un lien entre la marque et les produits et services concernés, sachant que plus la marque est connue, plus le public pourra être conduit à établir un tel lien (pt 34).

(54) CA Nancy, 6 avr. 2010 : *Flash Apram* 20 mai 2010, n° 157, retenant que le signe Céline est reproduit sur les étiquettes de prix apposées sur les produits eux-mêmes, les sacs et factures remis aux clients, concluant : « Même si le signe Céline n'est dans aucun cas directement apposé sur les produits commercialisés par la SARL Céline, celle-ci fait usage, non seulement pour identifier la personne morale exploitante du fonds de commerce, mais aussi pour distinguer et individualiser les produits qu'elle commercialise ». La cour d'appel estime alors qu'il est ainsi porté atteinte à la fonction essentielle de la marque, d'autant que les produits concernés sont identiques. La cour d'appel estime encore qu'il n'y a place aux usages honnêtes du commerce, car l'adoption du prénom Céline date de 1992, date à laquelle la SA Céline était déjà notoirement connue ; Cass. com., 7 juin 2011, n° 10-20.655, rejetant le pourvoi.

(55) E. Pouillet, *Traité des marques de fabrique et de la concurrence déloyale*, Taillefer & Claro, 6e éd., 1912, n° 256.

tité (de signes et de produits), l'usage reproché doit encore porter atteinte à l'une des fonctions de la marque, et notamment à celle d'indication d'une origine commerciale particulière. La contrefaçon ne se déduit pas automatiquement du seul constat de la reproduction à l'identique de la marque pour désigner des produits identiques.

B. – Les actes nécessitant la présence d'un risque de confusion

462. – **La contrefaçon par imitation.** L'article L. 713-3 du Code de la propriété intellectuelle (comp. Dir. n° 2008/95, art. 5.1, b), devenu art. 10.2, b), Dir. n° 2015/2436 et encore Règl. n° 207/2009, modifié par Règl. n° 2015/2424, art. 9.1, b) retient pour sa part :

> « Sont interdits, sauf autorisation du propriétaire, s'il peut en résulter un risque de confusion dans l'esprit du public : *a)* la reproduction, l'usage ou l'apposition d'une marque, ainsi que l'usage d'une marque reproduite, pour des produits ou services similaires à ceux désignés dans l'enregistrement ; *b)* l'imitation d'une marque et l'usage d'une marque imitée, pour des produits ou services identiques ou similaires à ceux désignés dans l'enregistrement. »

Le texte ne concerne plus une contrefaçon présentant une double identité de signes et de produits, soit que les signes confrontés se distinguent alors que les produits restent similaires, soit que la reprise de marque s'opère pour des produits distincts. On parle de contrefaçon par imitation. La preuve d'un risque de confusion dans l'esprit du public est alors exigée au succès de l'action. En suite à la jurisprudence *Arthur c/ Arthur et Félicie* de la Cour de justice (V. *supra*, n° 459), l'existence d'une différence entre les signes en présence (marque déposée et signe querellé, enregistré ou pas) perceptible par le consommateur d'attention moyenne intéressé par les produits ou services concernés écarte le grief de reproduction à l'identique pour lequel la preuve du risque de confusion n'est pas à apporter[56]. Selon une formule célèbre : « L'imitation est une contrefaçon qui cherche à se déguiser »[57]. De même, le risque de confusion est encore exigé lorsque la marque est reproduite en relation avec des produits ou services simplement similaires à ceux revendiqués par la marque. À plus forte raison, il en va de même lorsque la marque est simplement imitée par un tiers pour des produits ou services simplement similaires. Plus le signe s'éloigne de la marque et plus les produits et services confrontés sont distincts, plus il sera difficile de démontrer que le public pertinent peut être induit en erreur sur l'origine des productions et des prestations qu'il recherche. La situation s'éloigne de l'atteinte au droit privatif, pour rejoindre le cas échéant le terrain de la responsabilité civile. Le demandeur sera néanmoins attentif au fondement de son action. Il a été jugé que l'action en contrefaçon visant à protéger un droit privatif tandis que l'action en concurrence déloyale vient sanctionner une faute préjudiciable, la demande, en appel, fondée sur la contrefaçon est irrecevable lorsqu'en première instance seule la concurrence déloyale était avancée[58]. En revanche, les juges du fond ont accueilli une demande en contrefaçon par imitation, alors qu'en

(56) Que les produits soient identiques ou similaires à ceux visés par la marque opposée.

(57) P. Mathély, *Le droit français des signes distinctifs*, Paris, LJNA, 1984, p. 528, poursuivant : « L'imitation n'est pas d'une constance fixe, mais comporte toute une série de degrés : le signe imitant peut être très proche du signe original, et lui ressembler d'une façon entière ; mais il peut s'en éloigner progressivement pour arriver à s'en distinguer suffisamment ».

(58) Cass. com., 29 mars 2011, n° 09-71.990 : *JurisData* n° 2011-004944, une souris verte ; *Propr. industr.* 2010, chron. 7, n° 3, obs. J. Larrieu.

première instance l'action se fondait sur des actes de contrefaçon par reproduction, car ces actions tendent aux mêmes fins[(59)].

463. – **La comparaison des signes, éléments d'appréciation.** L'appréciation de l'imitation s'avère délicate, un risque de confusion venant se déduire de la proximité des signes ou produits. Pour ne pas accorder une protection illusoire au titulaire de la marque, il apparaît nécessaire de le protéger également contre des reproductions approximatives de sa marque. À défaut, des différences mineures, systématiquement introduites par le contrefacteur, suffiraient à l'impunité : c'est la raison pour laquelle, comme en droit d'auteur, la contrefaçon s'apprécie en regard des ressemblances et point des seules différences[(60)]. Pour rechercher l'imitation illicite, les juges mettent en œuvre plusieurs critères.

464. – **Une appréciation synthétique et l'importance des ressemblances.** Depuis longtemps, la jurisprudence a choisi d'effectuer une appréciation synthétique des signes en présence afin d'analyser si les ressemblances sont telles qu'un risque de confusion est probable[(61)]. La Cour de justice a approuvé cette analyse à plusieurs reprises[(62)]. Il convient de retenir, en outre, davantage les ressemblances entre les signes que les différences[(63)]. La méthode mise en œuvre consiste à se placer dans la situation du consommateur intéressé par le type de produits ou services concernés par la marque litigieuse et qui n'aurait pas ces éléments simultanément sous les yeux ou à l'oreille[(64)]. Son attention est moindre et celui-ci va surtout être marqué par les ressemblances. La comparaison doit donc être synthétique : l'étude des signes se fait dans leur ensemble, et non pas élément par élément, même si la démarche n'interdit pas de constater que, parmi les éléments de la marque complexe, seuls les termes distinctifs sont pertinents[(65)]. La Cour de cassation reste

(59) CA Paris, 11 juin 2003 : *PIBD* 2004, n° 779, III, p. 77 ; *Ann. propr. ind.* 2003, p. 269.

(60) Ainsi, sont régulièrement cassées les décisions des juges du fond qui font surtout, voire exclusivement, référence aux différences, sans tenir compte des ressemblances d'ensemble, Cass. com., 25 mars 2014, *Lézard graphique* : *PIBD* 2014, n° 1006, III, p. 411 ; *Propr. industr.* 2014, comm. 47, nos obs. ; *Propr. intell.* 2014, n° 52, p. 299, obs. A. Bouvel.

(61) V. par ex., Cass. com., 13 janv. 2009, n°s 07-19.056 et 07-19.571, avec rectification erreur matérielle, Cass. com., 15 déc. 2009 : *PIBD* 2010, n° 912, III, p. 112 ; *Propr. intell.* 2010, n° 34, p. 666, obs. M. Sabatier. – Cass. crim., 5 mars 2014, n° 13-81.015 : *PIBD* 2014, n° 1005, III, p. 373.

(62) V. les affaires *Sabel*, CJCE, 11 nov. 1997, aff. C-251/95 et *Canon*, CJCE, 29 sept. 1998, aff. C-39/97 : *RTDE* 2000, p. 100, obs. G. Bonet, qui retient au pt 22 : « En deuxième lieu, il importe d'observer que, selon la jurisprudence de la Cour, le risque de confusion dans l'esprit du public, qui conditionne l'application de l'article 4, paragraphe 1, sous b), de la directive, doit être apprécié globalement en tenant compte de tous les facteurs pertinents du cas d'espèce (arrêt du 11 novembre 1997, *Sabel*, C-251/95, *Rec.* p. I-6191, point 22 ».

(63) Cass. com., 16 oct. 1985 : *Bull. civ.* 1985, IV, n° 242. – Cass. com., 25 mars 2014, *Lézard graphique*, préc., cassant la décision de cour d'appel qui s'attachait aux seules différences entre les signes.

(64) V. *infra*, n° 467.

(65) V. Cass. com., 20 févr. 2007, n°s 05-13.927 et 05-14.039, *Léonidas* : *Bull. civ.* 2007, IV, n° 59 ; *PIBD* 2007, n° 851, III, p. 304 ; *Propr. industr.* 2007, comm. 26, nos obs., relevant qu'en présence de marques complexes, les juges du fond ne peuvent exclusivement se fonder sur les similitudes existant entre les signes nominaux sans justifier que les éléments graphiques sont insignifiants ou non distinctifs. – Cass. com., 10 févr. 2009, n° 07-22.061, cassant les juges d'appel qui se sont fondés exclusivement sur les éléments figuratifs sans tenir compte des éléments nominaux et sans justifier leur position : *PIBD* 2009, n° 894, III, p. 961 ; *Propr. intell.* 2009, n° 31, p. 193, obs. M. Sabatier ; *RTD com.* 2010, p. 314, obs. F. Pollaud-Dulian. – V. encore, Cass. com. 10 mai 2011, n° 10-18.812 : *PIBD* 2011, n° 943, III, p. 455, relevant que les juges du fond ne peuvent fonder leur solution sur un élément vedette que sous réserve d'avoir jugé que les autres sont négligeables. Ainsi, les extensions des noms de domaine ne sont en général pas prises en compte dans l'appréciation, car elles sont purement nécessaires et techniques (« .com », « .fr », ou le préfixe « 3615 » lorsque les minitels existaient encore en France). – De même, il a été jugé que le radical « elec » pour désigner des produits ou services en matière électrique n'entre pas en ligne de compte dans la comparaison, CA Lyon, 11 mars 1971 : *D.* 1972, 307, note A. Chavanne, confirmé par Cass. com., 27 nov. 1972 : *D.* 1973, 189 ; *Ann. propr. ind.* 1973, 1 ; de même, il a été jugé que Triconfort devait coexister avec Policonfort car le nominal « confort » est descriptif, CA Paris, 26 sept. 1968 : *PIBD* 1969, n° 9, III, p. 100.

cependant attentive à la motivation des juges du fond qui écartent de leur appréciation un élément, générique[(66)].

465. - La référence aux similitudes entre les signes, casuistique. Les juges comparent la marque telle qu'enregistrée, et non pas telle que commercialisée[(67)], et se servent des similitudes phonétiques, visuelles et intellectuelles, afin d'apprécier si, selon eux, le risque de confusion est présent[(68)]. En matière de marques nominales notamment, s'agissant de similitudes phonétiques, les juges analysent la composition des signes par rapport au nombre de syllabes, aux sonorités employées (douce – e, i – ou forte – r, z), à la présence de lettres peu communes au regard de la langue employée (les z sont assez rares en France, surtout associés par exemple à un t : zt), à la syllabe d'attaque, etc. Ainsi, il a été jugé que la marque *Galeries Lafayette* était imitée par le signe *Galeries Layette*, que la marque *Le Rêve* était imitée par *Décarève*, que Marinelli imitait Martini, que *Betterware* imitait *Tupperware*, etc.[(69)]. Visuellement, les signes doivent également être comparés et il se peut que phonétiquement, ils soient éloignés alors que visuellement, ils ne le sont pas[(70)]. Par exemple, sans qu'il n'y ait de confusion phonétique possible, il paraît possible de considérer comme visuellement proches la lettre B en majuscule et le chiffre 8, tout comme la lettre O et le chiffre 0. Les marques figuratives sont soumises à la même appréciation et c'est ainsi, par exemple, qu'il a pu être jugé que la représentation d'un zèbre au galop était imitée par celle d'un zèbre au trot, ou encore que des représentations de joueurs de golf étaient trop semblables[(71)]. La démarche connaît sa limite : il faut veiller à ne pas protéger un genre. L'imitation peut encore résulter de la reprise d'une marque tridimensionnelle[(72)]. Enfin, les similitudes peuvent être conceptuelles (ou intellectuelles), par analogie ou par contraste. La décision la plus citée concerne la marque *La Vache qui rit* qui a été imitée par *La Vache sérieuse*[(73)]. Parfois, au contraire, la différence de sens est telle que, bien que les mots soient proches, l'imitation est repoussée[(74)]. À titre d'exemples, il a été jugé, dans une décision certes ancienne, que l'imitation était

(66) V. Cass. com., 20 févr. 2007, préc., et décisions citées ci-dessus.

(67) L'objet du droit de propriété est concrétisé par l'acte d'enregistrement et c'est donc cet acte qui fixe le signe protégé ainsi que les produits et les services nommément désignés qui vont accompagner ce signe. En revanche, la manière dont la marque est commercialisée peut avoir une incidence au regard de faits distincts de ceux articulés au titre de la contrefaçon et permettra de caractériser un acte de concurrence déloyale, V. aff. *Cachou Lajaunie*, Cass. com., 24 janv. 1995, n° 93-11.835, retenant que le choix de la couleur jaune par le contrefacteur constitue un fait distinct des actes de contrefaçon retenus puisque la marque ne revendiquait pas de couleur.

(68) V., sur la référence à ces similitudes par la Cour de justice, aff. *Canon*, CJCE, 29 sept. 1998, préc., et *Lloyd*, CJCE, 22 juin 1999, aff. C-342/97.

(69) Respectivement, CA Aix-en-Provence, 5 nov. 1927 : *Ann. propr. ind.* 1927, 167. – Cass. com., 29 nov. 1994, n° 13.12.612 : *PIBD* 1995, n° 583, III, p. 124. – Cass. com., 1er avr. 1997 : *PIBD* 1997, n° 634, III, p. 329. – CA Paris, 23 juin 2000 : *PIBD* 2000, n° 708, III, p. 555.

(70) Par ex., BRIG constitue l'imitation illicite de BRIO, car les seules lettres qui diffèrent sont de formes très rondes et peuvent être confondues, CA Paris, 7 mars 1976 : *PIBD* 1976, n° 161, III, p. 12.

(71) Respectivement, CA Bordeaux, 9 juill. 1958 : *Ann. propr. ind.* 1959, 152. – CA Paris, 4 mai 1988 : *D.* 1988, inf. rap. 175.

(72) TGI Paris, 21 juin 1990 : *PIBD* 1991, n° 491, III, p. 19, pour la reprise d'une forme proche de l'emballage des sucrettes Canderel. – V. encore CA Paris, 5 juill. 1995 : *PIBD* 1995, n° 600, III, p. 565, à propos de l'imitation de la forme de la bouteille d'eau pétillante Perrier.

(73) T. civ. Seine, 11 avr. 1956 : *JCP* 1957, II, 9869, note Chavanne, et en appel, CA Paris, 4 mars 1959 : *D.* 1960, 26, note Desbois ; *JCP* 1959, II, 11796, note Plaisant. – Sur pourvoi, Cass. com., 5 janv. 1966 : *D.* 1966, 211.

(74) V. TGI Lille, 15 oct. 1976 : *Ann. propr. ind.* 1978, 58, comparant *Détente* et *Descente*. – Pour une décision ancienne, que *Twist* n'imitait pas la marque *Pschitt*, car le premier terme renvoie à une danse tandis que l'autre est une onomatopée du gaz qui s'échappe d'un contenant, CA Paris, 27 juin 1968 : *Ann. propr. ind.* 1968, 165. – TPICE, 22 juin 2004, aff. T-185/02, *Picasso c/ Picaro : Propr. industr.* 2004, comm. 71, obs. A. Folliard-Monguiral ; *Propr. intell.* 2004, n° 13, p. 955, obs. I. Medrano de Caballero, rejet CJCE, 12 janv. 2006, aff. C-361/04 : *PIBD* 2006, n° 828, III, p. 283. – TPICE, 22 oct.

constituée entre *Laine nipponne* et *Laine japonaise* ou encore que la marque *Cogito* était imitée par *Ergo sum*(75). De même, par association d'idées, sont jugées comme contrefaites par imitations les marques *Coup de foudre* par *Coup de cœur*, ou *Pages jaunes* par *Pages soleil*(76). Et *Felix The Cat* est imité par *Félix le souriceau*, pour désigner des films et dessins animés, le premier courant toujours après le second(77). On le voit, la matière reste éminemment subjective, et *Toile artisane* n'imite pas *Toile paysanne*, ou *Les doigts d'or* n'imitent pas *De l'or dans vos mains*(78). Il convient cependant d'être attentif à ne pas conférer une protection excessive à une marque, car il peut être facile de trouver des rapprochements entre des signes que tout éloigne pourtant(79).

466. – **La similarité des produits et services.** L'utilisation du signe réservé par la marque – à l'identique ou altéré –, sans autorisation de son titulaire, peut intervenir cette fois non plus en relation avec les produits et services revendiqués par ladite marque, mais pour désigner des produits et services différents. La qualification de contrefaçon par imitation sera retenue si ces produits et services sont qualifiés de similaires aux produits authentiques. Les produits ou services reprochés doivent concerner un secteur suffisamment proche de ceux associés à la marque pour que le public pertinent puisse établir un lien avec les productions et les services du titulaire. On considérera à cet égard la notoriété de la marque sur le marché, les caractères et la destination des produits(80). Compte tenu du principe de spécialité (V. *supra*, nos 335 et 374), il est nécessaire que les produits et services litigieux ne soient pas trop éloignés de ceux qui sont authentiques. La notion de similitude est une question de fait qui relève de l'appréciation souveraine des juges du fond(81). La similarité peut être objective ou subjective. Selon une première approche, objective, sont similaires des produits ou services dont la nature même ou l'usage sont très proches. Avec cette analyse, des produits ne peuvent pas être similaires à des services, et *vice versa*. Ce critère aboutit à une analyse stricte de la similarité des produits et des services. Ainsi, ont été jugés similaires le pain d'épices et les biscuits, mais pas les aiguilles et les épingles, ni les vins et le(s) champagne(s)(82). La méthode a pour elle la simplicité, donc la sécurité ; elle reste cependant éloignée des réalités économiques qui voient les entreprises être amenées à étendre leurs activités à des secteurs proches, mais différents, pour conserver leur clientèle en proposant une gamme de produits et/ou services complémentaires. La seconde méthode, subjective, prend en compte ce contexte. Selon la méthode subjective, sont similaires des produits et services dont les clients peuvent

2003, aff. T-311/01, *Astérix c/ Starix* : *Propr. industr.* 2004, comm. 6, obs. A. Folliard-Monguiral. – CJCE, 18 déc. 2008, aff. C-16/06, *Obélix c/ Mobilix* : *Propr. industr.* 2005, alerte 111, obs. I. Meunier-Cœur.

(75) CA Douai, 8 juin 1925 : *Ann. propr. ind.* 1927, 379. – T. civ. Paris, 16 oct. 1968 : *D.* 1969, somm. 31. Vestige d'une époque où le latin participait des propédeutiques.

(76) Respectivement, CA Paris, 7 mars 1988 : *PIBD* 1988, n° 438, III, p. 344. – Cass. com., 4 oct. 1994 : *PIBD* 1995, n° 580, III, p. 34.

(77) TGI Paris, 18 mars 1998 : *PIBD* 1998, n° 658, III, p. 381 retenant qu'il n'y a pas eu d'exploitation de la marque litigieuse, ce qui ne permet pas d'obtenir des mesures de publication d'extraits de la décision, mais retient 30 000 F de dommages et intérêts au titre de la contrefaçon de marque et la même somme pour la contrefaçon du titre.

(78) CA Paris, 8 déc. 1988 : *RTD com.* 1989, 233, n° 5 et CA Versailles, 8 déc. 1988 : *PIBD* 1990, n° 477, III, p. 30. – TGI Paris, 28 nov. 1977 : *RTD com.* 1978, 385, n° 18.

(79) Une décision est citée par exemple pour avoir estimé que la marque *Contrat de confiance* était imitée par les termes *Contrat sécurité totale*, TGI Paris, 29 mai 1974 : *PIBD* 1975, n° 140, III, p. 35.

(80) CA Paris, 15 janv. 1999 : *JurisData* n° 1999-023248.

(81) La classification internationale des produits et services de Nice, purement administrative, ne constitue pas un critère utile.

(82) CA Paris, 3 nov. 1958 : *Ann. propr. ind.* 1959, 24. – T. civ. Seine, 6 avr. 1866 : *Ann. propr. ind.* 1866, 170. – TGI Reims, 20 déc. 1983 : *PIBD* 1984, n° 345, III, 109.

penser qu'ils proviennent d'une même entreprise, notamment à raison de leur complémentarité. Ainsi de produits qui viendraient compléter la gamme jusque-là proposée, ou qui sont habituellement placés dans les mêmes rayonnages, qui nécessitent un même outillage, ou participent de la diversification des entreprises dans la chaîne de production, de réalisation du produit ou de la prestation. Cette méthode, plus souple et donc plus protectrice des intérêts du titulaire de la marque, est aujourd'hui privilégiée, au risque de certains excès[(83)]. Dans cette logique, à titre d'exemple, on peut retenir que les vêtements et les chaussures ont été jugés à plusieurs reprises similaires, car les deux participent à vêtir l'homme et répondent aux mêmes besoins[(84)]. Les produits de parfumerie et cosmétiques ont été qualifiés de similaires des produits pharmaceutiques parce que destinés aux soins et à l'entretien du corps et souvent commercialisés dans les mêmes points de vente[(85)]. De même, ont été jugés similaires les bateaux et les planches à voile, les produits frais et les conserves, des services télématiques (minitel) et des services Internet, des vêtements et des produits de parfumerie ou des bijoux, des appareils de chauffage et une entreprise d'installation. En revanche, les briquets et bougies, d'une part, et les lunettes et sacs, d'autre part, n'ont pas été qualifiés de similaires dès lors qu'ils ne relèvent pas des mêmes circuits de distribution, ne touchent pas la même clientèle et ne sont pas intrinsèquement liés[(86)]. Même si la notoriété ne fait pas échec au principe de spécialité, elle participe de l'analyse et, en présence d'une marque notoire, la jurisprudence a tendance à étendre la protection à des secteurs plus éloignés qu'elle ne le fait pour les autres marques. La Cour de justice des Communautés européennes y invite expressément en décidant que : « Le caractère distinctif de la marque, et en particulier sa renommée, doit être pris en compte pour apprécier si la similitude entre les produits ou services désignés par les deux marques est suffisante pour donner lieu à un risque de confusion »[(87)]. En ce sens, il a pu être jugé qu'étaient similaires les bains moussants et dentifrices parfumés au cola avec les boissons bien connues, usant de la marque Coca-Cola[(88)]. Cette décision est néanmoins la plus caractéristique (et discutable sans doute) de cette influence. La Cour de justice invite à considérer les facteurs relatifs à « la nature des produits et services, leur destination, leur utilisation ainsi que leur caractère concurrent ou complémentaire »[(89)]. La jurisprudence française retient la même approche[(90)]. La Cour de justice des Communautés européennes invite encore à prendre en compte la possible association d'idées dont peut résulter le risque de confusion[(91)].

(83) Une décision retient que des chocolats et des fromages sont similaires car ils se trouvent dans des rayons proches dans les grandes surfaces, CA Paris, 17 déc. 1974 : *PIBD* 1975, n° 147, III, p. 173. – Cass. com., 3 mars 1976 : *Ann. propr. ind.* 1978, 128.

(84) CA Paris, 19 janv. 1993 : *D.* 1994, somm. comm. 56. – CA Paris, 15 janv. 1999 : *JurisData* n° 1999-020307 ; mais en sens contraire, rejet du pourvoi contestant l'appréciation (souveraine) des juges du fond estimant que les vêtements ne sont pas similaires aux chaussures, Cass. com., 20 nov. 2012, n° 11-14.543 : *JurisData* n° 2012-026673 ; *PIBD* 2012, n° 975, III, p. 863 ; *Propr. intell.* 2013, n° 55, p. 103 et 109, note M. Sabatier), preuve de la subjectivité de la matière.

(85) CA Paris, 19 sept. 2001 : *PIBD* 2002, n° 735, III, p. 55.

(86) CA Paris, 8 mars 2002 : *PIBD* 2002, n° 749, III, p. 409.

(87) CJCE, 29 sept. 1998, aff. C-39/97, *Canon*, préc. : *PIBD* 1999, n° 668, III, p. 28. – CJCE, 22 juin 1999, aff. C-42/97, *Llyod*, préc. : *D. affaires* 1999, p. 1446.

(88) TGI Paris, 22 nov. 1985 : *PIBD* 1986, n° 393, III, p. 232.

(89) CJCE, 29 sept. 1999, aff. *Canon*, préc. – Les directives de l'OHMI relatives à l'opposition précisent que les produits sont complémentaires lorsqu'il existe un lien étroit entre eux.

(90) V. par ex., CA Paris, 19 sept. 2001 : *Propr. industr.* 2002, comm. 17, obs. P. Tréfigny.

(91) CJCE, 11 nov. 1997, *Sabel*, préc.

467. – Le consommateur de référence. Au cas de similarité de produits ou services – commercialisés sous des signes identiques, ou différents –, la méthode consistant à déterminer l'existence d'un risque de confusion fait appel à un personnage de référence, standard, un consommateur fictif (à l'instar de l'ancien « bon père de famille » du Code civil, de « l'homme du métier » en matière de brevets, ou encore de « l'observateur averti », en matière de dessins et modèles). L'intéressé est le consommateur d'attention moyenne n'ayant pas simultanément les signes sous les yeux ou à l'oreille[92]. La Cour de justice a eu l'occasion de définir ce personnage comme « le consommateur moyen de la catégorie de produits ou services concernée censé être normalement informé et raisonnablement attentif et avisé »[93]. Dans leur travail de comparaison, les juges doivent rechercher si les similitudes phonétiques, sonores ou encore intellectuelles sont telles, que ce consommateur « fictif » peut être induit en erreur sur l'origine des productions ou des services. Le risque de confusion s'apprécie en principe par rapport au destinataire du produit ou service concerné : le grand public pour un produit de grande distribution ; le professionnel pour des appareils médicaux, par exemple. Sauf les cas où la technicité ou encore le coût des objets et prestations sont importants, le consommateur de référence est celui qui n'est pas particulièrement attentif et qui n'a pas en même temps les signes en présence afin de se placer dans une situation proche de la réalité[94].

468. – Le risque de confusion. C'est le critère déterminant au cas de contrefaçon par imitation[95]. Dans l'appréciation du risque de confusion, la Cour de justice indique la nécessité d'une appréciation globale :

> « Il est indispensable d'interpréter la notion de similitude (entre les signes ou entre les produits et services) en relation avec le risque de confusion (...) dont l'appréciation dépend de nombreux facteurs et notamment de la connaissance de la marque sur le marché, de l'association qui peut en être faite avec le signe utilisé ou enregistré, du degré de similitude entre la marque et le signe et entre les produits ou services désignés »[96], retenant encore que « l'appréciation globale du risque de confusion implique une certaine interdépendance entre les facteurs pris en compte, et notamment la similitude des marques et celle des produits et services désignés, sachant qu'un faible degré de similitude entre les produits et services peut être compensé par un degré élevé entre les marques, et inversement[97]. »

(92) Cass. com., 26 nov. 2003 : *Bull. civ.* 2003, IV, n° 183 ; *PIBD* 2004, n° 781, III, p. 129. – CA Paris, 24 sept. 2003 : *PIBD* 2004, n° 780, III, p. 106.

(93) CJCE, 22 juin 1999, aff. C-342/97, *Lloyd*, préc.

(94) V. par ex., Cass. com., 6 mars 2007, n° 00-21.357 : *PIBD* 2007, n° 851, III, p. 299, sachant que lorsqu'une marque notoire a été utilisée par un tiers pour désigner des vêtements, le risque de confusion doit être analysé au regard, non de la clientèle aisée concernée par la marque notoire, mais au regard du consommateur d'attention moyenne qui se réfère à la notoriété de la marque, CA Paris, 18 sept. 2009, *LV* : *PIBD* 2009, n° 907, p. 1510.

(95) Le considérant 11 de la directive n° 2008/95 précise qu'il faut interpréter la notion de similitude en relation avec le risque de confusion et que : « Le risque de confusion, dont l'appréciation dépend de nombreux facteurs et notamment de la connaissance de la marque sur le marché, de l'association qui peut en être faite avec le signe utilisé ou enregistré, du degré de similitude entre la marque et le signe et entre les produits ou services désignés, devrait constituer la condition spécifique de la protection ».

(96) CJCE, 11 nov. 1997, aff. C-251/95, *Sabel BV c/ Puma AG* : *PIBD* 1998, 653, III, 248. – V. encore, CJCE, 22 juin 1999, aff. C-342/97, *Lloyd* : « L'appréciation globale du risque de confusion doit, en ce qui concerne la similitude visuelle, auditive ou conceptuelle des marques en cause, être fondée sur l'impression d'ensemble produite par les marques, en tenant compte en particulier de leurs éléments distinctifs et dominants », pt 25.

(97) CJCE, 22 juin 1999, *Lloyd*, préc., pt 19.

Il faut par conséquent prendre en compte tous les facteurs pertinents qui s'attachent aux signes litigieux, avec une vision d'ensemble pour mener la comparaison tant des signes que des produits et services en cause : le consommateur d'attention moyenne ne dissocie pas chacun des éléments pour opérer une comparaison point par point ; celui-là associera plus facilement des signes dissemblables lorsqu'ils concernent des produits et services identiques(98). Néanmoins, lorsque les similitudes sont constatées phonétiquement, visuellement et intellectuellement et que l'identité ou la similarité des produits et services concernés n'est pas contestée, la Cour de cassation dispense les juges du fond de motivation quant à l'étude de l'interdépendance des différents facteurs pour l'appréciation du risque de confusion(99).

II. – Les autres atteintes au droit de marque et à la marque de renommée

469. – **Présentation.** À côté des actes de contrefaçon résultant de la reproduction ou de l'imitation de la marque, sa suppression ou sa modification, d'autres prérogatives réservent encore au propriétaire d'autres actes concernant le signe enregistré(100). Ceux-là seront envisagés successivement ; à leur propos il sera encore observé comment les marques de renommée, mais aussi notoires, bénéficient d'une protection élargie.

470. – **D'autres actes, moins fréquents, peuvent constituer autant de contrefaçons.** La reproduction renvoie à l'acte matériel de fabrication et de réalisation du signe réservé(101). Au-delà de cette hypothèse le législateur a entendu sanctionner d'autres agissements qui, sans impliquer l'acte premier de fabrication, participent à la diffusion des produits, ou services, contrefaisants, qu'il s'agisse de préparer la fabrication ou simplement d'utiliser, à des fins commerciales, le bénéfice de la marque contrefaite. La qualification de contrefaçon reste discutable : les auteurs évoquent des délits complémentaires, des atteintes annexes à la marque(102).

471. – **Apposition de la marque d'autrui.** L'apposition de la marque d'autrui (par reproduction et imitation) par pose d'étiquettes, d'écussons, d'emballages, de matériels publicitaires, réalisée sans l'autorisation du propriétaire, constitue une atteinte au droit de marque(103). Dans le respect du principe de spécialité, le délit d'apposition suppose que les produits concernés soient identiques ou similaires à ceux désignés par la

(98) La Cour de cassation veille à ce que les juges du fond suivent ce raisonnement : V. Cass. com., 26 nov. 2003, 3 arrêts, nos 00-18.046, 00-18.047 et 01-11.593 : *Bull. civ.* 2003, IV, nos 180, 181 et 182 ; *PIBD* 2004, n° 781, III, p. 130. – Cass. com., 16 nov. 2004, n° 02-13.246 : *PIBD* 2005, n° 801, III, p. 79.

(99) V. Cass. com., 7 juin 2006, n° 04-16.908 : *Bull. civ.* 2006, IV, n° 138 ; *PIBD* 2006, n° 836, III, p. 579.

(100) V. CPI, art. L. 713-2 qui se réfère aux actes de reproduction, modification et suppression de la marque d'autrui, pour des produits et services identiques, V. *supra*, n° 457. Les articles L. 713-3 et L. 716-9 et suivants du Code de la propriété intellectuelle envisagent toute une liste d'actes, dont l'imitation mais bien d'autres, interdits à défaut d'autorisation du titulaire de la marque. La qualification de contrefaçon reste discutable : les auteurs évoquent des délits complémentaires, des atteintes annexes à la marque, V. J. Azéma et J.-Ch. Galloux, *op. cit.*, nos 1579 et s. – J. Passa, *Traité*, préc., t. 1, nos 279 et s.

(101) Et la contrefaçon est constituée par ce seul fait (avec le tempérament, aujourd'hui, de l'exigence d'un usage dans la vie des affaires), même si, en général, la commercialisation va permettre au titulaire de la marque reproduite d'être informé.

(102) J. Azéma et J.-Ch. Galloux, préc., nos 1579 et s. – J. Passa, *Traité*, préc., t. 1, nos 279 et s.

(103) CPI, art. L. 713-2, a et L. 716-10, c.

marque opposée[104]. Si la marque peut être considérée comme renommée, elle pourra bénéficier de la protection spécifique de l'article L. 713-5 du Code de la propriété intellectuelle qui engage la responsabilité civile de l'usurpateur[105]. Il a été jugé que l'apposition suppose que la marque soit physiquement appliquée sur des produits[106]. La directive Marques précise, ce que ne prévoient pas les textes de transposition, qu'il est également interdit « d'utiliser le signe dans les papiers d'affaires et la publicité »[107].

472. – **Usage de la marque reproduite ou imitée.** L'hypothèse s'attache aux usages d'une marque reproduite ou imitée en relation avec des produits ou services identiques ou similaires à ceux revendiqués par la marque, sans autorisation de son propriétaire[108]. La faute d'usage est proche de celle d'apposition. La personne incriminée peut être celle qui a fabriqué, mais également celui qui profite de cet usage, sans avoir participé à la réalisation matérielle de la reproduction ou de l'imitation et sans l'avoir commanditée. C'est d'ailleurs l'intérêt de cette qualification. L'usage a reçu une définition très large de la jurisprudence, entendant à ce titre « tout acte de concurrence effectué à l'aide d'une marque reproduisant ou imitant celle d'un tiers »[109]. On peut de la sorte y attraire tout emploi de la marque d'autrui en relation avec les produits et services qu'elle désigne, entre la fabrication et la commercialisation[110]. En revanche, le fait de reproduire la marque d'un tiers dans un catalogue pour présenter les produits qui vont être proposés par un commerçant qui les a acquis régulièrement ne constitue pas un usage illicite[111]. L'usage peut aussi couvrir la pratique dite « des marques d'appel »[112], parfois condamnée au titre de la contrefaçon[113]. La sanction suppose néanmoins un usage à des fins commerciales, en pleine logique avec l'exigence de la directive Marques qui évoque un « usage dans la vie des affaires » ou accompli « au cours d'opérations commerciales » (accord ADPIC). Il a été jugé que la référence, simplement orale, à la marque

(104) Cass. crim., 6 nov. 1958 : *D.* 1959, 1, note Veilleux.

(105) V. *supra*, n°s 379 et s., spéc. n° 381.

(106) CA Paris, 6 févr. 1960 : *Ann. propr. ind.* 1960, 187, obs. G. Gaultier. – Sur le produit lui-même ou son emballage, Cass. 1re civ., 30 oct. 2007, n° 06-20.455 : *JurisData* n° 2007-041160 ; *PIBD* 2008, n° 865, III, p. 5 ; *Propr. industr.* 2008, comm. 22, obs. A. Giquel-Donadieu. Certains auteurs relèvent que l'apposition ne signifie pas directement l'apposition de la marque sur les produits, car cela relève de l'acte même de reproduction ou d'imitation, mais suppose l'utilisation de la marque d'autrui sur un support fourni par un tiers (V. J. Passa, *Traité*, *op. cit.*, n° 280).

(107) V. Dir. n° 2008/95, art. 5.3, d) ; V. Dir. n° 2015/2436, art. 10.3, e) qui précise au d) de cet article qu'il est interdit « de faire usage du signe comme nom commercial ou dénomination sociale ou comme partie d'un nom commercial ou d'une dénomination sociale ».

(108) V. not. CA Paris, 7 déc. 1992 : *PIBD* 1993, n° 542, III, p. 265.

(109) A. Chavanne et J.-J. Burst, *Propriété industrielle*, Dalloz, coll. « Précis », 5e éd., 1998, n° 1225 ; *adde* 7e éd., 2012, par J. Azéma et J.-Ch. Galloux, n°s 1570 et s.

(110) V. par ex., CA Paris, 14 déc. 1992 : *D.* 1993, inf. rap. 54 ; *PIBD* 1994, n° 544, III, p. 322, retenant l'usage illicite réalisé lors de transformations matérielles faites au produit marqué ; sur le fait de reproduire la marque sur un dépliant publicitaire, CA Paris, 29 mars 1989 : *D.* 1993, somm. 113, obs. Burst.

(111) Cass. com., 27 oct. 1992 : *Ann. propr. ind.* 1992, 162.

(112) Il s'agit d'attirer le public en lui faisant miroiter la présence d'objets de marques renommées, alors que le nombre de produits régulièrement acquis n'est pas à la hauteur des consommateurs informés (campagne au niveau d'une ville de plusieurs milliers d'habitants alors que seule une petite dizaine de produits sont en stock). La pratique est condamnée sur le terrain de la concurrence déloyale. – V. J. Passa, *Distribution et usage de marques*, Litec, 2002, n°s 151 et s.

(113) Cass. com., 9 févr. 1982 : *Bull. civ.* 1982, IV, n° 56. – CA Paris, 4 juill. 1989 : *PIBD* 1989, n° 466, III, p. 603 ; *RIPIA* 1989, 118. – CA Paris, 19 mars 2008 : *Propr. industr.* 2009, comm. 12, nos obs., retenant : « Que la pratique dite de la marque d'appel est constituée lorsqu'un distributeur annonce la vente des produits d'une marque alors qu'il en détient un nombre d'exemplaires insuffisant pour répondre à la demande normale de la clientèle, afin d'attirer cette dernière et de lui proposer des produits d'une autre marque » : la notion de faute d'usage est utile, car les produits ayant été achetés régulièrement auprès du titulaire de la marque, la règle de l'épuisement des droits joue et ne permet pas en principe d'agir en contrefaçon.

d'autrui, pouvait caractériser l'usage illicite alors même que le commerçant n'avait pas apposé la marque sur ses produits[(114)]. Il était même jugé que le simple dépôt de la marque d'autrui était constitutif de contrefaçon[(115)], mais pareille solution ne paraît pas compatible avec l'exigence d'un usage accompli dans la vie des affaires et certaines décisions ont réfuté l'atteinte au droit en pareille hypothèse[(116)]. La directive n° 2015/2436 du 16 décembre 2015 a envisagé la reproduction de la marque dans des dictionnaires ou assimilés (qui pourrait tendre à rendre la marque usuelle) en permettant au titulaire de demander à l'éditeur de veiller à préciser, au plus tard dans l'édition suivante (version papier), qu'il s'agit d'une marque enregistrée (art. 12).

473. - **Vente, offre à la vente.** Même s'il s'agit d'actes d'usage, les actes de vente et d'offres à la vente sont particuliers en ce qu'ils supposent un contact avec la clientèle[(117)]. Les articles L. 713-2 et L. 713-3 du Code de la propriété intellectuelle ne réservent pas expressément ces actes au titulaire du droit. C'est avec la loi Perben II du 9 mars 2004 que les textes qui incriminent pénalement les actes de contrefaçon se réfèrent expressément à ces hypothèses (CPI, art. L. 716-10)[(118)]. Pour certains auteurs, cette précision n'était pas utile puisque l'utilisation de la marque d'autrui permet de couvrir ces actes de commercialisation, même avec le principe d'interprétation stricte applicable en droit pénal[(119)]. Pareillement « la fourniture et l'offre de fourniture de services » ont disparu depuis 2004, mais ces actes tombent également sous le coup de l'usage de la marque d'autrui en sorte que cette disparition devrait être indifférente. Souvent, lorsqu'il est démontré qu'un commerçant a proposé à la vente des produits qu'il savait contrefaisants, il ne peut obtenir de garantie de son fournisseur, car l'éviction qu'il subit est aussi de son fait[(120)]. Il a été jugé que constituaient des actes de contrefaçon le fait de proposer des produits contrefaisants à l'occasion de salons professionnels se tenant en France et ouverts à des consommateurs français[(121)]. En présence de ventes par Internet, au titre du principe de territorialité, la jurisprudence vérifie que le site Internet offrant des produits ou services litigieux est bien destiné au public français pour retenir une atteinte aux droits du titulaire revendiquant une protection en France[(122)] (sur le statut des produits authentiques commercialisés hors réseau, V. *infra*, n° 661).

(114) CA Paris, 23 janv. 1985 : *Ann. propr. ind.* 1986, 47.

(115) Cass. com., 26 nov. 2003, n° 01-11.784 : *PIBD* 2004, n° 780, III, p. 98. – CA Paris, 30 janv. 2004 : *PIBD* 2004, n° 785, III, p. 266.

(116) TGI Paris, 20 sept. 2011 : *JurisData* n° 2011-033779 ; *Propr. industr.* 2012, comm. 52, nos obs.

(117) La directive n° 2008/95 vise expressément à son article 5.3, b) : le fait « d'offrir les produits, de les mettre dans le commerce, (...) ou d'offrir ou de fournir des services sous le signe ».

(118) En incorporant dans les textes les mentions « en vue de vendre », pour l'article L. 716-9 et « d'offrir à la vente ou de vendre des marchandises présentées sous une marque contrefaisante », pour l'article L. 716-10 du Code de la propriété intellectuelle.

(119) V. J. Passa, Traité, op. cit., n° 260. – V. encore, Le droit pénal des marques après la loi Perben II du 9 mars 2004 : D. 2005, chron. 433, n° 12.

(120) Certes, en matière de droits d'auteur, mais transposable, V. Cass. 1re civ., 7 nov. 2006, n° 04-13.454 : *Bull. civ.* 2006, I, n° 462 : la personne qui a délibérément participé à la violation du droit d'un artiste-interprète en mettant en vente un enregistrement qu'elle savait lui être faussement attribué ne peut obtenir la garantie de celui dont elle est l'ayant cause, eût-elle agi sur sa demande et ses indications. – V. encore, Cass. 1re civ., 15 oct. 1996 : *Bull. civ.* 1996, I, n° 355. – Cass. 1re civ., 10 mai 1995 : *Bull. civ.* 1995, I, n° 203.

(121) CA Paris, 25 févr. 2011 : *PIBD* 2011, n° 939, III, p. 315 car la marque, comme les titres de propriété industrielle, est soumise au principe de territorialité et il faut donc démontrer que l'atteinte au droit a bien un lien effectif et réel avec le territoire français pour lequel la protection est réclamée.

(122) V. Cass. com., 11 janv. 2005, n° 02-18.381, aff. *Hugo Boss* : *Bull. civ.* 2005, IV, n° 8 ; *JCP* E 2005, 623, obs. C. Castets-Renard ; *Propr. industr.* 2005, étude 9, J. Larrieu ; *Propr. intell.* 2005, n° 15, p. 203, obs. X. Buffet-Delmas ; *D.* 2005, p. 428,

474. – **Substitution de marque, remplissage.** La substitution de marque tient dans le fait de livrer sciemment un produit ou de fournir un service autre que celui demandé sous une marque enregistrée (CPI, art. L. 716-10, b). La pratique détourne un client direct du titulaire de la marque(123). Une variante verra l'opérateur utiliser des contenants portant une marque, pour y introduire des produits ou liquides d'une origine différente(124). On parle plus précisément du remplissage(125). Il s'agit d'un délit autonome qui demeure intentionnel. Cette incrimination n'est pas envisagée par la directive Marques et peut soulever une difficulté au regard de l'objectif d'harmonisation poursuivi par ce texte dans la mesure où il paraît difficile ici de considérer qu'il s'agit d'un usage de la marque(126). Cette qualification est cependant retenue par des décisions françaises qui considèrent que ces actes de « substitution » ou de « remplissage » constituent bien un usage illicite de marque(127). Dans une affaire récente, la Cour de justice a été saisie d'une affaire de remplissage particulière. Le titulaire de la marque *Red Bull* poursuivait une société qui, sur ordre de sa cliente, concurrente du titulaire de la marque et commercialisant des boissons énergisantes sous des termes très proches de la marque, avait demandé de remplir des canettes sous ces signes prétendument contrefaisants. Seul le fournisseur des boissons, qui remplissait les canettes litigieuses, était poursuivi : commettait-il des actes de remplissage illicites, un usage illicite de la marque d'autrui ? La Cour de justice a estimé :

> « qu'un prestataire de service qui (...) se limite à remplir, sur commande et sur les instructions d'un tiers, des canettes déjà pourvues de signes similaires à des marques et donc à exécuter simplement une partie technique du processus de production du produit final, sans avoir le moindre intérêt dans la présentation externe desdites canettes et notamment dans les signes y figurant, ne fait pas lui-même un "usage" de ces signes au sens de l'article 5 de la directive 89/104, mais crée uniquement les conditions techniques nécessaires pour que ce tiers puisse faire un tel usage »(128).

La Cour observe en outre, sur le terrain de la spécialité :

> « Il est constant que dans l'affaire au principal le service fourni par W consiste dans le remplissage des canettes et que ce service ne présente aucune similitude avec le produit pour lequel les marques de Red Bull ont été enregistrées. »

Et la Cour de conclure que l'activité litigieuse ne caractérise pas le délit de remplissage alors que le donneur d'ordre encourt, pour sa part, la sanction, ce qui maintient l'intérêt de la marque. Enfin, le droit intellectuel s'efface derrière des motifs d'économie et de santé : le pharmacien a la faculté de substituer un médicament générique,

---

obs. C. Manara ; *Légipresse* mai 2005, III, p. 77, note J. Passa. Plusieurs critères sont retenus comme indice de focalisation : la langue utilisée, la monnaie de référence, l'extension, par exemple nationale, la possibilité de livraison sur le territoire français ou pas, etc. V. encore : *D.* 2012, pan. dr. numérique, 2350, nos obs.

(123) CA Paris, 15 avr. 1972 : *Ann. propr. ind.* 1974, 295. – CA Paris, 27 sept. 1996 : *PIBD* 1997, n° 623, III, p. 9 ; *D. affaires* 1996, 1356.

(124) V., à propos du remplissage d'une bouteille, CA Rennes, 16 juin 2009 : *PIBD* 2009, n° 904, III, p. 1388. – Cass. crim., 7 avr. 2010 : *PIBD* 2010, n° 921, III, p. 439.

(125) Le terme de « substitution » aurait très bien pu suffire, puisqu'en faisant l'acquisition par exemple d'une bouteille d'eau pétillante d'une marque déterminée, le consommateur achètera une eau pétillante d'une autre provenance, sans en avoir été informé ; V. Blaustein, *Le délit de remplissage* : *Gaz. Pal.* 1984, doctr. 239.

(126) V. J. Passa, *Traité, op. cit.*, n° 287.

(127) V. par ex., Cass. crim., 23 févr. 1989, n° 87-84.424 : *Bull. crim.* 1989, n° 90. – CA Paris, 27 sept. 1996 : *PIBD* 1997, n° 923, III, p. 9 ; *D. affaires* 1996, p. 1356. – CA Rouen, 27 févr. 1997 : *Ann. propr. ind.* 1997, p. 167.

(128) CJUE, 15 déc. 2011, aff. C-119/10, *Red Bull*, pt 30 : *PIBD* 2012, n° 961, III, p. 303 ; *D.* 2011, p. 90.

une fois le brevet couvrant le médicament princeps, à la place du médicament de marque prescrit[129].

475. - **Détention.** Le fait de détenir « sans motif légitime » des objets marqués sans l'autorisation du titulaire constitue encore un acte de contrefaçon (CPI, art. L. 716-10, a)[130]. Avant la loi Perben II du 9 mars 2004, le texte réprimait le fait de détenir des marchandises que l'on savait contrefaisantes (l'intention était par conséquent un élément du délit). Certains auteurs estiment que seule la détention à des fins commerciales est illicite, même si cela ne ressort pas expressément du texte[131]. D'autres, au contraire, considèrent que la détention, par toute personne, dès lors qu'il n'y a pas de motif légitime, est condamnable[132]. Entre ces deux opinions, l'exigence d'une atteinte dans un contexte de « vie des affaires » obligerait à réserver la sanction à une détention réalisée à des fins commerciales[133]. Il a été jugé que la détention est une incrimination distincte de la commercialisation, la relaxe prononcée sur le seul chef de la détention n'interdit pas au titulaire d'agir, civilement, sur le terrain de l'usage réalisé par la commercialisation des produits[134].

476. - **Exportation, importation, transbordement.** Le Code de la propriété intellectuelle puni de quatre ans d'emprisonnement et de 400 000 € d'amende « le fait pour toute personne, en vue de vendre, fournir, offrir à la vente ou louer des marchandises présentées sous une marque contrefaite d'importer, d'exporter, de réexporter ou de transborder des marchandises présentées sous une marque contrefaisante » (CPI, art. L. 716-9, a). - *Adde* CPI, art. L. 716-10, a)[135]. - Également Dir. n° 2015/2436, art. 11 b.[136].

477. - **Les faits d'exportation, d'importation. L'exportation** de produits revêtus d'une marque contrefaisante en direction d'un État, dans lequel la marque sera également protégée, constitue un acte de contrefaçon, tout comme la détention de tels produits commercialisés en France, pour être ensuite destinés à l'exporta-

(129) V. C. santé publ., art. L. 5125-23 ; CPI, art. L. 716-10, d). - V. encore, J.-Ch. Galloux, *La substitution de marque en matière de médicament* : *JCP* G 1999, act. 1553.

(130) V. CA Toulouse, 26 janv. 1993 : *JCP* G 1993, IV, 1624, retenant que la simple détention permet de poursuivre l'auteur de ces faits en contrefaçon, peu importe qu'il n'y ait pas eu transfert de propriété des marchandises contrefaisantes. - Cass. crim., 30 mars 1994 : *Bull. crim.* 1994, n° 128, retenant qu'il y a détention sans motif légitime lorsqu'un individu achète à l'étranger des produits revêtus d'une marque contrefaite en vue de leur envoi à des amis et parents. - En revanche, il a été jugé que la détention de produits contrefaisants en vue de leur expédition dans des pays où l'usage est licite bénéficie de motifs légitimes, Cass. com., 10 juill. 2007, n° 05-18.571, *Nutri-Riche* : *Bull. civ.* 2007, IV, n° 189 ; *JCP* E 2007, II, 2269, obs. J. Passa ; *D.* 2007, act. jurispr. 2112, obs. J. Daleau ; *RTD com.* 2005, p. 714, obs. J. Azéma ; *Propr. industr.* 2007, étude 24, obs. M. Schaffner et S. Georges ; *Propr. intell.* 2008, n° 26, p. 151, obs. G. Bonet.

(131) V. A. Chavanne et J.-J. Burst, *op. cit.*, n° 1240 ; comp. 7e éd. par J. Azéma et J.-Ch. Galloux, préc., n° 1580.

(132) V. ainsi, F. Pollaud-Dulian, *Traité*, *op. cit.*, n° 1696, citant CA Paris, 18 oct. 2006 : *PIBD* 2007, n° 843, III, p. 26.

(133) V. J. Passa, *Traité*, *op. cit.*, n° 285, par référence à la directive Marques.

(134) Cass. com., 10 déc. 2013, n° 11-19.872 : *D.* 2014, act. 8 ; *RTD com.* 2014, 103, obs. F. Pollaud-Dulian.

(135) La directive précise bien que seuls les actes accomplis dans la vie des affaires sont susceptibles de porter atteinte au titulaire de la marque ; toutefois, la directive ne concerne que les atteintes civiles, alors que l'article L. 716-9 du Code de la propriété intellectuelle se place sur le terrain pénal, V. not. J. Passa, *op. cit.*, n° 265.

(136) La loi n° 2007-1544 du 29 octobre 2007 a supprimé l'interdiction d'importer « sous tous régimes douaniers », afin de se conformer aux textes de l'Union européenne. Ce qui permettait, à suivre ces dispositions à la lettre, de sanctionner toute marchandise « importée », même sous régime de transit, voire de transit externe ; la loi n° 2014-315 du 11 mars 2014 a précisé et étendu ces mesures à tous les droits, ce qui est conforme au règlement (UE) n° 608/2013 du 12 juin 2013, qui vise, en outre, les noms commerciaux dans son considérant 5 (qui pourtant ne sont pas à proprement parler des droits de propriété intellectuelle).

tion[137]. En revanche, a été jugé licite la détention, sur le territoire français dans lequel le signe était protégé, de produits revêtus du signe litigieux, dès lors que ces derniers sont destinés à l'exportation vers des pays tiers dans lesquels ces produits sont licitement commercialisés, lorsqu'il n'existe pas de risque que ces marchandises puissent être initialement commercialisées en France[138]. Concrètement, la contrefaçon est écartée lorsque les actes accomplis en France l'ont été en vue d'une commercialisation licite à l'étranger. En l'occurrence, le conditionnement et l'apposition de la marque avaient pourtant été accomplis dans le cadre de la vie des affaires et l'absence d'intention de commercialiser sur le territoire est en principe indifférente à la qualification de détention. **L'importation**, quant à elle, correspond à l'introduction, en France, de marchandises à des fins commerciales. Le fournisseur peut être poursuivi s'il a un comportement actif, par exemple en adaptant ses emballages en vue du marché français où la marque est protégée. Le titulaire peut encore interdire l'importation de produits de sa marque, qui ont été mis dans le commerce avec son autorisation, mais dans le respect de la règle de l'épuisement des droits, pour des territoires étrangers aux États composant l'Union européenne. La question du transit s'est révélée de traitement particulièrement délicat. À la différence du texte concernant les brevets qui écarte de la contrefaçon l'importation qui n'est pas suivie d'un acte de commercialisation en France, le texte propre aux marques incrimine l'importation de marchandises présentées sous une forme contrefaisante[139] : il suit que l'application littérale de l'incrimination d'importation pour les marques (ou les modèles) a vocation à s'appliquer aux marchandises simplement contrefaisantes, sans qu'elles n'aient à être commercialisées en France, et notamment à couvrir les cas de marchandises sous couvert de transit douanier[140] (sur cette question, V. *infra*, n° 677). Enfin, afin d'améliorer la lutte contre la contrefaçon, la loi n° 2007-1544 du 29 octobre 2007 a ajouté au sein des actes interdits d'importation, d'exportation, de réexportation le fait de **transborder** des marchandises présentées sous une marque contrefaisante. Ni cette loi, ni la loi n° 2014-315 du 11 mars 2014 qui a étendu cette incrimination à l'ensemble des droits de propriété intellectuelle n'ont défini cette notion ; ne s'y risque pas davantage le règlement n° 608/2013 du 12 juin 2013, concernant le contrôle par les autorités douanières du respect des droits de propriété intellectuelle (et abrogeant le règlement n° 1383/2003 du Conseil, consid. 11 et art. 22, visant expressément le transbordement). La jurisprudence paraît assimiler le transbordement à une modalité de transport nécessitant des opérations de stockage et de réexpédition, sou-

(137) Cass. com., 3 juin 1998, n° 96-10.167 : *PIBD* 1998, n° 662, III, p. 484. – Cass. crim., 22 mai 2013, n° 12-83.772, retenant que la personne poursuivie doit avoir participé à l'exportation par « l'accomplissement d'un acte permettant que cette marchandise passe la frontière ».

(138) CA Paris, 1er juin 2005, *Nutri-Riche* : *PIBD* 2005, n° 816, III, p. 587 ; *RTD com.* 2005, p. 714, obs. J. Azéma, pourvoi rejeté, Cass. com., 10 juill. 2007, n° 05-18.571 : *Bull. civ.* 2007, IV, n° 189 ; *PIBD* 2007, n° 859, III, p. 562 ; *JCP* E 2007, obs. J. Passa ; *Propr. intell.* 2008, n° 26, p. 151, obs. X. Buffet-Delmas ; *RTD com.* 2007, p. 712, obs. crit. J. Azéma.

(139) Comp. pour les brevets : CPI, art. L. 613-3, a) qui incrimine d'abord la mise dans le commerce du produit breveté puis sanctionne en quelque sorte à nouveau l'importation, l'exportation, le transbordement ou la détention « aux fins précitées », dans le c) ; comp. pour les dessins et modèles, rédigé comme le texte de droit des marques, CPI, art. L. 513-4.

(140) En ce sens Paris, 13 oct. 2000 : *PIBD* 2001, III, p. 59. – Cass. crim., 7 oct. 1985 : *PIBD* 1986, III, p. 125 (contrefaçon de modèles).

vent dans le cadre du transit externe[141]. Les opérations d'importation de produits marqués sollicitent les règles applicables à la retenue en douane et au transit envisagées, pour l'ensemble des droits industriels, au titre de l'exploitation de ces droits (V. *infra*, Deuxième partie).

478. – **Instructions en vue d'importer, d'exporter, de produire industriellement.** L'article L. 716-9 du Code de la propriété intellectuelle prévoit encore qu'est puni le fait pour toute personne, « en vue de vendre, fournir, offrir à la vente ou louer des marchandises présentées sous une marque contrefaisante (...) *c)* de donner des instructions ou des ordres pour la commission des actes visés aux *a* et *b* »[142]. Le texte permet d'atteindre l'instigateur à l'initiative de la commission de tels actes, sans les accomplir matériellement. L'incrimination contribue au démantèlement des réseaux organisés de contrefaçon qui sont soumis, en outre, à des peines aggravées[143].

479. – **Actes préparatoires.** Afin de renforcer encore la position des titulaires de droits de marques, les propositions de directive et de règlement prévoient de pouvoir faire sanctionner la présence de la marque d'autrui sur des étiquettes ou emballages ainsi que les divers actes préparatoires[144]. Au plus tôt les atteintes sont perçues et interrompues, au mieux les intérêts des titulaires sont préservés. La directive n° 2015/2436 et le règlement n° 2015/2424 du 16 décembre 2015 ont adopté ces dispositions (respectivement aux articles 11 et 9 bis). L'incrimination permet d'empêcher toute mise en contact des objets contrefaisants avec le public concerné qui viendraient à fausser la qualité, la fiabilité, l'image des produits concernés. La simple perte de confiance avec la marque authentique qui peut résulter de la présence de contrefaçons reste de réparation délicate[145].

SECTION 2

LES LIMITES AUX PRÉROGATIVES DU DROIT DE MARQUE

480. – **Présentation.** Le droit de marque reste un monopole attentatoire à la libre concurrence. Dans un système juridique élaboré sur le fondement de la liberté

(141) V. par ex., CA Paris, 30 janv. 2009 : *D.* 2010, pan. 857, obs. S. Durrande, qui retient que le transbordement de marchandises d'un pays tiers à destination d'un autre pays tiers à l'Union n'est pas sanctionnable au titre de l'article L. 716-9 du Code de la propriété intellectuelle en l'absence de mise dans le commerce sur le territoire français.

(142) CPI, art. L. 716-9 : « *a)* d'importer, d'exporter, de réexporter ou de transborder des marchandises présentées sous une marque contrefaisante ; *b)* de produire industriellement des marchandises présentées sous une marque contrefaisante ».

(143) Cass. crim., 22 mai 2013, n° 12-83.772 où il est mentionné : « La circonstance aggravante de bande organisée retenue pour les délits douaniers est parfaitement établie par les éléments précités du dossier selon lesquels les faits relèvent d'une organisation structurée nécessitant l'intervention de plusieurs personnes agissant de concert avec un rôle déterminé ».

(144) Ainsi, ces textes relèvaient : « Ni la directive, ni le règlement ne contiennent de dispositions autorisant des poursuites contre la distribution et la vente d'étiquettes et d'emballages, ou d'éléments similaires, pouvant ensuite être combinés avec des produits illicites. Certaines législations nationales comportent des dispositions explicites concernant cette activité. Il convient d'inclure une telle disposition dans la directive et le règlement pour contribuer de manière pratique, adaptée et efficace à la lutte contre la contrefaçon ».

(145) Même si le législateur tente de réparer au mieux le préjudice issu de la contrefaçon, lorsque le dommage est difficile à établir par un chiffrage dûment établi, le préjudice est rarement réparé à la hauteur de ce qu'a réellement éprouvé le titulaire.

du commerce et de l'industrie, un tel régime n'est admissible que s'il est affecté de limites. Celles-là tiennent d'abord aux limites territoriales et temporelles traditionnelles des droits intellectuels (§ 1). Celles-là tiennent encore à l'usage nécessaire du signe distinctif pour certains opérateurs économiques (§ 2).

§ 1. – Les limites territoriales et temporelles

481. – **Limites spatiales. Principe de territorialité. Internet.** Comme pour ce qui est de l'ensemble des droits intellectuels, le droit de marque relève d'un principe de territorialité. Il en ressort plusieurs conséquences. Tout d'abord, le droit de marque ne produit son effet de réservation, au titre des prérogatives légales, que pour le territoire national, ou régional, pour lequel la demande a été déposée et le titre délivré : concrètement, la marque française délivrée par l'INPI ne produit effet que pour le territoire français, la marque de l'Union européenne délivrée par l'Office de l'Union européenne pour la propriété intellectuelle produit pareillement son effet sur le territoire de l'Union. Un acte accompli sur un territoire étranger n'intéresse normalement pas le droit français, sauf fait d'importation spécialement répréhensible (V. *supra*, n° 477). La seconde conséquence de la territorialité tient à l'application du seul droit français aux actes attentatoires réalisés sur le sol français : tant l'appréciation des éléments constitutifs de l'atteinte au droit que le jeu d'éventuelles exceptions au monopole relèvent du seul droit français, conformément au principe d'indépendance des droits industriels affichés par la CUP (spéc. art. 6.3 pour les marques). La territorialité des droits a dû se confronter au développement de l'Internet et à l'accès en France de sites affichant ouvertement à la vente des produits contrefaisants. La Cour de cassation retient que ce n'est que si le site vise le public français que l'atteinte au droit de marque pourra être considérée comme réalisée sur le territoire français[146].

482. – **Limites temporelles, durée du monopole, renouvellement de la marque.** Il est d'usage de voir dans le principe de la liberté du commerce et de l'industrie la justification de la limitation temporelle du monopole procuré par les droits intellectuels ; d'aucuns y ont vu à tort une infirmation de la qualification de ces droits en terme de propriété. Mais, précisément, le droit de marque qui réserve l'usage commercial d'un signe distinctif dans sa relation avec les produits et services désignés dans l'enregistrement ne constitue qu'une atteinte relative à la libre concurrence dès lors qu'un autre opérateur économique pourra commercialiser les mêmes produits, sous un autre signe, sinon même user du signe en cause pour d'autres produits et sans risque de confusion. C'est ce contexte propre au droit des signes distinctifs qui justifie le régime particulier de la durée du monopole affecté à la marque. L'enregistrement produit effet pour une durée de dix ans à compter du dépôt (CPI, art. L. 712-1). Contrairement à ce qui se passe dans les autres champs de propriété intellectuelle où l'objet du droit redevient libre au bout de la durée légale, le droit sur la marque peut être indéfiniment renouvelé. La déclaration de renouvellement permet de faire courir une nouvelle période de protection.

(146) Cass. com., 11 janv. 2005 : *D.* 2005, p. 428, obs. C. Manara ; *Propr. industr.* avr. 2005, p. 11, chron. J. Larrieu. – Cass. com., 10 juill. 2007, n° 05-18.571 : *JCP* E 2007, 2269, note J. Passa.

483. – La déclaration de renouvellement. Selon l'article R. 712-24 actuel du Code de la propriété intellectuelle[147] :

« L'enregistrement peut être renouvelé pour une nouvelle période de dix ans par déclaration du propriétaire de la marque établie dans les conditions prévues par la décision mentionnée à l'article R. 712-26. Il peut être précisé que le renouvellement ne vaut que pour certains produits ou services désignés dans l'acte d'enregistrement. »

Seul le titulaire du droit, inscrit au Registre national des marques, peut procéder au renouvellement[148]. À défaut, l'acte serait au mieux une première demande d'enregistrement. Le renouvellement ne doit comporter ni modification du signe ni extension de la liste des produits et services (CPI, art. L. 712-9). S'il est possible de supprimer certains produits et services à l'occasion d'un renouvellement, en revanche il n'est pas possible d'enrichir la liste associée au signe déposé afin de faire bénéficier ces nouveaux produits et services de l'ancienneté des autres. L'article R. 712-24 précité précise encore que la déclaration doit intervenir au cours d'un « délai de six mois expirant le dernier jour du mois au cours duquel prend fin la période de protection et être accompagnée de la justification du paiement de la redevance prescrite »[149]. Cet article offre un délai de grâce « de six mois à compter du lendemain du dernier jour du mois d'expiration de la protection, moyennant le paiement d'un supplément de redevance dans le même délai ». Si la déclaration ne répond pas aux exigences prescrites, le titulaire va disposer d'un délai pour régulariser ces irrégularités (comme pour la procédure de demande d'enregistrement).

484. – Renouvellement tardif. Le renouvellement est indispensable, car l'usage ne confère aucun droit de marque depuis la loi de 1964. Dans le système antérieur, le renouvellement devait être effectué avant l'expiration du dépôt précédent, mais, avec le paiement d'une surtaxe, il pouvait être régularisé dans un délai de grâce de six mois supplémentaire. La loi de 1991 avait supprimé ce délai de grâce, sans raison connue. Seule une demande en restauration, une procédure inspirée de la procédure de *restitutio in integrum* du droit des brevets, nouvelle en droit des marques, était alors possible (CPI, art. L. 712-10[150]), mais le succès de l'action était soumis à des conditions sévères. Cette procédure était cependant largement utilisée puisque la seule réponse à un renouvellement hors délai[151]. Aujourd'hui,

(147) D. n° 2014-650, 20 juin 2014.

(148) En matière de marque de l'Union européenne, les textes sont moins rigoureux.

(149) Les règles ont changé (il n'est plus question de date anniversaire qui avait donné lieu à la question de savoir s'il fallait au plus tard procéder au renouvellement le jour anniversaire, ce qui semblait logique, ou la veille, ce que retenaient certaines décisions… V. J. Foyer, *Le terme du renouvellement en matière de marque* : *JCP* E 1993, I, 301) : désormais, si une marque a par exemple été enregistrée le 15 janvier 2006, elle devra être renouvelée au plus tard le 31 janvier 2016 et elle peut l'être au cours de la période des six mois qui précèdent. Depuis le 1er juillet 2015, le montant du renouvellement pour une marque française est de 250 €, jusqu'à trois classes et 42 € par classe supplémentaire.

(150) La Convention d'Union de Paris prévoit en son article 5 bis que : « Les pays de l'Union ont la faculté de prévoir la restauration des brevets d'invention tombés en déchéance par suite de non-paiement de taxes ». Rien de tel n'est prévu pour les marques. Toutefois, préservant les droits des titulaires, les États membres ont toujours la faculté d'instituer un tel mécanisme. Ainsi, en matière de marques, l'article L. 712-10 du Code de la propriété intellectuelle, codifiant le texte de 1991, prévoyait que : « Le demandeur qui n'a pas respecté les délais mentionnés à l'article L. 712-2, et qui justifie d'un empêchement qui n'est imputable ni à sa volonté, ni à sa faute, ni à sa négligence, peut, dans des conditions fixées par décret en Conseil d'État, être relevé des déchéances qu'il a pu encourir ».

(151) Toutefois, préservant les droits des titulaires, les États membres ont toujours la faculté de le prévoir. Les demandes en restauration s'avéraient nombreuses puisque c'était la seule voie possible lorsque le délai n'avait pas été respecté (V. *JCl. Marques-Dessins et Modèles*, Fasc. 7230, n° 4, A. et O. Thrierr donnant les chiffres, qui vont de 280 à 756 par an !).

depuis un décret n° 2004-199 du 25 février 2004, la procédure de renouvellement tardif a été réintroduite, sous réserve de payer un supplément de taxe de 50 %. Mais la procédure en restauration a été supprimée par la voie d'un décret (modifiant la partie réglementaire)(152). Une ordonnance n° 2008-1301 du 11 décembre 2008 a également supprimé, dans la partie législative, la possibilité de recourir à la procédure en restauration en cas de non-respect du délai de renouvellement(153). Par conséquent, en matière de marques françaises, au cas de renouvellement tardif, le titulaire dispose encore d'un délai de grâce, mais pas de la procédure de *restitutio in integrum*. Pour les marques de l'Union européenne, le renouvellement (déclaration et paiement des taxes)(154) doit intervenir dans les mêmes délais et il existe un délai de grâce identique(155). Il existe en outre une procédure de *restitutio in integrum*(156).

485. – **Les effets du renouvellement.** La procédure modifiée par la loi de 1991 n'est plus un nouveau dépôt, nécessitant un nouvel examen sur le fond, mais bien un simple renouvellement de la marque. Seules les conditions de forme du renouvellement sont observées. Aucune procédure d'opposition ou de formulation d'observations n'est possible (CPI, art. L. 712-9, al. 2). Attention : il doit bien s'agir d'un renouvellement ; si le signe a été modifié ou si des produits et services ont été ajoutés, il faut effectuer un nouveau dépôt (traité comme une première demande d'enregistrement). Il est toutefois prévu que le titulaire puisse accompagner ce nouveau dépôt (modifiant le signe ou ajoutant des produits et services) d'une demande de renouvellement anticipé pour n'avoir ensuite qu'une seule date commune(157). L'article L. 712-9 du Code de la propriété intellectuelle dispose que : « La nouvelle période de dix ans court à compter de l'expiration de la précédente », ce que confirme l'article R. 712-24, alinéa 2 du même code(158). Le renouvellement ne sera opposable aux tiers qu'à compter de la publication de sa déclaration au *BOPI*.

---

(152) Ce décret (modifié à plusieurs reprises, D. n° 95-385, 4 oct. 1995 ; D. n° 2007-280, 1er mars 2007) supprimait dans la partie réglementaire la possibilité de recourir à la procédure en relevé de déchéance pour non-respect des délais en matière de renouvellement alors que la partie législative le prévoyait encore, ce qui n'était pas conforme à la hiérarchie des normes. Une ordonnance n° 2008-1301 du 11 décembre 2008 est intervenue pour clore la question, V. *JCl. Marques-Dessins et Modèles*, Fasc. 7230, n° 8. Un décret n° 2014-650 du 20 juin 2014 précise que, désormais, les conditions du renouvellement résultent de décisions du directeur de l'INPI.

(153) V. *JCl. Marques-Dessins et Modèles*, Fasc. 7230, préc., qui mentionne qu'avec le délai de grâce, les procédures en relevé de déchéance étaient assez rares (si l'on ne compte pas l'année 2004, il n'y en avait plus qu'une petite vingtaine). L'ordonnance a permis de mettre un terme à la question, difficile pour les praticiens, de l'opposition des textes. Certains auteurs ont néanmoins observé que le relevé de déchéance permet la restitution dans des cas difficiles et pouvait avoir par conséquent quelque utilité, certes dans des cas assez rares mais où les circonstances pourraient le justifier.

(154) À l'annexe 1 du règlement n° 2015/2424 du 16 décembre 2015, il est précisé que la taxe de renouvellement de base (une classe à l'avenir) est de 1 000 € ou 850 € par voie électronique ; la taxe de renouvellement de la deuxième classe est de 50 € et pour chaque classe supplémentaire, au-delà de la deuxième, de 150 € (pour une marque collective, la taxe de base est de 1 800 € ou de 1 500 € par voie électronique, la taxe de renouvellement pour la deuxième classe est de 50 € et au-delà, de 150 € par classe supplémentaire.

(155) Les taxes dues sont alors majorées de 25 % de la taxe totale de renouvellement (comprenant des classes supplémentaires le cas échéant), mais avec un maximum de 1 500 €.

(156) V. Règl. n° 207/2009, modifié par Règl. n° 2015/2424, art. 81 et *Directives relatives à l'examen devant l'office*, art. 6.1.1.5, au 1er févr. 2015.

(157) CPI, art. R. 712-25, al. 1er, permettant ensuite des déclarations uniques de renouvellement, al. 2. – V. Cass. com., 12 févr. 2008, n° 06-13.454 : *PIBD* 2008, n° 872, III, p. 257, approuvant les juges d'appel d'avoir autorisé le renouvellement anticipé en cas de modification du signe et des produits ou services, même si la loi a employé la conjonction « ou ».

(158) CPI, art. R. 712-24, al. 2 : « Le renouvellement prend effet le jour suivant la date d'expiration de l'enregistrement ».

§ 2. – Les limites consécutives à l'usage nécessaire du signe distinctif pour certains opérateurs économiques

486. – Les besoins économiques des autres opérateurs. Dans certaines situations, l'usage d'un signe distinctif se révèle nécessaire pour certains opérateurs économiques. Il en est ainsi de l'usage de termes en lien avec la localisation géographique des opérateurs, l'usage dans leur sens commun de termes descriptifs(159), de signes distinctifs reconnus antérieurement ou tolérés, et enfin de l'emploi de la marque d'autrui en tant que référence nécessaire.

487. – L'emploi d'un droit antérieur de portée locale reconnu par la loi d'un État membre. L'exception tenant à l'usage antérieur d'un nom commercial, d'une dénomination sociale ou d'une enseigne est envisagée à l'article L. 713-6, a) du Code de la propriété intellectuelle qui y associe également l'usage accompli de bonne foi par un tiers qui emploie son nom de famille(160). Comme nous l'avons déjà envisagé, le titulaire n'est toutefois pas démuni, car si cet usage porte atteinte à ses droits (en cas de risque de confusion entre sa marque et le signe distinctif autre), il peut demander en justice à ce que l'usage soit réglementé (en y associant un prénom, une date de création, un logo), voire interdit (s'il apparaît que le risque de confusion est trop important pour être écarté par l'ajout d'un élément, ce qui est souvent le cas si la marque jouit d'une certaine notoriété).

488. – La référence nécessaire. L'article L. 713-6, b) du Code de la propriété intellectuelle précise que l'existence d'une marque ne peut interdire l'utilisation du même signe ou d'un signe similaire en tant que « référence nécessaire pour indiquer la destination d'un produit ou d'un service, notamment en tant qu'accessoire ou pièce détachée, à condition qu'il n'y ait pas de confusion dans leur origine ». Le titulaire va devoir tolérer qu'un tiers reproduise sa marque lorsqu'il s'agira de proposer à la clientèle des pièces détachées ou accessoires adaptables à ses propres produits(161). La référence nécessaire permet encore aux garagistes et réparateurs de faire mention des marques qu'ils ont l'habitude de réparer(162). Les nécessités d'une concurrence doivent ici être conciliées avec le respect de la loyauté des affaires. Pour que le titulaire du droit ne puisse pas faire condamner un tel usage, le tiers utilisateur doit éviter tout risque de confusion sur l'origine commerciale des pièces et accessoires qu'il

(159) La directive de 1988, remplacée par la directive n° 2008/95 du 22 octobre 2008, elle-même suivie de la directive n° 2015/2436 du 16 décembre 2015, prévoit en son article 14 (désormais) diverses limitations aux effets de la marque. À ce titre, sont cités l'usage par un tiers, dans la vie des affaires, de son nom et de son adresse ou encore d'indications relatives à l'espèce, la qualité, la quantité, la valeur, la provenance géographique, etc., précisant que cet usage sera licite pour autant qu'il est accompli conformément aux usages honnêtes en matière industrielle et commerciale. L'intérêt général justifie que ces termes, bien que susceptibles d'être réservés par ailleurs à titre de marque (par ex. parce qu'ils sont associés à d'autres éléments, nominaux et/ou figuratifs), soient librement utilisés par les tiers qui en ont besoin dans un usage loyal et normal. En France, ces limites n'ont pas été reprises lors de la transposition.

(160) V. *supra*, n°s 384 et 352, pour les homonymes.

(161) Par ex., pour les sacs d'aspirateurs, les balais d'essuie-glace de voitures, les cartouches d'imprimantes, etc., sous réserve que ces éléments ne soient pas eux-mêmes couverts par des droits privatifs. S'ils sont libres, cette exception permet à des concurrents d'offrir de tels éléments sur le marché, directement en concurrence avec les produits et services du titulaire, grâce à la mention de la marque concernée. À défaut, le consommateur aurait quelques réticences à les acheter sans savoir s'ils sont compatibles avec les biens qu'il possède.

(162) CJCE, 23 févr. 1999, aff. C-63/97, *BMW* : *RTDE* 2000, 122, obs. G. Bonet.

commercialise. En raison de la présence de l'adverbe « notamment » dans l'énoncé légal de l'exception au monopole au cas envisagé, la notion de référence nécessaire a été utilisée en France dans un contexte inhabituel : les juges ont considéré que l'usage de la marque dans un nom de domaine pour critiquer la politique sociale d'un opérateur économique était une référence nécessaire pour informer l'internaute du contenu du site, les termes étant clairs et l'absence de confusion évidente[163].

489. – **L'exception reconnue aux pharmaciens.** L'article L. 716-10, d), alinéa 2 du Code de la propriété intellectuelle prévoit qu'il n'y a pas de délit de substitution de produit pour un pharmacien à remplacer un médicament prescrit par un médecin par un autre, lorsqu'il s'agit d'une spécialité générique.

490. – **L'existence d'une indication géographique.** La loi n° 2014-344 du 17 mars 2014 a modifié l'article L. 713-6 du Code de la propriété intellectuelle. Celui-ci dispose que l'existence d'une marque ne fait pas obstacle à l'utilisation d'un signe identique ou similaire comme :

« *c)* une indication géographique définie à l'article L. 721-1, sauf lorsque la marque, compte tenu de sa renommée, de sa notoriété et de la durée de son usage, est à l'origine exclusive de la réputation ou de la connaissance par le consommateur du produit pour lequel une indication géographique est demandée ».

Les opérateurs doivent pouvoir se référer à une indication géographique sans encourir d'action en contrefaçon. La loi réserve toutefois l'hypothèse de l'indication géographique qui serait directement issue de l'action du titulaire. Il n'est pas certain que cette disposition soit fidèle aux dispositions de la directive (V. toutefois, Dir. n° 2015/2436, art. 5, 3, c).

SECTION 3

LA PERTE DU DROIT DE MARQUE

491. – **Plan.** Le droit sur la marque peut s'éteindre du fait de la volonté du titulaire du droit (§ 1) ou à la suite d'une action d'un tiers, qu'il s'agisse de l'action en déchéance (§ 2) ou de l'action en nullité (§ 3).

§ 1. – La perte du droit de marque du fait de la volonté du titulaire du droit

492. – **Principe.** La perte du droit de marque du fait de la volonté du titulaire peut résulter d'une renonciation au droit qui prend la forme d'une radiation de la

(163) CA Paris, 30 avr. 2003 : www.legalis.net, aff. *Danone*, retenant la « référence nécessaire » à propos d'un site Internet accessible sous les noms de domaine « jeboycottedanone ». Cet arrêt va en outre relever que les faits poursuivis n'étaient pas destinés à promouvoir la commercialisation de produits ou de services concurrents, et ne se situaient pas dans la sphère des affaires. Aujourd'hui, à raison de la prise en compte de la fonction du droit, ces faits ne relèvent même pas d'une atteinte à la marque (il n'y a pas d'atteinte à l'une des fonctions essentielles de la marque) : la recherche d'une exception légale n'est donc pas utile à l'impunité.

marque sur les registres en forme d'abandon du droit. L'hypothèse participe de l'expression du pouvoir de disposer de sa chose par le propriétaire en agissant sur le droit lui-même, une forme d'exercice *d'abusus* du propriétaire(164).

493. – **La renonciation aux effets des droits de marque.** L'auteur d'une demande d'enregistrement ou le propriétaire d'une marque enregistrée peut renoncer aux effets de cette demande ou de cet enregistrement pour tout ou partie des produits ou services auxquels s'applique la marque (CPI, art. L. 714-2). Il est nécessaire que la renonciation soit concrétisée dans un écrit rédigé par le ou les titulaires inscrits de la marque, adressé ou remis à l'INPI(165). Si un mandataire intervient, il lui faudra un mandat spécial, à raison de la gravité de l'acte de renonciation (acte de disposition)(166). La renonciation fait disparaître un droit réel et par là même un bien, actif d'entreprise : les licenciés comme les créanciers gagistes doivent être associés à la procédure de renonciation. La renonciation peut valoir pour tous les produits ou services revendiqués dans l'acte d'enregistrement ou ne viser que certains d'entre eux seulement. Elle est inscrite au Registre national des marques. Souvent, la renonciation résultera d'une transaction qui met un terme à un contentieux concernant la marque. Il est également et sans doute plus simple d'attendre l'arrivée du terme de l'enregistrement sans procéder à son enregistrement, ce qui n'induit aucune formalité ni taxe.

§ 2. – La perte du droit de marque à la suite d'une action en déchéance

494. – **Présentation.** La loi française de 1964 avait déjà envisagé une procédure afin de libérer les registres de marques qui n'étaient pas exploitées sur le marché : la déchéance pour défaut d'exploitation (I). La directive n° 89/104 du 21 décembre 1988 a imposé aux États membres d'adopter de telles mesures et a ajouté un second cas d'ouverture : la déchéance lorsque la marque est devenue usuelle ou trompeuse (II). La procédure reste commune aux deux hypothèses (III).

I. – La déchéance pour défaut d'exploitation

495. – **Le principe de la déchéance pour défaut d'exploitation.** « Encourt la déchéance de ses droits le propriétaire de la marque qui, sans justes motifs, n'en a pas fait un usage sérieux, pour les produits et services visés dans l'enregistrement, pendant une période ininterrompue de cinq ans » (CPI, art. L. 714-5). Le droit sur la marque peut s'éteindre lorsque la marque n'a pas été exploitée pendant un délai ininterrompu de cinq ans. La déchéance pour défaut d'exploitation est justifiée par l'idée que « la protection de la marque et les effets que son enregistrement rend opposables aux tiers ne sauraient perdurer si la marque perdait sa raison d'être commerciale, consistant à créer ou à conserver un débouché pour les produits ou les

(164) V. F. Zenati et Th. Revet, *Les biens*, *op. cit.*, n° 210.

(165) CPI, art. R. 714-1, ajoutant qu'il faut que la déclaration soit accompagnée de la justification du paiement de la taxe (27 € au 1er juillet 2015).

(166) CPI, art. R. 712-21, sauf s'il a la qualité de conseil en propriété industrielle ou d'avocat.

services portant le signe qui la constitue, par rapport aux produits ou aux services provenant d'autres entreprises »[(167)]. Le monopole intellectuel s'inscrit sur la toile de fond de la liberté du commerce et de l'industrie : la décision du propriétaire de ne plus exploiter sa marque traduit, à nouveau, une forme d'abandon du droit de propriété dont le droit positif tire concrètement les conséquences dans un contexte de principe de libre concurrence. L'usage qui est susceptible de contrecarrer l'action en déchéance s'entend d'une exploitation sérieuse, réelle et publique du signe à titre de marque, pour identifier les productions et services du titulaire de ceux de ses concurrents, les promouvoir dans une relation avec le public intéressé[(168)]. L'exploitation ne doit pas être équivoque[(169)]. En principe, la seule cession ou concession d'une marque non exploitée ou son renouvellement est sans incidence sur l'usage requis. L'usage purement interne au sein de l'entreprise ou du groupe ne permet pas davantage d'échapper à la déchéance[(170)]. Les actes préparatoires sont en principe également insuffisants : c'est une exploitation de la marque avec la mise en cause d'une clientèle sur le marché concerné qui est requise[(171)]. Toutefois, la Cour de justice a admis que l'usage pouvait être considéré comme sérieux, et donc pertinent pour repousser l'action en déchéance, lorsque les préparatifs présagent d'un lancement commercial imminent sur le marché des produits en cause[(172)]. Une association peut très bien démontrer un usage effectif de sa marque, par l'organisation de manifestations, de kermesses, par la collecte et la distribution de biens aux plus démunis en lien avec ladite marque, le caractère non lucratif n'étant pas déterminant[(173)]. L'usage doit être démontré pour les produits et services revendiqués puisqu'il s'agit de maintenir le droit au regard de son objet, à savoir le signe enregistré pour dési-

(167) La Cour de justice a rappelé que la marque avait pour but d'être exploitée puisqu'elle a pour fonction principale d'indiquer une origine commerciale pour les produits et services pour lesquels elle a été enregistrée, CJCE, 11 mars 2003, aff. C-40/01, *Ansul* : *D.* 2003, somm. 2691, obs. S. Durrande ; *Comm. com. électr.* 2003, comm. 48, obs. Ch. Caron ; *Propr. industr.* 2003, comm. 43, obs. A. Folliard-Monguiral ; *Propr. intell.* 2003, n° 9, p. 429, obs. G. Bonet. Aux pts 36 et 37, la Cour retient : « L'"usage sérieux" doit ainsi s'entendre d'un usage qui n'est pas effectué à titre symbolique, aux seules fins du maintien des droits conférés par la marque. Il doit s'agir d'un usage conforme à la fonction essentielle de la marque, qui est de garantir au consommateur ou à l'utilisateur final l'identité d'origine d'un produit ou d'un service, en lui permettant de distinguer sans confusion possible ce produit ou ce service de ceux qui ont une autre provenance. Il en résulte qu'un "usage sérieux" de la marque suppose une utilisation de celle-ci sur le marché des produits ou des services protégés par la marque et pas seulement au sein de l'entreprise concernée. La protection de la marque et les effets que son enregistrement rend opposables aux tiers ne sauraient perdurer si la marque perdait sa raison d'être commerciale, consistant à créer ou à conserver un débouché pour les produits ou les services portant le signe qui la constitue, par rapport aux produits ou aux services provenant d'autres entreprises ». – Également TPICE, 23 févr. 2006, *Bainbridge* : *Propr. industr.* mai 2006, comm. 44, obs. A. Folliard-Montguiral.

(168) Lorsque le signe est employé par exemple dans le sens du langage courant et pas pour identifier une origine particulière des produits ou services, l'usage requis pour échapper à la déchéance.

(169) Le signe doit être utilisé à titre de marque et non comme dénomination sociale ou simple nom commercial par exemple, V. CA Paris, 25 mai 1989 : *Ann. propr. ind.* 1990, 299. – CA Paris, 28 janv. 2004 : *Propr. industr.* 2004, comm. 39, nos obs.

(170) CJCE, 11 mars 2003, aff. C-40/01, *Ansul*, préc., pt 37. – V. encore, CJCE, 11 mai 2006, aff. C-416/04, *Sunrider*, marque Vitafruit, sur cette question d'usage sérieux, en relation avec la fonction de la marque, pt 70.

(171) Cass. com., 30 nov. 2004, n° 02-18.731 : *Bull. civ.* 2004, IV, n° 209 ; *PIBD* 2005, n° 802, III, p. 117 ; *Comm. com. électr.* 2005, comm. 4, obs. Ch. Caron et retenant : « Attendu qu'une marque fait l'objet d'un usage sérieux lorsqu'elle est utilisée conformément à sa fonction essentielle qui est de garantir l'identité d'origine des produits ou des services pour lesquels elle a été enregistrée ». – Cass. com., 21 oct. 2008, n° 07-16.749.

(172) CJCE, 11 mars 2003, préc.

(173) CJCE, 9 déc. 2008, aff. C-442/07, *Radetzky-Orden* : *Propr. industr.* 2009, comm. 10, obs. A. Folliard-Monguiral. La Cour retient « qu'une marque fait l'objet d'un usage sérieux lorsqu'une association à but non lucratif l'utilise, dans ses relations avec le public, pour annoncer des manifestations, dans ses papiers d'affaires ainsi que sur son matériel publicitaire et que ses membres l'arborent sur des insignes qu'ils portent lors de la collecte et de la distribution de dons ».

gner certains produits et services[174]. L'appréciation de l'exploitation s'apprécie de manière qualitative et non quantitative, et peut varier en fonction du type de produits ou services concernés[175]. La Cour de justice précise néanmoins que le titulaire de la marque ne peut pas se contenter d'une exploitation de « caractère symbolique ayant pour seul objet le maintien des droits conférés par cette marque »[176]. L'appréciation du caractère sérieux de l'usage de la marque attaquée doit tenir compte des circonstances propres à chaque espèce, dont l'étendue géographique de l'usage, afin d'établir que l'exploitation commerciale est réelle :

> « L'appréciation du caractère sérieux de l'usage de la marque doit reposer sur l'ensemble des faits et des circonstances propres à établir la réalité de l'exploitation commerciale de celle-ci dans la vie des affaires, en particulier les usages considérés comme justifiés dans le secteur économique concerné pour maintenir ou créer des parts de marché au profit des produits ou des services protégés par la marque, la nature de ces produits ou de ces services, les caractéristiques du marché, l'étendue et la fréquence de l'usage de la marque. (...). La question de savoir si un usage est quantitativement suffisant pour maintenir ou créer des parts de marché pour les produits ou services protégés par la marque dépend ainsi de plusieurs facteurs et d'une appréciation au cas par cas. (...) Il s'ensuit qu'il n'est pas possible de déterminer a priori, de façon abstraite, quel seuil quantitatif devrait être retenu pour déterminer si l'usage a ou non un caractère sérieux. (...)[177]. »

Pour une marque française, il faudra démontrer un usage sur le territoire français[178]. À propos de la marque communautaire, les mêmes principes ont été retenus (il faut tenir compte de l'ensemble des faits et circonstances) de telle sorte qu'il faut démontrer une exploitation sérieuse sur le territoire de l'Union en faisant abstraction des frontières en raison du caractère unitaire de ce titre[179]. L'usage utile peut être le fait du titulaire de la marque ou de tiers, dès lors que cette exploitation est accomplie avec son accord[180]. En revanche, l'existence de contrefacteurs qui viendraient à reproduire la marque litigieuse ne permet pas d'échapper à la déchéance.

496. – La reprise de l'exploitation. Même lorsque la marque n'a pas été exploitée pendant de très nombreuses années, le titulaire peut toujours décider de lancer une exploitation des produits ou des services revendiqués par la marque, dès lors que per-

(174) V. CA Paris, 14 avr. 1995 : *PIBD* 1995, n° 592, III, p. 354. – Cass. com., 21 janv. 2004, n° 02-12.197 : *Bull. civ.* 2004, IV, n° 15 ; *PIBD* 2004, n° 785, III, p. 265. – Cass. com., 17 janv. 2006, n° 04-10.538 : *PIBD* 2006, n° 827, III, p. 258.

(175) V. déjà, CA Paris, 18 févr. 1980 : *Ann. propr. ind.* 1980, 213. – CA Paris, 1er mars 2002, pour des produits de luxe vendus : *PIBD* 2002, n° 752, III, p. 514. – V. Cass. com., 9 nov. 2010, n° 09-11.999 : *JurisData* n° 2010-020724 ; *Propr. industr.* 2011, comm. 5, nos obs. sur cet arrêt qui énonce : « L'usage même minime d'une marque peut être suffisant pour être qualifié de sérieux à condition qu'il soit considéré comme justifié, dans le secteur économique concerné, pour maintenir ou créer des parts de marché pour les produits ou services protégés par la marque », à propos d'une marque désignant des supports audiovisuels et exploitée par un label de musique du monde éditant quelques CD-Rom seulement, mais commercialisés de façon effective sur ce marché étroit.

(176) CJCE, ord., 27 janv. 2004, aff. C-259/02, *La Mer Technologie*. – CJCE, 11 mars 2003 : *Propr. intell.* 2003, n° 9, p. 429.

(177) CJCE, 11 mai 2006, préc., pts 70 et 76 qui retient : « La circonstance que, en l'espèce, la preuve de l'usage de la marque antérieure n'a été rapportée que pour la vente de produits à destination d'un seul client ne permet pas d'exclure a priori son caractère sérieux (...) quand bien même il en découlerait que ladite marque n'était pas présente sur une partie substantielle du territoire espagnol, sur lequel elle est protégée. En effet, ainsi que le fait valoir l'OHMI, l'importance territoriale de l'usage n'est qu'un des facteurs devant être pris en compte, parmi d'autres, pour déterminer s'il est sérieux ou non ». – V. encore, CA Paris, 24 sept. 2008, pour une marque communautaire, avec des faits d'exploitation sur le territoire grec : *PIBD* 2008, n° 884, III, p. 632.

(178) V. CJCE, 27 janv. 2004, *La Mer Technologie*, préc. – CA Paris, 14 mars 2003 : *PIBD* 2003, n° 769, III, p. 390.

(179) CJUE, 19 déc. 2012, aff. C-149/11, *Leno Merken*, pts 57 et 58 : *PIBD* 2013, n° 977, III, p. 940 ; *Propr. industr.* 2013, comm. 9, obs. A. Folliard-Monguiral.

(180) Pour une exploitation par un tiers, même implicite : CA Paris, 18 févr. 2005 : *PIBD* 2005, n° 812, III, p. 433. – Cass. com., 31 janv. 2006, n° 04-12.945.

sonne ne l'a assigné en déchéance pour défaut d'exploitation. Les entreprises peuvent de la sorte enregistrer des marques dites « de réserve » destinées au lancement de nouveaux produits dont l'association à la marque déposée est décidée ultérieurement. L'exploitation ainsi réalisée va conforter le titre qui ne pourra pas encourir de déchéance. Toutefois, le législateur a convenu d'une sorte de période suspecte pour laquelle les actes d'usage ne tiendront pas en échec la demande de déchéance ; c'est le cas lorsque :

CPI, art. L. 714-5

« L'usage sérieux de la marque commencé ou repris postérieurement à la période de cinq ans (...) a été entrepris dans les trois mois précédant la demande de déchéance et après que le propriétaire a eu connaissance de l'éventualité de cette demande. »

La reprise d'exploitation ne fait pas échec à la déchéance dès lors qu'il est constaté que la marque a été exploitée plus de trois mois à rebours de la demande formée à ce titre[(181)], en connaissance de l'éventualité d'une action en déchéance. Il a par exemple été jugé que la preuve d'un dépôt de divers éléments tendant à démontrer une exploitation à venir était suffisante[(182)]. Afin d'éviter un contentieux qui pourrait être inutile, il arrive que la personne intéressée par la marque qui paraît non exploitée demande à son titulaire des preuves d'usage : dans ce cas, il a été jugé que le point de départ du délai de trois mois commence à courir à compter de la date du courrier informant le titulaire d'une action en déchéance[(183)].

497. – **L'exploitation de la marque sous une forme modifiée.** La Convention d'Union de Paris prévoit en son article 5 C.2 que :

« L'emploi d'une marque de fabrique ou de commerce, par le propriétaire, sous une forme qui diffère, par des éléments n'altérant pas le caractère distinctif de la marque dans la forme sous laquelle celle-ci a été enregistrée dans l'un des pays des pays de l'Union, n'entraînera pas l'invalidation de l'enregistrement et ne diminuera pas la protection accordée à la marque[(184)]. »

Ce texte permet au propriétaire de faire évoluer légèrement sa marque, exploitée sous une nouvelle forme, sans perdre pour autant ses droits de propriété industrielle. Celui-ci doit s'en tenir à de légères modifications, qui n'altèrent pas le caractère distinctif de la marque[(185)]. À défaut, la déchéance pourra être prononcée[(186)]. La jurisprudence a été mouvementée à propos de l'effet accordé à l'exploitation accomplie sous une forme modifiée d'une marque par exemple ancienne, qui n'est plus exploitée telle quelle, alors que le signe remis au goût du jour (mais sans qu'en soit altéré le caractère distinctif) fait également l'objet d'un enregistrement. La Cour de cassation a d'abord jugé que la règle précédente ne s'appliquait pas

(181) Cass. com., 9 juin 2009, n° 08-16.333 : *PIBD* 2009, n° 901, III, p. 1273 ; *Propr. industr.* 2009, comm. 61, Ch. de Haas.

(182) TGI Paris, 16 avr. 2010, *Oxygène* : *PIBD* 2010, n° 924, III, p. 593 ; *Propr. industr.* 2011, comm. 6, nos obs.

(183) Cass. com., 19 mars 2013, n° 11-29.016, *Northland* : *PIBD* 2013, n° 984, III, p. 1193 ; *Propr. intell.* 2013, n° 47, p. 316, obs. M. Sabatier.

(184) V. Dir. n° 2015/2436, art. 16, 5, a), modifiant l'article 10.1, a) de la directive n° 207/2009 ; Règl. n° 207/2009, modifié par Règl. n° 2015/2424, art. 15, 1, a) ; CPI, art. L. 714-5, al. 2.

(185) La Cour de justice a estimé que les éléments de différenciation doivent être négligeables, rendant les signes (celui enregistré à titre de marque et celui exploité) globalement équivalents, TPICE, 23 févr. 2006, aff. T-194/03, *Brainbridge* : *Propr. industr.* 2006, comm. 44, obs. A. Folliard-Monguiral ; rejet, CJCE, 13 sept. 2007. – CA Paris, 7 févr. 2001 : *PIBD* 2001, n° 723, III, p. 345, retenant que l'exploitation du signe *Cinefil* permettait à la marque *Cine-fil* de ne pas succomber à une action en déchéance.

(186) Cass. com., 20 juin 2006, n° 04-18.768 : *PIBD* 2006, n° 837, III, p. 610 ; *Propr. industr.* 2006, comm. 74, nos obs. – V. encore, Cass. com., 15 sept. 2015, n° 14-19.497 : *JurisData* n° 2015-020675 ; *Propr. industr.* 2015, comm. 74, nos obs.

lorsque la deuxième marque a été enregistrée et reste seule exploitée : la marque première non exploitée n'est plus couverte par l'exploitation de la seule autre et encourt la déchéance[187]. Le fait de prononcer la déchéance de la marque ancienne (qui n'est plus exploitée) ne privait pas le titulaire d'une protection désormais attachée aux enregistrements successifs qui sont exploités. Cette jurisprudence venait à ajouter une condition au texte de la Convention d'Union de Paris et la Cour de cassation opérait un revirement pour retenir que :

« Le texte précité exige seulement que la marque exploitée diffère de la marque première et non exploitée par des éléments n'en altérant pas le caractère distinctif, peu important que la marque modifiée ait été elle-même enregistrée[188]. »

Toutefois, hasard des dates, le Tribunal de première instance des Communautés européennes retenait une solution inverse, ce qui conduisait la jurisprudence française à opérer un nouveau revirement pour se conformer à cette position[189]. Mais, une fois n'est pas coutume, la Cour de justice, dans un arrêt *Rintisch*, a retenu :

« L'article 10, paragraphe 2, sous *a)*, de la directive 89/104 doit être interprété en ce sens qu'il ne s'oppose pas à ce que le titulaire d'une marque enregistrée puisse, aux fins d'établir l'usage de celle-ci au sens de cette disposition, se prévaloir de son utilisation dans une forme qui diffère de celle sous laquelle cette marque a été enregistrée sans que les différences entre ces deux formes altèrent le caractère distinctif de cette marque, et ce nonobstant le fait que cette forme différente est elle-même enregistrée en tant que marque[190]. »

La Cour de cassation est alors revenue à la solution qu'elle avait adoptée en 2006 et maintient par conséquent les marques qui ne sont pas exploitées telles qu'enregistrées, grâce à leur exploitation sous une forme modifiée sans altération de leur caractère distinctif, peu important l'existence d'enregistrements de ces différentes évolutions[191]. La directive n° 2015/2436 et le règlement n° 2015/2424 du 16 décembre 2015 précisent désormais, respectivement aux articles 16.5 et 15.1, que constitue également un usage sérieux (...) : « *a)* l'usage de la marque (...) sous une forme qui diffère par des éléments n'altérant pas le caractère distinctif de la marque dans la forme sous laquelle elle a été enregistrée, que la marque soit ou non aussi enregistrée sous la forme utilisée au nom du titulaire ».

498. – L'apposition de la marque sur des produits en vue de leur exportation. L'apposition de la marque sur des produits ou leur conditionnement exclusivement en vue de l'exportation caractérise l'usage du signe qui immunise le droit du risque de déchéance. L'article L. 714-5, c) du Code de la propriété intellectuelle prévoit cette hypothèse particulière afin de permettre au titulaire de centraliser sa

(187) Cass. ass. plén., 16 juill. 1992 : *JCP* G 1992, II, 21591, note J.-J. Burst.

(188) Cass. com., 14 mars 2006, 3 arrêts, n°s 03-18.732, 03-20.198 et 04-10.971 : *Propr. industr.* 2006, comm. 43, nos obs. ; *Comm. com. électr.* 2006, comm. 79, obs. Ch. Caron ; *D.* 2006, p. 1390, obs. P.-J. Dechristé et pan. p. 2325, obs. S. Durrande ; *RTD com.* 2007, p. 343, obs. J. Azéma.

(189) TPICE, 23 févr. 2006, *Brainbridge*, préc. ; rejet, CJCE, 13 sept. 2007, aff. C-234/06 : *Propr. industr.* 2006, comm. 89, obs. A. Folliard-Monguiral. – V. par ex., CA Paris, 10 avr. 2009 : *PIBD* 2009, n° 900, III, p. 1236. – Cass. com., 16 févr. 2010, n° 08-21.079 : *JurisData* n° 2010-051675, retenant : « En déposant diverses marques, la société A&F Trademark a entendu les distinguer, de sorte que l'exploitation de l'une ne saurait constituer la preuve de l'exploitation des autres et qu'il lui incombe de justifier de l'usage sérieux qu'elle a fait de chacune d'elles » ; *Propr. industr.* 2010, comm. 41, nos obs. – Cass. com., 9 nov. 2010, n° 09-13.144 : *Propr. industr.* 2011, comm. 7, nos obs.

(190) CJUE, 25 oct. 2012, aff. C-553/11, *Rintisch* : *Propr. industr.* 2012, comm. 88, obs. A. Folliard-Monguiral.

(191) Cass. com., 3 juin 2014, n° 13-17.769, *Rodéo* : *PIBD* 2014, n° 1010, III, p. 650.

production dans un État sans encourir pour autant la déchéance de ses droits dans cet État, même si les produits sur lesquels la marque est apposée sont exclusivement destinés à l'exportation, et donc à un usage ultérieur dans la vie des affaires.

499. – **L'existence de justes motifs.** Le titulaire peut échapper à la déchéance en démontrant l'existence de justes motifs qui l'ont empêché d'exploiter la marque qu'il détient (CPI, art. L. 714-5). Il ne peut s'agir d'un fait relevant de la volonté du titulaire ; l'événement doit être extérieur et s'imposer à lui[(192)]. Il a par exemple été jugé que le fait d'attendre un agrément des autorités sanitaires, décision indépendante du titulaire et nécessaire à la commercialisation, constitue un juste motif qui empêche le prononcé de la déchéance[(193)].

II. – La déchéance de la marque devenue usuelle ou trompeuse

500. – **La déchéance d'une marque devenue usuelle.** La déchéance d'un signe déposé à titre de marque peut encore être demandée lorsque la marque est devenue usuelle pour désigner les produits ou services couverts par la marque (CPI, art. L. 714-6, a)[(194)]. Cette circonstance doit être le fait du titulaire qui n'a pas pris les dispositions nécessaires pour préserver sa marque d'une telle dégénérescence ou qui a péché par excès de zèle en associant lui-même sa marque aux produits qu'elle désigne (c'est souvent le risque lorsque la marque est utilisée pour désigner de nouveaux produits)[(195)]. C'est pourquoi des titulaires de marques exigent des droits de réponse à chaque fois que leur signe a été utilisé par des tiers, à tort, à titre de terme usuel ou parfois même poursuivent en justice les personnes qui participent à cette dégénérescence[(196)]. À défaut de réactions suffisantes, la déchéance de la marque sera prononcée : valable à l'origine (à la date de son dépôt, elle était distinctive), elle n'est plus distinctive désormais. La disparition d'une des conditions de fond à la validité du titre justifie que la marque ne soit pas maintenue[(197)]. La règle sévère

(192) CA Paris, 9 nov. 2007 : *PIBD* 2008, n° 866, III, p. 47.

(193) TPICE, 23 févr. 2006, *Brainbridge*, préc. ; rejet, CJCE, 13 sept. 2007, préc. – CA Orléans, 13 févr. 2003 : *JurisData* n° 2003-221737 ; *Propr. industr.* 2004, comm. 3, nos obs. – V. auparavant, Cass. com., 18 mai 1993 : *Bull. civ.* 1993, IV, n° 197 ; *PIBD* 1993, n° 552, III, p. 594, à propos d'un avis négatif donné par l'administration et le recours formé par le titulaire qui entend pouvoir exploiter sa marque associée aux produits en cause.

(194) Dir. n° 2015/2436, art. 20, a. et Règl. n° 207/2009, modifié par Règl. n° 2015/2424, art. 51, § 1, a. – Une marque, souvent citée en exemple : *Frigidaire*, CA Riom, 31 oct. 1958 : *Ann. propr. ind.* 1959, 135 ; V. *JCl. Marques-Dessins et Modèles*, Fasc. 7405-1, E. Le Bihan.

(195) Par ex., lorsque la société Seb a commercialisé les premiers autocuiseurs sous pression sous la marque Cocotte-Minute, il pouvait apparaître simple pour les consommateurs de les appeler par la marque, car ils ne connaissaient pas toujours la désignation générique de ces nouveaux produits : la marque, seule associée au début à ces objets, était alors pratique. La société Seb a mis en œuvre de nombreux rectificatifs et mises en demeure pour rappeler l'existence de sa marque et échapper à la dégénérescence ; Pédalo est une marque enregistrée et il est vrai, pareillement, qu'il peut paraître plus facile de s'y référer pour nommer un engin nautique à moteur ! Mais son titulaire a su la défendre, V. par ex., CA Aix-en-Provence, 9 janv. 2006 : *JurisData* n° 2006-298969. Ou encore, pour un dernier exemple, la marque Caddie fait l'objet d'une défense active de son titulaire qui rappelle qu'il s'agit d'une marque qui doit être différenciée du terme générique qui est un chariot à provision. – V. encore, M.-A. Pérot-Morel, *La dégénérescence des marques par excès de notoriété*, in *Mél. Bastian*, Litec, 1974, p. 52.

(196) Cass. com., 18 mai 2010, n° 09-14.615, *La Pierrade* : *PIBD* 2010, n° 922, III, p. 487, relevant que le titulaire a fait preuve d'une particulière vigilance pour éviter la dégénérescence, a réagi systématiquement contre des emplois génériques de sa marque et produit de nombreuses décisions de justice réparties dans le temps.

(197) V., pour un cocktail que les juges ont considéré être devenu la désignation usuelle de cette boisson, *Pina colada*, CA Paris, 19 oct. 2001 : *PIBD* 2002, n° 736, III, p. 79 ; *Propr. intell.* 2002, n° 3, p. 94, obs. E. Joly ; *Comm. com. électr.* 2002, comm. 115, obs. Ch. Caron ; *D.* 2003, somm. 132, obs. S. Durrande. – Pourvoi rejeté, Cass. com., 28 avr. 2004, n° 02-10.505 : *PIBD* 2004, n° 792, III, p. 481 ; *JCP* E 2004, 909 ; *D.* 2005, pan. 505, obs. S. Durrande. – CA Paris, 20 avr. 2005, *Vintage* : *PIBD* 2005, n° 813, III, p. 473 ; *D.* 2006, pan. 2327, obs. S. Durrande ; *Propr. industr.* 2005, comm. 75, nos obs. ;

illustre le fait que les conditions de validité de la marque, présentes au dépôt de la demande, doivent perdurer pour la pérennité du titre. La validité d'une marque peut évoluer dans le temps : une marque qui ne serait pas distinctive à l'origine peut acquérir ce caractère essentiel du fait de son usage et, à l'inverse, une marque qui était valable lors de son dépôt peut perdre son caractère distinctif, ce qui ouvre aux tiers intéressés l'action en déchéance de ce motif. Une marque figurative peut devenir usuelle, tout comme une marque nominale(198). L'usage d'une marque par un tiers à titre de terme générique étant susceptible de conduire à la déchéance du titre, le journal qui continue d'utiliser une marque après plusieurs mises en demeure adressées par le titulaire engage sa responsabilité civile(199). La proposition de directive d'harmonisation en matière de marque(200) propose de contraindre les éditeurs de dictionnaires, à la demande de titulaires, de préciser, lorsque la marque reproduite « donne l'impression qu'elle constitue le terme générique désignant les produits ou services pour lesquels la marque a été enregistrée », qu'il s'agit d'une marque enregistrée. Par exemple, *Le Petit Larousse*, déjà, définit le terme « Meccano » comme un jeu de construction, après avoir relevé qu'il s'agit d'un « nom déposé ». L'appréciation de l'évolution qui fait de la marque une désignation usuelle s'apprécie au regard des destinataires des produits et services concernés. La Cour de justice s'est prononcée sur ces questions dès 2004 et est venue préciser son interprétation en 2014(201). Les juges français suivent cette position en se référant aussi bien à la perception de la marque par les professionnels et les consommateurs finals(202).

501. – **La déchéance d'une marque devenue trompeuse.** La déchéance peut encore être demandée lorsque la marque est devenue, du fait du propriétaire, « propre à induire en erreur, notamment sur la nature, la qualité ou la provenance

Propr. intell. 2005, n° 17, p. 479, obs. X. Buffet-Delmas. – CA Paris, 6 nov. 2013, *Fax2mail* : *PIBD* 2013, n° 996, III, p. 1634 ; *Propr. industr.* 2014, comm. 20, nos obs.

(198) CA Lyon, 23 mars 2006 : *PIBD* 2006, n° 831, III, p. 403, *Candia* et la marque de couleur rose fuchsia pour désigner des produits laitiers ; *Propr. industr.* 2006, comm. 93, nos obs. – Pourvoi rejeté, Cass. com., 10 juill. 2007, n° 06-15.593 : *PIBD* 2007, n° 859, III, p. 561 ; *D.* 2007, act. jurispr. 2310. – V. encore, CJCE, 27 avr. 2007, aff. C-145/05 : *PIBD* 2006, n° 835, III, p. 532 ; *Propr. intell.* 2006, n° 21, p. 489, obs. G. Bonet ; *D.* 2006, p. 2327, obs. S. Durrande ; *RTDE* 2006, p. 195, obs. F. Mariatte ; *Propr. industr.* 2006, comm. 52, obs. A. Folliard-Monguiral, *Levi Strauss* et la marque figurative représentant une aile de mouette (sur l'arrière des poches).

(199) CA Paris, 21 oct. 2014, *Meccano* : *JurisData* n° 2014-028512 ; *PIBD* 2015, n° 1019, III, p. 20 ; *Propr. industr.* 2015, comm. 13, nos obs.

(200) V. Prop. de directive : Doc. COM (2013), 162 final et celle relative au règlement (CE) n° 207/2009 : Doc. COM (2013), 0161 final, 27 mars 2013.

(201) V. CJCE, 29 avr. 2004, aff. C-371/02, marque *Bostongurka* : *Propr. industr.* 2004, comm. 62, obs. A. Folliard-Monguiral ; *RTD com.* 2004, p. 714, obs. J. Azéma ; *D.* 2005, p. 504, obs. S. Durrande, retenant au point 26 : « Dans l'hypothèse où des intermédiaires interviennent dans la distribution au consommateur ou à l'utilisateur final d'un produit couvert par une marque enregistrée, les milieux intéressés, dont le point de vue doit être pris en compte pour apprécier si ladite marque est devenue, dans le commerce, la désignation habituelle du produit en cause, sont constitués par l'ensemble des consommateurs ou des utilisateurs finaux et, en fonction des caractéristiques du marché du produit concerné, par l'ensemble des professionnels qui interviennent dans la commercialisation de celui-ci », avec précisant ces points, CJUE, 6 mars 2014, aff. C-409/12, marque *Kornspitz* : *PIBD* 2014, n° 1008, III, p. 496 ; *JCP* E 2014, 1613, n° 37, N. Binctin ; *D.* 2015, p. 230, obs. J.-P. Clavier ; *RTDE* 2014, p. 230, obs. L. Idot ; *RLDI* juill. 2014, n° 3513, obs. S. Strittmatter et F.-X. Langlai ; *Propr. industr.* 2014, chron. 9, n° 5, obs. Y. Basire ; *Comm. com. électr.* 2014, comm. 4, obs. Ch. Caron ; *Propr. industr.* 2015, chron. 3, n° 16-18, obs. A. Folliard-Monguiral, marque utilisée, pour des produits de boulangerie, pour des mélanges prêts à l'emploi et commercialisés par le titulaire lui-même auprès des boulangers en les autorisant à vendre leurs pains ainsi fabriqués sous sa marque, la Cour retient que, même si les professionnels sont conscients qu'il existe une marque, le point de vue des consommateurs est très important.

(202) TGI Paris, 18 nov. 2011, *Sopalin* : *PIBD* 2012, n° 960, III, p. 286 ; *Propr. industr.* 2012, comm. 5, nos obs., retenant que les essuie-tout étant distribués auprès des consommateurs par l'intermédiaire de professionnels, le public à prendre en considération est non seulement le consommateur mais encore les professionnels du secteur.

géographique du produit ou du service » (CPI, art. L. 714-6, al. 2 ; Dir. n° 2015/2436, art. 20, b) et Règl. n° 2015/2424, art. 51, § 1, b). D'évidence, au jour du dépôt, la marque ne pouvait être trompeuse. Elle va le devenir en regard de son exploitation : ce n'est que si les produits ou services ne sont pas conformes aux messages et promesses que peut contenir la marque que celle-ci s'avérera trompeuse pour le public pertinent[203]. Peu d'actions portent sur ce motif de déchéance. Le plus souvent, dans ce contexte, c'est la nullité de la marque qui est sollicitée. Pourtant, si la marque était valable lors de son enregistrement, une action en déchéance d'une marque devenue déceptive devrait être possible[204]. La marque ne doit pas servir de véhicule de fraude et demeurer loyale. Pour autant, la déchéance de la marque trompeuse n'entraîne pas pour le titulaire l'interdiction *ipso facto* de poursuivre l'usage du signe. Le droit de marque est un droit d'interdire : la déchéance prive le titulaire du monopole d'exploitation, mais nul n'a besoin d'un droit pour exploiter un signe, dans un système juridique fondé sur la liberté du commerce et de l'industrie. La recherche d'une telle sanction devra se fonder sur le Code de la consommation qui, lui, participe de la protection des consommateurs contre des pratiques commerciales trompeuses[205]. Une affaire célèbre a retenu la déchéance sur le motif de la tromperie, car la marque composée du patronyme d'un célèbre mannequin (*Inès de la Fressange*), exploitée telle quelle par le nouveau titulaire, a été qualifiée de trompeuse pour le public concerné qui pouvait penser que la styliste était encore en charge des créations[206]. La Cour de cassation devait casser cet arrêt en rappelant que le cédant doit garantie au cessionnaire, de telle sorte que la personne célèbre qui avait cédé ses actions, ainsi que les marques enregistrées, dans la société qui portait son nom, ne pouvait poursuivre l'acquéreur[207]. Mais, dans une affaire semblable, la Cour de justice devait juger :

> « Le titulaire d'une marque correspondant au nom du créateur et premier fabricant des produits portant cette marque ne peut, en raison de cette seule particularité, être déchu de ses droits au motif que ladite marque induirait le public en erreur (...), notamment quand la clientèle attachée à cette marque a été cédée avec l'entreprise fabriquant les produits qui en sont revêtus[208]. »

III. – La procédure de déchéance

502. – Compétence. Intérêt à agir. La déchéance n'est pas automatique. Elle doit être demandée en justice, en application des articles L. 714-5 et L. 714-6 du Code de la propriété intellectuelle. À défaut, la marque, même non exploitée depuis plus de cinq ans, ou devenue usuelle ou encore trompeuse, demeure valable et pourra

(203) La directive n° 89/104/CEE fait référence à « l'usage qui en est fait [de la marque] par le titulaire ou avec son consentement », art. 12, 2, b).

(204) La directive précitée, d'ailleurs, précise à l'article 12.2, que « le titulaire d'une marque peut être déchu de ses droits lorsque, après la date de son enregistrement (...) ».

(205) C. consom., art. L. 121-1. – V. CJCE, 26 nov. 1996, aff. C-313/94, *Graffione*, rappelant qu'il appartient aux États membres de déterminer s'il convient d'interdire l'usage d'une marque qui a succombé à une action en déchéance : *RTDE* 1998, p. 124, obs. G. Bonet.

(206) CA Paris, 15 déc. 2004, *Inès de la Fressange* : *PIBD* 2005, n° 803, III, p. 142 ; *D.* 2005, p. 772, obs. Ph. Alleys et p. 1102, A. Mendoza-Caminade ; *RTD com.* 2004, p. 71, obs. J. Azéma ; *Comm. com. électr.* 2005, comm. 29, obs. Ch. Caron ; *Propr. intell.* 2005, n° 15, p. 201, obs. X. Buffet-Delmas.

(207) Cass. com., 31 janv. 2006, n° 05-10.116 : *Bull. civ.* 2006, IV, n° 27 ; *PIBD* 2006, n° 827, III, p. 255 ; *Comm. com. électr.* 2006, comm. 58, obs. Ch. Caron ; *Propr. intell.* 2006, n° 19, p. 218, obs. X. Buffet-Delmas.

(208) CJCE, 30 mars 2006, aff. C-259/04, *Élizabeth Emmanuel* (connue pour avoir réalisé notamment la robe de mariée de la Princesse Diana) : *PIBD* 2006, n° 830, III, p. 356 ; *Propr. intell.* 2006, n° 21, p. 485, obs. G. Bonet.

même servir de fondement à une action en contrefaçon. Toutefois, la demande de déchéance pourra intervenir au titre de demande reconventionnelle, dans le cadre du procès en contrefaçon mené par le propriétaire. La demande est portée devant l'un des dix tribunaux de grande instance exclusivement compétents en matière de marques, choisi selon les règles de droit commun de compétence territoriale[209]. En matière de marque de l'Union européenne, les demandes en déchéance formées à titre principal relèvent de la compétence de l'Office (une procédure équivalente devra être mise en œuvre par les États membres, ce qui permettra une procédure plus rapide et moins coûteuse, menée devant les offices nationaux. Les États membres disposent jusqu'au 14 janvier 2023 pour y procéder). En revanche, le tribunal de grande instance de Paris, seul compétent en matière de marque de l'Union européenne, peut être amené à traiter de cette question, dans le cadre d'une demande reconventionnelle. Il n'est en revanche pas compétent à titre principal. La procédure en déchéance (pour défaut d'exploitation) peut être demandée « par tout intéressé » (CPI, art. L. 714-5)[210]. La jurisprudence exige parfois que le demandeur ait la faculté d'enregistrer la marque dont il sollicite la déchéance[211]. Cette exigence est erronée et la Cour de cassation a reconnu recevable l'action du titulaire d'une marque pour la déchéance d'une marque voisine, alors même qu'il n'entendait pas procéder ultérieurement à sa réservation[212]. L'intérêt légitime (l'existence d'un droit d'auteur dans l'espèce) n'a pas à être vérifié pour chacun des produits et services revendiqués[213]. En matière de marques de l'Union européenne, l'Office qui a vocation à apprécier les demandes en déchéance formées à titre principal[214], reste accueillant à cet égard[215].

503. – **La charge de la preuve.** Selon les principes directeurs du procès, *actori incumbit probatio* : il appartient à la personne qui affirme quelque chose d'en rapporter la preuve. Aussi, par exemple, le demandeur à une action en déchéance pour dégénérescence devra démontrer que la marque est devenue la désignation usuelle des produits concernés (en produisant divers documents commerciaux, publicitaires, extraits de dictionnaires, réponses des moteurs de recherche, etc.). En revanche, si ce principe avait dû être maintenu pour le demandeur à l'action en déchéance pour défaut d'exploitation, il lui serait revenu la charge d'une « preuve diabolique », tant il paraît impossible de rapporter la preuve d'un fait négatif. La loi a par conséquent, ici, renversé la charge de la preuve et prévoit : « La preuve de l'exploitation incombe

(209) V. CPC, art. 42 qui pose le principe de devoir porter le contentieux, territorialement, devant la juridiction dans le ressort de laquelle le défendeur a son domicile ou son siège social.

(210) Il a pu être jugé que le demandeur n'avait pas d'intérêt à agir et ne recherchait qu'à profiter sans bourse délier du signe en question : CA Paris, 1er mars 2006 : *JurisData* n° 2006-299984 ; *Propr. industr.* 2006, comm. 55, nos obs.

(211) V. ainsi, CA Orléans, 17 oct. 2002, *Séphora : JurisData* n° 2002-191396 ; *Propr. industr.* 2003, comm. 3, nos obs.

(212) Cass. com., 2 mars 1982 : *D.* 1982, inf. rap. p. 390. – Cass. com., 7 juin 2006, n° 04-16.908 : *JurisData* n° 2006-034027 ; *Propr. industr.* 2006, comm. 64, nos obs.

(213) CA Paris, 2 mai 2008, *Pépito : PIBD* 2008, n° 878, III, p. 434.

(214) La proposition de directive du 27 mars 2013 souhaite que les offices nationaux aient à l'avenir également ce pouvoir : juger des recours en déchéance – et nullité – formés à titre principal ; les juridictions nationales compétentes en matière de marque communautaire, le tribunal de grande instance de Paris en ce qui concerne la France, ne pourraient alors statuer sur ces questions de déchéance et de nullité qu'en cas d'action en contrefaçon de marque communautaire à laquelle répondrait, à titre reconventionnel, le prétendu contrefacteur par une action en déchéance, voire en nullité du titre qui lui est opposé.

(215) Le demandeur à l'action en déchéance n'a pas, semble-t-il, la charge d'établir devant l'Office européen « un intérêt spécifique démontrable », V. OHMI, div. annul., 20 mars 2007, *Ad Bulgartabac Holding.*

au propriétaire de la marque dont la déchéance est demandée. Elle peut être apportée par tous moyens » (CPI, art. L. 714-5). En effet, s'il a exploité la marque litigieuse, il lui sera fort simple d'en rapporter la démonstration (en produisant des bons de commande, des factures, des catalogues, emballages, produits marqués, etc.). Les éléments de preuve doivent être datés afin d'apprécier la période de cinq années durant laquelle la marque a dû faire l'objet d'une exploitation sérieuse et effective et permettre d'établir un lien certain entre, par exemple, des références et les produits marqués, ou encore des factures et les produits prétendument marqués(216). Attention : les actes d'usage pertinents doivent être antérieurs à la demande de déchéance ; de la sorte, il a été jugé « que tous les actes d'usage de la marque "Voyager" étaient postérieurs à la demande de déchéance et que les actes antérieurs à celle-ci ne constituaient que des actes préparatoires à cet usage effectués au sein de la société M ou auprès de prestataires de services ou de sous-traitants, la cour d'appel en a exactement déduit (...) qu'aucun de ces actes n'était de nature à faire échec à la demande de déchéance »(217).

504. – **Effets de la déchéance.** Ils doivent être appréciés pour les différents motifs de déchéance, à commencer par le défaut d'exploitation. La déchéance de la marque prend effet à la date d'expiration du délai de cinq ans de non-exploitation, avec un effet absolu (CPI, art. L. 714-5). Sous la loi de 1964, il fallait se placer au jour de l'assignation en déchéance pour rechercher si, dans les cinq ans qui précédaient l'assignation, le titulaire de la marque en avait fait un usage sérieux. À défaut d'exploitation, la déchéance était prononcée seulement à compter de la date de l'assignation. Ce système laissait subsister le caractère contrefaisant d'éventuels actes commis antérieurement à l'assignation(218). Désormais, il s'agit de considérer le dernier acte d'exploitation de la marque concernée en cas d'usage ; la déchéance prendra effet à cette date anniversaire augmentée de cinq ans. Si la marque n'a jamais été exploitée, la déchéance sera prononcée cinq ans après l'enregistrement du signe. Pour la marque française, il faut considérer le jour de la publication de l'enregistrement, c'est à cette date que la procédure d'enregistrement est terminée (V. Dir. n° 2015/2436, art. 17, faisant état de la terminaison de la procédure d'enregistrement)(219). Les faits reprochés commis postérieurement à cette publication seront donc exonérés de tout caractère contrefaisant. Une difficulté se fait jour lorsque la marque succombe partiellement à une action en déchéance, car elle n'a pas été exploitée pour telle catégorie de produits (V. *infra*, n° 505). Le demandeur qui a obtenu gain de cause ne pourra cependant pas pour autant exploiter la marque pour les produits qui peuvent être qualifiés de similaires, car l'usage non

(216) V. Cass. com., 15 sept. 2015, n° 14-19.497 : *JurisData* n° 2015-020675 ; *Propr. industr.* 2015, comm. 74, nos obs., estimant que le fait de se contenter de la production de trois factures relatant la vente d'une centaine de produits en cinq ans, sans autre élément, ne démontre pas une exploitation effective et sérieuse du signe au contact d'une clientèle.

(217) Cass. com., 19 mars 2013, n° 12-14.626.

(218) Il y a eu des débats sur l'entrée en vigueur de la loi de 1991 qui modifiait la procédure en déchéance pour défaut d'exploitation que connaissait la France depuis la loi de 1964, avec un courant qui parvenait même à conclure qu'aucune déchéance ne pouvait plus intervenir avant cinq ans à compter de l'entrée en vigueur de la loi de 1991 (soit le 31 décembre 1996)... Il convenait en réalité de distinguer la procédure qui existait avant la loi de 1991, qui était maintenue et qui devait donc encore être mise en œuvre, sans période de suspension et les effets qui en effet devaient être ceux de la loi ancienne pour les situations écoulées en partie sous celle-ci. Quoi qu'il en soit, ces débats ne sont plus d'actualité.

(219) Il a fallu attendre le décret du 25 février 2004 (V. CPI, art. R. 712-23) qui retient la date de publication au *BOPI*. Cela peut être parfois éloigné de la date de dépôt (par ex., s'il y a eu une procédure d'opposition).

autorisé de la marque pour de tels produits constituerait encore un acte de contrefaçon[220]. Pour la marque de l'Union européenne, l'article 55.1 du règlement (CE) n° 2007/2009, modifié par le règlement n° 2015/2424, prévoit :

> « La marque de l'Union européenne est réputée n'avoir pas eu, à compter de la date de la demande en déchéance ou de la demande reconventionnelle, les effets prévus au présent règlement, selon que le titulaire est déclaré déchu de ses droits en tout ou en partie. »

Mais le règlement prévoit qu'il est possible de retenir une date antérieure à la demande d'une des parties. La règle concerne les effets de la déchéance, quels qu'en soient les motifs, mais aussi les effets de la nullité d'une marque de l'Union. Concernant les autres cas de déchéance, introduits en France lors de la transposition de la directive n° 89/104, le texte est beaucoup plus succinct puisqu'il ne prévoit rien sur les effets. S'il paraît plus juste de prononcer la déchéance dans ces cas-là à la date à laquelle la marque est devenue générique ou trompeuse, il est en revanche difficile d'établir avec certitude cette époque[221]. Certains ont par conséquent suggéré de s'en tenir à la date de la demande (dans l'acte d'assignation en déchéance ou les conclusions contenant la demande reconventionnelle en déchéance pour faire échec à l'assignation en contrefaçon), suivis par une bonne partie de la jurisprudence, même si d'autres décisions retiennent la date de la décision prononçant la déchéance[222].

505. – **La déchéance partielle.** La déchéance (pour défaut d'exploitation) peut porter sur une partie seulement des produits ou services visés dans l'acte d'enregistrement. De fait, les marques sont souvent enregistrées pour les trois classes comprises dans la taxe de dépôt[223], sans pour autant que le titulaire n'engage une activité économique développée dans tous les secteurs ainsi réservés ; par ailleurs, au sein d'une même classe, de nombreux produits et services sont revendiqués en perspective d'une exploitation qui ne sera finalement pas engagée. Lorsqu'une marque revendique certains produits exploités par le titulaire et d'autres qui ne le sont pas, la demande en déchéance ne peut concerner que ces derniers : la demande est alors partielle et n'atteindra que les produits pour lesquels aucune preuve d'usage sérieux n'a pu être rapportée, laissant la marque en vigueur pour les produits associés à ladite marque sur le marché (CPI, art. L. 714-5)[224].

(220) V. CPI, art. L. 713-3.

(221) V. assez récemment, Cass. com., 14 mai 2013, n° 12-18.907 : *JurisData* n° 2013-009528, qui censure l'arrêt d'appel, non pas pour avoir fixé une telle date mais pour n'avoir pas assez caractérisé la dégénérescence à la date retenue.

(222) V. ainsi, pour la date de la demande en déchéance, CA Lyon, 23 mars 2006, n° 04/08055, *Candia*, préc. – CA Paris, 6 nov. 2013, n° 12/02570 : *PIBD* 2013, n° 996, III, p. 1634. – Pour la date de la décision, CA Paris, 20 avr. 2005, *Vintage*, préc. – CA Paris, 19 oct. 2001, *Pina Colada*, préc. – CA Paris, 31 oct. 2007, *Fooding* : *PIBD* 2008, n° 865, III, p. 8 ; *D.* 2008, p. 898, note M. Vignaud.

(223) D'ailleurs, les propositions de directive et de règlement du 27 mars 2013 envisageaient, afin de réduire le montant de la taxe d'enregistrement, de ne prévoir qu'une classe de produits et services, en permettant bien entendu d'en réserver d'autres, mais en payant, dès la deuxième classe, une taxe supplémentaire. Cela permettrait, selon les statistiques annoncées, de réduire d'environ 30 % le coût d'un enregistrement de marque. Les PME pourraient plus facilement accéder à ces titres en concentrant leur dépôt sur leur activité qui, souvent, relève d'une seule classe. Cette possibilité de ne réserver qu'une classe, celle qui correspond à l'activité de l'opérateur, devrait par la même occasion réduire les marques dans des secteurs où elles n'ont pas vocation à être exploitées à court ou moyen terme. La déchéance, qui ne peut intervenir qu'après l'écoulement de cinq années (ce qui bloque toute exploitation pendant ce temps), sera sans doute moins utile. Les taxes finalement arrêtées dans l'annexe 1 du règlement n° 2015-2424 n'ont finalement pas été autant diminuées que ce qui était prévu !

(224) V. sur ce point, les enseignements du Tribunal qui, à propos d'une marque communautaire, a distingué selon que la marque a été enregistrée pour une catégorie large permettant d'établir des sous-catégories homogènes ou au contraire pour une catégorie si précise que les preuves d'usage pour ces produits ou services permettent de repousser

§ 3. – La perte du droit de marque à la suite d'une action en nullité

506. – **Présentation.** La sanction du non-respect des conditions de validité de la marque est la nullité de l'enregistrement de ladite marque. Les cas de nullité sont limitativement énoncés et la nullité doit être mise en œuvre par une action en nullité qui emporte des conséquences radicales.

507. – **Cas de nullité.** L'article L. 714-3 du Code de la propriété intellectuelle énonce :

> « Est déclaré nul l'enregistrement d'une marque qui n'est pas conforme aux dispositions des articles L. 711-1 à L. 711-4 du Code de la propriété intellectuelle ».

Cette énumération a un caractère limitatif. Il faut distinguer les motifs tenant à une irrégularité formelle de ceux tenant à une irrégularité de fond. En cas de non-conformité à des exigences de forme, il appartient à l'INPI de notifier le grief au déposant en lui impartissant un délai pour procéder à la régularisation ; à défaut, la demande donne lieu à un rejet(225). Si la marque est enregistrée, les vices de forme se trouvent couverts : une action en nullité à ce titre ne saurait prospérer. S'agissant des conditions de fond, à l'occasion de la procédure en délivrance, l'INPI se prononce en principe sur trois des quatre conditions de fond requises à la validité du titre (la représentation de la marque, le caractère licite et le caractère distinctif) ; la procédure est également largement ouverte aux tiers au titre notamment de la procédure d'opposition. Il reste qu'il est toujours possible d'agir en nullité d'une marque enregistrée. Si le signe n'est pas susceptible de représentation graphique, si le signe n'est pas valable (l'article L. 714-3 du Code de la propriété intellectuelle renvoie ainsi au non-respect du caractère distinctif ou du caractère licite), l'action est ouverte à tout intéressé. Enfin, si le signe porte atteinte à un droit antérieur (condition de disponibilité sur laquelle l'INPI ne se prononce pas, sauf en cas de procédure d'opposition), le titulaire de celui-ci peut agir en nullité en invoquant son droit antérieurement constitué (CPI, art. L. 714-3, al. 3)(226).

508. – **Mise en œuvre.** L'article L. 716-3 du Code de la propriété intellectuelle attribue aux dix tribunaux de grande instance exclusivement compétents en matière de marque, la charge de juger de la validité du titre. En revanche, pour la marque de l'Union européenne(227), lorsqu'une demande en nullité est formée à titre principal, elle relève de la compétence de l'Office (la directive n° 2015/2436 du 16 décembre 2015 impose aux États membres de confier, d'ici le 14 janvier 2023, cette procédure à leurs offices nationaux, à l'instar de ce qui ce passe pour ces titres unitaires, ce qui permettra d'obtenir plus rapidement et pour des coûts moins importants en principe, une décision réglant cette difficulté) ; mais lorsqu'elle est soulevée à titre

l'action en déchéance pour l'ensemble de cette catégorie, TPICE, 14 juill. 2005, aff. T-126/03, *Aladin : Propr. industr.* 2005, comm. 74, obs. A. Folliard-Monguiral. – V. encore TPICE, 13 févr. 2007, aff. T-256/04, *Respicur*.

(225) V. *supra*, n° 426.

(226) À condition qu'il soit titulaire du droit antérieur à la date d'introduction de son action, Cass. com., 8 févr. 2005 : *PIBD* 2005, 809, III, 343.

(227) La proposition de directive du 27 mars 2013 propose d'attribuer compétence aux offices nationaux pour juger de la validité des marques, lorsqu'une demande à titre principal est formée sur ce fondement.

reconventionnel, dans une action en contrefaçon qui relève alors des juridictions nationales ayant compétence en matière de titres communautaires (le seul tribunal de grande instance de Paris, concernant la France), elle est traitée par cette juridiction nationale. La nullité peut être invoquée à titre d'action, ou être soulevée par voie d'exception (le défendeur s'oppose à la condamnation réclamée) ou à titre reconventionnel, la nullité du titre opposé entraînant par voie de conséquence le rejet de l'action en contrefaçon.

509. – **Fin de non-recevoir. Forclusion par tolérance.** Concrètement, la nullité peut en principe être demandée par tout intéressé, mais, si la demande est fondée sur la disponibilité du signe réservé, seul le titulaire du droit antérieur affecté peut agir. À cet égard, l'article L. 714-3, alinéa 3 du Code de la propriété intellectuelle dispose :

« Seul le titulaire d'un droit antérieur peut agir en nullité (...). Toutefois, son action n'est pas recevable si la marque a été déposée de bonne foi et s'il en a toléré l'usage pendant cinq ans. »

Le bénéfice de la forclusion par tolérance suppose la bonne foi de celui qui s'en prévaut[(228)] et une exploitation effective de la marque litigieuse tolérée pendant plus de cinq ans. Un enregistrement serait insuffisant, car les dispositions légales précisent que la tolérance ne s'appliquera que pour les produits ou les services dont l'usage n'a pas fait l'objet de poursuite dans le délai de cinq ans[(229)]. Les juges recherchent par conséquent si le titulaire de la marque première connaissait l'usage réalisé de la marque seconde ou s'il aurait dû la connaître (par ex., si le secteur comporte peu de concurrents, si les sociétés se trouvaient réunies sur un même salon professionnel, ou inscrites dans un même annuaire, etc.)[(230)], et si cet usage a été toléré (le propriétaire de la marque première doit introduire une action en justice ; une simple mise en demeure par lettre recommandée serait insuffisante et caractériserait une telle tolérance)[(231)]. Une différence de rédaction entre notre texte français et les dispositions de la directive s'est fait jour[(232)]. La directive imposait seulement la forclusion de l'action en nullité en raison de l'existence d'une marque antérieure, tout en laissant aux États membres la possibilité d'étendre ce mécanisme aux autres droits antérieurs, option qu'a mise en œuvre la France. Mais si la directive prévoit que la tolérance empêche d'agir en nullité et de s'opposer à l'usage de la marque liti-

(228) La bonne foi est présumée, ce qui signifie qu'il appartiendra à la personne qui la conteste de prouver le contraire (le bénéficiaire du droit antérieur ou le demandeur à l'action en contrefaçon à qui est opposée la forclusion). Une simple négligence ne peut suffire, V. Cass. com., 10 mai 2006, n° 04-13.424. – La directive n° 2015/2436 prévoit explicitement qu'en dépit de la tolérance avérée, l'action en nullité reste ouverte dès lors « que l'enregistrement de la marque postérieure [a] été demandé de mauvaise foi » (art. 9.1).

(229) Cass. com., 28 mars 2006, n° 05-11.686 : *PIBD* 2006, n° 833, III, p. 472, retenant que le dépôt et l'enregistrement d'une marque ne présentent pas de caractère forcément public (la publication au *BOPI* ne constitue pas une exploitation effective de la marque qui aurait pu être connue et donc tolérée).

(230) CA Paris, 4 juin 2008 : *PIBD* 2008, n° 881, III, p. 545, retenant : « Le point de départ du délai prévu au texte (...) est la connaissance qu'a pu avoir le demandeur en nullité de l'usage de la marque seconde enregistrée ».

(231) Cass. com., 25 févr. 2003, n° 01-02.641 : *D.* 2003, somm. p. 2690, obs. S. Durrande. – Cass. com., 8 mars 2005, n° 03-11.647 et de façon nette et concise, n° 03-12.193 : *PIBD* 2005, n° 808, III, p. 309 ; *D.* 2005, p. 892 et 2021, note Th. Lancrenon.

(232) Cass. com., 16 févr. 2010, n° 09-12.262, *Sté L'Oréal c/ Reddon* : *JurisData* n° 2010-051631 ; *Propr. industr.* 2010, comm. 22, nos obs. : l'article 9, relatif à la forclusion par tolérance, de la directive du 21 décembre 1988 (Dir. n° 2008/95/CE, 22 oct. 2008, art. 9) dispose en effet que : « 1. Le titulaire d'une marque antérieure (...) qui a toléré, dans un État membre, l'usage d'une marque postérieure enregistrée dans cet État membre pendant une période de cinq années (...) ne peut plus demander la nullité ni s'opposer à l'usage de la marque postérieure (...) ».

gieuse, seule l'action en nullité est citée dans notre code. Pareillement, la directive n° 2015/2436 prévoit que la tolérance dans les conditions précédentes prive le titulaire d'une marque antérieure de former une demande en nullité (art. 9.1).

510. – **Effet de la nullité.** Lorsque la nullité de la marque est prononcée, l'article L. 714-3 du Code de la propriété intellectuelle énonce aujourd'hui clairement qu'elle a un effet absolu. Il suit que la décision d'annulation produit effet *erga omnes* (tiers concurrents, licencié) et ne se limite pas seulement aux parties litigantes au procès. Il suffit de produire la décision auprès de l'INPI pour que la marque soit retirée des registres, sans qu'il soit nécessaire, comme auparavant, d'en demander expressément la radiation. La marque est censée n'avoir jamais existé. Elle n'a pu produire aucun effet (V. Dir. n° 2015/2436, art. 47.2, retenant : « Une marque enregistrée est réputée n'avoir pas eu, dès l'origine, les effets prévus dans la présente directive, dans la mesure où elle a été déclarée nulle » ; Règl. n° 207/2009, modifié par Règl. n° 2015/2424, art. 55, qui n'a pas changé cet article).

TITRE 3

L'IDENTITÉ DU DROIT DES DESSINS ET MODÈLES

511. – **Présentation, l'art appliqué.** Tôt, l'homme a associé l'esthétique à l'utilitaire au sein des métiers les plus divers : dessins appliqués à des poteries, formes variées de récipients, et aujourd'hui, créations ornementales affectées à des objets quotidiens, *design* appliqué au mobilier, aux arts de la table, à l'automobile. Si, à l'origine, il n'était pas question de propriété intellectuelle, le développement des fabriques et de l'industrie moderne a conduit à appréhender différemment les éléments des arts appliqués(1), pour valoriser certains métiers et leurs productions : la porcelaine de Limoges et ses ornementations travaillées mêlant le bleu de four et l'or, les soieries de Lyon, réputées pour leurs dessins élégants et sans cesse renouvelés. Le succès de ces créations, la clientèle qui s'y attachait, ont suscité la convoitise dans le regard d'autrui, puis l'imitation chez les moins intègres des concurrents. Le besoin de propriété était né. Il a fallu imaginer une protection adaptée pour les concepteurs de ces réalisations ornementales utilitaires caractérisées par un aspect extérieur spécifique. La propriété littéraire et artistique répondait naturellement à cette attente pour les créations purement esthétiques. Mais le droit d'auteur, dit-on, est le domaine de la création gratuite..., qu'advenait-il de la création esthétique dédiée à un usage utilitaire : la création portée par une recherche particulière (embellir ou distinguer un objet utile), une contrainte ergonomique (adoucir la forme d'un siège conçue à cette fin), technique (améliorer l'aérodynamique du véhicule) ou économique (réduire les quantités de matières premières sans affadir ou enlaidir le résultat) ? Joindre l'utile à l'agréable, rassembler le beau et l'utile pouvait exclure ces productions, souvent fabriquées industriellement, de la protection du droit d'auteur alors réservée aux créations seulement artistiques.

512. – **Historique.** L'affaire est ancienne. Louis XI, ce roi qui faisait la France en mettant un point final à l'épopée des ducs de Bourgogne tout en réduisant la Bretagne par mariage forcé, aurait, entre deux faits d'armes, établi par voie d'ordonnance la première manufacture des draps d'or et de soie de Lyon en 1466(2). Pouillet pointe au XVIIIe siècle les premières ordonnances homologuées par lettres

(1) Ces arts sont appliqués à la technique. On les désigne encore sous le vocable d'« esthétique industrielle ».
(2) V. E. Pouillet, *Traité théorique et pratique des dessins et modèles*, Paris, Marchal et Billard, 3e éd., 1884, p. 2.

patentes qui réglementaient « le droit de propriété du fabricant sur la création même du dessin conçu dans ses ateliers »[3]. Mais ce sont les corporations, dans la défense des intérêts de leurs membres, sculpteurs et fondeurs notamment, qui vont solliciter une forme de protection des créations ornementales en organisant dès cette époque un régime de police et de justice professionnelle[4]. Cette police privée dont les décisions étaient susceptibles d'appel devant les juridictions royales[5] a permis l'élaboration de règlements de fabrique (ou règles de corporation) propres à chaque métier, dont les dispositions ont inspiré par la suite le législateur. En 1706, une sentence de police de la ville de Paris interdit aux fondeurs de la ville de « contre-mouler » les ouvrages qui leur sont remis par les artistes sculpteurs et de divulguer à des tiers les modèles qu'ils sont appelés à réaliser pour ces mêmes artistes[6]. Une autre décision fait défense à « tous marchands, maîtres ouvriers, compagnons ou tous autres employés dans la manufacture des étoffes de soie, de quelque sexe et âge qu'ils puissent être, de prendre, voler, vendre, prêter, remettre et se servir directement ou indirectement des dessins qui leur ont été confiés pour fabriquer »[7]. Pour sanctionner non seulement les personnes ayant obtenu volontairement la remise de dessins ultérieurement détournés, mais également les tiers, un règlement du 19 juin 1744 venait punir la copie réalisée à des peines de confiscation des étoffes ainsi fabriquées et à des peines d'amende dont la moitié revenait à l'auteur des dessins copiés et l'autre à la corporation dont il relevait[8]. Pour répondre plus largement aux besoins de l'ensemble des métiers, d'autres textes vont prévoir des dispositions analogues. Un arrêt du Conseil du Roi du 14 juillet 1787 organise le dépôt, auprès du bureau de la corporation concernée, de l'esquisse originale du dessin qui sera reproduit ou de l'échantillon, avant toute commercialisation, pour bénéficier désormais d'un privilège opposable aux tiers[9]. La Révolution française, en abolissant les corporations (loi Le Chapelier, 14 et 17 juin 1791)[10], affirme le principe de la liberté du commerce et de l'industrie (décret d'Allarde, 11 et 17 mars 1791), auquel elle associe la proclamation du caractère sacré de la propriété privée, en ce compris la propriété intellectuelle. La loi des 19 et 24 juillet 1793 sur le droit d'édition prévoyait d'assurer la pro-

(3) V. E. Pouillet, préc., p. 4.

(4) V. E. Pouillet, préc. – *Adde* C. Bougeard, *Les origines équivoques de la loi de 1909 : des dessins et modèles au dessin ou modèles*, *in* A. Françon et M.-A. Pérot-Morel (ss dir.), *Les dessins et modèles en question. Le droit et la pratique*, Étude du Centre de recherche sur le droit des affaires de l'Université Descartes, Paris V, Librairies Techniques, 1986, p. 9 et s. ; spéc. p. 11. – J.-P. Gasnier, *Cours sur le droit des dessins et modèles*, Master 2, Propriété intellectuelle, inédit ; V. également ses nombreux commentaires dans la revue LexisNexis, *Propriété industrielle*, rubrique « Dessins et modèles ».

(5) V. C. Bougeard, *op. loc. cit.*

(6) Sentence de police du 11 juillet 1706 de la ville de Paris. – Rapport de M. Prache, député, au nom de la commission du commerce et de l'industrie, chargée d'examiner le projet de loi sur les dessins et modèles (rapport rédigé à l'occasion des travaux relatifs à l'adoption de ce qui deviendra la loi de référence de 1909 sur les dessins et modèles), Doc. Parl. (chambre) n° 1707, 1908, p. 674. – V. encore, pour l'historique des lois relatives aux dessins et modèles, C. Bougeard, *op. cit.*, spéc. n° 7.

(7) V. E. Pouillet, *Traité théorique et pratique des dessins et modèles*, Paris, Marchal et Billard, 1884, p. 7.

(8) V. E. Pouillet, préc., p. 5.

(9) V. E. Pouillet, préc., p. 7.

(10) V. V. Marchal, *Brevets, marques, dessins et modèles. Évolution des protections de propriété industrielle au XIXe siècle en France*, Documents pour l'histoire des techniques, juin 2009, n° 17, p. 106 et s., observant : « Si les auteurs d'invention et découvertes techniques, comme les auteurs d'œuvres écrites (artistes, compositeurs de musique), obtiennent satisfaction, leurs revendications coïncidant parfaitement avec les idéaux de la Révolution, les commerçants et fabricants en revanche voient leurs moyens de protéger leurs produits anéantis » (p. 107).

tection des auteurs des écrits en tout genre, des compositeurs, des peintres et des dessinateurs, la destination de ces réalisations étant indifférente ; ces dispositions pouvaient certainement bénéficier aux auteurs d'œuvres appliquées à l'industrie même si la jurisprudence était souvent réticente à l'admettre(11), usant de critères très incertains pour distinguer ce qui relevait ici des beaux-arts, là de l'art appliqué(12). Afin de bénéficier d'une protection complémentaire et spécifique, les soyeux de Lyon ont alors sollicité une protection particulière, qu'ils ont obtenue par une loi du 18 mars 1806(13) : les « fabricants » pouvaient déposer et protéger leurs « dessins de fabrique » auprès du conseil de prud'hommes(14) chargé « des mesures conservatrices de la propriété des dessins ». Ce texte a vu son champ étendu : une ordonnance royale de 1825 élargit son domaine au territoire national(15), la jurisprudence accepte d'étendre cette protection aux dessins de fabrique, aux « dessins en relief », c'est-à-dire aux modèles(16). La protection résultait du dépôt contre remise d'un certificat au déposant. Le dépôt était secret (croquis et échantillons déposés sous pli scellé). Le déposant choisissait la durée de la protection qui pouvait être d'un an, de trois ou de cinq ans ou même perpétuelle, en contrepartie du paiement d'une taxe annuelle de faible montant(17). Le dessin ou modèle devait répondre à l'exigence de nouveauté, déduite de la condition requise pour le brevet d'invention, qui relevait de l'appréciation souveraine des juges du fond(18).

513. - **La théorie de l'unité de l'art.** Pouillet était opposé à dissocier le beau et l'utile dans la mise en place de régimes juridiques propres à chacun de ces domaines. Pareille distinction conduirait les juges à se transformer en critiques d'art, lorsqu'il s'agirait d'accorder la protection à un modèle. Contre cette conséquence, Pouillet proposa la théorie de l'unité de l'art(19). Cette théorie, toujours efficiente de nos jours, conduit à protéger par le droit d'auteur toutes les œuvres, quels que soient leur mérite ou leur destination, dès lors qu'elles sont originales. La théorie ouvrait aux œuvres de l'art appliqué le bénéfice de la protection de la loi de 1793, mais aussi de la loi spécifique

(11) V. E. Pouillet, *Traité théorique et pratique de la propriété littéraire et artistique*, Paris, Maillard et Claro, 3e éd., 1908, n° 78 ; *Traité des dessins et modèles*, Paris, Taillefer et Claro, 1911, n° 14. – CA Paris, 9 févr. 1832 : D. 1833, II, 13. – Cass., 2 août 1854 : S. 1854, I, 549. – *Contra*, Vaunois, *Les dessins et modèles de fabrique*, 1898, p. 4.

(12) V. F. Pollaud-Dulian, *op. cit.*, nos 968 et 969.

(13) Pouillet, *op. cit.*, respectivement nos 78 et 16 et s., indique que les soyeux de Lyon en ont fait la demande insistante auprès de l'empereur Napoléon Ier qui leur aurait donné satisfaction : la loi du 18 mars 1806 leur était exclusivement destinée à l'origine, pour protéger les dessins sur tissus. – A.-Ch. Renouard précise que la loi spécifique n'innove pas au regard de la loi de 1793 et de la jurisprudence de l'époque (*Traité des droits d'auteur dans la littérature, les sciences et les beaux-arts*, Paris, J. Renouard éd., t. 2, 1839, p. 198).

(14) Cette loi instaure un conseil de prud'hommes à Lyon qui dispose notamment de cette prérogative particulière d'enregistrer les dessins de fabrique. Cette loi de 1806 énonce qu'il pourra être créé cette institution dans d'autres « villes de fabriques et de manufactures » qui en feraient la demande (V. V. Marchal, *op. cit.*) ; là où il n'y en avait pas, ultérieurement, le greffe du tribunal de commerce ou du tribunal civil fut alors déclaré compétent pour recevoir de tels dépôts.

(15) V. C. Bougeard, *op. cit.*, p. 18.

(16) V. Cass. crim., 25 nov. 1881 : *Ann. propr. ind.* 1882, p. 133.

(17) V. Marchal, *op. cit.*, p. 108, qui précise que la taxe était d'un « franc » de l'époque ou de 10 francs pour la perpétuité.

(18) V. C. Bougeard, *op. cit.*, p. 20.

(19) E. Pouillet, *Traité de la propriété littéraire et artistique et du droit de représentation*, Paris, Marchal, Billard et cie, 2e éd., 1894. – C. Bougeard, *op. cit.*, p. 29, précisant que : « La paternité de cette théorie reviendrait cependant à Champetier de Ribes en 1869 (rapport de Prache) ». – V. plus sur cette notion, Y. Gaubiac, *La théorie de l'unité de l'art* : *RIDA* 1982, 2. – M.-A. Pérot-Morel, *À propos de maintien de l'unité de l'art* : *Propr. industr.* 2005, p. 9.

de 1806, cumulativement ou pas, au choix de l'auteur. Doctrine et jurisprudence ont souscrit à cette théorie. En 1902, sous l'impulsion d'Eugène Soleau[20], la loi de 1793 fut modifiée afin d'être étendue « aux sculpteurs et dessinateurs d'ornements, quels que soient le mérite et la destination de l'œuvre, et ce, sans condition de dépôt »[21]. Les deux protections pouvaient ainsi coexister et bénéficier à tout type d'œuvres. La jurisprudence admit que la personne qui optait pour l'enregistrement pouvait aussi bénéficier de la protection du droit d'auteur, et ce, même après l'expiration de la protection spécifique[22]. Les dessins et modèles pouvaient, en conséquence, bénéficier d'un cumul de protection. Enregistrés, ils relèvent de la protection spécifique des dessins et modèles industriels, mais en tant qu'œuvres de l'esprit, ils sont également susceptibles de bénéficier de la protection de droit d'auteur. Ils sont au « confluent de ces deux matières », entre « art et technique »[23]. Le droit français ne s'est plus départi de cette analyse. Cependant, deux conceptions se sont fait jour opposant le cumul total, absolu, du cumul relatif partiel ; le débat reste à cet égard très contemporain et sera évoqué ultérieurement (V. *infra*, n° 542).

514. – **Une législation spécifique nationale.** Une loi du 14 juillet 1909 a abrogé l'ancien texte de 1806 et a modernisé ce droit spécifique pour les dessins et modèles nouveaux, toujours sous réserve de procéder à leur enregistrement. La loi du 14 juillet 1909 conserva le principe de l'unité de l'art, affirmant dès son article premier que les « créateurs » se voient reconnaître un droit exclusif sur leur dessin ou modèle, « sans préjudice des droits qu'ils tiendraient d'autres dispositions légales et notamment de la loi des 17-24 juillet 1793, modifiée par la loi du 11 mars 1902 ». Le terme même de créateur est désormais préféré à celui de fabricant, ce qui confirme qu'une œuvre peut relever des deux régimes. La loi n° 57-298 du 11 mars 1957 sur la propriété littéraire et artistique retient clairement le principe de l'unité de l'art en énonçant, à son article 2 (codifié à l'article L. 112-1 du Code de la propriété intellectuelle) : « Les dispositions de la présente loi protègent les droits des auteurs sur toutes les œuvres de l'esprit, quels qu'en soient le genre, la forme d'expression, le mérite ou la destination » et en visant expressément, parmi les œuvres protégeables, les œuvres des arts appliqués[24].

515. – **Une tentative de loi spéciale, adaptée aux industries saisonnières.** La loi n° 53-300 du 12 mars 1952 mettait en place une protection dédiée aux créations d'industries saisonnières, de l'habillement et de la parure[25] avec un régime pénal

(20) V. C. Bougeard, *op. cit.*, p. 27 et 28, qui indique qu'E. Soleau, alors président de la Réunion des fabricants de bronze (également membre de la Chambre de commerce de Paris), déçu des aléas de la jurisprudence, revendiquait que ces productions soient clairement assimilées à des productions artistiques ; il incite des sculpteurs reconnus, tels que Rodin, et des manufactures réputées (telles que Boucheron, Lalique, Christofle) à adresser une lettre au ministre de l'Instruction civique et des Beaux-arts, pour réclamer une réforme.

(21) L. 14 mars 1902 : *DP* 1902, 4, 92.

(22) CA Lyon, 1er déc. 1806 : *Ann. propr. ind.* 1906, p. 128. – E. Pouillet énonçait alors : « L'assimilation entre les œuvres appliquées à l'industrie et les autres est absolue », *Traité théorique et pratique de la propriété littéraire et artistique*, n° 80 bis.

(23) V. J. Passa, *op. cit.*, n° 662.

(24) L. 11 mars 1957, art. 3 ; CPI, art. L. 112-2, 10.

(25) L. n° 52-300, 12 mars 1952, réprimant la contrefaçon des créations des industries saisonnières de l'habillement et de la parure et les définissant ainsi, à son article 2 : « Sont réputées industries saisonnières de l'habillement et de la parure, au sens de la présente loi, celles qui, en raison des exigences de la mode, renouvellent fréquemment la forme de leurs produits, et notamment la couture, la fourrure, la lingerie, la broderie, la mode, la chaussure, la ganterie, la maroquinerie, la fabrique des tissus de haute nouveauté ou spéciaux à la haute couture et les productions des paruriers et des bottiers. Sont assimilées aux industries visées à l'alinéa précédent les fabriques de tissus d'ameublement ».

sévère[26]. Mais, face à son faible succès (sans doute ses bénéficiaires se trouvaient-ils suffisamment protégés par la loi sur le droit d'auteur et par la loi spécifique générale, dès lors qu'ils avaient opté pour un enregistrement), elle fut abrogée lors de la codification du droit de la propriété intellectuelle réalisée par la loi n° 92-597 du 1er juillet 1992, qui inséra à l'article L. 112-2, 14° du Code de la propriété intellectuelle ces créations parmi les illustrations proposées. La loi n° 94-102 du 5 février 1994, relative à la répression de la contrefaçon, a également envisagé la possibilité pour ces industries, qui renouvellent fréquemment la forme et le décor de leurs produits, de réaliser un dépôt simplifié auprès de l'INPI[27].

516. – **Les sources actuelles. Droit français, dessin ou modèle communautaire.** Dans son livre vert sur la protection juridique des dessins et modèles industriels, publié en juin 1999, et posant les fondements à venir de la directive d'harmonisation des législations et du règlement sur les dessins et modèles communautaires, la Commission européenne relève que : « Les dessins et modèles ont pris une importance spectaculaire au cours de la dernière décennie en tant qu'éléments essentiels de la commercialisation des produits de consommation ». L'ordonnance n° 2001-670 du 25 juillet 2001 a transposé dans notre Code de la propriété intellectuelle, au Livre V, la directive n° 98/71 du 13 octobre 1998 relative à la protection juridique des dessins et modèles. Aux termes de ce texte, l'accession d'un dessin ou d'un modèle à la protection nécessite, en plus de l'exigence traditionnelle de nouveauté, celle d'un caractère propre (la directive vise un « caractère individuel »)[28].

(26) Il est intéressant de lire comment y sont définis les actes de contrefaçon. Ainsi, l'article 3, alinéa 2 relève : « Une reproduction, même déguisée sous une déformation d'ordre secondaire, suffit à constituer le délit, dès l'instant où l'originalité créatrice du modèle contrefait s'en trouve usurpée ».

(27) V. not. Cl. Rodhain, *Dépôt de modèle simplifié : L. 5 févr. 1994 ; JCP* G 1995, I, 3845. V. CPI, art. L. 512-2, *in fine* et R. 512-4. L'objectif est de permettre l'enregistrement d'une multitude de modèles, sans formalisme. Le dépôt est obligatoirement assorti d'un ajournement de sa publication pour une durée maximale de trois ans. Si le déposant souhaite bénéficier de la protection « normale », il doit, au plus tard six mois avant l'expiration de ce délai, renoncer à l'ajournement, désigner les modèles dont il entend poursuivre la protection, se conformer aux exigences formelles des représentations pour les modèles concernés. Cela lui permet de décider s'il lui paraît opportun de maintenir une protection au titre de la protection spécifique des dessins et modèles, ne serait-ce que pour les modèles ayant rencontré du succès. Ce dépôt simplifié ménage les intérêts de ces industries en réduisant le coût, au final, aux seuls modèles qui restent à la mode dans le temps. Par exemple, le dépôt simplifié peut concerner une cinquantaine de modèles présentés lors d'une saison (printemps-été) contre le paiement d'une taxe unique et, ultérieurement, l'ajournement ne visera que cinq ou six modèles qui paraissent encore plaire à la clientèle (les taxes de publication ne viseront par conséquent que ces cinq ou six modèles et non pas la cinquantaine).

(28) Pareil souci d'harmonisation s'est fait jour à la suite de plusieurs affaires révélatrices de disparités entre les législations nationales des États membres de l'Union européenne, préjudiciables au principe de libre circulation des marchandises (CJCE, 14 sept. 1982, aff. C-144/81, *Keurkoop c/ Nancy Keen Gifts*. – CJCE, 5 oct. 1988, aff. C-238/87, *Volvo c/ Erik Veng* et CJCE, 5 oct. 1988, aff. C-53/87, *Consorzio italiano della componentistica di ricambio per autoveicoli et Maxicar c/ Renault*). Le Livre vert sur la protection juridique des dessins et modèles industriels (juin 1991) a relevé trois conceptions différentes pour la matière : le cumul total, comme en France, la séparation absolue, comme en Italie avec le critère de la *scindibilità* ou « séparabilité », et enfin le cumul partiel, comme en Allemagne où la possibilité de protéger un dessin et modèle par droit d'auteur est admise sous réserve qu'il présente un degré d'originalité élevé. La directive a opté pour un mécanisme de cumul, mais il reste que le droit d'auteur n'était pas pour autant harmonisé par ce texte (donc l'Italie devait admettre à l'avenir le cumul mais l'Allemagne pouvait conserver ses critères d'originalité) ; V. not., pour la directive et sa transposition, P. Kamina : *JCP* G 1999, I, 104 ; *JCP* E 1999, 358. – P. de Candé : *D. affaires* 1999, 10 ; *Propr. intell.* 2002, n° 3, p. 16. – G. Marchais : *Gaz. Pal.* 23-24 févr. 2000, p. 12. – V.-L. Bénabou, *Les nouveaux critères de protection des dessins et modèles : une protection sur mesure ? : Dr. et patrimoine* janv. 2002, p. 43. – D. Velardoccio : *Dr. et patrimoine* avr. 1999, p. 86. – V. V. Scordamaglia : *Propr. industr.* 2002, chron. 1. – P. de Candé, *La protection en France des dessins et modèles déposés depuis l'ordonnance n° 2001-670 du 25 juillet 2001 : Propr. intell.* 2002, n° 3, p. 16. – P. Kamina, *Le nouveau droit des dessins et modèles* : D. 2001, chron. 3258. – M.-Ch. Piatti, *Autonomisation du droit français des dessins et modèles ? : Propr. industr.* 2004, chron. 20. – M.-A. Pérot-Morel, *À propos du maintien de l'unité de l'art dans le nouveau droit des dessins et modèles : Propr. industr.* 2005, chron. 9.

D'autres modifications ont été apportées : la nouveauté s'apprécie de façon plus rigoureuse puisque la divulgation du fait du créateur est destructrice de nouveauté, ce qui n'était pas le cas antérieurement (ce régime se rapproche de celui des brevets) ; par ailleurs, l'appréciation du caractère propre, ou de l'existence de la contrefaçon à défaut d'une reproduction à l'identique, se fait à l'aune d'un personnage de référence désigné comme étant l'observateur averti (la directive vise un « utilisateur averti »). Sur un autre plan, à l'instar de la marque de l'Union européenne, le règlement n° 6/2002 du 12 décembre 2001 [29] a institué un nouveau titre, unitaire, soumis aux mêmes conditions de fond que celles issues de la directive : le dessin ou modèle communautaire. Ce texte retient également le principe de l'unité de l'art [30]. Le particularisme du nouveau texte est d'admettre la coexistence de deux titres communautaires : le dessin et modèle communautaire enregistré qui permet d'obtenir une protection unitaire et uniforme sur l'ensemble du territoire de la communauté du fait d'un enregistrement (ce qui est classique en matière de propriété industrielle) et le dessin et modèle communautaire non enregistré (qui peut être particulièrement adapté pour les industriels qui réalisent de nombreuses créations à chaque saison, comme en matière de mode et pour qui la procédure d'enregistrement est sans doute trop longue et coûteuse) qui ne nécessite aucune formalité d'enregistrement, ce qui est inédit pour un droit de propriété industrielle.

517. – **L'application de la loi dans le temps et les dispositions transitoires** [31]. L'ordonnance n° 2001-670 du 25 juillet 2001 est entrée en vigueur le 30 juillet 2001 [32]. Transposant la directive d'harmonisation précitée, elle a durci les conditions d'accès à la protection (exigence du caractère individuel ou propre selon les dispositions françaises définies, divulgation par le titulaire ou son ayant droit désormais destructrice de nouveauté). Elle a également diminué la durée de la protection accordée (vingt-cinq ans au lieu de cinquante ans sous l'empire de la loi de 1909). Par ailleurs, le dépôt est aujourd'hui constitutif du droit sur le dessin et modèle et non plus simplement déclaratif de droits [33]. Avant l'entrée en vigueur de l'ordonnance de 2001, et compte tenu de la règle de l'unité de l'art, le dépôt venait conforter la situation du créateur ou de son ayant droit et générait une présomption de titularité et de nouveauté au profit du déposant. Depuis l'entrée en vigueur du texte nouveau, l'article L. 511-9 du Code de la propriété intellectuelle énonce que la protection s'acquiert par l'enregistrement, comme pour les autres droits de propriété industrielle, ce qui a conduit une partie de la doctrine à déduire une émancipation de la réglementation des dessins et modèles du domaine du droit d'auteur [34]. Les conditions de fond posées à la validité du titre s'écartent également désormais fortement de l'originalité requise du droit d'auteur : les concepts de nouveauté (qui commande la recherche d'antériorités pertinentes) et de caractère propres, sont proches de ceux qui existent pour

(29) Ce règlement est entré en vigueur le 6 mars 2002.
(30) Règl. n° 6/2002, art. 96.
(31) V. J. Raynard, *À propos de l'application dans le temps de l'ordonnance du 1er juillet 2001 réformant le droit français des dessins et modèles* : *Propr. industr.* 2003, étude 6.
(32) Cette ordonnance a été publiée au *Journal officiel* du 28 juillet 2001 et elle est entrée en vigueur un jour franc après.
(33) Sur le caractère déclaratif du dépôt de dessin ou modèle sous l'empire de la loi de 1909, Cass. com., 8 nov. 1994, n° 92-11.550 : *PIBD* 1995, n° 581, III, p. 73. – CA Versailles, 15 févr. 2001 : *PIBD* 2001, n° 728, III, p. 517.
(34) V. J. Raynard, préc. – J. Passa, *op. cit.*, nos 675 et 676.

les brevets d'invention[35]. L'entrée en vigueur de la loi nouvelle posait la question de savoir à quelle date il fallait se placer pour apprécier les conditions de validité du titre opposé dans un procès en contrefaçon, alors que le défendeur opposait une défense en nullité : le jour où la défense est opposée (application immédiate de la loi nouvelle même aux conditions de validité) ou le jour du dépôt ? S'agissant d'un droit qui naît de l'enregistrement, les conditions de validité du titre doivent s'apprécier au jour du dépôt ainsi qu'il en va de tout titre de propriété industrielle et ainsi que le prévoyait expressément la directive[36]. La question a fait débat un temps, spécialement sous le régime de la loi de 1909[37]. La Cour de cassation a ensuite retenu cette solution : « La validité du droit attaché à un dépôt de modèle s'apprécie à la date à laquelle est né ce droit (...) la loi nouvelle ne régissant que les faits de contrefaçon commis après son entrée en vigueur »[38]. Cela signifie que, s'agissant d'un dessin ou modèle déposé avant le 30 juillet 2001, la validité s'appréciera à l'aune des conditions posées par la loi de 1909. En revanche, dans la mesure où la divulgation du dessin ou modèle par l'auteur ou son ayant droit a désormais une incidence sur la nouveauté[39], l'ordonnance a prévu des dispositions transitoires précises. L'article L. 511-6 du Code de la propriété intellectuelle prévoit un délai de douze mois qui, au bénéfice de certaines conditions, immunise contre la divulgation destructrice de nouveauté réalisée du fait du créateur[40]. Ce texte dispose encore que : « Le délai de douze mois prévu au présent article n'est pas applicable lorsque la divulgation est intervenue avant le 1er octobre 2001 », ce qui revient à préserver les droits acquis avant cette date[41]. Cette difficulté illustre l'importance des dispositions de droit transitoire dès lors que se pose la question de la validité d'un dessin ou d'un modèle déposé avant le nouveau texte. Enfin, concernant la durée de protection, l'article L. 513-1 du Code de la propriété intellectuelle prévoit désormais une durée maximale de protection de vingt-cinq ans et aménage la situation des dessins ou modèles déposés à une époque

(35) Et les conditions en sont distinctes, V. Cass. com., 10 févr. 2015, n° 13-27.225 : *PIBD* 2015, n° 1026, III, p. 333 ; *Propr. industr.* 2015, comm. 30, obs. J.-P. Gasnier. – V. ci-dessus et plus récemment, J.-Ch. Galloux et J. Lapousterie : *D.* 2015, pan. dr. dessins et modèles, 1662 : « Les textes issus de la réforme de 2001 (...) ne laissent pas de place au doute : les textes communautaires (la directive comme le règlement), dont procède la loi française, érigent les critères de la protection spécifique des dessins et modèles que sont la nouveauté et le caractère individuel en des critères autonomes, sans référence au critère d'originalité de la protection par le droit d'auteur ; dès lors, ils doivent être interprétés de manière autonome », retenant qu'un modèle peut présenter un caractère propre, sans pour autant être original.

(36) Dir. n° 98/71, 13 oct. 1998, art. 11.8. – En ce sens V. J. Raynard, préc.

(37) Ainsi, F. Greffe, *Ordonnance du 25 juill. 2001 : une harmonisation limitée et inutile* : *JCP* E 2001, p. 1904, concluant de la règle du cumul total qu'il importe peu que la directive ait apporté des précisions sur la notion de caractère individuel, celle de divulgation utile, etc. – V., pour un rappel de la jurisprudence qui associait et confondait les conditions de droit d'auteur et celles du régime spécifique, P. de Candé : *JCl. Marques-Dessins et Modèles*, Fasc. 3230, et notamment Cass. com., 6 mai 2003, n° 00-20.669 : *JurisData* n° 2003-018974. – Recherchant de façon générale si la forme concernée était originale en ce qu'elle était marquée de l'empreinte de la personnalité de l'auteur, critère classique en matière de droit d'auteur, V. encore CA Paris, 17 janv. 2003 : *PIBD* 2003, n° 765, III, p. 299. – Nous nous inscrivons en démenti de cette lecture du cumul « total » de protection, V. *infra*, n° 542.

(38) Cass. com., 4 juill. 2006, n° 04-17.397 : *Bull. civ.* 2006, IV, n° 160 ; *JCP* G 2007, I, 101, n° 13, obs. Ch. Caron ; *D.* 2006, act. jurispr., 1957 ; *Propr. intell.* 2006, n° 21, p. 453, obs. P. de Candé. – V. encore, Cass. com., 6 févr. 2007, n° 04-17.274 : *PIBD* 2007, n° 850, III, p. 292. – V. déjà, Cass. com., 26 févr. 2002 : *Propr. industr.* 2002, comm. 23, obs. P. Kamina.

(39) V. *infra*, n° 544.

(40) CPI, art. L. 511-6 : « (...) Lorsqu'elle a eu lieu dans les douze mois précédant la date du dépôt de la demande ou la date de priorité revendiquée, la divulgation n'est pas prise en considération : *a)* Si le dessin ou modèle a été divulgué par le créateur ou son ayant cause, ou par un tiers à partir d'informations fournies ou d'actes accomplis par le créateur ou son ayant cause ; *b)* Ou si le dessin ou modèle a été divulgué à la suite d'un comportement abusif à l'encontre du créateur ou de son ayant cause (...) ».

(41) Le dépôt n'ayant, avant l'ordonnance de 2001, qu'un caractère déclaratif, la divulgation par l'auteur n'était pas destructrice de nouveauté.

où ils pouvaient bénéficier d'une protection de cinquante ans. Le texte précise que les dessins et modèles déposés avant le 1er octobre 2001 restent protégés, sans prorogation possible, pour une période de vingt-cinq ans à compter de leur date de dépôt (ce qui est la règle aujourd'hui) alors que pour ceux dont la prorogation pour une nouvelle période de vingt-cinq ans a été mise en œuvre avant le 1er octobre 2001, leur protection court jusqu'à l'expiration de cette période. Il faut en conclure qu'il est encore possible dans le procès en contrefaçon de modèle de discuter la validité d'un titre, sous l'empire de la loi de 1909, jusqu'au 1er octobre 2026. Dans cette mesure, les développements relatifs à la validité des dessins et modèles distingueront les conditions de validité issues de la loi de 1909 et celles issues de l'ordonnance du 25 juillet 2001. Il convient, enfin, de préciser que ces observations de droit transitoire ne valent que pour les dessins et modèles industriels (qui ont été déposés afin de bénéficier de la protection spécifique étudiée ici) et non pour les créations protégées par droit d'auteur dont la validité s'apprécie toujours au jour de leur création[(42)].

518. – **Sources internationales.** Outre la Convention d'Union de Paris du 20 mars 1883 (et qui réunit quelque cent quatre-vingts États membres)[(43)], l'accord ADPIC, partie intégrante du bloc d'accords obligatoires de l'OMC, oblige les États adhérents à respecter les droits de propriété intellectuelle dont font partie intégrante les dessins et modèles. Au titre des accords internationaux spécifiques cette fois, l'Arrangement de La Haye du 6 novembre 1925 met en place une procédure de dépôt international des dessins et modèles industriels permettant, au titre d'un dépôt unique accompli auprès de l'OMPI, d'obtenir une protection dans plusieurs États désignés lors de l'enregistrement (le mécanisme est tout à fait similaire à celui existant en matière de marque)[(44)]. Cet arrangement a fait l'objet d'une modification (avec l'Acte de Genève de l'Arrangement de La Haye) le 2 juillet 1999, afin de permettre une meilleure harmonisation avec les systèmes américain et japonais[(45)]. Par ailleurs, la convention de Locarno du 8 octobre 1968 a institué une classification internationale pour les dessins et modèles, selon leur catégorie.

519. – **La protection de l'apparence d'un produit.** À l'origine, les textes de l'Ancien Régime ne visaient à protéger que les seuls dessins, même lorsqu'il s'agissait de réaliser un moule en vue de fabriquer une forme en volume (un modèle par conséquent)[(46)]. La loi nouvelle donne aujourd'hui une définition toute différente de l'objet de cette protection spécifique :

CPI, art. L. 511-1

« Peut être protégée à titre de dessin ou modèle l'apparence d'un produit ou d'une partie de produit, caractérisée en particulier par ses lignes, ses contours, ses couleurs, sa forme, sa texture ou ses matériaux. Ces caractéristiques peuvent être celles du produit lui-même ou de son conditionnement. »

(42) Cass. 1re civ., 18 juill. 2000 : *Bull. civ.* 2000, I, n° 226 ; *JCP* E 2001, chron. 1379, obs. H.-J. Lucas ; *D.* 2000, 821, obs. P.-Y. Gautier ; *RTD com.* 2001, p. 439, obs. A. Françon : en matière de droits d'auteur, la loi qui a vocation à s'appliquer est celle qui est en vigueur à la date de l'acte qui provoque la mise en œuvre de la protection légale.

(43) V. *supra*, n° 36.

(44) V. *supra*, n° 398.

(45) Depuis peu, la Corée du Sud (31 mars 2014 avec une entrée en vigueur de la ratification au 1er juillet 2014), le Japon et les États-Unis (13 février 2015, avec effet au 13 mai 2015) ont ratifié l'Acte de Genève de l'Arrangement de La Haye, ce qui porte à soixante-quatre le nombre de membres adhérents.

(46) V. C. Bougeard, préc., p. 15.

La définition retenue par les textes de l'Union européenne est fort proche[47]. Et l'INPI informe le chef d'entreprise :

> « L'apparence de vos produits relève d'une protection par "dessins et modèles", selon qu'ils se matérialisent par des éléments graphiques de deux dimensions, des dessins, ou de trois dimensions, des modèles. »

Il ressort de l'ensemble de ces définitions que l'élément caractéristique des dessins et modèles tient dans l'apparence formelle d'un produit.

520. – **Nature juridique du droit de dessin et modèle.** À partir de la Révolution, le droit reconnu aux dessins et modèles est qualifié de droit de propriété[48] (*exit* le privilège) et procure à son titulaire un ensemble de droits exclusifs sur l'objet approprié (l'apparence formelle d'un produit) au titre d'un faisceau de prérogatives réservées. Le pouvoir d'interdire qui en résulte au profit d'un bénéficiaire est caractéristique d'un rapport de propriété[49].

521. – **Statistiques.** Au titre du dépôt international, les demandes d'enregistrement de dessins et modèles selon l'arrangement de La Haye ont été au nombre de 14 441, concernant plus de 65 000 dessins et modèles. L'OHMI précise avoir reçu plus de 23 600 demandes d'enregistrement de dessins ou modèles, dont plus de 89 % par voie électronique. La moitié visait des demandes multiples (avec une moyenne d'environ six modèles) ; l'autre moitié des demandes simples. Au total, un peu plus de 87 000 dessins ou modèles ont été déposés en 2014[50]. Selon les chiffres de l'INPI, en 2014, plus de 14 600 dépôts classiques de dessins et modèles ont été réalisés et un peu plus de 49 800 dépôts l'ont été sous forme simplifiée.

522. – **Plan.** Selon une démarche éprouvée, nous envisagerons tour à tour l'objet du droit des dessins et modèles (Chapitre 1), le fait générateur du droit (Chapitre 2), le sujet de ce droit (Chapitre 3) enfin le contenu du rapport de droit institué par la loi (Chapitre 4).

(47) V. Dir. n° 98/71, art. 1, a). – Règl. n° 6/2002, art. 3, a).
(48) La loi de 1806, comme celle de 1793 consacrant le droit de reproduction des œuvres littéraires et artistiques, retient la qualification de « propriété exclusive ».
(49) Sur ces discussions, V. *supra*, n°s 14 et 27, Introduction générale.
(50) V. pour plus de précisions, J.-Ch. Galloux et J. Lapousterie, pan. préc.

CHAPITRE 1

L'OBJET DU DROIT DES DESSINS ET MODÈLES

523. - **Conditions de fond requises.** Nous envisagerons, dans un premier temps, la nature de l'objet réservé au titre des dessins et modèles (Section 1) avant de considérer l'examen des critères posés à l'accès à la protection (Section 2). Compte tenu de l'harmonisation réalisée par la directive de 1998 et le règlement communautaire de 2001, les conditions de fond sont identiques, quels que soient les États dans lesquels le dessin ou modèle est enregistré, qu'il s'agisse d'un dessin ou modèle national ou communautaire. Seules les formalités d'enregistrement peuvent différer quelque peu[1]. Le contrôle des conditions de validité est opéré tantôt par l'INPI (au titre de l'enregistrement des titres nationaux) et les juridictions françaises (au titre des actions en nullité à titre principal ou à titre reconventionnel qu'il s'agisse, dans ce dernier cas, de titres nationaux ou communautaires), tantôt par les instances de l'Union européenne, à savoir l'Office pour l'harmonisation dans le marché intérieur (OHMI) compétent pour l'examen des demandes d'enregistrement de dessins ou modèles communautaires, mais aussi pour les demandes en nullité à titre principal (le règlement n° 2015/2424 relatif à la marque de l'Union européenne prévoit, pour ce droit, que la dénomination d'Office de l'Union européenne pour la propriété intellectuelle se substitue désormais à celle de l'OHMI – V. *supra*, n° 338), enfin le Tribunal de l'Union européenne et la Cour de justice de l'Union européenne ont compétence sur les recours formés à l'encontre des décisions rendues par les chambres de l'OHMI.

(1) V. *infra*, n°s 557 et s., Chapitre 2 : Le fait générateur du droit des dessins et modèles.

SECTION 1

LA NATURE DE L'OBJET RÉSERVÉ AU TITRE DES DESSINS ET MODÈLES

524. - **Plan.** Le droit de dessin ou le modèle saisit l'apparence (§ 1) d'un produit ou d'une partie de produit (§ 2). Certains dessins et modèles sont exclus de la protection, lorsqu'ils sont contraires à l'ordre public et aux bonnes mœurs (§ 3) ou lorsqu'ils sont exclusivement fonctionnels (§ 4). Il convient, en outre, de distinguer le régime de la loi de 1909 et celui issu de l'ordonnance, qui s'applique aux dessins et modèles déposés à partir du 30 juillet 2001, sauf en ce qui concerne les exclusions issues d'une contrariété à l'ordre public et aux bonnes mœurs pour lesquelles la réforme n'a rien changé.

§ 1. – Une forme apparente

525. - **Sous l'empire de la loi de 1909.** L'ancien article L. 511-3 du Code de la propriété intellectuelle précisait que le droit spécifique s'appliquait à « tout dessin nouveau, à toute forme plastique nouvelle, à tout objet industriel qui se différencie de ses similaires soit par une configuration distincte et reconnaissable (...), soit par un ou plusieurs effets extérieurs lui donnant une physionomie propre et nouvelle ». Le texte vise un *dessin nouveau* qui par son apparence, son ornementation, ou ses effets extérieurs se distingue des formes similaires : ces précisions renvoient à des éléments perceptibles à l'œil, l'exigence d'apparence est sous-jacente(2). Il a été jugé que le caractère apparent devait exister pour le destinataire final, le client acheteur, et non uniquement pour le professionnel qui assemblerait le produit(3). La référence aux effets extérieurs invite à considérer des éléments qui seraient attachés à un effet particulier : le moiré d'un tissu, son effet lamé(4) ou encore l'effet d'optique, des volumes conférés à un tissu en velours ou à une tapisserie, des effets d'oxydation de certains matériaux.

526. - **Sous l'empire de l'ordonnance du 25 juillet 2001.** L'article L. 511-1 du Code de la propriété intellectuelle précise que c'est l'apparence d'un produit ou d'une partie de produit qui peut être protégée par le Livre V. Accède à la protection la forme seulement apparente, l'exigence est explicite. L'article L. 511-5 du même code vient préciser, à propos des dessins ou modèles relatifs à une pièce d'un produit complexe, qu'il sera considéré comme nouveau et comme présentant un caractère propre si « *a)* La pièce, une fois incorporée dans le produit complexe(5), reste

(2) CA Paris, 13 juin 1978 : *RTD com.* 1979, p. 449, obs. A. Chavanne et J. Azéma.

(3) Une décision ancienne est nette en refusant la protection à une armature de chapeau, car dissimulée par le tissu qui la recouvre, T. corr. Seine, 4 déc. 1862 : *Ann. propr. ind.* 1863, n° 80. – Cass. crim., 9 sept. 2003, n° 02-82.822 : *Bull. crim.* 2003, n° 154, indiquant qu'aussi bien la loi de 1909 que les dispositions issues de la transposition de la directive protègent les modèles d'une pièce apparente d'un produit complexe. – Plus net encore, Cass. com., 20 févr. 2007, n° 05-14.272 : *Bull. civ.* 2007, IV, n° 53 ; *JurisData* n° 2007-037695 ; *PIBD* 2007, n° 851, III, p. 314 ; *D.* 2007, p. 951, note J. Daleau ; *Propr. industr.* 2007, comm. 67, obs. J.-P. Gasnier.

(4) CA Paris, 21 nov. 1912 : *Ann. propr. ind.* 1913, p. 261.

(5) L'article L. 511-5 précité définit, en son dernier alinéa, le produit complexe comme : « un produit composé de pièces multiples qui peuvent être remplacées ».

visible lors d'une utilisation normale de ce produit par l'utilisateur final, à l'exception de l'entretien, du service ou de la réparation » et si ces caractéristiques, visibles, répondent bien aux exigences de nouveauté et de caractère propre[(6)]. Comme sous la loi de 1909, et sans doute dans des termes plus explicites, seule la forme apparente est protégeable. La représentation fournie lors du dépôt fixe d'ailleurs l'objet du droit et, par exemple, si le détail des points de tricot de la veste enregistrée n'est pas visible, on ne pourra s'y référer au moment de l'appréciation de la validité du modèle, ni au moment de l'appréciation de la contrefaçon reprochée[(7)]. Lorsque l'apparence du produit n'apparaît pas clairement, le modèle sera annulé, ou l'enregistrement refusé : le contraire conduirait à protéger toute une gamme de formes déclinant la représentation vague qui a été déposée[(8)]. Dès lors, on l'a compris, l'accès à la protection commande que le dessin ou modèle soit apparent pour l'utilisateur final, comme auparavant[(9)].

§ 2. – Une forme d'un produit ou d'une partie de produit

527. – **Sous l'empire de la loi de 1909.** L'ancien article L. 511-3 du Code de la propriété intellectuelle énonçait :

« Les dispositions du présent livre sont applicables à tout dessin nouveau, à toute forme plastique nouvelle, à tout objet industriel qui se différencie de ses similaires (...). »

Au titre de cette exigence, l'objet de la protection tenait dans une création de forme[(10)]. En cohérence avec les canons du droit d'auteur, le fruit du hasard est donc exclu du bénéfice de la loi ainsi que les simples idées, abstraites, tout comme un style ou un genre[(11)]. La loi de 1909 attache la protection à une concrétisation formelle. En revanche, peu importe les conditions de réalisation de la création ou encore son mérite dès l'instant qu'il s'agit d'une réalisation humaine. Toutes sortes de réalisations sont dans cette mesure protégeables[(12)]. Ainsi que nous l'avons rappelé par ailleurs[(13)], le dépôt n'était pas, sous l'empire de cette loi, constitutif de

(6) V. Trib. UE, 3 oct. 2014, aff. T-39/13 et Trib. UE, 9 sept. 2014, aff. T-494/12, à propos de la représentation d'un cookie dont l'intérieur présente une nappe chocolatée, retenant : « Force est de constater que la Chambre de recours a fait une correcte application des articles 3 et 6 du règlement n° 6/2002 lorsqu'elle a conclu, aux points 15 et 16 de la décision attaquée, que la couche de pâte à tartiner fondante étalée à l'intérieur du biscuit, sur toute sa longueur, n'était pas visible, puisque le produit devait être cassé pour que l'intérieur en fût rendu visible, de sorte que cette caractéristique n'entrait pas en ligne de compte pour l'appréciation du caractère individuel du dessin ou modèle contesté ». – V. encore, à propos de cartouches d'encre pour imprimantes, TGI Paris, 15 avr. 2010 : *PIBD* 2010, n° 923, III, p. 537. – V. CA Paris, 18 juin 2014, observant que l'utilisateur final pouvait aussi être l'acheteur habituel : *JurisData* n° 2014-028518 ; *Propr. industr.* 2014, comm. 66, obs. F. Greffe.

(7) TGI Paris, 25 janv. 2011, n° 09/17926.

(8) TGI Paris, 19 oct. 2005 : *PIBD* 2006, n° 822, III, p. 68 ; *D.* 2006, pan. 2607, obs. J.-Ch. Galloux.

(9) V. Cass. com., 20 févr. 2007, n° 05-14.272, préc., sous l'empire de la loi de 1909. – Cass. com., 9 mars 2010, n°s 08-17.167 et 08-19.877, sous l'empire de l'ordonnance de 2001 : *PIBD* 2010, n° 917, III, p. 289.

(10) L'ancien article L. 511-1 du Code de la propriété intellectuelle renvoyait d'ailleurs à la notion de créateur, V. ainsi J. Azéma et J.-Ch. Galloux, *Droit de la propriété industrielle*, Précis Dalloz, 7e éd., 2012, n° 1209.

(11) CA Versailles, 7 sept. 2000 : *PIBD* 2000, n° 709, III, p. 598, refusant de protéger l'idée d'utiliser des mannequins de Père Noël pour décorer des façades. – CA Paris, 18 sept. 2002 : *Propr. industr.* 2003, comm. 53, obs. F. Greffe, à propos de vêtements réalisés à partir de la technique de découpes de tissus, appelée patchwork.

(12) Ainsi, a été protégée la forme donnée à des végétaux vivants, TGI Paris, 20 janv. 2004 : *PIBD* 2004, n° 789, III, p. 396.

(13) V. *supra*, n° 517.

droit, le créateur avait alors intérêt à dater sa réalisation. La pratique du dépôt d'une enveloppe Soleau auprès de l'INPI trouvait là sa justification première(14). D'autres éléments de preuve pouvaient être pratiqués(15).

528. – **Sous l'empire de l'ordonnance du 25 juillet 2001.** L'article L. 511-1 du Code de la propriété intellectuelle attache la protection à « l'apparence d'un produit ou d'une partie de produit, caractérisée en particulier par ses lignes, ses contours (...) ». Les caractéristiques protégeables peuvent relever de l'objet lui-même ou de son ornementation. Il ne paraît pas y avoir de différence notable avec l'exigence posée par la loi de 1909, même si les termes diffèrent. La loi précise que l'on entend par produit : « tout objet industriel ou artisanal ». De ce caractère, on déduit que le produit doit pouvoir être fabriqué, manufacturé, ce qui exclurait pour certains auteurs les œuvres d'art réalisées en exemplaire unique ou en tirage très limité(16).

§ 3. – L'exclusion de la forme contraire à l'ordre public et aux bonnes mœurs

529. – **Ordre public.** Comme en matière de brevets d'invention (CPI, art. L. 611-17) et de marques (CPI, art. L. 711-3, b), l'exclusion tenant à l'ordre public et aux bonnes mœurs trouve place parmi les conditions de fond mises à la protection du dessin ou du modèle (CPI, art. L. 511-7). Avant l'ordonnance de 2001, l'ancien article L. 512-2 (relatif aux formalités de dépôt) disposait que le dépôt était rejeté si sa publication était susceptible de porter atteinte aux bonnes mœurs ou à l'ordre public(17). On trouve peu d'exemples de dessins ou de modèles rejetés pour cette cause : afin de ne pas heurter les âmes sensibles, l'INPI ne procède pas à leur publication avant le rejet. Il reste que, à l'évidence, tout dépôt d'un dessin ou forme obscène(18) ou incitant, par exemple, à la prise de substance illicite serait rejeté de ce chef. En revanche, ce dessin ou modèle pourrait sans doute être protégé par droit d'auteur, dans la mesure où il n'existe pas dans ce domaine d'exclusion de ce type.

(14) L'enveloppe Soleau a été imaginée par M.-E. Soleau en 1910 ; son régime est encadré aujourd'hui par l'arrêté du 9 mai 1986. Elle permet de dater les éléments contenus dans ladite enveloppe ; en aucun cas le dépôt de l'enveloppe Soleau n'accorde de droit de propriété intellectuelle au déposant. Celui-ci doit retirer une double enveloppe auprès de l'INPI (au siège, par courrier ou demande électronique, avec paiement de taxe) afin d'y placer à l'identique les éléments qu'il entend ainsi dater. Une fois retournées à l'INPI (par courrier ou au siège de l'INPI), l'institut va perforer les enveloppes, en conserver une pendant cinq ans et retourner l'autre exemplaire au déposant. L'INPI n'a pas modernisé son système, contrairement au bureau Benelux, par exemple, qui propose l'enveloppe i-dépôt. Il est possible de solliciter une prorogation pour une nouvelle période de cinq ans.

(15) Envoi à soi-même par La Poste des éléments à dater : la preuve étant libre, le cachet de La Poste fera foi, dès lors qu'il apparaît certain que le contenant n'a pas pu être discrètement modifié. Les sociétés d'auteurs, les huissiers, les notaires, peuvent bien évidemment participer de cette datation. – *Adde* CPI, art. R. 511-1 et s. qui envisagent des mesures réglementaires spéciales à certaines industries (graveurs estampeurs, bijouterie, joaillerie, fabricants de dentelle...) ; il s'agit d'estampiller des feuillets comportant des croquis et schémas afin de les dater avec mentions précises, telles que la date de création de chaque dessin ou modèle, le nom du créateur et le cas échéant le nom du premier destinataire.

(16) V. par ex. en ce sens, J. Passa, *op. cit.*, n° 682, retenant que : « Le champ d'application du droit des dessins et modèles est donc, de ce point de vue, plus étroit que celui du droit d'auteur ». – V. F. Pollaud-Dulian, *op. cit.*, n° 983, après avoir observé pourtant que « cette définition est volontairement large ».

(17) CA Paris, 3 avr. 1998 : *PIBD* 1998, n° 658, III, p. 389, à propos d'un modèle de billet de banque.

(18) Le considérant 16 de la directive observe d'ailleurs à ce propos que ces notions (ordre public et moralité publique) ne sont pas harmonisées.

§ 4. – L'exclusion de la forme exclusivement dictée par des motifs fonctionnels

530. – **Présentation.** La forme apparente protégée au titre du Livre V du Code de la propriété intellectuelle doit être le fait de choix esthétiques, elle ne saurait être guidée par une finalité exclusivement technique (par ex., forme d'une carrosserie dictée par la seule recherche de la meilleure pénétration aérodynamique). Il s'agit ici d'exclure des éléments qui doivent relever, en principe, d'un autre champ de protection : qu'il s'agisse d'objets exclusivement techniques (qui renvoient davantage au monde des brevets d'invention), ou de logiciels (qui relèvent en principe du droit d'auteur), tous sont exclus de la protection au titre des dessins et modèles.

531. – **Sous l'empire de la loi de 1909.** L'ancien article L. 511-3, alinéa 2 du Code de la propriété intellectuelle disposait :

« Si le même objet peut être considéré à la fois comme un dessin ou modèle nouveau et comme une invention brevetable et si les éléments de la nouveauté du dessin ou modèle sont inséparables de ceux de l'invention, ledit objet ne peut être protégé que conformément aux dispositions du Livre VI[19]. »

Ces dispositions s'appliquent aux modèles déposés avant l'entrée en vigueur de l'ordonnance de 2001. Le texte suggère plusieurs séries de questions.

532. – **Dessins et modèles et invention brevetables.** Certaines hésitations jurisprudentielles se sont fait jour au regard de la formule légale « d'invention brevetable ». L'exclusion d'une protection par le droit des dessins et modèles suppose-t-elle que la forme fonctionnelle soit effectivement brevetable ou suffit-il que l'objet étudié présente des caractéristiques inséparables d'une fonction technique, relevant en principe du domaine des brevets d'invention ? Après avoir retenu une interprétation littérale stricte du texte[20], les juges ont finalement retenu que le modèle dont la forme était inséparable de la fonction technique ou fonctionnelle recherchée n'était pas protégeable par dessin ou modèle, qu'il soit brevetable, breveté ou non : le terme « brevetable » renvoie au domaine de la brevetabilité s'agissant d'un objet dont la forme répond à des caractéristiques purement techniques. La Cour de cassation a par exemple validé le refus de protection au titre des dessins et modèles industriels pour un modèle de porte-cartes dont les caractéristiques répondaient à une « pure nécessité fonctionnelle inséparable du résultat industriel »[21]. De même, l'exclusion est retenue lorsque les caractéristiques du modèle

(19) V. sur cette question, M.-A. Pérot-Morel, *Les difficultés d'application de l'article 2, al. 2, de la loi du 14 juillet 1909 sur les dessins et modèles* : *JCP* G 1966, I, 2045 ; du même auteur, *L'application respective du régime de protection des dessins et modèles industriels et des inventions brevetables* : *RTD com.* 1976, p. 23. – V. également, P. Carteron, *Les confins du modèle et du brevet d'invention*, in *Mél. M. Plaisant*, Sirey, 1960, p. 26. – V. encore, Y. Gaubiac, *Autres problèmes de frontières*, in *Les dessins et modèles en question*, préc., n°s 111 et s.

(20) Cass. com., 25 févr. 1964 : *Bull. civ.* 1964, IV, p. 82 ; *RTD com.* 1964, p. 311, obs. P. Roubier et A. Chavanne. – Cass. com., 2 juin 1964 : *Bull. civ.* 1964, IV, p. 248. – Cass. com., 22 févr. 1966 (4 arrêts) : *JCP* 1967, II, 15196, concl. av. gén. Gégout. – TGI Paris, 18 mai 1971 : *RTD com.* 1972, p. 363, obs. A. Chavanne et J. Azéma, retenant même qu'en l'état d'une demande de brevet en cours d'examen, il serait prématuré d'annuler le dessin et modèle contesté, qui serait valable si le brevet était jugé nul. – Mais CA Paris, 9 juill. 1975 : *PIBD* 1976, n° 167, III, p. 173 ; infirmant cette décision et pourvoi rejeté, Cass. com., 29 mars 1977 : *PIBD* 1977, n° 201, III, p. 405.

(21) Cass. com., 19 oct. 1970 : *Bull. civ.* 1970, IV, n° 270 ; *RTD com.* 1971, p. 319, obs. A. Chavanne. – Cass. com., 27 mai 1974 : *RIPIA* 1974, p. 275.

litigieux sont inséparables de ses « fonctions utilitaires »[22]. Au final, le fait que les caractéristiques soient inséparables d'un but fonctionnel ou technique exclut tout dépôt par dessin ou modèle industriel.

533. – **Invention brevetable inséparable de la nouveauté du dessin ou modèle.** Selon la loi, « si les éléments de la nouveauté du dessin ou modèle sont inséparables de ceux de l'invention », la protection est exclue au titre du Livre V pour relever du Livre VI du Code de la propriété intellectuelle, soit le domaine du brevet. L'usage du terme « inséparable » provoque la discussion. Dès lors que les éléments de forme apparente qui constituent la nouveauté du modèle sont *inséparablement* associés à des fonctions exclusivement techniques, la protection échappe aux dessins et modèles. À ce titre, la Cour de cassation a approuvé la solution suivante :

« La cour d'appel, par une appréciation souveraine, précise quels étaient les éléments constitutifs de la nouveauté du modèle, et déclare qu'ils procurent rigidification de la tuile, écoulement de l'eau, facilité de démoulage et obstacle au refoulement de l'eau au niveau des joints et qu'ils leur sont par-là indissolublement liés ; que par ces motifs, la cour d'appel a justifié l'application des dispositions de l'article 2, alinéa 2 de la loi du 14 juillet 1909[23]. »

Il a par exemple été jugé que la technique de découpe chimique ne peut pas être protégée, ni par droit d'auteur, ni par la protection spécifique des dessins et modèles[24]. Il a encore été jugé, plus récemment, mais sous l'empire de l'ancienne loi, que : « le renforcement du cadre du modèle de la société V.2000 et sa triangulation monotube étaient inséparables du résultat technique »[25]. Dès que la forme est imposée par la fonction technique, elle ne peut être protégée, le cas échéant, que par brevets d'invention[26].

534. – **Le critère de la multiplicité des formes.** La jurisprudence a, un temps, fait référence au critère de « la multiplicité des formes » pour décider si la protection de la forme litigeuse devait relever du domaine des dessins et modèles. Selon ce critère, la forme serait protégeable à ce titre dès lors qu'il serait démontré que le résultat technique pouvait s'obtenir par au moins une autre forme possible, sinon plusieurs. Par conséquent, la forme exclue de la protection des dessins et modèles serait celle qui serait la seule à procurer le résultat technique considéré. Elle serait la forme nécessaire, donc indissociable[27]. La Cour de cassation estimait que cette question relevait du pouvoir souverain des juges du fond, tout en rejetant nombre de pourvois formés à l'encontre d'arrêts de cours d'appel qui retenaient ce critère[28]. Cette approche conduisait à restreindre considérablement le champ de

(22) Cass. com., 29 mai 1980 : *JCP G* 1980, IV, p. 297. – Cass. com., 21 oct. 1980 : *RTD com.* 1982, p. 536, obs. A. Chavanne et J. Azéma. – Cass. com., 22 janv. 1973 : *D.* 1973, p. 217.

(23) Cass. com., 22 janv. 1973, n° 71-12.565 : *Bull. civ.* 1973, IV, n° 31 ; *PIBD* 1973, n° 106, III, p. 181 ; *D.* 1973, p. 216 ; *RTD com.* 1973, p. 250, obs. A. Chavanne et J. Azéma.

(24) CA Paris, 10 mai 1995 : *PIBD* 1995, n° 593, III, p. 386.

(25) Cass. com., 20 oct. 1998 : *Ann. propr. ind.* 1999, p. 81.

(26) Comme en matière de marque d'ailleurs, V. *supra*, n° 367.

(27) V., en faveur de la multiplicité des formes, Cass. civ., 27 févr. 1957 : *Ann. propr. ind.* 1957, p. 411. – CA Paris, 5 nov. 1956 et Cass. civ., 27 févr. 1957, aff. *Técalémit*, à propos d'une tête de graisseur : *Ann. propr. ind.* 1957, p. 397, obs. R. Brochut, la Cour de cassation rejetant le pourvoi : « La forme hexagonale et les particularités apparentes des modèles Técalémit ne sont pas imposées pour assurer le serrage du graisseur ou l'efficacité du graisseur, résultat qui peut être obtenu par d'autres moyens que le système à six pans (...) ».

(28) V. par ex., Cass. civ., 16 janv. 1957 : *Ann. propr. ind.* 1957, p. 304. – Cass. civ., 27 févr. 1957, préc. – Cass. civ., 25 févr. 1964 : *D.* 1964, p. 757, note P. Greffe. – Cass. com., 4 juill. 1978 : *Ann. propr. ind.* 1979, p. 353.

l'exclusion de la protection des dessins et modèles industriels, ce qui justifia la critique d'une certaine doctrine. En effet, certains auteurs relevaient qu'une fonction technique peut souvent être obtenue par différents moyens, sans que cela ne signifie pour autant que telle ou telle forme puisse être qualifiée d'esthétique, ou d'être séparée du résultat constaté[29]. Une partie de la jurisprudence a abandonné le critère de la multiplicité des formes[30]. La Cour de cassation a ainsi jugé :

« Mais attendu que l'arrêt relève que la variante n° 3 entend couvrir un objet à caractère essentiellement utilitaire qu'elle caractérise, et que si cette variante possède une forme légèrement différente des autres, c'est exclusivement parce que dans la gamme des tours, le rôle particulier dévolu à cette variante est d'assurer en porte à faux, le contrôle de points de carrosseries situées en dehors du banc de contrôle ; qu'il retient que, pris isolément chacun des éléments possède une forme essentiellement dictée par la fonction technique qu'il joue dans l'ensemble du dispositif, en vue d'obtenir le résultat industriel visé, que pris en combinaison, sans que celle-ci ou chacun des éléments présente la moindre nouveauté ou originalité, les moyens mis en œuvre coopèrent à la réalisation de ce résultat industriel[31]. »

Elle en concluait que la forme était inséparable du résultat technique procuré. La cour d'appel de Paris a retenu, dans un de ses arrêts, qu'il fallait rechercher si la forme étudiée correspondait au : « fruit d'un travail esthétique arbitraire initial sur lequel ont été greffés ou adaptés des éléments techniques destinés à parvenir à un résultat »[32]. Il a encore été jugé qu'« il importe peu que la stabilité d'un présentoir publicitaire puisse être obtenue par d'autres moyens dès lors qu'en l'espèce, la forme obtenue et sur laquelle un droit privatif est revendiqué est inséparable du résultat technique »[33]. Certaines décisions restent néanmoins encore attachées à ce critère[34].

535. – **Sous l'empire de l'ordonnance du 25 juillet 2001.** La réforme de 2001 a supprimé toute référence à la notion d'invention brevetable ainsi qu'à l'exigence d'inséparabilité. L'article L. 511-8 du Code de la propriété intellectuelle actuel dispose :

« N'est pas susceptible de protection : 1° l'apparence dont les caractéristiques sont exclusivement imposées par la fonction technique du produit[35]. »

Dans une telle hypothèse, le droit des dessins et modèles est exclu, tout comme, d'ailleurs, le droit d'auteur ou le droit de marque ; seul le droit des brevets peut être sollicité. Une telle forme, dictée exclusivement par des impératifs techniques et qui ne serait pas protégée par un brevet (parce que non brevetable, ou, brevetable reste non brevetée, n'ayant pas été déposée à ce titre), ne pourra pas fonder une action en contrefaçon (hormis le brevet, les autres titres seraient susceptibles d'être annulés). Seule une action

(29) V. A. Chavanne : *RTD com.* 1965, p. 399, critiquant vertement ce critère. – V. encore, P. Roubier, *Droit de la propriété industrielle*, t. 2, Sirey, 1954, p. 14. – M.-A. Pérot-Morel, *L'application respective du régime de protection des dessins et modèles industriels et des inventions brevetables*, *op. cit.*, p. 37. – P. Greffe, *La protection des dessins et modèles en droit français et la notion de nouveauté*, thèse Paris II, 1980, p. 264.

(30) CA Paris, 26 févr. 1979 : *D.* 1980, note P. Greffe. – CA Paris, 8 janv. 1990 : *D.* 1992, somm. 311, obs. J.-J. Burst. – V. J. Passa, *op. cit.*, n°s 708 et s.

(31) Cass. com., 27 févr. 2001, n° 98-19.189 : *PIBD* 2001, n° 723, III, p. 352.

(32) CA Paris, 11 oct. 2000 : *RIDA* 2001, n° 188, p. 36. – CA Paris, 31 oct. 2000, retenant qu'il est indifférent que la forme puisse varier : *PIBD* 2001, n° 713, III, p. 62 ; *Propr. industr.* 2002, comm. 45, obs. F. Greffe.

(33) CA Paris, 1er févr. 1990 : *PIBD* 1990, n° 482, III, p. 466.

(34) V. par ex., CA Paris, 23 juin 2000 : *PIBD* 2000, n° 708, III, p. 555. – CA Paris, 4 mars 2005 : *PIBD* 2005, n° 812, III, p. 437.

(35) En matière de marques, la formule de l'article L. 711-2, c) du Code de la propriété intellectuelle, pour exclure ce type de forme également, est assez proche : « Sont dépourvus de caractère distinctif (...) : Les signes constitués exclusivement par la forme imposée par la nature ou la fonction du produit (...) ».

en concurrence déloyale ou en parasitisme pourra éventuellement être mise en œuvre, sur un pur terrain de responsabilité civile délictuelle (C. civ., art. 1382 et 1383), s'il est rapporté une faute particulière et un préjudice en résultant[(36)].

536. – *Quid* du critère de la multiplicité des formes ? Pour certains auteurs, la nouvelle rédaction retenue, à savoir « les caractéristiques [qui sont] exclusivement imposées par la fonction technique », serait la consécration du critère de la multiplicité des formes[(37)], alors que d'autres contestent cette lecture[(38)]. Il n'est pas certain que la loi nouvelle ait voulu consacrer le critère de la multiplicité des formes. Dès lors qu'il est démontré que tous les éléments (qu'ils paraissent esthétiques pour le non-technicien ou pas) qui composent le modèle étudié sont inhérents à la fonction technique, celui-ci ne peut pas bénéficier de la protection spécifique des dessins et modèles[(39)]. Il est indifférent que d'autres formes puissent remplir la même fonction. La fonction exclusivement technique, éventuellement d'apparence décorative, ne peut pas relever de ce type de régime, mais appartient au domaine des inventions. On observera l'analogie de méthode avec le droit des marques, qui ne veut pas davantage d'une forme exclusivement technique : « La démonstration de l'existence d'autres formes permettant d'obtenir le même résultat technique n'est pas de nature à écarter le motif de refus ou de nullité d'enregistrement (...) »[(40)].

537. – Question des pièces d'assemblage. L'article L. 511-8 du Code de la propriété intellectuelle exclut encore de la protection spécifique au Livre V :

« 2° L'apparence d'un produit dont la forme et la dimension exacte doivent être nécessairement reproduites pour qu'il puisse être mécaniquement associé à un autre produit par une mise en contact, un raccordement, un placement à l'intérieur ou à l'extérieur dans des conditions permettant à chacun de ces produits de remplir sa fonction. »

(36) V. par ex., Cass. com., 12 juin 2007, n° 05-17.349, aff. *Bollé Protection*, retenant : « L'action en concurrence déloyale peut être intentée par celui qui ne peut se prévaloir d'un droit privatif ; il n'importe pas que les faits incriminés soient matériellement les mêmes que ceux allégués au soutien d'une action en contrefaçon rejetée pour défaut de constitution de droit privatif, s'il en résulte une faute » : *PIBD* 2007, n° 858, III, p. 554. – Y. Picod et *alii*, *Concurrence déloyale* : *D.* 2008, pan. 2006-2007, 147 ; *Comm. com. électr.* 2007, comm. 107, obs. Ch. Caron et *Propr. industr.* 2007, comm. 73, obs. J. Larrieu. – Sur renvoi, CA Paris, 14 janv. 2009 : *PIBD* 2009, n° 893, III, p. 933. – V. encore, CA Paris, 28 mai 2014, *Geox* : *JurisData* n° 2014-012319. – Cass. com., 9 avr. 2015, n° 14-11.853 : *Contrat, conc. consom.* 2015, comm. 177, obs. M. Malaurie-Vignal ; *JCl. Responsabilité civile et Assurances* 2015, comm. 197 ; *Comm. com. électr.* 2015, comm. 48, obs. Ch. Caron.

(37) V. J. Passa, *op. cit.*, n° 710 : *D.* 2001, p. 3260. – P. de Candé : *D. affaires* 1999, p. 10 ; *Propr. intell.* 2002, n° 3, p. 67. – P. Kamina : *JCP G* 1999, I, 104, n° 14 ; du même auteur, *Le nouveau droit des dessins et modèles* : *D.* 2001, chron. p. 3258, n° 7. – G. Marchais : *Gaz. Pal.* 2000, 1, p. 279.

(38) J. Azéma, *Lamy Droit commercial*, 2008, n° 2264. – F. Greffe : *JCl. Marques-Dessins et Modèles*, Fasc. 3700, n° 104 ; *Propr. industr.* juill.-août 2002, comm. 45. – Ch. de Haas : *Propr. intell.* 2002, n° 3, p. 67. – V. aussi F. Pollaud-Dulian, qui observe que c'est alors un critère peu fiable, in *Mél. J. Béguin*, LexisNexis, 2005, p. 657 et s.

(39) V. not., en ce sens, OHMI, 3e ch. recours, 10 juin 2013, aff. 2466/2011-3 : *Propr. intell.* 2013, n° 49, p. 453, obs. P. de Candé, concluant qu'il s'agit bien de la confirmation du rejet du critère de la multiplicité des formes puisque la chambre retient que le texte du règlement n° 6/2002 n'impose pas que la forme concernée soit la seule susceptible d'obtenir le résultat technique observé.

(40) CJCE, 18 juin 2002, aff. C-299/99, *Philips c/ Remington* : *Propr. intell.* oct. 2002, n° 5, p. 85, obs. E. Joly ; *Propr. industr.* 2002, comm. 71, obs. F. Greffe qui exclut le critère de la multiplicité des formes et établit un parallèle entre les dessins et modèles et les marques, lorsque la forme est exclusivement dictée par des impératifs techniques. – CJUE, 14 sept. 2010, aff. C-48/09, *Lego* : *Propr. industr.* 2011, comm. 25, obs. F. Greffe. – J. Azéma, *Lamy Droit commercial*, 2015, n° 2356. Certains auteurs, prenant appui sur les conclusions de l'avocat général dans cette affaire (marque tridimensionnelle) et sur les travaux de la commission, énoncent que le droit spécifique des dessins et modèles resterait susceptible d'accueillir davantage de formes pratiques et purement fonctionnelles : ainsi les modèles fonctionnels exclus seraient ceux dont la fonction technique ne serait atteinte que par le modèle litigieux. – V. ainsi, J. Passa, *op. cit.*, n° 712. – P. Kamina, *Propos dissidents sur l'arrêt Philips Electronics et le critère de la multiplicité des formes* : *Propr. industr.* 2003, comm. 82 ; concl. av. gén. Colomer, 23 janv. 2001, pt 34, aff. C-299/99.

La *ratio légis* du texte est d'assurer la concurrence la plus vive possible, lorsque les pièces d'interconnexion, de raccordement et de compatibilité (voire de rechange) ne sont pas par ailleurs protégées par brevet. Il s'agit de préserver la concurrence sur le marché des produits adaptables compatibles[41]. Ces éléments (plus précisément ceux dont la dimension et la forme permettent l'interopérabilité) ne peuvent pas en principe être protégés par le droit spécifique des dessins et modèles. En revanche, le dernier alinéa de l'article L. 511-7 du Code de la propriété intellectuelle prévoit l'hypothèse d'un retour au principe et donc d'une protection possible[42] :

> « Toutefois, un dessin ou modèle qui a pour objet de permettre des assemblages ou connexions multiples à des produits qui sont interchangeables au sein d'un ensemble conçu de façon modulaire peut être protégé. »

À titre d'exemple, un auteur a cité des modèles de chaises qui s'emboîtent les unes dans les autres, pour retenir que « la manière dont ces chaises ont été dessinées pour permettre l'emboîtement est caractéristique et mérite d'être protégée »[43]. Il s'agit ici d'admettre la protection de ces pièces d'interconnexion dans la mesure où les produits auxquels elles se rattachent ont été conçus à cette fin : pouvoir être emboîtés, empilés, coordonnés. Le fait de pouvoir assembler ces éléments participe de l'attrait commercial de ces produits et il est apparu important de protéger de tels investissements.

538. – **L'exclusion des logiciels des objets protégeables.** L'article L. 511-1 *in fine* du Code de la propriété intellectuelle exclut de la protection du Livre V les programmes d'ordinateur. Cette exclusion va de soi pour les éléments relevant du logiciel : d'une part, la protection des logiciels relève en principe du droit d'auteur, d'autre part, les éléments de traitement de l'information, codes et instructions, ne satisfont pas à l'objet du droit spécifique, à savoir l'apparence d'un produit. En revanche, il n'était pas certain que la charte graphique qui peut résulter de la mise en œuvre dudit logiciel devait être *ipso facto* exclue de la protection spécifique des dessins et modèles. Sans doute le lien entre ces composantes est-il apparu trop ténu pour qu'on en dissocie le régime.

SECTION 2

LES CONDITIONS DE FOND RELATIVES AUX CARACTÈRES DES DESSINS ET MODÈLES

539. – **Présentation.** Pour pouvoir être enregistrée, la forme apparente d'un produit ou d'une partie de produit doit être nouvelle et, depuis l'ordonnance n° 2001-670 du 25 juillet 2001, présenter un caractère propre (les textes de l'Union

(41) V. P. Kamina : *Propr. industr.* 2004, comm. 93 ; le marché automobile était concerné plus particulièrement.
(42) L'exception à l'exception, appelée familièrement « clause Légo », du nom de la marque (enregistrée) du fabricant de jeux de briques interchangeables.
(43) V. Scordamaglia, in *Les projets communautaires en matière de protection des dessins et modèles* : *RIPIA* 1994, n° 177, discussion p. 344.

européenne parlent d'un caractère individuel)(44). L'article L. 511-2 du Code de la propriété intellectuelle exige que ces deux conditions soient satisfaites cumulativement pour l'accès à la réservation(45).

§ 1. – La nouveauté

540. – **Présentation.** L'exigence de nouveauté retenue sous l'empire de la loi de 1909 est très comparable à celle requise du droit des brevets (nouveauté absolue) (I) ; la même exigence doit s'entendre sensiblement différemment sous l'empire de l'ordonnance du 25 juillet 2001 qui a transposé la directive n° 98/71 (nouveauté relative) (II).

I. – La nouveauté sous l'empire de la loi de 1909

541. – **Texte.** L'ancien article L. 5113 du Code de la propriété intellectuelle posait l'exigence de nouveauté :

« Les dispositions du présent livre sont applicables à tout dessin nouveau, à toute forme plastique nouvelle, à tout objet industriel qui se différencie de ses similaires (...). »

Le texte conditionne la protection au caractère nouveau du dessin, de la forme ou de l'objet industriel, en s'abstenant d'avancer toute définition de l'exigence légale(46). Cette condition n'était pas vérifiée lors du dépôt et la jurisprudence a eu la charge d'en préciser les contours lorsqu'il était question de la validité du titre délivré.

542. – **Nouveauté et/ou originalité ? Cumul de protection : absolu ou relatif ?** À raison du cumul de protection dont elles bénéficient au titre du droit d'auteur et du droit des dessins et modèles, les créations de forme utilitaire sollicitent les critères de protection de chacun de ces domaines. Or, ceux-ci peuvent être dits « antinomiques »(47). L'originalité du droit d'auteur est une exigence subjective qui conduit à rechercher si le dessin ou modèle traduit l'empreinte de la personnalité du créateur, l'origine personnelle de la création, indépendamment de toute antériorité, donc indépendamment de toute démarche comparative(48). La nouveauté, au sens des brevets, est au contraire une exigence objective qui conduit à vérifier parmi les éléments déjà divulgués si l'un d'eux est identique ou extrêmement proche de l'objet étudié, c'est-à-dire s'il existe une antériorité de toutes pièces révélée avant le dépôt alors

(44) V. not., sur ces conditions, P. de Candé : *JCl. Marques-Dessins et Modèles*, Fasc. 3230, *Nouveauté, caractère propre, originalité*, mise à jour 14 août 2015.

(45) V. Trib. UE, 6 juin 2013, aff. T-68/11. L. Marino, *Le caractère individuel chevauche la nouveauté* : *Propr. industr.* 2013, comm. 61.

(46) V. F. Greffe, thèse, *op. cit.*, retenant qu'il s'agit d'une volonté du législateur : « On ne peut concevoir une définition à portée à la fois précise et générale qui aurait pu satisfaire l'ensemble des intéressés et correspondre à des situations tellement différentes les unes des autres ».

(47) V. *supra*, n° 19, Introduction générale.

(48) V. C. Bernault, *L'originalité dans les œuvres des arts appliqués* : *Comm. com. électr.* 2010, chron. 18 ; et la Cour de cassation a rappelé qu'en matière de droit d'auteur, seule l'originalité comprise comme l'empreinte de la personnalité compte, indépendamment de la notion d'antériorité, Cass. 1re civ., 11 févr. 1997 : *Bull. civ.* 1997, I, n° 56 ; *D.* 1998, p. 290, obs. crit. F. Greffe. – Plus récemment, TGI Paris, 6 oct. 2009 : *PIBD* 2009, n° 909, III, p. 41 ; *RTD com.* 2010, p. 108, obs. F. Pollaud-Dulian.

destructrice de nouveauté, ce qui procède d'une démarche de comparaison(49). La nouveauté met en évidence un écart par rapport à l'existant : un progrès (technique pour les inventions)(50) couronné par un monopole légal pour son concepteur ; la notion de progrès est un non-sens dans le monde de l'art et des belles lettres : l'originalité met en évidence une origine personnelle de la création, couronnée par le droit d'auteur(51). Concevoir l'agglomération de deux notions aussi opposées sur le même objet pour décider de sa protection était un défi intellectuel dont ni la jurisprudence, ni les auteurs, ne sont sortis indemnes ! La jurisprudence, d'abord, a eu la fâcheuse tendance d'amalgamer les deux notions, se référant aussi bien à l'originalité qu'à la nouveauté lorsqu'il était question de vérifier la validité d'un dessin et modèle, que ce soit à l'aune du droit d'auteur ou du droit spécifique(52). La confusion s'étend à la doctrine. Pour certains, la formule du cumul de protection s'entend d'un cumul absolu, total : les créations protégées par le droit sur les dessins et modèles déposés seraient automatiquement protégées par droit d'auteur(53). Outre l'identité du champ d'application des deux monopoles sur les œuvres de l'art appliqué (cumul absolu), elle implique également une certaine assimilation des critères de protection. En conséquence, le cumul est systématique pour les œuvres entrant dans le champ d'application de la loi sur les dessins et modèles déposés, celles-ci doivent également satisfaire au critère d'originalité posé à la protection du droit d'auteur. Cette approche méconnaît la différence majeure opposant les deux critères, subjectif et objectif, et finalement la différence de fondement de la protection des droits industriels (couronner un progrès, sinon un écart avec l'existant) et du droit d'auteur (couronner une origine personnelle, sinon un acte créatif). Elle est heureusement aujourd'hui battue en brèche au profit de la thèse du cumul relatif, partiel : toutes les formes déposées au titre des dessins et modèles n'ont pas automatiquement vocation à devoir être

(49) V. Cass. com., 1er oct. 1996 : *PIBD* 1997, n° 623, III, p. 14. – Cass. com., 20 oct. 1959 : *Bull. civ.* 1959, n° 351, excluant la nouveauté d'un modèle de cendrier constitué par un cube de céramique creuse sur sa face supérieure, car l'arrêt d'appel « révèle que la même forme, la même décoration étaient antérieurement répandues pour un coquetier pouvant aussi bien servir de cendrier ».

(50) L'idée de progrès « technique » a du mal à être transportée du monde des brevets à celui des dessins et modèles – V. F. Pollaud-Dulian, préc., n° 960. – En l'occurrence, la nouveauté visuelle consacrée par le droit des dessins et modèles vise moins à identifier un progrès qu'une rupture avec l'état de l'art antérieur. Ce qui rend compte de la différence des deux droits industriels. Mais la similitude de méthodologie demeure : c'est bien un écart au regard de l'existant qui justifie la protection. Ce n'est pas la création gratuite du droit d'auteur (l'œuvre intégralement créée, bien que similaire à une autre préexistante, est néanmoins originale) qui est couronnée ici, mais la création dont le résultat diffère objectivement du passé.

(51) V. *supra*, n° 19, Introduction générale.

(52) V. P. Tréfigny et S. Bertrand, *Analyse de la condition de la nouveauté dans les dessins et modèles*, mémoire DEA Droit des créations immatérielles, ss dir. Ch. Le Stanc, sept. 1990. – V. Cass. com., 28 janv. 2003, n° 00-10.657 : *Propr. industr.* avr. 2003, n° 4, comm. 32, obs. P. Kamina : cassation de l'arrêt qui condamne pour faits de contrefaçon alors qu'« en se déterminant ainsi, sans rechercher pour chaque modèle si les éléments argués de contrefaçon revêtaient un caractère original dissociable de la fonction technique ou utilitaire, constituaient une création révélant la personnalité de son auteur, la cour d'appel n'a pas donné de base légale à sa décision ». – *Adde* CA Paris, 16 nov. 1954 : *Ann. propr. ind.* 1954, p. 296, retenant le cumul en approuvant la motivation succincte d'un modèle qui est « original et propre ». – CA Paris, 23 juin 1970 : *D.* 1972, p. 66, retenant que : « Si toute forme, création ou réalisation d'une forme bénéficient de la protection (…), il faut toutefois qu'il existe un effort et un apport personnel de goût ou d'imagination, donnant à la réalisation un aspect original et nouveau ». – CA Paris, 25 janv. 1968 : *Gaz. Pal.* 1968, p. 289, retenant que des dessins de voitures de modèles Citroën peuvent être protégés par la loi de 1957, dès lors qu'ils présentent « un caractère de nouveauté » et à l'inverse, CA Paris, 19 juin 1979 : *Ann. propr. ind.* 1979, p. 198, retenant qu'un modèle peut être protégé par la loi de 1909 dès lors qu'il présente un caractère d'originalité.

(53) F. et P. Greffe, *Traité des dessins et modèles*, Litec, 6e éd., 2000, n° 365, qui retiennent, sous le régime de la loi de 1909, que le domaine des deux protections est absolument identique. – F. de Visscher et B. Michaux, *Précis du droit d'auteur et des droits voisins*, Bruylant, 2000, n° 223.

protégées au titre du droit d'auteur, leur originalité n'a donc pas à être recherchée dès lors que seule la protection du Livre V est recherchée. Le cumul signifie seulement que le dessin ou modèle valablement déposé peut aussi accéder à la protection du droit d'auteur, au bénéfice des conditions posées par ce droit, et sans automaticité. Il nous semble que cette lecture s'imposait sous le régime de la loi de 1909, la doctrine paraît s'y rallier sous l'empire de l'ordonnance de 2001[54]. Et c'est la voie aujourd'hui tenue par la Cour de cassation qui juge qu'un modèle peut disposer d'un caractère propre, sans être forcément original[55].

II. – La nouveauté sous l'empire de l'ordonnance du 25 juillet 2001

543. – **La nouveauté, issue de l'ordonnance du 25 juillet 2001. Nouveauté relative.** La nouveauté est acquise si « à la date de dépôt de la demande d'enregistrement ou à la date de priorité revendiquée, aucun dessin ou modèle identique n'a été divulgué. Des dessins ou modèles sont considérés comme identiques lorsque leurs caractéristiques ne diffèrent que par des détails insignifiants » (CPI, art. L. 511-3). La notion de nouveauté est désormais définie de manière objective en renvoyant l'interprète à la recherche d'antériorités destructrices de nouveauté ; la méthode s'apparente désormais formellement à la nouveauté objective, proche de celle retenue en droit des brevets. En revanche, la loi spécifique admet des circonstances pour lesquelles une divulgation du modèle antérieure au dépôt ne pourra pas caractériser une antériorité destructrice de nouveauté : ainsi de la divulgation limitée à une catégorie de personnes (V. *infra*, n° 544) et de celle réalisée par le créateur lui-même si le dépôt postérieur intervient dans un délai raisonnable (délai de grâce – V. *infra*, n° 546). De la sorte, le régime des dessins et modèles pose une exigence de nouveauté seulement relative distincte du droit des brevets où l'exigence de nouveauté est absolue (toute divulgation antérieure au dépôt de la demande est destructrice de nouveauté). Au bénéfice de cette distinction, la méthodologie de la recherche de nouveauté reste similaire et procède d'une comparaison objective : il convient de déterminer l'état de l'art antérieur (tout ce qui a été communiqué publiquement avant la date du dépôt ou de la date de priorité revendiquée) avant de vérifier si l'objet étudié s'y trouve déjà, auquel cas le dessin ou modèle n'est pas nouveau ; si, au contraire, aucun élément rendu public ne le reproduit, la nouveauté est satisfaite. La référence faite par le texte « aux détails insignifiants » ouvre une part, réduite, de subjectivité : un dessin ou modèle révélé antérieurement qui ne serait pas strictement identique mais tellement ressemblant, au bénéfice de quelques menues différences, doit être considéré comme une antériorité pertinente, conduisant à l'absence de nouveauté[56]. La question de la portée qu'il

(54) V. M.-A. Pérot-Morel, *À propos du maintien de l'unité de l'art dans le nouveau droit des dessins ou modèles : Propr. industr.* 2005, étude 8. – C. Bernault, *Droit d'auteur et droit des dessins et modèles : l'émancipation : Propr. industr.* déc. 2015, n° 12, étude 23. – J. Passa, *Traité*, préc., t. 1, n° 675.

(55) Cass. com., 10 févr. 2015, n° 13-27.225 : *PIBD* 2015, n° 1026, III, p. 333 ; *Propr. industr.* 2015, comm. 30, obs. J.-P. Gasnier. – CA Paris, 18 nov. 2011 : *Propr. industr.* 2012, comm. 27, obs. J.-P. Gasnier. – CA Paris, 14 mai 2008 et 26 mars 2008 : *Propr. intell.* 2008, n° 29, p. 443 (2e esp.).

(56) Mais le modèle satisfera difficilement à l'exigence de caractère propre : V. Cass. com., 24 juin 2014, cité *supra*.

faut prêter sur le terrain de l'obtention du droit à une création antérieure qui, à l'égard de la création revendiquée, n'est « pas tout à fait la même, ni tout à fait une autre » est transversale à la propriété industrielle : elle rejoint la question des variantes d'exécution en matière de brevet[(57)], et la Cour de justice y est confrontée en matière de marque, reconnaissant (sur le terrain de la contrefaçon) qu'« un signe est identique à la marque lorsqu'il reproduit, sans modification ni ajout, tous les éléments constituant la marque ou lorsque, considéré dans son ensemble, il recèle des différences si insignifiantes qu'elles peuvent passer inaperçues aux yeux d'un consommateur moyen »[(58)]. Le cumul permet de solliciter, d'une part, la protection du droit d'auteur en démontrant l'originalité de la création revendiquée et, d'autre part, celle du droit spécifique sous réserve de démontrer que le dessin ou modèle est nouveau, selon la définition retenue ci-dessus[(59)].

544. – **Divulgation destructrice de nouveauté. Principe et exception.** L'article L. 511-6 du Code de la propriété intellectuelle[(60)] vient préciser ce qu'il faut entendre par une divulgation utile : « Un dessin ou modèle est réputé avoir été divulgué s'il a été rendu accessible au public par une publication, un usage ou tout autre moyen ». La divulgation est destructrice de nouveauté lorsqu'elle est réalisée avant la date de dépôt ou de priorité le cas échéant. Néanmoins, et c'est la différence majeure avec le droit des brevets, le droit des dessins ou modèles considère certaines hypothèses de divulgation comme inopérantes pour l'appréciation de la nouveauté ; ainsi :

CPI, art. L. 511-6, al. 1

« Il n'y a pas divulgation lorsque le dessin ou modèle n'a pu être raisonnablement connu, selon la pratique courante des affaires dans le secteur intéressé, par des professionnels agissant dans la Communauté européenne, avant la date du dépôt de la demande d'enregistrement ou avant la date de priorité revendiquée. »

La Cour de justice a eu l'occasion d'énoncer que les « milieux spécialisés » selon le texte de la directive (les « professionnels » du « secteur intéressé » dans le texte français) ne se limitent pas aux concepteurs et aux fabricants et que la divulgation neutralisée peut avoir été réalisée auprès de simples commerçants[(61)]. La référence territoriale *aux professionnels agissant dans la Communauté européenne* est également source d'interrogations : *quid* de la divulgation réalisée dans un salon au

(57) V. *infra*, n° 629.

(58) CJCE, 20 mars 2003, aff. C-291/00, *LTJ Diffusion c/ Sadas Verbaudet*, pt 54, *Marque Arthur c/ Marque Arthur et Félicie, op. cit.*

(59) Cass. com., 26 févr. 2008 : *PIBD* 2008, n° 873, III, p. 291 ; *Propr. intell.* 2008, n° 29, p. 442, obs. crit. P. de Candé, observant qu'il ne devrait plus être question d'originalité pour apprécier la validité d'un dépôt réalisé après l'ordonnance du 25 juillet 2001.

(60) Dir. n° 98/71, art. 6.1, et Règl. n° 6/2002, art. 7.1.

(61) CJUE, 13 févr. 2014, aff. C-479/12, pts 24 à 30 : *JurisData* n° 2014-019628 ; *Propr. intell.* 2014, n° 53, p. 460, obs. P. de Candé. Cette décision précise encore que la connaissance raisonnable de la divulgation par les milieux professionnels intéressés est une question de fait. Ainsi, parmi les quelques décisions commentées, une publication au Registre des brevets chinois a été considérée comme pertinente, OHMI, div. annul., 31 août 2006, n° 273693-0001 : *Propr. intell.* 2006, n° 21, p. 470, obs. P. de Candé ; pour un registre américain, OHMI, div. annul., 30 août 2006, n° 163290-0001 : *Propr. intell.* 2006, n° 21, p. 470, obs. P. de Candé. – Pour une divulgation hors de l'Union européenne encore, V. pour une exposition lors d'un salon nautique, en Floride, OHMI, 3e ch. recours, 26 mars 2010, n° 9/2008-3, *Crocs Inc. c/ Holey Soles Holdings : Propr. intell.* 2011, n° 41, p. 449. – V. concl. av. gén., 5 sept. 2013, dans cette affaire : *Propr. industr.* 2013, comm. 91, obs. J.-P. Gasnier, retenant que la divulgation d'un dessin ou modèle à des négociants et intermédiaires du commerce dans l'Union européenne valait divulgation auprès des milieux spécialisés concernés, mais que la divulgation à une seule entreprise au sein de l'Union européenne, comme l'exposition du dessin ou modèle dans le hall d'une entreprise en Chine, était inopérante.

Japon ? Le salon est-il connu du *secteur intéressé* ? Des stands étaient-ils animés par des exposants agissant dans l'Union européenne ? Des visiteurs provenaient-ils de l'Union européenne ? Une publication dans un journal local en France relatant l'exposition d'un prototype présenté permet-elle de conclure à la connaissance raisonnable des professionnels du secteur agissant dans l'Union européenne ? En réalité, la nouveauté objective s'accommode mal du zeste de subjectivité qu'a voulu introduire la loi (communautaire) au profit d'une petite divulgation qui finalement n'en serait pas une. La propriété industrielle n'aime guère le sucré-salé ; le monde de l'entreprise a besoin de sécurité, et les notions juridiques s'affadissent lorsqu'elles sont accommodées par des marmitons moins juristes que technocrates.

545. – **Antériorités de toutes pièces, destructrices de nouveauté.** Pour être pertinente, l'antériorité révélée avant la date de dépôt ou de priorité, le cas échéant, doit être constituée de toutes pièces[62] (comme en matière de brevets d'invention). Il faut que le dessin ou modèle dont la validité est contestée se trouve reproduit entièrement dans l'art antérieur, dans un document dûment daté et rendu accessible aux tiers : la démarche qui consiste à combiner plusieurs éléments, distincts, pour démontrer que, réunis, ils reproduisent le dessin ou modèle litigieux n'est pas recevable au soutien de la preuve d'une antériorité destructrice. Un document confidentiel ne pourrait pas être utile[63]. La pratique est de faire éditer des catalogues ou publicités datés de ses propres produits et de conserver les documents, datés eux aussi, de concurrents, afin d'établir une sorte d'état de l'art au long court.

546. – **Divulgation et délai de réflexion ou de grâce.** Le législateur a prévu une faveur au profit du créateur (ou de son ayant droit) qui viendrait à divulguer son modèle avant d'en avoir opéré le dépôt (on parle parfois d'autodivulgation) : celui-ci peut révéler ou commercialiser son dessin ou modèle sans pour autant détruire la nouveauté requise d'un futur (éventuel) dépôt lorsque celui-ci intervient dans un délai de douze mois passé la divulgation (CPI, art. L. 511-6, al. 3)[64]. Cette immunité marque une nouvelle différence, majeure, avec le régime des brevets d'invention.

(62) CA Paris, 14 mai 2008 et 26 mars 2008 : *Propr. intell.* 2008, n° 29, p. 443, obs. P. de Candé, citant la première affaire pour rappeler l'exigence d'une antériorité de toutes pièces pour détruire la nouveauté du dessin ou modèle et la deuxième qui énonce que l'absence d'antériorité de toutes pièces est indifférente à la notion… « d'originalité ». – *Adde* Cass. com., 24 juin 2014, n° 13-12.067, *J.-M. Weston c/ Sté Capuce : Propr. intell.* 2014, n° 53, p. 429, obs. P. de Candé : le demandeur à la nullité « doit prouver l'existence d'une antériorité de toutes pièces certaine, l'arrêt relève que les deux modèles donnent à voir la même apparence de chaussure alliant le genre mocassin à une allure citadine et racée, une arête au lieu du bourrelet rustique, une empeigne légèrement arrondie et bombée sur les bords, une languette avec une découpe et de fines piqûres ; qu'il relève encore que les deux chaussures montrent globalement un soulier sans lacets lisse avec des parties légèrement bombées, une semelle débordante, leur conférant la même forme d'ensemble ; qu'il retient enfin que les différences quant à la forme de l'empiècement, sa découpe ou la surpiqûre de ses côtés et du fait de la non-reprise d'un léger froncé de la couture sur l'empeigne du modèle Bass ou de l'ajout sur le modèle déposé d'une couture sur le bout du soulier, ne sont pas suffisantes pour être significatives ou témoigner d'une création ou interprétation esthétique novatrice de mocassin habillé et relèvent d'éléments de détail ; qu'en l'état de ces constatations et appréciations souveraines, la cour d'appel, qui ne s'est pas fondée sur l'impression d'ensemble produite par les deux modèles en cause, mais a fait ressortir par une analyse de chacune de leurs caractéristiques, la reprise de toutes pièces de la combinaison que constitue le modèle Bass, exclusive d'un effort de création, nonobstant quelques différences de détail qu'elle a relevées » a valablement prononcé la nullité du modèle opposé.

(63) V. CPI, art. L. 511-6, al. 2 : « Toutefois, le dessin ou modèle n'est pas réputé avoir été divulgué au public du seul fait qu'il a été divulgué à un tiers sous condition, explicite ou implicite, de secret » ; Dir. n° 98/71, art. 6.1 et Règl. n° 6/2002, art. 7.1, préc.

(64) CPI, art. L. 511-6, al. 3 : « Lorsqu'elle a eu lieu dans les douze mois précédant la date du dépôt de la demande ou la date de priorité revendiquée, la divulgation n'est pas prise en considération : *a)* Si le dessin ou modèle a été divulgué par le créateur ou son ayant cause, ou par un tiers à partir d'informations fournies ou d'actes accomplis par le créateur

Mais la faveur a sa limite : le créateur devra procéder à l'enregistrement dans les douze mois de cette divulgation pour respecter la condition de nouveauté. Tout se passe comme si la loi instituait une sorte de délai de réflexion au profit du créateur du modèle qui, initiant une exploitation, dispose d'un délai d'un an pour apprécier l'opportunité d'obtenir une réservation privative. Sous l'empire de la loi de 1909, l'autodivulgation n'était pas prise en compte en tant que destructrice de nouveauté. La règle paraissait justifiée par l'idée du cumul absolu : l'originalité de la création divulguée appelait la protection privative du droit d'auteur, qui paraissait impliquer la protection spécifique. Cette interprétation n'est plus recevable dans un système fondé sur un critère objectif de protection. Au regard de cette situation et de la modification intervenue avec la transposition de la directive, la loi précise que l'autodivulgation qui aurait eu lieu avant le 1er octobre 2001 ne détruirait pas la nouveauté[65]. De même, la divulgation abusive du dessin ou du modèle par un tiers n'aura pas de conséquence destructrice sur la condition de nouveauté (l'abus pouvant tenir d'une divulgation intervenue en méconnaissance d'une clause de confidentialité) ; cependant, le créateur devra procéder à l'enregistrement, s'il entend bénéficier de la protection spécifique, là aussi dans les douze mois de la divulgation abusive.

547. - **Droit de priorité.** Comme pour les brevets ou les marques, la Convention d'Union de Paris prévoit un mécanisme dit « de droit de priorité » qui immunise les dépôts réflexes intervenus dans les six mois du premier dépôt de toute antériorité rendue publique dans l'intervalle, et notamment de la publication du premier dépôt[66]. On regrettera que ce principe ne soit pas formellement reproduit dans les textes français (comp., pour les brevets, CPI, art. L. 612-7), même si son application ne fait pas de doute[67]. Attention : une première divulgation en France est couverte pendant douze mois par le délai de grâce domestique pour un dépôt dans ce pays (V. *supra*, n° 546), mais pas nécessairement pour des États unionistes attachés à une conception de la nouveauté absolue et qui ignorent un tel délai[68].

§ 2. – Le caractère propre

548. - **Apport de l'ordonnance de 2001.** « Seul peut être protégé le dessin ou modèle qui est nouveau et présente un caractère propre » (CPI, art. L. 511-2). L'exigence tenant au caractère propre du dessin ou modèle revendiqué constitue un apport majeur de l'ordonnance n° 2001-670 du 25 juillet 2001. C'est la traduction française du « caractère individuel » du dessin ou modèle requis par la directive et le règlement communautaire[69]. Il faut voir dans l'émergence d'une condition de

ou son ayant cause ; *b)* Ou si le dessin ou modèle a été divulgué à la suite d'un comportement abusif à l'encontre du créateur ou de son ayant cause ».

(65) V. Cass. com., 19 déc. 1989 : *Bull. civ.* 1989, IV, n° 319 ; *JCP* E 1990, pan. 19553 ; *D.* 1992, somm. 314, obs. J.-J. Burst.

(66) CUP, art. 4.6. Le texte prévoit la possibilité de revendiquer le bénéfice du mécanisme de priorité sur la base d'un premier dépôt de modèle d'utilité.

(67) Tout autant que la France soit désignée au titre du dépôt international : V. Cass. com., 15 mars 2011, n° 10-30.419. – V. cependant CPI, art. R. 512-5, relatif à la revendication de priorité lors du dépôt.

(68) Ainsi des États-Unis ou du Japon.

(69) V. B. Humblot, *Nouveauté, caractère propre : un fauteuil pour deux* : *JCP* E 2003, 990, estimant qu'avec l'exigence du caractère propre, il n'était peut-être pas utile de maintenir la nouveauté, mais l'exigence de caractère propre ne serait

caractère propre pour les modèles, l'exacte réplique de l'introduction en droit des brevets français de la condition d'activité inventive, avec la loi du 2 janvier 1968, en supplément là aussi à la condition historique de nouveauté. Il s'agit pareillement dans ces deux matières de rehausser le seuil d'accès à la protection en élargissant le terme de référence de la comparaison objective imposée pour apprécier la validité du titre. La référence au caractère *propre* a pu suggérer, à tort, un rappel de l'originalité exigée par le droit d'auteur (en matière de logiciels et de bases de données, les directives ont retenu qu'était original le logiciel – ou la base de données – propre à son auteur, c'est-à-dire non copié). Mais, la directive « Dessins et Modèles » ne se référait pas au caractère *propre* mais *individuel* du modèle revendiqué. La condition de caractère propre participe bien d'une appréciation objective du seuil d'accès de la protection allant au-delà de l'exigence de nouveauté et élève le seuil d'accès à la protection privative : des dessins ou modèles, bien que nouveaux (aucune antériorité de toutes pièces n'a pu être rapportée), mais ne traduisant pas un écart suffisant avec l'existant (c'est-à-dire avec les éléments rassemblés au titre de l'art antérieur) n'accèdent pas à la protection. L'analyse des conditions requises par la protection spécifique est bien indépendante de celle menée en matière de droit d'auteur[70].

549. – **Définition du caractère propre.** L'article L. 511-4 du Code de la propriété intellectuelle dispose :

« Un dessin ou un modèle a un caractère propre lorsque l'impression visuelle d'ensemble qu'il suscite chez l'observateur averti diffère de celle produite par tout dessin ou modèle divulgué avant la date de dépôt (...). »

Le caractère propre du dessin ou modèle litigieux résultera de la distance objective qui sépare l'état visuel de l'art antérieur et l'impression visuelle du dessin ou modèle revendiqué ; cette distance est appréciée par référence à l'impression suscitée chez un personnage « standard » : l'observateur averti. L'analogie avec l'appréciation de l'activité inventive qui tient de la non-évidence pour l'homme de métier de l'invention revendiquée à l'égard de l'état de la technique est flagrante. Même méthode de comparaison objective, même référence à un personnage standard. Bref, l'exigence de caractère propre arrime la matière des dessins et modèles au droit des brevets, et éloigne un peu plus celle-ci de la logique du droit d'auteur[71]. L'analyse commande l'étude successive : de l'observateur averti, standard de comparaison (A), de l'état de l'art antérieur, terme de comparaison (B), de l'impression visuelle d'ensemble, rapport de comparaison (C).

A. – L'observateur averti, standard de comparaison

550. – **Un standard ; observateur ou utilisateur ?** L'observateur averti réfère à un standard juridique, à l'instar de l'homme de métier pour les brevets d'invention, du consommateur d'attention moyenne en matière de marques ou, hier, du

pas concevable sans le préalable de la nouveauté ; V. encore, N. Binctin, *L'apparence en droit des dessins et modèles : le critère du caractère individuel* : *Propr. industr.* 2013, étude 7.

(70) Cass. com., 10 févr. 2015, n° 13-27.225, retenant qu'un modèle peut disposer d'un caractère propre, sans être forcément original : *PIBD* 2015, n° 1026, III, p. 333 ; *Propr. industr.* 2015, comm. 30, obs. J.-P. Gasnier.

(71) Sur ces questions, V. cependant F. Pollaud-Dulian qui maintient que le droit des dessins et modèle ressortit au moins autant au domaine du droit d'auteur qu'à celui de la propriété industrielle, préc., n°s 960 et s., spéc. n° 961.

bon père de famille du Code civil[72]. Bien qu'il ne soit pas véritablement défini, le Livre vert pour la protection des dessins et modèles, qui a servi d'appui pour préparer la directive d'harmonisation en la matière, retenait l'idée selon laquelle : « (...) les spécialistes seraient (...) en mesure de relever des différences qui, compte tenu des contraintes propres à chaque dossier, pourraient présenter une évolution suffisamment créative, même si elles passent inaperçues aux yeux de l'observateur moyen ». La directive n° 98/71 réfère à « l'utilisateur averti », transposé en droit français, celui-ci se fait observateur averti. Le texte français de transposition introduit une nuance regrettable, l'utilisateur est actif, il manipule, il est acteur, là où l'observateur est passif, il examine, il est témoin[73]. Le standard de l'observateur averti situe ce personnage, selon la jurisprudence, à mi-chemin entre l'homme de l'art au sens du droit des brevets et le consommateur d'attention moyenne du droit des marques. Tôt, il a été jugé qu'il s'agissait : « d'un utilisateur doté non d'une attention moyenne mais d'une vigilance particulière, qui résulte soit de son expérience personnelle soit de sa connaissance étendue du secteur considéré »[74]. Tout comme pour l'homme de métier des brevets, il est, en principe, nécessaire de définir ce personnage à l'occasion des contentieux portés à la connaissance du juge[75]. À ce titre, la Cour de justice a eu l'occasion de préciser le degré de compétence et d'attention attendu de l'utilisateur averti :

« Si celui-ci n'est pas le consommateur moyen normalement informé et raisonnablement attentif et avisé qui perçoit habituellement un dessin ou un modèle comme un tout et ne se livre pas à un examen de ses différents détails (...), il n'est pas non plus l'expert ou l'homme de l'art capable d'observer dans le détail les différences minimes susceptibles d'exister entre les modèles ou dessins en conflit. Ainsi, le qualificatif "averti" suggère que, sans être un concepteur ou un expert technique, l'utilisateur connaît différents dessins ou modèles existant dans le secteur concerné, dispose d'un certain degré de connaissance quant aux éléments que ces dessins ou modèles comportent normalement et, du fait de son intérêt pour les produits concernés, fait preuve d'un degré d'attention relativement élevé lorsqu'il les utilise[76]. »

(72) Celui-ci n'a pas survécu à la loi n° 2014-873 du 4 août 2014, publiée au *Journal officiel* du 5 août 2014, qui tend à consacrer « l'égalité réelle entre les femmes et les hommes » : le standard qu'il représentait est désormais fixé par référence au critère du raisonnable.

(73) Il est regrettable que le législateur français ait fait œuvre originale, car parfois l'observateur et l'utilisateur pourraient demain en venir à des conclusions différentes, V. par ex., Trib. UE, 22 juin 2010, aff. T-153/08, définissant l'utilisateur comme « la personne concernée [qui] utilise le produit dans lequel est incorporé le dessin ou modèle en conformité avec la finalité à laquelle ce même produit est destiné ».

(74) TGI Paris, 15 févr. 2002 : *JCP* E 2003, 1291, n° 20. – CA Douai, 11 mars 2004 : *D.* 2005, pan. 1711.

(75) V. CA Paris, 11 janv. 2013 : *PIBD* 2013, 978, III, p. 999 ; *Propr. intell.* 2013, n° 49, p. 437, obs. P. de Candé, observant que la cour a pris soin de définir précisément quelle est la personne de référence en matière d'auvents : « Celui qui connaît les modèles existants dans son secteur d'activité et qui du fait de l'expérience et de l'intérêt qu'il leur porte, fera preuve d'un degré d'attention et de vigilance élevé lorsqu'il les utilise ou les met en œuvre ; il devra dans le cadre de l'appréciation concrète de l'impression globale des modèles tenir compte du degré de liberté du créateur dans l'élaboration du modèle contesté ». Et compte tenu du caractère en partie technique de ces éléments, la cour retient : « L'utilisateur averti sera en l'espèce l'acheteur ou le vendeur d'auvents qui s'intéressent aux abris portant sur des structures légères en toile tendue montées sur des armatures métalliques. Il sait par conséquent que ce type de structure allie des caractéristiques techniques habituelles pour ce genre de construction, lesquelles peuvent être imposées par des normes techniques obligatoires ainsi que des éléments résultant uniquement de la liberté de création ».

(76) CJUE, 20 oct. 2011, aff. C-281/10, *PepsiCo*, V. pt 59 : *Propr. intell.* 2011, n° 41, p. 453, obs. P. de Candé ; au point 53 de cette décision de 2011, se retrouve la définition retenue en France dès 2002 : « Il convient de relever, premièrement, que le règlement n° 6/2002 ne définit pas la notion d'utilisateur averti. Elle doit toutefois être comprise, ainsi que M. l'Avocat général l'a justement relevé aux points 43 et 44 de ses conclusions, comme une notion intermédiaire entre celle de consommateur moyen, applicable en matière de marques, auquel il n'est demandé aucune connaissance spécifique et qui en général n'effectue pas de rapprochement direct entre les marques en conflit, et celle d'homme de l'art, expert doté de compétences techniques approfondies. Ainsi, la notion d'utilisateur averti peut s'entendre comme désignant un utilisateur doté

Dans cette affaire, relative à des *pogs*, objets de communication commerciale utilisés par les professionnels, mais à destination d'enfants, la Cour a retenu que l'utilisateur averti pouvait concerner deux types de catégories :

« (...) C'est bien cette notion intermédiaire qui a été retenue par le Tribunal au point 62 de l'arrêt attaqué. Cela est d'ailleurs illustré par la conclusion qu'il en a tirée au point 64 de l'arrêt attaqué, en identifiant l'utilisateur averti pertinent en l'espèce comme pouvant être un enfant âgé de cinq à dix ans environ ou un directeur du marketing d'une société fabriquant des produits dont la promotion est assurée en offrant des "pogs", des "rappers" ou des "tazos"(77). »

Dans une autre affaire, à la motivation voisine, il est encore retenu par la Cour de justice qu'il est possible de faire référence au souvenir que peut avoir l'utilisateur averti(78). Bien que cela puisse paraître étonnant, le Tribunal de l'Union européenne a retenu qu'il était possible de tenir compte d'éléments extérieurs au dépôt, dans la mesure où :

« En matière de dessins et modèles, la personne qui procède à la comparaison est un utilisateur averti (...) ; il n'était pas erroné de prendre en compte, lors de l'évaluation de l'impression globale des dessins ou modèles en cause, les produits effectivement commercialisés et correspondant à ces dessins et modèles(79). »

Cette motivation avait déjà été utilisée par la Cour de justice, qui précisait alors :

« En toute hypothèse, il résulte de l'utilisation du verbe "confirmer" au point 83 de l'arrêt attaqué que le Tribunal a en réalité fondé ses appréciations sur les modèles ou dessins en conflit tels que décrits et représentés dans les demandes d'enregistrement respectives, de sorte que la comparaison des produits réels a été utilisée seulement à titre illustratif pour confirmer les conclusions déjà tirées et ne saurait être considérée comme représentant le fondement de la motivation de l'arrêt attaqué(80). »

551. – **L'observateur averti et la « spécialité » du domaine concerné.** Le principe de spécialité est habituellement utilisé dans le domaine des signes distinctifs (et plus particulièrement pour la marque). Il peut paraître discutable de le voir solliciter dans un domaine où, en principe, la création n'est pas limitée à un secteur donné : l'œuvre (protégée par droit d'auteur ou par la protection spécifique des dessins et modèles) est protégée, quel que soit le domaine dans lequel elle a vocation à être employée (un dessin protégé permettra à son créateur et/ou son titulaire d'agir en contrefaçon, qu'il soit utilisé pour des foulards, des parapluies, des chaussures ou des housses d'ordinateur)(81). Néanmoins, en raison du recours à la notion d'observateur ou d'utilisateur averti, la jurisprudence a eu tendance à se concentrer

non d'une attention moyenne mais d'une vigilance particulière, que ce soit en raison de son expérience personnelle ou de sa connaissance étendue du secteur considéré ». – CJUE, 18 oct. 2012, aff. C-101/11 P et C-102/11, *Herbert Neuman, Andoni Galdeano del Sel*, sur un petit personnage stylisé, un plutôt neutre et l'autre plutôt en colère, définition de l'utilisateur averti, pt 53. – V. encore Trib. UE, 7 nov. 2013, aff. T-666/11 et Trib. UE, 12 mars 2014, aff. T-135/12.

(77) CJUE, 20 oct. 2011, préc., pt 54.

(78) CJUE, 18 oct. 2012, préc., pt 57 : « Il s'ensuit que, lors de la comparaison de la marque antérieure et du dessin ou modèle contesté, le Tribunal n'a pas commis d'erreur de droit en ayant fondé son raisonnement, aux points 22 et 23 de l'arrêt attaqué, sur le souvenir imparfait de l'impression globale produite par les deux silhouettes que l'utilisateur averti conserve en mémoire ». Ce souvenir imparfait a permis de considérer que, pour l'utilisateur averti, à savoir ici des jeunes ou des enfants achetant habituellement des tee-shirts, casquettes et autocollants, le dessin communautaire enregistré (en 2005) ne produirait pas sur lui une impression globale différente.

(79) Trib. UE, 12 mars 2014, aff. T-315/12, *Tubes Radiatori* : *Propr. intell.* 2014, n° 53, p. 464, obs. P. de Candé. – V. déjà, CJUE, 20 oct. 2011, *PepsiCo*, préc., pt 73.

(80) CJUE, 20 oct. 2011, pt 74.

(81) OHMI, 3e ch. recours, 20 mars 2014, aff. R-2182/2012-3 : *Propr. intell.* 2014, n° 53, p. 454, obs. P. de Candé.

sur le secteur concerné par le dessin ou modèle étudié, compte tenu de sa nature. Ainsi, par exemple, le Tribunal de l'Union a retenu que : « La qualité "d'utilisateur" implique que la personne concernée utilise le produit dans lequel est incorporé le dessin ou le modèle en conformité avec la finalité à laquelle ce produit est destiné » et il convient donc de « tenir compte de la nature du produit auquel le dessin ou le modèle s'applique ou dans lequel celui-ci est intégré et notamment du secteur industriel dont il relève »[82]. Il précise encore :

> « Même à supposer que, comme le soutient le requérant, les différences entre les dessins ou modèles en conflit puissent être considérées comme faibles, elles seront facilement perçues par l'utilisateur averti. À cet égard, il y a lieu de rappeler que, lors de l'appréciation du caractère individuel d'un dessin ou modèle, il convient de tenir compte de la nature du produit auquel le dessin ou modèle s'applique ou dans lequel celui-ci est intégré et, notamment, du secteur industriel dont il relève (...). En l'espèce, s'agissant des cadrans de montres, partie de cadrans de montres et aiguilles de cadrans, il y a lieu de considérer qu'ils sont destinés à être portés de manière visible au poignet et que l'utilisateur averti prêtera une attention particulière à leur apparence. En effet, il les examinera attentivement et sera donc en mesure de percevoir, (...), que les dessins ou modèles antérieurs produisent une plus large combinaison de couleurs que le dessin ou modèle contesté et, contrairement à celui-ci, une variation de l'intensité des couleurs. Étant donné l'importance de l'apparence desdits produits pour l'utilisateur averti, ces différences, même à les supposer faibles, ne seront pas considérées comme anodines par celui-ci[83]. »

B. – L'état de l'art antérieur, terme de comparaison

552. – **Le patrimoine des dessins et modèles.** Comment apprécier les différents éléments composant l'état de l'art antérieur ? Faut-il se référer à une impression d'ensemble retirée par l'observateur averti (l'utilisateur averti) d'un ensemble diffus (confus), ou faut-il comparer l'existant d'alors (répertorié) et le dessin ou modèle étudié ? À ce titre, le considérant 13 de la directive n° 98/71 se réfère à cette notion de « patrimoine » des dessins et modèles :

> « L'appréciation du caractère individuel d'un dessin ou modèle devrait consister à déterminer s'il existe une différence claire entre l'impression globale qu'il produit sur un utilisateur averti qui le regarde et celle produite sur lui par le patrimoine des dessins ou modèles, compte tenu de la nature du produit auquel le dessin ou modèle s'applique ou dans lequel celui-ci est incorporé et, notamment le secteur industriel dont il relève et du degré de liberté du créateur dans l'élaboration du dessin ou modèle ».

La notion de patrimoine renvoie à un effet d'ensemble[84] et pouvait par conséquent laisser supposer qu'il était possible de se faire une idée générale de ce que l'observateur averti a pu connaître. Le Livre vert, de son côté, faisait référence à l'impression de « déjà vu » pour estimer qu'en ce cas, il ne pouvait y avoir de caractère propre[85]. La jurisprudence communautaire n'est cependant pas en ce sens et

(82) Trib. UE, 6 juin 2013, aff. T-68/11, pts 58 et 59 : *PIBD* 2013, n° 994, III, p. 1573. – Trib. UE, 22 juin 2010, aff. T-153/08 : *Rec. Trib. UE* 2010, II, 2517, pt 46 ; *Propr. industr.* oct. 2010, comm. 67, obs. J.-P. Gasnier : pour un équipement de communication, retenant au point 43 qu'il faut tenir compte de la nature du produit auquel le dessin et modèle s'applique ainsi que du secteur industriel dont il relève et rappelle le sens du qualificatif « averti » au point 47.

(83) Trib. UE, 6 juin 2013, pt 62.

(84) Ainsi, le dictionnaire *Le Petit Larousse* définit le patrimoine, *patrimonium* issu du mot *pater*, comme un : « ensemble de biens hérités du père et de la mère ; bien, héritage commun d'une collectivité, d'un groupe humain ».

(85) OHMI, 3e ch. recours, 10 oct. 2014, aff. R-1272/2013-3, préc., pt 62.

la Cour de justice a pu retenir que l'appréciation du caractère individuel devait être plus précise :

« Le caractère individuel d'un dessin ou modèle en vue de l'octroi d'une protection au titre du règlement doit être apprécié par rapport à un ou plusieurs dessins ou modèles précis, individualisés, déterminés et identifiés parmi l'ensemble des dessins ou modèles divulgués au public antérieurement. Par conséquent, cette appréciation ne peut pas se faire en référence à une combinaison d'éléments spécifiques et isolés, tirés de plusieurs dessins ou modèles antérieurs[86]. »

La Cour de justice énonce encore :

« En tout état de cause, il y a lieu de constater que, si le considérant 14 du règlement n° 6/2002 se réfère à l'impression produite sur un utilisateur averti par le "patrimoine des dessins ou modèles", ces termes ne figurent dans aucune disposition de ce règlement » (pt 32).

Elle conclut :

« Dans ces conditions, il y a lieu de répondre à la première question que l'article 6 du règlement n° 6/2002 doit être interprété en ce sens que, pour qu'un dessin ou modèle puisse être considéré comme présentant un caractère individuel, l'impression globale que ce dessin ou modèle produit sur l'utilisateur averti doit être différente de celle produite sur un tel utilisateur non pas par une combinaison d'éléments isolés, tirés de plusieurs dessins ou modèles antérieurs, mais par un ou plusieurs dessins ou modèles antérieurs, pris individuellement » (pt 35).

La notion de « patrimoine » des dessins et modèles paraît donc avoir été délaissée au profit d'une recherche de références précisément identifiées.

553. – **Degré de liberté du créateur. Contraintes techniques.** L'article L. 511-4 précité du Code de la propriété intellectuelle prévient :

« Pour l'appréciation du caractère propre, il est tenu compte de la liberté laissée au créateur dans la réalisation du dessin ou modèle. »

Ainsi, s'agissant d'un modèle de rasoirs, il ne sera pas tenu compte, pour l'appréciation du caractère propre, de la présence des lames et du manche, car techniquement, le créateur est obligé de les introduire dans le produit[87]. La jurisprudence du Tribunal de l'Union éclaire l'interprète :

« Plus la liberté du créateur dans l'élaboration d'un dessin ou modèle est grande, moins des différences mineures entre les dessins ou modèles en conflit suffisent à produire des impressions globales différentes sur l'utilisateur averti. À l'inverse, plus la liberté du créateur dans l'élaboration d'un dessin ou modèle est restreinte, plus les différences mineures entre les dessins ou modèles en conflit suffisent à produire des impressions globales différentes sur l'utilisateur averti[88]. »

554. – **Degré de liberté du créateur. Contraintes liées à la mode.** Il a parfois été avancé que le créateur serait soumis à des contraintes liées à la mode, au marketing qui réduirait d'autant sa liberté de création. Ce type de contraintes n'est

(86) CJUE, Communiqué de presse n° 88/14, Luxembourg, 19 juin 2014, à propos de l'arrêt CJUE, 19 juin 2014, aff. C-345/13 : *Propr. intell.* 2014, n° 53, p. 460, obs. P. de Candé (à propos d'un dessin et modèle communautaire non enregistré dont les conditions de protection sont identiques au modèle enregistré) ; V. arrêt, pt 25 ; V. sur les concl. av. gén., 2 avr. 2014 : *Propr. industr.* 2014, comm. 51, obs. L. Marino.

(87) CA Paris, 15 févr. 2002 : *JCP E* 2003, 1291, n° 9 : « La combinaison du modèle de rasoir en cause confère à l'ensemble un caractère propre dès lors que s'en dégage une impression globale qui lui permet de se démarquer d'autres rasoirs du même type ».

(88) V. not. Trib. UE, 9 sept. 2011, aff. T-11/08. – Trib. UE, 25 avr. 2013, aff. T-80/10 : *Propr. intell.* 2013, n° 49, p. 455, obs. P. de Candé ; *Propr. industr.* 2013, comm. 53, obs. J.-P. Gasnier. – Trib. UE, 4 févr. 2014, aff. T-339/12.

néanmoins pas retenu, jusqu'à présent, comme un élément pertinent qui influencerait sur l'appréciation du caractère propre[(89)]. En effet, si les contraintes pertinentes peuvent relever des caractéristiques imposées par des contraintes techniques ou encore par des prescriptions légales, il n'en va pas de même d'une « tendance générale en matière de *design* ». Il reste que la saturation de l'état de l'art peut avoir un impact sur l'appréciation de l'utilisateur averti. À ce titre, dans le secteur des radiateurs où il existe de très nombreuses formes, le Tribunal a pu retenir :

> « [qu'] il n'en reste pas moins qu'une saturation de l'état de l'art, si elle ne saurait être considérée comme limitant la liberté du créateur, peut être de nature, lorsqu'elle est avérée, à rendre l'utilisateur averti plus sensible aux différences de détail des dessins ou modèles en cause avec pour conséquence qu'un dessin ou modèle peut, du fait d'une saturation de l'état de l'art avoir un caractère individuel du fait de caractéristiques qui, en l'absence d'une telle saturation, ne seraient pas susceptibles de susciter une différence d'impression globale sur l'utilisateur averti »[(90)].

Concrètement, en dépit de différences parfois minimes, s'il est démontré que l'état de l'art est saturé, le caractère propre peut être retenu. Dans cette affaire, le tribunal reprend encore la motivation de l'arrêt *PepsiCo* pour expliquer qu'il était possible, pour apprécier la validité d'un modèle, de ne pas s'arrêter aux représentations figurant au dépôt mais de tenir compte de pièces commercialisées :

> « La personne qui procède à la comparaison est un utilisateur averti (...) ; il n'était pas erroné de prendre en compte, lors de l'évaluation de l'impression globale des dessins et modèles en cause, les produits effectivement commercialisés et correspondant à ces dessins et modèles[(91)]. »

C. – L'impression visuelle d'ensemble, rapport de comparaison à l'état de l'art antérieur

555. – **L'impression globale ou visuelle d'ensemble qui diffère.** Tandis que l'article L. 511-4 du Code de la propriété intellectuelle énonce que le caractère propre du dessin ou du modèle existe lorsque « l'impression visuelle d'ensemble qu'il suscite chez l'observateur averti diffère (...) », l'article 6 du règlement n° 6/2002 (tout comme l'article 5 de la directive n° 98/71) dispose que le caractère individuel suppose que « l'impression globale qu'il produit sur l'utilisateur averti diffère (...) ». On constate qu'il n'y a pas, dans ce dernier texte, de référence à la perception visuelle, alors même que pour définir l'étendue du droit, ces textes communautaires indiquent que : « La protection conférée par le dessin ou modèle (communautaire) s'étend à tout dessin ou modèle qui ne produit pas sur l'utilisateur averti une impression visuelle globale différente » (Dir. n° 98/71, art. 9.1 et Règl. n° 6/2002, art. 10.1). La transposition en France de la directive n'a donc pas été réalisée à l'identique et il est possible de se demander si la formulation des textes de l'Union ne conduit pas à aller au-delà de la simple perception visuelle, invitant l'utilisateur ou l'observateur averti à considérer d'autres éléments que ceux exclusivement percep-

(89) Trib. UE, 12 mars 2014, aff. T-315/12, *Tubes Radiatori Srl* : *Propr. intell.* 2014, n° 53, p. 464, obs. P. de Candé.
(90) Trib. UE, 12 mars 2014, préc., pt 82 et s., plus spéc. pt 87. – V. OHMI, 3e ch. recours, 10 oct. 2014, aff. R-1272/2013-3 : *Propr. intell.* 2015, n° 57, p. 469, obs. P. de Candé, suivant le tribunal, précisant qu'il appartient à la personne qui invoque la saturation de l'état de l'art de la démontrer et considère qu'en l'espèce, cela n'a pas été prouvé. Cette décision fait état de l'impression de « déjà vu ».
(91) Trib. UE, 12 mars 2014, préc.

tibles à la vue[92]. En ce sens, cette différence de formulation semble avoir conduit au niveau communautaire l'OHMI ou le Tribunal de l'Union à prendre en compte des éléments non visuels, tels que le confort ou l'usage du modèle concerné[93].

556. – **Les conditions requises pour une pièce d'un produit complexe.** L'article L. 511-5 du Code de la propriété intellectuelle précise, outre la nécessité que la pièce, une fois incorporée dans le produit complexe, soit visible pour l'utilisateur final, qu'elle doit également répondre aux conditions de nouveauté et de caractère propre.

(92) V. *JCl. Marques-Dessins et Modèles*, Fasc. 3230, P. de Candé, spéc. nos 29 et 30, citant notamment une décision qui, en matière de droit d'auteur, a pris en compte des caractéristiques non visuelles (poids, rugosité, effet moiré, etc.), CA Paris, 8 oct. 2010, n° 09/15338 : *Propr. intell.* 2011, n° 41, p. 432, obs. P. de Candé.

(93) OHMI, 3e ch. recours, 19 févr. 2013, aff. R-650/2012-3, sur la courbe d'une poignée pour un outil de massage, ayant un impact pour l'utilisateur au regard de la facilité à le manier : *Propr. intell.* 2013, n° 49, p. 454, obs. P. de Candé. – V. encore Trib. UE, 4 févr. 2014, aff. T-339/12 : *Propr. intell.* 2014, n° 53, p. 464, obs. P. de Candé, le tribunal, à propos de la forme de fauteuils, retenant que la structure et l'impression globale produite sont différentes, notamment parce que l'utilisateur les percevra comme susceptibles d'influencer la manière dont il sera assis et le confort différent qu'il pourra ressentir.

C H A P I T R E 2

LE FAIT GÉNÉRATEUR DU DROIT DES DESSINS ET MODÈLES

557. – **Plan.** La protection spécifique du droit des dessins ou modèles naît du dépôt d'une demande d'enregistrement, constitutif du droit depuis l'ordonnance n° 2001-670 du 25 juillet 2001. Nous préciserons le rôle de la demande d'enregistrement (Section 1) avant d'en étudier le contenu (Section 2), puis d'évoquer le traitement de la demande, dont résulte la délivrance du titre (Section 3). Nous privilégierons le régime actuel issu de l'ordonnance de 2001.

S E C T I O N 1

LE RÔLE DE LA DEMANDE D'ENREGISTREMENT DE DESSINS ET MODÈLES

558. – **Nécessité d'un dépôt : le droit sur le dessin ou modèle naît du dépôt d'une demande.** L'article L. 511-9 du Code de la propriété intellectuelle énonce désormais : « La protection du dessin ou du modèle conférée par les dispositions du présent livre s'acquiert par l'enregistrement ». Le dépôt de la demande d'enregistrement est donc constitutif du droit, comme en matière de brevets d'invention et de marque[1]. La situation était boiteuse sous le régime antérieur (loi de 1909) qui faisait du dépôt un acte déclaratif d'un droit né antérieurement de la création : le régime spécifique des dessins et modèles prenait en quelque sorte appui sur le droit d'auteur préexistant dont il s'agissait de confirmer objectivement l'existence. Mais l'industrie a besoin de dépôts et de registres pour sa sécurité juridique[2]. Désormais, le droit sur le dessin ou modèle naît du dépôt d'une demande. Le dépôt participe, là encore, d'un acte juridique unilatéral générateur d'un droit de propriété sur l'objet revendiqué. Il en va de même du titre communautaire[3], sauf à considérer le régime

(1) V. F. et P. Greffe : *JCl. Marques-Dessins et Modèles*, Fasc. 3300, spéc. n°s 33 et s.

(2) Les conditions de fond de la protection prévue par le régime spécifique devaient en bonne logique être appréciées au jour de la création.

(3) V Règl. n° 6/2002, art. 1er.

atypique du dessin et modèle communautaire non enregistré, organisé par le règlement n° 6/2002 (V. *infra*, n° 564).

559. – **Intérêt du dépôt de dessins et modèles.** Seul le dépôt fait naître le droit privatif au titre du régime spécial du Livre V du Code de la propriété intellectuelle. Le dépôt crée une présomption de validité du titre ainsi qu'une présomption de titularité (CPI, art. L. 511-9). Les mêmes principes gouvernent au dessin et modèle communautaire, au bénéfice du régime spécifique au dessin et modèle communautaire non enregistré. Le règlement n° 6/2002 énonce, à son article 1er, qu'un dessin ou modèle communautaire est protégé : « *a)* en qualité de dessin ou modèle communautaire non enregistré, s'il est divulgué au public selon les modalités prévues par le présent règlement[4] ; *b)* en qualité de dessin ou modèle communautaire enregistré, s'il est enregistré selon les modalités prévues par le présent règlement ». Le dessin et modèle communautaire non enregistré ne donnant pas lieu, par hypothèse, à des formalités d'enregistrement, son régime fait figure d'intrus dans le monde des droits industriels.

560. – **Qui a le droit de déposer ? Présomption. Droit au titre. Renvoi.** L'auteur de la demande d'enregistrement est, sauf preuve contraire, regardé comme le bénéficiaire de la protection (CPI, art. L. 511-9, al. 2). Le déposant est réputé être la personne qui détient les droits légitimes sur le dessin ou modèle, objet de la demande d'enregistrement. L'article 17 du règlement n° 6/2002 énonce explicitement :

> « La personne au nom de laquelle le dessin ou modèle communautaire est enregistré ou, avant l'enregistrement, la personne au nom de laquelle la demande d'enregistrement (...) est réputée être la personne possédant la titularité du droit dans toute procédure auprès de l'Office ainsi que dans toute autre procédure ».

Par conséquent, seul le *verus dominus*, sujet du droit, a qualité pour opérer le dépôt ; un dépôt réalisé en fraude de ses droits pourra donner lieu à une action en revendication, voire en nullité : c'est le débat au *fond*, qui renvoie à l'étude du titulaire du droit, sujet du droit de dessin ou modèle. Mais le déposant, quel qu'il soit, est réputé être titulaire des droits pour agir en contrefaçon : c'est une *présomption*, utile pour exercer l'action en contrefaçon, mais qui ne purge pas le débat de fond au cas de contestation.

561. – **Qui peut matériellement déposer ?** Le titulaire du dessin ou modèle pourra accomplir la formalité de dépôt lui-même, ou le faire réaliser par un « mandataire ayant son domicile, son siège social ou son établissement dans un État membre de l'Union européenne ou dans un État partie à l'accord sur l'Espace économique européen »[5]. La profession de *conseil en propriété industrielle* est une profession réglementée[6] dont les membres assurent en droit français une fonction de représentation pour le dépôt et tout acte relatif à la procédure de délivrance, à l'exception du simple paiement des redevances et déclaration de prorogation[7]. Le mandataire constitué qui n'aurait pas son domicile ou siège dans un État membre de la Communauté européenne ou dans un État partie à l'accord sur l'Espace économique

(4) Sur la divulgation des dessins et modèles communautaires non enregistrés, V. *infra*, n° 564.
(5) V. CPI, art. R. 512-2, issu du décret n° 2014-650 du 20 juin 2014.
(6) V. CPI, art. L. 422-1 et s.
(7) CPI, art. R. 511-2, al. 2.

européen doit constituer auprès de l'INPI un mandataire domicilié dans un de ces États pour le dépôt de leur titre[8]. Lorsque le mandataire n'a pas la qualité de conseil en propriété industrielle ou d'avocat, il doit joindre un pouvoir spécial[9]. Enfin, lorsque plusieurs personnes déposent un dessin ou modèle, pour des raisons de simplicité (et peut-être, aussi, de coût pour l'INPI qui se contentera d'un seul interlocuteur), il est nécessaire de désigner un mandataire, qui peut être l'un d'eux[10].

562. – **Quand faut-il déposer ?** Sous l'empire de la loi de 1909, la divulgation réalisée par le créateur antérieurement au dépôt ne détruisait pas la nouveauté, le dépôt pouvait intervenir au bon vouloir du créateur ou de son ayant droit. Désormais, l'« autodivulgation » anéantit la nouveauté, sauf à ce que la date du dépôt de la demande ou la date de priorité intervienne dans un délai de douze mois, en sorte de délai de grâce (CPI, art. L. 511-6 – V. *supra*, n° 546)[11]. L'ordonnance précitée a prévu des dispositions transitoires, la divulgation du fait du créateur ou de son ayant droit accomplie avant le 1er octobre 2001 n'est pas prise en compte. Lorsque le déposant entend bénéficier d'un droit de priorité, le dépôt devra être réalisé dans un délai de six mois à compter du dépôt « pilotis » dont la priorité est revendiquée[12]. On prendra garde de ne pas confondre le délai de priorité avec le délai de grâce (de douze mois).

563. – **Où faut-il déposer ?** Il s'agit là d'une question de stratégie commerciale. Le déposant choisira les territoires qui l'intéressent, notamment pour procéder aux extensions dans la période de priorité, en identifiant les pays et/ou région pour lesquels il entend disposer d'un monopole d'exploitation. La demande de dessins ou modèles française ne vaudra que pour le territoire français et sera déposée auprès de l'INPI[13]. La demande d'un titre communautaire sera déposée soit auprès de l'INPI, qui transmet à l'office qui gère ces titres, soit auprès de l'OHMI (Office de l'Union européenne pour la propriété intellectuelle – V. *supra*, n° 523) ou enfin auprès de l'OMPI (Organisation mondiale de la propriété intellectuelle, située à Genève, Suisse) qui, par le biais des conventions internationales en matière de dessins ou modèles, centralise les demandes d'enregistrement pour les États qui y ont adhéré. Enfin, lorsque le dépôt concerne un État qui n'a pas adhéré à ces conventions, il est nécessaire de passer par un enregistrement national, souvent par l'intermédiaire d'un conseil en propriété industrielle local.

564. – **En l'absence de dépôt : le dessin ou modèle communautaire non enregistré (DMCNE).** Institué par le règlement n° 6/2002, ce nouveau régime constitue un « intrus » dans le monde de la propriété industrielle, puisqu'il n'exige aucun

(8) CPI, art. R. 511-2, al. 3.
(9) CPI, art. R. 511-2.
(10) CPI, art. R. 511-2.
(11) Dir. n° 98/71, art. 6.2 et Règl. n° 6/2002, art. 7.2.
(12) CPI, art. R. 512-5, exigeant alors d'adresser à l'INPI, dans les trois mois du dépôt en France une copie officielle du dépôt antérieur ; à défaut, la revendication du droit de priorité est déclarée irrecevable.
(13) L'article L. 512-1 du Code de la propriété intellectuelle, qui paraît toujours en vigueur, cite encore la possibilité pour les déposants qui ont leur domicile ou leur siège social en France mais hors de Paris de déposer auprès des greffes des tribunaux de commerce. Or, l'article R. 512-1 du Code de la propriété intellectuelle, tel que modifié par le décret n° 2014-650 du 20 juin 2014, ne mentionne plus que l'INPI pour recevoir les demandes d'enregistrement de dessins ou modèles.

enregistrement, et répond aux mêmes conditions de fond que le dessin et modèle communautaire enregistré(14). Le modèle sera protégé dès la première divulgation au public sur le territoire d'un des États membres de l'Union européenne (Règl. n° 6/2002, art. 11, § 1). Le droit naît d'un fait juridique (la divulgation), non d'un acte juridique comme l'est le dépôt. La divulgation doit intervenir sur le territoire de la Communauté afin d'éviter que des professionnels tiers à l'Union européenne ne puissent y invoquer ce droit. D'évidence, celui qui veut se prévaloir de ce régime devra apporter la preuve de la date et du lieu de divulgation, qu'il prendra soin de préconstituer. Le DMCNE ne devrait guère présenter d'utilité pour le professionnel français qui, à raison du principe du cumul de protection, peut faire appel au droit d'auteur pour protéger les formes apparentes de ses produits, sous condition d'originalité, sauf à observer que le DMCNE est un droit d'assiette communautaire(15). Émancipé de toute exigence de dépôt, le DMCNE se rapproche du droit d'auteur, soumis à une exigence objective de nouveauté, il s'en éloigne. On voit les difficultés à aménager un tel système : l'antériorité destructrice de nouveauté sera appréciée en regard de la date de divulgation. Dans un régime fondé sur des critères objectifs, nous pensons encore que, divulgué une première fois hors espace européen, le titre ne devrait plus pouvoir bénéficier de ce régime au bénéfice d'une seconde divulgation communautaire : comme l'honneur, et les allumettes, la divulgation ne sert qu'une fois(16) (sur le contenu du rapport de droit institué par ce régime, V. *infra*, n° 596).

SECTION 2

LE CONTENU DE LA DEMANDE DE DESSINS ET MODÈLES

565. – Réception de la demande d'enregistrement à l'INPI. Lorsque la demande d'enregistrement est déposée, l'INPI lui attribue un numéro, soit directement (en cas de dépôt à l'INPI) ou ultérieurement (à réception de la demande), qui

(14) V. V. Scordamaglia, *Un nouveau venu dans le monde de la propriété intellectuelle : le dessin ou modèle communautaire non enregistré : Propr. industr.* 2002, chron. 1. – P. de Candé, *Le dessin et modèle communautaire non enregistré : un oublié des praticiens français : Propr. industr.* 2008, étude 21 ; l'article 85.2 du règlement n° 6/2002 impose à toute partie qui invoque un dessin ou modèle communautaire non enregistré devant un tribunal des dessins ou modèles communautaires, de rapporter « la preuve que les conditions prévues à l'article 11 sont remplies ». La Cour de justice de l'Union européenne, dans son arrêt *Karen Millen Fashions*, a cependant jugé que « le titulaire de ce dessin ou modèle n'est pas tenu de prouver que celui-ci présente un caractère individuel au sens de l'article 6 de ce règlement, mais doit uniquement indiquer en quoi ledit dessin ou modèle présente un tel caractère, c'est-à-dire identifier le ou les éléments du dessin ou modèle concerné qui, selon ce titulaire, lui confèrent ce caractère » (CJUE, 19 juin 2014, aff. C-345/13, préc., pt 47), ce qui suggère un allègement de la charge de la preuve pour ce régime particulier.

(15) Le droit d'auteur naît dès la création de l'œuvre (CPI, art. L. 111-1) ; le droit d'auteur appartient au seul créateur de l'œuvre ; en l'absence, en principe, de toute inscription du titre, la qualité d'auteur est présumée attachée à celui sous le nom de qui l'œuvre est publiée (CPI, art. L. 113-1).

(16) La notion de divulgation est connue du droit d'auteur, qui évoque un droit de divulgation (au titre du droit moral, CPI, art. L. 121-2) ou en tant que preuve de la qualité d'auteur (CPI, art. L. 113-1), mais la discussion est de la même souche : l'acte de divulgation qui produit un effet juridique peut-il être répété ou non ? On évoque « l'épuisement du droit de divulgation ». Si la question peut être discutée dans la logique du droit d'auteur, elle nous semble devoir recevoir une réponse négative dans une logique qui fonde la protection sur un critère objectif : V. A. Françon, *L'auteur d'une œuvre de l'esprit épuise-t-il son droit de divulgation par le premier usage qu'il en fait ? : GRUR-Int.* 1973, vol. 6-7, p. 264. – J. Raynard, *Le tiers au pays du droit d'auteur : JCP G* 1999, I, 138, spéc. n° 8. – Ch. Caron, *Droit d'auteur et droits voisins*, préc., n° 261.

doit être rappelé dans toutes les communications[17]. La date de dépôt est celle de la réception de la demande au siège de l'INPI. Il est ensuite remis un récépissé de la demande.

566. – **Les éléments exigés, dépôt domestique, dépôt communautaire.** L'article L. 512-2 du Code de la propriété intellectuelle prévoit que la demande d'enregistrement doit comporter, à peine d'irrecevabilité, l'identification du déposant ainsi qu'une reproduction du dessin ou modèle dont la protection est réclamée. Au cas d'irrégularité, l'office informe le déposant. Il est encore prévu un dépôt simplifié, pour les industries qui renouvellent fréquemment la forme et le décor de leurs produits. L'article R. 512-3 du Code de la propriété intellectuelle précise que, lorsque le dépôt concerne plusieurs dessins et modèles (comme cela est possible en la matière, jusqu'à une centaine), les produits dans lesquels ils sont destinés à être incorporés doivent relever d'une même classe, au sens de la classification internationale de Locarno[18]. Le même article énonce les éléments que doit comporter la demande d'enregistrement :

« Le dépôt comprend : 1° Une demande d'enregistrement[19] (...) précisant notamment : *a)* L'identifiant du déposant ; *b)* Le nombre des dessins ou modèles concernés ; *c)* le nombre total des reproductions graphiques ou photographiques incluses dans le dépôt, lequel ne peut porter sur plus de cent reproductions ; *d)* Le nombre de reproductions qui se rapportent à chacun des dessins ou modèles identifié ; *e)* La désignation usuelle du produit dans lequel le dessin ou modèle est destiné à être incorporé ou auquel il est destiné à être appliqué ; *f)* Le cas échéant, l'indication (...) d'un droit de priorité (...)[20] ; 2° Une reproduction graphique ou photographique des dessins ou modèles (...) sur un seul objet, à l'exclusion de tout autre objet, accessoire, personne ou animal. Les reproductions peuvent être accompagnées d'une brève description, établie exclusivement à des fins documentaires[21]. (...) ; 3° La justification du paiement des redevances prescrites[22] (...). »

Il peut être joint des échantillons. Le déposant peut obtenir à ses frais, jusqu'à la publication au *BOPI*, une copie des éléments qui composent son dossier. Par ailleurs, il est possible de solliciter l'ajournement de la publication, pendant trois ans maximum[23]. Pour les dessins ou modèles français, l'ajournement de la publication ne peut porter que sur l'ensemble du dépôt[24]. Des éléments similaires sont exigés à l'article 36 du règlement n° 6/2002, relatif aux dessins et modèles communautaires[25]. La demande de dessin et modèle communautaire peut revêtir deux

(17) CPI, art. R. 512-7.

(18) Sauf en cas de dépôt simplifié et lorsque le dépôt porte sur des ornementations (D. n° 2007-280, 1er juill. 2007 ; V. Règl. n° 6/2002, art. 37, sur les demandes multiples et l'obligation notamment de ne concerner qu'une même classe de la classification de Locarno, sauf ornementation là aussi. Il y a trente-deux classes plus une classe 99, « Divers ».

(19) V. CPI, art. R. 514-5, tel que modifié par D. n° 2014-650, 20 juin 2014.

(20) L'article 44 du règlement n° 6/2002 prévoit une « priorité d'exposition ».

(21) Cette description n'a aucune valeur juridique ; CA Paris, 4 avr. 1991 : *Ann. propr. ind.* 1992, p. 340 ; *RTD com.* 1993, p. 506, obs. J. Azéma.

(22) Au 1er juillet 2015, le dépôt du dossier de demande d'enregistrement auprès de l'INPI coûte 39 €, accompagné d'un supplément par reproduction en noir et blanc de 23 € ou 47 € en couleur : la taxe de dépôt et la taxe de publication.

(23) CPI, art. R. 512-10.

(24) CPI, art. R. 512-10.

(25) Trois types de taxes s'appliquent à une demande d'enregistrement de dessin ou modèle communautaire : la taxe d'enregistrement (230 € ; taxe supplémentaire pour chaque dessin ou modèle du deuxième au dixième : 115 € ; au-delà, 50 €), la taxe de publication (120 € ; publication supplémentaire pour chaque dessin ou modèle supplémentaire, de deux à dix : 60 € et au-delà, 30 €), sachant que la taxe d'enregistrement et la taxe de publication doivent être payées en même temps lors du dépôt, et la taxe d'ajournement (40 €, avec une taxe supplémentaire d'ajournement pour chaque

formes : la demande simple concerne la requête en enregistrement d'un dessin ou modèle ; la demande multiple concerne une requête en enregistrement de plusieurs dessins et modèles, dans une seule demande, sans limite supérieure du nombre de dessins ou modèles demandés (à la différence du dépôt français où la centaine est un maximum). Dans la demande d'enregistrement, il est possible de mentionner le nom du ou des créateurs ou de l'équipe de créateurs ; à défaut, il est nécessaire de joindre une déclaration signée par le demandeur attestant que le ou les créateurs ont renoncé au droit d'être désigné(s). On observera, toutefois, que ce point n'est pas soumis à examen. Il est également possible de solliciter lors du dépôt l'ajournement de la publication du dessin ou modèle pendant un délai de trente mois à compter de la date de dépôt de la demande ou de la date de priorité (il faut qu'il y ait au moins un dessin ou modèle dont la publication est ajournée). Le dépôt de spécimen est possible si le dessin ou modèle est bidimensionnel et si la publication a été ajournée ; il doit être fourni en cinq exemplaires. La demande d'enregistrement d'un dessin ou modèle communautaire à laquelle une date de dépôt a été accordée se voit reconnaître la valeur d'un dépôt national régulier (Règl. n° 6/2002, art. 39).

567. – **Langue utilisée pour le dépôt du dessin ou modèle communautaire.** La demande est déposée dans une des langues officielles de la Communauté (langue de dépôt) et le déposant doit également indiquer une deuxième langue choisie parmi les cinq langues de l'OHMI (allemand, anglais, espagnol, français, italien). Au cours de la procédure d'examen, la langue utilisée dans les communications écrites de l'office est la langue de dépôt. Cependant, si le dépôt a été fait dans une langue autre que celles de l'office, celui-ci peut alors adresser des communications écrites au demandeur dans la deuxième langue choisie.

568. – **Demande d'un dépôt simplifié.** En cas de dépôt simplifié[26], l'article R. 512-4 du Code de la propriété intellectuelle énonce que, jusqu'à la renonciation à l'ajournement de la publication (qui doit intervenir au plus tard six mois avant l'expiration du délai de trois ans, CPI, art. R. 512-11), les reproductions graphiques ou photographiques des dessins ou modèles ne sont pas soumises aux exigences de présentation ci-dessus évoquées et le dépôt est alors soumis à la justification d'une redevance indépendante du nombre de reproductions.

569. – **Rectifications. Retrait.** Sur requête écrite du déposant adressée au directeur de l'INPI, le déposant peut être autorisé, jusqu'au début des préparatifs techniques relatifs à l'enregistrement, à rectifier les erreurs matérielles relevées dans les pièces déposées[27]. Par ailleurs, dans ce même temps, le déposant peut retirer sa demande d'enregistrement[28]. La déclaration de retrait ne peut concerner qu'un seul dépôt, mais peut se limiter à une partie de la demande. Lorsque le retrait est le fait d'un mandataire, il nécessite un pouvoir spécial, sauf

dessin ou modèle supplémentaire de deux à dix : 20 € et au-delà de onze : 10 €). Le montant des taxes est fonction du nombre de dessins ou modèles visés et de l'ajournement ou non de la publication des dessins ou modèles (taxe qui remplace alors la taxe de publication). Il y a également des taxes pour paiement tardif, V. Règl. n° 6/2002, art. 107.

(26) CPI, art. L. 512-2, al. 5.

(27) CPI, art. R. 512-3-1. Les rectifications et régularisations donnent lieu à une redevance de 78 €.

(28) CPI, art. R. 512-9-1.

si ledit mandataire est un conseil en propriété industrielle ou un avocat. Si le dessin ou modèle, objet de la demande de retrait, a été déposé par plusieurs personnes, le retrait suppose l'accord de tous ; si des droits ont été consentis sur cette demande d'enregistrement (licence, gage...), le consentement écrit du bénéficiaire du droit est encore requis.

SECTION 3

LE TRAITEMENT DE LA DEMANDE D'ENREGISTREMENT DE DESSINS ET MODÈLES

570. – **Examen de la demande d'enregistrement.** L'INPI opère un contrôle formel de la demande, conformément à l'article L. 512-2 du Code de la propriété intellectuelle. Est irrecevable la demande qui ne comporte pas l'identification du déposant et une reproduction du dessin ou du modèle dont la protection est demandée (l'objet du dépôt). Par ailleurs, l'INPI peut rejeter la demande lorsqu'elle ne respecte pas les conditions de forme prescrites (CPI, art. R. 512-3) ou lorsqu'elle heurterait, par sa publication, l'ordre public ou les bonnes mœurs. L'office ne peut rejeter la demande qu'après avoir notifié les irrégularités au déposant qui dispose alors d'un délai de deux mois pour présenter des observations ou procéder aux rectifications nécessaires(29). À défaut de régularisation, la demande sera rejetée. Par conséquent, en matière de dessins et modèles, l'INPI ne vérifie pas la condition de nouveauté, ni celle relative au caractère propre. La France n'a donc pas opté pour la possibilité offerte par la directive d'instaurer un contrôle approfondi, en tenant compte de l'éventuelle existence de signes distinctifs antérieurs, de droits d'auteur ou d'éléments relevant de l'article 6 ter de la Convention d'Union de Paris (drapeaux, signes officiels...)(30). Pour le dessin ou modèle communautaire, les règles sont sensiblement les mêmes et le règlement n° 6/2002 précise que l'office vérifie les conditions de forme exigées par le texte ; en cas d'irrégularités constatées, il invitera le déposant à les rectifier dans le délai accordé (Règl. n° 6/2002, art. 45). À défaut, la demande ne sera pas traitée par l'office(31). Par ailleurs, l'office contrôle l'objet de la demande à l'aune de la définition retenue à l'article 3, a) du règlement ainsi que sa conformité à l'ordre public ou aux bonnes mœurs. Là encore, en cas de difficulté, la demande ne peut être rejetée par l'office qu'après que le déposant a été mis en mesure de formuler des observations ou de procéder aux modifications nécessaires(32).

571. – **Délais impératifs, suite au principe « silence vaut acceptation ».** En suite à la loi n° 2003-1005 du 12 novembre 2005 habilitant le gouvernement à simplifier les relations entre l'administration et les citoyens, une succession de textes

(29) CPI, art. R. 512-9.
(30) V. Dir. n° 98/71, art. 11.
(31) V. Dir. n° 98/71, art. 46.
(32) Dir. n° 98/71, art. 47.

réglementaires ont aménagé laborieusement pour les demandes relatives aux droits de propriété industrielle la règle selon laquelle, passé un certain délai, le silence de l'administration vaut acceptation[33]. Concrètement, il est statué sur la demande d'enregistrement dans un délai de six mois ; à défaut de décision expresse dans le délai mentionné à l'article R. 512-9-2 du Code de la propriété intellectuelle, la demande est réputée rejetée[34].

572. – **Relevé de déchéance, dessins et modèles français.** Nombre de délais émaillent la procédure de délivrance. À ce titre, l'article L. 512-3 du Code de la propriété intellectuelle prévoit que le déposant qui n'a pas été en mesure de respecter les délais prescrits peut être relevé des déchéances qu'il a pu encourir s'il est en mesure de démontrer l'existence d'un empêchement légitime. L'article R. 512-12 du même code prévoit que la demande de relevé de déchéance, ainsi que l'acte qui n'a pas été accompli, doivent intervenir dans un délai de deux mois à compter de la cessation de l'empêchement. Elle doit être présentée par le titulaire inscrit au Registre national des dessins et modèles ou son mandataire et être adressée exclusivement au directeur de l'INPI. Elle doit être accompagnée de la justification de la défaillance et du paiement de la taxe requise.

573. – **Recours contre les décisions du directeur de l'INPI.** La décision de rejet du directeur de l'INPI est susceptible d'un recours devant l'une des cours d'appel compétentes[35]. Le recours est formé dans le délai d'un mois en principe à compter de la notification de la décision contestée, devant la juridiction dans le ressort de laquelle la personne qui forme le recours a son domicile[36].

574. – **Relevé de déchéance, *restitutio in integrum*, dessins et modèles communautaires.** Comme dans le cadre des procédures en vigueur devant l'INPI, il existe, au niveau communautaire, une possibilité de se racheter lorsqu'un délai a été dépassé. En effet, l'article 67 du règlement n° 6/2002 prévoit, comme en matière de marques de l'Union européenne (Règl. n° 207/2009 mod. par Règl. n° 2015/2424, art. 81) la possibilité pour « 1. Le demandeur ou le titulaire d'un dessin ou modèle communautaire ou toute autre partie à une procédure devant l'Office qui, bien qu'ayant fait preuve de toute la vigilance nécessitée par les circonstances, n'a pas été en mesure d'observer un délai à l'égard de l'Office » de solliciter, sur requête, d'être rétabli dans ses droits. Il faut alors justifier de l'empêchement, dans un délai identique de deux mois à compter de sa cessation et accomplir l'acte empêché dans ce même délai. Il faut en outre que la taxe requise soit acquittée. Il est précisé qu'en tout état de cause, la requête est irrecevable lorsque l'acte devait être accompli

(33) D. n°s 2014-1280 et 2014-1281, 23 oct. 2014 ; D. modificatif n° 2015-511, 7 mai 2015 ; D. n° 2015-1436, 6 nov. 2015. La règle (silence vaut acceptation) est pour l'essentiel acquise pour l'ensemble des droits de propriété industrielle à l'exception des demandes de CCP et de la modification d'une revendication après annulation partielle en droit des brevets après un délai de douze mois.

(34) CPI, art. R. 512-9-2 et R. 512-9-3.

(35) CPI, art. L. 411-4, précisant qu'il y est statué, « le ministère public et le directeur de l'INPI entendus ».

(36) V. CPI, art. R. 411-19, D. 411-19 et D. 411-19-1 du même code qui renvoie aux cours mentionnées à l'article D. 311-8 du Code de l'organisation judiciaire, tableau XVI. Les dix cours d'appel compétentes sont : Aix-en-Provence, Bordeaux, Douai, Lyon, Nancy, Paris, Rennes, Strasbourg, Versailles et Fort-de-France ; lorsque la personne qui forme le recours réside à l'étranger, la cour d'appel de Paris est compétente et la personne doit faire élection de domicile dans le ressort de cette cour.

depuis un délai supérieur à un an. Comme en matière de marques de l'Union européenne, le règlement préserve les droits des tiers :

Règl. n° 6/2002, art. 67

« Lorsque le demandeur ou le titulaire d'un dessin ou modèle communautaire enregistré est rétabli dans ses droits, il ne peut les invoquer contre un tiers qui, de bonne foi, pendant la période comprise entre la perte des droits sur la demande ou sur l'enregistrement du dessin ou modèle communautaire et la publication de la mention du rétablissement de celui-ci, a mis dans le commerce des produits dans lesquels est incorporé ou auxquels est appliqué un dessin ou modèle compris dans l'étendue de la protection du dessin ou modèle communautaire enregistré. »

575. – **Recours. Dessins et modèles communautaires.** Le règlement retient que la division de l'administration des marques et des questions juridiques devient la division de l'administration des marques, des dessins et modèles et des questions juridiques[37]. En complément de leurs compétences relativement à la marque de l'Union européenne, les chambres de recours instaurées par le règlement relatif à ce titre sont également compétentes pour statuer sur les recours formés contre « les décisions relatives aux dessins et modèles communautaires rendues par les examinateurs, les divisions d'annulation et la division de l'administration des marques, dessins et modèles et des questions juridiques »[38].

576. – **Publication de la demande.** Lorsque la demande est considérée comme conforme, elle est publiée au *BOPI*, sauf si l'ajournement a été demandé (on rappelle que l'ajournement est de plein droit en cas de dépôt simplifié)[39]. Le déposant se voit alors remettre un certificat d'identité qui constitue le titre de propriété[40]. À compter du jour de la publication, toute personne intéressée peut prendre connaissance du contenu du dossier et obtenir à ses frais la communication des pièces (sauf si certaines d'entre elles sont relatives à des éléments confidentiels, soumis au secret des affaires). Toutefois, l'institut peut demander la justification d'un intérêt suffisant. L'article 48 du règlement n° 6/2002 précise que, lorsque la demande est conforme, l'office l'inscrit au registre des dessins et modèles communautaires avec la date de dépôt de la demande. Le dessin ou modèle communautaire est ensuite publié dans le *Bulletin des dessins et modèles communautaires*. Le texte communautaire envisage les mesures relatives à la demande d'ajournement et il est précisé qu'en cas d'action en justice, il est nécessaire de prouver que les informations contenues dans le registre et dans le dossier relatif à la demande ont bien été communiquées au prétendu contrefacteur[41].

577. – **Effet de l'enregistrement.** L'article L. 513-1 du Code de la propriété intellectuelle dispose que « l'enregistrement produit ses effets à compter de la date de dépôt de la demande, pour une période de cinq ans (...) ». La durée de protection conférée par le dépôt peut être prorogée par périodes de cinq ans jusqu'à une durée totale de vingt-cinq ans. Des dispositions analogues se rencontrent pour le dessin ou modèle communautaire (Règl. n° 6/2002, art. 12).

(37) V. Règl. n° 6/2002, art. 104. – L'article 105 ajoute qu'une division d'annulation est compétente pour toute décision relative aux demandes en nullité d'un dessin ou modèle communautaire enregistré.

(38) Règl. n° 6/2002, art. 106. – V. également Règl. n° 207/2009, art. 58, en matière de marques communautaires.

(39) CPI, art. R. 512-10.

(40) Lui seul, accompagné des représentations ou photographies du ou des objets enregistrés, permet de déterminer avec exactitude l'objet du droit.

(41) Règl. n° 6/2002, art. 50.6.

C H A P I T R E 3

LE SUJET DU DROIT DES DESSINS ET MODÈLES

578. – **Titularité régulière et revendication de la titularité.** Le titulaire du droit de dessin et modèle, déposant légitime, est le créateur ou son ayant cause (Section 1). Lorsqu'un dessin ou modèle a été déposé frauduleusement ou en violation d'une obligation contractuelle, plusieurs options sont possibles dont une, spécifique aux droits de propriété industrielle : l'action en revendication (Section 2).

S E C T I O N 1

LES RÈGLES DE DÉSIGNATION DU PROPRIÉTAIRE DU DESSIN OU MODÈLE

579. – **Le créateur ou son ayant cause. Le *verus dominus*.** L'article L. 511-9 du Code de la propriété intellectuelle prévoit que la protection est accordée, en principe, au créateur ou à son ayant droit. Ce texte désigne dans le créateur du dessin ou modèle le *verus dominus* qualifié pour déposer la demande d'enregistrement. Il suit de ce texte que l'auteur du modèle est apte à constituer un partenaire contractuel en qualité d'ayant cause pour déposer la demande d'enregistrement, exactement comme c'est le cas pour le savoir-faire non breveté(1). La situation présente cependant ici une différence majeure qui tient à la possible originalité du modèle en cause, et donc à l'existence d'un droit d'auteur sur celui-ci dès la création, au profit du même créateur (CPI, art. L. 111-1). La coexistence de deux droits de propriété intellectuelle sur le même objet au profit de deux titulaires distincts paraît intenable : l'ayant cause déposant, auquel aurait été affecté le droit au dépôt du Livre V, doit aussi être titulaire des droits d'auteur(2). Les règles du droit d'auteur rendent tout à fait douteuses les clauses de cessions anticipées même à l'égard d'un créateur indépendant : à la différence de ce qui est le cas pour la matière du brevet, les

(1) V. CPI, art. L. 611-6 – V. *supra*, n° 253.

(2) L'auteur qui n'aurait pas valablement cédé ses droits selon les formes requises par le Livre Ier du Code de la propriété intellectuelle (spéc. art. L. 131-3) demeurerait titulaire d'un droit exclusif de reproduction et de représentation sur la forme déposée au titre de modèle. Il pourrait encore obtenir la nullité de l'enregistrement attentatoire à ses droits : V. *infra*, n° 610.

clauses de propriété industrielle qui affectent les résultats de la recherche à un partenaire sont ici à écarter[3]. L'accord visant à constituer un cocontractant en qualité d'ayant cause, affectant du coup le droit au dépôt à celui-ci, devra être conclu une fois le dessin ou modèle créé et devra également prévoir cession des droits d'auteur dans les formes visées au Livre Ier du Code de la propriété intellectuelle en vue du dépôt d'une demande conformément au Livre V du code, sauf à envisager pour le dessin ou modèle en cause la qualité d'œuvre collective[4], alors propriété de la personne physique ou morale sous le nom de laquelle elle est divulguée[5]. L'article 14 du règlement n° 6/2002 dispose pareillement : « 1. Le droit au dessin ou modèle communautaire appartient au créateur ou à son ayant droit ».

580. - **La présomption de titularité à l'égard des tiers. L'action en contrefaçon.** À l'égard des tiers, et du présumé contrefacteur, l'auteur de la demande d'enregistrement est, sauf preuve contraire, regardé comme le bénéficiaire légitime de cette protection (CPI, art. L. 511-9, al. 2). Le dépôt fait naître au bénéfice du déposant, personne physique ou morale, une présomption simple de titularité : le tiers devra démontrer que le déposant n'est pas le créateur de l'œuvre, ni l'ayant cause de celui-ci[6]. Le fait que, sous l'empire de l'ordonnance de 2001, le dépôt soit devenu constitutif de droit n'altère pas l'autorité de cette présomption.

581. - **Copropriété.** Le dessin ou modèle peut être le fait de plusieurs créateurs indépendants : la situation donne lieu à une situation de copropriété. Le Livre V du Code de la propriété intellectuelle ne comporte pas de dispositions spécifiques à cet égard[7]. Il semble qu'il faille en revenir aux solutions dégagées par le droit d'auteur, sinon au droit commun de l'indivision (C. civ., art. 815 et s.)[8]. Le règlement communautaire n° 6/2002 dispose, pour sa part, que lorsque le dessin ou le modèle a été réalisé conjointement par plusieurs personnes, le droit appartient conjointement à ces personnes[9].

582. - **Dessins ou modèles réalisés par des salariés, l'âne de Buridan.** En droit français, le Livre V du Code de la propriété intellectuelle ne prévoit pas de dispositions spécifiques pour les réalisations accomplies par des salariés. Ce silence est spécialement regrettable. En raison du cumul possible avec le droit d'auteur, on a naturellement tendance à appliquer à la matière la règle de l'article L. 111-1 du Code de la propriété intellectuelle selon laquelle le droit d'auteur sur l'œuvre créée par un salarié reste affecté au salarié[10]. À nouveau, il paraît difficilement tenable

(3) V. CPI, art. 131-1 qui prohibe la cession globale des œuvres futures.

(4) V. CPI, art. L. 113-2, al. 3.

(5) V. CPI, art. L. 113-5 – V. *infra*, n° 583.

(6) Cass. com., 25 avr. 2006, n° 04-13.072 : « La société AMG ne peut prétendre bénéficier de la présomption de titularité du dépôt des modèles et du droit d'auteur sur ceux-ci ni même soutenir avoir eu l'initiative de la fabrication de ces modèles, dès lors qu'il résulte des pièces produites, qu'elle s'est bornée à confirmer des commandes faisant suite à une offre précise de son fournisseur la société Kanan Knitwear qui lui avait présenté, antérieurement aux dépôts, une collection, au vu de laquelle elle avait fait son choix ».

(7) Comp., en matière de brevets, CPI, art. L. 613-29 qui organise un régime spécial de copropriété à ce domaine.

(8) En l'occurrence, l'hypothèse suggère une œuvre de collaboration à la création de laquelle ont concouru plusieurs personnes indépendantes (CPI, art. L. 113-2, al. 1er). Le régime de l'œuvre de collaboration qui est la propriété commune des auteurs (CPI, art. L.113-3) apparaît comme une application de l'indivision du droit civil : V. Ch. Caron, *Droit d'auteur et droits voisins*, préc., n° 223.

(9) Règl. n° 6/2002, art. 14.2.

(10) V. F. Pollaud-Dulian, préc., n° 948. – J. Passa, *Traité*, préc., n° 742. – *Contra* A. et H.-J. Lucas et A. Lucas-Schloetter, préc., n° 170.

de voir deux personnes différentes (le salarié, l'employeur déposant) devenir titulaires *ab initio* de deux droits privatifs distincts (le droit d'auteur, le droit de dessin ou modèle) sur le même objet ! D'un autre côté, on a justement pesé l'évolution vers le droit de brevet du régime spécifique des dessins et modèles : dans les critères objectifs d'obtention du titre, nouveauté et caractère propre, dans le rôle du dépôt constitutif de droit. Or, c'est bien le dépôt qui fait le départ entre la logique des droits industriels et celle du droit d'auteur. Avec l'ordonnance de 2001, le droit des dessins et modèles a franchi le Rubicon, la matière a changé de références et de paradigme. Dès lors, la logique qui veut appliquer purement et simplement la règle de l'article L. 111-1 du Code de la propriété intellectuelle à l'affectation du droit de dessin et modèle sur créateurs salariés perd terriblement de son autorité, spécialement dès lors qu'une création relevant du Livre V ne serait pas jugée originale(11). De fait, c'est bien la logique industrielle du brevet qui souffle sur le règlement n° 6/2002, lequel énonce à l'article 14.3 : « Cependant, lorsqu'un dessin ou modèle communautaire est réalisé par un salarié dans l'exercice de ses obligations ou suivant les instructions de son employeur, le droit au dessin ou modèle appartient à l'employeur, sauf convention contraire ou sauf disposition contraire de la législation nationale applicable », le créateur salarié disposant d'un droit moral (Règl. n° 6/2002, art. 18). Et l'on s'interroge sur le fait de savoir si la loi nationale contraire, ici visée, peut être la loi sur le droit d'auteur, ou doit être la loi spéciale aux dessins et modèles, comme le suggère vivement la Cour de justice(12). Auquel cas la loi française spécifique aux dessins et modèles reste silencieuse sur la question. Dès lors, même si le règlement... ne règle rien pour le titre domestique, à tout le moins il indique la direction d'où vient le vent. Celui-là souffle dans les voiles de la jurisprudence : certaines décisions ont retenu, pour les dessins et modèles communautaires non enregistrés, que le fait pour l'employeur d'avoir divulgué le dessin ou modèle de ses salariés lui permet de bénéficier d'une titularité régulière par application de l'article 14.3 du règlement(13). Dans cette décision, le tribunal a spécialement considéré que le Livre V du Code de la propriété intellectuelle, relatif aux dessins et modèles enregistrés, ne contenait pas de disposition légale contraire. Il ne serait alors guère cohérent d'organiser deux règles de titularité différentes pour la création salariée, selon que le titre est domestique ou communautaire. En réalité, tel l'âne de Buridan hésitant entre un seau d'eau et un picotin d'avoine, le droit des dessins et modèles tergiverse : la question de la création de salarié est ici la plus flagrante illustration de la double contrainte qui tourmente la matière. Synthèse : il reste néanmoins fortement conseillé, si le dessin ou modèle peut être considéré comme original, de conclure un contrat de

(11) Et ce, du point de vue même des spécialistes du droit d'auteur : V. A. et H.-J. Lucas et A. Lucas-Schloetter, *op. et loc. cit.*

(12) CJCE, 2 juill. 2009, aff. C-32/08 : *Comm. com. électr.* 2009, comm. 112, obs. Ch. Caron, spéc. pt 50 qui indique la nécessité d'une disposition nationale contraire relative au *dessin ou modèle communautaire* non enregistré, ce que n'est pas le droit d'auteur, puisque ce droit, intrus parmi la propriété industrielle, relève exclusivement du règlement.

(13) TGI Paris, 27 janv. 2011, *Christian Dior Couture c/ Ash Distribution SARL et Sodilog* : *PIBD* 2011, n° 940, III, p. 370 ; *Propr. industr.* 2011, comm. 59, obs. J.-P. Gasnier : « Un modèle réalisé par le bureau de style d'une entreprise, donc par des salariés dans l'exercice de leurs obligations ou sur instruction de l'employeur, appartient à l'employeur. Dès lors, la divulgation par ce dernier au sens de l'article 11 du RDMC lui permet d'invoquer légitimement la titularité du dessin ou modèle communautaire non enregistré ».

cession des droits d'exploitation prévoyant expressément la cession au profit de l'employeur ainsi que la possibilité pour lui de procéder aux enregistrements de titres. De façon similaire, en cas de commande à un tiers, il est nécessaire de disposer d'un contrat de cession si l'objet du contrat est susceptible d'être original[(14)]. La création salariale étant heureusement une création plurale, l'employeur trouve un certain réconfort dans les règles élaborées à cet égard.

583. - **Personnes morales. Présomption de titularité. Œuvre collective.** La personne physique ou morale qui accomplit la formalité du dépôt sera présumée titulaire légitime du titre, sur le terrain de la protection spécifique du Livre V du Code de la propriété intellectuelle[(15)] (V. *supra*, n° 580). Lorsque le déposant est une personne morale, l'existence d'un droit d'auteur sur le dessin ou modèle original pose à nouveau la question de la titularité des droits de celle-ci du chef du Livre Ier du même code. On ne confondra pas, à cet égard, la *présomption de titularité*, destinée à fonder l'action en contrefaçon à l'égard du tiers, avec la *règle de fond*, qui s'attache à désigner le véritable propriétaire, le *verus dominus*.

La *présomption de titularité* est déterminante à l'endroit du tiers présumé contrefacteur qui va répondre au demandeur à l'action en contrefaçon d'apporter la preuve de sa qualité. À cet égard, la personne morale déposante bénéficie de la présomption attachée au dépôt. En l'absence de dépôt, il n'y a pas d'action ouverte sur le fondement du Livre V du Code de la propriété intellectuelle. Reste alors le droit d'auteur au titre du cumul de protection. Sur le terrain de la *présomption de titularité*, « la qualité d'auteur appartient, sauf preuve contraire, à celui ou à ceux sous le nom de qui l'œuvre est divulguée » (CPI, art. L. 113-1). Ce texte devrait, alors, se révéler d'un grand intérêt pratique pour les personnes morales, demanderesses aux actions en contrefaçon sur le fondement du Livre Ier, si précisément la jurisprudence ne refusait à celles-ci la faculté de se prévaloir de la présomption de l'article L. 113-1 du Code de la propriété intellectuelle au motif que seule une personne physique peut accéder au rang de créateur[(16)]. De fait, sur le terrain de l'œuvre collective, d'abord, puis indépendamment de cette qualification, la Cour de cassation décide, à l'occasion de l'action en contrefaçon, que la personne morale qui « exploite sous son nom » une œuvre à l'élaboration de laquelle plusieurs créateurs ont participé, est, jusqu'à preuve du contraire, présumée propriétaire de celle-ci[(17)]. La référence à l'exploitation de l'œuvre sous son nom par la personne morale vient prendre le relais d'une divulgation épuisée ; mais c'est la possession de l'œuvre qui reste sous-jacente à ces deux concepts[(18)] : en fait d'œuvres

(14) CJCE, 2 juill. 2009, aff. C-32/08, préc.

(15) V. Cass. com., 23 sept. 2008, n° 07-16.970 : *PIBD* 2008, n° 884, III, p. 642 ; n° 07-17.210 : *PIBD* 2008, n° 883, III, p. 611.

(16) V., au sein d'une jurisprudence constante, Cass. 1re civ., 8 déc. 1983 : *Bull. civ.* 1983, I, n° 361, et 19 févr. 1991 : *Bull. civ.* 1991, I, n° 67 ; alors que la même personne morale pourra opérer un dépôt et bénéficier de la présomption de l'article L. 511-2 propre aux dessins et modèles, V. CA Paris, 20 avr. 1988 : *RTD com.* 1988, p. 625, obs. A. Chavanne et J. Azéma.

(17) V. Cass. 1re civ., 24 mars 1993 : *JCP* G 1993, II, 22085, note P. Greffe ; *RTD com.* 1995, p. 418, obs. A. Françon. – M. Clémenbt-Fontaine et A. Robin, in *Les grands arrêts de la propriété intellectuelle*, ss dir. M. Vivant, Dalloz, 2004, comm. 10. – Cass. 1re civ., 4 mai 1994 : *Bull. civ.* 1994, I, n° 160. – Cass. 1re civ., 28 mars 1995 : *RIDA* 1995, p. 327. – Cass. 1re civ., 9 janv. 1996 : *RIDA* juill. 1996, p. 341 ; *RTD com.* 1997, p. 95, obs. A. Françon ; *D.* 1996, somm. p. 285, obs. J.-J. Burst. – Cass. 1re civ., 3 juill. 1996 : *Bull. civ.* 1996, I, n° 293 ; *D.* 1997, p. 328, obs. A. Françon. – *Adde* J.-L. Goutal : *RIDA* janv. 1998, p. 65 et s.

(18) V. Cass. crim., 17 juin 2003, n° 01-12.307. – V. encore, CA Paris, 27 mai 2005. – Cass. com., 21 janv. 2004, n° 02-14.525 : *Propr. intell.* 2004, n° 13, p. 934, obs. P. de Candé, citant également : CA Paris, 24 mars 2004. – CA Paris, 30 janv.

de l'esprit, divulgation vaut titre (comp. C. civ., art. 2276)[19]. Tout comme le simple possesseur d'une chose corporelle dispose en cette qualité des actions possessoires, le possesseur de l'œuvre de l'esprit, personne physique ou surtout morale, doit pouvoir exercer l'action en contrefaçon[20].

Mais la présomption ne préjuge pas du fond à l'égard cette fois de celui qui revendique la titularité du droit : la *règle de fond* s'attache à désigner le véritable propriétaire, le *verus dominus*. La personne morale qui opérera dépôt de la demande d'enregistrement devra s'assurer de la titularité des droits d'auteur sur le dessin ou modèle original. Si la création est individuelle, seule une cession de droits consentie par l'auteur, dans les formes du Livre Ier du Code de la propriété intellectuelle, sera à même d'assurer ce transfert ; l'acte mentionnera le dépôt ultérieur à titre de destination de l'œuvre (CPI, art. L. 131-1). La création plurale, réalisée par plusieurs créateurs, travaillant pour le compte de la personne morale (salariés, ou autres) suggère la qualification d'œuvre collective. Celle-là est l'œuvre créée par plusieurs auteurs, la contribution de chacun étant destinée à être exploitée dans l'ensemble composé de toutes les contributions[21] : l'article du journaliste pour le périodique, le *design* du phare du véhicule pour la carrosserie du dernier modèle de la firme automobile. L'œuvre collective est, sauf preuve contraire, la propriété de la personne physique ou morale sous le nom de laquelle elle est divulguée. Cette personne est investie des droits de l'auteur (CPI, art. L. 113-5). Si le dessin ou modèle résulte du travail d'un bureau de style nécessitant l'intervention de plusieurs personnes, agissant à l'initiative et sur les directives de la personne morale (ou physique) qui va le publier et le divulguer sous son nom et sa direction, la qualification d'œuvre collective va permettre à la personne qui commercialise le dessin ou modèle d'être qualifiée d'auteur *ab initio*.

SECTION 2

LA SANCTION D'UN DÉPÔT ILLÉGITIME : L'ACTION EN REVENDICATION OU EN NULLITÉ

584. - **Dépôts frauduleux.** Réalisé par un autre que le créateur ou son ayant cause, le dépôt sera illégitime. À son encontre, le titulaire légitime dispose de plusieurs actions : l'une lui permet de revendiquer le titre usurpé ; l'autre le fait disparaître.

2004. – Cass. crim., 24 févr. 2004, n° 03-83.541 : *Bull. crim.* 2004, n° 49. – V. encore, Cass. com., 20 juin 2006, n° 04-20.776 : *Bull. civ.* 2006, IV, n° 147 ; *PIBD* 2006, n° 837, III, p. 628. – Sur cette jurisprudence, V. A. et H.-J. Lucas et A. Lucas-Schloetter, *op. cit.*, n° 1031. – V. F. Pollaud-Dulian, *La présomption prétorienne de titularité du droit d'auteur dans l'action en contrefaçon : la jurisprudence Aréo à l'épreuve du temps : RTD com.* 2011, p. 45 et s. – Ch. Caron, *Droit d'auteur et droits voisins*, préc., n° 530.

(19) J. Raynard, *Le tiers au pays du droit d'auteur* : *JCP* G 1999, I, 138.

(20) La transposition, sans acclimatation particulière au monde de l'immatériel, de la notion de possession et de la règle de l'article 2276 du Code civil évince toute équivoque sur la proximité des concepts précédents et contribue, si besoin est, à l'affirmation du peu de spécificité des « propriétés incorporelles » – V. J. Raynard, art. préc.

(21) La définition du code n'est guère heureuse : « Est dite collective l'œuvre créée sur l'initiative d'une personne physique ou morale qui l'édite, la publie et la divulgue sous sa direction et son nom et dans laquelle la contribution personnelle des divers auteurs participant à son élaboration se fond dans l'ensemble en vue duquel elle est conçue, sans qu'il soit possible d'attribuer à chacun d'eux un droit distinct sur l'ensemble réalisé » : CPI, art. L. 113-2.

585. – **La revendication.** Comme en matière de brevets d'invention et de marques, la personne qui constate qu'un dessin ou modèle a été déposé « en fraude de ses droits ou en violation d'une obligation légale ou conventionnelle » peut agir en revendication du titre déposé (CPI, art. L. 511-10)[22]. Le succès de l'action est conditionné à la démonstration de l'existence d'une fraude ou de la violation d'une obligation. Le dépôt sera alors maintenu, mais la personne abusée sera réintégrée dans ses droits, à l'issue de la procédure judiciaire. Le mécanisme est similaire à celui présenté pour le droit de brevet (V. *supra*, n° 281). Il s'agit d'une action en revendication mobilière, action réelle, qui permet à son bénéficiaire de réintégrer dans son patrimoine le titre enregistré frauduleusement.

586. – **L'action judiciaire.** L'action en revendication de propriété se prescrit par cinq ans à compter de la publication de l'enregistrement du dessin ou modèle ou, en cas de mauvaise foi au moment de la publication de l'enregistrement ou de l'acquisition du dessin ou modèle, à compter de l'expiration de la période de protection. L'action doit être engagée devant l'un des tribunaux de grande instance exclusivement compétent en matière de dessins et modèles, choisi conformément aux règles de droit commun de compétence territoriale[23]. En cas de succès, le demandeur est subrogé dans les droits du déposant, et ce de façon rétroactive. Il est considéré avoir déposé le dessin ou modèle dès l'origine. Une publication de la décision au registre des dessins et modèles en informera les tiers. Le demandeur peut obtenir réparation du préjudice qu'il a subi et, en application de l'article 549 du Code civil, si le déposant est qualifié de possesseur de mauvaise foi, le demandeur à l'action pourra obtenir restitution des fruits perçus, à la suite d'un contrat de licence par exemple[24].

587. – **L'action en nullité.** Le Code de la propriété intellectuelle reconnaît une action en nullité si le déposant ne pouvait bénéficier de la protection ou si le dépôt porte atteinte au droit d'auteur d'un tiers (CPI, art. L. 512-4, b) et d) – V. *infra*, n° 610).

(22) Pour le titre communautaire, V. Règl. n° 6/2002, art. 15.

(23) CPC, art. 42.

(24) CA Paris, 17 févr. 1999 : *Ann. propr. ind.* 1999, p. 20. – En matière de brevets, CA Paris, 14 sept. 2005 : *PIBD* 2006, n° 823, III, p. 80. – V. Cass. com., 28 avr. 2004, n° 02-21.585 : *Bull. civ.* 2004, IV, n° 80 ; *PIBD* 2004, n° 791, III, p. 432, estimant que les fruits doivent être restitués au moins à compter de la demande en justice. – Cass. com., 4 déc. 2007, n° 06-16.118 : *PIBD* 2008, n° 868, III, p. 104. – Sur la restitution des fruits, tirés de l'exploitation directe du titre ou par licence, CA Paris, 14 sept. 2005, préc.

CHAPITRE 4

LE CONTENU DU DROIT DES DESSINS ET MODÈLES

588. – **Plan.** Le droit de dessin et modèle (enregistré) procure au déposant un monopole d'exploitation sur l'apparence d'un produit ou d'une partie de produit[1]. Le monopole se réalise dans un certain nombre de prérogatives réservées au sujet du droit et opposables *erga omnes* (Section 1). Les circonstances dans lesquelles peut intervenir la perte du monopole justifient d'ultimes observations (Section 2).

SECTION 1

LES PRÉROGATIVES RECONNUES AU TITRE DU MONOPOLE DU DROIT DES DESSINS ET MODÈLES

589. – **Présentation.** Nous présenterons l'inventaire des prérogatives qui sont réservées au titulaire d'un droit de dessin et modèle (§ 1), avant que d'en étudier les exceptions (§ 2) et leur durée d'efficacité (§ 3).

§ 1. – Les prérogatives du monopole

590. – **Énumération des actes que le titulaire peut interdire.** L'article L. 513-4 du Code de la propriété intellectuelle pointe les actes qui sont interdits, à défaut du consentement du propriétaire du dessin ou modèle. Sont ainsi visés : « les actes de fabrication, l'offre, la mise sur le marché, l'importation, l'exportation, le transbordement, l'utilisation ou la détention à ces fins, d'un produit incorporant le dessin ou modèle ». La loi de 1909 et l'ordonnance de 2001 ne coïncident pas dans l'inventaire des prérogatives réservées[2]. La différence paraît cependant davantage

(1) CPI, art. L. 511-9 ; Règl. n° 6/2002, art. 19.

(2) L'ancien article L. 511-1 du Code de la propriété intellectuelle disposait : « Tout créateur d'un dessin ou modèle et ses ayants cause ont le droit exclusif d'exploiter, vendre ou faire vendre ce dessin ou modèle dans les conditions prévues par le présent livre, sans préjudice des droits qu'ils tiendraient d'autres dispositions légales et notamment des livres Ier et III ».

formelle, et même si la loi de 1909 visait, au titre du « droit exclusif d'exploiter », le droit de « vendre et faire vendre » le dessin ou modèle enregistré, la jurisprudence retenait au titre de la contrefaçon le fait de fabriquer, de mettre sur le marché, d'importer, tout comme le fait de distribuer le modèle litigieux[(3)]. La directive précise que l'enregistrement va conférer à son titulaire un droit exclusif d'utiliser le dessin ou modèle enregistré et d'interdire à tout tiers de l'utiliser sans le consentement du déposant[(4)]. L'article 19 du règlement dispose pareillement : « Le dessin ou modèle communautaire enregistré confère à son titulaire le droit exclusif de l'utiliser et d'interdire à tout tiers de l'utiliser sans son consentement. (...) ». Ce droit spécifique peut encore venir conforter un droit d'auteur qui porterait sur le dessin ou le modèle, original, en raison de la règle du cumul possible des protections : ce sont les prérogatives du droit d'auteur, droit de reproduction et droit de représentation qui seraient alors sollicitées (V. *infra*, n° 597). Par ailleurs, l'accord ADPIC condamne les atteintes portées à un droit de dessin ou modèle « lorsque ces actes seront entrepris à des fins de commerce »[(5)]. Cette référence paraît devoir s'imposer à la définition de la contrefaçon, à l'instar des atteintes en matière de marques qui doivent avoir lieu « dans la vie des affaires » ou « au cours d'opérations commerciales » (Accord ADPIC)[(6)].

591. – **Fabrication, offre, mise sur le marché, utilisation ou détention à ces fins.** Ainsi que nous venons de le voir, il convient de considérer ces actes sous le prisme d'actes d'usage, ce qui implique un contact avec la clientèle[(7)]. La directive ajoute également au champ de l'interdit le stockage du produit dans lequel le dessin ou modèle est incorporé, aux fins précitées. Les actes de commercialisation, largement entendus, constituent des actes de contrefaçon. Il a été jugé que la publicité accomplie constitue une offre à la vente et permet de sanctionner la présentation d'objets incorporant des dessins et modèles enregistrés en vitrine[(8)]. Nous renverrons, pour la présentation des différentes notions de fabrication ou de mise sur le marché, à nos développements antérieurs[(9)]. La détention doit en principe être soumise à la notion d'usage à des fins de commerce[(10)].

592. – **Exportation, importation, transit, transbordement.** Là encore, il conviendra de se reporter aux développements consacrés en matière d'atteintes portées au droit exclusif résultant du droit de brevets et du droit de marques[(11)].

(3) V. ainsi, Cass. com., 16 févr. 1999, n° 96-20.194 : *PIBD* 1999, n° 683, III, p. 390, condamnant la personne qui a fabriqué et la personne qui a fait fabriquer. – Cass. 1re civ., 6 juin 1990, n° 88-11.811 : *PIBD* 1991, n° 499, III, p. 291, condamnant l'importation et le revendeur. – Cass. crim., 26 avr. 1990, n° 88-83.762 : *Bull. crim.* 1990, n° 160, condamnant le transit.

(4) Dir. n° 98/71, art. 12. – V., sur cette question, J. Passa, *Traité*, *op. cit.*, n° 748-1.

(5) Accord ADPIC, art. 26, § 1.

(6) V. *supra*, n° 450. – CA Paris, 21 mai 2014 : *Propr. intell.* 2014, n° 53, p. 443, obs. P. de Candé, approuvant la cour d'appel d'avoir différencié les actes incriminés et recherché si les faits traduisaient une « offre dans le commerce », au sens de l'article L. 513-4 du Code de la propriété intellectuelle.

(7) La directive « Marques » n° 2015/2436 vise expressément à son article 10.3, b) : le fait « d'offrir les produits, de les mettre sur le marché, (...) ou d'offrir ou de fournir des services sous le signe ».

(8) CA Paris, 26 avr. 1994 : *PIBD* 1994, n° 571, III, p. 412.

(9) V. *supra*, n° 293, en matière de brevets d'invention et n° 433, en matière de marques.

(10) V., pour une qualification de contrefaçon sévère, CA Rennes, 27 janv. 2015 : *PIBD* 2015, n° 1032, III, p. 534 ; *Propr. intell.* 2015, n° 57, p. 462, obs. P. de Candé.

(11) V. *supra*, n° 294, en matière de brevets d'invention et n° 476, en matière de marques.

593. – Sanction. L'article L. 521-1 du Code de la propriété intellectuelle énonce :

« Toute atteinte portée aux droits du propriétaire d'un dessin ou modèle (...) constitue une contrefaçon engageant la responsabilité civile de son auteur. »

L'article L. 521-10 du même code qualifie de délit pénal toute atteinte portée sciemment aux droits garantis par le Livre V. L'observation des sanctions à l'atteinte au droit renvoie à l'étude de la contrefaçon(12).

594. – « Pas tout à fait la même, ni tout à fait une autre ». L'article L. 513-5 du Code de la propriété intellectuelle dispose :

« La protection conférée par l'enregistrement d'un dessin ou modèle s'étend à tout dessin ou modèle qui ne produit pas sur l'observateur averti une impression visuelle d'ensemble différente. »

Les termes retenus par la directive n° 98/71 et le règlement n° 6/2002 sont assez proches(13). La question de la portée qu'il faut prêter sur le terrain du périmètre réservé par le droit à une création qui, à l'égard de la création revendiquée, n'est « pas tout à fait la même, ni tout à fait une autre » est transversale à la propriété industrielle : elle rejoint la question des variantes d'exécution en matière de brevet(14), et la Cour de justice y est confrontée en matière de marque, reconnaissant qu'« un signe est identique à la marque lorsqu'il reproduit, sans modification ni ajout, tous les éléments constituant la marque ou lorsque, considéré dans son ensemble, il recèle des différences si insignifiantes qu'elles peuvent passer inaperçues aux yeux d'un consommateur moyen »(15). Sur le terrain des dessins et modèles, c'est l'absence *d'impression visuelle d'ensemble différente* qui, pour un modèle pourtant différent du modèle revendiqué, fait tomber l'exploitation de ce dernier dans le champ du monopole. Dans cette appréciation, la directive et le règlement précisent qu'il faut tenir compte du degré de liberté du créateur pour mesurer l'étendue de la protection. On retrouve à cet égard des considérations analogues à celles rencontrées sur le terrain cette fois de l'obtention du titre, s'agissant d'apprécier l'incidence d'une création antérieure différente mais très voisine sur le caractère propre du modèle revendiqué (V. *supra*, nos 548 et s.). Concrètement, le monopole permet d'interdire toute reproduction (fabrication) d'objet incorporant le dessin ou modèle protégé à l'identique et au quasi-identique, mais encore les déclinaisons qui ne permettent pas à l'observateur averti de percevoir des différences avec le dessin ou modèle protégé, à l'issue d'une appréciation d'ensemble. Alors qu'en droit d'auteur, toute reproduction de tout ou partie de l'œuvre protégée constitue en principe une contrefaçon, ici, l'atteinte au monopole s'apprécie à l'aune de l'observateur averti qui a une attention particulière pour le secteur concerné et qui percevra sans doute plus facilement des différences. Sous le système antérieur, la contrefaçon pouvait être sans doute plus facilement retenue, faute d'une quelconque référence

(12) V. *infra*, nos 615 et s., Deuxième partie.

(13) Dir. n° 98/71, art. 9 : « 1. La protection conférée par le dessin ou modèle s'étend à tout dessin ou modèle qui ne produit pas sur l'utilisateur averti une impression visuelle globale différente ; 2. Pour apprécier l'étendue de la protection, il est tenu compte du degré de liberté du créateur dans l'élaboration du dessin ou modèle ». – *Adde* Règl. n° 6/2002, art. 10 qui retient « l'impression globale différente ».

(14) Pour une comparaison, V. *infra*, nos 629 et s.

(15) CJCE, 20 mars 2003, aff. C-291/00, *LTJ Diffusion c/ Sadas Verbaudet*, pt 54, *Marque Arthur c/ Marque Arthur et Félicie*, *op. cit.*

à ce personnage. La jurisprudence s'efforce de procéder à une analyse conforme aux textes spécifiques lorsque la question se pose sur le terrain de la protection des dessins et modèles(16). Il reste qu'elle peut, parfois, exprimer certains réflexes issus du droit d'auteur(17).

595. – **Indifférence de la recherche du risque de confusion.** La prise en compte du risque de confusion, prospère en droit des marques, a également été sollicitée, à l'occasion, dans le domaine des dessins et modèles par les juges du fond(18). La Cour de cassation, après un moment d'égarement(19), ferme la porte à cette référence pour apprécier la contrefaçon du chef du Livre V du Code de la propriété intellectuelle :

« Ayant relevé que les produits litigieux reproduisaient les caractéristiques essentielles du modèle déposé et engendraient la même impression d'ensemble, la cour d'appel, qui n'était pas tenue de procéder à une recherche inopérante portant sur l'éventualité d'un risque de confusion, a, de ces seules constatations, exactement déduit l'existence d'une contrefaçon(20). »

Il est à souhaiter que la recherche du risque de confusion, issue du droit des marques, demeure propre à ce seul domaine.

596. – **Le contenu de la protection accordée au dessin ou modèle communautaire non enregistré.** Le DMCNE bénéficiera d'une protection au titre du règlement n° 6/2002, « pendant une période de trois ans à compter de la date à laquelle le dessin ou modèle a été divulgué au public pour la première fois au sein de la Communauté »(21). La divulgation est définie de la même manière que pour les dessins et modèles enregistrés(22). La durée de protection est par conséquent réduite au regard des dessins et modèles enregistrés dont la durée de protection

(16) CA Paris, 9 déc. 2011 : *Propr. intell.* 2012, n° 45, p. 459, obs. P. de Candé. – Cass. com., 8 avr. 2014, n° 13-10.689 : *Propr. intell.* 2014, n° 53, p. 443.

(17) CA Paris, 26 avr. 2013 : *Propr. intell.* 2013, n° 49, p. 440, obs. P. de Candé. – TGI Paris, 5 déc. 2014 : *PIBD* 2015, n° 1024, III, p. 253 ; *Propr. intell.* 2015, n° 57, p. 451, obs. P. de Candé qui observe les efforts pour citer les notions propres aux dessins et modèles communautaires, même si, s'agissant de dessins et modèles non enregistrés, la notion de « copie » semble exclure, justement, sur ce point très précis, ces notions-là ; V., regrettant la jurisprudence partagée, qui ne prend pas le soin de se référer aux textes concernés, selon les fondements juridiques invoqués, P. de Candé : *Propr. intell.* 2014, n° 53, p. 441, citant : CA Paris, 21 févr. 2014, n° 13/08868. – CA Paris, 12 févr. 2014, n° 11/13047. – CA Paris, 26 mars 2014, n° 13/07924. – CA Paris, 21 févr. 2014, n° 12/23145.

(18) Dès 2004, P. de Candé écrivait son inquiétude, à la lecture de deux arrêts de la cour d'appel de Paris, CA Paris, 11 févr. 2004 et 28 avr. 2004 : *Propr. intell.* 2004, n° 13, p. 940. – CA Paris, 15 juin 2005 : « Le consommateur moyennement attentif sera enclin à attribuer aux deux flacons une origine commune ». – CA Paris, 29 juin 2005, avec motivation semblable : *Propr. intell.* 2005, n° 17, p. 454 et s.

(19) Cass. com., 19 sept. 2006, n° 04-13.871. J.-P. Gasnier, *Quand l'appréciation de la contrefaçon tourne à la contrefaçon : Propr. industr.* 2007, comm. 13.

(20) Cass. com., 26 mars 2008, n° 06-22013 : *PIBD* 2008, n° 875, III, p. 349 ; *Propr. intell.* 2014, n° 53, p. 443, obs. P. de Candé. – Cass. com., 23 sept. 2008, n° 07-15.053, retenant : « Les critères de la contrefaçon par imitation de modèle, qui n'inclut pas le risque de confusion, s'apprécie au regard de l'observateur averti et non par rapport au consommateur moyennement attentif ». – V. encore, en droit d'auteur : CA Paris, 23 nov. 2007 : *PIBD* 2008, n° 866, III, p. 51, retenant tout aussi clairement : « Considérant qu'il sera rappelé que la contrefaçon au sens des Livres I et III du Code de la propriété intellectuelle est constituée par la reprise des éléments originaux ou de partie des éléments qui caractérise l'originalité de l'œuvre sans qu'il y ait lieu de rechercher s'il en résulte un risque de confusion auprès du consommateur moyen ». – CA Paris, 11 avr. 2008 : *Propr. intell.* 2008, n° 29, p. 446, obs. P. de Candé. – V. récemment, Cass. 1re civ., 15 mai 2015, n° 13-28.116, sanctionnant l'arrêt d'appel ainsi : « Qu'en statuant ainsi, alors, d'une part, que l'existence d'un bouton doré, l'alliance du cuir fauve surpiqué avec d'autres matériaux et couleurs, et les "proportions spécifiques" n'étaient pas au nombre des éléments qu'elle avait retenus pour asseoir l'originalité du sac, d'autre part, que l'existence d'un risque de confusion est indifférente à la caractérisation de la contrefaçon en droit d'auteur, la cour d'appel a violé le texte susvisé ».

(21) V. Règl. n° 6/2002, art. 11.1.

(22) V. *infra*, n° 544.

peut atteindre vingt-cinq années, au terme des prorogations possibles. Le contenu de la protection accordée au titre de ce régime est encore amoindri en regard de celle offerte au modèle enregistré :

Règl. n° 6/2002, art. 19.2

« Le dessin ou modèle communautaire non enregistré ne confère cependant à son titulaire le droit d'interdire les actes visés au paragraphe 1 que si l'utilisation contestée résulte d'une copie du dessin ou modèle protégé. »

Le terme de copie est ambigu et peut être compris comme réduisant la protection aux seules reproductions identiques accomplies par des tiers sans autorisation. Ce terme peut encore être compris comme la sanction d'une réalisation effectuée après avoir eu connaissance du dessin ou modèle. Le règlement précise :

Règl. n° 6/2002, art. 19.2, al. 2

« L'utilisation contestée n'est pas considérée comme résultant d'une copie du dessin ou modèle protégé si elle résulte d'un travail indépendant réalisé par un créateur dont on peut raisonnablement penser qu'il ne connaissait pas le dessin ou modèle divulgué par le titulaire. »

Indépendamment de l'hypothèse d'une coexistence fortuite (deux créateurs réalisent la même œuvre, indépendamment l'un de l'autre), la jurisprudence semble opter pour une interprétation limitant la sanction à reproduction à l'identique ou au quasi-identique(23).

597. - **Le contenu de la protection accordée au titre du droit d'auteur.** Le dessin ou modèle qui satisfait à l'exigence d'originalité (V. *supra*, n° 542) est l'objet d'un droit d'auteur, et ce dès la création de l'œuvre, indépendamment de tout dépôt (CPI, art. L. 111-1). Le droit d'auteur réserve à son titulaire un ensemble de prérogatives constitutives d'un monopole d'exploitation de l'œuvre de l'esprit, objet du droit. On retiendra que le droit d'exploitation appartenant à l'auteur comprend le droit de représentation et le droit de reproduction (CPI, art. L. 122-1 et s.), chacune de ces prérogatives renvoyant à une jurisprudence abondante, propre à l'étude du droit d'auteur(24). On relèvera la plasticité du droit de reproduction qui doit permettre d'atteindre des actes de fabrication et commercialisation du dessin ou modèle (CPI, art. L. 122-3)(25). Le droit d'auteur réserve cependant un droit moral inaliénable au créateur de l'œuvre (paternité de l'œuvre, respect de l'intégrité de celle-ci...) dont l'exploitant cessionnaire des droits devra tenir compte (CPI, art. L. 121-1 et s.).

(23) La jurisprudence semble considérer la copie reprochable comme la réalisation identique, voire quasi identique, du DMCNE opposé : V. TGI Paris, 28 janv. 2010, n° 09/00651, condamnant la copie servile. – TGI Paris, 19 nov. 2010 : *PIBD* 2011, n° 935, III, p. 197, retenant qu'il y a encore copie lorsqu'il y a seulement des détails d'exécution, comme TGI Paris, 29 mars 2011 : *PIBD* 2011, n° 942, III, p. 447. – CA Paris, 8 févr. 2013 : *PIBD* 2013, n° 982, III, 1144, *Dior Couture c/ Ash* (confirmant TGI Paris, 27 janv. 2011 : *PIBD* 2011, n° 940, III, 370), retenant des différences peu perceptibles. – CA Paris, 6 juill. 2012, *Dior Couture c/ Gianni Versace*, pas de contrefaçon retenue, car différences entre le modèle de sac poursuivi et le DMCNE. – V., *contra*, TGI Paris, 11 sept. 2014, n° 13/07769 : « La société ASDG ne peut utilement faire état de l'antériorité de la fiche technique de sa chaussure Pointy sur celle de la chaussure 1216/201, ou de celle de son bon de commande sur celui de la société ZARA France, les éléments produits par les deux parties révélant la concomitance dans laquelle est intervenue la création des deux chaussures respectives sans que ne soit démontrée que la divulgation de sa chaussure Pointy est intervenue antérieurement à la création de la chaussure 1216/201 de la société ZARA France », concluant au rejet de l'action en contrefaçon tant sur le terrain du droit d'auteur que du DMCNE (pas de copie puisque le tiers ne pouvait en avoir eu connaissance), décision intéressante car rare sur ce point.

(24) V. Ch. Caron, *Droit d'auteur et droits voisins*, préc., n°s 306 et s.

(25) En ce sens, V. M. Vivant et J.-M. Bruguière, *Droit d'auteur*, Dalloz, 2009, n° 482.

§ 2. – Les exceptions au monopole

598. – **Présentation.** La loi exclut certaines situations du champ du monopole.

599. – **Les usages accomplis hors de la sphère commerciale.** L'article L. 513-6 du Code de la propriété intellectuelle exclut du monopole accordé au titulaire d'un dessin ou modèle les actes accomplis à titre privé et à des fins non commerciales, les actes accomplis à des fins expérimentales, les actes de reproduction à des fins d'illustration ou d'enseignement, si ces actes mentionnent l'enregistrement et le nom du titulaire des droits. La disposition évoque l'exception de courte citation du droit d'auteur(26). Le bénéfice de l'exception suppose que ces actes soient conformes aux pratiques commerciales loyales et ne portent pas préjudice à l'exploitation normale du dessin ou du modèle.

600. – **Principe de territorialité, navires ou d'aéronefs immatriculés dans un autre pays.** L'article L. 513-7 du Code de la propriété intellectuelle précise que les droits conférés par l'enregistrement d'un dessin ou modèle ne s'étendent pas aux équipements installés à bord de navires ou d'aéronefs immatriculés dans un autre pays lorsqu'ils pénètrent temporairement sur le territoire français ; il en va de même des importations en France de pièces détachées et d'accessoires pour la réparation de ces navires et aéronefs ou à l'occasion de leur réparation. L'exception se justifie par la territorialité étrangère de tels bâtiments lorsqu'ils sont placés sous pavillon allochtone(27). On restera attentif, en pareille hypothèse, à l'application éventuelle du droit d'auteur qui ne connaît pas pareille exception.

601. – **Épuisement du droit.** En application du principe de libre circulation des marchandises, la théorie de l'épuisement du droit s'applique bien évidemment aux dessins et modèles enregistrés ; la règle est formalisée à l'article L. 513-8 du Code de la propriété intellectuelle(28).

602. – **La « possession personnelle antérieure » du dessin ou modèle.** L'article 22 du règlement n° 6/2002 prévoit que le tiers qui, avant la date de dépôt de la demande ou de la priorité, démontre avoir commencé à utiliser de bonne foi (ou avoir effectué des préparatifs sérieux) un dessin ou modèle réservé au titre du règlement communautaire, ne peut être qualifié de contrefacteur dès lors qu'il ne s'agit pas d'une copie. Ce tiers peut se prévaloir d'un « droit » fondé sur une utilisation antérieure. Ce tiers ne pourra transférer cette immunité qu'avec la partie de l'entreprise dans le cadre de laquelle l'utilisation a été faite ou les préparatifs réalisés. On transposera sur cette question les observations réalisées en droit des brevets quant au droit de possession personnelle antérieure (V. *supra*, n° 322).

603. – **Utilisation par le gouvernement.** L'article 23 du règlement n° 6/2002 prévoit que :

« Toute disposition du droit d'un État membre autorisant l'utilisation des dessins ou modèles nationaux par le gouvernement ou pour le compte de celui-ci peut être appliquée aux dessins ou modèles communautaires, mais uniquement dans la mesure où cette utilisation est nécessaire à des fins essentielles de défense ou de sécurité. »

(26) CPI, art. L. 122-5, 3°, a).
(27) Comp. CUP, art. 5 ter (brevets).
(28) Sur le principe d'épuisement du droit, V. *infra*, nos 655 et s.

§ 3. – La durée du monopole

604. – **Cinq ans, renouvelables.** L'article L. 513-1 du Code de la propriété intellectuelle prévoit que l'enregistrement produit ses effets à compter de la date de dépôt de la demande, pour une période de cinq ans. La protection du dessin ou modèle peut être prorogée par période de cinq ans, jusqu'à vingt-cinq ans maximum[29].

605. – **Prorogation d'un enregistrement de dessin ou modèle.** La prorogation résulte d'une déclaration du titulaire du dessin ou modèle, sachant que la première prorogation peut être demandée en même temps que le dépôt de la demande d'enregistrement[30]. La prorogation prend effet le jour suivant la date d'expiration de l'enregistrement. Comme en matière de marque, la déclaration doit être présentée au cours d'une période de six mois expirant le dernier jour du mois au cours duquel prend fin chaque période de protection et doit être accompagnée de la justification du paiement de la taxe correspondante. Il est possible de bénéficier d'un délai de grâce de six mois sous réserve de payer un supplément (de 50 % de la redevance correspondante due) en cas de prorogation tardive ou paiement tardif de la redevance de prorogation[31]. Enfin, il est possible de bénéficier d'un relevé de déchéance s'il est justifié d'une excuse légitime[32].

SECTION 2

LA PERTE DU MONOPOLE DU DROIT DES DESSINS ET MODÈLES

606. – **Plan.** Le droit sur le dessin ou modèle peut disparaître du fait de la volonté du titulaire (§ 1) ou à la suite d'une action de tiers en nullité (§ 2).

§ 1. – La perte du droit sur le dessin ou modèle du fait de la volonté du titulaire

607. – **La renonciation aux effets des droits de dessin et modèle.** Le titulaire d'un enregistrement de dessin ou modèle peut y renoncer à tout moment, pour tout ou partie (CPI, art. R. 513-2). Il est nécessaire que la renonciation soit concrétisée dans un écrit rédigé par le ou les titulaires inscrits au jour de la déclaration de

(29) Auparavant, le dépôt accordait une protection de cinq ans, avec une prorogation de vingt ans, puis de vingt-cinq ans, ce qui permettait d'avoir une protection de cinquante ans au total. En 1992, il était prévu que le dépôt conférait une protection de vingt-cinq ans, prorogeable pour une nouvelle durée de vingt-cinq ans ; sur les dispositions transitoires pour la mise en œuvre de l'ordonnance de 2001, V. *supra*, n° 517.

(30) V. CPI, art. R. 513-1.

(31) Ce délai supplémentaire court à partir du premier jour du mois suivant le mois au cours duquel la protection du dessin et modèle prend fin. Exemple cité sur le site de l'INPI : pour un dessin déposé le 9 mai 2005, le délai de prorogation expirait le 31 mai 2010 ; le délai de grâce court donc du 1er juin 2010 au 1er décembre 2010 (inclus).

(32) V. CPI, art. L. 512-3.

renonciation, adressé ou remis à l'INPI[33]. Si un mandataire intervient, il lui faudra un mandat spécial, en raison de la gravité de l'acte de renonciation[34]. Les licenciés ou créanciers gagistes sont appelés à donner leur consentement (écrit) à cette occasion. Les renonciations sont inscrites au Registre national des dessins et modèles.

§ 2. – La perte du droit sur le dessin ou modèle à la suite d'une action d'un tiers en nullité

608. – **Présentation.** La nullité évoquée est celle du titre. Auparavant, la loi n'envisageait pas d'action en nullité à titre principal, mais ne la prévoyait qu'à titre incident, lorsque la demande était soulevée dans le cadre d'une action en contrefaçon. Les cas de nullité sont limitativement énoncés et la nullité doit être mise en œuvre par une action judiciaire qui emporte des conséquences radicales.

609. – **Loi applicable.** La validité d'un titre s'apprécie au jour de son dépôt. Par conséquent, il conviendra de se référer aux dispositions de la loi de 1909, pour les dépôts accomplis avant le 30 juillet 2001, date d'entrée en vigueur de l'ordonnance n° 2001-670 du 25 juillet 2001. Pour les titres déposés après cette date, c'est ce texte qui s'applique et il conviendra par conséquent de vérifier que le dépôt concerne l'apparence d'un produit ou d'une partie de produit, nouvelle et présentant un caractère propre[35].

610. – **Cas de nullité.** L'article L. 512-4 du Code de la propriété intellectuelle procure une liste limitative de motifs d'annulation. Il énonce que l'enregistrement peut être déclaré nul :

« *a)* S'il n'est pas conforme aux dispositions des articles L. 511-1 à L. 511-8 [textes relatifs à l'objet du droit de dessin et modèle et aux conditions de fond de la réservation], *b)* Si son titulaire ne pouvait bénéficier de la protection prévue à l'article L. 511-9 ; *c)* Si le dessin ou modèle méconnaît des droits attachés à un dessin ou modèle antérieur qui a fait l'objet d'une divulgation au public après la date de présentation de la demande d'enregistrement ou, si une priorité est revendiquée, après la date de priorité, et qui est protégé depuis une date antérieure par l'enregistrement d'un dessin ou modèle communautaire, d'un dessin ou modèle français ou international désignant la France, ou par une demande d'enregistrement de tels dessins ou modèles ; *d)* S'il est porté atteinte au droit d'auteur d'un tiers[36] ; *e)* S'il est fait usage dans ce dessin ou modèle d'un signe distinctif antérieur protégé, sans autorisation de son titulaire[37]. »

L'énumération du texte est exhaustive[38]. Pour les causes de nullité qui relèvent de droits antérieurs au profit de tiers, l'action est attitrée de sorte que seuls ces derniers peuvent agir (comme en matière de marques). Il en est de même de l'hypothèse

(33) Il faut en outre que la déclaration soit accompagnée de la justification du paiement de la taxe.
(34) CPI, art. R. 712-21, sauf s'il a la qualité de conseil en propriété industrielle ou d'avocat.
(35) V. Cass. com., 4 juill. 2006, n° 04-17.39, préc.
(36) V. CA Paris, 3 mai 2006 : *Propr. industr.* 2006, comm. 100, obs. J.-P. Gasnier. – V., à propos de coauteurs, Cass. com., 28 sept. 2010, n° 09-69.656 : *Bull. civ.* 2010, IV, n° 143 ; *D.* 2010, act. jurispr. 1360 ; *RTD com.* 2011, p. 107, obs. F. Pollaud-Dulian. – Trib. UE, 23 oct. 2013, aff. T-566/11 et T-567/11, tasse, sous-tasse et assiette creuse avec des stries fines : *Propr. industr.* 2014, comm. 8, obs. J.-P. Gasnier.
(37) Trib. UE, 25 avr. 2013, aff. T-55/12 : *Propr. industr.* 2013, comm. 55, obs. L. Marino, retenant pour la première fois la nullité d'un modèle communautaire qui reproduit une marque communautaire antérieure.
(38) De même pour la nullité en matière de dessins ou modèles communautaires, V. Règl. n° 6/2002, art. 25.

dans laquelle le dépôt a été fait par quelqu'un d'autre que le *verus dominus*. Dans ces derniers cas, on évoquera une nullité relative. Le ministère public peut cependant agir en nullité sur toutes les causes de nullité.

611. - **Mise en œuvre.** La nullité d'un enregistrement résulte d'une décision de justice qui doit être portée devant l'un des dix tribunaux de grande instance exclusivement compétents en la matière (CPI, art. L. 512-4). Pour le dessin ou modèle communautaire enregistré(39), lorsqu'une demande en nullité est formée à titre principal, elle relève de la compétence de l'OHMI. Lorsqu'elle est soulevée à titre reconventionnel, dans une action en contrefaçon qui relève alors des juridictions nationales ayant compétence en matière de titres communautaires (tribunal de grande instance de Paris), elle est traitée par cette juridiction nationale.

612. - **Effet de la nullité.** Les motifs de nullité peuvent n'affecter le dessin ou modèle qu'en partie : l'enregistrement peut être maintenu sous une forme modifiée dès lors que le dessin ou modèle, ainsi rectifié, répond aux critères de protection et conserve son identité (CPI, art. L. 512-5). La décision judiciaire prononçant la nullité totale ou partielle d'un dessin ou modèle a un effet absolu (CPI, art. L. 512-6). Elle sera inscrite au Registre national des dessins et modèles. L'article 26 du règlement n° 6/2002 énonce que le dessin ou modèle communautaire qui succombe à une action en nullité est réputé n'avoir pas eu, dès l'origine, les effets prévus à ce règlement. Ce texte envisage utilement certaines des conséquences qui en découlent. Ainsi, sauf dispositions nationales prévoyant une réparation du préjudice causé en raison de la mauvaise foi du déposant ou pour des motifs d'enrichissement sans cause, l'effet rétroactif attaché à la nullité n'affecte pas les décisions en contrefaçon ayant acquis l'autorité de chose jugée et exécutées avant la décision prononçant la nullité, tout comme les contrats conclus antérieurement à la décision et ayant été exécutés, sauf restitution des sommes versées si l'équité le commandait.

(39) Règl. n° 6/2002, art. 24, prévoyant que la nullité peut également concerner un dessin ou modèle communautaire non enregistré.

DEUXIÈME PARTIE

L'EXPLOITATION DES DROITS DE PROPRIÉTÉ INDUSTRIELLE

613. – **L'exploitation de la propriété.** Les droits de propriété industrielle sont la propriété. L'exploitation de ces droits participe de l'exercice de droits privatifs dont la substance tient dans le pouvoir d'interdire du propriétaire, titulaire du droit industriel. Que l'exploitation du bien intellectuel objet du droit vienne à être pratiquée par un tiers sans l'autorisation du propriétaire : celui-ci exercera une action sanctionnant une atteinte à sa propriété, l'action en contrefaçon châtie les actes du même nom (Titre 1)[1]. Que l'exploitation du bien intellectuel vienne à se réaliser avec l'autorisation du propriétaire : l'hypothèse rejoint l'étude des contrats d'exploitation de la propriété industrielle (Titre 2).

(1) Sur l'analyse de l'action en contrefaçon en action en restitution destinée à reprendre *possession* du bien usurpé : F. Zenati et Th. Revet, préc., n° 195.

TITRE 1

L'EXPLOITATION SANS L'AUTORISATION DU PROPRIÉTAIRE : LA CONTREFAÇON

614. – **Plan.** L'exploitation de l'objet du droit sans l'autorisation de son titulaire est constitutive d'un acte de contrefaçon (Chapitre 1). À l'encontre d'un agissement qui empiète son droit de propriété, le titulaire du droit dispose d'une action spécifique, l'action en contrefaçon (Chapitre 2).

CHAPITRE 1

L'ACTE DE CONTREFAÇON

615. - **Précision terminologique.** La loi et la jurisprudence se réfèrent parfois à la notion de « produit contrefaisant »(1), de « produit de contrefaçon » ou encore de « marchandise contrefaite »(2). Ces termes, s'ils peuvent être employés par « raccourci de langage »(3), n'ont guère de valeur scientifique. En effet, seuls des actes peuvent être « de contrefaçon ». Les produits ne sont « contrefaisants » ou « de contrefaçon » que parce qu'ils sont le résultat de la commission d'un acte interdit matérialisé par la violation de la propriété d'autrui. Dès lors, la contrefaçon ne peut pas être considérée comme un vice intrinsèque du produit, ce qui exclut qu'on l'assimile à la malfaçon(4). Si la seconde peut être concomitante à la première, il n'y a pas de synonymie entre les deux termes dans la mesure où l'empiétement sur le droit de propriété d'un tiers n'entraîne pas nécessairement le défaut de conformité du produit obtenu aux normes de sécurité mises à sa commercialisation(5). La jurisprudence juge régulièrement que les marchandises « de contrefaçon » sont hors du commerce(6).

616. - **Brevet européen.** L'article 64 (1) de la CBE dispose que, dès la publication de sa délivrance au *Bulletin européen des brevets*, le brevet européen confère à son titulaire les mêmes droits qu'un brevet national (V. *supra*, n° 237). Spécialement, le

(1) CPI, art. L. 615-7-1 en matière de brevet d'invention ; art. L. 716-15 en matière de marque.

(2) Cass. com., 24 sept. 2003 : *D.* 2003, p. 2863, note C. Caron ; *RTD civ.* 2003, p. 703, note J. Mestre et B. Fages ; *RTD com.* 2004, p. 284, obs. F. Pollaud-Dullian ; *JCP G* 2004, I, 123, n° 15, obs. G. Loiseau ; *JCP E* 2004, 114, note I. Castets-Renard ; *Contrats, conc. consom.* 2004, n° 32, obs. Ph. Stoffel-Munck.

(3) Ch. Le Stanc, *Le droit et les idées reçues : à propos des « marchandises de contrefaçon » qui seraient « hors du commerce »* : *Propr. industr.* 2008, repère 1.

(4) Sur ces développements en matière de médicaments, V. E. Py, *Médicament : contrefaçon, malfaçon et risque* : *Risques, études et observations (RISEO)* 1/2011, p. 17.

(5) Sur l'ensemble de cette question, V. Ch. Le Stanc, *Le droit et les idées reçues..., op. cit.* ; *Des boulons dans mon yaourt* : *Propr. industr.* 2010, repère 4.

(6) Cass. com., 24 sept. 2003, préc. – Cass. com., 20 mars 2007 : *PIBD* 2007, n° 852, III, 331. Conséquence : nullité du contrat de vente dont ces marchandises sont l'objet ; l'acheteur d'une marchandise contrefaisante qui aura été condamné à ce titre ne peut plus, désormais, appeler en garantie son vendeur, mais, même de mauvaise foi, il obtiendra nullité de la vente avec restitution du prix. – V. P. Véron, *Le recours de l'acheteur contre le vendeur de produits contrefaisants*, in *Mél. J.-J. Burst*, Litec, 1997, p. 617 et s. Encore faut-il observer que cette nullité ne devrait pas s'étendre aux ventes internationales de marchandises susceptibles de relever du domaine de la convention dite de Vienne du 11 avril 1980 dès lors que ce texte réserve un régime spécial de garantie à la vente de marchandises contrefaites, ce qui suppose la validité de ce contrat (V. Conv. Vienne, art. 42, sur lequel Cass. 1re civ., 19 mars 2002 : *JCP G* 2003, II, 10016, note J. R.). – L'acheteur pourra encore exercer contre son vendeur, à raison de sa qualité de coauteur du délit de contrefaçon, une action récursoire tirée de l'article 1251-3° du Code civil pour obtenir la contribution de celui-ci à la réparation du préjudice lié aux éventuelles indemnités de contrefaçon qu'il aura pu être appelé à verser au titulaire du droit privatif, V. Cass. com., 8 juill. 2003, *Stés UOCR et Tissus Mayor c/ Stés Exceltrade et European surprice*, E. Tardieu-Guigues, *Contrefaçon et recours en garantie du distributeur contre son fournisseur* : *CDE* 2004, n° 2.

paragraphe 3 dudit article dispose que toute contrefaçon d'un brevet européen est appréciée conformément à la législation nationale. Ce sont donc les textes nationaux qui s'appliqueront, en matière de contrefaçon, indifféremment au brevet français et au brevet européen désignant la France[7].

617. – **Marques communautaires, dessins et modèles communautaires.** Des dispositions similaires existent en matière de marques communautaires et de dessins et modèles communautaires[8]. La validité de ces titres s'apprécie à l'aune des règlements qui les régissent, mais les actes de contrefaçon relèvent des dispositions du Code de la propriété intellectuelle.

618. – **Plan.** L'acte de contrefaçon est caractérisé par la réunion de trois éléments : le premier, matériel, tient au fait de mettre en œuvre les prérogatives réservées au titulaire du droit sans son autorisation (Section 1) ; le deuxième, moral, révèle que, parfois, la bonne foi exonère l'auteur de l'acte de toute responsabilité (Section 2) ; le dernier, légal, suppose que l'atteinte corresponde à la définition légale et qu'elle ne soit pas justifiée par la loi elle-même (Section 3).

SECTION 1

L'ÉLÉMENT MATÉRIEL

619. – **Plan.** Nous examinerons successivement l'élément matériel de l'atteinte en matière de brevets d'invention (§ 1), de marques (§ 2) et de dessins et modèles (§ 3).

§ 1. – L'élément matériel en matière de brevets d'invention

620. – **Présentation.** L'élément matériel de la contrefaçon est constitué par l'exploitation de l'invention par un tiers sans l'autorisation du breveté. L'exploitation s'entend de la réalisation des actes entrant dans le champ du monopole du breveté tels qu'ils sont visés aux articles L. 613-3 et L. 613-4 du Code de la propriété intellectuelle[9]. Concrètement, le juge confronté à une demande en contrefaçon devra s'assurer que l'exploitation litigieuse est bien conforme à l'objet de la propriété du breveté. Les revendications étant le siège de la protection (CPI, art. L. 612-6), c'est par rapport à leur contenu que s'apprécie tout d'abord la contrefaçon (I). Toutefois, les revendications doivent être interprétées de sorte que leur portée s'étende au-delà de leur contenu littéral (II).

(7) Sous réserve du paragraphe 2 qui édicte une règle substantielle conforme néanmoins au droit français, V. *infra*, n° 623.
(8) CPI, art. L. 717-1 : « Constitue une contrefaçon engageant la responsabilité civile de son auteur la violation des interdictions prévues aux articles 9, 10, 11 et 13 du règlement (CE) 40/94 du Conseil du 20 décembre 1993 sur la marque communautaire », remplacé par le règlement n° 207/2009 du 22 février 2009 modifié par le règlement n° 2015/2424 ; l'article suivant prévoit que les dispositions pénales du Code de la propriété intellectuelle sont également applicables ; CPI, art. L. 522-1 : « Les chapitres Ier et Ier bis du présent titre sont applicables aux atteintes portées aux droits du propriétaire d'un dessin ou modèle communautaire ».
(9) V. *supra*, nos 291 et s.

I. – L'invention revendiquée

621. – **Rappel.** L'article L. 612-6 du Code de la propriété intellectuelle dispose que les revendications définissent l'objet de la protection demandée. La façon de rédiger la revendication est donc déterminante dans la définition du périmètre réservé(10). La catégorie à laquelle appartient l'invention a également une incidence sur l'étendue de la protection.

622. – **Le brevet de produit.** La protection conférée par le brevet porte sur le produit lui-même. La contrefaçon sera donc réalisée par l'exploitation du produit, peu importe qu'il ait été obtenu par un procédé différent et peu importe son application.

623. – **Le brevet de procédé.** Le procédé n'est protégé que dans sa forme et sa fonction. Dès lors, la reproduction qui en est faite est un acte de contrefaçon. En revanche, le produit que permet d'obtenir le procédé n'est pas protégé *per se* par le brevet de procédé, de sorte qu'un tiers peut librement exploiter un tel produit dès lors qu'il l'a réalisé autrement qu'en mettant en œuvre le procédé protégé. L'article L. 613-2, alinéa 2 du Code de la propriété intellectuelle, tout comme l'article 64 (2) de la CBE, dispose que la protection conférée à un procédé breveté « s'étend aux produits obtenus directement par ce procédé ». La formule ne doit pas tromper : elle ne signifie pas que le titulaire d'un brevet de procédé dispose, automatiquement, sur le produit qu'il permet d'obtenir, des mêmes prérogatives que le titulaire d'un brevet de produit mais seulement que celui qui exploite un produit directement obtenu par le procédé breveté commet un acte de contrefaçon.

624. – **L'application nouvelle de moyens connus.** Un brevet portant sur une nouvelle application d'un moyen connu ne protège le moyen que dans cette application. Il s'ensuit que l'auteur d'une nouvelle application n'entrera pas dans le champ de la protection. En revanche, si le moyen est lui-même breveté par un tiers, le titulaire d'un brevet portant sur une application particulière sera dans la dépendance du brevet de base et ne pourra pas être exploité sans le consentement du titulaire du brevet sur le moyen(11).

625. – **Les inventions biotechnologiques.** Les inventions biotechnologiques font l'objet de dispositions particulières. En conformité avec le principe, français mais non communautaire, de l'interdiction de breveter une séquence génétique en tant que produit(12), l'article L. 613-2-1, alinéa 2 du Code de la propriété intellectuelle confirme l'impossibilité d'opposer un brevet incluant une séquence génétique à un brevet ultérieur utilisant la même séquence dans une application différente : dans ce domaine, seuls les brevets d'application sont autorisés, ce qui exclut la possibilité d'une dépendance entre les différents droits. Le texte précise en outre que la portée de la revendication est limitée « à la partie de la séquence directement liée à la fonction spécifique concrètement exposée dans la description ». Hors cette hypothèse, l'article L. 613-2-2

(10) Sur la rédaction des revendications, V. *supra*, nos 205 et s.

(11) La licence pourra être accordée de façon amiable par le titulaire du droit ou sous la forme d'une licence autoritaire dans certains cas, V. *supra*, n° 311, sur les licences de dépendance.

(12) V. *supra*, nos 78 et s.

du Code de la propriété intellectuelle dispose que la protection conférée par un brevet de produit contenant ou consistant dans une information génétique s'étend « à toute matière dans laquelle le produit est incorporé et dans laquelle l'information génétique est contenue et exerce la fonction indiquée ». L'interprétation de l'article 9 de la directive n° 98/44/CE du 6 juillet 1998, à l'origine de cette disposition, a fait l'objet d'une décision importante rendue par la Cour de justice de l'Union européenne aux termes de laquelle la protection conférée par le titre ne s'étend pas à une matière qui contient le produit alors que sa fonction ne s'y exerce plus même si cette fonction pourrait à nouveau s'exercer après extraction et réintroduction de l'information génétique dans une cellule d'un organisme vivant(13). Le second alinéa de l'article L. 613-2-2, issu de la loi n° 2014-1170 du 13 octobre 2014, exclut le bénéfice de cette protection à la présence accidentelle de l'information génétique dans un organisme végétal. Parce que la matière biologique est autoreproductible, l'article L. 613-2-3 du Code de la propriété intellectuelle dispose que sa protection « s'étend à toute matière biologique obtenue à partir de cette matière biologique par reproduction ou multiplication » dès lors qu'elle est dotée des mêmes propriétés que la matière initiale. Par symétrie avec le droit commun des brevets, la protection d'un brevet de procédé permettant de produire une matière biologique « s'étend à la matière biologique directement obtenue par ce procédé et à toute autre matière biologique obtenue, à partir de cette dernière, par reproduction ou multiplication et dotée de ces mêmes propriétés » (CPI, art. L. 613-2-3, al. 2).

II. – La revendication interprétée(14)

626. – **Présentation.** L'étendue de la protection conférée par le brevet est, aux termes mêmes de la loi, déterminée par les revendications interprétées par la description et les dessins (CPI, art. L. 613-2, al. 1er ; CBE art. 69 [1] – V. *supra*, n° 200). L'interprétation de la revendication permet, tout d'abord, de pallier, dans une certaine mesure, son équivocité ou son obscurité(15). Mais au-delà, l'interprétation vise aussi à donner sa portée véritable à la revendication que l'on ne saurait réduire à son contenu littéral. À ce titre, la CBE contient un protocole interprétatif à l'article 69 aux termes duquel :

« L'article 69 ne doit pas être interprété comme signifiant que l'étendue de la protection conférée par le brevet européen est déterminée au sens étroit et littéral du texte des revendications et que la description et les dessins servent uniquement à dissiper les ambiguïtés que pourraient recéler les revendications. Il ne doit pas davantage être interprété comme signifiant que les revendications servent uniquement de ligne directrice et que la protection s'étend également à ce que, de l'avis d'un homme du métier ayant examiné la description et les dessins, le titulaire du brevet a entendu protéger. L'article 69 doit, par contre, être interprété comme définissant entre ces extrêmes une position qui assure à la fois une protection équitable au titulaire du brevet et un degré raisonnable de sécurité juridique aux tiers(16). »

(13) CJUE, 6 juill. 2010, aff. C-428/08 : *Propr. intell.* 2011, n° 39, p. 326, obs. J.-Ch. Galloux ; *D.* 2011, p. 329, obs. J. R. : la Cour a également jugé qu'une législation nationale ne pouvait pas faire obstacle à cette exigence en autorisant la protection du produit en tant que tel, « qu'il exerce ou non la fonction qui est la sienne dans la matière la contenant ».

(14) Sur cette question, J.-M. Mousseron et J. Boucourechliev (ss dir.), *Les brevets d'invention : rédaction et interprétation*, PUF, 1972.

(15) P. Mathély, *Le nouveau droit français des brevets d'invention, op. cit.*, p. 276.

(16) Ce texte est applicable par le juge français aux brevets européens désignant la France, mais ce dernier n'hésite pas, heureusement, à reprendre les règles qu'ils posent dans son interprétation de l'article L. 613-2 du Code de la propriété intellectuelle applicable aux brevets français, V. CA Paris, 1er mars 1996 : *PIBD* 1996, n° 611, III, p. 274.

Le principe est donc simple : il est défendu une position médiane de la portée du brevet qui ne se réduit pas à ce qui est littéralement décrit, mais qui ne s'étend pas à ce que l'homme du métier imagine que le breveté a voulu protéger à la lecture des documents le composant. La mise en application du principe est plus compliquée dans la mesure où, excepté un texte européen sur les équivalents[17], la loi ne donne pas d'indices sur les moyens de mise en œuvre de l'interprétation par le juge. La jurisprudence a donc développé des mécanismes d'interprétation, bien souvent issus de la pratique judiciaire antérieure à l'intégration des revendications en droit français d'ailleurs.

627. - **Éléments à prendre en compte dans l'appréciation de la portée de la revendication.** Traditionnellement, la détermination de la portée de la revendication est exclusivement le fait de l'interprétation des revendications par la description et les dessins. Notre législation ne connaît pas, du moins de façon expresse, le système du *file wrapper estoppel* américain par lequel le breveté ne peut contredire, devant le juge, la position qu'il a défendue devant l'office de délivrance. Il reste que plusieurs décisions font apparaître une prise en compte par le juge du comportement du breveté pendant la procédure de délivrance. Il a ainsi pu être jugé que la limitation de la revendication opérée en cours de procédure de délivrance afin d'échapper à un vice de validité engageait le breveté qui ne pouvait, ensuite, défendre une interprétation large de sa revendication comme couvrant son champ initial[18]. Il faut garder à l'esprit que cette pratique est susceptible d'avoir une incidence sur l'appréciation que le juge fera de la portée de la revendication au cours des étapes de l'interprétation.

628. - **Étapes de l'interprétation.** Si l'on devait résumer les étapes de l'interprétation réalisées par le juge, on pourrait avancer qu'elles sont chronologiquement quantitatives, par la recherche des moyens essentiels de l'invention (A), et qualitatives, par la recherche de l'existence d'un équivalent technique (B).

A. – L'approche quantitative : variations sur l'essentialité

629. - **Principe de la prise en compte des moyens essentiels de l'invention.** La protection conférée par le brevet porte sur les moyens essentiels de l'invention en ce sens que la contrefaçon est caractérisée lorsque ces moyens essentiels sont reproduits par un tiers non autorisé[19]. Cette assertion s'exprime encore par l'adage selon lequel « la contrefaçon s'apprécie par les ressemblances et non par les différences »[20], c'est-à-dire par la prise en compte de la ressemblance entre la technique litigieuse et les éléments essentiels de l'invention et non par celle des éventuelles différences pouvant exister entre les éléments secondaires. Ce faisant, la jurisprudence admet d'étendre la protection conférée par le brevet aux « variantes d'exécution » de l'invention.

(17) V. *infra*, n°s 632 et s.

(18) V. par ex. CA Paris, 5 avr. 2006 : *PIBD* 2006, n° 832, III, p. 420 ; *Propr. industr.* 2006, comm. 17, note P. Vigand. – CA Paris, 9 mars 2009 : *PIBD* 2009, n° 895, III, p. 993 ; *Propr. intell.* 2010, p. 743, note J.-Ch. Galloux.

(19) Cass. com., 24 sept. 2002 : *PIBD* 2002, n° 756, III, p. 33. – Cass. com., 3 avr. 2012, n° 10-21.084 : *PIBD* 2012, n° 965, III, p. 447 ; *Propr. industr.* 2012, comm. 62, E. Py.

(20) A. Chavanne et J.-J. Burst, *Droit de la propriété industrielle*, *op. cit.*, n° 405. – V. déjà E. Pouillet, *Traité théorique et pratique des brevets d'invention et de la contrefaçon*, Marchal et Billard, 1909, n° 641.

630. – **Variantes d'exécution par adjonction, modification ou suppression.** S'il ne fait pas de doute que la reproduction littérale de l'invention protégée sans l'accord du breveté entre dans le champ du monopole, la protection s'étend également à toutes les réalisations pour lesquelles des différences de détail existent entre l'objet du brevet et l'objet de l'exploitation non autorisée sans qu'elles aient une incidence sur le résultat produit[(21)]. Dans cette mesure, une variante d'exécution de l'invention peut se manifester par la reproduction de ses éléments essentiels et en y ajoutant des éléments secondaires[(22)], ou encore par une modification de son ordonnancement ou de son échelle par exemple[(23)]. Enfin, la variante d'exécution peut s'incarner dans la reproduction de certains des moyens de l'invention revendiquée, seulement lorsqu'ils en sont les moyens essentiels.

631. – **Qu'est-ce qu'un moyen essentiel ? Analyse de l'essentialité sous l'angle du contenu des revendications.** L'articulation de cette règle avec le contenu de la revendication doit être précisée. Lorsque le juge estime que seuls certains moyens de la revendication sont essentiels, la contrefaçon sera caractérisée sans qu'il soit nécessaire que le prétendu contrefacteur reprenne l'ensemble des moyens revendiqués[(24)]. Se pose alors la question de la définition de l'essentialité. L'essentialité d'un moyen peut, semble-t-il, couvrir trois hypothèses. Selon la première, la plus courante, un moyen essentiel est celui qui est nécessaire à la résolution du problème technique[(25)]. Selon la deuxième, l'essentialité peut encore résider dans le caractère inventif du moyen considéré qui, ajouté au cours de la procédure de délivrance, s'avère déterminant pour garantir la brevetabilité de l'invention[(26)]. Enfin, dans un troisième sens, la jurisprudence a pu juger qu'un moyen ajouté par le breveté au cours de la procédure de délivrance devait être considéré comme essentiel alors même qu'il n'avait, en l'espèce, aucune incidence sur la validité[(27)]. Dans le premier cas, l'essentialité est une notion objective, intrinsèque à l'invention. Dans le deuxième cas, le caractère objectivement essentiel du moyen est associé au comportement du breveté qui choisit d'insérer le moyen dans la revendication

(21) La simple différence de résultat est insuffisante à l'exclusion de la contrefaçon dès lors qu'elle n'est pas la conséquence d'une différence de forme et de fonction, V. Cass. com., 15 nov. 1994 : *PIBD* 1995, n° 563, III, p. 173.

(22) CA Paris, 19 nov. 2004 : *PIBD* 2005, n° 804, III, p. 168. – Cass. com., 6 nov. 2012 : *PIBD* 2013, n° 976, III, p. 893 : qui comporte des « adjonctions, voire des améliorations ».

(23) Pour des exemples déjà anciens, F. Valancogne, *L'invention : sa brevetabilité, l'étendue de sa protection*, Litec, coll. « CEIPI », 1968, p. 72 et s.

(24) CA Paris, 26 sept. 2012 : *PIBD* 2012, n° 972, III, p. 735 : « Considérant toutefois qu'il résulte de ce qui précède que l'innovation consiste en réalité uniquement dans le système de chicane imposé à la vapeur par le positionnement respectif de ses orifices d'entrée et de sortie dans et hors du récipient, dispositif exempt de toute canalisation d'amenée de la vapeur, permettant à la vapeur de traverser l'intégralité du panier de cuisson, l'orifice d'entrée étant situé sur le couvercle (au-dessus de ce panier), et la vapeur devant traverser le contenu du panier avant de remonter le long de la paroi latérale définissant le récipient pour s'échapper et ainsi accéder à l'orifice de sortie ménagé à l'extrémité supérieure du récipient ; qu'ainsi s'avèrent essentielles deux des trois caractéristiques de la revendication 1 prévoyant, d'une part, que le couvercle est muni d'une ouverture destinée à permettre l'arrivée de la vapeur à l'intérieur du panier de cuisson, d'autre part, que le récipient est muni d'une ouverture traversante dans sa partie supérieure ; que la troisième caractéristique relative au panier (comportant des ouvertures traversantes ménagées au voisinage de sa base) est dépourvue de réelle portée ayant antérieurement été déjà divulguée par l'appareil de la société BEABA de 1996 ». – Ce sera, *a fortiori*, le cas si l'élément revendiqué ne fait que décrire un résultat, V. Cass. com., 6 nov. 2012, préc. – Il en va de même lorsque l'élément non reproduit est explicitement désigné comme étant facultatif dans la revendication, V. TGI Paris, 10 déc. 2004 : *PIBD* 2005, n° 804, III, p. 168. – CA Paris, 19 nov. 2004, préc.

(25) P. Mathély, *Le nouveau droit français des brevets d'invention*, *op. cit.*, p. 413.

(26) La raison en est qu'en participant de la validité de la revendication, le moyen s'avère essentiel à la reconnaissance de la contrefaçon, V. P. Vigand, note ss CA Paris, 24 sept. 2003 : *Propr. industr.* 2004, comm. 38. – Dans le même sens, pour une modification restrictive du texte pour échapper à une antériorité, V. CA Paris, 5 avr. 2006 : *PIBD* 2006, n° 832, III, p. 420 ; *Propr. industr.* 2006, comm. 17, note P. Vigand.

(27) CA Paris, 24 sept. 2003, préc.

en cours de procédure. Dans le troisième cas, enfin, l'essentialité devient une notion totalement subjective, extrinsèque à l'invention puisqu'elle dépend de la seule volonté du breveté. C'est donc bien, ici, la volonté du déposant qui « essentialise » le moyen, le critère déterminant étant la sécurité des tiers qui sont fondés à penser que le moyen est essentiel puisqu'il a été ajouté en cours de procédure(28).

Cette situation ne doit pas être confondue avec la doctrine de la « contrefaçon partielle ». Défendue, à l'origine, par Mathély, elle consiste à considérer que lorsqu'une revendication est divisible, c'est-à-dire lorsqu'elle porte sur une juxtaposition de moyens(29), la contrefaçon peut être réalisée par la reproduction d'un seul d'entre eux(30). La jurisprudence a, un temps, appliqué cette doctrine, ce qui la conduisit, notamment, à reconnaître que la contrefaçon pouvait être caractérisée par la seule reproduction de la partie caractérisante d'une revendication dépendante(31). Face aux critiques justifiées de l'ensemble de la doctrine(32), la jurisprudence a abandonné cette approche, même si la Cour de cassation ne l'a jamais explicitement condamnée(33).

B. – L'approche qualitative : variations sur l'équivalence

632. – **Annonce.** La protection conférée par le brevet porte naturellement sur les moyens formellement indiqués dans la revendication, mais aussi sur les moyens équivalents(34). L'article 2 du protocole interprétatif de l'article 69 de la CBE dispose, à ce titre, que « pour la détermination de l'étendue de la protection conférée par le brevet européen, il est dûment tenu compte de tout élément équivalent à un élément indiqué dans la revendication ». La jurisprudence française ne dit pas autre chose lorsqu'elle affirme que la contrefaçon est caractérisée lorsque les moyens essentiels de la revendication sont reproduits à l'identique ou par équivalent(35).

633. – **Définition de l'équivalence.** Ainsi que le définissait Mathély, « deux moyens sont équivalents lorsque, bien qu'étant de forme différente, ils exercent la même fonction en vue d'un résultat de même nature sinon de même degré »(36).

(28) P. Vigand, note ss CA Paris, 24 sept. 2003, préc. – La question pourrait se poser de savoir s'il faut considérer que l'ensemble des moyens revendiqués sont essentiels. Il n'existe pas de texte permettant de trancher ce point de façon déterminante. On pourrait sans doute invoquer l'article R. 612-17, 2° du Code de la propriété intellectuelle qui précise que la partie caractérisante contient les caractéristiques techniques qui, en liaison avec le préambule, sont celles pour lesquelles la protection est recherchée. L'interprétation contraire pourrait trouver un support légal dans l'article L. 613-4 du Code de la propriété intellectuelle qui fait référence aux « moyens de mise en œuvre (...) de cette invention se rapportant à un élément essentiel de celle-ci », ce qui laisse entendre que tous les moyens de mise en œuvre d'une invention ne sont pas essentiels. Sans doute faut-il considérer que l'équilibre recherché par l'article 69 de la CBE entre une lecture littérale de la revendication et une simple ligne directrice pour l'homme du métier est atteint par l'interprétation de l'essentialité telle qu'elle résulte de la jurisprudence.

(29) Sur cette notion, V. *supra*, n° 49.

(30) P. Mathély, *Le nouveau droit français des brevets d'invention, op. cit.*, p. 419 et s.

(31) Cass. com., 19 févr. 1991 : *PIBD* 1991, n° 503, III, p. 391.

(32) J.-P. Martin, *Contrefaçon de brevet : partielle ou à part entière* : *JCP* E 1989, 15592. – P. Vigand, *Portée et validité d'un brevet européen en France*, in *Mél. dédiés à P. Mathély*, Litec, 1990, p. 335. – Ch. Le Stanc et P. Vigand, *La contrefaçon partielle de brevet*, in *Mél. en l'honneur de J.-J. Burst*, Litec, 1997, p. 297. – J.-P. Martin et P. Vigand, *Brevets d'invention : brevetabilité et contrefaçon* : *Gaz. Pal.* 2000, p. 1753.

(33) V. par ex. CA Paris, 23 sept. 2014 : *PIBD* 2014, n° 1018, III, p. 902 : « Il ne saurait être retenu que les revendications 8 et 9, dépendantes, puissent être contrefaites isolément, la contrefaçon ne pouvant résider que dans leur application à la machine automatique couverte par la revendication principale, dont il a été rappelé qu'elle ne saurait être déclarée contrefaite dans le cadre de la présente procédure, étant par ailleurs relevé qu'il n'apparaît pas soutenu que les autres revendications, dans la dépendance desquelles se trouvent les revendications 8 et 9 opposées, seraient reproduites et contrefaites ».

(34) Sous réserve de la prise en compte du comportement du breveté, V. *supra*, n° 627.

(35) Cass. com., 3 avr. 2012, préc.

(36) P. Mathély, *Le nouveau droit français des brevets d'invention, op. cit.*, p. 417.

Ainsi, le test à opérer afin de vérifier l'existence d'une équivalence porte sur deux éléments : la fonction du moyen et son résultat[37]. Dès lors qu'un moyen remplace le moyen breveté, une différence de forme n'interdit donc pas que la contrefaçon soit caractérisée si les deux moyens ont une fonction identique en vue d'un résultat de même nature[38]. On comprend aisément, s'agissant d'une table, que les vis liant chaque pied au plan horizontal exercent la même fonction que les clous employés aux mêmes fins.

634. – **La nouveauté de la fonction du moyen.** La justification même de la possibilité d'une contrefaçon par équivalence tient au fait que la fonction du moyen reproduit par équivalent peut être protégée[39]. Lorsque le moyen n'est breveté que dans sa forme, la protection accordée par le brevet ne peut s'étendre à des formes différentes, quand bien même elles exerceraient la même fonction en vue du même résultat. Il s'ensuit que la fonction du moyen doit être nouvelle au moment du dépôt de la demande[40] sans quoi « la protection du brevet est nécessairement limitée à la forme des moyens nouveaux revendiqués »[41]. S'agissant d'un moyen unique général[42], il est admis que le fait que la fonction du moyen soit protégée autorise la reconnaissance d'une contrefaçon par équivalence lorsqu'un moyen de forme différente produit la même fonction en vue d'un résultat de même nature[43]. S'agissant de la combinaison de moyens, les choses sont moins claires. La Cour de cassation juge que la nouveauté de la fonction de la combinaison brevetée elle-même permet de caractériser une contrefaçon par équivalence lorsqu'elle est mise en œuvre par un dispositif de forme différente[44]. Cette situation nous ramène finalement à la précédente et conduit à ce que le remplacement de la combinaison brevetée par une autre produisant la même fonction en vue du même résultat constitue une contrefaçon par équivalence[45]. Plus fréquemment, la jurisprudence examine l'équivalence au niveau de chaque moyen de la combinaison. Dans ce cas, la contrefaçon peut être reconnue, dans les conditions normales, pour autant que la fonction dudit moyen soit nouvelle[46]. Une partie de la doc-

(37) V. P. Véron, *Doctrine of Equivalents : France* v. *The Rest of the World : Patent World* nov. 2001, p. 1.
(38) V. par ex. CA Paris, 22 mai 2013 : *PIBD* 2013, n° 988, III, 1313.
(39) P. Mathély, *ibid.*
(40) Cass. com., 20 nov. 2007 : *PIBD* 2008, n° 866, III, p. 29. – Cass. com., 26 févr. 2008 : *PIBD* 2008, n° 874, III, p. 293. – Cass. com., 15 sept. 2009 : *PIBD* 2009, n° 906, III, p. 1458. – Cass. com., 2 nov. 2011 : *PIBD* 2012, n° 954, III, p. 50 ; *Propr. industr.* 2012, comm. 30, note P. Vigand. – Cass. com., 3 avr. 2012 : *PIBD* 2012, n° 966, III, p. 489. – Cass. com., 29 sept. 2015, n° 14-12.430.
(41) CA Paris, 13 févr. 2009 : *PIBD* 2009, n° 894, III, p. 945. – Dans le même sens, CA Paris, 26 sept. 2012 : *PIBD* 2012, n° 972, III, 735.
(42) Sur lequel, V. *supra*, n° 47.
(43) P. Mathély, *ibid.*
(44) De façon très claire, V. par ex. Cass. com., 15 sept. 2009 : *PIBD* 2009, n° 906, III, p. 1458 : « qu'en l'état de ces constatations et appréciations, la cour d'appel, qui a défini la fonction nouvelle couverte par la combinaison de moyens du brevet, et constaté, sans se contredire, que le dispositif incriminé, bien que différent dans sa forme, remplissait la même fonction, en vue d'un résultat de même nature, (...), a pu retenir l'existence d'actes de contrefaçon ». – Dans le même sens, J. Azéma et J.-Ch. Galloux, *Droit de la propriété industrielle, op. cit.*, n° 719. – J.-P. Martin et M. Moncheny, *Contrefaçon et doctrine des équivalents : RD propr. intell.* 122/2001, p. 25 et spéc. p. 32. – F. Pollaud-Dulian, *La propriété industrielle, op. cit.*, n° 764.
(45) Cette proposition a pu être critiquée, de la même manière que s'agissant de la protection du moyen général, en ce qu'elle impliquerait, en contrariété avec le protocole interprétatif de l'article 69 de la CBE, une protection de « l'idée inventive générale », V. P. Vigand, note ss CA Paris, 20 janv. 2006 : *Propr. industr.* 2007, comm. 37.
(46) V. par ex. TGI Paris, 3 avr. 2014 : *PIBD* 2014, n° 1010, III, p. 597. On ajoutera que la jurisprudence retient parfois les deux approches en même temps, ce qui ne facilite pas la lecture. – CA Paris, 13 févr. 2015 : *PIBD* 2015, n° 1026, III, p. 291

trine s'oppose toutefois à cette interprétation en estimant que, dans cette dernière hypothèse, la contrefaçon par équivalence doit être reçue même si la fonction du moyen n'est pas nouvelle[(47)], dans la mesure où admettre le contraire rendrait difficile, en pratique, la caractérisation de cette forme de contrefaçon[(48)].

635. - **Perfectionner, est-ce contrefaire**[(49)] **?** La réponse à cette question est traditionnellement positive et l'adage « perfectionner c'est contrefaire » est repris par l'ensemble de la doctrine[(50)] et appliqué par la jurisprudence[(51)]. La formule a, incontestablement, un caractère évocateur, qui permet de comprendre que la question de la brevetabilité d'une invention est distincte de celle de la contrefaçon[(52)], de sorte qu'une invention peut parfaitement faire l'objet d'un brevet alors même que sa mise en œuvre constituerait un acte de contrefaçon d'un brevet dominant[(53)]. D'ailleurs, le Code de la propriété intellectuelle reconnaît expressément cette hypothèse en prévoyant la possibilité d'obtenir, dans ce cas, une licence de dépendance[(54)]. Pour le reste, perfectionner c'est contrefaire… ou pas, selon la définition que l'on en retient. Si l'on s'en tient à celle de la Cour de cassation, retenue au titre de la licence de dépendance, le perfectionnement implique la mise en œuvre des caractéristiques essentielles de l'invention[(55)]. Dans cette mesure, toute reproduction de l'invention brevetée sera constitutive d'un acte de contrefaçon. Au contraire, une invention qui permettrait, par exemple, d'atteindre un résultat de meilleure qualité mais *via* des moyens totalement différents ne serait pas contrefaisante, le résultat n'étant pas protégeable.

§ 2. – L'élément matériel en matière de marques

636. - **Renvoi.** L'élément matériel de la contrefaçon est constitué par l'exploitation de la marque par un tiers pour les produits ou services associés sans l'autorisation du titulaire du droit. L'exploitation s'entend de la réalisation des actes entrant dans le champ du monopole légal tels qu'ils sont visés aux articles L. 713-2 et L. 713-3 du Code de la propriété intellectuelle dans leur interprétation conforme à la directive (CE) n° 2008/95 du 22 octobre 2008[(56)].

qui commence par affirmer que l'identité de fonction est à rechercher au stade de la combinaison avant de l'examiner individuellement pour certains des éléments qui forment la combinaison.

(47) J.-P. Martin et M. Moncheny, *ibid.* – Rapport du groupe français de l'AIPPI, Q 175, p. 3.

(48) CA Paris, 28 mai 1999 : *PIBD* 1999, n° 687, III, p. 501.

(49) Pour reprendre la question posée par M. Vigand, note ss Cass. com., 31 mars 2004 : *Propr. industr.* 2005, comm. 2 ; *PIBD* 2004, n° 789, III, p. 373.

(50) V. par ex., J. Azéma et J.-Ch. Galloux, *Droit de la propriété industrielle, op. cit.*, n° 718.

(51) Cass. com., 24 sept. 2002 : *PIBD* 2003, n° 756, III, p. 33. – Cass. com., 6 nov. 2012 : *PIBD* 2013, n° 976, III, p. 893.

(52) Pour une analyse de ce principe comme conséquence de l'absence de prise en compte de l'évidence au stade de l'appréciation de l'équivalence, V. P. Véron, *Doctrine of Equivalents, op. cit.*, p. 3.

(53) TGI Paris, 27 mai 2003 : *PIBD* 2003, n° 774, III, p. 539. – Comp. toutefois avec une décision malheureuse de la Cour de cassation qui a pu juger qu'en retenant qu'un brevet contrefaisait un brevet antérieur, la cour d'appel avait nécessairement constaté son défaut de nouveauté et d'activité inventive, Cass. com., 31 mars 2004, préc.

(54) Sous conditions toutefois, V. *infra*, n° 311.

(55) Cass. com., 27 janv. 2009 : *PIBD* 2009, n° 893, III, p. 192.

(56) V. *supra*, n°s 449 et s.

§ 3. – L'élément matériel en matière de dessins et modèles industriels

637. – **Renvoi.** L'élément matériel de la contrefaçon est constitué par l'exploitation du dessin ou du modèle réservé par un tiers sans l'autorisation du titulaire du droit. L'exploitation s'entend de la réalisation des actes entrant dans le champ du monopole légal tels qu'ils sont visés aux articles L. 513-4 et L. 513-5[(57)] du Code de la propriété intellectuelle.

SECTION 2

L'ÉLÉMENT MORAL

638. – **Plan.** L'élément moral de l'atteinte sera examiné en matière de brevets (§ 1), de marques (§ 2) et de dessins et modèles (§ 3).

§ 1. – L'élément moral en matière de brevets

639. – **Renvoi.** Nous ne traiterons pas ici de l'élément moral spécifique requis pour sanctionner l'offre de procédé[(58)] et la fourniture ou l'offre de fourniture de moyens pour contrefaire[(59)], qui ont tous deux été examinés par ailleurs.

640. – **Annonce du plan.** La contrefaçon est un délit civil mais aussi pénal. Les conditions de sa caractérisation varient de l'un à l'autre de ces domaines.

I. – L'élément moral en matière civile

641. – **Présentation de la dichotomie.** L'article L. 615-1 du Code de la propriété intellectuelle dispose, dans ses deux premiers alinéas, que les atteintes aux droits du breveté, tels qu'ils sont définis aux articles L. 613-3 à L. 613-6, constituent une contrefaçon et engagent la responsabilité civile de leur auteur. Ce principe étant posé, l'alinéa 3 dudit article prévoit une exception en disposant que certains actes effectués par un non-fabricant n'engagent la responsabilité de leur auteur que s'ils sont commis « en connaissance de cause ». Ce faisant, la loi distingue deux catégories de contrefacteurs soumis à deux régimes différents : le contrefacteur primaire ou direct, dont la responsabilité est engagée indépendamment de tout élément moral et qui, en conséquence, ne pourra exciper de sa bonne foi pour tenter d'échapper à la sanction, et le contrefacteur second ou indirect, dont la condamnation suppose la démonstration d'une intention caractérisée par la commission de l'acte en connaissance de cause[(60)].

(57) V. *supra*, n°s 590 et s.
(58) V. *supra*, n° 301.
(59) V. *supra*, n° 306.
(60) Sur l'emploi de cette terminologie, V. par ex. J. Azéma, *Lamy Droit commercial*, 2014, n°s 2009 et s. – F. Pollaud-Dulian, *La propriété industrielle*, *op. cit.*, n° 751. – Sur l'ensemble de la question, V. Ch. Le Stanc : *JCl. Brevets*, Fasc. 4610.

642. – **Les actes réalisés par un fabricant ou une personne assimilée. Le contrefacteur direct ou primaire.** La fabrication d'un produit breveté engage la responsabilité de son auteur indépendamment de tout élément moral, c'est-à-dire qu'il ait agi ou non en connaissance de cause. Il en va de même de tous les actes d'exploitation subséquents réalisés par le fabricant(61). Est assimilé au fabricant du produit breveté celui qui met en œuvre un procédé breveté puisque l'article L. 615-1, alinéa 3 du Code de la propriété intellectuelle, qui pose la limite de la connaissance de cause, ne concerne que le produit breveté(62). On peut en déduire que tous les actes réalisés, par le contrefacteur direct, sur le produit obtenu directement par le procédé breveté, engageront sa responsabilité sans prise en compte d'un quelconque élément moral. L'importateur est également assimilé au fabricant, ce qui implique que l'acte d'importation engagera la responsabilité de l'importateur dans les mêmes conditions(63). La doctrine est cependant partagée sur le fait de savoir si l'absence d'impact de la bonne ou mauvaise foi de l'importateur vaut pour le seul acte d'importation(64), qui correspond *a priori* à l'interprétation exégétique du texte, ou pour les actes subséquents également(65). La question se pose également de la responsabilité de l'exportateur ou de l'auteur d'un transbordement qui n'aurait pas fabriqué le produit contrefaisant. La lecture exégétique de l'article L. 615-1, alinéa 3 du Code de la propriété intellectuelle devrait conduire à considérer que ces actes engagent la responsabilité de leur auteur sans prise en compte de leur bonne ou mauvaise foi puisqu'ils n'entrent pas dans la liste limitative des exceptions prévues au texte(66).

643. – **Les contrefacteurs seconds ou indirects.** Aux termes de l'article L. 615-1, alinéa 3 du Code de la propriété intellectuelle, le contrefacteur second est celui qui, n'étant pas fabricant du produit contrefait, a procédé à « l'offre, la mise dans le commerce, l'utilisation, la détention en vue de l'utilisation ou la mise dans le commerce d'un produit contrefaisant ». Il s'agira donc essentiellement des auteurs d'actes de commercialisation d'un produit contrefaisant – auxquels il faut assimiler ceux qui ont commis de tels actes sur le produit obtenu directement par le procédé breveté sans l'avoir mis en œuvre(67) – dont on peut admettre qu'ils ignorent la contrefaçon(68). Dès lors, ils n'encourent une sanction que s'ils ont agi « en connaissance de cause ». La connaissance de cause implique la connaissance du caractère

(61) F. Pollaud-Dulian, *La propriété industrielle, op. cit.*, n° 752.

(62) J. Passa, *Droit de la propriété industrielle, op. cit.*, n° 488.

(63) Cass. com., 24 janv. 1977 : *PIBD* 1977, n° 195, III, p. 259. – Cass. com., 18 nov. 2008 : *PIBD* 2009, n° 889, III, p. 783. – Cass. com., 29 mars 2011 : *PIBD* 2011, n° 940, III, p. 339. – CA Toulouse, 2 mai 2012 : *PIBD* 2012, n° 965, III, p. 462.

(64) Dans ce sens, Ch. Le Stanc : *JCl. Brevets*, Fasc. 4610, nos 13 et s. – J. Azéma et J.-Ch. Galloux, *Droit de la propriété industrielle, op. cit.*, n° 753.

(65) J. Passa, *ibid.*, n° 478.

(66) On observe que, dès avant la réforme, l'exportateur étranger pouvait, lorsqu'il participe activement à l'introduction d'un produit breveté en France, être qualifié d'importateur, ce qui, dans ce cas, conduit à une solution équivalente à celle que nous proposons (dans le sens d'une condamnation expresse de l'importateur et de l'exportateur étranger sans prise en compte d'un élément moral, V. Cass. com., 12 mars 1979 : *Bull. civ.* 1979, IV, n° 97. – Comp. J. Azéma, *Lamy Droit commercial*, 2015, n° 2010, qui considère que l'exportateur étranger ne saurait être condamné sans qu'il ait connu le caractère contrefaisant des produits importés). En revanche, pour ce qui est de l'exportateur français, la conception française actuelle de la faute, qui tend à sanctionner l'acte sur le fondement de la commercialisation, s'en éloignerait (V. *supra*, nos 294 et s.).

(67) Dans ce sens, J. Azéma, *Lamy Droit commercial*, 2015, n° 2011. – J. Foyer et M. Vivant, *Le droit des brevets, op. cit.*, p. 305. – Plus dubitatif, J. Passa, *ibid.*, n° 490.

(68) J. Azéma et J.-Ch. Galloux, *Droit de la propriété industrielle, op. cit.*, n° 753.

contrefaisant du produit litigieux et non de la simple existence du brevet[69]. La preuve de la connaissance de cause doit être rapportée par celui qui l'invoque. Le breveté aura donc intérêt à mettre le tiers en connaissance de cause sous réserve que son comportement ne dégénère en abus[70]. Hors cette hypothèse, la jurisprudence peut recourir à une présomption de connaissance de cause par laquelle elle consacre un renversement de la charge de la preuve[71] lorsque les auteurs d'actes indirects de contrefaçon ont la qualité de professionnel au moins lorsque leur « spécialisation (...), leur compétence, (ou) l'étroitesse du marché » est telle qu'ils ne pouvaient pas ignorer le caractère contrefaisant de l'acte commis[72]. Ainsi que l'analyse le professeur Passa, certaines décisions ne posent pas à proprement parler une présomption de connaissance de cause, mais déduisent de la spécialisation de l'auteur de l'acte qu'il ne pouvait pas ignorer le caractère contrefaisant du produit breveté[73]. Quelle que soit l'analyse retenue, le défendeur doit pouvoir apporter la preuve contraire[74].

II. – L'élément moral en matière pénale

644. – Une atteinte commise sciemment. L'article L. 615-14 du Code de la propriété intellectuelle sanctionne pénalement toute atteinte aux droits du breveté, tels qu'ils sont visés aux articles L. 613-3 à L. 613-6, dès lors qu'elle a été commise « sciemment »[75]. Le caractère intentionnel de l'infraction n'est pas pour surprendre et, à la lecture du texte, a vocation à s'appliquer à l'ensemble des actes de contrefaçon sans distinction entre le contrefacteur primaire ou second. De même, s'agissant d'une infraction pénale, aucune présomption d'existence de l'élément intentionnel ne saurait être mise en œuvre par le juge[76]. S'agissant du contenu de l'élément moral, la question se pose de savoir s'il est identique à celui de « la connaissance de cause » parfois requise au civil. La doctrine est partagée sur ce point, et si l'on a pu considérer que les deux expressions étaient équivalentes[77], il semble que la différence de termes induise une différence de contenu[78] qui pourrait se traduire par une différence de « gradation dans l'intention frauduleuse »[79]. La question reste, il est vrai, largement théorique à l'heure actuelle, faute de contentieux pénal en matière de brevets.

(69) Cass. com., 7 juill. 2004 : *PIBD* 2004, n° 793, III, p. 495.
(70) Cass. com., 27 mai 2015 : *PIBD* 2015, n° 1031, III, p. 481. – Rejetant le pourvoi c/ CA Versailles, 14e ch., 20 mars 2013 : *PIBD* 2013, n° 988, III, p. 1325.
(71) CA Paris, 16 févr. 1982 : *PIBD* 1982, n° 303, III, p. 120. – Cass. com., 12 mars 2002 : *PIBD* 2002, n° 743, III, p. 239.
(72) Ch. Le Stanc, Fasc. 4610, *op. cit.*, n° 34.
(73) J. Passa, *op. cit.*, n° 483. – Cass. com., 7 juill. 2004, préc. – Cass. com., 31 janv. 2012 : *PIBD* 2012, n° 960, III, p. 239. – V. également, Cass. com., 6 nov. 2012 : *Propr. industr.* 2014, comm. 1, note P. Vigand qui pourrait faire l'objet d'une analyse sous les deux angles.
(74) J. Passa, *ibid.* – Ch. Le Stanc, *ibid.*
(75) Le délit de contrefaçon de brevet a été réintroduit en France par la loi du 26 novembre 1990.
(76) Ch. Le Stanc : *JCl. Brevets*, Fasc. 4610, n° 41.
(77) Ch. Le Stanc, *ibid.*, n° 40.
(78) J. Azéma et J.-Ch. Galloux, *Droit de la propriété industrielle*, *op. cit.*, n° 754.
(79) J. Azéma, *Lamy Droit commercial*, 2015, n° 2012.

§ 2. – L'élément moral en matière de marques

645. – **Absence d'exigence de l'élément intentionnel. Vente et mises en vente.** En matière civile, la bonne ou mauvaise foi de l'auteur de l'acte est indifférente(80). Même sur le terrain pénal, les atteintes constituent des actes de contrefaçon au seul constat de leur matérialité(81). Les actes de reproduction, d'imitation ne nécessitent pas la preuve d'un élément intentionnel. Il a été jugé à maintes reprises que la bonne foi est indifférente à la contrefaçon. Une simple négligence est suffisante pour justifier une condamnation. Depuis la loi n° 2004-204 du 9 mars 2004, portant adaptation de la législation aux évolutions de la criminalité, la vente et la mise en vente ne nécessitent plus la preuve de l'intention délictueuse (du fait de la suppression du terme « sciemment » dans la nouvelle rédaction de l'article L. 716-9), alors qu'il peut s'agir d'un acte indirect de contrefaçon (le vendeur n'a pas forcément procédé lui-même à la reproduction illicite). On comparera avec la matière de brevets d'invention où la nécessaire « connaissance de cause » est exigée du contrefacteur second, notamment en matière de commercialisation(82).

646. – **Les instructions et l'organisation.** Aux divers délits précédents, la loi de 2004 précitée a ajouté la poursuite et la répression d'un nouveau comportement : celui consistant à donner des instructions ou des ordres en vue de la réalisation d'importations, d'exportation et de production industrielle d'objets contrefaisants, dans un but commercial (vente, fourniture, location : autant d'opérations qui sont toutes réalisées à titre onéreux)(83). Cela permet de poursuivre et de sanctionner les instigateurs de ces agissements illicites, peu important qu'ils soient informés du caractère contrefaisant des objets ou pas. Il est prévu qu'en cas de commission des actes incriminés en bande organisée, sur Internet ou en cas d'objets dangereux pour l'homme ou l'animal, les peines seront aggravées, toujours sans qu'il soit nécessaire de rapporter la preuve de l'élément intentionnel. La volonté de participer à la contrefaçon par simples instructions ou ordres ou de le faire en bande organisée a une incidence sur la qualification ; la dangerosité de ces agissements justifie également des peines d'emprisonnement et d'amendes aggravées.

647. – **Motif légitime. Actes accomplis sciemment.** Qu'elle soit volontaire ou pas, le législateur impose que la détention reprochable soit faite « sans motif légitime »(84) et que la livraison d'un produit ou la fourniture d'un service autre que celui qui est demandé soient accomplies « sciemment »(85).

(80) CPI, art. L. 716-1. – V. Cass. 1re civ., 10 juill. 2013, n° 12-19.170, rappelant, en matière de droits d'auteur, que « la bonne ou mauvaise foi était indifférente à la caractérisation, devant la juridiction civile, de la contrefaçon ». – En matière de marques : CA Paris, 7 mars 1988 : *Ann. propr. ind.* 1989, p. 119. – Cass. com., 27 nov. 1972 : *Ann. propr. ind.* 1973, p. 1. – V., pour rappel, P. Roubier, *Traité de la propriété industrielle*, t. 1, p. 410. – P. Mathély, *Le droit français des signes distinctifs*, p. 665.

(81) CPI, art. L. 716-9.

(82) CA Paris, 1er mars 1990 : *PIBD* 1990, n° 480, III, p. 380 ; surtout, V. *supra*, n° 643.

(83) CPI, art. L. 716-9, c.

(84) CPI, art. L. 716-10, a. – Il n'est pas certain que cette précision « sans motif légitime » renvoie à l'élément intentionnel (car auparavant figurait l'adverbe « sciemment », plus net ; en outre, ce qui atténue ladite précision, pour qu'il y ait une atteinte au droit de marque, il faut un usage dans la vie des affaires.

(85) CPI, art. L. 716-10, e. – V. TGI Paris, 19 oct. 2012 : *PIBD* 2012, n° 974, III, p. 839, rappelant que le délit de contrefaçon par substitution nécessite la preuve de l'élément intentionnel.

§ 3. – L'élément moral en matière de dessins et modèles industriels

648. – **Absence d'exigence de l'élément intentionnel au civil.** Avec la réforme issue de l'ordonnance n° 2001-670 du 25 juillet 2001, l'article L. 521-1 du Code de la propriété intellectuelle n'exige plus que les atteintes portées aux droits du propriétaire du dessin ou modèle aient été commises sciemment pour engager la responsabilité civile de leur auteur(86). En matière civile, la bonne foi est indifférente et le simple fait d'empiéter sur le monopole reconnu au titulaire d'un dessin et modèle permet de poursuivre le tiers non autorisé en contrefaçon.

649. – **L'exigence d'élément intentionnel en matière pénale.** L'article L. 521-10 du Code de la propriété intellectuelle dispose :

> « Toute atteinte portée sciemment aux droits garantis par le présent livre est punie de trois ans d'emprisonnement et de 300 000 € d'amende (...). »

L'adverbe a été maintenu ici : pour parvenir à faire condamner un tiers en contrefaçon devant les juridictions pénales, il faudra démontrer l'intention de l'auteur. Cependant, la jurisprudence retient que le professionnel du secteur (fabricant, revendeur, importateur par exemple) doit se renseigner et connaître les productions de la concurrence, de telle sorte qu'il est, en général, considéré comme étant de mauvaise foi.

SECTION 3

L'ÉLÉMENT LÉGAL

650. – **Plan.** Des textes particuliers à chaque droit industriel étudié prévoient la sanction pénale de la contrefaçon (§ 1), mais l'étude de l'élément légal de l'atteinte conduit surtout à envisager les situations dans lesquelles cet élément fait précisément défaut en présence d'actes d'exploitation non autorisés qui échappent pourtant à l'interdit légal (§ 2).

§ 1. – Les textes qui stigmatisent la contrefaçon

I. – L'élément légal en matière de brevets

651. – **Les textes applicables.** L'article L. 615-1 du Code de la propriété intellectuelle dispose que :

> « Toute atteinte portée aux droits du propriétaire du brevet, tels qu'ils sont définis aux articles L. 613-3 à L. 613-6, constitue une contrefaçon. La contrefaçon engage la responsabilité civile

(86) Auparavant, l'article suivant, L. 521-2 ancien, distinguait selon que les actes étaient accomplis avant la publication du dépôt laissant présumer de la bonne foi du tiers (qui ne pouvait pas en connaître l'existence) ou après, auquel cas le tiers était présumé de mauvaise foi. La jurisprudence avait pris pour habitude de limiter au début la mauvaise foi au fabricant, puis a ensuite considéré que la qualité de professionnel obligeait les opérateurs à se renseigner, retenant alors leur mauvaise foi. Aujourd'hui, la loi ne distingue plus : il n'y a plus d'incidence quant à la bonne ou mauvaise foi, la contrefaçon en matière civile est établie.

de son auteur. Toutefois, l'offre, la mise dans le commerce, l'utilisation, la détention en vue de l'utilisation ou la mise dans le commerce d'un produit contrefaisant, lorsque ces faits sont commis par une autre personne que le fabricant du produit contrefait, n'engagent la responsabilité de leur auteur que si les faits ont été commis en connaissance de cause. »

Il convient donc de renvoyer ici aux développements consacrés à l'élément matériel et à l'élément moral de la contrefaçon. Les actes constitutifs de contrefaçon peuvent être poursuivis devant le juge répressif(87).

652. – **Les textes associés.** À ces dispositions sont associés d'autres articles qui visent à sanctionner pénalement des situations diverses, à commencer par le fait de se prévaloir indûment de la qualité de breveté(88), de violer la mise au secret des demandes de brevet pendant la durée de leur examen par les services de la défense nationale(89) ou de ne pas respecter l'obligation de dépôt devant l'INPI d'une demande internationale ou d'une demande de brevet européen par une personne ayant son domicile ou son siège en France qui ne revendique pas la priorité d'un dépôt français antérieur(90).

II. – L'élément légal en matière de marques

653. – **Les textes applicables.** L'article L. 716-1 du Code de la propriété intellectuelle énonce que :

« L'atteinte portée au droit du propriétaire de la marque constitue une contrefaçon engageant la responsabilité civile de son auteur. Constitue une atteinte aux droits de la marque la violation des interdictions prévues aux articles L. 713-2, L. 713-3 et L. 713-4. »

La définition de l'élément légal de la contrefaçon de marque renvoie aux développements consacrés au contenu du droit ainsi qu'à l'élément matériel de contrefaçon(91). On complétera utilement ces textes par les articles L. 716-9 et L. 716-10 du Code de la propriété intellectuelle, lesquels énoncent les peines d'amende et d'emprisonnement encourues en cas de commission de certaines infractions, si la voie pénale est choisie. Depuis la loi du 9 mars 2004 précitée, ces articles ont été largement modifiés dans leur rédaction, mêlant les infractions directes (par ex., le cas de la personne qui reproduit et appose la marque d'autrui sur les produits couverts par le dépôt) et indirectes (par ex., le fait pour une personne de commercialiser des produits qui portent une marque contrefaite sans avoir réalisé elle-même l'acte de contrefaçon), adoptant des peines différentes, selon les actes concernés(92). Désormais, l'article L. 716-9 du Code de la propriété intellectuelle dispose :

« Est puni de quatre ans d'emprisonnement et de 400 000 € d'amende le fait pour toute personne, en vue de vendre, fournir, offrir à la vente ou louer des marchandises présentées sous une marque

(87) Les sanctions sont visées aux articles L. 615-14 et s., V. *infra*, n° 706.
(88) CPI, art. L. 615-12 qui prévoit une amende de 7 500 €.
(89) CPI, art. L. 615-13 qui prévoit une amende de 4 500 € complétée par une peine d'emprisonnement de cinq ans en cas de préjudice porté à la défense nationale, le tout sans préjudice de peines plus graves en cas d'atteinte à la sûreté de l'État – de la même manière pour les demandes internationales, CPI, art. L. 615-15 (sous réserve d'une peine d'amende de 6 000 €) – de la même manière pour une demande de brevet européen, CPI, art. L. 615-16 (sous réserve d'une peine d'amende de 6 000 €).
(90) CPI, art. L. 615-15 et L. 615-16.
(91) V. *supra*, 449 et s.
(92) J. Passa, *Le droit pénal des marques après la loi Perben II du 9 mars 2004* : D. 2005, chron. 433.

contrefaite : *a)* d'importer d'exporter, de réexporter ou de transborder des marchandises présentées sous une marque contrefaisante ; *b)* de produire industriellement des marchandises présentées sous une marque contrefaisante ; *c)* de donner des instructions ou des ordres pour la commission des actes visés aux *a)* et *b)*. Lorsque les délits prévus au présent article ont été commis en bande organisée, ou sur un réseau de communication au public en ligne, ou lorsque les faits portent sur des marchandises dangereuses pour la santé, la sécurité de l'homme ou de l'animal, les peines sont portées à cinq ans d'emprisonnement et à 50 000 € d'amende. »

Ces actes, accomplis en vue de « vendre, fournir, offrir à la vente ou louer » sont plus sévèrement punis que les actes visés à l'article L. 716-10 du Code de la propriété intellectuelle (retenant des peines identiques aux actes de contrefaçon applicables en cas d'atteinte aux autres droits de propriété intellectuelle, ce qui témoigne de la volonté de sévérité du législateur à l'égard des actes réprimés par l'article L. 716-9 précité). L'article L. 716-10 précité dispose pour sa part :

« Est puni de trois ans d'emprisonnement et de 300 000 € d'amende le fait pour toute personne : *a)* de détenir sans motif légitime, d'importer ou d'exporter des marchandises présentées sous une marque contrefaisante ; *b)* d'offrir à la vente ou de vendre des marchandises présentées sous une marque contrefaisante ; *c)* de reproduire, d'imiter, d'utiliser, d'apposer, de supprimer, de modifier une marque, une marque collective ou une marque collective de certification en violation des droits conférés par son enregistrement et des interdictions qui découlent de celui-ci. L'infraction, prévue dans les conditions prévues au présent *c)*, n'est pas constituée lorsqu'un logiciel d'aide à la prescription permet, si le prescripteur le décide, de prescrire en dénomination commune internationale, selon les règles de bonne pratique prévues à l'article L. 161-38 du Code de la sécurité sociale ; *d)* de sciemment livrer un produit ou fournir un service autre que celui qui lui est demandé sous une marque enregistrée. L'infraction, dans les conditions prévues au *d)* n'est pas constituée en cas d'exercice par un pharmacien de la faculté de substitution prévue à l'article L. 5125-23 du Code de la santé publique. Lorsque les délits prévus aux *a)* à *d)* ont été commis en bande organisée, ou sur un réseau de communication au public en ligne ou lorsque les faits portent sur des marchandises dangereuses pour la santé, la sécurité de l'homme ou de l'animal, les peines sont portées à cinq ans d'emprisonnement et à 500 000 € d'amende. »

En cas de récidive ou lorsque le contrefacteur a ou avait des liens contractuels avec le titulaire des droits contrefaits, les peines précitées sont alors doublées : dans la première hypothèse, le délinquant aurait pu être plus attentif à l'existence éventuelle de droits de propriété intellectuelle pour avoir déjà connu une situation semblable et, dans la seconde hypothèse, pour ne pouvoir ignorer l'existence de tels droits puisqu'il avait contracté antérieurement avec leur titulaire pour leur exploitation. L'article L. 716-11-2 du Code de la propriété intellectuelle prévoit que les personnes morales peuvent être déclarées responsables pénalement (comme en matière de contrefaçon de brevets, de dessins et modèles).

III. – L'élément légal en matière de dessins et modèles industriels

654. – **Les textes applicables.** L'article L. 513-2 du Code de la propriété intellectuelle énonce que, sans préjudice de l'application d'autres dispositions du même code (celles relatives à la protection des droits d'auteur), l'enregistrement d'un dessin ou modèle confère à son titulaire un droit de propriété ; à l'instar de ce qui se passe pour les brevets d'invention et les marques, l'article L. 513-4 du même code énonce les actes que peut interdire le titulaire. Le monopole est décrit par l'ensemble des

prérogatives réservées au titulaire et qui caractérisent son pouvoir d'interdire. Aux termes de la loi, sont interdits la fabrication, l'offre, la mise sur le marché, l'importation, l'exportation, le transbordement, l'utilisation ou la détention à ces fins, d'un produit incorporant le dessin ou modèle. Les prérogatives du titulaire ont été définies dans les développements consacrés au contenu du droit[93]. L'article L. 521-1 du Code de la propriété intellectuelle prévoit : « Toute atteinte portée aux droits du propriétaire d'un dessin ou modèle, tels que définis aux articles L. 513-4 à L. 513-8, constitue une contrefaçon engageant la responsabilité civile de son auteur » et l'article L. 521-10 énonce que lorsque ces atteintes sont commises sciemment, leur auteur peut être puni de peines d'emprisonnement et d'amende.

§ 2. – La défaillance de l'élément légal de contrefaçon

655. – **Disparition de l'élément légal.** L'action en contrefaçon peut être mise en échec lorsque l'atteinte se heurte aux exceptions et limites au contenu du droit que nous avons évoquées précédemment (ainsi du droit de possession personnelle antérieure, ou de la finalité expérimentale pour les brevets...). Il en ira de même en cas d'invalidité du titre ; c'est la raison pour laquelle la demande reconventionnelle en nullité du brevet, de la marque ou du dessin ou modèle est une réponse fréquente à l'action en contrefaçon. L'élément légal disparaît logiquement en cas d'autorisation de l'exploitation par le breveté, ce qui renvoie à l'étude des contrats d'exploitation, ou suite à une licence forcée. Plus originale est l'application de la règle de l'épuisement du droit (I) ou celle, spéciale au droit des marques, de la forclusion par tolérance (II).

I. – L'épuisement du droit

656. – **Le principe de l'épuisement du droit.** La règle dite « de l'épuisement du droit » est transversale à la propriété intellectuelle. Le droit des marques procure la trame. L'article L. 713-4 du Code de la propriété intellectuelle dispose :

> « Le droit conféré par la marque ne permet pas à son titulaire d'interdire l'usage de celle-ci pour des produits qui ont été mis dans le commerce dans la Communauté européenne ou dans l'Espace économique européen sous cette marque par le titulaire ou avec son consentement. »

Ce principe d'épuisement permet de rendre effectif le principe de libre circulation des marchandises au sein de l'Union affirmé dès la création du marché commun. À l'origine de construction prétorienne[94], cette règle a été consacrée par la directive Marque n° 89/104/CEE du 21 décembre 1988 et se retrouve dans le règlement n° 40/94 du 20 décembre 1993 sur la marque communautaire[95]. Une règle similaire existe en matière de dessins et modèles, à l'article L. 513-8 et en matière de brevets, à

(93) V. *supra*, n°s 590 et s.
(94) CJCE, 9 juin 1971, aff. C-78/70, *Deutsche Grammophon*, pt 13.
(95) Ces textes ont été remplacés, respectivement, par la directive n° 2008/95 du 22 octobre 2008 et le règlement n° 207/2009 du 26 février 2009. La directive n° 2008/95/CE est abrogée avec effet au 15 janvier 2019 au profit de la directive n° 2015/2436 du 16 décembre 2015 dont l'article 15 reproduit la règle de l'épuisement. Le règlement n° 2015/2424 du 16 décembre 2015 modifie le règlement n° 207/2009.

l'article L. 613-6[96]. Le jeu de cette théorie produit un épuisement des prérogatives du titulaire du droit sur le produit (corporel) incorporant ledit droit, mais pas sur le droit lui-même[97]. Concrètement, le titulaire du droit ne pourra pas se prévaloir du droit privatif pour empêcher la circulation dans l'espace communautaire des produits mettant en cause le droit intellectuel (produits marqués ou brevetés) et dont il a consenti la première mise en circulation dans ce territoire, mais il ne perd pas le droit de s'opposer, sur le territoire de l'Union, à des actes de fabrication ou à de nouvelles reproductions qui lui sont réservés au titre du monopole intellectuel.

657. - **Conditions de l'épuisement du droit.** Pour que l'épuisement puisse jouer, il faut que la première mise sur le marché du produit marqué (ou autrement protégé) intervienne sur le territoire d'un des États membres de l'Union[98], et par le titulaire du droit concerné ou avec son consentement. La première mise en circulation doit être faite sur le territoire d'un État membre. Même si le point est discuté, l'épuisement international n'est pas reconnu[99]. Aussi, lorsque la première mise en circulation des produits en cause s'effectue sur un territoire extérieur à l'Union européenne, le titulaire dispose d'un droit de contrôle sur ces produits jusqu'à l'acquéreur final. Il peut organiser la distribution de ses produits sur différents marchés, dès lors qu'il a pris soin de déposer ses droits dans ces pays. En revanche, au sein de l'Union, le titulaire ne peut pas cloisonner les marchés des États membres : la règle de l'épuisement vient servir le principe de libre circulation des marchandises. Les produits ainsi placés en libre circulation pourront faire l'objet de publicités, sans qu'il s'agisse en principe d'un usage de marque non autorisé[100]. La deuxième condition à la mise en jeu de la règle de l'épuisement tient dans le consentement du titulaire à la première mise en circulation des lots concernés[101]. Le consentement doit être clair ou résulter de façon certaine des circonstances. Dans un arrêt remarqué[102], la Cour de justice retient que le consentement du titulaire puisse être seulement implicite, tout autant qu'il ressorte de façon

(96) Pour le brevet, néanmoins, le texte prévoit également la règle de l'épuisement interne, c'est-à-dire national, du droit. Cette règle, introduite en droit français par la loi de 1978, a permis de mettre un terme à la fiction juridique qui justifiait, par l'existence d'une licence tacite accompagnant la vente, la licéité d'actes subséquents de commercialisation en France des produits mis sur le marché français par le breveté (sous réserve qu'il ne s'agisse pas d'objets contrefaisants, CA Paris, 26 sept. 1991 : *PIBD* 1992, n° 515, III, p. 61). L'ajout de la composante communautaire de l'épuisement du droit de brevet est le résultat d'une loi n° 93-1420 du 31 décembre 1993.

(97) En matière de brevet, V. Cass. com., 25 avr. 2006 : *PIBD* 2006, n° 833, III, p. 460. – V. cependant CJUE, 3 juill. 2012, aff. C-128/11, *UsedSoft GmbH c/ Oracle International Corp.*, qui retient l'épuisement du droit de distribution de licences de logiciels, distribués par le biais d'internet, dès lors que le titulaire du droit d'auteur a autorisé le téléchargement de cette copie et a également conféré, moyennant le paiement d'un prix destiné à lui permettre d'obtenir une rémunération correspondant à la valeur économique de la copie de l'œuvre dont il est propriétaire, un droit d'usage de ladite copie, sans limitation de durée.

(98) C'est l'acte de commercialisation qui est pris en compte, peu importe que la fabrication des produits litigieux ait été réalisée dans un État tiers à l'Union ; V. CJCE, 20 mars 1997, aff. C-352/95, *Phytéron*.

(99) CJCE, 16 juill. 1998, aff. C-355/96, *Silhouette*, refusant l'épuisement international : *RTDE* 2000, p. 112, obs. G. Bonet ; *D. affaires* 1998, 1592 ; *RJDA* 1998, n° 1170. – CA Paris, 28 nov. 2001 : *PIBD* 2002, n° 741, III, p. 212. – CJCE, 23 mai 1978, aff. C-102/77, *Hoffmann-Laroche*. – CJCE, 10 oct. 1978, aff. C-3/78, *Centrafarm*, retenant que « peut constituer, cependant, une restriction déguisée dans le commerce entre les États membres, au sens de l'article 36 deuxième phrase du traité, une telle opposition s'il est établi que la pratique d'utiliser des marques différentes pour un même produit est adoptée par le titulaire dans le but de cloisonner artificiellement les marchés ».

(100) V. CJCE, 4 nov. 1997, aff. C-337/95, *Dior c/ Evora* : *PIBD* 1998, n° 648, III, p. 105 ; *RTDE* 1998, p. 595, obs. G. Bonet, précisant néanmoins que la publicité ne doit toutefois pas nuire à la marque, à son image.

(101) CJCE, 1er juill. 1999, aff. C-173/98, *Sebago*, retenant que le consentement doit porter sur chaque exemplaire du produit pour lequel l'épuisement est invoqué.

(102) CJCE, 20 nov. 2001, aff. C-414/99 à C-416/99, *Davidoff*. – CJCE, 20 nov. 2001, aff. C-414/99 et C-416/99 : *RTD com.* 2002, 480, obs. J. Azéma ; *RTDE* 2002, 387, obs. G. Bonet ; *Comm. com. électr.* 2002, comm. 55, obs. Ch. Caron ; *Propr. intell.* 2002, n° 3, p. 9, obs. G. Bonet ; *D.* 2002, act. jurispr. 214, obs. E. Chevrier ; *RJDA* 2002, n° 326.

non équivoque des éléments ou circonstances : « Cette volonté résulte normalement d'une formulation expresse du consentement. Cependant, dans certains cas, elle peut résulter d'une manière implicite d'éléments et de circonstances antérieurs, concomitants ou postérieurs à la mise dans le commerce en dehors de l'EEE, qui traduisent une renonciation claire du titulaire à son droit »[(103)]. En revanche, la Cour précise que le consentement (même implicite) ne peut résulter d'un simple silence du titulaire. En matière de brevets, il a été jugé que la mise en circulation d'un produit breveté par le titulaire d'une licence obligatoire n'était pas réalisée avec le consentement du titulaire du brevet[(104)]. Enfin, le principe de l'épuisement ne peut être utilement appelé que lorsque les produits proviennent du titulaire du droit ou d'un opérateur lié économiquement à lui, spécialement s'agissant de la marque qui offre une garantie d'origine commerciale. Lorsqu'une même marque est détenue au sein de l'Union par des opérateurs indépendants (à la suite d'une séparation de l'unité économique par exemple), le fait que l'un d'eux commercialise ses propres productions sur un ou des territoires où il détient un titre n'épuise pas le droit de l'autre sur ses productions[(105)].

658. – **Règles propres aux inventions biotechnologiques.** La loi de transposition de la directive n° 98/44/CE a introduit un article L. 613-2-4 dans le Code de la propriété intellectuelle visant à adapter les règles de l'épuisement du droit à l'étendue spécifique reconnue à la protection accordée au breveté sur les inventions biotechnologiques. Il en découle que la protection visée aux articles L. 613-2-2 et L. 613-2-3 ne s'étend pas « à la matière biologique obtenue par reproduction ou multiplication d'une matière biologique mise sur le marché sur le territoire d'un État membre de la Communauté européenne ou d'un État partie à l'accord sur l'Espace économique européen par le titulaire du brevet ou avec son consentement, lorsque la reproduction ou la multiplication résulte nécessairement de l'utilisation pour laquelle la matière biologique a été mise sur le marché, dès lors que la matière obtenue n'est pas utilisée ensuite pour d'autres reproductions ou multiplications ».

659. – **La charge de la preuve de l'épuisement.** La charge de la preuve du consentement à la première mise en circulation pèse naturellement sur l'opérateur qui vend les produits litigieux et entend bénéficier à leur propos de la règle de l'épuisement[(106)]. Toutefois, la Cour de justice a admis que le distributeur puisse

(103) V., pour une application par la Cour de cassation française, Cass. com., 9 avr. 2002, 6 arrêts, n°s 99-15.426, 99-15.427, 99-15.428, 98-22.239, 98-22.240 et 00-14.988 ; sur quelques-uns de ces arrêts, V. *Propr. intell.* 2002, n° 5, 109, J. Passa ; *Propr. industr.* 2002, comm. 51, obs. J. Schmidt-Szalewski ; *RTD com.* 2002, 480, obs. J. Azéma. L'un de ces arrêts, n° 99-15.428, retient : « Attendu que l'arrêt relève que la société Hoechst, titulaire de la marque Décis déposée au Brésil, a consenti à la société Quimio la licence exclusive de cette marque aux termes d'un contrat précisant qu'il ne comportait "aucune restriction quant à la fabrication, la commercialisation et l'exportation des produits couverts par la marque" ; qu'ayant déduit de ces constatations et appréciations que la société Hoechst avait renoncé à se prévaloir du principe de la territorialité des marques et à s'opposer à l'importation et à la commercialisation sur le territoire de la Communauté européenne des produits revêtus de la marque Décis déposée au Brésil, la cour d'appel, qui a légalement justifié sa décision, a pu statuer comme elle a fait ». – CA Paris, 30 janv. 2009, n° 08/00973, excluant l'épuisement car le titulaire avait autorisé son distributeur à commercialiser ses productions sur le seul territoire des États-Unis. – CJUE, 3 juin 2010, aff. C-127/09, *Coty*, testeurs en matière de parfumerie : *Propr. intell.* 2011, n° 39, p. 316, obs. G. Bonet.

(104) CJCE, 9 juill. 1985, aff. 19/84, *Pharmon BV c/ Hoechst AG* : *Rec. CJCE* 1985, I, p. 2281.

(105) CJCE, 17 oct. 1990, aff. C-10/89, *Hag II*, pts 19 et 20 : *RTDE* 1991, 639, obs. G. Bonet ; *JCP* E 1992, 109, obs. L. Vogel.

(106) V. Cass. com., 9 avr. 2002, n° 99-15.428, préc., retenant sur le terrain de la preuve, conformément aux principes de droit commun de procédure civile : « L'arrêt relève que le produit litigieux a été mis dans le commerce en Turquie, puis importé en Allemagne par la société Chembico qui l'a revendu à la société Phytéron ; qu'il retient que la société Phytéron, demandeur à l'exception que constitue la théorie de l'épuisement du droit de marque ne démontre pas que

avoir quelques scrupules à révéler ses sources lorsqu'elles sont en lien notamment avec un membre du réseau, d'autant que cette révélation entraîne un risque de mesures de rétorsion de la part du titulaire du monopole et finalement permettrait à celui-ci de cloisonner les marchés nationaux, favorisant ainsi le maintien des différences de prix(107). Par conséquent, lorsqu'il existe un risque réel de cloisonnement des marchés, la charge de la preuve est renversée et il appartient alors au titulaire du droit de démontrer que les produits litigieux ont été commercialisés hors de l'Union empêchant la mise en jeu du mécanisme de l'épuisement (par ex., par les références portées sur les marchandises marquées, distinguant les territoires de commercialisation : Union et hors Union). Si cette preuve est apportée, l'opérateur poursuivi pourra, le cas échéant, encore établir que, s'agissant de marchandises destinées à un marché étranger à l'Union, une commercialisation avait cependant été autorisée par le titulaire dans un État membre de l'Union.

660. – **Les motifs légitimes permettant d'écarter la règle de l'épuisement en matière de marque ; le reconditionnement.** Alors que les conditions de mise en jeu de la règle de l'épuisement sont satisfaites, le titulaire peut encore tenir cette dernière en échec s'il justifie de motifs légitimes. Il en est ainsi « notamment, lorsque l'état des produits est modifié ou altéré après leur mise dans le commerce »(108). En effet, la fonction de garantie d'une origine commerciale attachée à la marque implique que le produit mis sur le marché par le titulaire ou avec son consentement n'ait pas fait l'objet de modifications accomplies par des tiers, sans y avoir été autorisés. L'altération peut porter sur les produits eux-mêmes, mais encore sur leur présentation. La question du reconditionnement a permis à la Cour de justice de poser quelques principes. Ainsi, lorsque la présentation des produits reconditionnée n'est pas en ligne avec la réputation de la marque, il a pu être jugé qu'il y avait de justes motifs à ne pas admettre l'épuisement(109). La Cour a statué à propos du reconditionnement de médicaments. Cependant, la règle de l'épuisement retrouve son efficacité lorsque l'instauration d'un cloisonnement des marchés est démontrée, par exemple lorsque le titulaire a choisi de distribuer ses médicaments sous de multiples marques selon les territoires de l'Union alors que l'importateur était tenu de

---

le produit importé en France a été commercialisé sur le marché allemand par la société Hoechst ou avec son consentement ; qu'en déduisant de ces constatations et observations l'absence d'autorisation de la société Hoechst de commercialiser dans les États membres de la Communauté européenne, les produits litigieux, la cour d'appel (...) n'a pas inversé la charge de la preuve ». – *Adde* en matière de brevet, CA Paris, 18 sept. 2002 : *Propr. industr.* 2004, comm. 2, note J. Raynard.

(107) CJCE, 8 avr. 2003, aff. C-244/00, *Van Doren*, retenant après avoir rappelé que la charge de la preuve, en principe, appartient à celui qui revendique l'épuisement (en général l'opérateur poursuivi en contrefaçon) : « Cependant, les exigences découlant de la protection de la libre circulation des marchandises, consacrée, notamment, aux articles 28 CE et 30 CE, peuvent nécessiter que cette règle de preuve subisse des aménagements. Ainsi, dans l'hypothèse où le tiers parvient à démontrer qu'il existe un risque réel de cloisonnement des marchés nationaux si lui-même supporte la charge de cette preuve, en particulier lorsque le titulaire de la marque commercialise ses produits dans l'Espace économique européen au moyen d'un système de distribution exclusive, il appartient au titulaire de la marque d'établir que les produits ont été initialement mis dans le commerce par lui-même ou avec son consentement en dehors de l'Espace économique européen. Si cette preuve est apportée, il incombe alors au tiers d'établir l'existence d'un consentement du titulaire à la commercialisation ultérieure des produits dans l'Espace économique européen ». – V. J. Raynard, *Droit de marque et réseau de distribution exclusive devant la CJCE : la présomption d'épuisement du droit ou le bonheur retrouvé du distributeur parallèle* : *Propr. industr.* oct. 2003, n° 10, chron. 18.

(108) En droit des marques : V. Dir. n° 2008/95, art. 7.2 ; CPI, art. L. 713-4, al. 2.

(109) CJCE, 11 juill. 1996, aff. jtes C-427/93, C-429/93 et C-436/93, *Bristol Myers Squibb* : *RTDE* 1998, 111, obs. G. Bonet ; *RJDA* 1996, n° 1559. – CJCE, 11 nov. 1997, aff. C-349/95, *Loendersloot c/ Ballantine* : *RTDE* 1998, 600, obs. G. Bonet.

modifier l'emballage (pour adapter celui-ci à la langue du pays concerné ou en ajoutant des mentions qui y seraient obligatoires). Pour que joue la libre circulation des marchandises au détriment du droit intellectuel, encore faut-il que le reconditionnement ne modifie pas l'état originaire du produit (nouvel emballage, ajout d'une notice), qu'apparaisse clairement la mention de l'auteur du reconditionnement, que la présentation du produit reconditionné ne porte pas atteinte à la réputation de la marque, et enfin que l'importateur avertisse le titulaire, préalablement à la commercialisation, en lui adressant un exemplaire. Dans une autre affaire, la Cour de justice a considéré que l'atteinte portée à la renommée de la marque permettait de rejeter l'exception d'épuisement à raison des conditions de commercialisation (produits soldés, ou acquis consécutivement au rachat de stocks à la suite d'une liquidation et dont les conditions de vente ne correspondaient pas à l'image de luxe attendue par le public concerné, vente des produits en vrac, dans des emballages abîmés, dans des hangars…)(110).

661. – **Produits authentiques commercialisés hors réseau et droit de marque.** La marque est un élément d'identification majeur d'un réseau de distribution commerciale (réseau de franchise, de concession, de distribution sélective). La faculté pour un membre du réseau (franchisé) de vendre des produits marqués « hors réseau », auprès d'un distributeur non sélectionné, affecte l'étanchéité du réseau, et son caractère attractif. Une préoccupation du promoteur du réseau est d'interdire de tels agissements. Un premier moyen de préservation du réseau est d'ordre contractuel et tient dans l'insertion d'une interdiction de revente hors réseau dans les accords de distribution. La clause heurte les règles de droit de la concurrence : pour l'essentiel, pareille disposition serait qualifiée de restriction « caractérisée » et n'est admise qu'aux cas de distribution sélective pour lesquels les distributeurs sont sélectionnés par la tête du réseau, mode idoine de distribution de produits de luxe ou de produits techniques(111). Le promoteur du réseau peut alors se tourner vers les droits privatifs de propriété intellectuelle, au premier rang desquels figure le droit de marque(112). À nouveau la théorie de l'épuisement des droits est de nature à tenir en échec la prétention du maître du réseau, pour les produits marqués licitement qui sont mis en circulation dans l'espace de l'Union européenne : la revente

(110) CJCE, 4 nov. 1997, aff. C-337/95, *Christian Dior* : *JCP* E 1998, 100, note Ch. Vilmart et L. de Montblanc ; *D.* 1997, inf. rap. 54 ; *D. affaires* 1997, 1427. – CJCE, 23 avr. 2009, aff. C-59/08, *Copad c/ Dior et Sil* : *D.* 2009, act. jurispr. 1276, obs. J. Daleau ; *Comm. com. électr.* 2009, comm. 62, obs. Ch. Caron ; *Propr. industr.* 2009, comm. 38, obs. A. Folliard-Monguiral ; *RTD com.* 2009, p. 706, obs. J. Azéma. – V. Cass. com., 2 févr. 2010, n° 06-16.202, après l'arrêt de la Cour de justice, retenant : « Le titulaire de la marque peut invoquer les droits conférés par cette dernière à l'encontre d'un licencié qui enfreint une clause du contrat de licence interdisant, pour des raisons de prestige de la marque, la vente à des soldeurs de produits tels que ceux en cause au principal, pour autant qu'il soit établi que cette violation, en raison des circonstances propres à l'affaire au principal, porte atteinte à l'allure et à l'image de prestige qui confèrent auxdits produits une sensation de luxe » : *Bull. civ.* 2010, IV, n° 25 ; *D.* 2010, act. jurispr. 503, obs. J. Daleau, et sur renvoi, CA Paris, 1er juill. 2011 : *PIBD* 2011, n° 948, III, p. 622. – Cass. com., 23 mars 2010, plusieurs arrêts, nos 09-66.522, 09-65.844 et 09-65.839 : *Comm. com. électr.* 2011, comm. 3, obs. Ch. Caron.

(111) V. Règl. n° 330/2010, 20 avr. 2010, concernant l'application de l'article 101, § 3, du Traité sur le fonctionnement de l'Union européenne à des catégories d'accords verticaux et de pratiques concertées, spéc. art. 1-e et 4-b-iii. – L'article L. 442-6-I du Code de commerce prévoit : « Engage la responsabilité de son auteur et l'oblige à réparer le préjudice causé le fait, par tout producteur, commerçant, industriel ou personne immatriculée au répertoire des métiers : 6° De participer directement ou indirectement à la violation de l'interdiction de revente hors réseau faite au distributeur lié par un accord de distribution sélective ou exclusive exempté au titre des règles applicables du droit de la concurrence ». – V. D. et N. Ferrier, *Droit de la distribution*, LexisNexis, 2014, n° 635.

(112) V. J. Passa, *Distribution et usage de marque*, Litec, 2002, nos 38 et s., 58 et s.

de ces marchandises par un distributeur franchisé dans le territoire de l'Union ne saurait caractériser un acte de contrefaçon. De la sorte, la jurisprudence a pu estimer que le fait pour un commerçant d'avoir acquis licitement un stock de produits marqués l'autorise à les commercialiser[113]. En revanche, lorsque la première mise en circulation des marchandises est intervenue hors de l'Espace économique européen (Union européenne) et que le titulaire n'a pas autorisé leur introduction sur ce territoire, le fait de commercialiser de tels produits sur un territoire de l'Union où la marque (ou plus largement le droit industriel) est protégée constitue bien une contrefaçon : il n'y a pas eu d'épuisement[114]. Par ailleurs, là encore, la règle de l'épuisement ne saurait justifier une commercialisation en présence de motifs légitimes permettant de s'opposer à la vente[115] (V. *supra*, n° 660). La publicité annonçant la commercialisation de produits relevant de la règle de l'épuisement est en principe licite « à moins qu'il ne soit établi que, compte tenu des circonstances propres à chaque espèce, l'utilisation de la marque à cette fin porte une atteinte sérieuse à la renommée de ladite marque », par exemple en présence d'un revendeur qui commercialise habituellement des articles de même nature, mais pas nécessairement de même qualité[116].

II. – La forclusion par tolérance en droit des marques

662. – Perte de l'élément légal, tolérance, marques. L'article L. 716-5 *in fine* du Code de la propriété intellectuelle prévoit :

« (...) Est irrecevable toute action en contrefaçon d'une marque postérieure enregistrée dont l'usage a été toléré pendant cinq ans, à moins que son dépôt n'ait été effectué de mauvaise foi. Toutefois, l'irrecevabilité est limitée aux seuls produits et services pour lesquels l'usage a été toléré. »

Cet effet juridique consécutif à une simple tolérance est une innovation importante introduite par la loi du 4 janvier 1991. Il est de droit commun que la seule tolérance d'une situation de fait n'engage aucun effet juridique[117]. Or, dans l'hypothèse envisagée ci-dessus, l'action en contrefaçon sera déclarée irrecevable du fait de la forclusion par tolérance. Un dépôt d'une marque seconde est nécessaire : l'exploitation par un tiers d'une marque d'usage, non enregistrée par conséquent, ou encore d'une dénomination ne permet pas de bénéficier de la forclusion par tolérance[118]. L'exigence de bonne foi est requise de celui qui invoque la forclusion.

(113) Cass. com., 27 oct. 1992 : *PIBD* 1993, n° 539, III, p. 166. – Comp. Cass. com., 11 mars 2008, n° 06-19.506 : *PIBD* 2008, n° 875, III, p. 344.

(114) Cass. com., 2 déc. 1997, n° 95-17.255 : *Bull. civ.* 1997, IV, n° 320c ; *D.* 1998, 604, note E. Agostini : « Lorsque la commercialisation d'un produit a eu lieu dans un pays étranger à la Communauté européenne, ce qui est le cas en l'espèce puisque l'importation en France trouve son origine en Israël par l'intermédiaire de la Belgique, l'usage de la marque sans autorisation de son titulaire, auteur du dépôt en France, est interdit ; (...) les produits portant la marque avaient été importés dans un État membre de la Communauté européenne sans l'autorisation du titulaire de ladite marque (...) celui-ci avait un droit de suite et de contrôle jusqu'à l'acquéreur final en France ». – V. CJCE, 16 juill. 1998, aff. C-355/96, *Silhouette*, refusant l'épuisement international : *RTDE* 2000, p. 112, obs. G. Bonet. – CA Paris, 28 nov. 2001 : *PIBD* 2002, n° 741, III, p. 212.

(115) Sans que l'existence même du réseau n'ait à être invoquée (CA Paris, 24 oct. 2008 : *PIBD* 2008, n° 886, III, p. 687).

(116) CJCE, 4 nov. 1997, aff. C-337/95, *Dior c/ Evora* : *PIBD* 1998, n° 648, III, p. 105 ; *RTDE* 1998, p. 595, obs. G. Bonet.

(117) L'article 2262 du Code civil énonce : « Les actes de pure faculté et ceux de simple tolérance ne peuvent fonder ni possession ni prescription ».

(118) Cass. com., 7 janv. 2014, n° 12-28.041, *Cheval blanc*, relevant que : « La forclusion par tolérance ne peut être opposée à une action en contrefaçon de marque dirigée contre une dénomination sociale ».

CHAPITRE 2

L'ACTION EN CONTREFAÇON

663. - **Présentation.** La nature de l'action en contrefaçon en sorte d'action destinée à sanctionner l'atteinte au droit de propriété a été observée[1]. Quel que soit le droit de propriété industrielle concerné, le succès de l'action en contrefaçon suppose la démonstration de la réalité de l'atteinte au droit. La question probatoire est donc centrale et constitue le préalable majeur à l'action (Section 1). L'instance en contrefaçon invite à envisager la qualité des parties au procès ainsi que le juge compétent (Section 2). La juridiction qui constate la réalité d'actes de contrefaçon est en mesure de prononcer divers types de sanctions (Section 3).

SECTION 1

LES PRÉALABLES À L'ACTION EN CONTREFAÇON

664. - **L'accès à la preuve facilité et les mesures de surveillance des frontières.** Le législateur a pris soin de favoriser le titulaire des droits de propriété intellectuelle dans sa quête de preuve de l'existence d'atteintes portées à ses droits (§ 1). Ces mesures, utiles, sont complétées par une surveillance aux frontières qui permet d'empêcher, dans la mesure du possible, l'accès sur le marché de marchandises contrefaisantes (§ 2).

§ 1. - La preuve de la contrefaçon

665. - **La charge de la preuve de la contrefaçon.** Conformément au droit commun (CPC, art. 9), il appartient au titulaire d'un droit qui se plaint d'une atteinte de rapporter la preuve des actes de contrefaçon qu'il allègue.

666. - **Spécificité en matière de preuve de la contrefaçon d'un procédé breveté.** Face à la difficulté de rapporter la preuve de la contrefaçon d'un procédé

(1) V. F. Zenati-Castaing et Th. Revet, *Les biens*, préc., n° 195.

breveté, l'article L. 615-5-1 du Code de la propriété intellectuelle offre au juge le pouvoir d'opérer un renversement de la charge de la preuve en disposant que :

> « [le tribunal peut] ordonner au défendeur de prouver que le procédé utilisé pour obtenir un produit identique est différent du procédé breveté. Faute pour le défendeur d'apporter cette preuve, tout produit identique fabriqué sans le consentement du titulaire du brevet sera présumé avoir été obtenu par le procédé breveté dans les deux cas suivants : *a)* le produit obtenu par le procédé breveté est nouveau ; *b)* la probabilité est grande que le produit identique a été obtenu par le procédé breveté, alors que le titulaire du brevet n'a pu, en dépit d'efforts raisonnables, déterminer quel procédé a été en fait utilisé »[(2)].

667. – **La liberté de la preuve de la contrefaçon.** S'agissant d'un fait, la preuve est libre, ce que rappellent désormais les textes[(3)]. Mais il peut arriver que le titulaire ne dispose pas d'éléments de preuve suffisants : le législateur a très tôt facilité l'accès à la preuve, en toutes matières, en faveur du titulaire de droits. À ce titre, le droit français connaît depuis très longtemps le mécanisme de la saisie-contrefaçon ; les mérites de cette procédure ont justifié que le législateur communautaire en étende la pratique à l'ensemble des États membres de l'Union européenne par la directive du 29 avril 2004. La directive a également permis d'introduire en France le système, d'origine allemande, du droit d'information.

I. – Saisie-contrefaçon, constat d'achat

668. – **Annonce.** Les mécanismes de la saisie-contrefaçon et du constat d'achat permettent d'obtenir, grâce à l'intervention d'un huissier, la preuve de certains faits de contrefaçon de façon plus ou moins précise ou développée. En effet, la saisie-contrefaçon permet à l'huissier, sur autorisation du juge, de se rendre dans un lieu, public ou privé, afin de rechercher et de constater la présence d'éléments qui porteraient atteinte aux titres de propriété industrielle qui fondent l'autorisation de saisie-contrefaçon accordée (B). Le constat d'achat[(4)] est, en principe, plus succinct, car il s'agit simplement pour l'huissier de constater matériellement la présence d'éléments accessibles depuis un lieu public (A).

A. – Le constat d'achat

669. – **Constatations dans un lieu ouvert au public.** Le constat d'achat est un mode de preuve qui nécessite l'intervention d'un huissier dont le rôle sera, par exemple, de constater qu'une personne qui ne dispose que d'un mode de paiement va accéder à un magasin ouvert au public (comme le ferait n'importe quel consommateur) et en ressortir avec un achat, justifié par une facture[(5)]. Matériellement, le constat se pré-

(2) L'article indique, *in fine*, que les intérêts légitimes du présumé contrefacteur sont pris en compte afin de protéger ses secrets de fabrication et de commerce dans la production de la preuve contraire.

(3) La liberté de la preuve, principe en matière de faits juridiques, a été affirmée expressément avec la loi n° 2007-1544 du 29 octobre 2007 : V. CPI, art. L. 615-5, pour les brevets d'invention, L. 716-7, pour les marques, L. 521-4, pour les dessins et modèles.

(4) Qui n'est pas autre chose que l'expression d'un constat d'huissier au sens de l'article 1 de l'ordonnance du 2 novembre 1945 concernant le statut des huissiers.

(5) Dans une hypothèse où l'huissier est assisté d'une salariée du cabinet du breveté, V. TGI Paris, 31 mai 2011 : *PIBD* 2011, n° 951, III, p. 694.

sente sous la forme d'un procès-verbal, établi par l'huissier, qui décrit exactement les constatations qu'il a faites et auquel est jointe la facture remise par le tiers. Le constat d'achat ne doit pas permettre de contourner les règles de la saisie-contrefaçon qui, parce qu'elle est une procédure d'exception, est strictement encadrée par la loi. Aussi, dès lors que l'huissier va au-delà d'un simple constat, les juges peuvent requalifier sa démarche en « saisie-contrefaçon déguisée » et annuler ledit constat. Le constat est moins coûteux qu'une procédure de saisie-contrefaçon qui nécessite l'intervention d'un avocat afin de présenter une requête devant le président de la juridiction compétente, un huissier et parfois la présence d'un conseil en propriété industrielle (CPI), lorsque les constatations présentent un caractère technique. Toutefois, quelques décisions récentes, critiquées, ont pu estimer qu'un simple constat d'achat constituait une saisie-contrefaçon, ce qui incline à la prudence sur cette pratique[6].

B. – La saisie-contrefaçon

670. – **Présentation.** Le législateur offre au titulaire d'un droit industriel (et au licencié exclusif, sous conditions, V. *infra*, n° 682), depuis fort longtemps, un mécanisme spécifique lui permettant de se constituer la preuve des actes illicites commis par un tiers : la saisie-contrefaçon[7]. Les personnes qui disposent du droit d'agir en contrefaçon peuvent demander au président du tribunal de grande instance de rendre, au terme d'une procédure sur requête (donc non contradictoire), une ordonnance par laquelle son bénéficiaire est autorisé à solliciter un huissier afin que celui-ci procède à la mesure de saisie-contrefaçon dans les conditions prévues par la décision[8]. L'huissier peut être accompagné de plusieurs personnes, dûment autorisées par l'ordonnance (un officier de police judiciaire[9], un expert désigné par le demandeur[10], c'est-à-dire en général un conseil en propriété industrielle, éventuellement un photographe, un serrurier). Seules les personnes autorisées peuvent accompagner l'huissier sous réserve qu'elles soient indépendantes du saisissant. Il a été jugé qu'un salarié de ce dernier ne présente pas les garanties nécessaires et compromet la garantie d'un procès équitable, en contravention avec l'article 6.1 de la Convention européenne de sauvegarde des droits de l'homme

(6) V. *Le constat d'achat : la question de sa validité* : *Propr. industr.* 2013, comm. 90, nos obs. ; TGI Paris, 5 juill. 2013 : *PIBD* 2013, n° 992, III, p. 1493, validant le fait que l'huissier n'a fait que décrire le produit qui lui a été remis par une personne qui a pénétré seul dans un magasin, « sans procéder au moindre acte contraignant et sans émettre un avis subjectif », ne dépassant « en aucune façon son rôle de simple constatant ». – Comp. TGI Paris, 12 juill. 2013 : *PIBD* 2013, n° 992, III, p. 1480, invalidant le constat d'huissier qui a associé à son procès-verbal des photographies prises par la préposée dans le magasin, ce qui allait sans doute au-delà de la simple preuve d'achat ; V. encore, Cass. com., 20 nov. 2012, n° 11-23.216 : *JurisData* n° 2012-026530 ; *Comm. com. électr.* 2013, comm. 24, obs. Ch. Caron.

(7) V. CPI, art. L. 521-4 pour les dessins et modèles, L. 615-5 pour les brevets d'invention et L. 716-7 pour les marques.

(8) V. P. Véron (ss dir.), *Saisie-contrefaçon*, Dalloz Action, 2013-2014 (version trilingue). – V. encore, sur quelques difficultés soulevées par cette mesure, S. Vicent et P. Tréfigny, *Le juge et la saisie-contrefaçon*, in *La propriété intellectuelle et son juge*, colloque CUERPI, 2007, Transactive, 2009, p. 11.

(9) Il a été jugé que, même non expressément désigné, sa présence n'invalide pas la saisie-contrefaçon puisque l'ordonnance est assortie de la formule exécutoire qui « mande et ordonne (...) à tous commandants et officiers de la force publique de prêter main-forte lorsqu'ils en seront légalement requis ».

(10) Les textes permettent en effet de recourir à des « experts » pour accompagner l'huissier dans sa recherche d'éléments de preuve ; la loi n° 2014-315 du 11 mars 2014 a apporté quelques précisions : le demandeur peut se faire autoriser à faire procéder en tous lieux et par tous huissiers « le cas échéant » assistés d'experts (...), et : « L'ordonnance peut autoriser la saisie réelle de tout document se rapportant aux produits et services prétendus contrefaisants en l'absence de ces derniers ». – V. avant, Cass. com., 29 juin 2010 : *Comm. com. électr.* 2010, comm. 94, obs. Ch. Caron, annulant la saisie car l'huissier avait présenté, sans y être autorisé, un objet qu'il avait apporté.

et des libertés fondamentales[11]. La question s'est également posée s'agissant de la présence à la saisie du conseil en propriété industrielle habituel du saisissant mais, après quelques hésitations des juges du fond, la Cour de cassation a considéré que les garanties étaient acquises dans la mesure où ce professionnel est indépendant et soumis à des règles déontologiques[12]. Le recours au juge constitue une garantie importante, car la saisie-contrefaçon est une mesure intrusive et doit être surveillée dans son accès et sa mise en œuvre. Il est par conséquent nécessaire que l'huissier respecte les termes de l'ordonnance à la lettre sous peine de voir son procès-verbal annulé. Une multitude de situations peuvent amener à la nullité de la saisie-contrefaçon : l'absence d'identification de l'huissier qui a pratiqué la mesure (simple mention du nom de l'étude d'huissier[13], absence d'identification avec une signature illisible)[14] ou encore l'hypothèse dans laquelle l'huissier instrumentaire outrepasse les termes de l'ordonnance (seule une photocopie est prévue, le photocopieur est en panne et le saisi a remis les documents en original[15], l'huissier n'est pas en droit d'apporter une pièce qui n'est pas visée par l'ordonnance et destinée à provoquer les déclarations du saisi[16], le procès-verbal de saisie ne distingue pas suffisamment les constatations de l'huissier de celles de l'expert[17], etc.). Or, en général, la saisie-contrefaçon constitue le seul élément de preuve présenté par le titulaire pour démontrer l'existence d'actes de contrefaçon[18] si bien qu'en cas d'annulation, il ne reste plus d'éléments probatoires pour obtenir gain de cause.

671. – **Personnes qualifiées pour demander la saisie.** Les articles L. 521-6, L. 615-5 et L. 716-7 du Code de la propriété intellectuelle[19] précisent qu'il s'agit de « toute personne ayant qualité pour agir en contrefaçon (...) ». Il convient de se reporter aux articles identifiant ces personnes[20] pour savoir qu'il s'agit du propriétaire de la marque du brevet ou du dessin et modèle, mais également d'un licencié exclusif, sous réserve de l'absence de dispositions contraires dans son contrat, s'il a mis en demeure

(11) TGI Paris, 15 févr. 2008, n° 06-05.416. – Cass. com., 28 avr. 2004, n° 02-20.330, retenant que le préposé du saisissant n'est pas indépendant des parties, peu important qu'il ait été désigné expressément et donc autorisé par le président de tribunal de grande instance : *Bull. civ.* 2004, IV, n° 75 ; *PIBD* 2004, n° 791, III, p. 431 ; *JCP* G 2004, II, 10171, note Ch. Caron ; *D.* 2004, act. jurispr. 1671 ; *Propr. intell.* 2004, n° 12, p. 793, obs. J.-Ch. Galloux, E. Gutmann et B. Warusfel ; *Propr. industr.* 2005, comm. 45, obs. J. Raynard.

(12) Cass. com., 8 mars 2005, n° 03-15.871 : *Bull. civ.* 2005, IV, n° 53 ; *JCP* E 2005, II, n° 648, p. 716, note Ch. Caron ; *D.* 2005, act. jurispr. 838 ; *Comm. com. électr.* 2005, comm. 102, obs. Ch. Caron ; *Propr. industr.* 2005, comm. 45, obs. J. Raynard ; *Propr. industr.* 2005, étude 14 ; *D.* 2005, p. 966, obs. J. Raynard ; cassant CA Toulouse, 17 avr. 2003, et retenant : « Alors que le conseil en propriété industrielle, fût-il le conseil habituel de la partie saisissante, exerce une profession indépendante, dont le statut est compatible avec sa désignation en qualité d'expert du saisissant dans le cadre d'une saisie contrefaçon de marque, mission qui ne constitue pas une expertise au sens des articles 232 et suivants du nouveau Code de procédure civile » ; autre décision annulant le procès-verbal pour défaut d'indépendance du Conseil, CA Paris, 10 déc. 2004 : *PIBD* 2004, n° 802, III, p. 99 ; *Propr. intell.* 2005, n° 14, p. 85, obs. B. Warusfel. – Cass. com., 8 juill. 2008, n° 07-15.075 : *Bull. civ.* 2008, IV, n° 142 ; *PIBD* 2008, n° 882, III, p. 559 ; *Propr. industr.* 2010, comm. 27, obs. P. Vigand, excluant la présence aussi bien du requérant que de ses préposés.

(13) Cass. com., 20 oct. 1998 : *PIBD* 1999, n° 673, III, p. 131.

(14) Cass. com., 19 déc. 2006 : *PIBD* 2007, n° 846, III, p. 112.

(15) Sur la qualification de la saisie de documents par voie de photocopie : V. P. Véron et a., *Saisie-contrefaçon*, 3e éd., 2013-2014, préc., n° 122.105.

(16) Cass. com., 7 juill. 2009 : *PIBD* 2009, n° 904, III, p. 1418. – Cass. com., 29 sept. 2009, n° 08-20.486 : *PIBD* 2010, 910, III, 76. – Cass. com., 29 juin 2010, n° 09-67.722 : *PIBD* 2010, 925, III, 619.

(17) CA Paris, 2 juill. 2008, n° 07/06442 : Jurinpi B20080123 (irrégularité de fond : la nullité peut être prononcée sans qu'il y ait lieu à justifier un grief ; CPC, art. 119).

(18) En revanche, il a été jugé que la nullité du procès-verbal de saisie-contrefaçon ne dispense pas les juges du fond d'étudier les autres éléments qui peuvent avoir été réunis dans l'affaire, Cass. com., 19 déc. 2006, n° 05-14.431 : *Bull. civ.* 2006, IV, n° 265 ; *PIBD* 2007, n° 846, III, p. 112.

(19) Pour les principaux titres de propriété industrielle étudiés dans cet ouvrage.

(20) CPI, art. L. 521-2, L. 615-2 et L. 716-5.

le titulaire du droit (le concédant) d'agir, sans réaction de sa part. Le contrat de licence doit également être opposable aux tiers, c'est-à-dire avoir fait l'objet des mesures de publication prévues par la loi[21]. La requête doit être déposée par l'avocat inscrit au barreau de la juridiction compétente au fond[22]. Les différents articles relatifs aux saisies-contrefaçon indiquent qu'il faut présenter la requête auprès de la « juridiction civile compétente », telle que précisée dans les articles réglementaires respectifs[23].

672. - **Modalités de la requête en saisie-contrefaçon.** La requête doit comporter un certain nombre d'éléments (identification du demandeur, copie de la marque, du brevet[24] ou du dessin et modèle fondant la demande, lieu de la saisie concerné...), et notamment préciser s'il est demandé une mesure de « description détaillée avec ou sans prélèvement d'échantillons ou une saisie réelle des produits ou procédés prétendus contrefaisants ». Avant la loi du 29 octobre 2007 de lutte contre la contrefaçon[25], les textes n'étaient pas rédigés pareillement en matière de brevets d'invention[26] et de marques et les juges s'avéraient plus attachés, en matière de brevets, au but probatoire de la mesure, refusant la saisie de l'intégralité des stocks : la saisie réelle devait se limiter à ce qui était nécessaire en matière de preuve[27]. Depuis 2007, les textes ont été unifiés et ressemblent désormais à ce qui existait en matière de marques (où la saisie des stocks était souvent autorisée) et proposent au choix du saisissant le recours « soit à la description détaillée (...), soit à la saisie réelle des produits ou procédés prétendus contrefaisants ainsi que (...) tout document s'y rapportant ». Cela signifie-t-il qu'il est désormais possible de saisir l'intégralité des stocks en toutes matières de propriété industrielle ? La réponse paraît négative, car une telle mesure excède ce qui est nécessaire à la preuve[28]. La loi de 2007 a également prévu que : « La juridiction peut ordonner, aux mêmes fins probatoires, la saisie réelle des matériels et instruments utilisés pour fabriquer ou distribuer les produits ou mettre en œuvre les procédés prétendus contrefaisants ». Cette mesure peut être conditionnée à la constitution de garanties par le demandeur destinées à assurer une éventuelle indemnisation du défendeur : si la contrefaçon n'est pas retenue, le préjudice subi par le saisi sera à la mesure de l'intérêt de la mesure pour le saisissant (s'il y a impossibilité de poursuivre les actes préten-

(21) V. *infra*, n° 725.

(22) V. CPC, art. 813. – CA Paris, 12 sept. 2007, n° 06-03.557 : Jurinpi B20070114. – Sur la nullité de l'ordonnance obtenue sur le fondement d'une ordonnance signée d'un avocat inscrit hors du ressort du tribunal, constituant une irrégularité de fond, entraînant la nullité des opérations de saisie, CA Paris, 9 juin 1993 : *Gaz. Pal.* 1994, somm. 382. – CA Lyon, 14 mars 2002 : *Propr. industr.* 2003, comm. 54, obs. P. Kamina. – Cass. com., 14 nov. 2006, n° 04-14.865.

(23) V. CPC, art. L. 521-4, L. 615-5 et L. 716-7 ; V. alors, CPI, art. R. 521-2 et R. 716-2, retenant la compétence du « président du tribunal de grande instance compétent pour connaître du fond », tandis que l'article R. 615-2 du Code de la propriété intellectuelle retient, en matière de brevets, que « la saisie (...) est ordonnée par le président d'un des tribunaux de grande instance mentionnés à l'article D. 631-2, dans le ressort duquel les opérations doivent être effectuées » (V. *infra*, n°s 691 et s.). L'article D. 631-2 précité renvoie à l'article D. 211-6 qui énonce que seul le tribunal de grande instance de Paris est compétent.

(24) La Cour de cassation a jugé que le titre devait être en vigueur à la date de présentation de la requête, Cass. com., 14 déc. 2010 : *Propr. industr.* 2011, comm. 22, J. Raynard ; *Propr. industr.* 2011, comm. 28, N. Bouche ; *Comm. com. électr.* 2011, comm. 19, C. Caron ; *JCP E* 2011, 1818, C. Caron. En outre, la requête peut être fondée sur une demande de titre. Lorsqu'il s'agit d'une demande de brevet européen, l'article L. 614-9 du Code de la propriété intellectuelle impose que la demande soit publiée et, lorsque la publication a été faite dans une langue autre que le français, qu'une traduction française des revendications ait été publiée par l'INPI.

(25) L. n° 2007-1544, transposant la directive n° 2004/48/CE du 29 avril 2004, relative aux mesures et procédures visant à assurer le respect des droits de propriété intellectuelle.

(26) La saisie-contrefaçon en matière de brevets permettait une « description détaillée avec ou sans saisie réelle ».

(27) Cass. com., 4 janv. 1985 : *Ann. propr. ind.* 1985, 237.

(28) V. not., S. Vicente et P. Tréfigny, *Le juge et la saisie-contrefaçon*, préc.

dus de contrefaçon et/ou leur distribution)[(29)]. L'huissier peut être autorisé à consigner tout ce qui peut être utile en vue d'établir l'origine, la consistance et l'étendue de la contrefaçon[(30)]. Il peut notamment accéder aux documents comptables en relation avec les faits prétendument contrefaisants. En principe, le saisissant n'a pas à rapporter la preuve de la contrefaçon pour obtenir l'autorisation de faire pratiquer une saisie-contrefaçon. L'article 7 de la directive (CE) n° 2004/48 énonce pourtant qu'il faut pouvoir apporter « des éléments de preuve raisonnablement accessibles pour étayer les allégations selon lesquelles il a été porté atteinte à son droit de propriété intellectuelle ou qu'une telle atteinte est imminente ». Les États membres avaient la possibilité de conserver leurs dispositions nationales lorsque celles-ci étaient plus protectrices des intérêts du titulaire du droit[(31)]. De fait, il paraît difficile de se révéler trop exigeant à l'égard de celui-ci dès lors que l'intérêt de la saisie-contrefaçon est justement de permettre à un titulaire de droits de propriété intellectuelle de pouvoir accéder à la preuve des atteintes qui sont portées à ses droits, lorsqu'il ne peut pas le faire aisément[(32)]. La procédure a néanmoins un coût ; assez systématique pour les brevets, les titulaires de marques s'en dispensent s'ils peuvent rassembler des éléments de preuve par eux-mêmes (par ex., un catalogue de vente par correspondance, daté de la saison et comportant la reproduction ou l'imitation d'une marque, en lien avec les produits pour lesquels elle a été enregistrée).

673. – **L'ordonnance et le déroulement des opérations.** L'ordonnance est exécutoire par provision. Elle peut subordonner l'exécution des mesures à la constitution de garanties du saisissant pour veiller à l'indemnisation effective du saisi, si l'action en contrefaçon n'était pas retenue ou la saisie annulée, et que le saisi rapportait la preuve d'un préjudice du fait de la mesure[(33)]. L'huissier doit en toute hypothèse signifier l'ordonnance préalablement au début de ses opérations de saisie-contrefaçon afin de permettre au saisi de connaître l'étendue des pouvoirs accordés à l'huissier[(34)]. À défaut, le procès-verbal de saisie-contrefaçon encourt la nullité, mais la Cour de cassation considère que, s'agissant d'une nullité de forme, il conviendra de justifier d'un grief[(35)]. L'huissier doit en principe laisser un temps suffisant entre la signification de l'ordonnance qui le mandate et le début des opérations (l'heure est précisée sur chacun des actes)[(36)]. Cependant, car cela n'aurait que

(29) Mais le rappel de la finalité de la mesure, « à des fins probatoires », doit pouvoir faire limiter la saisie à des exemplaires de moules et non à l'ensemble du processus de fabrication ; il est toujours possible de décrire.

(30) V. CPI, art. R. 716-2, préc.

(31) Même si le droit français n'exige pas une telle démonstration, les décisions des juges du fond sont parfois contradictoires : dans le sens de la nécessité d'un commencement de preuve, V. CA Paris, 28 janv. 2014, n° 13/08128 : *PIBD* 2014, n° 1003, III, p. 273. – *Contra* TGI Paris, réf., 3e ch., 3e sect., 15 févr. 2013 : *PIBD* 2013, n° 985, III, p. 1211.

(32) V. J.-Ch. Galloux, *Les mesures probatoires, provisoires et conservatoires* : D. 2008, p. 715. – F. Pollaud-Dulian rappelle que l'on considère souvent que la saisie-description est de droit, tandis que la saisie réelle est laissée à l'appréciation des juges du fond quant à son opportunité et quant à ses modalités, *Droit de la propriété industrielle*, Economica, 2011, n° 1747.

(33) L'article R. 716-3 du Code de la propriété intellectuelle prévoit alors que la constitution de garantie doit avoir eu lieu avant la mise en œuvre de la saisie-contrefaçon et l'huissier devra en justifier auprès du saisi.

(34) CPC, art. 495 et CPI, art. R. 521-3, R. 615-2-1 et R. 716-3. – Cass. 2e civ., 10 févr. 2011, n° 10-13.894. – CA Paris, 8 juin 2011 : *PIBD* 2011, n° 948, III, p. 625, vingt-cinq minutes sont suffisantes. – TGI Paris, 3 mai 2011 : Jurinpi B20110127, cinq minutes suffisantes, le temps de prendre connaissance de l'existence du titre et des missions autorisées.

(35) Cass. 2e civ., 29 mai 1991, n° 90-10.713 : *Bull. civ.* 1991, IV, n° 162 ; *Ann. propr. ind.* 1991, 6. – Cass. com., 25 avr. 2001, n° 98-19.503 : *PIBD* 2001, n° 726, III, p. 428.

(36) Sur l'exigence d'un délai raisonnable entre la signification et le début des opérations, TGI Paris, 6 oct. 2009 : *PIBD* 2010, n° 909, III, p. 29.

peu d'utilité, en matière de marques, la remise préalable n'est pas exigée en cas de constatation d'actes de contrefaçon par substitution de produits[37]. L'huissier ne peut pas interrompre ses opérations, mais le saisi peut, après coup, saisir le juge qui a rendu l'ordonnance litigieuse en référé-rétractation. Lorsque des éléments ont été saisis, il est d'usage qu'ils soient remis au greffe du tribunal, mais si rien n'est précisé dans l'ordonnance, ils sont remis au saisissant (souvent, un exemplaire est déposé au greffe et l'autre au saisissant). Lorsque des éléments confidentiels sont en jeu, ils peuvent être placés sous scellés à la demande du saisi et il appartiendra au tribunal de décider de leur sort. Il faut bien entendu rapporter la preuve de l'intérêt de cette mesure (présence de secrets de fabrication, secrets d'affaires). Un expert peut alors être désigné pour trier ces éléments et confirmer ou infirmer leur nature confidentielle. À la fin des opérations, l'huissier doit remettre au saisi une copie du procès-verbal qu'il a dressé pour lui permettre de savoir exactement ce qui a été consigné et pouvoir, le cas échéant, préparer sa défense en disposant de cette pièce maîtresse[38]. Toutefois, la remise n'est pas obligatoirement accomplie le jour même de la réalisation des opérations de saisie (l'huissier peut avoir besoin de retranscrire son procès-verbal de façon plus lisible, y joindre des photographies, dès lors qu'elles étaient autorisées par l'ordonnance)[39]. La copie peut, dans ce cas, être remise ultérieurement sous réserve que le délai soit raisonnable. La copie tient alors lieu d'original à celui qui la reçoit et doit donc comporter toutes les mentions obligatoires exigées de l'original.

674. - **Saisine de la juridiction nécessaire.** Le requérant doit se pourvoir au fond, par la voie civile ou pénale, dans un certain délai, fixé par voie réglementaire. Le délai était assez court sous l'empire du droit antérieur à la loi du 29 octobre 2007[40]. En application du droit positif, il convient d'agir désormais dans un délai compris entre vingt jours ouvrables ou trente et un jours civils si ce délai est plus long, à compter de la date du procès-verbal de saisie-contrefaçon[41]. À défaut d'avoir agi dans ce délai[42], « l'intégralité de la saisie, y compris la description, est annulée à la demande du saisi, sans que celui-ci ait à motiver sa demande et sans préjudice des dommages et intérêts qui peuvent être réclamés ». Il ne s'agit plus, comme par le passé, d'une nullité de plein droit et le saisi doit à présent agir en nullité, sans avoir besoin de justifier sa demande. Il pourra obtenir des dommages et intérêts s'il justifie d'un préjudice. Lorsqu'une saisie-contrefaçon est annulée, elle

(37) V. CPI, art. R. 716-3, car qui oserait encore offrir une boisson d'une autre marque à l'huissier en lieu et place de la marque du titulaire mécontent, sans en avertir le consommateur, après avoir lu les raisons de la venue de l'huissier.

(38) CPI, art. R. 521-3, R. 615-2-1 et R. 716-3, al. 3, *in fine*.

(39) V., par ex., TGI Paris, 12 sept. 1990 : *PIBD* 1991, n° 491, III, p. 7. – CA Paris, 14 mars 1991 : *PIBD* 1991, n° 506, III, p. 500.

(40) Ce délai était de quinze jours à compter du procès-verbal, faute de quoi, la « saisie » était nulle de plein droit. Heureusement, certaines décisions avaient estimé que seules les saisies réelles étaient nulles car le législateur ne parlait pas de « saisie » lorsqu'il était seulement envisagé une description détaillée.

(41) CPI, art. R. 521-4, R. 615-3 et R. 716-4, tel qu'issus du décret n° 2008-624 du 27 juin 2008.

(42) Une assignation devant les juridictions civiles, une plainte avec constitution de partie civile ou encore une citation directe qui saisit les juridictions pénales permettaient de respecter cette obligation ; la loi du 11 mars 2014 a ajouté la plainte simple, en matière de saisie-contrefaçon de droit d'auteur, de logiciels et de bases de données, à l'instar de ce qui a d'ailleurs été jugé pour l'obligation identique de saisine des juridictions en matière de retenue douanière, Cass. com., 11 mars 2014, nos 12-22.241 et 12-22.454 : *Bull. civ.* 2014, IV, n° 50 ; *PIBD* 2014, n° 1005, III, p. 372. Il est étonnant que la loi n'ait pas ajouté cette précision pour la saisie-contrefaçon des droits de propriété industrielle. L'acte de saisine doit bien entendu être valable.

ne peut plus servir de preuve : les photographies, les objets saisis, « la description » effectuée, ne pourront plus servir d'éléments dans la procédure[43]. En revanche, s'il ne soulève pas la nullité de la saisie-contrefaçon, la preuve sera admise. Le procès-verbal peut servir pour d'autres contentieux.

675. – **Caractère abusif de la saisie-contrefaçon.** En cas de saisie abusive, il est naturellement possible au saisi d'obtenir des dommages et intérêts. Il reste que cette hypothèse est rare dans la mesure où la jurisprudence admet relativement aisément la possibilité de se tromper sur la réalité et la portée de ses droits et que la Cour de cassation juge qu'une saisie-contrefaçon ne fait pas peser sur son auteur une responsabilité objective du seul fait qu'elle se soit révélée injustifiée[44]. Enfin, le seul fait de solliciter une nouvelle mesure de saisie-contrefaçon ne traduit pas *ipso facto* un comportement abusif dès lors que celle-ci paraît utile[45].

II. – Le droit d'information

676. – **Présentation.** Afin d'améliorer la répression des actes de contrefaçon, la loi du 29 octobre 2007, en conformité avec les exigences de la directive du 29 avril 2004, prévoit un droit d'information au profit du titulaire du droit, aux articles L. 521-5, L. 615-5-2 et L. 716-7-1 du Code de la propriété intellectuelle. Ainsi :

« (...) la juridiction saisie au fond ou en référé[46] d'une procédure civile peut ordonner, au besoin sous astreinte [intérêt de la chose], afin de déterminer l'origine des réseaux de distribution des produits argués de contrefaçon qui portent atteinte aux droits du demandeur, la production de tous documents ou informations détenus par le défendeur ou par toute personne qui a été trouvée en possession de produits argués de contrefaçon (ou mettant en œuvre des procédés[47]) ou qui fournit des services utilisés dans de prétendues activités de contrefaçon ou encore qui a été signalée comme intervenant dans la production, la fabrication ou la distribution de ces produits ou la fourniture de ces services ».

Au titre des mesures d'instruction, le juge de la mise en état, lors du procès, pouvait déjà ordonner communication de diverses pièces qu'il jugeait utiles aux débats. Désormais, au titre du droit d'information, le juge[48] peut ordonner, s'il n'existe pas « d'empêchement légitime »[49], la production de tous documents utiles. Avant la

(43) Il n'y a plus d'ambiguïté avec ce texte : tout est annulé, si le saisi agit en nullité.

(44) Cass. com., 20 sept. 2011, n° 10-19.443.

(45) En ce cas, si la première saisie-contrefaçon a bien été suivie d'une procédure au fond, la compétence relève du seul président de chambre auquel l'affaire a été distribuée, Cass. com., 26 mars 2008, n° 05-19.782 : *Bull. civ.* 2008, IV, n° 70 ; *D.* 2008, 2332, note Th. Lancrenon, *ibid.*, act. jurispr. 1206 ; *Comm. com. électr.* 2008, comm. 65, obs. Ch. Caron. – Cass. com., 14 févr. 2012, n° 11-12.619 : *PIBD* 2012, n° 960, III, p. 274. – En revanche, lorsque l'appel est en cours, le premier président est alors compétent, Cass. com., 14 sept. 2010, n° 09-16854 : *Bull. civ.* 2010, IV, n° 137 ; *D.* 2011, pan. 914, obs. S. Durrande.

(46) « Au fond ou en référé », la précision a été apportée par la loi du 11 mars 2014 pour mettre un terme à une jurisprudence parfois hésitante, en raison d'une rédaction ambiguë du texte initial, faisant référence à l'hypothèse d'« objets contrefaisants », laissant à penser pour certains juges que le droit d'information ne pouvait être mis en œuvre qu'une fois la qualification de contrefaçon jugée : aujourd'hui, la loi fait référence à des objets « argués de contrefaçon ».

(47) Cette précision a été apportée par la loi du 11 mars 2014 en matière de brevets.

(48) Le texte se réfère à « la juridiction civile saisie au fond ou en référé », ce qui exclut l'instance pénale.

(49) Il a été jugé que la formule « secret d'affaires » était trop générale pour valoir « empêchement légitime », TGI Paris, ord. JME, 21 mars 2008 : *PIBD* 2008, n° 876, III, p. 381 ; *Propr. intell.* 2008, n° 28, p. 479, obs. J.-Ch. Galloux ; *RTD com.* 2008, p. 543, obs. J. Azéma. – TGI Paris, ord. JME, 6 juin 2008, à propos du motif résultant d'un « empêchement sérieux », rejeté : *Propr. industr.* 2008, comm. 89, nos obs. : retenir l'inverse rendrait inutile ladite mesure. Le secret professionnel par exemple ou des éléments confidentiels, suffisamment précisés pour permettre au juge de mesurer l'empêchement, pourraient être retenus, V. TGI Paris, 26 nov. 2009 : *PIBD* 2010, n° 915, III, p. 193.

loi du 11 mars 2014, les articles en matière de droit d'information pour les différents droits de propriété industrielle[50] précisaient, conformément à la directive, qu'à ce titre le juge pouvait exiger la production de documents tels que *a)* « les noms et adresses des producteurs, fabricants, distributeurs, fournisseurs (...) ; *b)* les quantités produites, commercialisées, livrées, reçues ou commandées ainsi que le prix obtenu (...) ». Il avait été jugé que cette liste n'était pas exhaustive et qu'il était possible de réclamer d'autres éléments (les juges ont par exemple ordonné au titre du droit d'information la production de tous les pseudonymes utilisés par une personne qui vendait des contrefaçons sur eBay)[51]. Dans cette logique, la loi n° 2014-315 de lutte contre la contrefaçon du 11 mars 2014 a supprimé ces précisions. Il est en outre possible de solliciter ces éléments de toute personne qui pourrait les détenir, sans être limité au seul contrefacteur (V. exemple eBay, ci-dessus). Cette procédure, pourtant contradictoire et intéressante pour les titulaires de droits, a été accueillie fraîchement par certaines juridictions accoutumées à la saisie-contrefaçon (pourtant non contradictoire et intrusive pour le saisi)[52]. Assez curieusement, les juges français ont hésité à accorder ce droit d'information lorsqu'il n'y avait pas eu de saisie-contrefaçon, estimant qu'il ne leur appartenait pas de pallier la carence des parties, en l'occurrence le demandeur, dans l'administration de la preuve[53]. Le législateur a dû intervenir, avec la loi du 11 mars 2014, afin de réaffirmer que le droit d'information n'est pas lié à une mesure préalable de saisie-contrefaçon[54]. D'autres pays considèrent au contraire qu'il est préférable, lorsque cela s'avère suffisant, de privilégier le recours à cette procédure, contradictoire et beaucoup moins intrusive que ne l'est la saisie-contrefaçon. Par ailleurs, compte tenu de l'objectif affirmé dans la loi française mais également dans la directive, les juges ont quelquefois refusé d'autoriser l'accès à des informations sur les prix et sur les quantités vendues, au motif que ces informations étaient relatives à la détermination du préjudice et non à des éléments permettant de « déterminer l'origine et les réseaux de distribution »[55]. Ces informations étaient pourtant expressément visées par la directive et les textes d'origine du Code de la propriété intellectuelle.

§ 2. – Retenue en douane, transit et autres régimes de circulation des marchandises

677. – **Douanes, retenues en douanes.** L'administration des douanes est un élément important dans la lutte contre la contrefaçon à l'occasion d'opérations

(50) Le droit d'information existe également en matière de droit de la propriété littéraire et artistique, V. not., CPI, art. L. 331-1-2.

(51) TGI Paris, ord. JME, 25 juin 2008 : *PIBD* 2008, n° 882, III, p. 576 ; *Propr. industr.* 2008, comm. 76, nos obs. ; *Comm. com. électr.* 2008, comm. 124, obs. Ch. Caron ; *D.* 2008, p. 2069, obs. C. Manara ; *Propr. intell.* 2008, n° 29, p. 479, obs. J.-Ch. Galloux. – V. encore, CA Reims, 5 mai 2009 : *D.* 2009, 2470, note J. Huet.

(52) V. à l'occasion des dix ans de la revue *Propriété industrielle* : *Droit des marques : quoi de neuf sous l'angle de l'accès à la preuve de la contrefaçon en France : une avancée ?* : *Propr. industr.* 2012, dossier, p. 16, obs. P.T.

(53) V. TGI Paris, ord. JME, 10 oct. 2008 : *PIBD* 2008, n° 888, III, p. 778. – TGI Paris, ord. JME, 3 avr. 2009 : *PIBD* 2009, n° 901, III, p. 1282. – TGI Paris, ord. JME, 4 sept. 2009, n° 08/09863.

(54) V. CPI, art. L. 716-7-1, A.

(55) TGI Paris, ord. JME, 3 avr. 2009, préc. – TGI Paris, 3 nov. 2009 : *PIBD* 2010, n° 909, III, p. 7.

d'import-export[56]. La réglementation communautaire (le règlement n° 342/86 du 1er décembre 1986 et le règlement n° 3295/94 du 22 décembre 1994[57] auquel ont succédé le règlement n° 1383/2003 du 22 juillet 2003, lui-même remplacé par le règlement n° 608/2013 du 12 juin 2013 concernant le contrôle, par les autorités douanières, du respect des droits de propriété intellectuelle)[58], tout autant que des dispositions spéciales de droit national (CPI, art. L. 335-10 pour le droit d'auteur, art. 521-14 pour les dessins et modèles, et art. 716-8 pour les marques)[59], ont mis à disposition des services de la douane des instruments concrets de lutte contre la contrefaçon. En réalité, ces deux sources ont généré deux mécanismes d'application différente : la réglementation communautaire s'applique aux marchandises qui « entrent sur le territoire douanier de l'Union ou en sortent » (Règl. n° 608/2013, art. 1.1b.), c'est-à-dire aux marchandises en provenance de pays tiers, alors que les textes domestiques s'appliquent « en dehors des cas prévus par la réglementation communautaire en vigueur (...) », c'est-à-dire, pour l'essentiel, à des marchandises dépourvues de statut communautaire, provenant de pays tiers, réexportées vers des pays tiers et qui ne sont pas « de libre pratique » au sens douanier du terme[60]. Ces réglementations ont de la sorte encadré une procédure de retenue en douane. Cette procédure confère le droit aux agents de l'administration des douanes, sur « demande d'intervention » du propriétaire des droits intellectuels, ou de leur propre chef, de retenir pendant un certain temps dans le cadre de ses contrôles des marchandises arguées de contrefa-

(56) La Direction générale des douanes et droits indirects a renforcé son dispositif de lutte anti-contrefaçon aux travers de différents instruments. En 2002, un service national de douane judiciaire (SNDJ) a été créé, permettant de renforcer le dispositif global de lutte contre la contrefaçon. Spécialement habilités, les agents de ce service ont la capacité d'effectuer des enquêtes confiées par des magistrats en vue de remonter les trafics depuis la recherche de la fraude jusqu'aux suites de l'infraction. Par ailleurs, des brigades de surveillance des personnes et des moyens de transport ont vu leur formation renforcée en la matière, des services dédiés à la lutte anti-contrefaçon ont été constitués, des cellules de ciblages dans les ports et aéroports pour contrôler le fret commercial ont été mises en place ainsi que des services spécialisés dans le contrôle des envois postaux et le fret express ; enfin, un service Cyberdouane chargé de traquer les fraudes sur Internet s'est spécialisé dans la lutte anti-contrefaçon. Encore, la douane dispose en interne d'un service de renseignement au sein de la Direction du renseignement et des enquêtes douanières dont l'expertise a permis de démanteler des filières de fraudes de marchandises contrefaisantes. Certains envisagent un élargissement de cette tâche : « les importations parallèles, une nouvelle mission pour les domaines ? ». – A. Clark, *Parallel imports : a new job for customs ? : PIBD* 1999, II, 63.

(57) Cons. UE, règl. n° 3295/94, 22 déc. 1994 : *JOCE* n° L 341, 30 déc. 1994.

(58) *JOUE* n° L 181/15, 29 juin 2013. – V. J. Azéma, *De l'incidence du droit douanier sur la propriété industrielle*, in *Mél. J. Schmidt*, LexisNexis, coll. « CEIPI », 2014, t. 61, p. 17 et s. – J.-Ch. Galloux : *RTD com.* 2004, 289. – J. Sigrist et C. Vilmart, *Rôle des douanes en matière de contrefaçon : JCl. Marques-Dessins et Modèles*, Fasc. 7530, spéc. nos 60 à 110, mise à jour mars 2015. Sur le règlement n° 608/2013 du 12 juin 2013 : N. Binctin, *Le règlement 608/2013 concernant le contrôle, par les autorités douanières, du respect des droits de propriété intellectuelle : Propr. industr.* 2014, étude 2. – L. Corvisier et A. Vichnievsky, *Action des douanes dans la lutte contre la contrefaçon, l'impact du nouveau règlement : JCP E* 2013, p. 1596. Un règlement d'exécution n° 1352/2013 établit les formulaires prévus par le règlement précité.

(59) Initialement introduit par la loi n° 91-7 du 4 janvier 1991 pour les marques, ce régime a été modifié et étendu aux autres droits intellectuels par la loi n° 94-102 du 5 février 1994 et la loi n° 2007/1544 du 29 octobre 2007. Seuls les brevets manquaient à l'appel des dispositions nationales (on imagine, cocasse, le douanier appréciant les revendications du brevet) – alors que ce droit est concerné par les règlements communautaires ! (Règl. n° 608/2013, art. 2, 1). La loi n° 2014-315 du 11 mars 2014 renforçant la lutte contre la contrefaçon prévoit, en son chapitre V, tout un dispositif important « renforçant les moyens d'action des douanes » étendant la procédure de retenue en douane aux brevets d'invention, aux obtentions végétales et indications géographiques, aux noms commerciaux qui jouissent d'une protection nationale (X. Buffet Delmas d'Autane et J. Fabre, *Nouveauté, clarifications, carences et incertitudes du dispositif de lutte contre la contrefaçon tel que renforcé par la loi n° 2014-315 du 11 mars 2014 : Propr. industr.* 2014, étude 12). – V. encore N. Binctin, *La loi renforçant la lutte contre la contrefaçon : JCP G* 2014, 416. – À ces textes s'ajoutent des dispositions spéciales du Code des douanes.

(60) La mise en libre pratique (MLP) est un régime douanier qui confère aux marchandises le caractère communautaire : celles-ci peuvent circuler librement dans l'Union européenne, mais ne peuvent pas être commercialisées. La MLP entraîne l'application des mesures tarifaires et réglementaires communautaires. Elle s'oppose au régime de la mise à la consommation (paiement de la TVA, de taxes intérieures sur la consommation).

çon, afin de permettre au propriétaire de constater la contrefaçon et d'engager une action[61]. Les agents des douanes disposent de pouvoirs étendus : ils peuvent procéder à un contrôle approfondi des documents remis ; procéder à un examen des marchandises avec prélèvement d'échantillons, au contrôle des marchandises[62]. Lorsque les marchandises sont soupçonnées de contrefaçon, le bureau des douanes qui est intervenu doit en informer le service qui a recueilli la demande de surveillance, le propriétaire du bien intellectuel concerné, en même temps que le déclarant ou le détenteur des marchandises[63] ainsi que le procureur de la République. Il est également possible pour le titulaire ou son ayant droit d'inspecter les marchandises et/ou de demander le prélèvement d'échantillons aux fins d'analyse, à sa charge et sous sa responsabilité. Dans les dix jours ouvrables à compter de la notification de la retenue des marchandises (ou trois jours en cas de denrées périssables), le titulaire ou son ayant droit doit justifier auprès des services douaniers avoir pris des mesures conservatoires décidées par la juridiction civile compétente, ou s'être pourvu au fond par la voie civile ou pénale. L'application du régime de la retenue en douane s'est naturellement posée pour des marchandises en situation de transit.

678. – **Transit.** Lorsque des marchandises sont transportées d'un territoire (lieu de leur fabrication par exemple) à destination d'un autre (où elles vont être commercialisées), elles peuvent être amenées à traverser divers États où elles ne font l'objet d'aucune manipulation, d'aucun déballage ni commercialisation. Afin de ne pas ralentir leur transport, a été institué le régime du transit douanier. Le transit consiste dans la faculté de transporter des marchandises sous douane soit à destination, soit au départ d'un point déterminé du territoire douanier (port d'embarquement..); les marchandises expédiées en transit bénéficient de la suspension des droits, taxes et autres mesures économiques, fiscales ou douanières applicables[64] : les marchandises sont soumises à une fiction juridique, et sont censées passer directement du territoire d'origine au territoire de destination[65]. Les textes de droit douanier dissocient le transit interne (circulation des marchandises d'un point à un autre du territoire communautaire, *via* un pays tiers de l'Union) du transit externe (les marchandises proviennent de pays tiers, traversent le territoire douanier de l'Union et sont acheminées vers un nouveau pays tiers). Le propriétaire d'un droit intellectuel (spécialement droit de marque) peut-il mettre en œuvre la procédure de retenue en douane à l'égard de marchandises suspectées de contrefaçon sur le territoire de l'État de transit ? L'hypothèse pointe des décalages dans les législations nationales (ainsi des pièces détachées de véhicules de marque, dont l'exploitation est réservée par le droit français au propriétaire de la marque ou du modèle déposé, mais libres de droits notamment en Espagne ou en Italie). Au cas de transit

(61) CPI, art. L. 521-14 et L. 716-8, dispositions similaires ; art. L. 614-32 en matière de brevets d'invention, de certificats complémentaires de protection. – V. P. Véron et a., *Saisie-contrefaçon*, 3e éd., 2014, préc., nos 411.12 et s.

(62) V. D. n° 2010-428, 28 avr. 2010, qui autorise les services des douanes à prélever quatre échantillons, en principe en présence du déclarant mais réalisable en son absence.

(63) Cass. com., 7 juill. 2009, n° 08-17.142.

(64) C. douanes, art. 125.

(65) CJCE, 6 avr. 2000, aff. C-383-18, *Polo Lauren Company*, pts 27, 29 et 34, se référant expressément à cette fiction juridique. – V. encore, CJCE, 9 nov. 2006, aff. C-281/05, *Montex Holdings Ltd c/ Diesel*, pt 17 : *Propr. industr.* 2006, comm. 2, obs. A. Folliard-Monguiral.

interne, s'agissant de marchandises licitement fabriquées dans un État membre et destinées à être mises sur le marché d'un autre État membre, où elles peuvent être légalement commercialisées, la situation donne prise au principe de libre circulation des marchandises et ces produits ne sauraient être retenus sur le territoire français au titre de mesures douanières[66]. Si les marchandises (fabriquées dans un État membre) venaient à être réexportées vers un État tiers à l'Union, la situation serait comparable, sauf à démontrer un risque de commercialisation dans l'État de transit, où les marchandises restent des produits de contrefaçon[67]. La Cour de cassation adhère à cette analyse et retient que : « l'opération de transit, de par sa nature, ne constitue pas une mise sur le marché, laquelle consiste en une offre de vente suivie d'effet ; dès lors, c'est à bon droit que la cour d'appel, qui n'avait pas à rechercher la destination finale des marchandises » a pu rejeter la demande en contrefaçon[68]. En revanche, tout autre est la situation des marchandises, placées sous un régime douanier de transit externe (origine : pays tiers à l'Union, destination : État tiers à l'Union, transit en France) : en pareille hypothèse, la Cour de justice retient l'application des procédures douanières aux produits contrefaisants en France :

> « Le transit externe de marchandises non communautaires n'est pas une activité étrangère au marché intérieur. Il repose, en effet, sur une fiction juridique. Les marchandises placées sous ce régime ne sont soumises ni aux droits à l'importation correspondants ni aux autres mesures de politique commerciale, comme si elles n'avaient pas accédé au territoire communautaire. En réalité, elles sont importées d'un pays tiers et parcourent un ou plusieurs États membres avant d'être exportées vers un autre pays tiers. Cette opération est d'autant plus susceptible d'avoir une incidence directe sur le marché intérieur que des marchandises de contrefaçon placées sous le régime du transit externe risquent d'être frauduleusement introduites sur le marché communautaire[69]. »

La retenue en douane suppose que les marchandises soient susceptibles de faire l'objet d'actes impliquant leur mise dans le commerce dans l'État membre de transit, où elles constituent des produits contrefaisants[70]. Si « le transit, qui consiste à transporter des marchandises légalement fabriquées dans un État membre vers un État tiers en traversant le territoire d'un ou de plusieurs États membres, n'implique aucune

(66) CJCE, 26 sept. 2000, aff. C-23/99, *Comm. CE c/ République française*, qui condamne la France pour pratique de procédures douanières alors que les marchandises ne constituent pas des contrefaçons dans le pays d'origine (Espagne) ni dans le pays destinataire (Italie). En l'occurrence : pièces détachées destinées à des véhicules automobiles de marque française, qui constituent, en vertu du droit français, des produits de contrefaçon : « Le transit intracommunautaire consiste à transporter des marchandises d'un État membre à un autre en traversant le territoire d'un ou de plusieurs États membres et n'implique aucune utilisation de l'apparence du modèle ou dessin protégé » (pt 42). « Le transit intracommunautaire ne relève donc pas de l'objet spécifique du droit de propriété industrielle et commerciale sur les dessins ou modèles » (pt 43). « En mettant en œuvre, sur le fondement du Code de la propriété intellectuelle, des procédures de retenue par les autorités douanières dirigées contre des marchandises légalement fabriquées dans un État membre de la Communauté européenne et destinées, après avoir transité par le territoire français, à être mises sur le marché d'un autre État membre, où elles peuvent être légalement commercialisées, la République française a manqué aux obligations qui lui incombent en vertu de l'article 30 du traité » : *Propr. intell.* 2002, n° 3, obs. G. Bonet. – *Adde* CJCE, 23 oct. 2003, aff. C-115/02, *Rioglass* (dessin et modèles). – CJUE, 6 mars 2014, aff. jtes C-606/12 et 607/12, *Dresser c/ Rand SA*.

(67) CJCE, 18 oct. 2005 aff. C-405/03, *Class International*, pt 69 : *Propr. intell.* 2006, n° 18, p. 75, obs. G. Bonet : « Tant que sont respectées les conditions de ces régimes suspensifs, l'opérateur concerné se trouve, en principe, dans une situation légale ».

(68) Cass. com., 7 juin 2006 : *Bull. civ.* 2006, IV, n° 139 ; *PIBD* 2006, n° 837, III, p. 611.

(69) CJCE, 6 avr. 2000, aff. C-383-18, *Polo Lauren Company*, pts 27, 29 et 34, se référant expressément à cette fiction juridique. – V. encore, CJCE, 9 nov. 2006, aff. C-281/05, *Montex Holdings Ltd c/ Diesel*, pt 17 : *Propr. industr.* 2006, comm. 2, obs. A. Folliard-Monguiral.

(70) CJCE, 9 nov. 2006, pts 22 et 23, retenant au point 24 qu'il ne saurait être admis « le simple risque que les marchandises ne parviennent pas à leur destination ».

commercialisation des marchandises concernées et n'est donc pas susceptible de porter atteinte à l'objet spécifique du droit de marque »[71], il appartient au titulaire du droit de démontrer qu'il existe des circonstances particulières qui témoignent d'un risque sérieux de *mise en libre pratique* (V. *supra*, n° 677) dans un État dans lequel le droit est protégé ou d'un acte impliquant nécessairement leur mise dans le commerce dans un tel État. Dans l'affaire *Philips* et *Nokia*, la Cour de justice observe que, même lorsque les marchandises sont placées sous ces régimes de transit, il peut résulter de certaines circonstances que des actes de commerce peuvent être dirigés vers les consommateurs de l'Union, par vente, offre à la vente ou publicité, présumant que des atteintes, sur le territoire de l'Union vont être accomplies[72]. Mais la charge de la preuve appartient au titulaire du droit qui doit prouver que ces marchandises sont destinées à la vente dans l'Union européenne[73]. Pour la Cour, ce n'est que lorsque l'administration dispose d'indices permettant de soupçonner l'existence de la contrefaçon qu'elle doit procéder à la retenue : ainsi de la dissimulation du lieu de destination qui peut suggérer un parcours des marchandises occulte et un réseau organisé qui tente de bénéficier du régime de transit pour acheminer ses marchandises de contrefaçon, ou encore de la dissimulation de l'identité du fabricant ou expéditeur[74].

679. - **Modifications apportées par la directive n° 2015/2436**[75]**.** L'arrêt *Philips* et *Nokia* précité de la Cour de justice a ému nombre de commentateurs et de titulaires de droits. En effet, il est difficile de comprendre que le principe de la liberté du commerce puisse servir de fondement à la circulation sans entrave de marchandises de contrefaçon ou de marchandises pirates au motif qu'elles ne sont pas destinées à être mises en vente sur le territoire de l'un des États de l'Union. Ainsi, dès 2013 la proposition de directive du « paquet marques » observe, dans l'exposé de ses motifs :

« Les parties prenantes ont vivement critiqué les implications de l'arrêt Philips et Nokia, considérant que celui-ci fait peser sur les titulaires de droits une charge de la preuve disproportionnée et

(71) CJCE, 9 nov. 2006, pt 26. – *Adde* CJUE, 1er déc. 2011, aff. jtes C-446/09 et C-495/09, *Koninklijke Philips Electronics NV et Nokia Corporation*, spéc. pts 55 et 56 : *Propr. industr.* 2012, comm. 13, obs. A. Folliard-Monguiral, ou « Quand le transit reste sur l'estomac », précisant avec humour et humeur : « Le respect que l'on doit à la Cour de justice de l'Union européenne, à ses juges et au remarquable travail d'harmonisation et d'interprétation du droit des marques accompli excusera le caractère irrévérencieux du titre de cette note. Il n'est dicté que par le malaise causé par un arrêt ternissant de manière sérieuse la crédibilité et l'efficacité d'un instrument essentiel de la lutte anti-contrefaçon, à savoir le règlement (CE) n° 1383/2003 du 22 juillet 2003 relatif aux mesures douanières destinées à bloquer l'introduction dans l'Union de marchandises de contrefaçon originaires d'États tiers (anciennement Cons. UE, règl. [CE] n° 3295/94, 22 déc. 1994) ».

(72) CJUE, 1er déc. 2011, préc., pts 57, 58 et 59, citant sur l'usage de la marque. – CJCE, 18 oct. 2005, préc., *Class International*, relevant au point 59 que le risque ne se présume pas, il faut démontrer l'existence de circonstances laissant présumer à des actes de vente, d'offre à la vente sur le territoire de l'Union européenne et CJCE, 12 juill. 2011, aff. C-324/09, *L'Oréal*, relevant ici, au point 63 : « Il suffit de relever, à cet égard, que, en vertu des articles 5, paragraphe 3, sous b) et d), de la directive 89/104 et 9, paragraphe 2, sous b) et d), du règlement n° 40/94, l'usage, par des tiers, de signes identiques ou similaires à des marques auxquels les titulaires de celles-ci peuvent s'opposer, inclut l'usage de tels signes dans des offres à la vente et dans la publicité. Ainsi que l'ont observé M. l'avocat général au point 127 de ses conclusions et la Commission dans ses observations écrites, il serait porté atteinte à l'effectivité de ces règles si l'usage, dans une offre à la vente ou une publicité sur Internet destinée à des consommateurs situés dans l'Union, d'un signe identique ou similaire à une marque enregistrée dans l'Union échappait à l'application de celles-ci du seul fait que le tiers à l'origine de cette offre ou de cette publicité est établi dans un État tiers, que le serveur du site Internet qu'il utilise se situe dans un tel État, ou encore que le produit faisant l'objet de ladite offre ou de ladite publicité se situe dans un État tiers », sachant que la simple accessibilité au site Internet comportant ces offres ne suffit pas (pt 64).

(73) CJUE, 1er déc. 2011, préc. – *Adde* arrêts préc. *Class International* et *Montex Holdings*.

(74) CJUE, 1er déc. 2011, préc., pt 75.

(75) PE et Cons. UE, dir. n° 2015/2436, 16 déc. 2015 rapprochant les législations des États membres sur les marques. – *Adde* Prop. de règlement et de directive rapprochant les législations des États membres sur les marques, Bruxelles, 27 mars 2013 : Doc. COM (2013), 161 et 162 final.

entrave la lutte contre la contrefaçon. Il est évident qu'il est urgent de disposer d'un cadre juridique européen permettant de lutter plus efficacement contre cette activité en plein essor qu'est la contrefaçon. Il est donc proposé de combler le vide existant en permettant aux titulaires de droits d'empêcher des tiers d'introduire sur le territoire douanier de l'Union des produits, qu'ils aient ou non été mis en libre pratique, provenant de pays tiers et portant sans autorisation une marque pratiquement identique à la marque déjà enregistrée pour ces produits[76]. »

L'article 10.3 de la directive n° 2015/2436 prévoit ainsi qu'il sera possible d'interdire :

« c. d'importer ou d'exporter les produits sous le signe. (...)

4. Sans préjudice des droits des titulaires acquis avant la date de dépôt ou la date de priorité de la marque enregistrée, le titulaire de cette marque enregistrée est en outre habilité à empêcher tout tiers d'introduire, dans la vie des affaires, des produits dans l'État membre où la marque est enregistrée, sans qu'ils y soient mis en libre pratique, lorsque ces produits, conditionnement inclus, proviennent de pays tiers et portent sans autorisation une marque qui est identique à la marque enregistrée pour ces produits ou qui ne peut être distinguée, dans ses aspects essentiels, de cette marque. »

La nouvelle disposition devrait assurer davantage les droits des titulaires de la marque : le principe de libre circulation, avec le régime du transit, ne saurait constituer une prime à la contrefaçon.

SECTION 2

L'INSTANCE EN CONTREFAÇON

680. – Généralités. Conformément au droit commun de la procédure civile[77], l'assignation doit comporter la désignation exacte du demandeur, du ou des défendeurs, l'exposé des moyens afin de permettre aux défendeurs de savoir ce qui leur est reproché, ainsi que le visa des textes allégués. À défaut, elle peut être jugée nulle, entraînant la nullité de la saisie-contrefaçon pour n'avoir pas été suivie d'une assignation régulière dans le délai fixé. L'assignation pourra être complétée ultérieurement par des conclusions. En matière de brevet, il est parfois requis par le tribunal une mesure d'expertise technique ; le plus souvent, les juges s'appuient sur les explications données dans les écritures des avocats par les conseils en brevets de chacune des parties afin de ne pas alourdir les frais du contentieux ni allonger les délais de procédure. S'agissant d'un brevet européen désignant la France, on notera que lorsque le texte du brevet n'est pas rédigé en français, le juge ou le défendeur peut exiger du breveté qu'il fournisse, à ses frais, une traduction complète du brevet en français (CPI, art. L. 614-7, al. 2). Nous envisagerons les parties à l'instance en contrefaçon (§ 1), le juge compétent pour statuer à cet égard (§ 2), avant d'évoquer la spécificité d'une action particulière en droit des brevets : l'action en déclaration de non-contrefaçon (§ 3).

(76) V. encore, consid. 22, et consid. 23, ajoutant : « Afin d'empêcher plus efficacement l'introduction sur le territoire de produits de contrefaçon, notamment dans le cadre de ventes sur l'Internet, le titulaire devrait pouvoir interdire l'importation de tels produits dans l'Union même si seul l'expéditeur agit à des fins commerciales ».

(77) Sur ces questions, V. O. Hubert, *Aspects procéduraux de la contrefaçon des brevets d'invention*, thèse Lyon III, ss dir. N. Bouche, déc. 2015 (ronéo).

§ 1. – Les parties à l'action en contrefaçon

681. – **Présentation. Prescription.** L'instance est nouée entre le demandeur et le défendeur. Des règles précises existent quant au demandeur, tandis que le choix des défendeurs est à la liberté du demandeur. La recevabilité de l'action est, en toute hypothèse, soumise au respect du délai d'action posé par la loi. À ce titre, la prescription de l'action en contrefaçon était, jusqu'à une époque récente, triennale. La loi du 11 mars 2014 a modifié le droit positif dans le sens d'une extension de sorte que l'action en contrefaçon se prescrit à présent par cinq ans à compter des faits qui en sont la cause(78). Il faut comprendre que chaque acte de contrefaçon fait courir un nouveau délai de prescription(79). Il est ainsi tout à fait possible qu'une action en contrefaçon soit mise en œuvre alors que le droit de propriété (brevet, marque, dessin et modèle) a disparu pour sanctionner un acte d'exploitation non autorisé intervenu dans les cinq ans précédents, à un moment où le droit était encore en vigueur(80). Faute de dispositions spéciales dans la loi nouvelle, il faut appliquer le droit transitoire issu du droit commun pour affirmer que les actes de contrefaçon non prescrits à la date d'entrée en vigueur de la loi nouvelle bénéficient immédiatement de la nouvelle prescription en tenant compte de la durée déjà écoulée. En outre, à l'exception du droit des marques qui connaît un mécanisme de forclusion par tolérance(81), l'inaction du titulaire du droit n'éteint pas l'action.

682. – **Le demandeur.** L'action en contrefaçon appartient en principe au titulaire du titre, tel qu'il apparaît sur les registres officiels de publicité : seule la publication réalisée au registre pertinent est de nature à rendre le droit du propriétaire opposable aux tiers, et à légitimer l'action en contrefaçon(82). L'action en contrefaçon est encore ouverte au licencié exclusif au bénéfice de certaines conditions(83) : il faut que le contrat n'ait pas exclu cette possibilité et que le licencié ait mis en demeure le titulaire d'agir de manière infructueuse. Son action ne peut viser en principe que des actes postérieurs au contrat de licence(84). Le titulaire, s'il le souhaite, peut alors se joindre à l'action. De façon symétrique, une fois l'instance engagée par le titulaire, le licencié, exclusif ou non, peut toujours se joindre à ladite action(85). La loi n° 2008-776 du 4 août 2008 a ajouté que « le licencié, partie à un contrat de licence non inscrit sur le

(78) CPI, art. L. 521-3 en matière de dessins et modèles, art. L. 615-8 en matière de brevets d'invention et art. L. 716-5 en matière de marques.

(79) Sur l'existence de délits continus, V. par ex. en matière de brevets P. Mathély, *Le nouveau droit français des brevets d'invention, op. cit.*, p. 437. – Comp. J. Passa, *Droit de la propriété industrielle*, t. 2, *op. cit.*, n° 631.

(80) À l'exclusion, bien évidemment, d'une disparition du droit consécutive à une action en annulation dont le caractère rétroactif interdit de qualifier d'acte de contrefaçon l'exploitation non autorisée de l'objet de la propriété.

(81) CPI, art. L. 716-5, al. 4.

(82) Au cas de transfert du droit industriel (cession, opération sociétaire), il conviendra de vérifier que l'acte translatif a bien été publié pour être rendu opposable aux tiers. Ceci s'avère primordial lorsqu'une saisie-contrefaçon est intervenue, car la plupart des actes (requête, ordonnance, procès-verbal de saisie-contrefaçon) sont des actes instantanés, impossibles à régulariser. Ces actes, accomplis au nom d'une personne qui n'avait pas qualité à agir aux yeux des tiers, seront par conséquent susceptibles d'être annulés. En revanche, il est possible de régulariser la situation dans le cadre de la procédure au fond, par exemple.

(83) V. CPI, art. L. 615-2 en matière de brevets d'invention ; CPI, art. L. 521-2 en matière de dessins et modèles et CPI, art. L. 716-5 en matière de marques.

(84) Sauf si le contrat, dûment publié, en dispose différemment – V. *infra*, n° 725.

(85) La jurisprudence reconnaît, en outre, la possibilité d'une action conjointe, CA Paris, 12 févr. 2014, n° 12/16589 : *Propr. industr.* 2014, chron. 10, E. Py ; *PIBD* 2014, n° 1004, III, p. 326.

registre national (...) est également recevable à intervenir dans l'instance en contrefaçon engagée par le propriétaire [du titre] afin d'obtenir la réparation du préjudice qui lui est propre ». En matière de dessins et modèles, et jusqu'à la loi du 29 octobre 2007, le licencié, même exclusif, ne pouvait pas engager d'action en contrefaçon[86]. Il semblait par ailleurs que celui-ci n'avait pas la possibilité de se joindre à l'action du titulaire, car ne disposant pas de la qualité à intervenir volontairement. Il faut sans doute voir dans cette singularité l'influence du droit d'auteur sur la matière des dessins et modèles, et le relatif retard de ce secteur au regard des autres droits industriels pour admettre un caractère pleinement opérationnel au droit de propriété conféré sur un modèle. Depuis la loi de 2007, la situation des dessins et modèles est harmonisée avec celle des marques et des brevets d'invention.

683. – **Copropriété.** La qualité du cotitulaire d'un droit de propriété industrielle à agir en contrefaçon varie selon la matière concernée. En effet, en matière de brevets d'invention, l'article L. 613-29 du Code de la propriété intellectuelle autorise chacun des copropriétaires à agir en contrefaçon à son seul profit sous réserve d'avoir prévenu les autres copropriétaires[87]. En matière de dessins et modèles ou de marques, le législateur n'a pas envisagé de régime spécifique à la copropriété du titre. Aussi, il faut se référer aux dispositions du droit commun de l'indivision qui, souvent, requièrent l'unanimité (C. civ., art. 815 et s.)[88]. Il reste toujours possible de convenir d'un régime contractuel différent au titre d'un règlement de copropriété, que ce soit en matière de brevets d'invention ou dans les autres domaines.

684. – **Demande non publiée, notification d'une copie au défendeur.** On réitérera ici le principe de la naissance du droit exclusif du fait du dépôt de la demande (de brevet, d'enregistrement de la marque ou du modèle), de fait l'action en contrefaçon peut être menée sur le fondement d'une simple demande. Lorsque la procédure est intentée sur la base d'une demande d'enregistrement d'un titre (ou le seul dépôt d'une demande de brevet) avant même que celle-ci n'ait été publiée au *BOPI*, la recevabilité de l'action suppose de notifier une copie de ladite demande au tiers concerné ; à l'égard des faits antérieurs à la notification, la demande en contrefaçon est irrecevable[89]. Par ailleurs, il est sursis à l'instance jusqu'à la délivrance du titre[90]. Concernant la marque communautaire (de l'Union européenne), le texte retient que : « le droit conféré par la marque de l'Union européenne est opposable aux tiers à compter de la date de la publication de l'enregistrement de la marque »[91].

(86) Cass. com., 12 juill. 1993 : *Bull. civ.* 1993, IV, n° 294. – Cass. com., 10 mai 1994 : *PIBD* 1994, 572, III, 436. Il en allait de même, *a fortiori*, pour le licencié simple ou le distributeur.

(87) V. *supra*, n° 252.

(88) Même si la loi n° 2006-728 du 23 juin 2006 a permis à l'indivisaire disposant des trois quarts des parts d'effectuer des actes d'administration (C. civ., art. 815-3), il reste qu'en présence de deux copropriétaires, l'unanimité est requise quant aux actes de disposition, sauf à obtenir une autorisation judiciaire.

(89) V. CPI, art. L. 615-4, exigeant une copie certifiée pour les brevets d'invention ; art. L. 521-1 pour les dessins et modèles ; art. L. 716-2 pour les marques. – V. Cass. com., 19 nov. 2002, n° 00-10.190 : *PIBD* 2003, n° 758, III, p. 101 (marque) approuvant l'arrêt d'appel qui avait déclaré l'action en contrefaçon irrecevable car les faits incriminés étaient antérieurs à la publication au *BOPI* de la demande d'enregistrement en cause et qu'aucun fait postérieur n'était rapporté.

(90) Il doit être observé que seuls les articles précités en matière de brevets d'invention et de marques le précisent. Dans la mesure où la réforme intervenue avec l'ordonnance du 25 juillet 2001, transposant la directive Dessins et modèles, retient désormais un enregistrement constitutif de droits, il paraît logique de retenir une solution identique à celle des brevets d'invention et des marques. Le titre doit avoir été délivré pour pouvoir donner lieu à une atteinte portée à ce droit de propriété.

(91) Règl. n° 2015/2424, art. 9 ter 1°(qui se substitue au Règl. n° 207/2009, art. 9.3).

Là aussi, en revanche, le tribunal doit surseoir à statuer tant que l'enregistrement de la marque n'a pas été publié.

685. – **Le défendeur.** Le demandeur a le choix des poursuites, de sorte qu'il peut décider de poursuivre toutes les personnes concernées par la contrefaçon : il s'agira, par exemple, des commerçants (qui distribuaient en connaissance de cause en matière de brevets d'invention) ou encore de l'importateur. Au contraire, le choix du titulaire peut se tourner vers certains d'entre eux seulement : l'action peut être dirigée contre le seul fabricant afin de tarir la source de la contrefaçon sans, pour autant, se heurter à un distributeur avec lequel le titulaire du droit entretiendrait par ailleurs des relations commerciales. L'absence de poursuites judiciaires contre d'autres opérateurs également impliqués dans la commission d'actes de contrefaçon ne saurait constituer un fait justificatif de la contrefaçon. Le défendeur va souvent conclure reconventionnellement à la nullité du titre qui lui est opposé. Il est alors nécessaire que le titulaire soit dans l'instance (par une intervention forcée en cas d'instance menée par le licencié exclusif par exemple) et c'est d'ailleurs ce qui justifie que le licencié exclusif ne puisse engager l'action que s'il a préalablement mis en demeure le titulaire d'agir ou encore, qu'en matière de copropriété, il faille informer les autres copropriétaires avant d'agir.

§ 2. – Le juge de la contrefaçon

686. – **Contentieux national et international.** La loi française pose les règles de compétence judiciaire pour le contentieux domestique de la contrefaçon (I). Mais le contrefacteur n'a pas vocation à limiter ses agissements au seul territoire français : dans un contexte international, il faut aussi s'intéresser aux règles de compétence judiciaire internationale permettant au juge français de retenir sa propre compétence (II).

I. – Le juge du contentieux domestique

687. – **Généralités.** Le titulaire qui subit des actes de contrefaçon peut saisir les juridictions du fond – à savoir le tribunal de grande instance – mais également son président – avant d'engager toute procédure au fond ou en cours d'instance[92] – qui pourra ordonner des mesures provisoires. Il est possible de recourir à l'arbitrage, mais cette procédure privée est généralement appelée au cas de contentieux contractuel[93].

688. – **Président du tribunal de grande instance.** Le contentieux étant parfois long avant d'obtenir une condamnation définitive sur le fond, le titulaire d'un titre de propriété industrielle qui subit des atteintes de tiers peut souhaiter

(92) Dispositions spéciales, juge des référés compétent même si une action au fond est engagée, TGI Lyon, réf., 9 sept. 2009, inédit. – TGI Paris, ord. JME, 18 avr. 2008 : *PIBD* 2008, n° 878, III, p. 448.

(93) La loi dispose, en matière de brevets d'invention (CPI, art. L. 615-17, al. 2), de marques (CPI, art. L. 716-4) et de dessins et modèles (CPI, art. L. 521-3-1, al. 2) que l'exclusivité de compétence reconnue à certains tribunaux de grande instance ne s'oppose pas au recours à l'arbitrage dans les conditions de droit commun. Sur la mise en œuvre de ces dispositions en matière de nullité de brevet, V. *supra*, n° 156. – *Arbitrage et propriété intellectuelle*, coll. « Comité français de l'arbitrage » (ss dir. J. Raynard) : *Rev. arb.* 2014, n° 2, p. 268 et s. – T. Azzi, *Les obstacles à l'arbitrage en droit de la propriété industrielle au lendemain de la loi du 17 mai 2011 : Comm. com. électr.* 2012, étude 4.

obtenir le prononcé de mesures provisoires justifiées par l'urgence de la situation. Le président du tribunal de grande instance sera compétent pour prononcer de telles mesures en principe en référé. Toutefois, lorsque les circonstances l'exigent, il peut être saisi sur requête, ce qui donne lieu, par exception, à une procédure non contradictoire.

689. – **Référé-cessation et mesures provisoires actuelles.** Introduite en droit français par la loi du 27 juin 1984, la procédure d'interdiction provisoire de contrefaçon de brevet d'invention permettait au breveté qui engage un procès en contrefaçon d'obtenir, par une décision du président du tribunal de grande instance, à l'origine saisi « en la forme des référés », l'arrêt immédiat des actes de contrefaçon jusqu'à la décision du tribunal statuant au le fond (V. CPI, art. L. 615-3 ancien, pour les brevets, et art. L. 716-6 ancien pour les marques auxquelles la procédure a été étendue par la loi du 4 janvier 1991). La procédure devait être diligentée à bref délai à compter du jour où le titulaire avait eu connaissance des actes de contrefaçon et sous réserve que l'action au fond paraisse sérieuse. Il n'était pas possible de recourir à la procédure de droit commun en lieu et place de cette procédure spécifique. En matière de dessins et modèles, aucune procédure spécifique n'existait et il convenait, au contraire, de se servir des dispositions de droit commun. Ce contexte a été modifié avec la loi n° 2007-1544 du 29 octobre 2007 qui a harmonisé cette mesure à tous les domaines de la propriété intellectuelle (CPI, art. L. 521-5 pour les dessins et modèles). Désormais, en principe, seule la mesure d'interdiction spécifique issue du Code de la propriété intellectuelle est applicable. Désormais :

> « Toute personne ayant qualité pour agir en contrefaçon peut saisir en référé la juridiction compétente afin de voir ordonner, au besoin sous astreinte, à l'encontre du prétendu contrefacteur ou des intermédiaires dont il utilise les services, toute mesure destinée à prévenir une atteinte imminente aux droits conférés par le titre ou empêcher la poursuite d'actes argués de contrefaçon. »

Aucune action au fond préalable n'étant plus exigée, une requête visant à l'obtention de mesures provisoires peut intervenir de manière plus précoce(94). Il est même possible désormais d'obtenir sur requête « toutes mesures urgentes lorsque les circonstances exigent que ces mesures ne soient pas prises contradictoirement ». Le mécanisme est redoutablement efficace, de sorte qu'il est précisé que la juridiction ne peut prononcer ces diverses mesures que « si les éléments de preuve, raisonnablement accessibles au demandeur, rendent vraisemblable qu'il est porté atteinte à ses droits ou qu'une telle atteinte est imminente ». Certains commentateurs, au lendemain de l'entrée en vigueur de la loi, ont rappelé que les juges devaient examiner, au titre de cette « vraisemblance », le bien-fondé des demandes tant une mesure d'interdiction provisoire est lourde de conséquences. Et c'est ce vers quoi la jurisprudence des juges du fond s'est orientée(95). Une décision l'énonce clairement :

(94) Avant cette réforme de 2007, dans la pratique, les avocats avaient pris l'habitude de faire délivrer l'assignation au fond par leur huissier à qui ils demandaient d'attendre un court instant avant de délivrer cette fois l'assignation en référé-cessation. Les dispositions actuelles sont plus simples.

(95) La juridiction lyonnaise, dans un premier temps, a pu estimer qu'elle n'avait pas à effectuer une telle vérification puisque la loi avait désormais supprimé l'exigence tenant au sérieux d'une action au fond, V. TGI Lyon, réf., 17 juin

« Si foi est due au titre, il appartient néanmoins au juge des référés de vérifier que les contestations soulevées par les parties en défense ont ou non un caractère sérieux de sorte à éviter que les demandeurs déposent des titres de barrage, faussant ainsi les règles de la concurrence(96). »

690. – **Les mesures provisoires possibles.** Le juge peut ordonner la cessation sous astreinte (interdiction provisoire) des actes argués de contrefaçon, avec notamment une possible consignation d'une garantie à la charge du demandeur (en vue d'une indemnisation si, finalement, la contrefaçon n'est pas retenue), autoriser la poursuite des actes mais avec la constitution de garanties, cette fois, à la charge du défendeur (pour garantir le paiement des dommages et intérêts si la contrefaçon est retenue). Le demandeur peut encore obtenir la saisie conservatoire des biens mobiliers ou immobiliers, y compris le blocage des comptes bancaires et autres avoirs du défendeur s'il justifie « de circonstances de nature à compromettre le recouvrement de sa créance ». Il est aussi prévu à cet article la possibilité d'obtenir une provision lorsque l'existence de son préjudice n'est pas sérieusement contestable. Toutes ces mesures peuvent être subordonnées à la constitution de garanties par le demandeur. Lorsque ces mesures ont été obtenues avant l'introduction de toute action au fond, celle-ci doit intervenir au plus tard vingt jours ouvrables ou trente et un jours civils, si ce délai est plus long, à compter de l'ordonnance obtenue. À défaut, le saisi ou le tiers saisi pourra demander la mainlevée desdites mesures. L'ordonnance prononçant ces mesures est bien entendu susceptible d'appel.

691. – **Juges du fond, le tribunal de grande instance.** Il convient, traditionnellement, de distinguer la compétence d'attribution de la compétence territoriale.

692. – **S'agissant de la compétence d'attribution.** Le tribunal exclusivement compétent en matière de contrefaçon, ainsi qu'en cas d'actes de concurrence déloyale connexes, est le tribunal de grande instance(97). Tous ne sont toutefois pas compétents : si, s'agissant des brevets d'invention, depuis longtemps, en raison de la complexité de la matière, seuls quelques tribunaux de grande instance étaient compétents, désormais le tribunal de grande instance de Paris est exclusivement compétent pour connaître des litiges intéressant cette discipline(98). Cette réduction

---

2008, n° 08/00818, retenant : « Sauf hypothèse de nullité manifeste du titre invoqué, le juge des référés doit se borner à vérifier, outre la qualité à agir du demandeur, l'existence ou l'imminence d'une atteinte aux droits qui lui sont conférés par le titre ». – V. encore, TGI Strasbourg, réf., 10 mars 2009 : *PIBD* 2009, n° 899, III, p. 1171, mais réformé CA Colmar, 22 juin 2010, n° 09/01430. – CA Toulouse, 2 déc. 2009, n° 08/03793. – Mais, ensuite, plusieurs décisions, en ce compris du tribunal de grande instance de Lyon, ont opté pour une attitude plus exigeante. Ainsi, il a été jugé que les marques visant un public et des activités différentes, l'atteinte au droit ne relève pas de l'évidence, TGI Lyon, réf., 25 mai 2010. – V. encore, TGI Paris, réf., 3 déc. 2008, relevant que les sacs litigieux reproduisant la presque totalité des caractéristiques des produits originaux, la contrefaçon est certaine, ou au contraire, que la seule utilisation de la partie nominale d'une marque semi-figurative (associant un mot à une couleur et/ou un dessin, une forme) ne peut constituer à l'évidence une contrefaçon, TGI Paris, réf., 23 juin 2009. De même, il a été jugé que le caractère vraisemblable de la contrefaçon n'est pas établi lorsque la contestation sur la validité du brevet apparaît sérieuse, TGI Paris, réf., 15 sept. 2009, n° 09/57225, confirmé CA Paris, 14 sept. 2010, n° 09/21464. – TGI Paris, réf., 12 févr. 2010, n° 10/51453.

(96) Bien qu'un peu manichéen, TGI Paris, réf., 27 oct. 2008, n° 08/58307, confirmé CA Paris, 19 mai 2009, n° 08/21395.

(97) V. CPI, art. L. 521-3-1 en matière de dessins et modèles, L. 615-17 en matière de brevets d'invention et L. 716-3 en matière de marques.

(98) Dix tribunaux de grande instance étaient compétents, puis sept à la suite d'un décret du 30 décembre 2005 : Marseille, Bordeaux, Strasbourg, Lille, Lyon, Paris et Toulouse ; faisant suite à la loi du 29 octobre 2007, un décret du 9 octobre 2009 a désigné le seul tribunal de grande instance de Paris pour être exclusivement compétent en matière de brevets d'invention, de certificats d'utilité, de certificat complémentaire de protection et de topographie de semi-conducteurs. Le tribunal de grande instance de Paris est également le seul compétent en matière de dessins et modèles communautaires (D. n° 2002-216, 18 févr. 2002) et en matière de marques communautaires (D. n° 2008-522, 2 juin 2008). Il est encore à

du nombre de juridictions compétentes a généré un contentieux délicat en raison de l'absence de dispositions transitoires dans le texte applicable(99). En matière de marques, de dessins et modèles (et en droit de la propriété littéraire et artistique), un décret de 2009, complété par un nouveau décret de 2010, retient la compétence de dix tribunaux en France (métropolitaine et départements d'outre-mer)(100). La loi n° 2011-525 du 17 mai 2011 a modifié les termes des textes désignant les juridictions compétentes en précisant que seront portées devant elles « les actions civiles et les demandes relatives aux marques (...) ». Cela a conduit à exclure de la spécialisation des juridictions, pourtant imposées par la directive n° 2004/48/CE du 29 avril 2004, les actions pénales, ce qui est contestable(101). En matière de titres communautaires (dessins et modèles) ou de l'Union européenne (marques de l'Union, V. Règl. n° 207/2009 modifié par Règl. n° 2015/2424, 16 déc. 2016), seul le tribunal de grande instance de Paris est compétent (V., en matière de dessins et modèles, CPI, art. L. 522-2 et R. 522-1, en matière de marques, CPI art. L. 717-4 et R. 717-11, renvoyant à l'article R. 211-7 du Code de l'organisation judiciaire – Sur la Juridiction unifiée du brevet compétente pour ce qui est du brevet européen à effet unitaire, V. *supra*, n° 241).

693. – **S'agissant de la compétence territoriale.** Les règles de droit commun s'appliquent à la matière. Le tribunal compétent sera en principe celui dans le ressort duquel le défendeur a son domicile ou son siège social ; mais le tribunal du lieu où le délit a été commis ou du lieu où le dommage a été subi est alternativement compétent au choix du demandeur(102).

II. – Le juge du contentieux international(103)

694. – **Compétence internationale du juge français. Règles de compétence générale et spéciales.** La compétence internationale du juge français trouve sa source première dans les règles européennes propres à la matière, soit désormais le règlement n° 1215/2012 du 12 décembre 2012 concernant la compétence judiciaire, la reconnaissance et l'exécution des décisions en matière civile et commer-

déplorer qu'en matière d'obtentions végétales, et en dépit des observations formulées notamment dans le rapport des sénateurs Béteille et Yung du 9 février 2011, sur l'application de la loi du 29 octobre 2007 (V. Ch. Le Stanc : *Propr. industr.* 2011, repère 5), aucune modification ne soit intervenue de telle sorte que les dix tribunaux de grande instance anciennement compétents en matière de brevets d'invention (Limoges, Nancy et Rennes en plus des sept cités) le sont encore dans cette matière aussi technique qui associe encore un aspect propre aux signes distinctifs. Un décret du 2 janvier 2013 est venu préciser que le nombre de tribunaux de grande instance en matière d'obtention végétale pouvait être inférieur à dix, mais la loi du 11 mars 2014 n'a pas modifié les règles de compétence pour autant.

(99) Ainsi, la question s'est posée de savoir quelle cour d'appel était compétente pour connaître d'une décision rendue par une juridiction provinciale après l'entrée en vigueur du texte donnant compétence au tribunal de grande instance de Paris alors qu'elle avait été régulièrement saisie avant. Confrontée à une jurisprudence hétérogène, la Cour de cassation a fini par juger que la compétence revenait à la cour d'appel dans le ressort de laquelle se trouvait la juridiction ayant rendu le jugement de première instance et non, nécessairement, la cour d'appel de Paris (Cass. com., 3 mars 2015 : *PIBD* 2015, n° 1025, III, p. 259 ; *Propr. industr.* 2015, chron. 11, n° 23, obs. E. Py).

(100) V. D. n°s 2009-1204 et 2009-1205, 9 oct. 2009, désignant Bordeaux, Fort-de-France, Lille, Lyon, Marseille, Nancy, Nanterre, Paris, Rennes, complété par le décret n° 2010-1369 du 12 novembre 2010, ajoutant à la suite d'un recours la compétence du tribunal de grande instance de Strasbourg.

(101) Cass. crim., 19 juin 2013, n° 12-84.533 : *PIBD* 2013, n° 992, III, p. 1473 : *Propr. industr.* 2013, comm. 87, nos obs.

(102) CPC, art. 42, énonçant le principe en la matière ; CPC, art. 46, proposant des chefs de compétence alternatives.

(103) V. A.-C. Chiariny, *Le règlement judiciaire et arbitral des contentieux internationaux sur brevets*, Litec, coll. « Bibl. dr. entr. », 2006, t. 71.

ciale[104]. L'action en contrefaçon, en tant que telle, ne fait l'objet d'aucune réserve de compétence dans le cadre du règlement. Selon la règle de *compétence générale* de l'article 4 du règlement, toute personne domiciliée sur le territoire d'un État membre est attraite, quelle que soit sa nationalité, devant les juridictions de cet État : *Actor sequitur forum rei*. Il appartient ensuite au droit interne de cet État de désigner le tribunal spécialement compétent[105]. Sauf les règles de compétence spéciales et dérogatoires posées par le règlement, la compétence des tribunaux de l'État du domicile du défendeur est impérative[106]. En bonne logique, le demandeur se voit privé de la faculté de se prévaloir des règles de compétence exorbitante des articles 14 et 15 du Code civil applicables aux litiges impliquant un « Français » (Règl. n° 1215/2012, art. 5-2). Lorsque le défendeur n'a pas son domicile sur le territoire d'un État membre, les règles de compétence judiciaire nationales de chaque État contractant retrouvent leur emprise, et avec elles les privilèges de juridiction des articles 14 et 15 du Code civil (Règl. n° 1215/2012, art. 6-1). Par dérogation à la compétence du juge du domicile du défendeur, le règlement connaît des règles de *compétence spéciale*, alternatives à la règle de l'article 4, qui permettent au demandeur d'assigner un défendeur domicilié dans un État contractant devant une autre juridiction que celles de cet État. Ces règles sont justifiées par l'idée qu'il existe entre le différend et le tribunal qu'elles désignent un lien plus étroit qu'avec le juge du domicile du défendeur[107]. De la sorte, l'article 7 pose une règle de compétence spéciale à la matière délictuelle. *En matière délictuelle et quasi délictuelle*[108], le défendeur peut être attrait « devant le tribunal du lieu où le fait dommageable s'est produit ou risque de se produire » (Règl. n° 1215/2012, art. 7, § 2), ce qui, pour la Cour de Luxembourg, couvre aussi bien le lieu de survenance du dommage que le lieu du fait générateur[109]. L'application de la règle a fait débat s'agissant de délits, ou contrefaçons, commis par voie de presse, radio, télévision, voire par le support de l'Internet : la Cour de justice des Communautés européennes a alors jugé que la

(104) Ce texte succède au règlement n° 44/2001 du 22 décembre 2000, lui-même héritier de la convention de Bruxelles du 22 septembre 1968 sur la compétence judiciaire et l'exécution des décisions en matière civile et commerciale. – On prendra soin de distinguer la question de la compétence judiciaire internationale de celle de la loi applicable à la contrefaçon et de la compétence internationale du juge français on ne déduira pas l'application systématique du droit français ; tout au contraire, au titre de l'article 8 du règlement n° 864/2007 du 11 juillet 2007 sur la loi applicable aux obligations non contractuelles (« Rome II ») : « 1. La loi applicable à une obligation non contractuelle résultant d'une atteinte à un droit de propriété intellectuelle est celle du pays pour lequel la protection est revendiquée. 2. En cas d'obligation non contractuelle résultant d'une atteinte à un droit de propriété intellectuelle communautaire à caractère unitaire, la loi applicable à toute question qui n'est pas régie par l'instrument communautaire pertinent est la loi du pays dans lequel il a été porté atteinte à ce droit ». Il suit que le juge français peut être saisi de la contrefaçon d'un titre étranger, appréciée selon la loi de ce dernier. – Sur la question, V. M.-E. Ancel, *La compétence et la loi applicable en matière de propriété intellectuelle : RID comp.* 2-2010. – E. Treppoz, *La* lex loci protectionnis *et l'article 8 du règlement Rome II : D.* 2009, p. 1643.

(105) Alors qu'il renvoie au droit interne des États la définition du domicile des personnes physiques, le règlement donne une règle matérielle pour les sociétés et personnes morales : celles-là sont domiciliées au lieu où est situé : leur siège statutaire, leur administration centrale, ou leur principal établissement (Règl. n° 1215/2012, art. 63). Ainsi, le demandeur peut utiliser à sa discrétion l'un des trois critères précédents pour assigner une personne morale.

(106) Cass. ch. mixte, 31 mars 2005, 2 arrêts : *Rev. crit. DIP* 2005, 732, H. Gaudemet-Tallon ; *RDC* 2005, p. 1186, P. Deumier.

(107) De fait, bien que le défendeur ne soit pas domicilié dans un État communautaire, la Cour de cassation retient l'application de la convention de Bruxelles dès lors que se réalisait dans un État contractant un chef de compétence de l'article 5-1 (Cass. com., 30 janv. 2001 : *Rev. crit. DIP* 2001, 539, S. Poillot-Peruzzetto ; *D.* 2002, somm. comm. 1392, B. Audit).

(108) Est de nature délictuelle « toute demande qui vise à mettre en jeu la responsabilité du défendeur, et qui ne se rattache pas à la matière contractuelle », CJCE, 27 sept. 1988, aff. 189/87, *Kalfédis : Rec. CJCE* 1988, I, p. 5565, Darmon ; *Rev. crit. DIP* 1989, 117, H. Gaudemet-Tallon ; *JDI* 1989, 457, A. Huet ; *D.* 1989, somm. comm. 254, B. Audit.

(109) CJCE, 30 juin 1976, aff. C-21/76, *Mines de potasse d'Alsace : Rec. CJCE* 1976, I, p. 1735 ; *D.* 1977, 613, G. Droz ; *JDI* 1977, 728, A. Huet ; *Rev. crit. DIP* 1977, 563, P. Bourel.

victime pouvait agir soit dans le pays d'établissement de l'éditeur (contrefacteur...) pour la réparation de l'intégralité du préjudice, soit en chacun des pays où la diffusion lui a causé dommage, mais alors en réparation du seul préjudice subi dans ce pays(110). Cette faculté de centraliser devant un seul juge le litige de contrefaçon dont les faits sont pourtant plurilocalisés montre ses limites dès lors que la nullité du titre est opposée à la demande principale.

695. - **Règles de compétence exclusive.** Le règlement communautaire pose une règle de compétence exclusive des juridictions de l'État membre sur le territoire duquel le dépôt ou l'enregistrement a été demandé « en matière d'inscription ou de validité des brevets, marques, dessins et modèles, et autres droits analogues donnant lieu à dépôt ou à un enregistrement, que la question soit soulevée par voie d'action ou d'exception (...). Sans préjudice de la compétence reconnue à l'Office européen des brevets par la convention sur la délivrance des brevets européens, signée à Munich le 5 octobre 1973, les juridictions de chaque État membre sont seules compétentes en matière d'inscription ou de validité d'un brevet européen délivré pour cet État membre » (V. Règl. n° 1215/2012, art. 24, § 4, autrefois Règl. CE n° 44/2001, art. 22, § 4). Il s'agit d'une règle de compétence *exclusive* et *impérative*(111) qui impose la compétence du juge d'un État contractant alors même que les plaideurs, et spécialement le défendeur, ne seraient pas domiciliés sur le territoire d'un État contractant ; une décision rendue en violation de ce dispositif ne bénéficierait pas du système de reconnaissance et d'exécution du règlement. En matière de brevets, la Cour de justice a cependant retenu une interprétation restrictive de cette compétence exclusive et écarte de son domaine les questions de titularité du droit (action en revendication)(112). Néanmoins, la compétence exclusive du juge du pays du brevet au cas de demande en nullité va sérieusement contrecarrer la stratégie du demandeur à la contrefaçon d'un portefeuille de titres et qui cherche à centraliser le litige au profit d'un seul juge.

696. - **Action en contrefaçon et demande en nullité du titre.** Le contentieux des brevets d'invention voit le prétendu contrefacteur, défendeur à l'action en contrefaçon, systématiquement soulever l'exception de nullité du ou des brevets qui lui sont opposés. La question de l'application de la règle de compétence exclusive à cette hypothèse a reçu une réponse favorable de la Cour de justice avec l'arrêt *Gat* du 13 juillet 2006 : pour la Cour, la règle de l'article 16-4 de la convention de Bruxelles, *mutatis mutandis* de l'article 24-4 du règlement, s'applique à tous les litiges portant sur l'inscription ou la validité du titre, que la question soit soulevée par voie d'action ou d'exception(113). Cette solution est malheureuse. En pratique, elle fait obstacle à une centralisation du contentieux de la contrefaçon lorsque

(110) CJCE, 7 mars 1995, aff. C-68/93, *Fiona Shevill c/ Press alliance* : D. 1996, 63, G. Parléani ; *Rev. crit. DIP* 1996, 487, P. Lagarde ; *JDI* 1996, 543, A. Huet. – Comp. Cass. 1re civ., 16 juill. 1997 (contrefaçon par voie de presse) : *JDI* 1998, 136, A. Huet.

(111) Les parties ne peuvent y déroger par une clause attributive de juridiction ou une comparution volontaire ; le magistrat d'un État contractant saisi à titre principal en méconnaissance de l'article 24 doit d'office se déclarer incompétent (art. 27).

(112) CJCE, 15 nov. 1983, aff. 288/82, *Duijnstee c/ Goderbauer* : Rec. CJCE 1983, I, p. 3663, concl. Rozès, pt 28. – V. A.-C. Chiariny, *Le règlement judiciaire et arbitral des contentieux internationaux sur brevets*, Litec, coll. « Bibl. dr. entr. », 2006, t. 71, § 64 et s.

(113) CJCE, 13 juill. 2006, aff. C-4/03, *Gat* : D. 2007, pan. 342, obs. J.R. ; *Comm. com. électr.* 2007, étude 10, M. Ancel. – V. A.-C. Chiariny-Daudet, *Le règlement judiciaire et arbitral des contentieux internationaux sur brevets d'invention*, Litec, 2006.

le litige concerne un portefeuille de brevets pris pour plusieurs États : il suffira au contrefacteur allégué d'invoquer l'argument de nullité pour contraindre le propriétaire des titres à un ruineux combat « à la Curiace », titre par titre, État par État(114). Au fond, la solution, comme la règle de compétence elle-même, repose sur une conception erronée de l'origine du droit de brevet et du rôle de l'intervention de l'autorité publique. La délivrance du titre par l'administration n'est pas attributive mais déclarative de droit ; le droit de brevet naît en effet de l'acte de dépôt de la demande de brevet qui n'est rien d'autre qu'un acte de droit privé exclusif de toute intervention de la puissance publique. Nier la validité du brevet revient à déclarer infondée cette demande, il n'y a nul acte de souveraineté dans cette construction(115). Cette jurisprudence jusqu'au-boutiste de la Cour de justice sert d'aiguillon aux projets européens de création de juridiction unifiée pour le brevet européen à effet unitaire (V. *supra*, n° 241).

697. - **Compétence territoriale et Internet. Marques.** Des questions se sont posées avec des délits commis sur Internet, moyen de communication qui présente la particularité de permettre l'accessibilité de n'importe quel point de la planète : faut-il pour autant considérer ce critère comme utile ? Après quelques hésitations entre théorie de l'accessibilité et théorie de la localisation, la Cour de cassation s'est engagée en faveur de cette dernière : le fait pour le site étranger de s'adresser directement aux internautes français justifie de retenir la compétence des juridictions françaises(116) ; la solution est adaptée pour les titres de propriété industrielle qui ont une portée territoriale en fonction des enregistrements accomplis.

§ 3. – L'action en déclaration de non-contrefaçon

698. - **Présentation. Brevets.** L'article L. 615-9 du Code de la propriété intellectuelle prévoit une action de nature déclaratoire qui permet à un concurrent du breveté d'anticiper un éventuel contentieux en demandant au titulaire du droit de prendre parti sur son opposabilité à l'exploitation réalisée ou envisagée.

699. - **Mise en œuvre.** Aux termes de la loi, l'action est nécessairement précédée d'une phase amiable au cours de laquelle « toute personne qui justifie d'une exploitation industrielle sur le territoire d'un État membre de la Communauté européenne ou de préparatifs effectifs et sérieux à cet effet » peut inviter le breveté à prendre parti

(114) Par une autre décision du même jour, la Cour a refusé au propriétaire d'un portefeuille de brevets prétendument contrefaits la possibilité de centraliser le contentieux au domicile de l'un des défendeurs et ce *même si les sociétés appartenant à un même groupe avaient agi de manière identique ou similaire, conformément à une politique commune* (Conv. Bruxelles, art. 6-1°. – Comp. Règl. n° 1215/2012, art. 8-1). – CJCE, 13 juill. 2006, aff. C-593/03, *Roche* : *Rev. crit. DIP* 2006, 777, M. Wilderspin.

(115) V. J. Raynard, *L'exclusivité du juge du titre*, in *Droit international privé et propriétés intellectuelles, un nouveau cadre pour de nouvelles stratégies*, coll. Univ. Lyon, 2009, ss dir. C. Nourissat et E. Treppoz, Lamy, 2010, p. 180 et s.

(116) Ainsi, Cass. com., 20 mars 2012, n°s 11-10.505, 11-10.507 et 11-10.508 : *JCP G* 2012, 789, obs. A. Debet ; *D.* 2012, 1261, obs. C. Manara et 1684, L. Mauger-Vielpeau. – M.-E. Ancel, *Contrefaçon de marque sur un site web : quelle compétence intracommunautaire pour les tribunaux français*, in *Mél. X. Linant de Bellefonds*, Litec, 2007, p. 1. La position est différente en droit d'auteur, V. par ex. nos obs., *Droit d'auteur, Internet, et compétence du juge français* : *D.* 2014, pan. dr. numérique 2320. – V. encore, *Contrefaçon sur Internet, les enjeux du droit d'auteur sur le Web 2.0*, Litec, coll. « IRPI », 2009, n° 33. – J. Ginsburg et P. Sirinelli, *Google book search, les enjeux internationaux pour le droit d'auteur* : *JCP G* 2010, doctr. 486, p. 894.

sur l'opposabilité de son titre à l'exploitation dont une description lui est communiquée. La notion d'« exploitation industrielle », au sens du texte, s'entend de la fabrication[117] et les préparatifs effectifs et sérieux pourraient être caractérisés par le degré des investissements opérés par le concurrent du breveté[118]. Bien que la loi ne le précise pas, il faut considérer que la réponse du breveté, par laquelle il reconnaît que son titre ne s'oppose pas à l'exploitation, vaut renonciation à agir ultérieurement en contrefaçon sous réserve, naturellement, que ladite exploitation soit conforme à la description communiquée[119]. Si la réponse du breveté ne lui convient pas ou en cas de défaut de réponse dans un délai de trois mois, la phase contentieuse peut être enclenchée et l'auteur de l'exploitation peut saisir le tribunal de grande instance de Paris pour « faire juger que le brevet ne fait pas obstacle à l'exploitation en cause ». L'action peut être mise en œuvre à titre principal ou par voie reconventionnelle comme réponse à une action en contrefaçon[120]. En revanche, il a été jugé qu'une société était irrecevable à présenter, par voie additionnelle, une demande en déclaration de non-contrefaçon suite à la présentation d'une demande initiale en nullité du brevet, faute de lien suffisant entre les demandes[121]. Le texte prévoit que l'exercice de l'action ne s'oppose pas à l'exercice d'une action en nullité ou à une action en contrefaçon ultérieure si « l'exploitation n'est pas réalisée dans les conditions spécifiées dans la description ».

SECTION 3

LES SANCTIONS DE LA CONTREFAÇON

700. – **Généralités.** Ces sanctions ont pour objet de mettre fin à la poursuite des actes illicites et par ailleurs d'indemniser la victime (CPI, art. L. 615-1 et s.). Elles visent tout à la fois à réintégrer le titulaire dans son droit ainsi qu'à réparer son préjudice[122]. L'indemnisation vise à remettre la victime dans la situation qui aurait dû être la sienne si aucun acte illicite n'avait été commis. Le régime des réparations fondé sur les principes traditionnels de la responsabilité civile reste cependant en deçà des attentes de la victime. Des évolutions sont intervenues dans les textes, guère encore dans la pratique judiciaire.

701. – **L'interdiction de la poursuite des actes argués de contrefaçon.** Afin de réintégrer le titulaire dans son droit, il convient de mettre fin au plus tôt aux actes illicites. Généralement, cette condamnation (injonction) est assortie d'une astreinte. Le tribunal accorde parfois au défendeur un délai pour lui permettre d'exécuter la décision. L'astreinte a un effet dissuasif certain.

(117) Elle ne s'applique donc pas à celui qui se contente de commercialiser des produits importés, V. TGI Paris, 28 oct. 1998 : *PIBD* 1999, n° 675, III, p. 192.
(118) En ce sens, V. J.-M. Mousseron, *Complément à la loi des brevets* : *JCP* E 1984, II, 14335. – Ne constitue pas des préparatifs effectifs et sérieux une demande d'AMM, V. TGI Paris, 16 mars 1999 : *PIBD* 1999, n° 682, III, p. 344.
(119) En ce sens notamment, F. Pollaud-Dulian, *La propriété industrielle*, *op. cit.*, n° 796.
(120) TGI Paris, 22 nov. 1996 : *PIBD* 1997, n° 628, III, p. 139.
(121) TGI Paris, 13 mars 2015 : *PIBD* 2015, n° 1027, III, p. 341.
(122) Sur l'ensemble de la question, V. C. Rodà, *Les conséquences civiles de la contrefaçon des droits de propriété industrielle*, LexisNexis-Litec, coll. « CEIPI », 2012.

702. - **L'indemnité de contrefaçon.** Pendant longtemps, l'indemnité de contrefaçon ne faisait l'objet d'aucun texte spécial, de sorte qu'on lui appliquait les règles du droit commun de la responsabilité civile. À ce titre, le calcul de l'indemnité de contrefaçon doit correspondre à la réparation de l'exact préjudice subi par la victime, sans aller au-delà[(123)]. Dans le calcul indemnitaire, en conformité avec l'article 1382 du Code civil, deux positions se font jour ; selon une première méthode, le préjudice du demandeur (titulaire du droit) ne pourrait tenir que dans une redevance indemnitaire : la formule est sollicitée au cas où le demandeur n'exploite pas personnellement son brevet ; selon une seconde méthode, le préjudice du titulaire du droit devrait être apprécié en regard du manque à gagner dont souffre celui-ci spécialement au cas où il exploite personnellement (calcul des ventes perdues du fait de la contrefaçon, des gains de marge pratiqués)[(124)]. L'application rigoureuse de cette règle favorise en la matière, comme dans d'autres, la réalisation d'une « faute lucrative », le contrefacteur étant la plupart du temps amené à payer au titre de dommages et intérêts le montant d'une redevance, souvent renforcée. En conséquence, la directive n° 2004/48 du 29 avril 2004, transposée en France par la loi du 29 octobre 2007, et complétée par la loi n° 2014-315 du 11 mars 2014, a tenté de remédier au problème. Ces réformes n'ont pas introduit en droit français de dommages et intérêts punitifs (ce qui n'était d'ailleurs explicitement pas le but recherché par la directive)[(125)] ni davantage la possibilité de confisquer au profit du titulaire les bénéfices réalisés par le contrefacteur. La solution adoptée instaure un système de responsabilité spécial qui se démarque du droit commun par l'introduction de règles indemnitaires propres[(126)], et oblige le juge à caractériser distinctement tous les chefs de préjudice énumérés par le texte. Désormais, les articles relatifs aux différents droits de propriété industrielle énoncent :

« Pour fixer les dommages et intérêts, la juridiction prend en considération distinctement : 1° les conséquences économiques négatives de la contrefaçon, dont le manque à gagner et la perte subis par la partie lésée ; 2° le préjudice moral causé à cette dernière ; 3° et les bénéfices réalisés par le contrefacteur, y compris les économies d'investissements intellectuels, matériels et promotionnels que celui-ci a retirées de la contrefaçon.

Toutefois, la juridiction peut, à titre d'alternative et sur demande de la partie lésée, allouer à titre de dommages et intérêts une somme forfaitaire. Cette somme est supérieure au montant des redevances ou droits qui auraient été dus si le contrefacteur avait demandé l'autorisation d'utiliser le droit auquel il a porté atteinte. Cette somme n'est pas exclusive de l'indemnisation du préjudice moral causé à la partie lésée[(127)]. »

Dans l'appréciation du *quantum* indemnitaire, le nouveau texte propose une règle alternative, sur demande de la victime et à la disposition du juge, entre une indemnité dont le calcul complexe prend en considération divers éléments et, subsidiairement, une somme forfaitaire dont le montant a pour plancher la redevance de licence

(123) Face à la difficulté pratique de le déterminer, une expertise comptable peut être ordonnée par le juge afin d'être éclairé quant à l'étendue du préjudice subi.

(124) Sur une application de cette méthode, CA Paris, 5 oct. 2011 : *D.* 2012, chron. brevets et savoir-faire industriel, p. 520, obs. J.R. – *Adde* TGI Paris, 17 juin 1984 : *PIBD* 1984, III, p. 285. – TGI Bordeaux, 28 sept. 1993 : *PIBD* 1993, 556, III, 698. – CA Paris, 11 mai 1989, *CIBA Geigy-Interphyto* : *DB* 1989, II, 4.

(125) V. Dir. n° 2004/48, consid. 26.

(126) V. par ex. J. Passa, *Droit de la propriété industrielle*, *op. cit.*, n° 647. – J.-P. Stenger : *JCl. Brevets*, Fasc. 4680, n°s 84 et s.

(127) V. CPI, art. L. 521-7 pour les dessins et modèles ; art. L. 615-7 pour les brevets d'invention et art. L. 716-14, pour les marques. La référence aux économies d'investissements résulte d'un ajout de la loi du 11 mars 2014.

que le contrefacteur aurait été amené à payer en qualité de licencié. C'est la première branche qui retient l'attention. Au sein des éléments à considérer, le nouveau texte invite donc le juge à guigner vers « les bénéfices réalisés par le contrefacteur ». La tentation est grande de déduire de ce dispositif une émancipation de la réparation de la contrefaçon des préceptes de l'article 1382 du Code civil, si décriés pour leur manque de sévérité[(128)], et voir le juge attribuer à la victime un *quantum* indemnitaire dépassant le strict gain manqué. L'audace est tempérée si l'on observe, d'une part, que le texte nouveau ne prévoit pas la confiscation au profit de la victime de la contrefaçon desdits bénéfices, mais la seule prise en compte de ceux-là par le juge, d'autre part que le principe demeure selon lequel « la contrefaçon engage la responsabilité civile de son auteur » (CPI, art. L. 615-1, al. 2), formule qui incline à maintenir la logique de la réparation de la contrefaçon dans le giron de l'article 1382 du Code civil. L'application du dispositif n'a pas suscité l'audace des juges[(129)]. Afin de laisser la réparation de la contrefaçon dans le giron de la responsabilité civile, on a proposé de voir dans le mécanisme d'affectation des bénéfices du contrefacteur à la victime de la contrefaçon une simple application de la règle de restitution des fruits au *verus dominus* par l'occupant évincé (de mauvaise foi) : le droit positif invitant seulement le juge à prendre en compte ces bénéfices mal acquis, la restitution serait tout au plus partielle. À suivre ce fil, l'affectation des bénéfices ne procéderait plus directement de la réparation de la contrefaçon, mais d'un mécanisme de droit des biens qui voit le propriétaire un temps évincé venir rentrer dans ses droits de la manière la plus complète qui soit lorsqu'il vient à être rétabli. L'affectation des bénéfices s'accommoderait des canons de la responsabilité civile puisque n'entrant plus dans le strict calcul du préjudice[(130)]. La jurisprudence (française) n'en est pas encore là.

703. – **Préjudice moral.** L'indemnité précédente n'est pas exclusive de l'indemnisation du préjudice moral causé à la partie lésée. Le préjudice moral s'entend certainement de la diminution de valeur du titre du fait de la mise sur le marché des produits contrefaisants : perte de confiance de la clientèle du titulaire confronté à des produits contrefaisants de médiocre qualité ; banalisation des produits ou procédés.

704. – **La confiscation. La destruction.** Le Code de la propriété intellectuelle prévoit que la victime peut demander au tribunal de prononcer, si « cela s'avère nécessaire », la confiscation à son profit des objets reconnus contrefaits, ainsi que les dispositifs ou moyens qui permettaient la réalisation de la contrefaçon. Le demandeur en acquiert la propriété à la date d'entrée en vigueur de l'injonction d'interdiction. Hier, la valeur de ces objets confisqués était néanmoins prise en compte dans le calcul de l'indemnité due à la victime. Aujourd'hui, il n'est pas certain que la jurisprudence maintienne ce raisonnement. La destruction peut également être ordonnée[(131)].

(128) V. J. Raynard, *La réparation de la contrefaçon : nouveaux principes pour nouveaux juges* : *Propr. industr.* juin 2010, focus 65.

(129) V. cependant CA Colmar, 20 sept. 2011 : *PIBD* 2012, n° 953, III, p. 7 ; *Propr. industr.* févr. 2012, n° 2, comm. 11, obs. J.R.

(130) Au-delà, l'idée de cumuler le préjudice subi (gains manqués) avec le mécanisme de restitution des fruits (allocation des bénéfices du contrefacteur) ne heurterait plus les sens. Mais y aurait-il encore préjudice indépendant que n'aurait pas réparé une restitution de l'intégralité des fruits ?

(131) V. CPI, art. L. 521-11 pour les dessins et modèles ; L. 615-6 pour les brevets d'invention et L. 716-13 pour les marques.

705. – Les mesures de publication. Les mesures de rappel des circuits de distribution. Il est fréquent que le demandeur sollicite du juge à être autorisé à publier un extrait de la décision dans un ou plusieurs journaux de son choix (par ex., un journal d'actualité nationale et un journal spécialisé du domaine concerné). La décision limitera en général le nombre d'insertions et le montant que devra payer la partie condamnée pour chaque insertion. De plus en plus fréquemment, il est demandé à faire apparaître un extrait de la décision sur le site Internet de la partie condamnée et/ou sur celui du demandeur. Ces mesures sont prononcées à titre de réparations complémentaires. Il s'agit, entre autres, de prévenir les autres acteurs économiques des poursuites menées et des sanctions prononcées. La loi réglemente cette mesure(132). Enfin, « la juridiction peut ordonner, à la demande de la partie lésée, que les produits reconnus comme produits contrefaisants et les matériaux et instruments ayant principalement servi à leur création ou fabrication soient rappelés des circuits commerciaux, écartés définitivement de ces circuits, détruits ou confisqués au profit de la partie lésée », sachant que cette mesure, comme celle de publication, est réalisée aux frais de la personne condamnée(133). La formule du rappel commercial peut s'avérer dévastatrice. L'ensemble vaut aussi bien pour les personnes physiques que pour les personnes morales(134).

706. – Les sanctions pénales. Le demandeur peut également saisir les juridictions pénales ; au titre de l'action publique, le procureur pourra réclamer au contrefacteur trois ans d'emprisonnement et 300 000 € d'amende(135). Les personnes morales peuvent bien entendu être déclarées pénalement responsables et, en ce cas, l'amende est quintuplée. En cas de commission en bande organisée ou « lorsque les faits portent sur des marchandises dangereuses pour la santé, la sécurité de l'homme ou de l'animal », les peines sont portées à cinq ans d'emprisonnement et 500 000 € d'amende. Lorsque les faits sont commis en état de récidive ou lorsque les parties étaient liées contractuellement, les peines sont doublées. Il y a, en outre, la possibilité d'ordonner la fermeture totale ou partielle, définitive ou temporaire, pour une durée au plus de cinq ans, de l'établissement ayant servi à commettre l'infraction. Enfin, à l'encontre des personnes physiques, les coupables peuvent être privés, pendant un temps qui n'excédera pas cinq ans, du droit d'élection et d'éligibilité pour les tribunaux de commerce, les chambres de commerce et d'industrie et les chambres des métiers ainsi que pour les conseils de prud'hommes.

(132) V. CPI, art. L. 521-8 pour les dessins et modèles ; L. 615-7-1 pour les brevets d'invention et L. 716-13 pour les marques.

(133) V. CPI, art. L. 521-8 pour les dessins et modèles ; L. 615-7-1 pour les brevets d'invention et L. 716-13 pour les marques.

(134) D'autres textes viennent le préciser, lorsque la personne morale est reconnue responsable, V. CPI, art. L. 521-12 pour les dessins et modèles ; L. 615-14-3 pour les brevets d'invention et L. 716-11-2 pour les marques.

(135) CPI, art. L. 521-10 et s. (dessins et modèles) ; L. 615-14 et s. (brevets), L. 716-10 et s. (marques).

TITRE 2

L'EXPLOITATION AVEC L'AUTORISATION DU PROPRIÉTAIRE : LES CONTRATS DE LA PROPRIÉTÉ INDUSTRIELLE

707. – **Sources.** Le droit des contrats de propriété industrielle s'inscrit dans l'architecture forgée par le droit commun des contrats, c'est-à-dire par le droit civil. Aussi bien la source première de la matière réside dans le Code civil et les règles générales et spéciales qu'il édicte. C'est sur cette toile de fond que le Code de la propriété intellectuelle pose des dispositions spécifiques ; en nombre limité, celles-là apparaissent formellement comme particulières à chaque rubrique de la propriété industrielle mais sont, au fond, d'une très grande correspondance. Par ailleurs, les accords industriels, comme les contrats sur marques ou modèles, échapperont naturellement au cadre national limité. L'effet économique de ces accords justifie d'abord qu'ils sollicitent le droit communautaire, droit communautaire de la concurrence spécialement qui a de la sorte justifié l'élaboration de divers règlements d'exemption[1]. La dimension supranationale des mêmes accords justifiera encore la recherche de la loi applicable et de l'autorité en charge de régler un éventuel différend, par application des règles traditionnelles de droit international privé[2]. Dans

(1) Le règlement (UE) n° 316/2014 du 21 mars 2014 porte exemption à l'application de l'article 101, paragraphe 3, du Traité sur le fonctionnement de l'Union européenne à des catégories d'accords de transfert de technologie (*JOUE* 28 mars 2014). Il s'inscrit dans une suite de divers règlements d'exemption consacrés à ces types d'accords et, en dernier lieu, il remplace le règlement (CE) n° 772/2004 du 27 avril 2004 arrivé à terme. – V. R. Kovar : *JCl. Brevets*, Fasc. 4880, V° *Accords de Transfert de Technologie*. – Le règlement (UE) n° 1217/2010 du 14 décembre 2010 est relatif aux accords de recherche et de développement (*JOUE* 18 déc. 2010).

(2) Le règlement (CE) n° 593/2008 du 17 juin 2008, dit « Rome I », fixe les règles permettant la désignation de la loi applicable au contrat international ; il ne comporte pas de règles spéciales, pourtant un temps envisagées, aux contrats de propriété intellectuelle. Les praticiens du commerce international ont encore élaboré des règles matérielles propres aux contrats internationaux : ainsi des Principes UNIDROIT relatifs aux contrats du commerce international et auxquels les parties peuvent soumettre leur accord. Le règlement (UE) n° 1215/2012 du Parlement européen et du Conseil du 12 décembre 2012 concernant la compétence judiciaire, la reconnaissance et l'exécution des décisions en matière civile et commerciale (*JOUE* 20 déc. 2012) s'applique pour ses dispositions propres à la matière contractuelle aux accords industriels ; la pratique est cependant fréquente pour les accords industriels du recours à l'arbitrage, spécialement dans un cadre international : V. *Arbitrage et Propriété intellectuelle*, coll. « Comité français de l'arbitrage » (ss dir. J. Raynard) : *Rev. arb.* 2014, n° 2. – La cour de Paris a rejeté le recours nullité formé contre la sentence arbitrale ayant statué sur la validité du brevet : Paris, 28 févr. 2008 : *Propr. industr.* janv. 2009, comm. 2, obs. J.R. ; *Rev. arb.* 2008, 712, note T. Azzi ; *JCP E* 2008, 1582, obs. C. Caron.

les développements à venir, nous nous intéresserons au seul régime de droit français de ces accords.

708. – **Méthodologie. Accords industriels.** La présentation prendra pour socle le domaine des accords industriels (brevets et savoir-faire) tant l'instrument contractuel y est sollicité pour des applications diverses, parfois inédites, souvent ignorées des autres branches de la propriété industrielle. S'agissant des contrats d'exploitation, licence et cession, la proximité des textes et l'identité de nature de ces accords, pour les différents droits industriels, justifient encore la démarche d'ensemble(3), les éventuelles particularités des contrats portant sur les marques et modèles sont à l'occasion signalées.

709. – **Inventaire.** Conçu par le Code civil comme l'instrument premier de circulation des richesses, le contrat connaît encore des applications plus inédites dans le domaine de la propriété industrielle. Concrètement, le contrat qui sera conclu après le dépôt du titre vise bien à assurer l'exploitation du droit de propriété industrielle avec autrui, en sorte que les figures du droit commun trouveront à s'appliquer, par analogie. Mais l'instrument contractuel est encore largement sollicité avant le dépôt du titre, cette fois pour de nouvelles fonctions plus inattendues. Un inventaire des contrats de la matière distingue de la sorte les contrats antérieurs au dépôt (Chapitre 1) de ceux postérieurs à cette époque (Chapitre 2).

(3) En ce sens V. N. Binctin, préc., 3e éd., nos 942 et s.

CHAPITRE 1

LES CONTRATS ANTÉRIEURS AU DÉPÔT

710. – **Contrats sur savoir-faire secret.** C'est le contexte des accords industriels qui est ici privilégié. Seul le dépôt de la demande de brevet crée le droit privatif de propriété industrielle. Antérieurement à cette époque, le savoir-faire existe déjà, sans être approprié. Les contrats antérieurs au dépôt sont donc des accords sur savoir-faire non breveté, secret. Le domaine des accords industriels révèle une pratique contractuelle nourrie sur savoir-faire non breveté et dont l'originalité n'a pas toujours été suffisamment affichée. Le contrat peut d'abord être utilisé en tant que technique de réservation *inter partes* du savoir-faire secret : la pratique des accords et clauses de confidentialité, de facture fréquente, assure cette fonction (Section 1). Le contrat sert encore d'instrument d'exploitation du savoir-faire secret : le contrat de communication de savoir-faire non breveté est une figure originale bien distincte des contrats de licence de brevet (Section 2). Au-delà, à la veille du dépôt, le contrat assurera l'affectation du droit au brevet dans le patrimoine d'un des partenaires : l'accord a déjà pour objet le droit au brevet (Section 3).

SECTION 1

LES ACCORDS ET CLAUSES DE CONFIDENTIALITÉ

711. – **Droit commun.** La négociation des accords industriels, le partenariat entre deux entreprises impliquent souvent la communication d'éléments de savoir-faire conservés secrets par l'un des partenaires. Le principe de libre concurrence et liberté du commerce et d'industrie qui gouverne aux relations d'affaires justifierait que le bénéficiaire d'un secret industriel, non déposé, puisse librement dupliquer celui-ci en l'absence de tout engagement contractuel en sens contraire. La jurisprudence a depuis longtemps corrigé cette interprétation en retenant que l'action en concurrence déloyale a pour objet d'assurer la protection de celui qui ne peut se prévaloir d'aucun droit privatif[1]. Cette utilisation de la déloyauté commerciale, en l'absence d'engagements contractuels exprès, est bienvenue dès lors que le maître

(1) Cass. com., 3 oct. 1978, *Rousset c/ Sté les Chantiers modernes* : *Bull. civ.* 1978, IV, n° 208 ; *DB* 1979, II, n° 1, obs. Mousseron.

du savoir-faire, lorsqu'il participe à une négociation, n'est pas toujours en situation commerciale d'imposer à son interlocuteur un accord de confidentialité, en bonne et due forme[2]. De fait, certains systèmes juridiques prévoient-ils une règle de confidentialité pour les informations présentées, de manière unilatérale, comme secrètes durant la phase de négociation[3]. Le nouvel article 1112-2 du Code civil, issu de l'ordonnance n° 2016-131 du 10 février 2016 prévoit de la sorte : « Celui qui utilise ou divulgue sans autorisation une information confidentielle obtenue à l'occasion des négociations engage sa responsabilité dans les conditions du droit commun ». Reste que le maître du savoir-faire, lorsqu'il en aura les moyens, sera avisé d'imposer un tel accord à son partenaire.

712. – **Rédaction : objet, obligations, sanction.** L'efficacité de l'accord de confidentialité sera largement tributaire de la qualité de sa rédaction[4]. À cet égard, trois considérations paraissent devoir être privilégiées. Le rédacteur se souciera d'abord de l'identification de l'objet du contrat, c'est-à-dire de la définition des éléments d'information constitutifs du savoir-faire secret couvert par l'accord. De fait, en présence d'un accord de confidentialité couvrant une communication d'informations secrètes, les informations communiquées et qui n'auraient pas été identifiées à ce titre devraient être considérées comme libres d'utilisation ou de communication par le partenaire, en l'absence de tout droit privatif dont celles-là seraient l'objet[5]. Les parties se soucieront ensuite de définir l'interdit contractuel : l'accord de confidentialité ou de secret procède d'obligation(s) de ne pas faire mise à la charge de celui qui s'y engage ; les obligations mises à la charge du partenaire gagneront à être explicitées dans leur objet, une obligation de non-divulgation n'emportant pas nécessairement celle de non-exploitation, leur application spatiale et enfin temporelle. Une pratique type anglo-saxonne écarte de la sorte du domaine de l'interdit contractuel les informations communiquées, mais dont le destinataire était déjà en possession ainsi que celles qui seraient rendues immédiatement accessibles au public sans la faute de celui-ci[6]. La pratique rejoint l'opinion généralement profes-

(2) L'obligation de confidentialité, même si elle ne requiert aucun formalisme propre, ne saurait résulter implicitement de l'existence de relations commerciales : Cass. com., 17 mars 2015, n° 13-15.862 : *PIBD* 2015, n° 1027, III, 38 ; *Propr. industr.* déc. 2015, n° 12, chron. 11, « Brevets », n° 2, obs. E. Py.

(3) Ainsi des Principes UNIDROIT relatifs aux contrats du commerce international, rédigés par cet organisme et selon lesquels : « Qu'il y ait ou non conclusion du contrat, la partie qui, au cours des négociations, reçoit une information donnée à titre confidentiel par l'autre partie, est tenue de ne pas la divulguer ni l'utiliser de façon indue à des fins personnelles. Le manquement à ce devoir est susceptible de donner lieu à une indemnité comprenant, le cas échéant, le bénéfice qu'en aura retiré l'autre partie » (art. 2.1.16).

(4) V. F. Nammour, *Les clauses de secret*, thèse Montpellier, 1992, n°s 60 et s.

(5) L'appel à la responsabilité délictuelle reste selon nous de facture délicate dès lors que les parties à l'accord de confidentialité n'auront pas prévu de couvrir ces informations spéciales à ce titre ; c'est la logique du non-cumul des deux ordres de responsabilité : « Le principe même de la force obligatoire du contrat condamne le cumul des responsabilités : lorsque les parties ont décidé, par exemple, qu'il n'y aurait pas de responsabilité dans tel ou tel cas, permettre cependant au créancier d'invoquer alors la responsabilité délictuelle, serait, en quelque sorte, l'autoriser à violer le contrat, en tournant les clauses conventionnelles relatives à la responsabilité ». – V. F. Terré, Ph. Simler et Y. Lequette, *Droit civil. Les obligations*, Dalloz, 10e éd., 2009, n° 876.

(6) Exemple de clause : « Le destinataire bénéficiaire des informations [précédemment identifiées] s'engage à ne pas divulguer à d'autres, à ne pas dupliquer, exploiter ou utiliser de quelque façon que ce soit lesdites informations. Ces restrictions ne s'appliqueront pas sur la partie des informations techniques : (1) qui correspond en substance à celles déjà développées par le bénéficiaire et en possession du bénéficiaire avant de les recevoir ; (2) qui est déjà divulguée au moment de la communication ou devient plus tard accessible au public, sans que cela ne découle d'un acte ou d'une faute de la part du bénéficiaire ; (3) qui correspond en substance à celles fournies au bénéficiaire par d'autres suivant leurs droits et sans restriction de divulgation ; (4) qui correspond à celles développées de manière indépendante par

sée et selon laquelle le bénéficiaire peut valablement s'engager à ne pas utiliser le savoir-faire, tant que celui-ci reste secret[7]. Une dernière attention sera enfin portée au régime des sanctions d'un manquement contractuel. Ainsi, conformément aux règles de responsabilité contractuelle, les dommages et intérêts ne doivent comprendre que ce qui est une suite immédiate et directe de l'inexécution de la convention[8]. La règle de droit civil est embarrassante alors que la divulgation publique du savoir-faire peut entraîner la perte du fonds de commerce de celui qui en avait la seule maîtrise par le secret. Aussi une clause pénale à l'effet dissuasif prévoira l'indemnité forfaitaire dont devrait s'acquitter le débiteur de la confidentialité s'il venait à manquer à ses engagements, si tant est que le contexte de la négociation commerciale puisse permettre d'introduire pareil dispositif.

SECTION 2

LE CONTRAT DE COMMUNICATION DE SAVOIR-FAIRE NON BREVETÉ[9]

713. – **Économie du contrat.** À la différence de l'accord de confidentialité dont l'objet exclusif est d'interdire au partenaire contractuel la révélation à autrui et l'utilisation d'un savoir-faire secret, le contrat de communication de savoir-faire non breveté vise à permettre au partenaire d'exploiter un savoir-faire jusqu'alors secret et participe des contrats de transfert de technologie. La pratique multiplie les applications de ce genre ; la Cour de cassation en reconnaît l'autonomie lorsqu'elle retient qu'« en révélant à un établissement industriel des procédés ou des tours de main, encore ignorés de celui-ci et que ce dernier n'aurait pu découvrir lui-même qu'au prix de longues recherches ou de tâtonnements coûteux, le concédant fournit à son cocontractant un avantage appréciable, dont il est ainsi autorisé à subordonner l'octroi au versement de redevances »[10]. Le contrat est un accord synallagmatique au titre duquel le communicant, maître intellectuel du savoir-faire, prend l'engagement de révéler son secret à son partenaire (communicataire) moyennant paiement d'une contrepartie financière par ce dernier ; une obligation de confidentialité stricte pèsera encore sur le bénéficiaire de la communication afin de préserver le secret du savoir-faire, spécialement lorsque les parties ont entendu limiter les effets de leur accord dans le temps. Libre de droits, le savoir-faire communiqué pourra être librement exploité par celui qui en reçoit enseignement dans le temps,

l'un quelconque des employés ou agents du bénéficiaire, qui n'a pas eu accès ou qui n'a pas été informé de la nature des informations fournies. La preuve de cette indépendance devra être fournie par la partie déclarant un tel développement indépendant ».

(7) V. F. Pollaud-Dulian, *Droit de la propriété industrielle*, Montchrestien, *op. cit.*, n° 762.

(8) V. C. civ., art. 1151 repris dans l'article 1231-4 issu de l'ordonnance n° 2016-131 du 10 février 2016 – « C'est une règle (...) qui a pour base cette idée essentielle qu'il doit y avoir une relation de cause à effet entre le dommage dont on demande réparation, et la faute du débiteur », F. Terré, Ph. Simler et Y. Lequette, *Droit civil. Les obligations*, *op. cit.*, n° 592.

(9) La référence, malheureusement non publiée, est : D. Fahs, *Le contrat de communication de savoir-faire non breveté*, thèse Montpellier, 2009.

(10) Cass. com., 13 juill. 1966 : *Bull. civ.* 1966, IV, n° 358 ; *JCP* 1967, II, 15131, P. Durand.

l'espace ou ses applications multiples sauf limitation contractuelle : d'opportunes clauses portant engagement de ne pas exploiter ou vendre sur certains territoires, pour certaines applications et, surtout, au-delà d'une certaine époque, viendront limiter le transfert de savoir-faire pour ces différents éléments. De la sorte, par le jeu d'obligations de faire et surtout de ne pas faire, le contrat étudié reproduit l'économie d'un transfert de bien approprié. De fait, le droit communautaire de la concurrence agglomère ce genre de contrat aux accords de licence, voire cession, dans le cadre de règlements d'exemption(11). Pourtant l'absence de droit privatif distingue fondamentalement sur le terrain du droit des contrats la licence de brevet de la communication de savoir-faire non breveté.

714. – **Nature.** À la suite des travaux relatifs au statut du savoir-faire non breveté, l'analyse est venue préciser le régime et la nature du contrat de communication de savoir-faire. L'absence d'appropriation privative du savoir-faire, objet du contrat, évince pour celui-ci la qualification de licence (louage de choses) ou de cession (vente). En bonne logique, il est alors communément convenu de rattacher ce contrat au genre de la prestation de services(12), sinon d'y reconnaître un authentique contrat *sui generis*(13) : la qualification de contrat d'entreprise met exagérément en exergue la prestation d'enseignement, obligation du maître du *know-how*, alors que l'objet premier du contrat, dans l'attente des parties, du bénéficiaire de la communication à tout le moins, réside dans la maîtrise d'un savoir-faire considéré en tant qu'actif de l'entreprise. La dispute reste d'un intérêt pratique limité dès lors que la formule du contrat d'entreprise connaît une réglementation éthérée dans le cadre du Code civil. On retiendra que le contrat de communication de savoir-faire ne relève pas de la famille des contrats d'autorisation, puisqu'il n'y a pas de monopole constitutif de droit d'interdire, mais bien de celle des contrats de prestation.

715. – **Régime.** Le contrat de communication de savoir-faire non breveté échappe aux règles spéciales du Code de la propriété intellectuelle, conçues pour les licences et cessions, et relève pleinement du droit commun et de la liberté contractuelle. L'accord relève de la règle du consensualisme, même si la formalisation écrite de l'accord est de fait usuelle. L'identification de l'objet du contrat (savoir-faire) rejoint la définition de l'obligation du maître du savoir-faire : de la remise de dossier technique descriptif jusqu'à la garantie d'une performance de production chez le bénéficiaire de la communication, en sorte de garantie de résultat, toute une gamme de situations peut être déclinée, illustrant par là même la diversité de la prestation du communicant, bien différente de la délivrance d'un titre déposé. La pratique révèle que le transfert de technologies combinera souvent mise à disposition d'un titre déposé et communication de savoir-faire. La formule tient du contrat mixte associant louage de chose (licence) et prestation de service (communication du savoir-faire) ; le régime de ce genre d'accord tient du droit commun et de la recherche de l'intention des parties qui pourront agréger une composante de l'accord – généralement, point nécessairement, le savoir-faire non breveté – en accessoire de l'autre

(11) V. Règl. (UE) n° 316/2014, 21 mars 2014, sur les accords de transfert de technologies.
(12) V. Mousseron, *Traité*, préc., n° 37, p. 35.
(13) V. D. Fahs, thèse préc.

– le brevet – ou préférer dissocier deux *negōtia* au sein du même *instrumentum*(14). Enfin, l'absence d'appropriation d'informations secrètes rendra délicates les phases de l'avant-contrat, comme celle de l'après. L'époque de la négociation contractuelle voit de la sorte le candidat au contrat essayer de recueillir le maximum d'informations sur un savoir-faire dont il veut savoir, avant de s'engager, s'il sera pertinent à ses besoins alors que le maître du savoir-faire s'efforcera de retenir celles-là, sous peine de voir disparaître la cause du contrat négocié(15) : des contrats préparatoires viendront opportunément encadrer ladite négociation, et prévoiront déjà la confidentialité des informations qui peuvent être délivrées dès cette époque. La notion même d'après contrat suppose la présence de l'obligation de cesser tout acte d'exploitation à la charge du communicataire, qui n'aura été en mesure que d'exploiter un temps, comme le fait le licencié pour un contrat d'autorisation(16).

SECTION 3

LES ACCORDS ET CLAUSES D'AFFECTATION DU DROIT AU TITRE

716. - **Économie de l'accord.** On sait que le droit au brevet appartient à l'inventeur ou à son ayant cause (CPI, art. L. 611-6 ; V. *supra*, n° 250). La loi prévoit donc la faculté pour l'inventeur d'affecter contractuellement à autrui la qualité d'ayant cause pour la qualité de déposant de la demande de brevet. On discerne dans cet accord un engagement de communication de savoir-faire non breveté de la part de l'inventeur associé de l'obligation de ce dernier à ne pas déposer de demande de brevet et à conserver la confidentialité du savoir-faire, généralement moyennant contrepartie du partenaire de la sorte investi de la qualité d'ayant cause(17). En application de cet accord, le partenaire de l'inventeur a la connaissance légitime d'une invention, alors que l'inventeur s'est interdit d'en opérer dépôt comme d'en faire divulgation : le contractant de l'inventeur a seul qualité légitime (mais non obligation) de déposer le titre. La formule connaît des applications diverses dans les accords de partenariat impliquant deux partenaires industriels ou les accords de recherche conclus par exemple par une entreprise qui s'assure de la sorte le droit au brevet avec un établissement ou laboratoire de recherche. On parle de clause de propriété industrielle, sinon, malheureusement, de « cession d'invention non brevetée »(18).

717. - **Contrat de commande. Clauses de propriété.** Il est fréquent qu'une entreprise industrielle ou commerciale, confrontée à un problème technique particulier, en commande la résolution à un partenaire contractuel (laboratoire, entreprise spécialisée dans une activité de recherche). À qui revient le droit au brevet

(14) V. CA Paris, 22 mai 1990 : *DB* 1990, III, 8, obs. Mousseron.
(15) La situation suggère le « strip-tease du vendeur du *know-how* », V. L. Gilbert : *CDE* 1972, I, p. 24.
(16) Sur les difficultés du juge judiciaire à appréhender convenablement le terme extinctif du contrat de communication de savoir-faire non breveté : TGI Paris, 1er oct. 2004 : *Propr. industr.* déc. 2005, n° 12, comm. 94, obs. J.R.
(17) V. M. Vivant, *Juge et loi du brevet*, préc., n° 334, p. 325.
(18) Cass. com., 28 mai 2013 : *Propr. industr.* 2014, comm. 9, obs. J.R.

sur une invention réalisée en exécution d'un contrat de commande ? Le donneur d'ordre, qui formule les termes du problème rencontré et finance la recherche, aspire à être le seul à pouvoir déposer une demande de brevet sur le résultat de celle-ci. Pourtant, la règle légale affecte le droit au brevet (c'est-à-dire la qualité de déposant légitime) au seul inventeur, sinon à celui que ce dernier aura contractuellement qualifié en qualité d'ayant cause (CPI, art. L. 611-6), et la Cour de cassation a réaffirmé fermement l'autorité de ce principe(19). Contre une opinion parfois répandue(20), celui qui passe commande ou qui finance la recherche n'est pas l'inventeur ; il n'aura droit au brevet qu'au titre d'une disposition contractuelle spéciale destinée à le constituer en qualité d'ayant cause(21) (V. *supra*, n° 253).

718. – **Droit d'auteur sur le signe ou la forme déposée à titre de marque ou de modèle.** Si l'économie de la licence et cession de droit de marque et de droit sur dessins ou modèles est analogue aux contrats du même nom portant sur un brevet d'invention, s'agissant de contrats d'exploitation, le signe choisi à titre de marque, comme la forme identifiée en vue du dépôt peuvent déjà être couverts par un droit d'auteur, né dès la seule création de l'œuvre, sans aucune formalité de dépôt(22). De manière similaire à l'ayant cause de l'inventeur, le déposant de marque ou de modèle devra s'assurer de l'acquisition des droits d'auteur sur le signe ou la forme déposée, dans les termes du Livre Ier du Code de la propriété intellectuelle(23). L'acte de cession précisera quels sont les droits cédés, pour quels supports, quelles utilisations, quelle durée et quels territoires : à ce titre, il est nécessaire que l'auteur ait autorisé l'enregistrement de sa création par le cessionnaire(24). À défaut de telles mesures, l'auteur pourra poursuivre l'exploitation du signe ou de la forme du chef de contrefaçon de ses droits d'auteur, spécialement à l'encontre d'un licencié, lequel ne manquera pas d'appeler le concédant sur le terrain de la garantie d'éviction. L'existence d'un contrat de travail entre le créateur (salarié) et le déposant de la marque ou du modèle n'exonère sans doute pas de la cession formelle, si tant est que le régime de la création salariée vienne à s'appliquer(25). La qualification d'œuvre collective, au cas de création plurale et dans le respect de la définition légale, assu-

(19) Cass. com., 25 avr. 2006 : *Propr. industr.* 2006, comm. 62 ; *D.* 2011, p. 330.

(20) V. Foyer et M. Vivant, *op. cit.*, p. 86. – V. également, équivoque, CA Paris, 17 mai 1995 : *D.* 1996, chron. p. 289, obs. Mousseron, J. Schmidt et J.-Ch. Galloux.

(21) V. CA Paris, 12 oct. 2012 : *PIBD* 2013, 973, III, 771 ; *Propr. industr.* avr. 2013, comm. 20, obs. J.R. et A-C. Chiariny : au visa de l'article L. 611-6 du Code de la propriété intellectuelle, la société qui a déposé les brevets litigieux ne peut être considérée comme l'inventeur, mais uniquement comme le donneur d'ordre qui pose un problème à résoudre et ne fait qu'indiquer le but à atteindre : à partir des paramètres techniques que cette société a fournis, la société poursuivante a trouvé des solutions aux problèmes qui lui avaient été posés et a donc fait preuve d'esprit créatif. L'invention doit lui être exclusivement attribuée ainsi qu'à son salarié. – *Adde* TGI Paris, 1er avr. 1992 : *PIBD* 1992, 530, III, 513. – Cass. com., 25 avr. 2006 : *Propr. industr.* sept. 2006, n° 9, comm. 62, obs. J.R.

(22) CPI, art. L. 111-1.

(23) V. CPI, art. L. 131-1 et s. – L'article L. 131-3 du Code de la propriété intellectuelle prévoit que : « La transmission des droits de l'auteur est subordonnée à la condition que chacun des droits cédés fasse l'objet d'une mention distincte dans l'acte de cession et que le domaine d'exploitation des droits cédés soit délimité quant à son étendue et à sa destination, quant au lieu et quant à la durée (...) ». – L'article L. 131-4 du Code de la propriété intellectuelle prévoit le principe d'une rémunération proportionnelle de l'auteur aux recettes provenant de la vente ou de l'exploitation. Le texte admet cependant des hypothèses de rémunération forfaitaire dont l'application serait d'évidence ici plus appropriée.

(24) V. Cass. com., 16 févr. 2010, n° 09-12.262 : *Propr. industr.* 2010, comm. 22, obs. P. Tréfigny : « Mais attendu qu'ayant relevé que l'acte de cession ne précisait pas que le dessin pouvait être déposé à titre de marque, la cour d'appel a statué à bon droit, aucun usage n'imposant à lui seul et sauf clause contraire expresse, la cession des droits de reproduction d'une œuvre sur des étuis et emballages impliquant cession du droit de déposer ce dessin en tant que marque ».

(25) Le droit d'auteur sur une création de salarié reste acquis au salarié, CPI, art. L. 111-1.

rera la titularité des droits à la personne morale qui a l'initiative de la création et sous le nom de laquelle celle-ci est diffusée[26].

719. – **Cession du droit de priorité.** Le mécanisme du droit de priorité permet au déposant d'une première demande dans un pays de l'Union, qui en revendique le bénéfice, de déposer, pour la même invention, de nouveaux brevets (titres industriels) pour de nouveaux États sans que puissent lui être opposés pour ces derniers un fait de divulgation ou une antériorité intervenue entre les deux demandes ni une situation de possession personnelle antérieure (CUP, art. 4 ; CBE, art. 87, § 1) et pour autant que le second dépôt intervienne dans un délai butoir (douze mois pour les brevets, six mois pour les dessins et modèles et les marques, CUP, art. 4 C). On a dit l'importance majeure du mécanisme pour le déposant dans l'appréciation des conditions de fond de brevetabilité (V. *supra*, n° 107). Or, dès après le dépôt initial opéré, le déposant peut être amené à céder son titre (la demande initiale) en sorte que les dépôts réflexes viendront à être assurés par le cessionnaire. Celui-là peut-il se prévaloir du mécanisme de priorité prévu par la Convention de Paris, comme la Convention sur le brevet européen, en qualité d'« ayant cause » du premier déposant ? Les textes précédents ne font pas du mécanisme de priorité un droit attaché à la personne du premier déposant, mais bien au premier dépôt[27], en sorte qu'il est admis que celui-ci puisse contractuellement faire bénéficier autrui du jeu de ce mécanisme. C'est l'opération que la pratique dénomme cession d'un « droit de priorité ». L'analyse révèle que le mécanisme dit du « droit de priorité » ne participe pas d'un droit, mais d'une situation de fait (le fait qu'un premier dépôt soit réalisé dans un État membre) dont les conventions internationales de propriété industrielle tirent les conséquences que l'on sait : « Le premier déposant n'a pas un droit mal défini, il a la priorité sur l'invention. Son premier dépôt constitue une prise de position »[28] accordée par les textes internationaux. La cession du droit de priorité n'est donc pas une cession de droit et ne saurait être, comme c'est le cas à tort, « raccrochée » à une cession de brevet ou de droits industriels. Nous y verrons l'acte juridique par lequel le bénéficiaire d'une situation légale abandonne celle-ci au bénéfice exclusif d'un tiers qui peut en profiter[29]. L'opération est parfois rapprochée, à tort, du mécanisme « de la subrogation conventionnelle qui permet au bénéficiaire d'une situation légale d'en transférer le bénéfice à une autre personne »[30]. Mais la subrogation conventionnelle du Code civil est appelée à transmettre à un créancier subrogé, *solvens*, les droits et actions d'un créancier désintéressé par le paiement du premier (V. C. civ., art. 1346) ; nous avons du mal à reproduire cette logique pour le contrat transférant à autrui le bénéfice du droit de priorité né d'une première demande et qui ne se rapporte pas à la circulation d'un

(26) CPI, art. L. 113-2 et L. 113-5.

(27) L'article 4 de la CUP – comme l'article 87, § 1 de la CBE – vise comme bénéficiaire du droit de priorité « celui qui aura régulièrement fait le dépôt d'une demande de brevet d'invention... ou son ayant cause ». – V. Bodenhausen, *Guide to the Application of the Paris Convention for the Protection of Industrial Property As Revised at Stockholm in 1967*, WIPO, 1968, art. 4 A1, *h*. – Mousseron, *Traité*, préc., n° 324, p. 334.

(28) M. Vivant, *Juge et loi du brevet*, préc., n° 286, p. 274 qui cite en ce sens Roubier et Ladas, ce dernier préférant parler d'une notification à l'Union.

(29) L'article 4 A 1 de la CUP vise « l'ayant cause » du premier déposant, à rapprocher de la formulation de l'article L. 611-6 du Code de la propriété intellectuelle, sur laquelle V. *supra*, n° 253.

(30) Mousseron, *Traité*, préc., n° 324, p. 335.

rapport de créance. On verra plus sûrement dans la cession de priorité un contrat *sui generis* dont l'économie ne convoque aucune prestation, mais procède d'un effet intellectuel à raison de la seule intention des parties. À raison de l'indépendance des droits nationaux, jurisprudence et doctrine française estiment que « le droit de priorité n'est pas un accessoire du brevet originaire qui serait cédé avec lui »(31) : dès lors, dans le silence du contrat, il n'est pas possible de déduire l'intention des parties d'opérer transfert du bénéfice de la priorité unioniste au cessionnaire du premier dépôt(32) ; pour que le cessionnaire puisse s'en prévaloir à l'occasion des dépôts réflexes, le contrat de cession du titre premièrement déposé ou de la demande devra également comporter mention expresse de la « cession » du droit de priorité. Encore s'agit-il là de l'état du droit français concernant l'interprétation de l'intention des parties, et un système étranger pourrait inversement déduire de la cession de la première demande l'intention des parties de « transférer » le droit de priorité, sauf clause(33). La question de savoir si la cession de la première demande, en l'absence de clause, peut justifier le bénéfice du droit de priorité au cessionnaire passe donc par la recherche de la loi applicable au contrat. La question est complexe, qui fait intervenir des considérations de droit international privé(34) ; nous pensons que dans cette recherche la loi de l'État du premier dépôt doit être privilégiée(35).

(31) La décision est célèbre, régulièrement citée : TGI Valence, 16 févr. 1962 : *Ann. propr. ind.* 1963, 313, A. Le Tarnec. – *Adde* Cass. com., 18 juin 1996, n° 94-18.909 : *DB* 1996, II, 1 : le droit de priorité unioniste constitue un droit distinct et indépendant de celui conféré par la première demande de brevet ; en l'absence de stipulation expresse, la cession de brevet n'emporte pas celle du droit de priorité ; la mention figurant dans le contrat prévoyant la cession du brevet « avec tous les droits y attachés sans aucune réserve ni exception » reste insuffisante à cet égard. – Plus généralement, V. Bodenhausen, préc., art. 4 A1, *h* : « The right of priority may be transferred to a successor in title independently of the transfer or non-transfer of the first application on which it is based, and which can therefore remain with the original applicant or be transferred to a third person ».

(32) V. Mousseron, *Traité*, préc., n° 324, p. 334. – M. Vivant, préc., n° 347, p. 339.

(33) Dans l'affaire *Magiq Technologies c/ Swisscom* (V. réf. ci-dessous) cette interprétation a été rapportée par l'une des parties pour le droit américain et le droit suisse.

(34) Le règlement (CE) n° 593/2008 du 17 juin 2008, dit « Rome I », fixe les règles permettant la désignation de la loi applicable au contrat international. En l'absence de clause *d'electio juris*, le texte pose désormais des rattachements pour certains contrats (vente, prestation de services – V. art. 4), mais il ne comporte pas de règle propre aux contrats de propriété intellectuelle, comme cela était un temps prévu au titre des premiers projets publiés. Dès lors, c'est à nouveau par recherche de la loi de la résidence du débiteur de la prestation caractéristique, sinon du pays avec lequel le contrat présente les liens les plus étroits (Règl., art. 4, § 2, § 3 et § 4) que le juge français opérera la désignation de la loi applicable à la cession du droit de priorité. – V. obs. ss TGI Paris, 30 janv. 2009, *Magiq Technologies c/ Swisscom : PIBD* 2009, n° 899, III, p. 1162 ; *Propr. industr.* sept. 2009, n° 9, comm. 49, obs. J.R. – Dans la même affaire, TGI Paris, 28 sept. 2007 : *PIBD* 2007, n° 863, III, p. 694 ; *Propr. industr.* déc. 2008, n° 12, comm. 93, obs. J.R.

(35) En ce sens Mousseron, *Traité*, préc., n° 324, p. 336. – Comp. M. Vivant, préc., n° 359, p. 347, qui préfère néanmoins la loi du domicile du déposant. – La compétence de la loi du pays du premier dépôt semble s'affirmer dans la jurisprudence de l'Office européen des brevets : V. OEB, ch. recours tech., n° 160/13, 23 avr. 2015 : *Propr. industr.* déc. 2015, chron. « brevets », n° 4, obs. G. Weiss avec la jurisprudence citée.

CHAPITRE 2

LES CONTRATS POSTÉRIEURS AU DÉPÔT

720. – **Droit commun des contrats sur chose appropriée.** Le dépôt de la demande de brevet, de modèle, ou d'enregistrement de la marque est générateur du droit privatif (V. *supra*, n° 181). La chose incorporelle (invention, *design*, signe distinctif) devient une *res*, c'est-à-dire une chose appropriée et les contrats d'exploitation conclus sur celle-ci empruntent aux figures connues du droit civil des contrats sur chose appropriée. Au sein des contrats sur les choses, la dissociation s'opère selon que l'on est, ou non, en présence d'un effet translatif de propriété. Les derniers caractérisent des situations où le maître ne se sépare qu'un temps de la chose : il met celle-là, ou seulement certaines de ses utilités, à disposition d'autrui, avec esprit de retour : la concession de licence, forme de louage de chose, en est l'illustration (Section 1). Les premiers, plus radicaux, emportent transfert définitif des avantages de la chose dans le patrimoine du contractant ; le maître de la chose se défait de celle-ci avec l'esprit d'abandon : la cession de brevet de marque ou de modèle s'apparente de la sorte à un contrat de vente (Section 2). D'autres figures contractuelles s'ordonnent encore autour de cette césure.

SECTION 1

LES CONTRATS NON TRANSLATIFS DE DROIT

721. – **Diversité.** Ce sont les contrats pour lesquels le titulaire du droit privatif (breveté, propriétaire du modèle ou de la marque) conserve ce dernier dans son patrimoine tout en autorisant l'accès à certaines utilités de la chose réservées par le monopole. Ces formules vont généralement entraîner mise à disposition de la chose pour l'exploitation des utilités réservées et dont l'accès est autorisé par le propriétaire du droit intellectuel (§ 1). Certaines figures contractuelles, plus atypiques, voient le propriétaire autoriser certains actes d'exploitation sans mise à disposition de la chose et engagement positif de sa part (§ 2).

§ 1. – Les contrats non translatifs de droit avec mise à disposition de la chose intellectuelle

722. – **Licence, et autres.** Figure reine, la concession de licence de brevet (I) n'épuise pas la catégorie et doit être distinguée d'autres figures, néanmoins très voisines comme celle de l'apport en jouissance par exemple (II).

I. – La concession de licence

A. – La concession de licence de brevet[1]

723. – **Nature : un louage de chose.** Selon le Code de la propriété intellectuelle, les droits attachés à une demande de brevet « peuvent faire l'objet, en totalité ou en partie, d'une concession de licence d'exploitation, exclusive ou non exclusive » (CPI, art. L. 613-8). La licence de brevet a été définie comme le contrat par lequel « le breveté autorise l'exploitation de son droit à un licencié moyennant paiement d'une contrepartie. On retrouve dans cette définition les éléments caractéristiques du contrat de louage de choses »[2]. Le contenu du droit de brevet renvoie à des monopoles de fabrication puis commercialisation[3] et emporte, pour les contrats de mise en œuvre, la nature de contrats d'autorisation dont la prestation caractéristique tiendra précisément dans l'abstention du titulaire du droit, performance topique du contrat de mise à disposition de la chose appropriée, contrat de bail spécialement. Depuis la thèse de Burst sur ce sujet, la qualification est en effet acquise[4] ; la quiétude du débat sur le sujet atteste de la vigueur des analyses de propriété industrielle à cet égard[5], et la jurisprudence française y adhère sans coup férir[6]. La licence de marque (CPI, art. L. 714-1) épouse cette analyse. Nous la pratiquerons encore pour la licence de dessin et modèle, expressément visée par la loi (CPI, art. L. 513-2) : le visa légal est d'autant plus appréciable que l'on pouvait douter de cette qualification à raison du cumul de protection de la forme utilitaire avec le droit d'auteur. Il est vrai que la loi ne dissocie pas formellement la cession de la licence pour les contrats d'exploitation du droit d'auteur : mais on se gardera de déduire des règles protectrices du Code de la propriété intellectuelle sur le droit d'auteur une réglementation dérogatoire concernant l'exploitation contractuelle de ce droit : même si la loi ne sait pas la nommer, la licence de droit d'auteur s'accommode de règles impératives protectrices de l'auteur[7].

(1) Nous entendons ici la licence volontaire. Les hypothèses de licence obligatoires étant apparues comme autant de limites au droit exclusif : V. *supra*, Première partie, n° 329.

(2) J. Schmidt et J.-L. Pierre, *Droit de la propriété industrielle*, Litec, 2007, n° 273.

(3) V. Ch. Le Stanc, *L'acte de contrefaçon de brevet d'invention*, Litec, coll. « CEIPI », 1977, préf. J.-M. Mousseron.

(4) V. J.-J. Burst, *Breveté et licencié : leurs relations dans la licence volontaire*, Litec, coll. « CEIPI », 1970, préf. Mousseron. – J.-M. Mousseron, *Traité des brevets*, Litec, 1984, spéc., n°s 37 et s. – J. Schmidt et J.-L. Pierre, *op. et loc. cit.* – *Adde* réf. citées *infra*.

(5) À l'inverse du droit d'auteur où le thème des contrats d'exploitation attire l'intérêt des chercheurs qui y trouvent un terrain propice à la recherche, signe de l'insuffisance des qualifications fondamentales intéressant la propriété littéraire et artistique elle-même : V., en dernier lieu, A. Boisson, *La licence de droit d'auteur*, LexisNexis, coll. « Bibl. dr. entr. », 2013, préf. J. Raynard, t. 86.

(6) V. CA Paris, 21 oct. 1999 : *PIBD* 2000, n° 696, III, 181 ; *D.* 2002, somm. 1195, obs. J. Schmidt.

(7) V. A. Boisson, *La licence de droit d'auteur*, LexisNexis, coll. « Bibl. dr. entr. », 2013, t. 86.

724. - **Régime analogique, licence exclusive et non exclusive.** La qualification de louage de chose emporte application des règles du Code civil propres à ce contrat (C. civ., art. 1713 et s.), avec, en surimpression, quelques règles spéciales issues des textes de propriété industrielle. Mais le louage du Code civil est conçu pour une chose corporelle et c'est par analogie que la qualification civiliste est associée à la concession de licence : l'incorporalité de l'objet du brevet constitue une particularité physique susceptible d'affecter la transposition pure et simple de règles conçues pour des choses corporelles, sinon immobilières[8]. À raison de l'exclusivité de la chose corporelle, le bail de celle-ci est nécessairement un bail exclusif : la chose corporelle ne supporte qu'un seul contrat. À raison de son incorporalité, l'invention brevetée[9] peut être exploitée simultanément par des personnes distinctes en des lieux différents tout comme sur un même territoire contractuel. La licence non exclusive, bail non exclusif d'invention, verra plusieurs licenciés locataires occuper simultanément la même chose au titre de contrats distincts. Mais le donneur de licence peut consentir une licence exclusive : il s'engage alors à ne pas consentir d'autres autorisations contractuelles pour le temps et le territoire du contrat ; le jeu d'une obligation de ne pas faire reproduit les conséquences de l'exclusivité physique de la chose corporelle.

1° La formation du contrat de licence

725. - **Validité, publicité.** Le droit commun observe dans le louage de choses du Code civil un contrat consensuel pour lequel l'écrit est requis à titre seulement probatoire, c'est-à-dire pour faire preuve *inter partes*. Mais le Code de la propriété intellectuelle prévoit que « les actes comportant (...) une licence, visés aux deux premiers alinéas, sont constatés par écrit, à peine de nullité » (CPI, art. L. 613-8, al. 5). La licence de brevet est donc un contrat solennel pour lequel l'écrit est requis à titre de validité de l'acte, sous peine donc de nullité, alors que pareille exigence ne s'étend pas à la licence de marque (CPI, art. L. 714-1) ou de modèle (CPI, art. L. 513-3)[10]. Par analogie avec la cession de brevet, on suggère de voir dans la nullité encourue une nullité absolue[11], ce qui est discutable. Distincte de la validité est l'exigence d'opposabilité de l'acte, destinée à rendre ce dernier efficace *erga omnes*. Les textes spéciaux organisent à cette fin la publicité du contrat de licence. Tous les actes modifiant les droits attachés à une demande de brevet ou à un brevet doivent, pour être opposables aux tiers, être inscrits sur le Registre national des brevets, tenu par l'INPI (CPI, art. L. 613-9, al. 1er)[12]. Toutefois, avant son inscription, un acte est opposable au tiers de mauvaise foi ayant acquis des droits après la date

(8) V. J. Raynard, *De l'originalité de la licence de brevet en tant que louage de chose*, in *Le droit de la propriété intellectuelle dans un monde globalisé : Mél. J. Schmidt*, LexisNexis, coll. « CEIPI », 2014, t. 61.

(9) Comme pour ce qui est de la marque, du modèle ou du savoir-faire non déposé.

(10) Pour la licence de droit d'auteur, l'exigence d'écrit est également requise par le Code de la propriété intellectuelle (CPI, art. L. 131-2) ; la jurisprudence estime qu'il s'agit d'une règle de preuve, et non de validité de l'acte (Cass. 1re civ., 12 avr. 1976 : *RTD com.* 1978, 103, A. Françon).

(11) J. Passa, *Traité*, préc., t. 2, n° 576, qui cite CA Paris, 21 déc. 2012 : *PIBD* 2013, 979, III, 1006.

(12) L'acte n'est pas intégralement publié : la demande de publication comporte un extrait de l'acte constatant la modification (de la propriété) ou de la jouissance. La publicité suppose encore que la personne indiquée dans l'acte à inscrire comme étant le titulaire de la demande de brevet ou du brevet soit inscrite en tant que telle au Registre national des brevets, V. CPI, art. R. 613-55. Mention en est faite au *BOPI*.

de cet acte, mais en connaissance de l'existence celui-ci (CPI, art. L. 613-9, al. 2). Au-delà des règles nationales, le choix de la voie européenne impose également le respect de règles publicitaires auprès du Registre européen des brevets (REB) : pour être opposable aux tiers, le contrat de licence conclu sur une demande de brevet européen, ou le transfert des droits de celui-ci, doit être publié sur ce registre jusqu'à la délivrance du brevet européen (CBE, Règle 23). Sanction : jusqu'à la date de délivrance définitive d'un brevet européen, le licencié n'est recevable à agir en contrefaçon qu'à la condition que son contrat de licence soit inscrit au Registre européen des brevets[(13)]. Au cas d'un cumul temporaire d'un titre français et d'une demande européenne visant la France, l'opposabilité de la licence suppose l'inscription aux deux registres (V. *infra*, n° 727)[(14)]. Les formalités publicitaires satisfaites, le licencié « titulaire d'un droit exclusif d'exploitation peut, sauf stipulation contraire du contrat de licence, exercer l'action en contrefaçon » (CPI, art. L. 615-2) ; la formalité peut cependant être régularisée avant le jour du jugement, mais le licencié qui agit par voie d'action ne devrait obtenir de dommages et intérêts que pour la période postérieure à la publication de son titre. Au motif que la réparation indemnitaire tient des voies classiques de la responsabilité civile[(15)], tout licencié est recevable à intervenir dans l'instance en contrefaçon engagée par le breveté, afin d'obtenir la réparation du préjudice qui lui est propre (CPI, art. L. 615-2, al. 5).

726. – **Parties. Copropriété du brevet.** Le donneur de licence sera généralement le propriétaire du brevet ou tiendra ses droits du propriétaire (au cas d'une sous-licence par exemple). Mais il n'est pas indispensable que le bailleur soit propriétaire, pourvu qu'il s'engage à procurer la jouissance d'un bien dont un autre est propriétaire : le bail de la chose d'autrui est valable et produit effet tant que le preneur n'est pas inquiété dans sa jouissance[(16)]. La figure est utile au cas fréquent de groupe de sociétés au sein duquel le breveté ne serait pas le donneur de licence[(17)]. Une difficulté se fait jour lorsque le donneur de licence est seulement copropriétaire du titre. Chacun des copropriétaires peut concéder à un tiers une licence d'exploitation non exclusive, mais devra indemniser équitablement les autres copropriétaires qui n'exploitent pas ; en revanche, une licence d'exploitation exclusive ne peut être accordée qu'avec l'accord de tous les copropriétaires ou par autorisation de justice[(18)]. Dans un arrêt *Institut Pasteur et Société Eco solutions c/ M. X*, la Cour de cassation a jugé que le contrat de licence exclusive conclu en méconnaissance des droits d'un copropriétaire est inopposable à celui-ci et le licencié exclusif est contrefacteur à l'égard du même ; l'éviction du licencié trouve son origine dans le fait personnel du copropriétaire indélicat, donneur de licence[(19)].

(13) CPI, art. L. 614-11. – Cass. com., 3 avr. 2012 : *Propr. industr.* juill.-août 2012, comm. 56, obs. J.R. – Comp. Cass. com., 7 juill. 2014, n° 02-18.384, qui semble à tort étendre l'exigence de publicité au Registre européen des brevets au contrat de licence conclu sur le brevet européen délivré.

(14) CPI, art. L. 614-14, al. 2.

(15) CPI, art. L. 615-1, al. 2 : la contrefaçon engage la responsabilité civile de son auteur.

(16) La Cour de cassation retient que « le bail de la chose d'autrui, inopposable au propriétaire, produit effet entre le bailleur et le preneur tant que celui-ci a la jouissance paisible du bien » : Cass. civ., 17 mai 1927 : *DP* 1928, I, p. 25, note H. Capitant, concl. P. Matter ; S. 1927, I, p. 89, note P. Eismein. – Cass. 3e civ., 13 févr. 1985 : *Bull. civ.* 1985, III, n° 33.

(17) La pratique, sous-tendue de considérations fiscales, des contrats intragroupes, peu formalisés, voit souvent l'entité qui exploite le droit intellectuel être différente de celle qui en est titulaire au sein du même groupe.

(18) CPI, art. L. 613-29.

(19) Cass. com., 15 mars 2011, *Institut Pasteur et Sté Eco solutions c/ M. X* : *Propr. industr.* juill. 2011, n° 7, comm. 53, J.R.

727. - **Objet. Brevets français et européens sur la même invention.** Lorsque la même invention est revendiquée à la fois dans une demande de brevet ou un brevet européen, et dans une demande de brevet ou un brevet national, avec la même date de dépôt ou de priorité, il y aurait cumul de droits à admettre que deux titres puissent couvrir le même objet. Le droit français ne l'a pas voulu : lorsque le brevet européen désignant la France vient à être délivré de manière irrévocable (plus d'opposition possible ou maintien du brevet à l'issue de telle procédure), ce titre se substitue au brevet français qui ne produit plus d'effet[(20)]. La substitution laisse cependant un temps de cumul provisoire après le dépôt des deux titres et alors que le brevet européen n'est pas définitivement délivré (dans le temps d'une procédure d'opposition ou pendant celle-ci). Pour cette époque de coexistence, il n'est pas concevable que les deux titres soient juridiquement dissociables : la licence (comme la cession, ou la mise en garantie) qui interviendrait séparément pour les deux demandes ou titres serait frappée de nullité[(21)]. L'analyse civiliste du mécanisme de substitution du titre européen au brevet français reste à faire, mais il n'est pas interdit de voir dans le mécanisme une *subrogation réelle* qui voit un bien en remplacer un autre dans toutes ses conséquences juridiques[(22)]. Cette analyse justifierait que la licence portant sur le brevet français se poursuive pour les revendications substituées du brevet européen[(23)].

728. - **Objet. Nullité du brevet.** La licence a pour objet un titre privatif (brevet, marque, modèle...) obtenu en suite d'une procédure de dépôt. L'annulation judiciaire du titre de propriété produit effet *ab initio* en sorte que le contrat de licence n'a pu valablement être conclu faute d'objet : l'annulation du brevet emporte annulation de la licence. La rétroactivité qui s'attache à l'annulation génère son lot de difficultés. Dans ses effets *inter partes*, le contrat de licence annulé est censé n'avoir jamais existé. La nullité du contrat qui a connu un commencement d'exécution pose de délicats problèmes de *restitution* des prestations alors indûment exécutées[(24)]. La restitution des redevances versées appelle en écho une restitution plus délicate : celle du temps de jouissance de la chose, restitution impossible d'un temps qui n'appartient qu'à Dieu[(25)]. Nul ne peut restituer le temps de jouissance paisible de la chose dont tous pouvaient croire qu'elle était louée. Pour ce genre de contrats, il a été proposé, et jugé, que la nullité opère sans rétroactivité comme une résiliation anticipée qui ne joue que pour le futur[(26)]. L'analyse reste cependant minori-

(20) CPI, art. L. 614-13. – V. *supra*, n° 238.

(21) CPI, art. L. 614-14, al. 1er. – Nullité absolue : TGI Paris, 20 févr. 2008 : *PIBD* 2008, n° 874, III, 301. – L'opposabilité aux tiers suppose encore la réalisation des formalités publicitaires tout à la fois au Registre national des brevets et au Registre européen des brevets : la cession séparée du droit de priorité unioniste est encore prohibée pour ce qui est du dépôt d'une demande européenne visant la France, V. CPI, art. L. 614-14, al. 2 et 3. On s'interroge sur la sanction atteignant une cession isolée du droit de priorité, l'annulation de la revendication de priorité est évoquée : Mathély, préc., p. 629. – J. Azéma et J.-Ch. Galloux, préc., n° 909.

(22) V. F. Zenati et Th. Revet, *Les biens*, PUF, 3e éd., 2008, spéc. § 156 et s.

(23) Comp. CA Paris, 23 nov. 1993 : *PIBD* 1994, 561, III, 102, pourvoi rejeté par Cass. com., 17 oct. 1995, n° 94-10.373 : *D* 1996, somm. 289, Mousseron et J. Schmidt.

(24) V., pour les contrats de distribution, franchise ou autres, qui comportent une forte composante de propriété intellectuelle, J. Raynard, *Les restitutions dans les contrats de distribution*, in *La cessation des relations contractuelles*, PUAM, 1997, p. 179 et s.

(25) Selon la doctrine des théologiens et la prohibition du taux à intérêt, *Mutuum date, nihil inde sperantes* (Prêtez sans rien espérer en retour).

(26) V. C. civ., art. 1844-15, pour la nullité de la société ; C. trav., art. L. 344-16, pour le salarié étranger irrégulièrement employé.

taire. Considérant que l'impossibilité de certaines restitutions ne doit pas constituer une source d'enrichissement indue à l'une des parties, la jurisprudence de droit civil estime légitime d'imposer le paiement d'une indemnité compensatrice au profit de celui qui a fourni la prestation non restituable, même si celle-là ne saurait être de nature contractuelle : le locataire d'immeuble qui reste dans les lieux au-delà du terme du bail paiera une indemnité d'occupation aux lieu et place du loyer dont le juge appréciera souverainement le montant sans être lié par les stipulations du bail, même si le souci de ne pas revenir sur des situations passées invitera à une parfaite correspondance des sommes et donc à une simple requalification des loyers (redevances) versés en indemnité d'occupation ou de jouissance. Dans une décision majeure rendue le 28 janvier 2003, la Cour de cassation adhère à la construction lorsqu'elle décide que « l'invalidité d'un contrat de licence résultant de la nullité du brevet sur lequel il porte n'a pas, quel que soit le fondement de cette nullité, pour conséquence de priver rétroactivement de toute cause la rémunération mise à la charge du licencié en contrepartie des prérogatives dont il a effectivement joui » ; la Cour entre alors en cassation contre l'arrêt d'appel qui avait ordonné restitution des redevances versées en dépit de l'avantage que le pseudo licencié avait pu retirer du contrat nul(27). En visant les *prérogatives dont a effectivement joui* le partenaire contractuel, la Cour de cassation invite le juge à apprécier le *quantum* indemnitaire en regard de l'avantage que ce dernier a pu retirer de la situation passée : celui-ci s'attachera à démontrer qu'il a pu être troublé dans la jouissance dont il a bénéficié, en sorte que ledit avantage ne représentait pas l'équivalent d'une redevance contractuelle. Les parties soucieuses de prévenir ces difficultés prévoiront contractuellement l'attribution définitive des redevances versées au breveté en dépit de l'annulation ultérieure du brevet, clause dont la jurisprudence a déjà retenu la validité en dépit de la nullité même du contrat qui la porte(28).

729. – **Objet. Contrat mixte : brevet et secret.** La technologie transférée associera souvent savoir-faire breveté et savoir-faire secret. La proximité est telle que les textes de droit économique agglomèrent ces deux figures sous le label de contrats de transfert de techniques(29). L'analyse distingue cependant l'association de la licence de brevet et du contrat de communication de savoir-faire non breveté et le droit civil reconnaît dans cette « juxtaposition contractuelle » un contrat mixte combinant louage de chose (contrat d'autorisation) et contrat d'entreprise (prestation de services). La qualification d'un tel accord conduit à rechercher l'intention des parties. Celles-là ont-elles voulu faire du brevet le principal, et du savoir-faire l'accessoire (assistance technique, de mise en œuvre), la qualification de licence s'imposera. À l'inverse, la communication d'une technologie non brevetée peut impliquer l'autorisation d'exploiter des brevets de blocage, l'intention des parties était bien d'organiser le transfert d'une technique non breveté au titre d'une communication de savoir-faire. Enfin, au

(27) Cass. com., 28 janv. 2003 : *Propr. industr.* mai 2003, comm. 36, J.R. Dans la même affaire, les parties avaient également conclu une transaction pour purger un litige antérieur à la licence. Le contrat de transaction qui a pour objet de mettre fin au litige concernant les conséquences pécuniaires résultant d'un arrêt ayant condamné l'une des parties au contrat pour faits de contrefaçon ne saurait être remis en cause du fait de l'annulation ultérieure du brevet.
(28) CA Lyon, 12 janv. 1989 : *D.* 1990, somm. p. 152, obs. Mousseron et J. Schmidt.
(29) Ainsi du règlement (UE) n° 316/2014 de la Commission du 21 mars 2014.

sein du même *instrumentum*, les parties peuvent clairement dissocier les deux composantes : le même support écrit porte deux accords qui coexistent(30). Les enjeux de la qualification tiennent à la différence de régime entre le louage de chose et la prestation de services. Le régime de la durée du contrat, avec la causalité du paiement des redevances, diffèrent profondément (la licence est un contrat de durée, le paiement des redevances suppose le maintien en jouissance du licencié pendant toute la durée du contrat ; la communication d'un savoir-faire secret peut être instantanée, ou supposer des prestations successives). Le louage de choses connaît un régime de garantie légale, ignoré de la prestation de service. En toute orthodoxie, la terminaison du contrat révèle deux situations juridiques antinomiques : l'arrivée du terme pour la licence vaut expiration de l'autorisation d'exploitation, le licencié qui viendrait à continuer des actes d'exploitation devient contrefacteur(31) ; dans un contexte de liberté du commerce et de l'industrie, le bénéficiaire d'une communication de savoir-faire non breveté doit pouvoir librement exploiter l'information révélée sauf interdiction contractuelle : seule une clause portant obligation de non-exploitation au-delà d'une époque, ou à une certaine date, bornera dans le temps la liberté d'exploitation du bénéficiaire de la communication. La pratique ignorera fréquemment la distinction et l'interprète déduira d'un terme contractuel la naissance d'une obligation implicite de non-exploitation, dans l'intention des parties(32).

730. – **Brevets essentiels et *FRAND* licence.** Le droit de brevet, droit d'interdire, est-il appelé à devenir un simple droit à redevances ? C'est l'un des enjeux portés par le développement des brevets dits « essentiels » à une norme. Un droit de propriété intellectuelle est considéré comme essentiel lorsqu'il n'est pas possible pour des raisons techniques de fabriquer des produits conformes à la norme sans enfreindre ledit droit. L'activité de normalisation est définie en droit français comme « une activité d'intérêt général qui a pour objet de fournir des documents de référence élaborés de manière consensuelle par toutes les parties intéressées, portant sur des règles, des caractéristiques, des recommandations ou des exemples de bonnes pratiques, relatives à des produits, à des services, à des méthodes, à des processus ou à des organisations »(33). Les organismes de normalisation coordonnent et facilitent cette activité en fédérant les acteurs économiquement concernés (organismes nationaux : AFNOR pour la France, ANSI aux États-Unis, organismes régionaux : Comité européen de normalisation, Cenelec, ISO, Commission électrotechnique internationale, *Institute of Electrical and Electronics Engineers*). De la sorte, l'*European Telecommunications Standards Institute* (*ETSI*) est un institut de développement de normes et standards dans le domaine des TIC qui propose un processus de coopération volontaire (entre l'industrie, les utilisateurs, les autorités publiques) pour le développement de spécifications techniques. Cet organisme a adopté des règles destinées à encourager la divulgation rapide des brevets essentiels (*ETSI Intellectual Property Rights Policy*). L'adhésion par une entreprise titulaire de brevets aux règles

(30) V. CA Paris, 22 mai 1990 : *DB* 1990, VI, 6. – http://www.dossiers-brevets.info/.
(31) V. CPI, art. L. 613-8, al. 3.
(32) Au bénéfice d'une interprétation du contrat et des circonstances de l'espèce.
(33) D. n° 2009-697, 16 juin 2009, relatif à la normalisation.

de l'ETSI emporte engagement de celle-ci de concéder des licences à des conditions permettant un large usage de la norme à un coût raisonnable (*on fair, reasonable and non-discriminatory terms* : licences FRAND). Les règles de *l'ETSI IPR Policy* sont soumises à la loi française. En l'occurrence, le titulaire d'un brevet essentiel qui, à l'issue d'une négociation avortée, n'était pas parvenu à conclure une licence avec un utilisateur de la technologie couverte par brevet, assigne celui-ci en contrefaçon (en Allemagne). Le défendeur allègue l'abus de position dominante, au sens de l'article 102 du Traité sur le fonctionnement de l'Union européenne, qui caractériserait une telle action. Le juge allemand a posé la question préjudicielle au juge communautaire. La Cour de justice de l'Union européenne retient que :

> « L'article 102 TFUE doit être interprété en ce sens que le titulaire d'un brevet essentiel à une norme établie par un organisme de normalisation, qui s'est engagé irrévocablement envers cet organisme à octroyer aux tiers une licence à des conditions équitables, raisonnables et non discriminatoires, dites "FRAND", n'abuse pas de sa position dominante au sens de cet article en introduisant une action en contrefaçon tendant à la cessation de l'atteinte à son brevet ou au rappel des produits pour la fabrication desquels ce brevet a été utilisé, dès lors que : préalablement à l'introduction de ladite action, il a, d'une part, averti le contrefacteur allégué de la contrefaçon qui lui est reprochée en désignant ledit brevet et en précisant la façon dont celui-ci a été contrefait, et, d'autre part, après que le contrefacteur allégué a exprimé sa volonté de conclure un contrat de licence aux conditions FRAND, transmis à ce contrefacteur, une offre concrète et écrite de licence à de telles conditions, en précisant, notamment, la redevance et ses modalités de calcul, et ledit contrefacteur continuant à exploiter le brevet considéré ne donne pas suite à cette offre avec diligence, conformément aux usages commerciaux reconnus en la matière et de bonne foi, ce qui doit être déterminé sur la base d'éléments objectifs et implique notamment l'absence de toute tactique dilatoire »[34].

Le reproche de l'abus de position dominante évacué, la Cour de justice se livre à une définition de ce que doit être le comportement de bonne foi dans la négociation contractuelle. L'exercice est tout à fait malvenu, alors même que les règles de *l'ETSI IPR Policy* sont soumises à la loi française. En réalité, nous pensons que le débat se place sur un terrain civiliste de droit français sur lequel la Cour de justice de l'Union européenne ne s'est guère avancée, et n'avait guère à le faire : quelle est la portée de l'engagement du breveté qui s'engage à consentir une *FRAND licence*, dans les termes de *l'ETSI IPR Policy* ? S'agit-il d'une simple promesse de contrat ? D'une application de la stipulation pour autrui ? D'une offre ? Ce sont ces débats de strict droit civil que porte en germe le régime des engagements pris par les brevetés au titre des règles de *l'ETSI IPR Policy* comme auprès d'autres organismes de normalisation analogues.

2° L'exécution du contrat de licence

731. – **Exécution du contrat, obligations des parties.** Les obligations réciproques des parties retranscrivent les obligations du bailleur et du locataire.

732. – **Exécution du contrat, obligation du donneur de licence.** Le bailleur, donneur de licence[35], est tenu d'une obligation de **délivrance** qui assure la mise en jouissance du preneur (C. civ., art. 1720). Elle se caractérise pour celui-ci par une abs-

(34) CJUE, 16 juill. 2015, aff. C-170/13. – V. J. Passa : *Propr. industr.* nov. 2015, n° 11, étude 20. – J. Raynard, *Propr. industr.* déc. 2015, n° 12, chron. « brevet », spéc. n° 20.
(35) Également désigné comme le concédant.

tention : ne pas faire obstacle au licencié dans l'exploitation de l'invention brevetée[36]. Pour une licence « sèche », s'attachant au seul brevet, l'éventuelle obligation de délivrer un savoir-faire d'accompagnement gagnera à être précisée dès lors que ce dernier n'est pas indispensable à la mise en œuvre de l'invention conformément au contrat. L'obligation de garantie pèse également sur le donneur de licence[37]. Elle se décline en garantie d'éviction et de vices cachés. **La garantie d'éviction** du fait personnel du donneur de licence est d'ordre public : celui-ci doit maintenir le licencié en état de jouissance pendant toute la durée du contrat[38]. En résultent pour le concédant des exigences positives (payer les annuités du brevet, mettre un terme aux agissements d'un contrefacteur) comme négatives (ne pas opposer un brevet dominant au licencié à qui l'on a consenti une licence sur un brevet dépendant). À ce titre, l'éviction du licencié dont le contrat a été conclu par un seul des copropriétaires, en méconnaissance des droits des autres, trouve son origine dans le fait personnel du copropriétaire, donneur de licence[39]. Mais la mécanique civiliste ripe : le concédant peut-il exploiter l'invention concurremment à son licencié ? Au cas de licence non exclusive, la question ne fait pas problème : l'ubiquité de la chose, objet du contrat, justifie une occupation simultanée de l'objet loué qu'ignore la chose corporelle, nécessairement exclusive. En revanche, la faculté pour le donneur de licence de faire concurrence à son propre licencié exclusif en l'absence de clause au contrat reste délicate à résoudre. Le donneur de licence qui avait engagé des actes d'exploitation avant la conclusion du contrat de licence reste *a priori* hors de cause : l'attente du licencié ne sera pas surprise par le maintien de cette activité et le preneur de licence qui voudra en obtenir cessation prendra soin de prévoir une disposition contractuelle spéciale. En revanche, le doute s'installe sur la situation du donneur de licence qui engage une exploitation qu'il n'avait pas entreprise avant la concession. Au motif que la renonciation à un droit ne se présume pas, nombre d'auteurs retiennent la légitimité de la pratique du donneur de licence[40], sa qualité de propriétaire renforce cette opinion. Plus sensibles à la bonne foi contractuelle et à l'exigence de garantie qui pèse sur le donneur de licence, d'autres récusent cette liberté d'exploiter[41] au motif que l'attente légitime du licencié exclusif ne doit pas de la sorte être trompée ; dans ce dernier sens, on retiendra encore que la garantie contractuelle qui s'attache à la licence exclusive vise moins à interdire la conclusion d'autres contrats qu'à assurer une exclusivité d'exploitation au titre du brevet. La jurisprudence de droit des brevets n'est pas tranchée, mais on s'inspirera de décisions nettes du droit des marques pour interdire au breveté, en cette circonstance, de tels agissements[42]. La garantie d'éviction du fait des tiers voit le don-

(36) J.-M. Mousseron, *Contrats de transfert de techniques*, Cours de doctorat, Montpellier, 1985.

(37) Mousseron, *L'obligation de garantie dans les contrats d'exploitation de brevets d'invention*, in *Mél. H. Desbois*, Dalloz, 1974, p. 157 et s ; du même auteur, V. également : *DB* 1978, I, étude 1 (http://www.dossiers-brevets.info/).

(38) Cass. 1re civ., 13 mars 2008, n° 06-20.152 : *PIBD* 2008, n° 875, III, 50 ; *Propr. intell.* 2008, n° 28, p. 362, obs. J. Passa (cession de modèle).

(39) Cass. com., 15 mars 2011, préc.

(40) A. Chavanne et J.-J. Burst, *Droit de la propriété industrielle*, Dalloz, 1993, n° 329. – J. Schmidt et J.-L. Pierre, *Droit de la propriété industrielle*, Litec, 1996, n° 267, qui citent CA Paris, 14 mai 1976 : *D.* 1977, p. 438, note J. Schmidt. – J. Azéma et J.-C. Galloux, *Droit de la propriété industrielle*, Dalloz, 2010, n° 571.

(41) J.-M. Mousseron, in *Mél. H. Desbois*, Dalloz, 1974, p. 172. – F. Pollaud-Dulian, *Droit de la propriété industrielle*, Economica, 2011, n° 716.

(42) V. Cass. com., 26 févr. 2002 : *Propr. industr.* févr. 2003, n° 8, obs. J. R., pour le cas du donneur de licence qui exploite, la cour retient « qu'il n'est pas prétendu que la convention des parties ait expressément stipulé l'interdiction générale pour le concé-

neur de licence garantir son licencié au cas d'actes contrefaisants réalisés par des tiers et qui troubleraient l'exploitation du locataire, tout comme au cas d'action en contrefaçon qui serait engagée contre ce dernier par un tiers. **La garantie des vices cachés** voit le concédant garantir les vices qui seraient occultes au moment de la conclusion du contrat et qui empêcheraient l'usage attendu de la chose (C. civ., art. 1721). C'est essentiellement le vice technique de conception qui est ici couvert (invention inexploitable pour des raisons techniques, risques entraînés par l'exploitation...), la garantie ne s'étend pas au vice commercial et à l'insuccès de l'exploitation, ni aux défauts d'exécution qui sont le fait du licencié(43). Néanmoins, si l'invention se révèle économiquement inexploitable, une jurisprudence admet le jeu de la garantie(44). Le vice peut-il être juridique ? On pense ici à la nullité du brevet. L'annulation du titre donné en licence justifie cependant un régime propre tenant davantage de la disparition de l'absence d'objet au contrat (V. *supra*, n° 728). Les effets de la garantie des vices tiennent dans un ensemble de sanctions objectives (action rédhibitoire visant à la résolution de la licence ; action estimatoire avec réduction du prix) et subjectives (le donneur de licence devrait supporter la charge afférente aux dommages causés par le vice, qu'il soit de bonne ou mauvaise foi, C. civ., art. 1721). Des clauses aménageront le régime de la garantie légale. Les clauses extensives de garantie(45) ne font pas problème. L'efficacité des clauses limitatives ou suppressives de garantie(46) reste en droit commun conditionnée à la bonne foi du bénéficiaire de la disposition (ignorance du vice). Le professionnel est présumé avoir connaissance du vice, mais la présence de deux professionnels de même spécialité pour ce type de contrat devrait, ici, écarter toute difficulté. Au-delà, la clause qui mettrait la validité et l'exploitation du brevet aux risques et périls du licencié dénature la licence en termes de louage de chose : le contrat devient un contrat aléatoire(47).

733. – **Exécution du contrat, obligations du licencié.** En tant que locataire, le licencié est tenu au paiement des redevances ainsi que de l'obligation d'exploiter l'invention brevetée, objet de la licence. Préoccupation majeure de la jurisprudence des années 1980, l'obligation d'exploitation trouve sa justification moins dans un souci de sauvegarde du titre que dans le caractère proportionnel de la clause de prix généralement pratiquée. La jurisprudence a de la sorte égrené les qualificatifs attestant de l'exigence élevée de l'obligation pesant sur le licencié : ainsi le licencié doit exploiter au maximum de ses possibilités, de façon effective et sérieuse. L'obligation

dant de se livrer à une activité concurrente, ni que ce dernier ait mis en œuvre à cette occasion la technique couverte par le brevet faisant l'objet du contrat de licence ». Pour une licence de marque, comp. Cass. com., 10 janv. 1995 : *D.* 1995, inf. rap. p. 43 : « La licence exclusive d'une marque oblige le titulaire de la marque à garantir au licencié la jouissance paisible de cette marque ; il en résulte que, sauf clause contraire figurant dans le contrat de concession exclusive de licence d'exploitation, le titulaire de la marque s'interdit, durant la durée d'exécution du contrat, de l'utiliser quels qu'en soient la durée et le montant de la redevance ». – *Adde* TGI Paris, 6 avr. 2004 : *PIBD* 2004, III, p. 439. – TGI Paris, 6 févr. 2013 : *PIBD* 2013, 981, III, 1091.

(43) Cass. 3e civ., 24 juin 1975 : *D.* 1976, p. 193, obs. J. Schmidt.

(44) CA Paris, 29 oct. 1987 : *Ann. propr. ind.* 1988, p. 300 : cession d'un brevet couvrant un médicament anti-inflammatoire commercialisé par le cédant en vertu d'une autorisation de mise sur le marché cédée avec le brevet ; modification ultérieure de l'AMM à raison des dangers du médicament ; certaines applications deviennent interdites.

(45) Exemple : le breveté accepte de garantir le risque apparent ; ainsi du risque d'annulation du brevet à raison d'une antériorité pourtant citée dans l'avis documentaire.

(46) Exemple : le breveté garantit la seule existence matérielle du brevet.

(47) Cass. com., 3 mai 1978 : *D.* 1979, p. 247, obs. J.-J. Burst. – Cass. com., 11 mars 1986 : *RTD com.* 1987, p. 45, obs. A. Chavanne et J. Azéma.

ne cède que devant l'impossibilité technique ou commerciale d'exploiter, sans que celle-là ne s'assimile nécessairement à l'évènement de force majeure[48]. La clause de prix conjugue communément le paiement d'un *cash* à la signature, une redevance proportionnelle liée à un pourcentage du chiffre d'affaires ou des bénéfices réalisés sur l'exploitation de l'invention brevetée, enfin un minimum de redevances garanties, sorte de prix plancher garanti. Beaucoup plus rare, la clause de « maximum d'exploitation » prévoirait que la fabrication du licencié ne doit pas excéder un certain seuil : pareille disposition serait suspecte en regard du droit de la concurrence.

734. – **Exécution du contrat : cession de contrat.** Tardivement reconnu par le droit contemporain des contrats, le mécanisme de la cession de contrat est une technique moderne destinée à assurer le transfert d'une position contractuelle au profit d'une personne juridique jusqu'alors tiers au contrat[49]. L'utilité du mécanisme se ressent à l'occasion d'opérations de restructuration d'entreprises. La situation doit ici être envisagée pour le transfert de la position de licencié, puis pour celle du donneur de licence. Le licencié peut-il transférer sa position contractuelle à un tiers librement ? La réponse est négative, mais au titre du droit commun. La Cour de cassation a jugé que le contractant cédé devait consentir à la substitution de son contractant, dans le contrat lui-même ou ultérieurement[50]. La licence de brevet n'échappe pas à ce régime et le licencié ne peut pas transférer à autrui sa position contractuelle sans l'accord du donneur de licence. Au-delà, au motif que l'obligation d'exploiter revêt un caractère personnel, la licence est conclue *intuitu personae* : le licencié ne pourra transférer son contrat ni consentir de sous-licences sans l'accord du donneur de licence. Problème : le licencié, pour faire fabriquer, doit fréquemment utiliser des sous-traitants qui mettront en œuvre l'information brevetée, la rigueur imposerait l'accord du donneur de licence à cet égard. Le contexte d'une procédure collective perturbe cette algèbre : le tribunal pourra imposer la cession forcée de la licence au repreneur dans le cadre d'un plan de cession[51]. La cession de la position contractuelle de donneur de licence s'apprécie très différemment : cette situation suggère la vente du brevet donné en licence. Par analogie avec les règles du Code civil sur la vente de la chose louée (C. civ., art. 1743), le Code de la propriété intellectuelle prévoit que la cession des droits sur le brevet « loué » ne porte pas atteinte aux droits acquis par des tiers avant la date de transmission : le licencié, tiers à la cession, peut opposer son droit au nouvel acquéreur du brevet (CPI, art. L. 613-8, al. 4)[52]. De fait, la personne du donneur de licence importe peu au licencié dès lors que celui-ci a le pouvoir de le maintenir en état de jouissance paisible[53].

(48) Cass. com., 29 juin 2010 : *PIBD* 2010, 926, III, 660. – Comp. TGI Paris, 18 déc. 1985 : *D.* 1987, somm. comm. p. 133, obs. Mousseron et J. Schmidt.
(49) L. Aynès, *La cession de contrat et les opérations à trois personnes*, Economica, 1984, préf. Ph. Malaurie.
(50) Cass. com., 6 mai 1997 : *D.* 1997, 588, note M. Billiau et Ch. Jamin. – Comp. L. Aynès, *Cession de contrat : nouvelles précisions sur le rôle du cédé* : *D.* 1998, chron. p. 25.
(51) V. F. Pollaud-Dulian, *Les droits intellectuels dans la tourmente des procédures collectives*, in *Mél. A. Françon*, Dalloz 1995, p. 365.
(52) Sous réserve de la bonne publicité de la licence.
(53) Le droit civil retient de la sorte la validité du bail de la chose d'autrui : le donneur de licence n'a pas nécessairement à être propriétaire.

B. – La concession de licence de marque et de modèle

735. – **Licence de marque. Franchise et loi *Doubin*.** L'article L. 714-1 du Code de la propriété intellectuelle pose que :

« Les droits attachés à une marque sont transmissibles en totalité ou en partie, indépendamment de l'entreprise qui les exploite ou les fait exploiter. »

Le régime de la licence de marque se calque sur celui de la licence de brevet. Le contrat reçoit pareillement la qualification de louage de choses et appelle pareillement application des règles de droit commun du Code civil pour ce genre de contrat (C. civ., art. 1713 et s.). Le Code de la propriété intellectuelle réserve peu de règles spéciales à cet accord. Alors que la jurisprudence ancienne faisait de l'écrit une condition de validité de l'acte, le code ne prévoit cette exigence à peine de nullité que pour le transfert de propriété, ou la mise en gage (CPI, art. L. 714-1, al. 4). Contrat sur une chose appropriée, la licence de marque est un contrat d'autorisation : devient contrefacteur le licencié qui enfreint l'une des limites de sa licence en ce qui concerne sa durée, la forme couverte par l'enregistrement sous laquelle la marque peut être utilisée, la nature des produits ou des services pour lesquels la licence est octroyée, le territoire sur lequel la marque peut être apposée ou la qualité des produits fabriqués ou des services fournis par le licencié (CPI, art. L. 714-1. – Dir. n° 2015/2436, 16 déc. 2015, art. 25. 2°). La marque est un actif majeur des entreprises de distribution : sa mise à disposition peut s'opérer au titre de contrats de distribution, contrats complexes tels que les accords de franchise. Intégrée à ces contrats, la licence de marque perd son autonomie. Ces accords appellent une analyse propre, ils sont qualifiés de contrats-cadres irréductibles à des ventes. L'importance économique des réseaux de distribution justifie une réglementation de droit de la concurrence particulière. Ces contrats révèlent souvent une situation de dépendance du commerçant franchisé. L'adhésion à un réseau de distribution suppose de celui-ci des investissements conséquents liés à l'installation, à la mise en conformité du local, à l'embauche de personnel compétent, etc. Une loi du 31 décembre 1989, dite « loi Doubin », désormais codifiée est venue satisfaire ces derniers en prévoyant que :

C. com., art. L. 330-3

« Toute personne qui met à la disposition d'une autre personne un nom commercial, une marque ou une enseigne, en exigeant d'elle un engagement d'exclusivité ou de quasi-exclusivité pour l'exercice de son activité, est tenue préalablement à la signature de tout contrat conclu dans l'intérêt commun des deux parties de fournir à l'autre partie un document donnant des informations sincères, qui lui permette de s'engager en connaissance de cause[54]. »

736. – **Marque collective et règlement d'usage.** La marque est collective lorsqu'elle peut être exploitée par toute personne respectant un règlement d'usage établi par le titulaire de l'enregistrement (CPI, art. L. 715-1). La concession non exclusive peut résulter d'un règlement d'usage que tout utilisateur devra respecter (CPI, art. L. 714-1). En l'occurrence, le droit exclusif s'estompe ici. Le régime de la marque collective affiche son particularisme : cette marque, lorsqu'elle revêt le caractère de

(54) Sur ce texte, V. *Information, conseil, mise en garde, etc. Toujours plus d'obligations à la charge du professionnel*, actes de colloque, Paris, 16 nov. 2011, in *RDC* 2012, p. 1041 et s., spéc. D. Ferrier, *L'obligation d'informer le futur franchisé*, p. 1068 et N. Dissaux, *L'obligation d'information mise à la charge du franchiseur*, p. 1072. – G. Blanc, *Les contrats de distribution concernés par la loi Doubin* : *D.* 1993, chron. p. 218.

certification, ne peut être transférée ni faire l'objet d'un gage, tout au plus au cas de dissolution de la personne morale qui en est titulaire, elle peut être transmise à une autre personne morale (CPI, art. R. 715-12).

737. - **Licence du droit sur dessin ou modèles.** Le Code de la propriété intellectuelle dispose :

> **CPI, art. L. 511-2**
> « L'enregistrement d'un dessin ou modèle confère à son titulaire un droit de propriété qu'il peut céder ou concéder. »

On ne saurait mieux dire quant à la nature du droit industriel du Livre V du code et à la qualification des contrats d'exploitation. Or l'analyse des contrats d'exploitation des droits sur modèles pouvait paraître délicate à raison du cumul de protection par le droit d'auteur et de l'ignorance formelle par le Livre Ier du Code de la propriété intellectuelle de la notion même de licence. Mais, nous l'avons dit, il ne faut pas déduire des règles protectrices du Code de la propriété intellectuelle sur le droit d'auteur une réglementation dérogatoire concernant l'exploitation contractuelle de ce droit : même si la loi ne sait pas la nommer, il faut savoir reconnaître la licence de droit d'auteur dans les contrats portant mise à disposition temporaire des utilités réservées au titre de ce droit[55].

II. - Autres accords portant mise à disposition temporaire de la chose intellectuelle

738. - **L'apport en société (en jouissance). Le prêt.** Le titre de propriété industrielle est disponible aux accords qui procurent la jouissance temporaire d'un droit intellectuel sans obligation au paiement de redevances. Soit qu'il n'y ait pas de contrepartie directement financière : ainsi de l'apport en société fait en jouissance où l'apporteur (le titulaire du droit) met le droit de propriété industrielle à disposition de la société (apport en jouissance), pour un temps, sans effet translatif de propriété, en contrepartie de droits sociaux[56]. Au-delà de la contrepartie à l'apport, l'économie de ce contrat conduit, par analogie, à rechercher dans le régime de la licence les règles applicables *inter partes* : la société ne dispose que d'un droit personnel, l'apporteur (en jouissance) demeure propriétaire. L'apport doit être rédigé par écrit[57], et publié au Registre national des brevets pour être rendu opposable aux tiers[58]. Soit qu'il n'y ait pas de contrepartie du tout : la formule s'apparenterait au prêt à usage ou *commodat*[59]. Il est conseillé d'identifier d'éventuelles contreparties indirectes afin qu'une telle concession d'un droit d'usage sans contrepartie ne soit fiscalement considérée comme un acte anormal de gestion[60].

(55) V. A. Boisson, *La licence de droit d'auteur*, LexisNexis, coll. « Bibl. dr. entr. », 2013, t. 86. – Comp. F. Pollaud-Dulian, *La propriété industrielle*, préc., nos 1118 et s.

(56) C. civ., art. 1844-3. La formule de l'apport en jouissance peut être utile dans le cadre d'un partenariat local, pour un temps déterminé. La valorisation de l'apport appellera la plus grande attention : V. Cass. com., 7 juill. 2004 : *Bull. Joly Sociétés* 2005, p. 42, F. Passot et Y. Reinhard.

(57) C. civ., art. 1835 et CPI, art. L. 613-8.

(58) CPI, art. L. 613-9 et R. 613-53.

(59) C. civ., art. 1875 et s. – V. F. Pollaud-Dulian, préc., n° 701.

(60) F.-X. Testu et S. Hill, *Le prix de la licence de brevet dans les hautes technologies : l'exemple des biotechnologies* : JCP E 2008, 1269.

§ 2. – Les contrats non translatifs de droit sans mise à disposition de la chose intellectuelle

739. – **La convention de non-opposition. Brevets.** C'est la convention par laquelle le titulaire du droit privatif s'engage simplement à ne pas agir en contrefaçon (ne pas opposer) à l'égard de son cocontractant qui viendrait à exercer des actes d'exploitation mettant en cause le droit industriel. Pas de délivrance, ni de garantie, pas d'obligation positive d'exploitation du partenaire, une contrepartie financière peut être prévue au cas d'exploitation effective. La formule est sans doute proche de la licence, elle n'en est pas moins autonome et distincte de celle-là(61), ne se rapportant pas à un louage de choses. La figure s'apparente à un pacte de non-agression utile pour mettre un terme à une guerre de brevets. Un auteur y discerne une forme de transaction(62). Pourtant, il n'y a pas ici de préalable de contentieux, ni de concessions réciproques, nécessaires à la transaction. Dès lors que la prestation caractéristique de cet accord tient dans une renonciation à agir en contrefaçon, certains y voient une convention ou clause de différends(63). Nous préférons considérer que la convention de non-opposition fait figure de contrat *sui generis* et échappe aux règles du Code civil propres au bail, mais également aux règles spéciales du Code de la propriété intellectuelle relatives à la licence.

740. – **Le contrat de coexistence de marques ou de non-opposition.** Les registres des marques sont souvent très encombrés et ils peuvent révéler des proximités gênantes en raison de l'existence de signes très proches, ou de signes qui, bien qu'enregistrés dans des classes de produits ou services distinctes, pourraient être qualifiés de similaires. Le droit des marques ne connaît pas d'action préventive, à l'instar de l'action en déclaration de non-contrefaçon des brevets d'invention. L'accord des parties peut pallier l'absence de texte spécial. C'est l'objet des contrats de coexistence de marques. Ces contrats de coexistence permettent alors de délimiter les modalités d'enregistrement, ou encore les modalités d'exploitation de l'une et l'autre marque. Ces accords de coexistence sont parfois à tort assimilés à des licences de marques(64). La proximité d'un contentieux a le parfum de la transaction(65). Ces accords peuvent prévoir des renonciations à la portée des enregistrements concernés (pour certains produits ou services, à certaines classes) ou des radiations. Le fait de posséder un large portefeuille de marques de réserve trouve ici son intérêt : la marque est plus facilement négociable lorsqu'elle n'a pas été déjà associée à une entreprise auprès du public, spécialement lorsque la période d'opposition est écoulée. Fondamentalement, cet accord n'emporte pas mise à disposition

(61) V. Cass. com., 5 janv. 1983 : *D.* 1984, inf. rap. p. 209, obs. J.-M. Mousseron et J. Schmidt ; *JCP* G 1983, IV, 86 ; *JCP* G 1983, I, 12061, obs. J.-J. Burst ; *PIBD* 1983, n° 324, III, p. 118 ; *DB* 1983, V, 5 ; *JCP* G 1984, II, 20182, obs. M. Vivant.

(62) V. F. Pollaud-Dulian, préc., n° 744, p. 386.

(63) V. Foyer et M. Vivant, préc., p. 452. Les clauses de différends aménagent le traitement d'un litige à venir à propos du contrat qui les porte (médiation, clause compromissoire, clause attributive de juridiction). Tel n'est pas le cas de la convention de non-opposition qui affecte le droit d'action en tant que tel.

(64) V. par ex., CA Paris, 29 mars 1989, n° 1989-021082, cité S. Ajac, *Les accords de coexistence de marques, l'affaire Apple Corp. v. Apple Computer*, site m2bde.u-paris10.fr.

(65) V. préconisations O. Mendras, *L'interprétation stricte des accords de coexistence : Rev. des marques* juill. 1999, Prodimarques, n° 27.

de la marque au partenaire, mais simple engagement à ne pas agir en contrefaçon contre lui. Néanmoins, il peut être le support d'opérations juridiques positives : échanges de marques, cession de marques réciproques, véritable licence de marque… Il conviendra de procéder à l'inscription de l'accord intervenu, lorsqu'il a pour conséquence une modification des droits afin de le rendre opposable aux tiers. La jurisprudence interprète strictement ces contrats[66].

741. – **Contrats de coexistence de marques et droit de la concurrence.** Si la validité des accords de coexistence de marques ne fait pas de doute au plan du droit des contrats, la chose est plus complexe par rapport aux exigences du droit de la concurrence en regard de l'entente illicite ou de l'abus de position dominante qu'ils peuvent recéler. Les instances communautaires ne sont pas opposées à ces accords, relevant leur utilité pour délimiter dans l'intérêt réciproque des parties les sphères d'utilisation respectives de leurs marques, à condition que ces précisions s'avèrent nécessaires au regard des marchés en cause et ne traduisent pas une situation artificiellement créée[67]. Il faut notamment que le risque de confusion, amenant l'accord de coexistence, soit réel sur le marché concerné[68].

742. – **Le nantissement du droit. Brevets.** C'est l'acte juridique par lequel le breveté affecte son titre en garantie d'une dette. Une jurisprudence ancienne retenait qu'un brevet puisse de la sorte être apporté en garantie[69]. Sans texte spécial, la loi du 17 mars 1909 relative à la vente et au nantissement du fonds de commerce avait vocation à permettre de constituer garantie sur le brevet en tant qu'élément du fonds de commerce[70]. Mais la garantie peut être prise sur le seul titre de propriété industrielle. L'ordonnance du 23 mars 2006 a réformé le droit français des sûretés (C. civ., art. 2329 et s.). Le nouveau texte prend acte du développement des sûretés sur meubles incorporels. Mais, alors que le nantissement de créances fait l'objet d'une réglementation détaillée, le nantissement sur brevet n'est pas spécifiquement réglementé : à défaut de dispositions spéciales, c'est le gage sur meubles corporels qui doit servir de référence[71], ce qui est regrettable. Le Code de la propriété intellectuelle prévoit que les actes tels que « la constitution ou cession d'un droit de gage ou renonciation à ce droit, saisie, validation et mainlevée de saisie, sont inscrits [au Registre national des brevets] à la demande de l'une des parties à l'acte » ou du titulaire du droit au jour de la demande[72]. Cette publicité assure l'opposabilité aux tiers de la sûreté. Au cas de défaillance du débiteur, une procédure de sai-

(66) TGI Paris, 21 juin 1996 : *PIBD* 1996, 620, III, 569, retenant qu'il n'appartient pas au juge d'élargir un accord de coexistence de marques. – TGI Paris, 20 mars 1998, aff. *Stafford Miller c/ Polydentia*, jugeant que ce type d'accord ne peut que recevoir une interprétation stricte dès lors qu'il emporte une renonciation de la demanderesse à faire valoir partie de ses droits. – TGI Paris, 27 mai 1998, aff. *Atlantis c/ Abvent*, déc. citées par O. Mendras, art. préc. – Pour la convention concernant l'usage du mot « Eurostar » par un diamantaire : CA Paris, 4 juill. 2008, *Sté Eurostar U.K Limited et a. c/ Sté Eurostar Diamond Traders* : *RLDI* août-sept. 2008, n° 41, p. 6, obs. C. Manara.

(67) CJCE, 30 janv. 1985, aff. C-35/83, *BAT Cigaretten Fabriken Gmb c/ CEE*.

(68) V. A. Folliard-Monguiral, *Conditions et effets de la coexistence de marque en droit communautaire* : *Propr. industr.* 2006, étude 24.

(69) CA Paris, 29 août 1865 : S. 1866, 2, p. 24 ; *DP* 1865, 2, p. 231 ; *Ann. propr. ind.* 1866, p. 94. – La formule n'est pas propre au brevet : une marque peut, indépendamment de l'entreprise, être donnée en gage ou faire l'objet de droits réels (Dir. n° 2015/2436, 15 déc. 2015, art. 23.1°).

(70) La loi du 26 juin 1920 (*DP* 1924, 4, p. 36).

(71) C. civ., art. 2355, al. 5.

(72) CPI, art. R. 613-55.

sie sera diligentée à fin de vente judiciaire du titre(73), sauf si le créancier ne préfère se faire attribuer le titre dans les conditions du droit commun(74).

SECTION 2

LES CONTRATS TRANSLATIFS DE DROIT

743. - **Transfert du droit.** Les figures contractuelles qui seront désormais évoquées comportent un effet translatif du droit de propriété industrielle : celui-ci quitte le patrimoine du propriétaire du droit cédant (breveté, propriétaire de la marque, du modèle) pour le patrimoine du partenaire contractuel cessionnaire (acheteur). Si la cession de brevet constitue le contrat caractéristique de cette rubrique (§ 1), le transfert du droit peut également se réaliser au titre d'autres actes juridiques, spécialement dans un contexte d'opérations de restructurations sociétaires (§ 2).

§ 1. – La cession du droit industriel

744. - **Nature juridique : une vente.** Le contrat de cession de brevet est l'acte juridique par lequel le breveté, cédant, transfère son droit de propriété intellectuelle dans le patrimoine de son partenaire contractuel, le cessionnaire, en contrepartie du paiement d'un prix. Avec le transfert de propriété, la cession de brevet produit l'effet caractéristique du contrat de vente : la cession de brevet est rapportée, par analogie, à la vente du Code civil, avec application des règles propres à ce genre (C. civ., art. 1782 et s.).

I. – Formation de la cession

745. - **Validité, publicité.** Si la vente du Code civil est un contrat consensuel, tel n'est pas le cas en propriété industrielle : *inter partes*, la cession de brevet comme de marque est un contrat solennel qui suppose la rédaction d'un écrit à peine de nullité(75). La Cour de cassation retient la nullité absolue de l'acte passé en infraction(76). L'opposabilité de l'acte de cession, *erga omnes*, suppose encore le respect de formalités publicitaires : l'acte n'est opposable aux tiers qu'une fois inscrit au Registre national des brevets(77). L'inscription suppose que la demande de brevet ait été publiée (CPI, art. R. 613-53). Le cessionnaire sera soucieux de publier son titre le plus rapi-

(73) CPI, art. L. 613-21.

(74) C. civ., art. 2347 : « Le créancier peut aussi faire ordonner en justice que le bien lui demeurera en paiement. Lorsque la valeur du bien excède le montant de la dette garantie, la somme égale à la différence est versée au débiteur ou, s'il existe d'autres créanciers gagistes, est consignée ». – En faveur de l'application de ce texte au brevet : F. Pollaud-Dulian, préc., n° 743. – J. Passa, préc., n° 609. – N. Binctin, préc., n° 1105.

(75) CPI, art. L. 613-8, al. 5 et L. 714-1, al. 4.

(76) En matière de marque : Cass. com., 7 avr. 1992 : *Bull. civ.* 1992, IV, n° 151. – Comp. en matière de brevets : TGI Paris, 27 juin 2003 : *Propr. industr.* 2004, comm. 37, obs. J.R.

(77) CPI, art. L. 613-9. À l'identique pour les modèles (CPI, art. L. 513-3), et les marques (CPI, art. L. 714-7).

dement, mais l'inscription suppose que son auteur (cédant) ait lui-même procédé à son inscription en qualité de propriétaire, ce qui n'est pas toujours le cas[78]. En effet, le cessionnaire non inscrit est irrecevable à agir en contrefaçon[79], ni à procéder à saisie-contrefaçon[80], et ce même à l'endroit du tiers de mauvaise foi (V. *infra*, n° 682). Le cessionnaire qui agit en contrefaçon alors qu'il n'a pas inscrit son titre pourra néanmoins régulariser la publication avant le jugement[81], mais, d'une part, il ne pourra demander réparation que sur la période postérieure à la publication, d'autre part, la saisie-contrefaçon pratiquée avant l'inscription n'est pas rétroactivement validée[82]. La publication sert aussi à trancher les conflits entre deux acquéreurs successifs : triomphe non pas celui qui a chronologiquement acquis le droit antérieurement, mais celui qui a publié son titre le premier. Sauf ici à faire la preuve de la mauvaise foi de celui qui publie en connaissance de la cession antérieurement intervenue au profit d'autrui[83]. La même règle vaut pour le licencié qui a obtenu licence du cédant après la cession, mais avant la publication : sa connaissance de la cession lui rend l'acte opposable, en dépit du défaut de publication[84]. La cession d'une demande de brevet européen ou d'un brevet européen délivré durant le temps d'une procédure d'opposition, ou tant que celle-ci n'est pas vidée, sera publiée au Registre européen des brevets, également sous peine d'inopposabilité[85]. Attention : la publicité sert une fonction d'opposabilité, elle ne préjuge pas de la validité au fond de l'acte[86].

746. – **Objet. Brevets, marques.** L'objet cédé est le titre de propriété, c'est-à-dire le droit consécutif au dépôt et portant sur l'invention revendiquée, *mutatis mutandis* la marque enregistrée. Pour que le consentement à la vente puisse valablement se fixer, la chose objet du contrat doit être précisément déterminée[87]. Le contrat visera la demande déposée, sinon le titre obtenu qui peuvent pareillement constituer l'objet de la cession[88]. La cession peut être totale ou partielle[89], en ce sens la cession porte sur tout ou partie des utilités procurées par le titre : l'ensemble des prérogatives légales ou certaines seulement (monopole de vente, pas de fabrication), certaines applications seulement de l'invention brevetée[90]... Le breveté peut encore

(78) L'inscription est faite à la demande de l'une des parties à l'acte, ou, s'il n'est pas partie à l'acte, du titulaire du dépôt au jour de cette demande (CPI, art. R. 613-55), ce qui permet au dernier cessionnaire de publier les actes antérieurs pour reconstituer la chaîne des cessions à laquelle il n'était pas partie.

(79) Cass. com., 19 juill. 1982 : *Bull. civ.* 1982, IV, n° 228 (marques).

(80) La nullité de la saisie-contrefaçon sera couverte si l'inscription est faite avant que le premier juge ait statué : CA Paris, 31 oct. 1991 : *Ann. propr. ind.* 1992, p. 144.

(81) CPC, art. 126.

(82) Cass. com., 31 oct. 2006, n° 05-11.149 : *Bull. civ.* 2006, IV, n° 206 ; *PIBD* 2007, 843, III, 1.

(83) CPI, art. L. 613-9, al. 2 : toutefois, avant son inscription, un acte est opposable aux tiers qui ont acquis des droits après la date de cet acte, mais qui avaient connaissance de celui-ci lors de l'acquisition de ces droits ; V. TGI Paris, 27 juin 2003 : *PIBD* 2003, 775, III ; *Propr. industr.* mai 2004, n° 5, comm. 37, obs. J.R.

(84) TGI Paris, 27 juin 2003 : *PIBD* 2003, 775, III, 567.

(85) CBE, Règles 22, 23 et 85. – CPI, art. L. 614-11 et L. 614-14, al. 2. – V. Cass. com., 3 avr. 2012 : *Propr. industr.* juill.-août 2012, comm. 56 : jusqu'à la date de délivrance définitive d'un brevet européen, un licencié n'est recevable à agir en contrefaçon qu'à la condition que son contrat de licence soit inscrit au Registre européen des brevets.

(86) V. CA Paris, 10 oct. 2003 : *PIBD* 2004, 779, III, p. 63 ; *Propr. industr.* janv. 2005, n° 1, comm. 1, obs. J.R. : l'inscription au Registre national des brevets n'a pas d'effet constitutif d'un droit de propriété, mais un effet à l'égard des tiers rendant le titre publié opposable à ceux-ci. La cession dépourvue de prix, même publiée, est frappée de nullité absolue et le tiers, cessionnaire second en date, peut se prévaloir de cette nullité.

(87) C. civ., art. 1583. – V. J. Raynard et J.-B. Seube, *Droit civil, contrats spéciaux*, LexisNexis, 8e éd., 2015, nos 107 et s.

(88) CPI, art. L. 613-8, al. 1er.

(89) CPI, art. L. 613-8, al. 1er.

(90) Sur « les démembrements possibles des droits réels sur les biens intellectuels », V. N. Binctin, préc., nos 948 et s.

céder une fraction de ses droits, ouvrant lieu à une copropriété. On s'interroge sur le fait de savoir si la cession peut être territorialement limitée pour certaines parties du territoire national. En matière de marque, la cession même partielle ne peut comporter de limitation territoriale[91]. Même en l'absence de mention expresse, on peine à admettre une solution différente en matière de brevets : c'est le titre de propriété qui est légalement conçu pour un territoire national, la volonté des parties ne saurait en remanier à discrétion le contenu ou l'assiette ; en dépit de l'ubiquité de l'invention, il n'est pas convaincant d'admettre deux cessionnaires pour deux territoires distincts du même titre[92]. En ce sens, le brevet européen à effet unitaire ne peut être transféré qu'à l'égard de tous les États membres participants[93]. À raison du principe d'indépendance des brevets posé par la CUP[94], et sauf clause spéciale, la cession ne s'étend ni au droit de priorité unioniste[95], ni aux brevets réflexes qui auraient pu être obtenus pour la même invention sur d'autres territoires[96]. Les droits portant sur des perfectionnements apportés à l'invention doivent-ils être considérés comme accessoires à celle-ci et cédés avec elle ? Si techniquement le perfectionnement est sûrement accessoire à l'invention, juridiquement le titre pris sur le perfectionnement reste indépendant : il n'est pas cédé (sauf clause)[97]. De même, parce que la description du brevet doit suffire à la mise en œuvre de l'invention par l'homme de métier, un savoir-faire d'assistance technique n'est pas normalement nécessaire[98], sauf clause.

747. - **Prix. Attention au prix proportionnel.** La vente du Code civil, pour sa validité, suppose un prix déterminé ou déterminable (C. civ., art. 1591). L'exigence s'applique à la cession de droits industriels[99]. Dans ce cadre, on préférera la pratique du prix forfaitaire, qui peut être payable par tempérament, à celle du prix proportionnel qui a cours en matière de licence. Dans ce cas, le cessionnaire en tant que débiteur de paiement du prix a l'obligation d'exploiter l'invention dans les mêmes termes qu'un licencié. Mais la situation des deux est très différente : le cessionnaire est devenu propriétaire là où le licencié reste locataire ! Le caractère absolu du droit qui caractérise le droit du propriétaire s'accommode mal d'une dette de prix proportionnel avec obli-

(91) CPI, art. L. 714-1, al. 1er.

(92) À la différence des licenciés non exclusifs, qui ne sont titulaires que d'un droit de créance à l'endroit du donneur de licence. On imagine difficilement une obligation personnelle venant interdire au cessionnaire des actes d'exploitation sur certaines zones géographiques et peu compatibles avec la plénitude des pouvoirs du propriétaire. En ce sens, V. J. Passa pour qui un morcellement territorial serait incompatible avec l'exclusivité attachée à un droit qui couvre un produit, préc., n° 553. – Également N. Binctin, préc., n° 949. – *Contra* F. Pollaud-Dulian, préc., n° 670 qui cite Roubier, *Traité*, t. 2, n° 179. – P. Mathély, préc., p. 316.

(93) Règl. n° 1257/2012, art. 3, § 2.

(94) CUP, art. 4 bis pour les brevets.

(95) Cass. com., 18 juin 1996, n° 94-18.909 : *DB* 1996, II, 1 : le droit de priorité unioniste constitue un droit distinct et indépendant de celui conféré par la première demande de brevet ; en l'absence de stipulation expresse, la cession de brevet n'emporte pas celle du droit de priorité, la mention figurant dans le contrat prévoyant la cession du brevet « avec tous les droits y attachés sans aucune réserve ni exception » reste insuffisante à cet égard. – En ce sens V. Mousseron, *Traité des brevets*, préc., n° 324, p. 334. – G.-H. Bodenhausen, *Guide to the Application of the Paris Convention for the Protection of Industrial Property As Revised at Stockholm in 1967*, WIPO, 1968, art. 4 A, al. 1er, spéc. p. 37, *h*. Tous ces auteurs de citer TGI Valence, 16 févr. 1962 : *Ann. propr. ind.* 1963, p. 313.

(96) TGI Paris, 25 avr. 1984 : *PIBD* 1984, III, 241.

(97) En ce sens Mousseron, *Contrats de transfert de techniques*, Cours de doctorat, Montpellier, 1985.

(98) TGI Paris, 27 nov. 1986 : *D.* 1998, somm. comm. p. 354, Mousseron et J. Schmidt ; *RTD com.* 1988, p. 622, A. Chavanne et J. Azéma. – Les auteurs font cependant de la délivrance d'un savoir-faire annexe une question d'espèce qui dépend de la nature de l'invention, la recherche de l'intention des parties : J.-J. Burst, *L'assistance technique dans les contrats de transfert technologiques* : *D.* 1979, chron. 1.

(99) CA Paris, 10 oct. 2003 : *PIBD* 2004, 779, III, p. 63 ; *Propr. industr.* janv. 2005, n° 1, comm. 1, obs. J.R.

gation d'exploiter dans l'intérêt d'un tiers (le cédant). *Charbonnier est maître chez soi* : le propriétaire doit pouvoir exploiter à sa guise, et pas sous contrôle du cédant, créancier du paiement du prix. De même, le cessionnaire qui a le pouvoir de libre disposition du bien peut librement revendre le brevet : *quid* de la dette de prix pour la durée restant à courir ? La revente du brevet emporterait « cession de dette » de paiement du prix proportionnel (de la première cession) sur la tête du second cessionnaire : mal admise par le droit civil, la figure suppose à tout le moins l'accord du cédant initial en qualité de créancier du paiement du prix de la première cession(100). On évitera donc la technique du prix proportionnel pour la cession de brevet.

II. – Exécution de la cession

748. – **Effets réel et personnels.** L'effet caractéristique de la cession a été désigné comme l'effet translatif du droit réel de propriété intellectuelle opéré par ce contrat ; mais le Code civil n'en définit pas moins la vente par référence aux obligations du vendeur et de l'acheteur (V. C. civ., art. 1582 et s.). L'effet translatif du droit intellectuel s'opère à l'égard de tous (*erga omnes*) (A) ; les effets personnels de la cession se développent *inter partes* (B).

A. – L'effet translatif du droit intellectuel opère *erga omnes*

749. – **Transfert du droit, transfert de l'action en contrefaçon.** Les règles du transfert de propriété procèdent de principes issus du Code civil : le transfert du droit s'opère dès la rencontre de volontés des parties sur la chose et le prix, par le seul consentement de ceux-ci (*solo consensu*) ou plus exactement par la seule formation du contrat (*solo contractu*)(101). L'algèbre civiliste est à peine affectée par le caractère solennel de la cession de droits industriels qui suppose, pour sa validité, un écrit : c'est à la signature de l'acte de cession que se réalise le transfert du droit. Le transport du droit de propriété du patrimoine du cédant dans celui du cessionnaire emporte celui du droit d'agir en contrefaçon. Propriétaire, le cessionnaire doit encore être en mesure de pouvoir *opposer* son droit au tiers contrefacteur allégué : la recevabilité de l'action suppose le respect des formalités publicitaires au Registre national des brevets, sinon au Registre européen (V. *supra*, n° 682), *mutatis mutandis* au Registre national des marques ou des modèles. Pour les actes de contrefaçon réalisés après le contrat de cession, mais avant l'inscription de celui-ci au registre, le cessionnaire, nouveau propriétaire, qui n'a pas publié ne peut pas opposer son droit aux tiers et agir en contrefaçon alors que le cédant, dont le titre est toujours publié, n'a plus le droit privatif dans son patrimoine : ni l'un, ni l'autre ne peuvent agir(102). Pour le cessionnaire, l'absence d'inscription au Registre national des bre-

(100) Pour une illustration, V. TGI Paris, 22 mars 2002 : *Propr. industr.* janv. 2003, n° 1, comm. 1, obs. J.R. : le cessionnaire de brevets, également débiteur d'une obligation d'exploitation liée à une clause de prix proportionnel au titre du contrat de cession, méconnaît son engagement contractuel lorsqu'il cède à son tour les brevets en cause sans prévoir l'existence d'une telle obligation à la charge de son propre cessionnaire.

(101) V. C. civ., art. 1138 et 1583.

(102) En ce sens, V. J. Passa, *Pour tenter d'en finir avec les incertitudes liées à la demande en contrefaçon du cessionnaire d'un droit de propriété industrielle* : *Propr. industr.* févr. 2015, n° 2, étude 3. Cette conclusion est certaine pour le cessionnaire, sans doute discutable pour le cédant.

vets sera sanctionnée par le défaut d'intérêt à agir[103], aussi l'inscription au registre peut intervenir à tout moment, même après l'assignation en contrefaçon sous le visa de l'article 126 du Code de procédure civile[104]. Mais, au fond du droit, le *quantum* indemnitaire susceptible d'être réclamé au contrefacteur en sera d'autant plus réduit puisqu'il ne comprendra que le dommage imputable aux actes répréhensibles réalisés postérieurement à la publication. La réplique est célèbre qui voit les parties à l'acte de cession insérer une clause à fin d'éviter ces inconvénients.

750. - **Volonté des parties. Clauses.** Assez puissante pour assurer, seule, le transfert de propriété, la volonté des parties peut aussi en aménager le régime. Les parties seront souvent préoccupées du régime du seul droit d'agir en contrefaçon. La jurisprudence retient l'efficacité de la clause prévoyant que le cessionnaire aura le droit de poursuivre les faits de contrefaçon antérieurs à la cession et qui est rendue opposable au tiers du fait de sa publication[105]. Le libéralisme de la Cour de cassation se justifie par le souci de ne pas permettre au contrefacteur d'échapper à la sanction réparatrice : de la sorte, la cour a admis la recevabilité en cause d'appel de l'action en contrefaçon exercée par l'acquéreur du brevet, pourtant intervenu en première instance en qualité de licencié exclusif, dès lors que la cession du brevet portait effet rétroactif à la date du dépôt de la demande par un acte publié au Registre national des brevets[106]. Plus radicalement, la volonté des parties peut retarder le moment du transfert de propriété, ou plus généralement la date de prise d'effet du contrat de cession, à l'inscription de la cession au registre publicitaire (auquel cas c'est au cédant qu'il reviendra d'agir jusqu'à cette époque). La clause de réserve de propriété par laquelle le vendeur stipule que le transfert de propriété ne se produira qu'au moment où le prix sera intégralement payé est encore transposable à une cession de droits industriels[107].

B. – Les effets personnels de la cession se développent *inter partes*

751. - **Droit commun de la vente.** La qualification retenue emporte application à la cession de droits industriels des règles du Code civil sur la vente (C. civ., art. 1582 et s). Obligations du cédant (vendeur) et du cessionnaire (acheteur) appellent attention.

752. - **Obligation du cédant.** Le vendeur « a deux obligations principales, celle de délivrer et celle de garantir la chose qu'il vend » (C. civ., art. 1603). La prestation de **délivrance** va ici au-delà de ce qui était le cas pour la licence : il ne s'agit pas de tolérer des actes d'exploitation pour un temps, mais bien d'abandonner le bénéfice du monopole d'exploitation au cessionnaire. Pourtant, s'agissant d'un droit de propriété

(103) CPI, art. L. 613-9, al. 1er.

(104) TGI Paris, 3 déc. 1986 : *PIBD* 1987, 455, III, p. 173. – La nullité de la saisie-contrefaçon sera couverte si l'inscription est faite avant que le premier juge ait statué : CA Paris, 31 oct. 1991 : *Ann. propr. ind.* 1992, p. 144.

(105) Cass. com., 4 janv. 1994 : *PIBD* 1994, III, p. 171 ; *DB* 1994, I, p. 2 ; *D.* 1996, somm. p. 19, obs. Mousseron et J. Schmidt. – Cass. com., 11 janv. 2000 : *PIBD* 2000, III, p. 217 et *D. affaires* 2002, somm. p. 1197, obs. J.R. – Cass. com., 11 oct. 2000 : *PIBD* 2001, III, p. 1. – Pour une application à une cession de modèles, Cass. com., 11 janv. 2005 : *PIBD* 2005, 806, III, p. 246. La clause qui prévoit que le cessionnaire pourra agir en contrefaçon pour des faits antérieurs à la cession mais devra restituer au cédant les sommes recueillies à ce titre ne fait pas échec à la recevabilité de l'action du cessionnaire : Cass. com., 14 juin 2005 : *Propr. industr.* mars 2006, n° 3, comm. 21, obs. J.R.

(106) Cass. com., 11 janv. 2000, préc.

(107) V. Cass. com., 24 sept. 2013, n° 12-21.483.

intellectuelle, la délivrance s'opère encore intellectuellement, le droit exclusif n'est pas incorporé au titre du brevet(108). Suivant le Code civil, « la **garantie** que le vendeur doit à l'acquéreur a deux objets : le premier est la possession paisible de la chose vendue ; le second, les défauts cachés de cette chose ou les vices rédhibitoires » (C. civ., art. 1625). Les obligations de garantie du cédant restent très proches de celles évoquées pour le donneur de licence(109). La **garantie d'éviction** a pour objet d'assurer l'acheteur de la possession paisible de la chose (C. civ., art. 1626). La garantie d'éviction du fait personnel du cédant interdit à celui-ci tout agissement de nature à évincer le cessionnaire dans sa jouissance ; elle est d'ordre public(110). Concrètement, le cédant d'un brevet de dépendance ne pourrait pas agir en contrefaçon du brevet dominant qu'il aurait conservé(111). Le cédant doit également s'abstenir de tout acte tenant à remettre en cause le droit intellectuel : en matière de marques, Inès de La Fressange ne peut obtenir, après les avoir vendues, la déchéance des marques dont les signes sont composés de son nom(112). Le cédant peut sans doute exploiter, directement ou en donnant licence, un autre savoir-faire, breveté ou non, que celui couvert par les revendications du brevet cédé(113). La garantie d'éviction du cédant couvre les troubles de droit causés par des tiers(114). Il s'agit de l'hypothèse qui verrait un tiers invoquer des droits antérieurs à la vente et de nature à troubler la jouissance du cessionnaire. Ainsi du tiers qui viendrait actionner le cessionnaire en contrefaçon ou en revendication du brevet. On s'interroge sur le tiers exploitant qui opposerait une exception de possession personnelle antérieure à l'action du cessionnaire. Le cessionnaire qui viendrait à être totalement évincé pourrait demander au vendeur la restitution du prix, la restitution des fruits lorsqu'il est obligé de les rendre au propriétaire qui l'évince, les frais divers supportés et des dommages et intérêts (C. civ., art. 1630). En cas d'éviction partielle, le cessionnaire peut demander la résolution de la vente qui n'interviendra que si « elle est de telle conséquence, relativement au tout, que l'acquéreur n'eût point acheté sans la partie dont il a été évincé » (C. civ., art. 1636) ; sinon il obtiendra diminution du prix (C. civ., art. 1638). Le contrat peut écarter la garantie d'éviction du fait d'un tiers (C. civ., art. 1627). En ce cas, le vendeur est tenu de restituer le prix, à moins que l'acquéreur n'ait connu lors de la vente le danger de l'éviction(115) ou qu'il n'ait

(108) TGI Paris, 2 juin 1978 : *PIBD* 1979, 230, III, 59.

(109) V. Mousseron, préc., in *Mél. Desbois*.

(110) Cass. 1re civ., 13 mars 2008, n° 06-20.152 : *PIBD* 2008, n° 875, III, 50 ; *Propr. intell.* 2008, n° 28, p. 362, obs. J. Passa (cession de modèle) : la garantie d'éviction est due par tout cédant d'un droit de propriété, corporel ou incorporel, sauf à établir que le cessionnaire a participé aux actes de contrefaçon en mettant en vente un produit qu'il savait contrefait.

(111) CA Paris, 11 avr. 1970 : *PIBD* 1970, 43, III, 202.

(112) Cass. com., 31 janv. 2006 : *Contrats, conc. consom.* 2006, comm. 79, obs. L. Leveneur ; *RTD civ.* 2006, p. 339, obs. P.-Y. Gautier.

(113) La cession ne couvre pas le succès économique attaché à l'exploitation. La réserve tient au comportement déloyal que pourrait revêtir, selon les circonstances, l'attitude du cédant. Mais la cession peut réserver au cédant une faculté d'exploitation de l'invention.

(114) Le contenu de la garantie du fait des tiers est naturellement plus limité que celui de la garantie du fait personnel. Il n'appartient pas, en effet, au vendeur de garantir les troubles de fait causés par les tiers. À l'acheteur, devenu propriétaire du bien, de se défendre. La garantie ne porte donc que sur les troubles de droit, c'est-à-dire les situations où un tiers invoque un droit réel ou personnel contre l'acheteur. Contre les troubles de fait (par ex., actes d'exploitation d'un tiers), le cessionnaire peut directement agir en contrefaçon.

(115) La Cour de cassation a ainsi justement estimé que « la personne qui a participé à une contrefaçon en mettant en vente un produit qu'elle savait être contrefaisant n'est pas fondée à obtenir la garantie de son vendeur pour l'éviction qu'elle subit, qui est de son fait » : Cass. 1re civ., 15 oct. 1996 : *Contrats, conc. consom.* 1997, comm. 5, note L. Leveneur. – Cass. 1re civ., 13 mars 2008, n° 05-10.116 : *PIBD* 2006, 875, III, 350.

acheté à ses risques et périls (C. civ., art. 1629)[116]. La **garantie des vices cachés** vise les « défauts cachés de la chose vendue qui la rendent impropre à l'usage auquel on la destine, ou qui diminuent tellement cet usage, que l'acheteur ne l'aurait pas acquise, ou n'en aurait donné qu'un moindre prix, s'il les avait connus » (C. civ., art. 1641). Il est d'usage, s'agissant de droits industriels, de rechercher le vice caché dans un vice juridique ou matériel. Le vice juridique tient essentiellement dans l'existence d'un motif d'annulation du brevet (existence d'antériorités) qui ne se révélerait qu'après la cession. Encore faut-il que le cessionnaire n'ait pas connu ces motifs au moment de l'acquisition. En réalité, il semble plus satisfaisant de considérer que la nullité du titre affecte l'existence même du contrat pour défaut d'objet : la cession est nulle et le prix doit être restitué[117]. C'est donc essentiellement le vice matériel qui est ici en cause. Il s'agit du vice qui affecte l'usage attendu de la chose. Ainsi lorsque l'invention se révèle impossible à mettre en œuvre à raison d'un défaut de conception[118]. L'impossibilité d'exploiter commercialement l'invention est également couverte par la garantie[119], de même que le caractère onéreux à l'excès de l'exploitation dont il résulte un prix hors marché[120]. En revanche, le succès de l'exploitation commerciale ou la rentabilité de l'exploitation ne procèdent pas de la garantie légale[121], sauf clause. La mise en jeu de la garantie des vices ouvre au cessionnaire une alternative : celui-ci « a le choix de rendre la chose et de se faire restituer le prix ou de garder la chose et de se faire rendre une partie du prix, telle qu'elle sera arbitrée par experts » (action rédhibitoire ou estimatoire : C. civ., art. 1644). Des clauses extensives de garantie (rendement escompté de l'invention) ou limitatives, sinon élusives de garantie, restent possibles, sous réserve que le cessionnaire n'ait pas connu le vice au jour du contrat (C. civ., art. 1643).

§ 2. – Les autres opérations translatives de droit

753. – **Apport en société (en propriété). Opérations de restructuration. Publicité.** L'apport en société est la convention par laquelle une personne transfère à une société la propriété d'un bien (apport en nature et en propriété) en contrepartie de parts sociales ou d'actions émises par la société ; l'apporteur acquiert ainsi la qualité d'associé et la société devient propriétaire du droit apporté (comp. *supra*,

(116) La vente devient alors aléatoire, ce qui explique l'éviction de la garantie.

(117) V. en ce sens, J. Passa, préc., t. 2, n° 566. – J.-M. Mousseron, *Contrats de transfert de techniques*, Cours de doctorat, Montpellier, 1985. – O. Lestrade : *JCl. Brevets*, Fasc. 4730, V° *Cession de brevet*, n° 65. – Pour la licence, V. Cass. com., 28 janv. 2003, préc.

(118) Cass. 3e civ., 24 juin 1975 : *D.* 1976, p. 793, note J. Schmidt. – Cass. com., 11 juill. 1988, n° 87-12.940 : *RTD com.* 1988, p. 623, obs. A. Chavanne et J. Azéma : impossibilité d'obtenir le résultat annoncé au brevet due à « un vice de conception de l'invention à l'origine des échecs enregistrés depuis plus de dix ans dans la mise au point d'un dispositif antidérapant fiable et non dangereux, ajustable sur les roues d'automobiles ».

(119) CA Paris, 29 oct. 1987 : *Ann. propr. ind.* 1988, p. 300 : cession d'un brevet couvrant un médicament anti-inflammatoire commercialisé par le cédant en vertu d'une autorisation de mise sur le marché cédée avec le brevet ; modification ultérieure de l'autorisation de mise sur le marché à raison des dangers du médicament dont il résulte une réduction des indications thérapeutiques et la chute brutale des ventes.

(120) CA Paris, 2 juin 1988 : *D.* 1988, inf. rap. p. 202 ; *RTD com.* 1988, p. 623, obs. A. Chavanne et J. Azéma (à propos d'une licence).

(121) Cass. com., 3 mai 1978 : *D.* 1979, p. 247, obs. J.-J. Burst. – Comp. TGI Paris, 15 oct. 1993 : *PIBD* 1994, 558, III, p. 23 ; *D.* 1994, p. 554, obs. J.-L. Piotraut : si la défectuosité d'une prothèse ligamentaire peut constituer un vice caché, l'importance du chiffre d'affaires réalisé et l'absence de réclamations des utilisateurs « suffisent à démontrer que le vice allégué n'a pas rendu la prothèse impropre à l'usage auquel elle était destinée ».

n° 738 pour l'apport en simple jouissance, rapporté à la licence). En présence d'un transfert de propriété à titre onéreux, l'apporteur doit la garantie des vices cachés et d'éviction, comme dans la vente[(122)]. De la même façon, les opérations de restructuration telles que l'absorption, la fusion ou la scission entraînent la dissolution sans liquidation des sociétés avec transmission universelle de leur patrimoine aux sociétés bénéficiaires, dans l'état où il se trouve à la date de l'opération ; les associés des sociétés qui disparaissent acquièrent la qualité d'associés des sociétés bénéficiaires[(123)]. Les mêmes principes sont transposables aux apports partiels d'actifs réalisés par une société au profit d'une autre société[(124)]. Au titre de la transmission universelle du patrimoine les brevets, marques et droits industriels de la société absorbée sont automatiquement transférés à la société absorbante[(125)]. Le transfert doit, à peine d'inopposabilité aux tiers, être inscrit au Registre national des brevets ou des marques : la société absorbante qui n'a pas procédé à une telle inscription est irrecevable à agir en contrefaçon[(126)]. Si la demande de transcription est réalisée, après la fusion, mais au nom de la société absorbée, celle-ci n'a plus d'existence légale à cette époque et la société absorbante ne saurait avoir qualité pour agir en contrefaçon[(127)]. On veillera à faire procéder aux formalités publicitaires aux diligences de la société absorbante en qualité de partie à l'acte de fusion[(128)] ou « du titulaire du dépôt au jour de cette demande s'il n'est pas partie à l'acte »[(129)]. La formule est utile au cas de transfert antérieur, au titre d'une première fusion ou d'une première cession, non publié : celui qui, tiers à ces actes, a ultérieurement acquis la qualité de propriétaire du brevet (cessionnaire ultérieur, ou société bénéficiaire d'un nouvel apport ou d'une dernière absorption) est recevable à réaliser les formalités d'inscription.

754. - **Échange. Donation.** L'échange est le contrat qui implique un transfert réciproque de propriété en l'absence de paiement d'un prix. Ce contrat opère double effet translatif : assez logiquement, le Code civil renvoie pour le régime de l'échange aux dispositions relatives à la vente (C. civ., art. 1707), en insistant spécialement sur l'application du régime de la garantie d'éviction. La convention opérant transfert de propriété sans contrepartie n'est pas une vente mais une donation, pour autant que le donateur soit inspiré par l'*animus donandi*, l'intention libérale de gratifier ; la vente justifie un régime de garantie ignoré dans la donation.

(122) V. C. civ., art. 1843-3, al. 2. – M. Cozian, A. Viandier et Fl. Deboissy, *Droit des sociétés*, LexisNexis, 28e éd., 2015, n° 117.

(123) C. civ., art. 1844-4. – C. com., art. L. 236-1 et L. 236-3.

(124) Lorsque les parties ont convenu de soumettre l'opération au régime des scissions : V. C. com., art. L. 236-22 et L. 236-24. – *Adde* Cass. com., 16 févr. 1988 : *Bull. civ.* 1988, IV, n° 69 ; *LPA* 1988, n° 23, note Moretti ; *JCP* E 1988, I, 15177, obs. J.-J. Caussain et A. Viandier ; *RD bancaire et bourse* 1988, p. 130, obs. M. Jeantin et A. Viandier ; *RTD com.* 1988, p. 639, obs. Reinhard.

(125) La réserve tient aux contrats conclus *intuitu personae* qui font exception à la transmission universelle du patrimoine : ainsi du contrat de licence auquel ce caractère a été reconnu. Ainsi les droits (réels) de brevets, marque ou modèles sont transmis et pas (nécessairement) la qualité de licencié de tels droits. – V. A. Viandier, *Les contrats conclus* intuitu personae *face à la fusion des sociétés*, in *Mél. C. Mouly*, Litec, 1998, p. 193.

(126) Cass. com., 17 mai 1988 : *Bull. civ.* 1988, IV, n° 168. – CA Paris, 25 janv. 2013 : *PIBD* 2013, III, 1124 (même pour un transfert intervenu à l'occasion de la cession du fonds de commerce, l'inscription au registre – des modèles – est nécessaire).

(127) Cass. com., 14 mars 2006 : *Propr. industr.* juill. 2006, n° 7-8, comm. 51, obs. J.R. ; *Dr. sociétés* 2006, comm. 76, note H. Hovasse ; *LPA* 30 oct. 2006, p. 17, note N. Morelli. – CA Paris, 19 déc. 2007 : *Propr. industr.* oct. 2008, n° 10, comm. 73, obs. J.R.

(128) CPI, art. R. 613-55.

(129) CPI, art. R. 613-55, al. 2.

Index alphabétique

(les numéros renvoient aux numéros d'alinéas)

D

E

F

G

H

I

J

L

M

N

O

P

R

S

T

U

V

Table des matières

Titre 2 : L'IDENTITÉ DU DROIT DE MARQUE

DEUXIÈME PARTIE

L'EXPLOITATION DES DROITS DE PROPRIÉTÉ INDUSTRIELLE

Titre 1 : L'EXPLOITATION SANS L'AUTORISATION DU PROPRIÉTAIRE : LA CONTREFAÇON

Titre 2 : L'EXPLOITATION AVEC L'AUTORISATION DU PROPRIÉTAIRE : LES CONTRATS DE LA PROPRIÉTÉ INDUSTRIELLE

Photocomposition Nord Compo Multimédia

59650 Villeneuve-d'Ascq

Cet ouvrage a été achevé d'imprimer en avril 2016
dans les ateliers de Normandie Roto Impression s.a.s.
61250 Lonrai
N° d'imprimeur : 1601527
Dépôt légal : avril 2016

Imprimé en France